COMENTARIOS AL TRATADO DE LISBOA

COMENTARIOS AL TRATADO DE LISBOA

Carlos Francisco Molina del Pozo

Catedrático de Derecho Administrativo
Catedrático Jean Monnet «ad personam» de Derecho de la Unión Europea
Presidente del Instituto Eurolatinoamericano de
Estudios para la Integración (IELEPI)

COLEX 2024

Calle Costa Rica, número 5, 3.º B (local comercial)
A Coruña, C. P. 15004
info@colex.es
www.colex.es

I. S. B. N.: 978-84-1194-392-5
Depósito legal: C 442-2024

A mis cuatro hijos:
Carlos Francisco, Amanda, Aurora y Pablo

SUMARIO

PREÁMBULO

EL TRATADO DE LA UNIÓN FIRMADO EN MAASTRICHT

EL TRATADO DE ÁMSTERDAM

EL TRATADO DE NIZA

TRATADO POR EL QUE SE ESTABLECE UNA CONSTITUCIÓN PARA EUROPA

TRATADO DE LISBOA

TRATADO DE LA UNIÓN EUROPEA

TRATADO DE FUNCIONAMIENTO DE LA UNIÓN EUROPEA

CARTA DE LOS DERECHOS FUNDAMENTALES DE LA UNIÓN EUROPEA

PROTOCOLOS Y DECLARACIONES

TABLAS DE CORRESPONDENCIA

CÓDIGOS QR

AGRADECIMIENTOS

El autor quiere dejar constancia de su agradecimiento a las siguientes personas: Lucía Flores Viera, María Manrique Martínez y Álvaro Ortiz, que realizaron tareas iniciales. Además, de forma destacada, el autor reconoce el trabajo de Raquel Nehama Pérez, Laura Moffa Marte y Nuria Puentes Ruiz, así como su inestimable apoyo en la preparación de esta obra. Todos ellos, colaboradores de mi Cátedra Jean Monnet *ad personam* de Derecho de la Unión Europea de la Universidad de Alcalá.

PREÁMBULO

EL TRATADO DE LA UNIÓN FIRMADO EN MAASTRICHT

La Unión Europea ha sido construida en base a dos ideas interrelacionadas. La primera idea es el ideal político de que las guerras provocadas por el nacionalismo del Estado quedarían superadas por un acercamiento hacia la unión entre los antiguos contendientes; esta unión se basaría en la segunda idea, constituida por un imperativo económico: con la constatación de que las naciones de Europa hubieran tocado techo en su desarrollo como economías independientes.

El proyecto de crear un Mercado Único en 1993 no es más que el resultado de la suma de ambos principios, al que hay que añadir la irrupción en los dos últimos años de nuevas realidades en la situación de la Unión.

El fin de la Guerra Fría significaba que la Comunidad no podía limitar por más tiempo su campo de acción en la Europa Occidental: los que fueron considerados países neutrales eran ahora partidarios de la entrada en la UE, mientras que los países de la Europa del Este aparecían como miembros potenciales en un futuro próximo. El orden mundial existente desde la Segunda Guerra Mundial se había derrumbado, y si a ello añadimos la reunificación alemana, el resultado es que el proceso de la Unión Europea aparece cada vez más deseable pero también más complejo y preocupante.

La paradoja sugiere que el objetivo de la Unión Europea no puede ser, por el momento, el de constituir un superestado europeo. La dirección adoptada tiene como aspiración el logro de una unión de Estados soberanos, integración según fórmulas nuevas y con matices propios y exclusivos que entrañan diferencias mayores o menores, según los ámbitos de actuación, respecto a los modelos tradicionalmente conocidos tales como los federales y los confederales.

El Tratado de Maastricht sigue la estela del Acta Única Europea, que llevó a cabo la reforma más importante experimentada por el Tratado de Roma de 1957, y creó la Cooperación Política Europea, embrión de la Política Exterior Común. En lo material supuso un paso cualitativamente nuevo. Introdujo el voto por mayoría cualificada en el Consejo de Ministros —una revolución innovadora para permitir el objetivo del Mercado Interior Único— extiende el número de políticas comunes, tales como la de Investigación, Desarrollo y la de Medio Ambiente, etc.

El éxito del Mercado Único y del Acta Única Europea abrió el camino para que la Comunidad sentara las bases de una Unión Económica y Monetaria, así como de una unión política. La creación de una moneda única es el atributo necesario para un mercado interior sin problemas de funcionamiento.

Ya en 1988, el Consejo Europeo comenzó los preparativos para la elaboración de un nuevo Tratado sobre la Unión Económica y Monetaria. Se acordó la celebración de una Conferencia Intergubernamental especial para comenzar los trabajos del nuevo Tratado en diciembre de 1990.

El tema de la unión política también era sumamente importante. A pesar de que el Acta Única aumentó los poderes del Parlamento Europeo, éste todavía poseía una función meramente consultiva. Con el Mercado Único y la transferencia de más competencias desde los gobiernos y parlamentos nacionales a Bruselas el déficit democrático aumentaba.

Al mismo tiempo, el final de la guerra fría, la unificación alemana y el colapso del comunismo en Europa del Este incrementaban las responsabilidades exteriores de la Comunidad.

En consecuencia, los jefes de Estado y de Gobierno de la por entonces Comunidad decidieron en Dublín, en junio de 1990, que, paralelamente a la Conferencia Intergubernamental para crear la Unión Económica y Monetaria, se celebrara una segunda Conferencia con objeto de establecer una Unión Política. De estas dos Conferencias Intergubernamentales, que se iniciaron en Roma en el mes de diciembre de 1990, nace el Tratado de Maastricht, cuyo objetivo es dar un paso más en la creación de la Unión Europea.

El tratado fue firmado el 7 de febrero de 1992 por los ministros de Asuntos Exteriores de los por entonces doce países comunitarios, tras el acuerdo alcanzado por los Jefes de Estado y de Gobierno de la Cumbre celebrada en la ciudad holandesa de Maastricht del 9 al 11 de diciembre de 1991.

La estructura del mismo es bastante compleja, ya que es el resultado de dos Conferencias Intergubernamentales: una sobre la Unión Política y otra sobre la Unión Económica y Monetaria. Ambas iniciaron sus trabajos de forma simultánea el 14 de diciembre de 1990 en Roma. La falta del necesario consenso político para integrar la Política Exterior y de Seguridad Común y la cooperación judicial dentro del marco comunitario, explica esta complejidad. Por esta razón el único compromiso posible consistió en basar el Tratado en tres pilares:

Los Títulos II, III y IV del Tratado regulaban la Comunidad Europea. El primer cambio simbólico se refiere a la desaparición del adjetivo «económica» (Título II, artículo G): significa la ampliación de un concepto de organización exclusivamente económica a una concepción más amplia, se pasa a ser una Comunidad basada en el ciudadano y no en el trabajador. La puesta en marcha de la Unión Económica y Monetaria supone el salto cualitativo más importante del Tratado, ya que implica la creación de una moneda única y la gestión centralizada de la política monetaria.

Aunque las competencias de la Unión habían sido modificadas y ampliadas, la importancia del Tratado se refleja primordialmente en la nueva dinámica de la construcción europea que se establece.

El segundo pilar se define en las disposiciones del Título V y se refiere a la Política Exterior y de Seguridad Común (en adelante PESC), que en definitiva no son más que una profundización, por tanto, del carácter intergubernamental del detraimiento de la supranacionalidad representada por la Comunidad.

El tercer pilar, que aparece regulado en el Titulo VI del Tratado, se refiere a la Cooperación Judicial y a los Asuntos Internos. Es también una manifestación del carácter intergubernamental y recoge aquellos temas que hacen referencia a la política de asilo, de inmigración, la lucha contra el tráfico de drogas, la cooperación judicial en materia civil y penal, la cooperación aduanera y policial etc., y que antes eran tratados en diferentes ámbitos intergubernamentales (Grupo de Trevi, Acuerdo de Schengen, Grupo *ad hoc* para la Inmigración, etc).

Abundando en el carácter complejo del Tratado, el Acuerdo Social aprobado por once países se encuentra fuera del mismo, pero utiliza las instituciones de la Unión. En lo que respecta a la PESC y a la Cooperación Policial, el Tribunal de Justicia de la Comunidad no era competente.

En el ámbito institucional fue sin duda, el Parlamento Europeo la institución que vio más acrecentadas sus competencias: en primer lugar, con la introducción del procedimiento de codecisión que atribuye al Parlamento el poder de rechazar de forma definitiva una norma, en el supuesto de que no se tuvieran lo suficientemente en cuenta sus aportaciones; en segundo lugar, con la capacidad del Parlamento de pedir a la Comisión que le presente propuestas legislativas, con lo que adquiere un cierto poder de iniciativa legislativa, aunque sea por vía indirecta; y de control político, toda vez que el mandato de la Comisión se corresponderá con los cinco años de legislatura y el Parlamento deberá dar su dictamen favorable al nombramiento del Presidente y de los miembros de la Comisión.

En cuanto al sistema de la decisión, el voto por mayoría cualificada es uno de los mecanismos más característicos de la Unión Europea, ya que ha permitido la construcción del mercado único y la política de cohesión económica y social. Sin embargo, la unanimidad persiste en algunos ámbitos tales como la adhesión de nuevos Estados miembros, el derecho de establecimiento, la armonización fiscal, la PESC o la política en materia de cooperación judicial y asuntos del interior. La mayoría cualificada requiere la adjudicación de un número de votos a cada país a través de una ponderación en función de la población. Sin embargo, se producen determinados desequilibrios como la sobrerrepresentación de Luxemburgo y la infrarrepresentación de Alemania. Aún los países pequeños son los que están más sobrerrepresentados.

El debate planteado por España, con el apoyo del Reino Unido e Italia, escondía el problema de que cierto número de Estados miembros venían reclamando la necesidad de una reforma institucional de la Unión antes de admitir a cuatro Estados nuevos como miembros de la Unión, con el argumento de que los métodos de trabajo y decisión con 16 socios serían los mismos que en los tiempos en que la Comunidad estaba formada por seis. Sin embargo, en el Consejo Europeo de Lisboa de junio de 1992 se decidió ampliar sin reformas. España que se había beneficiado de la entonces minoría de bloqueo mediterránea (España —8 votos —, Francia o Italia —10 votos— y Grecia —5 votos — con un total de 23 votos frente a los 76 votos totales y 54 para llegar a la mayoría cualificada) frente a un aumento de 14 votos (los 4 de Suecia y Austria y los 3 de Finlandia y Noruega) que sumados a los 76 anteriores resultarían 90, con lo que la mayoría cualificada se alcanzaría con 74 votos y para la minoría de bloqueo se necesitarían 27 votos.

La importancia en la escena política europea de las entidades regionales fue destacada y reflejada en el Tratado de la Unión con la creación del Comité de las Regiones. Asimismo, el peso creciente que reviste la solidaridad en la Europa comunitaria tiene su reconocimiento en los acuerdos alcanzados en Maastricht con la creación del Fondo de Cohesión, destinado a asegurar una más justa redistribución del presupuesto comunitario a través de las transferencias hacia los países menos prósperos que se destinarían a infraestructuras de transportes y a la protección del medio ambiente.

Por último, la introducción del concepto de ciudadanía europea vino a representar un importante salto cualitativo en el campo de los derechos.

En base a lo antecedente, consideremos llegado el momento de pasar a exponer, siquiera brevemente, los cambios más significativos que viene a introducir el Tratado de la Unión, en relación con los textos originarios que modifica. De esta manera, entendemos que el lector se encontrará en mejor situación de hacer frente al contenido del articulado y a los comentarios que formulamos en el Texto refundido de los Tratados.

El Tratado de la Unión Europea ha rebasado las líneas marcadas en el Acta Única, pero lo ha hecho en un momento de recesión económica, lo que sirvió para contribuir a su difícil adaptación por los sectores menos proclives a que la Unión desarrollase políticas de intervención.

El Tratado llegó también en un momento en que se prefiguraba la más importante ampliación de la Unión, esta vez hacia el Norte y hacia los países más ricos del Continente: Suecia, Austria, Finlandia, Noruega. Finalmente, Noruega no se adhirió a la Unión.

La pérdida de la «e» de «económica» en las siglas hasta ese momento utilizadas para denominar a la Comunidad Económica Europea (CEE), que se transforma, según el Tratado de Maastricht, en Comunidad Europea (CE) (Titulo II, artículo G), significa la ampliación de un concepto de organización exclusivamente económico a una concepción política más amplia y más ambiciosa en sus objetivos.

Hasta aquel momento, los esfuerzos comunitarios se habían realizado en el ámbito económico. Desde sus inicios como Comunidad Europea del Carbón y del Acero, pasando por el Mercado Común, se llega al compromiso de establecer un mercado único entre los doce países miembros de la Comunidad de entonces. Este compromiso significa la libre circulación de los factores de producción en todo el territorio comunitario. Los Estados miembros habían tenido que modificar e introducir nuevas normas para abolir todo tipo de trabas y restricciones a la libre circulación, aplicando todo el ordenamiento comunitario, tanto originario como derivado. El nuevo Tratado parte, por tanto, de la existencia de este Mercado Común, imperfecto, introduciendo cambios sustanciales para transformarlo en un Espacio Común.

1. LA UNIÓN ECONÓMICA Y MONETARIA

1.1. Moneda única «EURO» y creación de un Banco Central

La UEM se llevará a cabo en tres etapas: la primera comenzó el 1 de julio de 1990, coincidiendo con la libertad de circulación de capitales en el gran espacio europeo. La segunda fase se inició el 1 de enero de 1994 mediante una cooperación cada vez más estrecha entre los Estados miembros sobre los problemas de economía y de moneda, Se pone en marcha esta segunda fase de creación del Instituto Monetario Europeo (IME), reforzando la cooperación de los bancos centrales, coordinando las políticas monetarias con el fin de conseguir estabilidad de los precios. Durante esta segunda etapa, el Consejo, de acuerdo con la Comisión, adoptaría una recomendación por mayoría cualificada respecto a las líneas de la política económica a seguir y realizaría un seguimiento del grado de aplicación en los diferentes países, pudiendo llevar a cabo recomendaciones en su defecto.

Si la fecha de la tercera fase de la UEM no se hubiere fijado antes de 1997, esta tercera fase se iniciará, como muy tarde, el 1 de enero de 1999 (apartado 2 y 4 del artículo 109 J TUE versión Maastricht). A tal efecto, los Jefes de Estado y de Gobierno confirmaban, antes del 1 de julio de 1998 y por mayoría cualificada, qué países de la Unión reunían las condiciones para la introducción de la moneda única.

El otoño de 1998 se estableció como periodo límite para crear un Banco Central Europeo. Coincidiendo con la apertura de la tercera fase de la UEM, el Consejo de Ministros adoptará «los tipos de conversión a los que quedarían irrevocablemente fijadas las monedas respectivas de los Estados miembros y el tipo de intereses irrevocablemente fijo al cual el euro sustituirá a dichas monedas y el ecu se convertirá en una moneda en sentido propio» (antiguo apartado 4 del artículo 109 L).

El Banco Central Europeo y los bancos centrales nacionales no podrán recibir instrucciones ni de los Gobiernos de los Estados miembros, ni de las instituciones comunitarias, ni de ningún otro organismo (antiguo artículo 107).

En resumen, las implicaciones fundamentales de la UEM son: en primer lugar, la utilización del euro como moneda única, lo que, unido al establecimiento de un tipo de cambio fijo del ecu, suponía la eliminación de toda política de tipo de cambio, ya muy restringida a mediados de los años noventa con el funcionamiento de tipos de cambio del Sistema Monetario Europeo. Este punto es más difícil de aceptar para los ciudadanos de algunos países muy afectados a su moneda tradicional, por ejemplo, la libra inglesa o el marco alemán, pero para otros países suponía una garantía contra el predominio del marco alemán en el sistema.

Según las conclusiones del Consejo Europeo de Copenhague de junio de 1993, una moneda única consolidaría el mercado interior, permitiendo una competencia leal y fructífera, aumentará el atractivo de las inversiones comunitarias y extracomunitarias y, de forma general, estimularía el ahorro necesario para financiar los grandes proyectos de infraestructura y permitirá influir positivamente en el sistema monetario internacional, generando mayor estabilidad y poniendo coto a la especulación, siendo necesario para ello recobrar el camino de la convergencia que permitiría elevar el Índice de crecimiento y la creación de empleo en la Unión y conciliar la construcción europea con las aspiraciones de los ciudadanos resaltando las ventajas que derivarían del desarrollo de la Unión. Asimismo, el Consejo Europeo de Bruselas celebrado en octubre de 1993, reiteró el objetivo de la creación de una unión económica y monetaria en los plazos previstos por el Tratado.

Otro momento fundamental fue la creación del Banco Central Europeo (BCE), controlado por los gobernadores de los bancos centrales nacionales, independiente de las autoridades económicas y responsable de la política monetaria de la Unión. Este punto afecta menos a los ciudadanos, pero encuentra la oposición entre los políticos por la pérdida de poder que significa.

1.2. La convergencia económica

La existencia de una moneda común fue la condición para que las monedas de los países de la Unión pudieran fijarse respectivamente en función de las demás. Para que se instituya el euro fue preciso que las economías de los países de la Unión se aproximaran en sus niveles de inflación, déficit público, deuda pública, tipos de interés..., hasta coincidir en un punto convergente. Este proceso es lo que se denomina «convergencia económica». Se establecieron ciertos criterios que cada Estado miembro debía cumplir para participar en la tercera fase de la UEM, con la fijación definitiva de los tipos de cambio. Dichos criterios se basaban en la estabilidad en los precios, el control del déficit de los presupuestos públicos, la estabilidad de las cotizaciones de las monedas y el nivel de los tipos de interés.

Todo ello se precisa en un Protocolo del Tratado que, como establece el artículo 239 CEE, surte los mismos efectos jurídicos que el Tratado propiamente dicho.

En lo que respecta a España, la evolución de los criterios de convergencia llegó a ser posible. Con anterioridad al año 1997 la Comisión realizó sus informes definitivos sobre el grado de convergencia de la economía española a los parámetros de la Unión. Por lo tanto, si se conseguía el logro de formar parte del grupo de países que inician la tercera fase, se obtendrían los beneficios de pertenecer a un grupo de Estados con crecimiento estable, de funcionamiento más eficiente, con ganancias de productividad y reducciones de los costes de transacción. La exclusión de España de este grupo de países significaría no obtener los beneficios, al tiempo que se soportarían los inconvenientes de tener que competir en condiciones cada vez más desfavorables en un mercado abierto. Pero incluso, se pensaba entonces que, si fracasa el propósito de Maastricht y no se llegase a conseguir la Unión Monetaria, España tendría que ajustar sus costes y desequilibrios para poder mantener un crecimiento en su producción y en su renta.

En conclusión, para llegar a consolidar una unión económica y monetaria, era necesario que, en los plazos mencionados, al menos siete países, se hallasen cumpliendo las siguientes condiciones:

1. La inflación no puede superar en más de 1,5 puntos la media de los tres países que la tengan más baja.
2. Los tipos de interés no pueden exceder en dos puntos la media de los tres países en que sean más bajos.
3. El déficit público no puede superar el 3 % del PIB.
4. La deuda pública no puede superar el 60 % del PIB.
5. Mantener durante dos años la moneda en la banda estrecha del sistema monetario europeo (2,25 %).

1.3. Regímenes especiales para el Reino Unido y Dinamarca

Dos protocolos al Tratado de Maastricht estipulaban que el Reino Unido y Dinamarca adoptarían posteriormente una decisión definitiva sobre la participación en la tercera fase de la UEM. Así, el Reino Unido no estaría obligado o comprometido a pasar a la tercera fase de la UEM sin una decisión unilateral a este respecto tomado por su Gobierno y su Parlamento. El protocolo precisa las disposiciones que se aplicarían a Gran Bretaña, tanto en el caso de la adhesión tardía a la tercera etapa, como en el caso de no adhesión.

El protocolo relativo a Dinamarca subraya que la Constitución danesa contiene disposiciones que pueden suponer la celebración de un referéndum en dicho país con anterioridad a la participación de dicho Estado en la tercera fase de la UEM.

2. LA DIMENSIÓN SOCIAL. POLÍTICA DEL MERCADO DE TRABAJO

En diciembre de 1989 los Jefes de Estado y de Gobierno de la Unión reunidos en la Cumbre de Estrasburgo adoptarían un programa de base sobre la dimensión social y la política del mercado de trabajo. Dicho programa es lo que se conoce como la «Carta Social», la cual sería posteriormente completada mediante la adopción de una serie de directivas de aplicación relativas a la política del mercado de trabajo y a la política social.

Como resultado de las objeciones británicas (el Reino Unido insistía en la norma de la unanimidad en el seno del Consejo de Ministros), la cooperación intergubernamental termino por marcar el paso en este ámbito. En un protocolo al Tratado de Maastricht, once Estados miembros se comprometen a proseguir esta cooperación, en tanto que el Reino Unido se mantendrá, hasta nueva orden, al margen de la legislación de la Unión futura en lo que respecta a la dimensión social. Debido a ello este Estado no participará en las deliberaciones de los Consejos de Ministros que traten estos temas.

La Europa Social dividida impuesta por Londres sienta un precedente jurídico preocupante, ya que no solo pone en cuestión uno de los principios básicos de la Unión Europea, sino que cualquier futuro candidato al ingreso podría asumir el Tratado sin verse obligado a respetar las condiciones mínimas sociales establecidas por la gran mayoría de los países de la Unión.

El Protocolo permitirá utilizar las instituciones comunitarias para aplicar las decisiones en materia social aprobadas por once países. Sólo las Directivas que estaban en aquel momento en vigor, referidas casi exclusivamente a la seguridad e higiene en el trabajo, serían de aplicación al Reino Unido y constituyen el único patrimonio social común.

Así pues, hasta ese momento la Unión solo tenía competencias para tomar decisiones en materia de salud, seguridad e higiene en el trabajo, sin embargo, la nueva redacción del artículo 118 del Tratado establece dentro del acuerdo once más uno, que los ámbitos de actuación se amplían a las condiciones de trabajo, información y consulta de los trabajadores, igualdad de oportunidades en el mercado laboral, igualdad de trato entre hombres y mujeres e integración de las personas excluidas del mercado laboral.

El Protocolo va más allá todavía al afirmar que «el Consejo decidirá por unanimidad, a propuesta de la Comisión y previa consulta al Parlamento Europeo y al Comité Económico y Social, en los siguientes ámbitos: seguridad social, y protección social de los trabajadores; protección de los empleados en caso de rescisión del contrato laboral; representación y defensa colectica de los intereses de los trabajadores y de los empresarios; las condiciones de empleo de los nacionales a terceros países que residían con regularidad en el territorio de la Comunidad; y contribuciones financieras dirigidas al fomento y a la creación de empleo, sin perjuicio de las disposiciones relativas al Fondo Social Europeo (FSE)».

Por último, se ha de señalar, en relación con la política de empleo, que, en numerosos ámbitos relativos al mercado de trabajo, once Estados miembros de la Unión se comprometían a poner en práctica el procedimiento de cooperación. Este procedimiento implica dos lecturas en el Parlamento Europeo y la aplicación de la mayoría cualificada en el Consejo de Ministros. En teoría, hacían falta cincuenta y cuatro votos para alcanzar dicha mayoría en el Consejo, pero al no participar Reino Unido en las reuniones, cuarenta y cuatro votos serán suficientes y necesarios.

El Consejo Europeo celebrado en Bruselas en octubre de 1993 confirmó la creación de una Agencia de la Salud y la Seguridad en el Trabajo, encargada de facilitar a las instancias comunitarias todos los datos relativos a la evaluación de las situaciones y las peritaciones necesarias para la mejora de las condiciones de trabajo.

3. FONDO DE COHESIÓN

Por iniciativa española se instituye un fondo de cohesión (antiguo artículo 130 D TUE) antes de finales de 1993.

Este Fondo de cohesión debe adoptar un sostén económico a la protección del medio ambiente y a las infraestructuras de transporte en las regiones más pobres de la Europa meridional.

De conformidad con una reforma financiera mediante la habilitación a tal fin de una partida de presupuesto de la Unión, los países más ricos tendrán que contribuir más al presupuesto de la Unión.

En el Consejo Europeo de Lisboa, los días 26 y 27 de junio de 1992, dentro del apartado relativo a la financiación futura de la Unión, el Consejo reitera que la cohesión económica y social constituye una dimensión fundamental de la Unión y que deben mantenerse los principios establecidos en 1998 (programación, concentración, asociación y adicionalidad) y que debe simplificarse su aplicación.

El Consejo Europeo decide, remitiéndose a las disposiciones del TUE y a los protocolos anejos, establecer desde el inicio de 1993, y en aquellos Estados miembros en los que el PNB per cápita sea inferior al 90 por cien de la media de la Unión, el Fondo de cohesión establecido en el Tratado.

El Fondo de Cohesión es finalista, destinándose únicamente a financiar proyectos de la inversión en los campos del medio ambiente y en programas de redes transeuropeas en materia de infraestructuras de transporte, con una tasa de cofinanciación comprendida entre el 80 y 85 por cien, no siendo compatibles las ayudas de este Fondo con las de los Fondos Estructurales y no pudiendo rebasar el 98 por cien del gasto total la acumulación de aquellas con otras subvenciones y préstamos de la Unión.

El Consejo de Ministros tuvo que adoptar una decisión antes del 31 de diciembre de 1993 para regular el Fondo, el mecanismo de presentación de los proyectos, condicionalidad, etc., del viejo artículo 104 C del TCE. La dotación del Fondo se fijaría anualmente en los diferentes presupuestos de la Unión y plurianualmente en las perspectivas financieras 1993/99, aprobadas por el Consejo Europeo de Edimburgo (diciembre de 1992).

4. POLÍTICA DE MEDIO AMBIENTE

De conformidad con las disposiciones del antiguo artículo 2, la Unión tiene por misión promover un desarrollo armonioso y equilibrado de las actividades económicas, así como un crecimiento sostenible y no inflacionista que respete el medio ambiente. El antiguo artículo 130 S estipula que la política de la Unión en materia de medio ambiente será en adelante adoptada mediante tres procedimientos diferentes:

El procedimiento de cooperación con mayoría cualificada en el Consejo. Este procedimiento de decisión (antiguo artículo 189 C) se pone en práctica para proteger y mejorar la calidad del medio ambiente, la salud humana, la explotación de los recursos naturales y el fomento de medidas a escala internacional para hacer frente a los problemas mundiales del medio ambiente (antiguos apartado 1, artículo 130 R y artículo 130 S).

Unanimidad en el Consejo de Ministros. Este procedimiento de decisión se pone en práctica para la legislación fiscal o relativa al ordenamiento del territorio, a los usos del suelo (con excepción de la gestión de residuos), a la gestión de recursos hídricos, así como a las medidas medioambientales que afecten a la elección por un Estado miembro entre diferentes fuentes de energía.

El procedimiento de codecisión, con mayoría cualificada en el Consejo de Ministros y un derecho real de veto del Parlamento Europeo. Este procedimiento es aplicable cuando el Consejo de Ministros adopta programas de acción de carácter general en el ámbito de la gestión del medio ambiente.

En otro orden de cosas, y tomando como base el antiguo artículo 130 T del Tratado, ciertos Estados miembros siguen teniendo la posibilidad de conservar o adoptar una reglamentación más severa o más estricta en materia de medio ambiente que la prevista por la legislación de la Unión.

5. EDUCACIÓN, PROTECCIÓN DE LOS CONSUMIDORES Y CULTURA

Es de constatar que en el Tratado aparecen nuevos artículos, algunos de ellos implican el ámbito de cooperación de la Unión, mientras que otros refuerzan las políticas comunes ya existentes.

La política de la Unión en materia de educación tiene por objeto promover una educación de calidad alentando la cooperación entre los Estados miembros. Esta acción se orienta, en particular, a desarrollar la dimensión europea de la educación, sobre todo en el ámbito lingüístico, a favorecer la movilidad de estudiantes y profesores, y los intercambios entre jóvenes (antiguo artículo 126 TUE). En el ámbito de la educación se aplica el procedimiento de la codecisión: mayoría cualificada en el Consejo de Ministros y derecho real de veto del Parlamento Europeo

La Unión fijara en un nivel elevado la protección de los consumidores mediante la armonización legislativa del mercado interior (antiguo artículo 100 A) y la introducción de una política comunitaria especifica de protección al consumidor. La legislación de la Unión en este campo se adoptará en el marco del procedimiento de codecisión según los antiguos artículos 129 A y 189 D del TUE.

La política cultural de la Unión tiene por objeto contribuir al desarrollo de las culturas de los Estados miembros, dentro del ámbito comunitario, contribuyendo de esta manera a su diversidad nacional y regional, pero haciendo hincapié en el patrimonio cultural común. La legislación de la Unión relativa a la política cultural se adoptará por el procedimiento de codecisión. No obstante, se debe subrayar que es la norma de la unanimidad en el Consejo de Ministros la que se aplica (antiguo artículo 128).

6. POLÍTICA DE EXTERIOR Y DE SEGURIDAD

El texto del Tratado es contundente al establecer que las decisiones del Consejo de Ministros relativas a la PESC se adoptarán por unanimidad (antiguo Título V, artículo J 8). No obstante, para las acciones concretas en este ámbito, el Consejo de Ministros puede decidir por unanimidad en qué asuntos se pueden adoptar decisiones por mayoría cualificada (antiguo apartado 2 del artículo J 3).

La PESC tiene por objeto proteger los valores, los intereses y la seguridad común de los países de la Unión, preservar la paz y desarrollar y consolidar la democracia y el Estado de Derecho (antiguo artículo J 1, apartado 2).

La PESC engloba todas las cuestiones relativas a la seguridad de los países miembros e implica, por lo tanto, la elaboración eventual de una política común de defensa «que pudiera conducir en su momento a una defensa común» (antiguo apartado 1, artículo J 4).

Cuando las decisiones y acciones de la PESC de la Unión tengan repercusiones en el ámbito de la defensa, se pedirá a la Unión Europea Occidental (UEO) que ponga en práctica tales decisiones y acciones (antiguo apartado 2, artículo 4 J).

Por último, es de destacar lo previsto en el Tratado con referencia al hecho de que en el año 1996 se convocaría una nueva Conferencia Intergubernamental con objeto de revisar estas disposiciones (antiguo apartado 6 del artículo J 4 y apartado 2 del artículo N del Título VII).

En las conclusiones del Consejo Europeo celebrado en Bruselas en octubre de 1993, se afirma que el desarrollo de la PESC se hará gradualmente y de manera pragmática en función de la importancia de los intereses comunes de todos los Estados miembros. Reitera además el Consejo la concepción de la PESC como el marco que debe permitir que la Unión responda a los nuevos retos suscitados por los graves trastornos registrados en el ámbito internacional. La PESC abarca todos los aspectos de la seguridad y estará encaminada, en particular, a reducir los riesgos e incertidumbres que puedan afectar a la integración territorial y a la independencia política de la Unión y de sus Estados miembros, a su carácter democrático, a su estabilidad económica, así como a la estabilidad de regiones vecinas. El Consejo Europeo pide, para finalizar, al Consejo que elabore prioritariamente las condiciones y modalidades de acciones comunes que deban emprenderse en los siguientes ámbitos: Promoción de la estabilidad y la paz en Europa, Oriente Próximo, Sudáfrica, Rusia y la antigua Yugoslavia.

7. DERECHO DE ASILO, POLÍTICA DE INMIGRACIÓN Y COOPERACIÓN POLICIAL

Parece oportuno reseñar lo aducido en el Tratado en torno a la política de inmigración. En este sentido, si se diera una situación de emergencia de un tercer país, que supusiera un riesgo de súbita afluencia de nacionales de dichos países a la Unión, el Consejo de Ministros podrá, por mayoría cualificada, establecer, durante un periodo que no supere los seis meses, el requisito de visado para los nacionales de dicho país (antiguo apartado 2 del artículo 100 C).

Antes de final de 1995, el Consejo de Ministros de la Unión debía adoptar, por mayoría cualificada, las medidas relativas a un modelo uniforme de visado (antiguo apartado 3 del artículo 100 C).

En cuanto a la política de asilo, en una Declaración aneja al Tratado de Maastricht, los países de la Unión deciden armonizar, para principios de 1993, ciertos aspectos de la política de asilo. En lo que afecta a la cooperación policial, cabe afirmar que los Estados miembros apoyan las propuestas realizadas por Alemania relativas a la creación de una unidad de vigilancia comunitaria relacionada entre otros ámbitos, con el tráfico de estupefacientes. En 1994, a más tardar, se examinó si hay motivos para ampliar el alcance de la cooperación policial.

Según las conclusiones del Consejo Europeo de Bruselas de octubre de 1993, el objetivo que ha de alcanzarse es que la política de la Unión, con respecto a estas cuestiones sensibles, garantice a los ciudadanos (directamente afectados en su vida cotidiana) no sólo la creación de un espacio sin fronteras que no se hará en detraimiento de su seguridad, sino también que esta última quedara mejor afianzada en el futuro gracias a esta cooperación sistemática y organizada entre los Estados miembros.

8. CIUDADANÍA DE LA UNIÓN

Debido fundamentalmente a la petición de España, se introdujo en el texto una nueva parte denominada «ciudadanía comunitaria». Entre otros aspectos, la ciudadanía europea significa que los ciudadanos de la Unión residentes en otro Estado miembro tienen derecho de sufragio activo y pasivo en las elecciones municipales del país en que residan. Esta previsión ha requerido una modificación constitucional en algunos Estados como Francia y España.

Además, los ciudadanos de la Unión tienen también derecho de sufragio activo y pasivo en el Estado miembro en que residan para las elecciones al Parlamento Europeo (antiguo artículo 8 B).

Asimismo, el concepto de ciudadanía incluye el hecho por el que cuando se encuentran fuera de la Unión, todos los ciudadanos comunitarios podrán acogerse a la protección de las embajadas y consulados de los demás Estados miembros (protección diplomática y consular), si el país de origen del interesado no posee allí ninguna representación diplomática (antiguo artículo 8 C).

Finalmente, reseñar también en el ámbito de la ciudadanía europea la previsión de que todo ciudadano tendrá derecho de petición, es decir, de solicitud, reclamación o queja, ante el Parlamento Europeo y podrá dirigirse al Defensor del Pueblo Europeo (antiguo artículo 8 D).

9. PRINCIPIO DE SUBSIDIARIEDAD

Este principio impregna todo el Tratado de la Unión, en su artículo A afirma que el Tratado marca «una nueva etapa en el proceso creador de una Unión cada vez más estrecha entre los pueblos de Europa». También se precisa en este artículo que, en dicha Unión, «las decisiones serán tomadas de la forma más próxima a los ciudadanos». Este principio se definía en el antiguo artículo 3 B en el que se afirma que «la Comunidad actuará dentro de los límites de las competencias que le han sido atribuidas y de los objetivos asignados por el Tratado», por lo que en «los ámbitos que no sean de su competencia exclusiva la Comunidad intervendrá solo en la medida en que los objetivos de la acción pretendida no puedan ser alcanzados de manera suficiente por los Estados miembros y, por consiguiente, puedan lograrse mejor, debido a la dimensión o a los efectos de la acción pretendida, a nivel comunitario. Ninguna acción de la Comunidad excederá de lo necesario para alcanzar los objetivos del presente Tratado».

Parece evidente que el principio de subsidiariedad debe imponerse dado, sobre todo, que la Unión ni puede ni tampoco parece conveniente que lo haga todo. En tal sentido, el tan debatido principio viene, en definitiva, a significar una garantía para la democracia, una limitación de la Administración de la Unión, así como de los recursos de la Comunidad, y una mejora de la competitividad. Así pues, como manifestara Delors, la subsidiariedad implica, al mismo tiempo, el derecho de cada uno de ejercer sus responsabilidades allí donde mejor pueda llevar a cabo su tarea y el deber de los poderes públicos de proporcionar a cada uno los medios para que se lleve a cabo esa tarea.

No obstante, en caso de litigio sobre el alcance de este principio, se podrá recurrir al por entonces denominado Tribunal de Justicia de la Comunidades Europeas para la interpretación de esta definición. Recurso a posteriori, una vez adoptado el dispositivo jurídico, es decir, el Tribunal solo intervendrá como control jurisdiccional en caso de error manifiesto de abuso de poder o clara superación de los límites del poder de apreciación.

Hay que subrayar, además, que el pasaje según el cual la Unión iría hacia formas federales se suprimió en el Tratado, en particular por presiones danesas y británicas.

10. PAPEL DE LOS PARLAMENTOS NACIONALES EN LA CONSTRUCCIÓN DE LA UNIÓN EUROPEA

En una de las Declaraciones anejas al Tratado se señala que «es importante fomentar una mayor participación de los Parlamentos nacionales en las actividades de la Unión Europea». Para ello conviene intensificar el intercambio de información y los contactos entre los Parlamentos y la Eurocámara. En la declaración siguiente, se «invita al Parlamento Europeo y a los Parlamentos nacionales a reunirse siempre que sea necesario bajo la forma de Conferencia de Parlamentos».

11. LA REFORMA INSTITUCIONAL EN EL TRATADO DE LA UNIÓN EUROPEA FIRMADO EN MAASTRICHT

A medida que se profundiza en la construcción europea y se amplía el campo de las competencias de la Unión, que ha de ejercer en el respeto de la subsidiariedad, se ha procurado un reforzamiento de la legitimidad democrática de las instituciones de la Unión.

11.1. El Parlamento Europeo

11.1.1. Ampliación de las funciones legislativas

11.1.1.1. El procedimiento de codecisión

El Tratado de Roma había instaurado el procedimiento de consulta. Limitando la intervención del Parlamento Europeo a la formulación de un simple dictamen para los textos que requerían la unanimidad del Consejo.

Como novedades del Tratado en el ámbito de la Unión Europea conviene destacar las nuevas atribuciones que se asignan a este órgano asambleario. En este sentido hemos de señalar lo siguiente.

El Tratado de Maastricht refuerza netamente las competencias del Parlamento Europeo: por una parte, el Parlamento ve aumentar sus posibilidades de controlar a la Comisión; por otra, su participación en el procedimiento legislativo se intensifica gracias a la ampliación del procedimiento de cooperación (antiguo artículo 189 C) a nuevos ámbitos y a la introducción de un nuevo procedimiento, denominado codecisión, en el que el Parlamento Europeo ostenta un auténtico poder de veto.

El Acta Única ha constituido una etapa importante en el fortalecimiento del poder legislativo del Parlamento Europeo al instituir un procedimiento de cooperación con el Consejo cuando éste tenga que tomar una decisión por mayoría cualificada.

Este procedimiento de cooperación se extiende a dos ámbitos nuevos: Con dos lecturas en el Parlamento Europeo y mayoría cualificada en el Consejo de Ministros (un mínimo de 54 votos sobre 76), se aplica actualmente, sobre todo a las cuestiones relativas al mercado interior. En adelante, este procedimiento se ampliará a la positiva de transportes (antiguo artículo 75), a las ayudas públicas (antiguo artículo 94), a las disposiciones de ejecución relativas al Fondo Social y al Fondo Regional (antiguos artículos 125 y 130 E), a la formación profesional (antiguo apartado 4 del artículo 127), a las acciones medioambientales (antiguo artículo 130 S), a la política de relación con los países en vías de desarrollo (antiguo artículo 130 W) y a la política social y mercado del trabajo (Protocolo al TUE).

El Tratado de Maastricht instaura para un número de campos importantes el procedimiento de codecisión. Procedimiento que confiere al Parlamento el poder de decidir conjuntamente con el Consejo reglamentos, directivas, decisiones o recomendaciones.

El procedimiento de codecisión consta de dos lecturas, un posible mecanismo de conciliación entre el Consejo y el Parlamento Europeo y una eventual tercera lectura. En una primera fase el Consejo, a propuesta de la

Comisión y previo dictamen consultivo, preceptivo, pero no vinculante, el Parlamento Europeo adopta una «posición común». Adoptada dicha posición común por el Consejo se inicia la segunda lectura por el Parlamento Europeo, que puede emitir un dictamen favorable, proponer enmiendas o rechazar la posición común. Si el Parlamento rechaza la posición común del Consejo en segunda lectura el acto no podrá ser adoptado por el Consejo ni siquiera por unanimidad, el rechazo del Parlamento se equipará así a un veto.

En cuanto a las enmiendas del Parlamento Europeo su aprobación por el Consejo requiere, en principio, que sean previamente aceptadas por la Comisión. Si no es así, el Consejo solo puede aprobarlo por unanimidad. Si el Consejo no aprueba todas las enmiendas propuestas por el Parlamento Europeo por unanimidad, el Presidente del Consejo, de acuerdo con el Parlamento, deberá convocar una reunión del Comité de Conciliación, que compuesto por los miembros del Consejo y un miembro igual de representantes del Parlamento, procurará lograr un acuerdo sobre el texto.

Son posibles dos casos:

- El Comité de conciliación aprueba un texto conjunto en el pazo de seis semanas y lo somete después a la aprobación de las dos instituciones. Si el Consejo, por mayoría cualificada, y el Parlamento, por mayoría absoluta, se pronuncian favorablemente, el texto conjunto será aprobado.
- En caso contrario, la propuesta será abandonada o será considerada como no adoptada. La comisión no tiene la obligación de pronunciarse sobre las enmiendas propuestas. Una modificación de sus propuestas no implica unanimidad del Consejo.

Una tentativa suplementaria denominada tercera lectura está prevista para evitar la no adopción de un texto en la fase del procedimiento; se prevé que el Consejo pueda relanzar el procedimiento confirmando por una mayoría cualificada, su posición común inicial con, si es el caso, las enmiendas del Parlamento Europeo. Este únicamente tendría la posibilidad de rechazar el texto en caso de que la oposición persistiese. Si este rechazo no interviene, el texto será definitivamente aprobado. La Comisión, durante una lectura, será reintroducida en el proceso de toma de decisiones según el procedimiento común.

El campo de aplicación de la codecisión está previsto en el Tratado en los siguientes ámbitos: libre circulación de trabajadores y libertad de establecimiento (antiguos artículos 49, 54 y 57), armonización legislativa y reglamentaria en el mercado interior (antiguo apartado 1 del artículo 100 A), programas de acción de carácter general en el ámbito del medio ambiente (antiguo apartados 3 del artículo 130 S), protección de los consumidores (antiguo apartado 2 del artículo 129 A), redes transeuropeas, educación (antiguo apartado 4 del artículo 126), cultura (antiguo apartado 5 del artículo 128) y la salud pública (antiguo apartado 4 del artículo 129).

11.1.1.2. El procedimiento de dictamen conforme

El acta Única, había extendido el procedimiento de dictamen conforme —vinculante para el Consejo— a la ampliación de la Unión o a la conclusión de algunos acuerdos de asociación con terceros países, unión de Estados u organización internacional (artículo 238 CEE).

Para avanzar en sentido de fortalecimiento de los poderes del Parlamento Europeo, el Tratado ha ampliado este procedimiento:

Para adoptar disposiciones relativas a la uniformidad de los procedimientos de votación en el Parlamento Europeo, en que el Consejo habrá de recomendar su adopción por los Estados miembros (artículo 183.3).

Para definir misiones, objetivos prioritarios y organización de los fondos estructurales, así como sus reglas generales de funcionamiento y coordinación y la creación de un fondo de cohesión económico y social.

Para los acuerdos internacionales que crean un marco institucional específico organizando procedimientos de cooperación; los que tengan implicaciones presupuestarias notables para la Unión o impliquen una modificación de un acto adoptado según el procedimiento de codecisión (artículo 238.3).

11.1.2. Otras nuevas atribuciones del Parlamento

También se reconoce al Parlamento Europeo la posibilidad de constituir una comisión temporal de investigación para examinar faltas eventuales en la aplicación del Derecho de la Unión (artículo 138 C).

Se reconoce un derecho de petición ante el Parlamento a los ciudadanos de la Unión o cualquier persona física o jurídica que resida en su territorio.

Por último, se encarga al Parlamento que nombre un Defensor del Pueblo, ante quien los ciudadanos o personas físicas o jurídicas residentes podrán recurrir en caso de estimarse víctimas de una mala administración en la acción de las instituciones (salvo en el caso del Tribunal de Justicia) o de órganos de la Unión (antiguo artículo 138 E). Fortalecimiento del control presupuestario por el Parlamento Europeo

En el Titulo «Disposiciones financieras» que se refiere en especial al presupuesto, se prevé que el Parlamento Europeo sea consultado antes de que el Consejo promulgue disposiciones relativas a los sistemas de recursos propios de la Unión, cuya adopción recomienda a los Estados miembros.

Según el antiguo artículo 209 CEE, el Parlamento Europeo será consultado sobre las propuestas de textos relaticos a los reglamentos financieros en cuanto a la realización y ejecución del Presupuesto o la rendición y verificación de las cuentas. El mismo procedimiento se aplica a las condiciones en las cuales los recursos propios son puestos a disposición de la Comisión o a las reglas según las cuales son organizados los controles de responsabilidades de los inspectores financieros, ordenadores o contables.

Otra innovación en materia presupuestaria consiste en que el Parlamento Europeo puede pedir oír a la Comisión sobre la ejecución de los gastos o el funcionamiento de los sistemas de control financiero. La Comisión debe entregar, en este caso, toda la información necesaria.

11.2. La Comisión

La Comisión dispone, según los Tratados originarios, de un derecho de iniciativa en temas legislativos, asumiendo la responsabilidad de ejecutar las políticas de la Unión y velar por el respeto de los Tratados o de los textos elaborados para su aplicación. El Tratado de Maastricht refuerza estos poderes fortaleciendo la legitimidad de la Comisión.

Una doble investidura democrática: El Parlamento Europeo intervendrá en el proceso de designación de la Comisión por los Jefes de Estado y de Gobierno. A tenor de este procedimiento, los Gobiernos de los Estados miembros designaran, de común acuerdo, previa consulta al Parlamento Europeo, la personalidad que prevén nombrar Presidente de la Comisión.

Los Gobiernos, previa consulta con el Presidente elegido, designarán a las demás personalidades que prevén nombrar miembros de la Comisión.

Los miembros de la Comisión, así designados, serán sometidos, como órgano colegiado, a un voto de aprobación por el Parlamento Europeo. En caso de decisión desfavorable, los miembros de la Comisión serán nombrados de común acuerdo, por los Gobiernos de los Estados miembros.

Un control político ampliado para la Comisión: El control político de la Comisión por el Parlamento está previsto desde el Tratado de Roma. Dicho control se manifestará a través de la interposición de una moción de censura que obligue, en tal caso, a una dimisión colectiva de la Comisión. El TUE refuerza, por otra parte, el control presupuestario ejercido tanto por el Parlamento Europeo como por el Tribunal de Cuentas, sobre la Comisión.

Poderes ejecutivos: el Acta Única había ampliado los poderes ejecutivos de la Comisión al prever especialmente que el Consejo tenga la obligación (artículo 145) de conferir a la Comisión las competencias ejecutivas de las reglas que establece, entendiendo, sin embargo, que puede someter el ejercicio de sus competencias a ciertas modalidades y que puede también reservarse, en casos específicos, el ejercicio directo de competencias ejecutivas. La Comisión ejerce esta competencia asistida, en la mayoría de los casos, por comités de tres tipos (consultivos, de gestión y de reglamentación).

11.3. El Tribunal de Justicia

Las principales modificaciones que introduce el Tratado de Maastricht en cuanto al papel del Tribunal de Justicia se refieren al recurso por incumplimiento que puede ser interpuesto por la Comisión o por un Estado miembro cuando estimen que otro Estado miembro ha incumplido una de las obligaciones que le imponen directamente el Tratado o el derecho derivado. El TUE introduce a este respecto una modificación sustancial al prever la posibilidad, si un Estado miembro ha sido anteriormente condenado y no pone fin a su incumplimiento, de que el Tribunal de Justicia le imponga una multa a tanto alzado o una multa coercitiva.

Respecto a los recursos de anulación y por omisión que pueden ser interpuestos por un Estado miembro, el Consejo o la Comisión, el Tratado reconoce, como novedad, dentro de determinadas condiciones, legitimación activa y pasiva al BCE y al Parlamento Europeo. Cualquier particular puede también interponer directamente un recurso de anulación, aunque solo contra aquellas decisiones que le afecten directamente.

11.4. El Tribunal de Cuentas

El Tribunal de Cuentas ha sido considerado en el Tratado con rango de institución, al mismo nivel que las anteriores mencionadas.

Si su composición, su funcionamiento y sus principales misiones se modifican (antiguos artículos 188 A B y C TUE), sus funciones ante las demás instituciones se han incrementado. Por la entrega al Consejo y al Parlamento de una declaración de fiabilidad de las cuentas y la regularidad y legalidad de las operaciones relativas a las cuentas de la Unión y de los órganos creados por ella.

Por la presentación a las demás instituciones de un informe anual sobre el ejercicio cerrado, observaciones o informes especiales sobre cuestiones particulares o dictámenes emitidos previa petición de una de estas instituciones.

Por aportar una asistencia al Parlamento Europeo y al Consejo en sus funciones de control y de ejecución del Parlamento.

11.5. El Comité de las Regiones

Como ya quedó expuesto con anterioridad, dentro de las Disposiciones Comunes, (antiguo artículo B), el TUE recoge expresamente el principio de subsidiariedad, que en el antiguo artículo 3 B se define en estos términos:

«En los ámbitos que no sean de su competencia exclusiva la Comunidad intervendrá, conforme al principio de subsidiariedad. Sólo en la medida en que, los objetivos de la acción pretendida no puedan ser alcanzados de manera suficiente por los Estados miembros y, por consiguiente, lograrse mejor, debido a la dimensión o a los efectos de la acción contemplada, a nivel comunitario».

En los Estados descentralizados, cabe extender la virtualidad de este principio, de modo que las actuaciones se llevarán a cabo en aquella escala —regional, estatal y comunitaria— que resulte más adecuada a la índole de los problemas que se vayan a abordar.

Asimismo, el Tratado enuncia en su antiguo artículo 10 A la regla siguiente: «El presente tratado constituye una nueva etapa en el proceso creador de una Unión cada vez más estrecha entre los pueblos de Europa, en la cual las decisiones serán tomadas en la forma más próxima posible a los ciudadanos».

En consecuencia, el Tratado de Maastricht dispone en su antiguo artículo 4.2 que el Consejo y la Comisión estarán asistidos por el Comité de las Regiones.

El artículo 198 A señala que se creará un comité con carácter consultivo compuesto por los representantes de los entes regionales y locales, denominado *COMITÉ DE LAS REGIONES*.

Es así, un órgano consultivo y, por tanto, no decisorio, pero está regulado en la quinta parte del Tratado, el relativo a las Instituciones de la Unión, siendo un órgano de la Unión, no un órgano externo al que se consulta.

En efecto, el antiguo artículo 198 A continúa diciendo que el Comité contará con 189 miembros. Los cuatro grandes países (Alemania, Francia, Italia y Reino Unido) tienen 24 miembros cada uno. A España le corresponden 21. Los países intermedios (Bélgica, Grecia, Países Bajos y Portugal) tienen doce. A los pequeños (Dinamarca e Irlanda) les corresponde nueve y a Luxemburgo seis. El Consejo Europeo de Bruselas, de 10 y 11 de diciembre de 1993 ha previsto que los nuevos Estados que se adhieren a partir de 1995 les correspondan nueve, a Austria once, a Finlandia nueve y a Suecia once.

Los miembros del Comité, así como un número igual de suplentes, serán nombrados por el Consejo por unanimidad, a propuesta de sus respectivos Estados miembros, para un periodo de cuatro años. Su mandato será renovable.

Es importante hacer constar que el carácter comunitario del Comité motiva que, al menos teóricamente, sus miembros, una vez elegidos, no se deban a los intereses regionales o locales que pudieran tener ab initio, sino al interés general de la Unión. En este sentido el último párrafo del antiguo artículo 189 A señala que: «los miembros del Comité no estarán vinculados por ningún mandato imperativo. Ejercerán sus funciones con absoluta independencia en interés general de la Unión».

El artículo 198 B dispone que el Comité designara de entre sus miembros al Presidente y a la Mesa, para un periodo de dos años, establecerá su Reglamento interno y lo someterá al Consejo que lo aprobara por unanimidad. El Comité será convocado por su presidente a instancia del Consejo y de la Comisión y podrá igualmente reunirse por propia iniciativa.

El primer párrafo del antiguo artículo 198 B dispone que el Comité de las Regiones será consultado por el Consejo o por la Comisión en los casos previstos en el Tratado y en cualquiera otras en que una de dichas instituciones lo estimen oportuno.

Asimismo, el antiguo artículo 198 C establece una cláusula que previenen los efectos de dilaciones excesivas a la hora de emitir dictámenes. En su segundo párrafo dice: «si lo estimasen necesario el Consejo o la Comisión fijarán al Comité un plazo para la presentación de su dictamen que no podrá ser inferior a un mes a partir de la fecha de notificación [...]». Transcurrido dicho plazo podrá prescindirse del dictamen.

Como se puede apreciar de la lectura de los antiguos artículos 194 a 198 las normas comentadas son muy similares a las correspondientes al Comité Económico y Social. Finalmente, dadas las similitudes entre ambos Comités, existe un protocolo anexo al Tratado de la Unión Europea (TUE), por el cual se prevé que el Comité Económico y Social y el Comité de las Regiones dispongan de una estructura organizativa común.

En conclusión, y a modo de resumen, es necesario afirmar que, para comprender el papel que está llamado a desempeñar este nuevo órgano, hay que situarlo en el contexto adecuado. Este no es otro que el problema de participación de los entes regionales de los Estados miembros en el proceso de construcción europea. Más concretamente, el problema de la participación de estos poderes públicos internos en la formación y aplicación del Derecho de la Unión.

El transcurso de los años ha hecho del mercado común un complejo mecanismo político-económico, que ha pasado a ser denominada Unión Europea. En esa transformación, los componentes más políticos, integradores, redistribuidores y promotores y, en síntesis, más democráticas han hecho su aparición desencadenando una crisis de crecimiento de la Unión. Maastricht expone esa crisis, es por ello una encrucijada entre un proyecto de liberalización de fuerzas productivas sin más y un proyecto más avanzado de políticas públicas y de cohesión.

La nueva situación en Europa colocó a la UE ante desafíos que debe afrontar, en el ámbito exterior, mediante una nueva concepción con vistas a fomentar la cooperación entre todos los pueblos de Europa; la ampliación de la UE a aquellos Estados europeos donde estén plenamente desarrolladas tanto las instituciones democráticas del Estado de Derecho como las estructuras de la economía de mercado, garantizando el respeto de los derechos humanos, que estén dispuestos a adoptar el acervo de la Unión, incluida la Unión económica y monetaria, y se hallen en condiciones de hacerlo, y que acepten sin reservas el objetivo de la Unión política.

Hasta ahora el espacio económico europeo, que no debe reducir el papel del Tribunal de Justicia y del Parlamento Europeo, facilitará la posible integración de los Estados de la EFTA que desean la adhesión, a la vez que ofrece la oportunidad para una estrecha asociación económica y política entre la UE y los Estados europeos económicamente desarrollados que no desean adherirse a ella, por ejemplo, Noruega, Suiza, etc.

El TUE ha procedido a una reforma limitada de sus instituciones, ha ampliado sus competencias, se ha dotado de nuevos ámbitos de cooperación. Mediante la creación de la Unión Monetaria y Económica y la realización del Paquete Delors II de la Unión podrá fortalecer su cohesión política y social, pero no ha elaborado concepto alguno para sus futuras dimensiones ni una estructura que resulte adecuada.

La integración de los Estados europeos en el marco de la Unión Europea ha demostrado ser un cambio de éxito extraordinario para el desarrollo económico de Europa. La ampliación de la Unión era ineludible, no solo por el interés de los candidatos a la adhesión sino también en interés propio. Está claro que la Unión debía perdurar y mantenerse operativa políticamente. Con su estructura actual la Unión no podía ampliarse sin una nueva reforma, no reunían las suficientes condiciones institucionales y políticas para que ésta pueda dar respuesta adecuada a los nuevos desafíos y, en particular, aceptar en su seno a nuevos Estados miembros. No se persigue que algún día pueda admitir a todos los Estados europeos, pero tampoco se cumplen los requisitos institucionales necesarios para acoger ni siquiera a los Estados que ya habían solicitado la adhesión, ni siquiera con las reformas previstas por el Tratado de Maastricht. Para la acogida de sólo tres nuevos Estados, la Unión tenía que reformar con audacia sus instituciones y procedimientos decisorios.

Por razones políticas y económicas, en un futuro previsible, no podía pensarse en ampliar la Unión más allá del círculo de la EFTA; pero puesto que la Unión por medio de los acuerdos europeos abrió perspectivas de adhesión a Chequia, Eslovaquia, Hungría y Polonia, debió desarrollar la estructura de sus instituciones y procedimientos decisorios teniendo en cuenta dichas adhesiones.

El Parlamento Europeo había expresado su convicción de que la Unión Europea sólo podía hacer frente a la adhesión de nuevos Estados y los problemas globales a escala europea sobre la base del principio de subsidiariedad e instituciones democráticas plenamente desarrolladas y es por ello que estima necesaria para ello una reforma institucional.

Así, con respecto al Consejo si se mantiene el actual sistema de rotación de la Presidencia del Consejo, con sólo quince Estados miembros transcurrirían siete años y medio hasta que cada administración nacional volviera a asumir la Presidencia del Consejo. Durante este tiempo es inevitable que las administraciones nacionales pierdan los conocimientos y experiencias necesarios, especialmente en el caso de las administraciones nacionales más pequeñas.

La Unión ampliada tendrá también problemas adicionales o agudizados en la labor legislativa: si se debate en el Consejo una cuestión de principio importante, como la entrada en vigor de un acto legislativo y diecisiete Estados miembros y la Comisión exponen su posición a través de una declaración de solo diez minutos, serán necesarias tres horas de debate.

Además hasta ahora se ha evitado el predominito de los grandes Estados miembros a través de la ponderación de votos en el Consejo; sin embargo en la Unión ampliada a la que se adhieren sólo países pequeños o medianos, habrá que evitar que estos Estados puedan lograr con facilidad la minoría de bloqueo, problema que se puede solucionar con una ponderación distinta de los votos de los grandes Estados miembros en relación a los más pequeños en el Consejo o por medio de una nueva definición de las mayorías cualificadas o de las minorías de bloqueo.

Por todo ello sería necesario:

- Redefinir las funciones y el carácter de la Presidencia dentro del respeto del principio de igualdad entre los Estados miembros, teniendo en cuenta, que un ajuste actual del sistema de rotación ya no es practicable en caso de un mayor número de Estados miembros, y que, en particular, ha de disminuirse el papel del Consejo en la representación de la UE frente al exterior.
- Agilizar su conversión en segunda cámara legislativa, en el sentido de una autentica cámara de los Estados, junto al Parlamento Europeo, convirtiéndolo en una institución permanente de la Unión que se reúna públicamente para sus actividades legislativas y decida por mayoría en un procedimiento de codecisión con el Parlamento Europeo, redefiniéndose de acuerdo con nuevos criterios por mayoría cualificada, pero manteniendo la ponderación de votos con vistas a la ampliación de la Unión. Reservarle un papel especial en la adopción de disposiciones de ejecución en virtud de instrumentos legislativos decididos por el Consejo y el Parlamento en el marco de una clara jerarquía normativa, puesto que debe mantenerse la responsabilidad de los Estados miembros en la ejecución y aplicación de la legislación de la Unión.

En lo que respecta a la Comisión, si los cinco grandes Estados miembros pueden designar cada uno dos miembros y los demás países un miembro de la Comisión cada uno, ésta tendrá en el futuro veinte miembros o más. No obstante, se plantea la pregunta de si la designación de los comisarios por cada Estado miembro y procedentes de cada Estado miembro se ha de conservar ya que el Tratado les prohíbe en cualquier caso ser representantes de intereses nacionales, aunque mientras se mantenga el principio de que cada Estado miembro nombre por lo menos un comisario, queda abierta la pregunta del equilibrio nacional dentro de la Comisión.

Por lo tanto, las reformas deben encaminarse hacia diferentes puntos:

- La Comisión debe convertirse en el ejecutivo de la Unión Europea y dirigir como tal las actuaciones sobre la base de las disposiciones legislativas de la UE y de conformidad con las directrices del Consejo Europeo.
- Debe reforzarse su capacidad de actuación política y su responsabilidad parlamentaria, en particular en los contenidos de relaciones exteriores.

- Es necesario, a su vez, que represente a la UE en el exterior, en especial ante las estructuras a escala europea, a título individual en los ámbitos de competencias que hayan sido transferidos y, por lo demás, de común acuerdo con la Presidencia del Consejo y bajo el control del Parlamento Europeo, debiendo ser las posibilidades de control de éste similares a la práctica habitual en el ámbito de la política exterior de los Estados miembros.
- La introducción del principio político de responsabilidad sectorial de cada miembro de la Comisión.
- El Presidente de la Comisión, elegido por el Parlamento a propuesta del Consejo Europeo, deberá decidir, de común acuerdo con el Consejo y con el Parlamento, sobre el número de miembros de la Comisión y la composición de la misma.
- Debe existir la posibilidad de designar miembros suplentes de la Comisión en determinados ámbitos de responsabilidad sectorial.

En relación con el Parlamento Europeo en una Unión ampliada a quince o más Estados miembros, que debe atender a los cometidos adicionales que le ha conferido el TUE, la legislación normal no puede seguir siendo el resultado de una cooperación entre las burocracias gubernamentales.

El papel del Parlamento en la legislación de la Unión plantea la cuestión de su representatividad, que se acentuará tras la consolidación de sus derechos en una Unión tan ampliada: no era posible en aquel momento alcanzar la proporcionalidad de la representación en el Parlamento teniendo en cuenta los poderes insuficientes del Parlamento, pero era indispensable conseguir aproximarse paulatinamente a una representación más justa de la población de los Estados miembros.

Así era conveniente que se incrementara la representatividad en caso de aumento del número de los Estados de miembros, estableciéndose el número de diputados con arreglo al principio de proporcionalidad descendente, según el cual la relación entre este número y el número de habitantes del país de que se trate desciende a medida que aumenta el tamaño de este país.

Además, el Parlamento deberá participar, con iguales derechos e igual peso que el Consejo de Ministros en todos los ámbitos legislativos de la UE y en todas las decisiones relativas a gastos e ingresos y que se refuerce su control en materia de PESC.

Gracias a la ampliación a quince Estados miembros, la Unión pudo incrementar y consolidar las bases de su cohesión económica y social y cumplir así mejor sus tareas en Europa. La nueva situación política y económica en Europa, así como la evolución en los ámbitos económico, científico, tecnológico, ecológico y social plantean no sólo a la Unión sino también a todos los pueblos europeos nuevos problemas y peligros a los que no podrán enfrentarse de forma eficaz contando únicamente con los instrumentos tradicionales del Estado nacional no haciendo valer pretensiones de soberanía.

El TUE constituye, en definitiva, el elemento clave y simbólico de una irremediable opción entre la evolución hacia la Unión, aun contradictoria y con serios déficits políticos, o la involución hacia latitudes desconocidas, que paralizarían, una vez más y no se sabe por cuánto tiempo, el proceso histórico asumido por todos de fortalecimiento de la construcción europea.

EL TRATADO DE ÁMSTERDAM

1. INTRODUCCIÓN

Han pasado más de diecisiete años desde la entrada en vigor del Tratado de Maastricht el 1 de noviembre de 1993 y nos encontramos ante una nueva reforma de los Tratados fundacionales. Desde entonces, importantes acontecimientos vinieron transformando la vida de la nueva Unión Europea. Entre ellos el más importante, sin duda, fue la incorporación de tres nuevos Estados miembros, Austria, Suecia y Finlandia, con lo que nos encontrábamos ante la realidad de la Europa de los quince. Sin embargo, las perspectivas eran de que esta cifra se viera pronto aumentada tras la solicitud de adhesión a la UE de varios Estados de la Europa de Este y algunos de los llamados microestados. Asimismo, tanto el Parlamento Europeo como la Comisión inauguraron, en el *interim*, nuevo mandato con arreglo a las normas adoptadas en Maastricht. La necesidad de abordar una reforma en profundidad del sistema institucional comunitario, ya puesta de manifiesto en el propio TUE condujo a la celebración de una Conferencia Intergubernamental cuyo resultado final fue el Tratado de Ámsterdam. En las siguientes páginas analizaremos brevemente el alcance de dicha reforma. Valga por el momento decir que las modificaciones operadas por dicho Tratado no han tenido el calado que se esperaba. En cualquier caso, la UE supo, por segunda vez consecutiva, darse un margen de respiro tras laboriosas negociaciones para abordar una revisión que ya no podía hacerse esperar. Aun en periodo de ratificación, el nuevo Tratado de Ámsterdam pretendió, dar una respuesta efectiva a los problemas que preocupaban a los ciudadanos de la Unión. Ese difícil «equilibrio entre ambición y realismo» que, para el Presidente Santer, pretendió formular en el Tratado de los Estados miembros y la Comisión, tuvo por delante la complicada tarea de proporcionar un marco adecuado a la UE en los próximos años, contribuyendo de manera eficaz a la resolución de los problemas y a la consecución de los retos a los que aquélla debería hacer frente. Siguiendo fielmente el espíritu de los padres fundadores, las delegaciones en la conferencia intergubernamental colocaron un nuevo jalón en el proceso de «creación continua» que se presenta hoy bajo la forma de Unión Europea. La pregunta que nos vino a la cabeza fue, ¿el método del «paso a paso» siguió vigente, o sería más recomendable explorar nuevos caminos con el objeto de hacer frente a nuevas realidades? Esta fue, a nuestro entender, la cuestión clave en los próximos años, sobre la que hubo que establecer un debate general y en profundidad. Entretanto, dimos la bienvenida a este Tratado de Ámsterdam, el cual forma parte definitivamente de la historia de la construcción europea.

2. DEBATE PREVIO A LA CONFERENCIA INTERGUBERNAMENTAL DE 1996

Para la resolución de las cuestiones que las conferencias intergubernamentales de 1991 dejaron pendientes, el Tratado de la Unión Europea previó la celebración, a lo largo de 1996, de una conferencia intergubernamental. A la vista de las dificultades que para su ratificación experimentó el Tratado adoptado en Maastricht, los Estados miembros decidieron que la negociación de la nueva reforma de los Tratados debía hacerse tomando en cuenta en mayor medida el parecer de los ciudadanos. Con este fin, se constituyó el llamado *Grupo de Reflexión* formado por un representante de cada Estado miembro, un representante de la Comisión Europea y dos miembros del Parlamento Europeo. La presidencia del Grupo recayó en el español Carlos Westendorp, a quien correspondió presentar su Informe Final a los Jefes de Estado y de Gobierno en el Consejo Europeo de Madrid de 1995. El Informe contenía orientaciones útiles para los negociadores, desbrozando, de algún modo, el camino de la reforma en aquellas materias previstas por el TUE, a las que se fueron añadiendo otras con el paso del tiempo.

Como quiera que sea, el Informe del Grupo de Reflexión no fue sino la manifestación más destacada entre un conjunto de iniciativas procedentes de distintos sectores de la sociedad (gobiernos, parlamentos, universidades, movimientos sociales, etc.) orientado a conocer los problemas que, en la práctica, preocupaban a los ciudadanos de la Unión. Por primera vez, la construcción comunitaria se abría a los ciudadanos para solicitar su participación en la tarea de diseñar el futuro de la Europa unida.

3. LA CONFERENCIA INTERGUBERNAMENTAL DE 1996

Sobre la base de los trabajos del Grupo de Reflexiones, así como del resto de contribuciones que, desde diversos ámbitos, enriquecieron el debate previo, las delegaciones de los quince inauguraron la conferencia intergubernamental para la reforma de los tratados (CIG) en marzo de 1996. Entre las cuestiones de mayor relevancia incluidas en su agenda, es preciso destacar dos: la reforma de las instituciones y el futuro de los dos pilares intergubernamentales. Sin embargo, la CIG incorporó muchas otras cuestiones, como la inclusión en el tratado de un capítulo dedicado exclusivamente al empleo, la incorporación en el TUE de un artículo con una «cláusula democrática», el establecimiento de las bases para una «cooperación reforzada», ligeras modificaciones en la política comercial común, política social «a quince», la simplificación y mejora de los procedimientos legislativos y buen número de retoques y adiciones puntuales al contenido de los tratados.

La CIG, que se desarrolló bajo presidencia italiana, irlandesa y holandesa, comenzó con muchas esperanzas puestas en ella, principalmente por lo que se refiere al mandato relativo a las cuestiones institucionales, pero muy pronto se vio que éstas se enfrentarán a importantes obstáculos de carácter político. En efecto, la reforma de la ponderación del voto en el seno del Consejo —aspecto clave la reforma— se vinculó casi de inmediato a la cuestión del número de comisarios, de manera que la búsqueda de una solución de conjunto se tornó extremadamente complicada. Ello obligó a las delegaciones a, de algún modo, operar una deriva en el contenido de la agenda de la CIG con el objeto de introducir cuestiones de interés para los Estados miembros y los ciudadanos de la Unión que, en cierta medida, pudieran subvenir a la previsible carencia de acuerdo en la fase final de la conferencia sobre los aspectos institucionales de la reforma. Por su parte, el replanteamiento de la PESC —ámbito político por excelencia— se enfrentó a numerosas dificultades a lo largo de la CIG. Así, el objetivo de dotar a la Unión de una sola acción exterior y la necesidad de incluir progresivamente las reglas comunitarias en este capítulo hizo aflorar las reservas con que algunos Estados miembros contemplaban la cuestión. En el ámbito de los asuntos internos, las delegaciones encontraron un clima en mayor medida proclive a operar reformas. Ciertamente, la naturaleza de los problemas a los que los Estados miembros se enfrentaban, terrorismo, delincuencia organizada a escala internacional, narcotráfico, inmigración clandestina, etc., determinaban que la búsqueda de soluciones no pudiera ser aplazada. De este modo, el trabajo de la CIG fue más intenso en este capítulo que en otros, circunstancia que condujo a la obtención de resultados más visibles en su fase final.

Bajo este panorama general resulta posible afirmar que fue una conferencia que se planteó objetivos ambiciosos, pero absolutamente necesarios para la preparar la Unión de cara a los retos que se plantean para proceder, dentro de un esquema de continuidad respecto a las anteriores, a operar pequeñas reformas y mejoras en el sistema existente. Este aplazamiento de las grandes reformas no debía significar sino la concesión provisional de un breve lapso de respiro con el objeto de retomar en poco tiempo los retos que se hallan planteados. Cuanto más si se atiende a las consecuencias que derivaron de la incorporación de nuevos Estados miembros, así como de la urgencia de proceder a intervenir reformas que contribuyeron a «engrasar» un sistema que no había experimentado apenas modificaciones desde los orígenes de las comunidades, si bien el número de Estados miembros se ha triplicado y sus competencias han crecido de forma exponencial.

4. LAS REFORMAS OPERADAS EN LOS TRATADOS[1]

Como ha sido puesto de manifestó en el epígrafe anterior, la última CIG respondió con fidelidad al método del «paso a paso» instaurado por Jean Monnet y sus colaboradores desde el momento de la fundación de las Comunidades. Parece como si la fuerza de las cosas determinara que la construcción comunitaria no pudiera avanzar sino de este modo. Como quiera que sea, es preciso recordar que el propio Monnet no otorgó al método funcionalista una validez indefinida. No hay que olvidar que, por un lado, el objetivo último de la Declaración de Schumann era la construcción de una Europa de carácter federal y, por otro, los últimos escritos del antiguo presidente de la Alta autoridad apuntaban con nitidez a la consolidación de un órgano de naturaleza intergubernamental, el Consejo Europeo. Ambas propuestas difieren de la aplicación sistemática por un periodo indefinido del método funcionalista. Finalmente, éste fue el adoptado por las delegaciones en la CIG, sin que por ello pueda decirse que los resultados obtenidos no contribuyeron de alguna manera a resolver determinadas carencias que desde la entrada en vigor del TUE se venían evidenciando. ¿Cuáles fueron los resultados? Seguidamente exponemos en breve síntesis el contenido de las reformas operadas en el Tratado de Ámsterdam. Comenzaremos por lo realizado en materia institucional para ocuparnos a continuación de los aspectos relativos a los pilares intergubernamentales y concluir, más adelante, con los cambios introducidos en el pilar comunitario.

4.1. Las reformas en el ámbito institucional

En primer lugar, es preciso señalar que la resolución de las dos cuestiones fundamentales que debía tratar la CIG dentro de este capítulo fue aplazada a una nueva conferencia intergubernamental que debía celebrarse un año antes de que la Unión fuese a contar con veinte o más miembros. Tal fue el tenor literal de la disposición contenida en el protocolo sobre las instituciones, precepto en virtud del cual se vincula, además, la cuestión del número de comisarios con la de la reponderación del voto en seno del Consejo. En efecto, el número de comisarios debió reducirse a uno por Estado miembro, de tal modo que —al mismo tiempo— el peso relativo del voto de los Estados más grandes se revise al alza, teniendo en cuenta, asimismo, la situación especial de España que vio salvaguardados sus derechos merced a la prórroga del denominado compromiso de Ioánnina. De este modo, uno de los principales obstáculos al desbloqueo de la cuestión institucional en el trans-

1 Las referencias a artículos de los Tratados se hacen conforme a su numeración en la versión consolidada de los mismos.

curso de la CIG —la vinculación de la cuestión del número de comisarios con la reponderación del voto— se confirmó y se mantuvo más allá de la propia conferencia, circunstancia que hizo presagiar la presencia de fuertes tensiones cuando la decisión fue, finalmente, adoptada.

Con independencia del aplazamiento de las cuestiones principales por lo que el ámbito institucional se refiere, se verificaron algunos cambios de importancia que pasamos a analizar institución por institución.

Comenzando por el Parlamento Europeo, hay que señalar, en primer término, que el número máximo de representantes sea cual fuere el total de Estados miembros, quedó fijado de forma definitiva en setecientos. Se trató de una medida acordada desde hacía tiempo por todas las instancias que tuvieron por objeto mantener la eficacia de la institución e impedir una hipertrofia de la misma. En segundo lugar, el procedimiento de codecisión se vio simplificado en el Tratado de Ámsterdam, además de quedar suprimida la tercera lectura con el objeto de dar salida en el más breve plazo a los proyectos normativos que se sometieron a dicho procedimiento, buena parte de ellos, tras la extensión de su ámbito material de aplicación. Asimismo, los procedimientos legislativos quedaron reducidos a tan sólo tres: consulta, codecisión y dictamen conforme. El procedimiento de cooperación incorporado por el Acta Única se mantuvo para cuatro casos tasados relativos a la Unión Económica y Monetaria, con el objeto de no alterar las condiciones de acceso a la misma. Una vez llegado a su tercera fase, el procedimiento dejaría de existir. Finalmente, el Parlamento Europeo aprobó, en virtud del Tratado de Ámsterdam, la designación hecha por los jefes de Estado y de gobierno del Presidente de la Comisión. Se trató de un refuerzo del control político *a priori* por parte de la institución parlamentaria sobre la parte del ejecutivo comunitario a la que podía someterse a posterior una moción de censura.

En lo que hace el Consejo de la Unión, las reformas se redujeron a dos. Cuando entró en vigor el Tratado de Ámsterdam, el Comité de Representantes Permanentes (COREPER) se vio facultado para adoptar las decisiones de procedimiento en los casos previstos por el reglamento de régimen interno del Consejo. Esta posibilidad de que el COREPER pudiese adoptar decisiones de procedimiento acaso conlleve riesgos innecesarios por cuanto, si bien facilitó la descentralización del proceso de toma de decisiones y aligeró la carga de trabajo del Consejo, planteó problemas en el sentido de que el ciudadano precisaría de garantías adicionales, por ejemplo, el sometimiento de dichas decisiones al control jurisdiccional del Tribunal de Justicia, para no vulnerar sus derechos por la actuación del COREPER. Asimismo, se verificó una extensión del ámbito de las materias que fueron adoptadas por mayoría cualificada, entre las que destacan las relativas a la fiscalidad indirecta, la lucha contra la exclusión social, la protección de la salud pública, la lucha contra el fraude a escala comunitaria y las normas sobre estadísticas.

La Comisión vio como el Tratado de Ámsterdam introdujo una reforma importante en el capítulo de la confirmación del colegio de comisarios. En efecto, el Presidente fue designado por los jefes de Estado y de gobierno de los Estados miembros y confirmado por el Parlamento Europeo, como ya hemos visto. Pero, además, el colegio de comisarios que debió someterse a la sesión de investidura por parte del Parlamento Europeo estaría formado por personalidades elegidas de común acuerdo entre los Estados miembros y el Presidente de la Comisión. De este modo, se reforzó enormemente el liderazgo del Presidente sobre el colegio, al habilitársele para rechazar a un candidato a comisario propuesto por un Estado miembro e incluso a proponer el nombre de un candidato a los Estados miembros. Vale la pena señalar, por otra parte, que el monopolio de la iniciativa legislativa por parte de la Comisión se vio ligeramente quebrantado por el hecho de que para la adopción de medidas extraordinarias como consecuencia de movimientos migratorios masivos imprevistos, la Comisión compartió durante cinco años con los Estados miembros la facultad de proponer medidas al respecto.

Por su parte, el antiguo Tribunal de Justicia de las Comunidades Europeas vio como en Ámsterdam, su ámbito de jurisdicción quedaba ampliado en virtud de la incorporación al pilar comunitario de determinadas materias incluidas en el tercer pilar. Asimismo, las cuestiones relativas a los derechos fundamentales, tal y como se hallaban recogidas en el nuevo artículo 6, estarían sometidas a la jurisdicción del Tribunal.

Finalmente, en virtud del antiguo artículo 35 el Tribunal sería competente para pronunciarse con carácter prejudicial sobre la validez de las decisiones dentro de la cooperación policial y judicial en materia penal, así como sobre los convenios celebrados dentro de dicho marco y las medidas de aplicación derivadas de dichos actos. Las reformas en los pilares intergubernamentales.

Dentro de los aspectos relativos a la Unión, destacaba por encima de toda la inclusión en el TUE de un nuevo artículo 7 en virtud del cual, el Consejo, reunido en su formación de jefes de Estado o de gobierno, por unanimidad y a propuesta de un tercio de los Estados miembros o de la Comisión y previo dictamen del Parlamento Europeo «podrá constatar la existencia de una violación grave y persistente por parte de un Estado miembro» de los derechos fundamentales contemplados en los tratados. Cuando dicha constatación se produzca, el Consejo por mayoría podrá suspender determinados derechos de dicho Estado miembro, en especial el derecho de voto de éste en el seno del Consejo. El riesgo de involución respecto al mantenimiento de las garantías democráticas dentro de los Estados miembros que en la actualidad forman la Unión, así como en aquellos Estados que podrían formar parte en breve de la misma ha determinado que las delegaciones alcanzaran un acuerdo en la materia.

Uno de los aspectos más debatidos a lo largo de la CIG fue el de la eventual «comunitarización» total o parcial de las materias comprendías en los dos pilares intergubernamentales. Las tesis de la «comunitarización» de determinados aspectos incluidos dentro de los Asuntos de Justicia e Interior fueron ganando adeptos a medida que se desarrollaba la conferencia. Por el contrario, los aspectos relativos a la PESC pronto fueron desechados como materia «comunitarizables».

De este modo, finalmente, las delegaciones decidieron incluir en el pilar comunitario materias pertenecientes a un nuevo Título IV del TCE denominado «Visados, asilo, inmigración y otras políticas relacionadas con la libre circulación de personas». Todas estas materias pasaron, por tanto, a estar sometidas a la jurisdicción del Tribunal de Justicia. El resto de las materias no incluidas en el pilar comunitario permanecieron en el Titulo VI del TUE, denominado «Disposiciones relativas a la cooperación policial y judicial en materia penal». En el marco de este Título, el Consejo podría adoptar decisiones comunes, decisiones marco (nueva acta incorporado por el Tratado de Ámsterdam) y decisiones.

En lo que hace a la PESC, las modificaciones operadas alcanzaron dos aspectos diferentes. Por un lado, en relación con el marco normativo, éste se vertebró en torno a tres tipos de actos: las estrategias comunes, las acciones comunes y las posiciones comunes. El primero de ellos, las estrategias comunes, hizo referencia a las directrices que el Consejo Europeo debería fijar para aquellas áreas en que los Estados miembros tuviesen importantes intereses en común. Las acciones comunes y las posiciones comunes permanecen tal y como fueron establecidas en el TUE. Por otro lado, por lo que se refiere a su estructura orgánica, se creó la figura del Alto Representante de la PESC, cargo que estaría desempeñado por el Secretario General del Consejo. Asimismo, se creó en virtud de un protocolo anexo al Tratado ante una célula de análisis y alerta temprana que tendría por misión efectuar un seguimiento de los conflictos existentes o potenciales con el objeto de asistir en cuanto sea necesario a la Presidencia a la hora de adoptar decisiones. Las reformas en el pilar comunitario.

A pesar de las tesis imperantes en el seno de los Estados miembros contrarias a la ampliación del ámbito competencial de la UE, la pasada CIG se vio obligada tanto merced a circunstancias externas como en virtud del mencionado bloqueo en las cuestiones institucionales, —gran baza ésta que, en principio, debía abordar la conferencia— a incluir en la reforma de los Tratados mejoras y aditamentos a las políticas sectoriales contenidas en el pilar comunitario.

Acaso la novedad más importante la constituyó la introducción de un título en el TCE sobre empleo que concreta e individualiza la acción comunitaria en la materia, dando lugar a la aparición de una política autónoma. Hasta ahora el empleo era un factor que debía ser tenido en cuenta a la hora de poner en práctica las políticas de la Unión. Se trataba, si se quiere, de una política transversal u horizontal. A partir de ahora tómese como referencia la cumbre de Luxemburgo sobre el empleo la situación de los trabajadores y desempleados comunitarios sería objeto de un tratamiento diferenciado.

Asimismo, es digno reseñar el avance experimentado dentro del capítulo social con la desaparición del precepto que habilitaba al Reino Unido a permanecer fuera de las decisiones de la Unión adoptadas en la materia. Ambos acuerdos, una vez formulados en los tratados, proporcionaron, por necesidad, el impulso que la construcción de la Unión precisaba en el capítulo social.

Por su parte, la suscripción por parte de la Unión del Acta de Marrakech, acuerdo final de la Ronda Uruguay del GATT y el sometimiento a las reglas de la nueva Organización Mundial del Comercio, determinaron la inclusión, dentro de las disposiciones relativas a la política comercial común, de una referencia a los servicios y derechos de propiedad intelectual que en el Tratado de Ámsterdam pasan a someterse al igual que las mercancías a la política comercial autónoma.

Finalmente, es preciso hacer una referencia a la ya comentada «comunitarización» de determinados aspectos pertenecientes en el pasado a la cooperación en asuntos de justicia e interior que dio lugar a un nuevo ámbito de acción comunitario relativo, fundamentalmente, a la política de los visados, inmigración y asilo.

5. COLOFÓN

He aquí expuestas de forma sucinta, las líneas generales y los aspectos más destacados del Tratado de Ámsterdam. Como toda obra jurídica, el juicio definitivo sobre el mismo habrá de hacerse cuando, tras su entrada en vigor, surjan los primeros resultados fruto de su aplicación. No cabe lugar a dudas de que se trata de un hijo legítimo de los dos principios que rigen, desde sus orígenes, el proceso de construcción de la Unión: la negociación y el compromiso. Las delegaciones siguieron al pie de la letra en esta CIG ambos referentes, de manera que todos los Estados miembros debieron ser conscientes que lo acordado se pondría en práctica sin alterar, en lo esencial, su contenido. Como se dejaba traslucir de nuestras palabras en la introducción de este preámbulo, el tiempo será quien juzgue lo acertado o no de las decisiones adoptadas. En cualquier caso, no puede abrigarse duda alguna sobre la necesidad de ir dando pasos adelante. Los ciudadanos de Europa exigen de los gobernantes la solución de sus problemas y casi nadie cuestiona que la vía de la integración es la mejor de las posibles. Una integración, no obstante, que profundice en los valores propios de la sociedad europea con el objeto de dar cabida a cuantos manifiestan su disponibilidad y tienen la voluntad de incorporarse al proyecto de construir, cuanto antes, una Europa Unida.

EL TRATADO DE NIZA

1. INTRODUCCIÓN

El Tratado de Niza, acordado por el Consejo Europeo de Niza el 11 de diciembre de 2000 y firmado el 26 de febrero de 2001, constituye el resultado de once meses de negociaciones llevadas a cabo en la Conferencia Intergubernamental (CIG) iniciada en febrero de 2000. Entró en vigor el 1 de febrero de 2003 tras la ratificación por los entonces quince Estados miembros de la Unión Europea.

El propósito primario del Tratado de Niza era reformar la estructura institucional para afrontar la ampliación que llevaría a cabo la Unión Europea en los sucesivos años, una tarea que tendría que haber realizado la Conferencia Intergubernamental preparatoria del Tratado de Ámsterdam, que sin embargo no pudo resolver en casi ningún punto las referidas cuestiones.

2. EL CONSEJO EUROPEO DE COLONIA

El Consejo Europeo de Colonia (junio de 1999) confirmó la necesidad de convocar una CIG para solucionar las cuestiones institucionales que no se habían regulado en Ámsterdam y que debían serlo antes de la ampliación llevada a cabo en el año 2004. En el Consejo Europeo de Helsinki, en diciembre de 1999, se acordaron las principales cuestiones para el programa CIG 2000.

Se acordó la necesidad de una nueva Conferencia Intergubernamental, con el fin de abordar las cuestiones institucionales que debían plantearse antes de la ampliación de la Unión. Romano Prodi, Presidente de la Comisión, pidió a un grupo de expertos independientes de alto nivel que preparasen un informe sobre las repercusiones institucionales de la ampliación.

3. CONSEJO DE HELSINKI

El Consejo Europeo de Helsinki (diciembre de 1999) decidió que la CIG examinaría: el tamaño y la composición de la Comisión, la ponderación de votos en el Consejo, la ampliación de la votación por mayoría cualificada, así como las demás modificaciones que sería necesario introducir en los Tratados respecto a las instituciones europeas, en relación con las cuestiones antes citadas y en el marco de la aplicación del Tratado de Ámsterdam.

Las conclusiones de dicho Consejo Europeo dejaban abierta la posibilidad de añadir otros puntos al orden del día; fue lo que se efectuó en el Consejo Europeo de Feira (junio de 2000), que incluyó las cooperaciones reforzadas en el orden del día de la CIG.

4. LA INTERGUBERNAMENTAL DE 2000: CUESTIONES INSTITUCIONALES

Los trabajos preparatorios de la CIG comenzaron en octubre de 1999 con ocasión de la presentación, a petición de la Comisión, del informe del grupo de expertos de alto nivel, presidido por el Sr. Dehaene, sobre las implicaciones de la adhesión.

Tras la consulta de la Comisión y del Parlamento, cuyos dictámenes constituyen la condición previa esencial para la apertura de una CIG (antiguo artículo 48 del TUE), la conferencia de representantes de los gobiernos de los Estados miembros se puso en marcha el 14 de febrero de 2000 bajo la Presidencia portuguesa. A partir de julio de 2000 la CIG prosiguió sus trabajos bajo la Presidencia francesa.

La convocatoria de la CIG 2000 se había previsto explícitamente en el Tratado de Ámsterdam, en el Protocolo sobre las instituciones en la perspectiva de la ampliación de la Unión. Éste ya establecía, en efecto, que «al menos un año antes de que el número de Estados miembros de la Unión Europea exceda de veinte, se convocará una conferencia de representantes de los gobiernos de los Estados miembros con el fin de efectuar una revisión global de las disposiciones de los Tratados sobre la composición y el funcionamiento de las instituciones». Asimismo, tres Estados miembros, Bélgica, Francia e Italia, hicieron incluir una declaración por la que consideraban que el fortalecimiento de las instituciones constituye una «condición indispensable para la conclusión de las primeras negociaciones de adhesión». La Conferencia Intergubernamental que dio lugar al Tratado de Niza tenía un mandato muy claro. Se trataba de preparar a la Unión Europea para la ampliación, revisando los Tratados los siguientes ámbitos principales.

4.1. El Parlamento Europeo

Los escaños en el Parlamento han servido para compensar las disparidades en el reparto de votos en el Consejo.

4.1.1. Composición

La CIG efectuó un nuevo reparto de escaños en el Parlamento Europeo, con vistas a una Unión de 27 miembros que se aplicaría a partir de las siguientes elecciones europeas, en 2004. El número máximo de diputados europeos se incrementaría a 732.

El número de escaños adjudicados a los entonces Estados miembros se redujo en 91 escaños (de 626 entonces existentes a 535 escaños). Únicamente Alemania y Luxemburgo conservaban el mismo número de diputados. No obstante, cabe señalar que ese reparto sólo se aplicó íntegramente para la Asamblea elegida en 2009.

En efecto, habida cuenta de que, sin duda, en 2004 la Unión aún no estaba compuesta por 27 Estados miembros, se decidió, para las elecciones europeas de 2004, incrementar mediante prorrateo el número de diputados elegidos (en los entonces Estados miembros y en los nuevos Estados miembros con los cuales se hayan firmado tratados de adhesión a más tardar el 1 de enero de 2004) hasta alcanzar el total de 732 (aunque sin que el número de diputados que vayan a elegirse en cada Estado miembro pudiesen exceder del número actual).

Como era probable que nuevos Estados miembros se adhieran a la Unión durante la legislatura 2004-2009 (como fue el caso de Rumanía y Bulgaria que se adhirieron en 2007) —y, por consiguiente, que se elijan más diputados europeos en dichos países— estaba previsto que el número máximo de 732 escaños del Parlamento Europeo pudiera rebasarse temporalmente para acoger a los diputados de los Estados que hayan firmado tratados de adhesión después de las elecciones europeas de 2004.

4.1.2. Otras modificaciones

El antiguo artículo 191 del TCE se ha completado mediante una base jurídica que permite la adopción, con arreglo al procedimiento de codecisión, de un estatuto de los partidos políticos a escala europea, y en particular de las normas relativas a su financiación.

El estatuto de los miembros del Parlamento Europeo se establecerá con la aprobación del Consejo por mayoría cualificada, con excepción de las disposiciones relativas al régimen fiscal (antiguo art. 190 del TCE).

En lo sucesivo, el Parlamento Europeo podrá, al igual que el Consejo, la Comisión y los Estados miembros, interponer recursos de anulación contra actos de las instituciones sin tener que demostrar un interés particular (antiguo art. 230 del TCE) y solicitar un dictamen previo del Tribunal de Justicia sobre la compatibilidad de un acuerdo internacional con el Tratado (antiguo apartado 6 del art. 300 del TCE).

Como se indicará más detalladamente a continuación, las competencias del Parlamento Europeo se han ampliado mediante la extensión del ámbito de la codecisión y mediante el dictamen conforme que será necesario para establecer una cooperación reforzada en un ámbito regulado por la codecisión. El Parlamento Europeo también deberá pronunciarse cuando el Consejo desee comprobar la existencia de un riesgo claro de violación grave de los derechos fundamentales.

4.2. La Comisión Europea

Se refuerzan los poderes del Presidente de la Comisión, que, en adelante, será designado por mayoría cualificada, no por unanimidad como hasta ese momento, y cuyo nombramiento deberá ser sometido a la aprobación del Parlamento Europeo.

4.2.1. Composición

La CIG decidió aplazar el límite máximo del número de miembros de la Comisión. A partir del Colegio que entró en funciones a comienzos de 2005, la Comisión estará compuesta por un nacional por Estado miembro. Por consiguiente, en esa fecha los Estados miembros más poblados perdieron la posibilidad de proponer un segundo comisario, sea cual fuere entonces el número de Estados miembros de la Unión.

A partir de la primera Comisión que se nombró cuando la Unión estuvo compuesta por 27 Estados miembros, el número de comisarios sería inferior al número de Estados miembros. Los miembros se elegirán con arreglo a una rotación igualitaria.

En concreto, tras la firma del Tratado de adhesión del vigesimoséptimo Estado miembro, el Consejo adoptará por unanimidad:

- El número de miembros de la Comisión.
- Las modalidades de la rotación igualitaria, teniendo en cuenta que todos los miembros serán tratados en un estricto pie de igualdad y que cada Colegio deberá reflejar de manera satisfactoria las distintas características demográficas y geográficas del conjunto de los Estados miembros.

4.2.2. Nombramiento

La CIG decidió modificar el procedimiento de nombramiento de la Comisión (antiguo art. 214 del TCE). En lo sucesivo, la designación del Presidente será competencia del Consejo Europeo, por mayoría cualificada. Esa designación se someterá a la aprobación del Parlamento Europeo.

Posteriormente, el Consejo, por mayoría cualificada y de común acuerdo con el Presidente designado, adoptará la lista de las demás personalidades a las que se proponga nombrar miembros de la Comisión, establecida con arreglo a las propuestas hechas por cada Estado miembro. El objeto de esta fórmula es únicamente que el Consejo no pueda designar como miembro de la Comisión a una personalidad que no haya sido propuesta por el gobierno del Estado miembro del que sea nacional. No afecta a la práctica con arreglo a la cual, antes de aprobar la lista, el Presidente designado establece contactos políticos con cada gobierno a fin de que el nuevo Colegio tenga una composición armónica y equilibrada.

Por último, el Presidente y los miembros de la Comisión serán nombrados por el Consejo por mayoría cualificada, una vez obtenida la aprobación del Colegio por el Parlamento Europeo.

4.2.3. Refuerzo de los poderes del Presidente

El antiguo art. 217 del TCE reforzaba los poderes del Presidente: éste decidirá la organización interna de la Comisión; repartirá las responsabilidades de los miembros de la Comisión y podrá reorganizarlas a lo largo de su mandato; nombrará, previa aprobación del Colegio, a los vicepresidentes, cuyo número tampoco está establecido en el Tratado; todo miembro de la Comisión deberá presentar su dimisión si el Presidente, previa aprobación del Colegio, así se lo pidiere.

4.3. El Consejo de la Unión

En esta institución, las modificaciones más importantes van a consistir en la ponderación de las votaciones en el Consejo, estableciéndose medidas de reajuste del peso respectivo de los Estados miembros en favor de los más poblados y reparto de los votos en una Unión de 25 y luego de 27 Estados miembros.

4.3.1. Proceso de toma de decisiones

A partir del 1 de enero de 2005, el sistema de toma de decisiones por mayoría cualificada se modificó. En lo sucesivo, la mayoría cualificada se alcanzará cuando se cumplan dos condiciones:

- Que la decisión obtenga como mínimo un número de votos determinado (el umbral de la mayoría cualificada).
- Que la decisión obtenga el voto favorable de la mayoría de los Estados miembros.

El número de votos adjudicado a cada Estado miembro se ha modificado. Si bien se ha incrementado el número de votos para todos los Estados miembros, el incremento es mayor para los Estados miembros con más población. Los cinco Estados miembros más poblados tendrán, en una Unión de 15 miembros, el 60 % de los votos (en aquel momento el 55 %).

El umbral de la mayoría cualificada fue el centro de los debates en las últimas horas de la CIG. El compromiso final es complejo. Sea como fuere, se decidió que el umbral de la mayoría cualificada se fijará en los tratados de adhesión sucesivos, a partir de los principios determinados por el Tratado.

El Tratado prevé además la posibilidad para un miembro del Consejo de pedir que se compruebe que la mayoría cualificada representa como mínimo el 62 % de la población total de la Unión. Si se observara que no se cumple esa condición, la decisión no sería adoptada. No obstante, esa condición sólo es aplicable si se pide la comprobación.

4.4. Tribunal de Justicia

La CIG efectuó reformas importantes del sistema jurisdiccional de la Unión. Las principales novedades introducidas por el Tratado de Niza se basan en un nuevo reparto de las competencias entre las dos instancias (Tribunal de Justicia y Tribunal de Primera Instancia) y en la posibilidad de crear Salas jurisdiccionales especializadas.

Las disposiciones fundamentales relativas al Tribunal de Primera Instancia, en particular sus competencias, se hallan ya en el Tratado. Además, el Tratado establece la posibilidad de crear Salas jurisdiccionales para que conozcan en primera instancia de determinados recursos en materias específicas. El Tratado ha introducido una mayor flexibilidad para adaptar el sistema jurisdiccional en el futuro, regulando algunas cuestiones en el Estatuto del Tribunal de Justicia, que en lo sucesivo podrá ser modificado por el Consejo, por unanimidad, a petición del Tribunal de Justicia o de la Comisión. En lo sucesivo, la aprobación de los reglamentos de procedimiento del Tribunal de Justicia y del Tribunal de Primera Instancia por el Consejo deberá hacerse por mayoría cualificada.

4.4.1. Composición

Como en el pasado, el Tribunal de Justicia estará compuesto por un juez por Estado miembro. No obstante, se adoptaron medidas para mantener la eficacia de la jurisdicción y la coherencia de su jurisprudencia.

La «Gran Sala», que estaba compuesta por once jueces (entre ellos, el Presidente del Tribunal de Justicia y los presidentes de las Salas de cinco jueces), conocerá, por lo general, de asuntos de los que actualmente conoce el Pleno. Los presidentes de las Salas de cinco jueces se designaban por un período de tres años, renovable una vez. El Tribunal de Primera Instancia contaba con al menos un juez por cada Estado miembro (el número se fijará en el Estatuto; en ese momento, en éste se prevén quince jueces).

Como en el pasado, el número de jueces del Tribunal de Primera Instancia (que hasta la fecha estaba fijado en la Decisión por la que se crea el Tribunal de Primera Instancia) podrá modificarse. Cabe señalar que, a raíz de una petición presentada a tal fin por el Tribunal de Justicia, independientemente de la CIG, el COREPER manifestó estar de acuerdo en que se incremente en seis el número de jueces del Tribunal de Primera Instancia. Quedaba por decidir el sistema de rotación para los nombramientos.

4.4.2. Reparto de competencias entre el Tribunal de Justicia y el Tribunal de Primera Instancia

El Tratado establece el reparto de competencias entre el Tribunal de Justicia y el Tribunal de Primera Instancia, pero la delimitación podrá ajustarse en disposiciones del Estatuto.

El Tribunal de Primera Instancia será competente para pronunciarse sobre los recursos directos, en particular los recursos de anulación (antiguo art. 230 del TCE), por carencia de omisión (antiguo art. 232 del TCE), de responsabilidad (antiguo art. 235 del TCE), con excepción de los que se asignen a una Sala jurisdiccional y de los recursos que el Estatuto reserve al Tribunal de Justicia. El Tribunal de Justicia seguirá siendo competente para los demás recursos (en particular los recursos por incumplimiento, antiguo art. 226 del TCE), pero el Estatuto podrá encomendar al Tribunal de Primera Instancia otras categorías de recursos además de los enumerados en el antiguo artículo 225 del TCE.

El objetivo es mantener en el Tribunal de Justicia, como órgano jurisdiccional supremo de la Unión, el contencioso relativo a las cuestiones esenciales para el orden comunitario. A tal fin, la CIG pidió al Tribunal de Justicia y a la Comisión que efectuaran lo antes posible un examen global del reparto de competencias para que puedan estudiarse propuestas apropiadas cuando entrase en vigor el Tratado de Niza.

El Tribunal de Justicia, responsable de garantizar la aplicación uniforme del Derecho comunitario en la Unión, conserva, en principio, competencia para conocer de las cuestiones prejudiciales; no obstante, en virtud del antiguo artículo 225 del TCE, el Estatuto podrá otorgar al Tribunal de Primera Instancia la competencia prejudicial en determinadas materias específicas.

4.4.3. Las Salas jurisdiccionales

El Consejo podrá crear Salas jurisdiccionales para que conozcan en primera instancia sobre determinadas categorías de recursos en materias específicas (por ejemplo, en el ámbito de la propiedad intelectual, en el de la función pública). Mediante una declaración, la CIG pide que se prepare un proyecto de decisión para crear una Sala jurisdiccional de ese tipo para conocer de los litigios en materia de personal (antiguo art. 236 del TCE).

Contra una decisión de las Salas jurisdiccionales podrá interponerse el recurso «de casación» ante el Tribunal de Primera Instancia.

4.4.4. Patente comunitaria

Por último, el antiguo artículo 229 bis del TCE permitirá al Consejo, por unanimidad, atribuir Al Tribunal de Justicia la competencia de pronunciarse sobre litigios vinculados a títulos comunitarios de propiedad industrial. Dicha disposición está dirigida básicamente a los litigios entre particulares en los que se trate de la futura patente comunitaria. Esta decisión del Consejo no entrará en vigor hasta que sea adoptada por los Estados miembros (es decir, después de su ratificación).Otras reformas.

4.4.5. Tribunal de Cuentas

En lo sucesivo, el Tratado prevé de forma explícita que el Tribunal de Cuentas estará compuesto por un nacional de cada Estado miembro. El Tribunal de Cuentas podrá crear Salas para aprobar determinadas categorías de informes o de dictámenes.

4.4.6. Banco Central Europeo y Banco Europeo de Inversiones

El Tratado de Niza no modifica la composición del Consejo de Gobierno del BCE (compuesto por miembros del Comité Ejecutivo y por gobernadores de los bancos centrales nacionales), pero introduce la posibilidad de modificar las normas relativas a la toma de decisiones; en aquel momento, por lo general las decisiones se adoptaban por mayoría simple de los miembros, cada uno de los cuales tenía un voto (art. 10 del Estatuto del BCE). Esta modificación requiere una decisión unánime del Consejo Europeo, ratificada después por los Estados miembros. La CIG declaró que esperaba que el Consejo de Gobierno presentara lo antes posible una recomendación de modificación de las normas de votación.

Por lo que respecta al BEI, el Tratado de Niza establece la posibilidad de modificar la composición del Consejo de Administración y las normas relativas a la toma de decisiones mediante una decisión unánime del Consejo.

4.4.7. Comité Económico y Social y Comité de las Regiones

La CIG no modificó el número ni el reparto por Estado miembro de los miembros del Comité Económico y Social ni del Comité de las Regiones. En lo sucesivo, el Tratado prevé que el número de miembros de dichos comités no excederá de trescientos cincuenta (antiguos art. 258 y 263 del TCE), pero ese límite no se alcanzaba con los miembros previstos para los nuevos Estados miembros.

La cualificación de los miembros del Comité Económico y Social se ha modificado: éste estará constituido por «representantes de los diferentes componentes de carácter económico y social de la sociedad civil organizada» (antiguo art. 257 del TCE). Por lo que respecta al Comité de las Regiones, en lo sucesivo el Tratado establece explícitamente que los miembros deberán ser titulares de un mandato electoral regional o local u ostentar responsabilidad política ante una asamblea electiva.

5. LA DECLARACIÓN DE LAEKEN

Un año después del Tratado de Niza y de la Declaración del mismo nombre que proponía continuar con la reforma institucional más allá de los resultados obtenidos en la Conferencia Intergubernamental de 2000, el Consejo Europeo, reunido en Laeken, adoptó el 15 de diciembre de 2001 una «Declaración sobre el Futuro de la Unión Europea» o «Declaración de Laeken», por la que la Unión se comprometía a ser más democrática, transparente y eficaz.

En esta Declaración se planteaban sesenta preguntas clave sobre el futuro de la Unión, articuladas en torno a cuatro temas: reparto y definición de las competencias, simplificación de los Tratados, la arquitectura institucional y el camino hacia una Constitución para los ciudadanos europeos. Para ello se fijó un calendario de trabajo en tres fases: una fase de escucha; una fase de análisis y una fase de redacción. Al término de esta última fase, debía proponerse un texto único de carácter constitucional. Ese documento serviría de punto de partida para las negociaciones de la CIG llevadas a cabo por los Jefes de Estado y de Gobierno a quienes compete, en última instancia, cualquier decisión sobre la reforma de los Tratados. Esta Convención tuvo el cometido de examinar las cuestiones esenciales que planteaba el desarrollo de la Unión en el futuro a fin de garantizar una preparación lo más amplia y transparente posible de la CIG 2004.

Los trabajos de la Convención llegaron a su término el 10 de julio de 2003, después de que se alcanzara un acuerdo sobre la propuesta de Constitución Europea. El 18 de junio de 2004, los Jefes de Estado y de Gobierno de los Estados miembros llegaron a un acuerdo, tras hacer determinadas concesiones, sobre el proyecto de Constitución Europea elaborado por la Convención.

6. LA CONVENCIÓN EUROPEA

El proceso que llevó a la constitución de una Convención Europea se inició en diciembre de 2000 con la «Declaración relativa al futuro de la Unión» que se incorporó en anexo al Tratado de Niza. Dicha Declaración proponía proseguir la reforma institucional más allá de los resultados obtenidos durante la Conferencia Intergubernamental de 2000 (CIG 2000) articulando un proceso en tres etapas: apertura de un debate sobre el futuro de la Unión Europea; creación de una Convención sobre la reforma institucional, que se decidiría en el Consejo Europeo de Laeken de diciembre de 2001, y convocatoria de una CIG en 2004.

Conforme a la Declaración de Laeken, se optó por el modelo de la Convención para preparar la próxima CIG. Inspirada en la Convención que elaboró la Carta de los Derechos Fundamentales, la Convención estaba compuesta por representantes de los Gobiernos y de los Parlamentos nacionales de los Estados miembros y de los países candidatos, por representantes del Parlamento Europeo y de la Comisión. Su sesión inaugural tuvo lugar el 28 de febrero de 2002 y sus trabajos finalizaron tras diecisiete meses de discusiones.

La Convención elaboró un proyecto de Tratado por el que se instituye una Constitución para Europa, que fue presentado por su Presidente, el Sr. Giscard d'Estaing, al Consejo Europeo de Tesalónica. La Convención terminó sus trabajos en julio de 2003.

La reunión inaugural de la Convención se celebró el 28 de febrero de 2002 y sus trabajos concluyeron el 10 de julio de 2003, tras lograrse un acuerdo sobre una propuesta de Constitución Europea.

La constitución de esta Convención ha sido un fenómeno inédito en la historia de la Unión Europea, en la medida en que a las CIG anteriores nunca les había precedido una fase de debate abierto y transparente con todas las partes interesadas.

7. LOGROS DEL TRATADO

La reforma institucional llevada a cabo en Niza no introduce cambios importantes en el equilibrio institucional, sino que más bien supone ajustes que giran en torno a dos ejes principales: por una parte, la cuestión atinente al funcionamiento y a la composición de las instituciones y, por otra, las cooperaciones reforzadas. Fueron raros los asuntos de naturaleza no institucional abordados al margen de las discusiones sobre la reforma de las instituciones.

Las principales reformas introducidas en el Tratado de Niza incluyen las cooperaciones reforzadas, cuestiones institucionales y la ampliación del uso de mayorías calificadas. El sistema de cooperaciones reforzadas, introducido en el Tratado de Ámsterdam, fue fortalecido en Niza y permitirá una integración más rápida y profunda. La reforma institucional tocó el número de votos asignados en el Consejo, y la distribución de asientos en el Parlamento Europeo y en la Comisión. En cuanto al Tribunal de Justicia, varias de sus características podrán ser reformadas con el voto unánime del Consejo en lugar de requerirse una Conferencia Intergubernamental. Ha habido cambios en la distribución de las competencias entre el Tribunal de Primera Instancia y el Tribunal de Justicia. Este último sería integrado por un juez por cada Estado miembro, y trabajaría preferentemente en salas, y no en pleno como en el pasado.

TRATADO POR EL QUE SE ESTABLECE UNA CONSTITUCIÓN PARA EUROPA

1. INTRODUCCIÓN

El Tratado por el que se establece una Constitución para Europa supuso la quinta de las modificaciones realizadas en los Tratados fundacionales.

Uno de los aciertos europeos más importantes de los últimos años ha sido el de la elaboración de una Constitución para Europa en la que los representantes de los parlamentos nacionales y del Parlamento Europeo, de los Gobiernos nacionales y de la Comisión abordaron, con total transparencia, el futuro de la Unión. Por lo tanto, el significado del término Constitución, en lo referente a la Unión Europea, tiene un valor eminentemente simbólico.

La Conferencia Intergubernamental, a quien correspondía tomar una decisión definitiva sobre la Constitución, vino a seguir muy de cerca los trabajos de la Convención. Al final, aunque la Conferencia Intergubernamental introdujo en el texto un número relativamente importante de modificaciones, las novedades más significativas se limitaron a recortar el ambicioso número de cuestiones que se iban a dirimir por mayoría cualificada.

La construcción europea, basada en los distintos Tratados que se han ido concluyendo a lo largo de los años, se había convertido en un conjunto poco inteligible. Es por ello, que la denominada «Constitución para Europa» sustituiría a la «Comunidad Europea» y a la «Unión Europea» existentes. Los tres «pilares» se van a fusionar, aunque manteniendo una serie de procedimientos particulares en materia de política exterior, seguridad y defensa. Los Tratados CE y UE, y todos los Tratados que los han modificado y completado, serían sustituidos por el «Tratado por el que se establece una Constitución para Europa».

La inclusión de la Carta de los Derechos Fundamentales y la clara afirmación de los valores y objetivos de la Unión y de los principios básicos que regulan las relaciones entre la Unión y sus Estados miembros permitieron a algunos llamar Constitución a este texto básico. En ella se llevó a cabo un más claro reparto de las competencias y una simplificación de los instrumentos y de los procedimientos.

Ahora bien, jurídicamente, la Constitución continuaba siendo un Tratado de modo que, no llegó a entrar en vigor puesto que no fue ratificada por todos los Estados miembros.

Se pretendía que el Tratado entrase en vigor el 11 de noviembre de 2006, después de que fuera ratificado por los Estados miembros, pero ante la victoria del «no» en los dos referéndums celebrados en Francia y Países Bajos, la Presidencia alemana del Consejo de la Unión Europea, en el primer semestre de 2007, elaboró una propuesta que fue dada a conocer el 19 de junio de ese año bajo el nombre de Tratado de reforma.

2. LA CONFERENCIA INTERGUBERNAMENTAL Y EL PROYECTO DE CONSTITUCIÓN

Cuando el Consejo Europeo de Laeken, en diciembre de 2001 otorgó mandato a una Convención, compuesta por representantes de todos los Parlamentos de los Estados miembros y de los Estados candidatos a la adhesión de la Unión Europea, además de los representantes personales de cada Presidente de Gobierno, los representantes del Parlamento Europeo y de la Comisión Europea, para que preparase un proyecto de Tratado que contuviese una Constitución para Europa, tal vez no imaginaba la absoluta trascendencia de su encargo y el alcance que iba a tener aquel incipiente mandato. En efecto, la Convención no solo desarrolló un trabajo digno y encomiable, sino que, además dio un paso trascendental en el proceso de construcción europea elaborando un texto que, aun cuando figure en el enunciado genérico de un Tratado que viene a modificar a los anteriores, responde en realidad a una verdadera norma jurídica del más alto rango que no es otra cosa que una moderna Constitución.

El 18 de junio de 2004, la Conferencia Intergubernamental, reunida a nivel de Jefes de Estado o de Gobierno, alcanzó un acuerdo sobre el proyecto de Constitución Europea preparado por la Convención.

El proyecto de Constitución sirvió como base para las negociaciones de la CIG convocada en octubre de 2003. El 18 de junio de 2004 como hemos dicho, se alcanzó un acuerdo político como consecuencia del trabajo de dicha CIG, y el proyecto de Constitución se transmitió a los Jefes de Estado. Todos ellos lo firmaron el 29 de octubre de 2004.

La ratificación de la Constitución era la última etapa para superar antes de su entrada en vigor. La Constitución debía, así, ser ratificada por todos los Estados miembros, con arreglo a sus respectivas normas constitucionales, bien mediante ratificación parlamentaria, bien mediante referéndum.

A raíz de las dificultades que hubo en determinados Estados miembros en lo concerniente a la ratificación, en el Consejo Europeo de los días 16 y 17 de junio de 2005 los Jefes de Estado o de Gobierno decidieron iniciar un «período de reflexión» sobre el futuro de Europa.

En el Consejo Europeo de los días 21 y 22 de junio de 2007, los dirigentes europeos llegaron a un compromiso. Se acordó un mandato para convocar una CIG encargada de finalizar y adoptar no una Constitución sino un «tratado de reforma» para la Unión Europea. De ratificarse, este Tratado podría entrar en vigor en junio de 2009, antes de las siguientes elecciones al Parlamento Europeo.

Según lo acordado en Salónica (Grecia) en junio de 2003, el nuevo Tratado constitucional debía ser firmado después de mayo de 2004 —fecha de adhesión de los diez nuevos miembros— y antes de las elecciones europeas de junio de 2004 y, para ello, debía tenerse ultimado el texto definitivo antes de finales de 2003. Sin embargo, la Cumbre de Bruselas de diciembre de ese año terminó sin éxito. El Presidente en ejercicio del Consejo Europeo, Silvio Berlusconi, dio por fracasadas las negociaciones sobre la Constitución europea al constatar la falta de acuerdo sobre el sistema de voto.

El punto central de las diferencias fue el enfrentamiento entre el llamado «Eje franco-alemán» por un lado y España y Polonia por otro. La disputa giró en torno al sistema de votación, pero en la práctica la confrontación era una continuación de las diferencias generadas en el seno de la UE tras la invasión de Iraq de 2003, que apoyaron España y Polonia en franco desafío a la postura contraria a la invasión por parte de Francia y Alemania.

Esta situación se vio superada principalmente tras el cambio de gobierno en España, ya que la nueva administración se mostró favorable, con lo que se logró el acuerdo de junio de 2004.

3. NOVEDADES DEL TRATADO CONSTITUCIONAL PARA EUROPA

3.1. Naturaleza

La Constitución no resuelve uno de los aspectos más controvertidos desde la creación de la primigenia Comunidad Económica Europea: su naturaleza jurídica. La Unión Europea es algo más que una mera organización internacional porque asume parcelas de soberanía de los países que la componen (algunas de sus normas son de aplicación directa, elimina las fronteras interiores, regula el comercio, gestiona la moneda que comparten la mayoría de sus miembros...), pero tampoco puede definirse como un Estado. El hecho de tener una Carta Magna nubla aún más la cuestión, porque añade la discusión sobre si realmente es un texto constitucional o es un mero tratado internacional que se arroga un nombre que no le corresponde.

3.2. Simplificación de los Tratados

Una de las razones fundamentales para la redacción de la Carta Magna era acabar con la complicada y ambigua interpretación y comprensión del Tratado de la Unión Europea elaborado en Maastricht en 1992 sobre la base del texto que creaba la Comunidad Económica Europea. Este Tratado, a su vez, ha sido reformado en sucesivas cumbres (desde Ámsterdam hasta Niza) por lo que el articulado se ha ido haciendo cada vez más farragoso e inaccesible.

3.3. Desaparición de la Comunidad Europea

El mayor paso adelante de la Constitución en el proceso de integración europea es que termina con la distinción entre Unión Europea y Comunidad Europea (CE). A partir de ahora, la UE asume la personalidad jurídica de la CE, la sustituye en todos sus compromisos y en sus obligaciones. En el terreno práctico, se traduce en que no sólo los asuntos económicos son competencia de las instituciones comunitarias; a partir de ahora también lo es la política de Justicia e Interior.

3.4. Presidente de la Unión

La principal novedad radica en la nueva regulación del Consejo Europeo, que reúne a los jefes de Estado o de Gobierno. La presidencia de esta institución pasa de ser semestral y rotatoria a elegir un presidente estable del Consejo Europeo que ocupará el cargo durante dos años y medio, renovable una sola vez. Será investido por mayoría cualificada y le corresponde la representación de la Unión en el exterior.

3.5. Ministro Europeo de Asuntos Exteriores

Con el Tratado Constitucional, la política exterior y de seguridad común (PESC) se mantiene en un ámbito nebuloso de cooperación intergubernamental. La Constitución evita recogerla entre las competencias compartidas entre la UE y los Estados miembros y se limita a indicar que los países deberán apoyarla «activamente y sin reservas» por lo que «se abstendrán de toda acción contraria a los intereses de la Unión». El cargo conocido hasta ahora como Míster PESC se le rebautiza como Ministro de Asuntos Exteriores, al que también encarga coordinar la política defensa.

3.6. Menos comisarios que países

Aunque los comisarios no representan a su país de origen, los socios europeos han mantenido una dura batalla por el nombramiento del Ejecutivo de la UE. Antes de la ampliación a 25, los países grandes (Francia, Alemania, Reino Unido, Italia y España) designaban dos miembros, mientras el resto de los países elegían a uno. El borrador de la Constitución reduce drásticamente esa cifra; a partir de la segunda legislatura desde que el texto estuviese en vigor, el Tratado preveía que el número de integrantes del Ejecutivo sería igual a dos tercios del número de Estados miembros.

3.7. Mayor número de parlamentarios europeos

La Constitución Europea eleva el número de escaños previsto en el Tratado de Niza: de un máximo de 736 diputados se pasa a 750. Además, se realiza un nuevo reparto que recorta presencia de los países grandes en la Cámara (Alemania, por ejemplo, pasa de 99 asientos a 96) y compensa a los países que pierden peso en otras instituciones (por ejemplo, España).

3.8. El procedimiento de codecisión

El Parlamento Europeo aumenta su poder hasta el punto de que el texto indica literalmente que comparte el poder legislativo con el Consejo mediante el procedimiento de codecisión.

3.9. Nuevo sistema de voto en el Consejo

La toma de decisiones en el Consejo de ministros, el gran órgano de dirección de la UE se modifica de forma notable en la Carta Magna. Hasta ahora se producía con un sistema de ponderación corregido: a cada país le corresponde un número determinado de votos. Para que una decisión prosperase, no sólo era necesario obtener más votos a favor que en contra, sino que diez países se manifestaran favorablemente.

La Constitución modifica este sistema: las decisiones se tomarán por el 55 % de los Estados que representen al menos al 65 % de los europeos, además, será necesario que cuatro países se opongan para ejercer el bloqueo. Además, se ha establecido una mayoría supercualificada del 72 % de los Estados y 65 % de la población para determinadas materias, interior, política exterior o política monetaria. Hasta ahora, estas cuestiones no eran competencia de las instituciones europeas, sino que se analizaban directamente en las Cumbres de Jefes de Estado y de Gobierno donde las decisiones se adoptan por unanimidad. Asimismo, se añade que la abstención, a diferencia de la situación imperante hasta entonces, no se contabilizará como voto negativo respecto al total.

3.10. Reducción del derecho de veto

El nuevo texto sigue sin eliminar definitivamente el derecho de veto. Aun así, la regla general es que las decisiones en el seno del Consejo de Ministros se tomarán por mayoría cualificada y no por unanimidad, salvo en casos excepcionales muy tasados: política exterior, defensa y fiscalidad.

La desaparición del derecho de veto se revela, efectivamente, como la única fórmula que permitirá la toma de decisiones entre 25 miembros. Entre las cuestiones que pasan a requerir sólo mayoría absoluta figuran: asilo, inmigración, colaboración judicial y policial, libre circulación de trabajadores y las cuestiones de política exterior planteadas por el Ministro Europeo de Asuntos Exteriores.

3.11. Carta de Derechos Fundamentales

Una de las grandes diferencias de la Constitución con los Tratados anteriores es la incorporación de la Carta de Derechos Fundamentales al Tratado, otorgándole a ésta el rango de Tratado, y, por tanto, de Derecho originario de la Unión.

Entre ellos, figuran algunos de carácter económico como el derecho al trabajo, a la sindicación, la huelga y la protección por despido. Son los llamados derechos de tercera generación, que recogen las conquistas del Estado del bienestar y que las Constituciones más antiguas de Europa no incluyen.

4. LA NO RATIFICACIÓN EN FRANCIA Y PAÍSES BAJOS

Con una participación del 69,74 % el 54,87 % de los votantes, los franceses rechazaron el Tratado en el referendo celebrado el 29 de mayo de 2005. El partido gobernante UMP del Presidente Jacques Chirac apoyó el «sí» de manera oficial y fue sostenido por sus votantes. Lo mismo ocurrió con UDF, segunda fuerza de derecha. Por el contrario, el Partido Socialista, así como los Verdes que habían apoyado oficialmente el Tratado no lograron convencer a sus electores, que se pronunciaron de manera negativa.

Los partidos comunistas, verde, de extrema izquierda y el ultraderechista Frente Nacional, así como la organización ATTAC se posicionaron claramente por el «no». La alta movilización de la izquierda llevó a una participación de más del 70 %. Los resultados dieron una clara victoria al «no».

Por otro lado, el Referéndum sobre la Constitución Europea en Holanda fue un referéndum consultivo que se llevó a cabo el 1 de junio de 2005 para decidir si los Países Bajos ratificarían el Tratado por el que se establece una

Constitución para Europa. La votación fue el primer referéndum nacional en más de doscientos años y no era vinculante, lo que significaría que, a pesar de que el electorado rechazara la Constitución, podía ser teóricamente ratificada por los Estados Generales de los Países Bajos. No obstante, el gobierno sostuvo que respetaría un resultado decisivo, provisto por un número de electores que excediera el 30 %. Los resultados oficiales mostraron que un 61,5 % de votantes rechazaba la Constitución, con una participación electoral del 63,3 %.

TRATADO DE LISBOA

1. INTRODUCCIÓN

El Tratado de Lisboa es el punto culminante de medio siglo de construcción europea, finalmente aprobado después del rechazo por los ciudadanos franceses y holandeses de la mal llamada «Constitución Europea».

Técnicamente, el documento del Tratado de Lisboa consta de dos partes: el Tratado de la Unión propiamente dicho (TUE) y el de funcionamiento (TFUE).

En el primer de dichos textos (art. 3) se menciona el objetivo de lograr un desarrollo sostenible de Europa, con un nivel elevado de protección y mejora de la calidad del medio ambiente. Esto debe posicionar a Europa, en sus relaciones con el resto del mundo, como coadyuvante al desarrollo sostenible del planeta. El Titulo II se dedica a los principios democráticos, que reconoce el papel de las asociaciones (art. 11) y la iniciativa legislativa popular cuando se forme un grupo de un millón de ciudadanos, provenientes de varios países.

En la segunda parte del Tratado de Lisboa, se recoge el funcionamiento de la UE (TFUE), donde se establece que el medio ambiente es competencia compartida con los Estados miembros, aunque es exclusiva de la Unión en lo referente a la conservación de los recursos biológicos marinos. También recuerda que todas las políticas y acciones europeas deben integrar las exigencias de protección del medio ambiente. El título XX, recoge objetivos de conservación (de protección y mejora de la calidad de medio ambiente, de la protección de la salud de las personas) y los principios de cautela y acción preventiva, corrección de los atentados al medio ambiente, en la fuente de la misma a poder ser, y el principio de quien contamina paga.

En el Título de Cooperación con terceros países y ayuda humanitaria se contemplan los programas de enfoque temático, como es el medio ambiente, y la colaboración con organismos internacionales (Naciones Unidas) para su realización. Por lo demás, el Tratado de Lisboa mantiene el derecho de petición al Parlamento Europeo (art. 227 TFUE), el procedimiento de queja ante la

Comisión (arts. 258 y 259 TFUE) o el recurso de particulares ante el Tribunal de Justicia contra los actos de los que sean destinatarios o que los afecten directa e individualmente (art. 263 TFUE).

En definitiva, el objetivo del Tratado de Lisboa, que hace que la UE sea más democrática, eficiente y transparente, al tiempo que da a los ciudadanos y a los Parlamentos más información sobre lo que ocurre en la Unión y dota a Europa de una voz más clara y más fuerte en el mundo, protegiendo asimismo los intereses nacionales.

2. CONFERENCIA INTERGUBERNAMENTAL DE 2007

El Consejo Europeo, en su sesión del 21 y 22 de junio, acordó convocar una Conferencia Intergubernamental (CIG) para abordar la elaboración de un «Tratado de Reforma» que modifique los Tratados existentes a fin de aumentar la eficacia y la legitimidad democrática de la Unión ampliada, así como la coherencia de su acción exterior.

La CIG se inauguró el 23 de julio de 2007 y finalizó sus trabajos el 18 de octubre del mismo año. El Tratado resultante fue firmado en Lisboa el 18 de diciembre de 2007.

La Presidencia portuguesa del momento, presentó un documento de 145 páginas, titulado el «Proyecto de Tratado por el que se modifica el Tratado de la Unión Europea y al Tratado constitutivo de la Comunidad Europea» y la publicó en el sitio web del Consejo de la Unión Europea como punto de partida para el proceso de redacción.

Además de los representantes gubernamentales y académicos jurídicos de cada Estado miembro, el Parlamento Europeo envió tres representantes. Estos eran el conservador Elmar Brok, el socialdemócrata Enrique Barón y el liberal Andrew Duff.

Por otro lado, la naturaleza de este Tratado de reforma que saliese de la CIG encarna una vuelta a la vía clásica de reforma de los Tratados constitutivos. Así, el TUE conservará su denominación actual, mientras que el TCE pasará a llamarse Tratado de funcionamiento de la Unión (en adelante, TFUE), si bien ambos tendrán el mismo valor legal.

3. REFORMAR LAS INSTITUCIONES, UNA IDEA ANTIGUA

Desde hace décadas, puede constarse la idea por la cual, se hacía preciso proceder a buscar las necesarias reformas que pudiesen aplicarse al devenir en la actuación de las distintas instituciones comunitarias. En efecto, casa vez que, por ejemplo, seiba a llevar a cabo una nueva ampliación de las Comunidades Europeas, salía a relucir, con carácter previo, la necesaria reforma del sistema institucional comunitario, siendo que este hecho se patentizó, de la manera más clara, con ocasión de la ampliación que incorporó a una gran parte de países de Europa central y oriental. Con tan importante acontecimiento, la Comunidad consideró absolutamente imprescindible intentar dar cauce a las correspondientes modificaciones en cada una de las instituciones soporte del funcionamiento de la Unión.

Como ya hemos expuesto en otros lugares, los distintos mecanismos de funcionamiento de las instituciones comunitarias, que habían sido creadas desde los años cincuenta cuando fueron concebidas las tres Comunidades Europeas, luego de décadas de funcionamiento impecable y tras varias ampliaciones, comenzaban a requerir cambios y reformas que hicieran posible soportar el juego de casi cinco veces más el número de Estados miembros para los que inicialmente fueron diseñados. Por ello, resultaba inevitable proceder a una reforma de dichas instituciones como paso previo a continuar ampliando la Unión y de cara al futuro desarrollo de la misma con otras adhesiones.

La cuestión fue planteada con absoluta nitidez y aceptada por todos sin discusión. No obstante, el problema, tradicionalmente, se ha planteado en torno a cuanto afecta a la naturaleza y profundidad de las reformas a realizar. Sobre estas cuestiones el acuerdo no es para nada unánime y las discrepancias han sido mayores, alejando los puntos de entendimiento entre quienes planteaban unas reformas mínimas, más bien retoques a lo existente, y quienes hemos propugnado unas auténticas reformas en profundidad que condujeran a la existencia de unas instituciones capaces de configurar un modelo válido para los próximos cuarenta o cincuenta años. Por tanto, las reformas institucionales han sido consideradas absolutamente necesarias, en ello todos de acuerdo, pero ¿cuáles?, ¿qué cantidad y cantidad de reformas? Ah, esto ya ha sido otra cosa y las posiciones no han concurrido tanto, por ello el camino recorrido y por hacer en el ámbito de los cambios no resulta fácil.

En ese momento y, pese a los cambios operados por las reformas aportadas en el Tratado de Lisboa y que, posteriormente, expondremos, lo cierto es que, cabría afirmar que, de lo que se trata es de diseñar el futuro. En consecuencia, se hacía preciso, en nuestra opinión, acomodar el sistema institucional a las nuevas realidades que conforman el panorama rico, amplio y profundo de la integración europea. Sin embargo, ya lo hemos mantenido insistentemente dese hace bastantes años, acomodar no puede significar únicamente llevar a cabo pequeños retoques que afectan a la simple composición de las instituciones o al mayor o menor peso que los Estados miembros han de tener en algunas de ellas. Consideramos, por el contrario, que las reformas son imprescindibles para hacer frente a los desafíos futuros y que deben realizarse con total vigor y en profundidad, diseñando, fijando, imaginando un sistema institucional que resulte útil y eficaz para el logro de los objetivos de la integración en el marco de los próximos años o décadas. Y para obtener esos resultados, es menester hacer reformas profundas en el sistema y no simples retoques numéricos como se han venido llevando a cabo tradicionalmente con cada adhesión de nuevos Estados. Somos claramente partidarios de subrayar que el modelo precisa de un rediseño en el que, sin miedo aunque con la suficiente prudencia, se proceda a cambiar bastantes cosas que afectan al sistema institucional de la Unión propiamente dicho, aunque, tal vez no es ahora el momento más idóneo para plantear estas cuestiones, pues lo que hemos de analizar no son otra cosa que los cambios sobrevenidos como consecuencia de la aprobación del Trabado de Lisboa, el cual ha servido para, modificando el Tratado de la Unión Europea y el Tratado de la Comunidad Europea, salir de la situación de «impase» que se venía manteniendo a nivel de la Unión y proseguir en el avance, aunque lentamente y no a la velocidad que impulsaba el «non nato» Tratado Constitucional, del proceso de integración europea.

4. RELATO DETALLADO DE LAS NOVEDADES MÁS DESTACABLES INTRODUCIDAS POR EL TRATADO DE LISBOA (TUE Y TFUE)

El Tratado entró en vigor el 1 de diciembre de 2009, según lo dispuesto en su artículo 6. En este apartado habremos de referirnos, de manera sucesiva, al Parlamento Europeo, al Consejo Europeo, al Consejo, a la Comisión y al Tribunal de Justicia de la Unión Europea. Finalizaremos con algunas alusiones a otras instituciones, como el Banco Central Europeo y el Tribunal de Cuentas, y a los órganos consultivos de la Unión, tales como el Comité de las Regiones y el Comité Económico y Social.

Otro de los avances fundamentales que aporta el nuevo texto es el reconocimiento del valor jurídico de la Carta de Derechos Fundamentales de la Unión. El Tratado de Reforma previó incluir en el Tratado de la Unión Europea una cláusula que remitiese al texto de la Carta. Se introduce igualmente en el TUE una cláusula habilitante que permitirá a la Unión adherirse al Convenio Europeo de Derechos Humanos, si así lo deciden los Estados miembros por unanimidad. Esto situará a la Unión en situación similar a la que tienen los Estados miembros, sometidos al control externo del Tribunal de Estrasburgo en materia de derechos humanos.

4.1. El Parlamento Europeo

Puede mantenerse que el Tratado de Lisboa ha venido a reforzar sensiblemente el papel del Parlamento Europeo en tanto que institución capital de la Unión. Cabe afirmar que, el Parlamento Europeo constituye la única institución, a escala europea, que representa directamente a los ciudadanos. En el mismo orden de ideas, se pueden establecer los siguientes principios, que son derivados de las disposiciones contenidas en los textos legales: El papel de colegislador del Parlamento Europeo se halla plenamente reconocido mediante la generalización de la actual codecisión, que se eleva al rango de procedimiento legislativo ordinario, pero también mediante el refuerzo de su participación en los procedimientos legislativos especiales. En el ámbito de los acuerdos internacionales, su aprobación se convierte asimismo en regla general:

- Adquiere un derecho concurrente de iniciativa en la revisión de los Tratados y participa en el procedimiento a través de la Convención, siendo que el Consejo únicamente puede decidir no convocar a ésta con la aprobación del Parlamento Europeo.
- Además de la técnica ya instaurada desde el principio de la moción de censura, las funciones de control político del Parlamento Europeo se aumentan, de modo particular a través de la elección del Presidente de la Comisión.
- Puede constatarse como varias decisiones importantes, hasta ahora competencia exclusiva del consejo, quedan sometidas en el futuro a la aprobación del Parlamento Europeo. Así, por ejemplo: decisión de lanzar una cooperación reforzada, utilización de la cláusula de flexibilidad que permite a la Unión adoptar medidas no previstas en los Tratados para alcanzar los fines que estos le prescriben; la decisión relativa a la utilización de las pasarelas generales de paso de la unanimidad a la mayoría cualificada o de los procedimientos legislativos especiales al procedimiento legislativo ordinario; determinadas decisiones que permiten ampliar el ámbito de aplicación de fundamentos jurídicos previsto en los Tratados, como las que se refieren a la Fiscalía Europea, o a la cooperación judicial en materia penal.
- Incluso en el ámbito de la Política Exterior y de Seguridad Común, en el que no tiene poder de decisión, el Parlamento Europeo adquiere un derecho general a ser informado y consultado.
- Cabe reseñar, también, que los Tratados limitan a 750, más el Presidente, el número de diputados al Parlamento Europeo. Los textos legales, en sus disposiciones, no contemplan previsión alguna respecto a la distribución de escaños por Estado miembro, sino que lo que hacen es encargar al Consejo Europeo, por iniciativa del Parlamento Europeo y con su aprobación, que adopte el consiguiente reparto sobre la base del principio de representación «decreciente proporcional».

En definitiva, puede afirmarse que, si bien se podría haber llegado bastante más lejos, el Parlamento Europeo avanza claramente respecto a la situación anterior. Así, el Parlamento Europeo se convierte en «codecidido», para todos los ámbitos de las políticas de la Unión Europea, y ello como concreción de la noción fundamental de la doble legitimidad que debe sustentar la base de la Unión, en tanto que suma de las voluntades de los ciudadanos y de los Estados miembros. Se profundiza de esta manera, en la dimensión democrática de la Unión. El Consejo Europeo.

Podemos manifestar con indudable satisfacción que, por fin el Consejo Europeo es reconocido como institución autónoma, otorgándole como función esencial la de proporcionar impulso político al proceso integrador, puesto que, los Tratados indican clara y textualmente, que no ejercerá función legislativa alguna.

En relación a su composición, el Tratado prevé que serán los jefes de Estado o de Gobierno de los Estados miembros quienes, junto con el propio Presidente de la nueva institución y con el Presidente de la Comisión, integrarán el Consejo Europeo. Asimismo, participará en el desarrollo de sus trabajos el Alto Representante de la Unión para Asuntos Exteriores y Política de Seguridad. Además, cuando el orden del día de la sesión del trabajo lo exija, los miembros del Consejo Europeo podrán decidir contar, cada uno de ellos, con la asistencia de un ministro y, en el caso del Presidente de la comisión, con un miembro de la Comisión. Las reuniones se celebrarán dos veces por semestre por convocatoria de su Presidente, si bien, cuando la situación lo requiera, éste convocará una reunión extraordinaria del Consejo Europeo.

Otra novedad que encontraremos en los Tratados consiste en la supresión de la rotación de las Presidencias y su sustitución por un Presidente elegido por los miembros integrantes del Consejo Europeo, por un periodo de dos años y medio, renovable por sólo una vez. El Presidente del Consejo Europeo se encargará de dirigir los trabajos de la institución, así como de ostentar la representación exterior de la Unión, habiéndose incorporado disposiciones tendentes a garantizar que no ejerza funciones ejecutivas, todo ello en el ámbito de los asuntos de Política Exterior y de Seguridad Común y sin perjuicio de las atribuciones que tiene conferidas el Alto Representante de la Unión para Asuntos Exteriores y Política de Seguridad. Por último, indicar que el Presidente del Consejo Europeo no podrá ejercer ningún tipo de mandato de carácter nacional.

4.2. El Consejo

Con respecto al hasta ahora denominado Consejo de la Unión Europea y, en adelante, simplemente, Consejo, la cuestión clave estriba en el procedimiento de votación cuando éste debe pronunciarse por mayoría cualificada. Puede decirse que el fracaso de la Cumbre de Bruselas de 2003 se debió, en gran medida, a las divergencias que se plantearon a este respecto entre los diferente Estados miembros. Se aprobó el mecanismo de la doble mayoría propuesto, en su día, por la Convención que preparó el Tratado Constitucional, en lugar de la ponderación, que simplificaba la toma de decisiones. En este orden de ideas, a partir del 1 noviembre de 2014, luego, por tanto, de un periodo transitorio exigido por Polonia, el cual podría, incluso, ampliarse más si algún Estado miembro lo solicitase, concretamente, hasta el 1 de abril el 2017, la mayoría cualifica se definirá como un mínimo de 55 % de los miembros del Consejo que incluya al menos a quince de ellos y represente a Estados miembros que reúnan como mínimo al 65 % de la población total de la unión. Una minoría de bloqueo, por otra parte, estará compuesta por al menos cuatro miembros del Consejo, a falta de lo cual la mayoría cualificada se considerará alcanzada.

De otro lado, se introduce obligación de que las reuniones de las distintas formaciones del Consejo se dividan en dos partes, según se trate de ejercer la función legislativa u otras, con el corolario de que, cuando delibere o vote sobre la adopción de actos legislativos, el Consejo deberá reunirse en sesión pública.

Por lo que se refiere a las formaciones y al funcionamiento del Consejo, la principal novedad, introducido por el Tratado de Lisboa, consiste en la creación de un Consejo de Asuntos Exteriores autónomo, cuyo Presidente será el Alto Representante de la Unión para Asuntos Exteriores y Política de Seguridad. El Consejo de Asuntos Generales velará por la coherencia de los trabajos de las diferentes formaciones del Consejo, preparará las reuniones del Consejo Europeo y garantizará su actuación subsiguiente, en contacto con el Presidente del Consejo Europeo y la Comisión.

Pues bien, las dos formaciones del Consejo señaladas, es decir, el de Asuntos Exteriores y el de Asuntos Generales, conforman las dos únicas cuya existencia aparece prevista en los Tratados, ya que serán estos, precisamente, los que hacen remisión expresa a una futura decisión del Consejo Europeo que habrá de ser adoptada por mayoría cualificada, sobre el establecimiento de las restantes formaciones.

Por último, reseñar que los esfuerzos por modificar el sistema actual de rotación de las Presidencias del Consejo han tenido resultados mitigados, dado que, efectivamente, los Estados miembros han aprobado el principio de rotación igual en el interior de un sistema de Presidencia por equipos de tres países, fijado por decisión del Consejo Europeo, que se pronunciará por mayoría cualificada. Digamos que, finalmente, todo va a seguir igual que estaba. El periodo de la Presidencia del equipo de tres países sería de 18 meses, es decir, tres subperiodos de seis meses para que cada uno de los tres Estados miembros que conforman el equipo, tenga la oportunidad de presidir un semestre.

4.3. La Comisión

En relación a la institución que encarna el Poder Ejecutivo, la solución que se da al debate sobre su composición en los Tratados, permite respetar lo que era una aspiración de los nuevos Estados miembros de estar representados en la Comisión en los primeros años después de su adhesión, previendo también que, a partir del 1 de noviembre de 2014, se llevará a cabo la reducción indispensable del número de Comisarios, concretamente, correspondiente a los dos tercios del número de Estados, que incluirá a su Presidente y al Alto Representante de la Unión para Asuntos Exteriores y de Política de Seguridad, a menos que el Consejo Europeo decida, por unanimidad, proceder a la modificación del mencionado número. La disminución significara una importante aminoración de la cifra total que conforma el colegio de comisarios. Basada en un sistema de rotación que preserva la igualdad estricta entre los Estados miembros, que permita tener en cuenta la diversidad demográfica y geográfica del conjunto de Estados, la solución contemplada por el Tratado permitirá mantener dentro de unos límites aceptables el tamaño de la Comisión. La frecuencia de periodo durante el que cada Estado miembro no designará un comisario será de una vez cada tres mandatos que abarcan cinco años cada uno.

De otra parte, hemos de manifestar que el Tratado de Lisboa introduce avances en lo que afecta al nombramiento del Presidente de la Comisión que, en adelante, será elegido por el Parlamento Europeo, a propuesta del Consejo Europeo, el cual habrá de pronunciarse por mayoría cualificada. Este procedimiento constituye un paso adicional en el sentido de proporcionar mayor legitimidad política a la Comisión. Posteriormente, toda la Comisión, deberá someterse, en tanto que colegio, al voto de aprobación del Parlamento Europeo (investidura).

4.4. El Tribunal de Justicia de la Unión Europea

El Tratado de Lisboa ha venido a reforzar el papel de la institución jurisdiccional de la Unión, la cual se compone del Tribunal de Justicia, del Tribunal General y de los posibles Tribunales Especializados que puedan ser creaos mediante una disposición con carácter legislativo a nivel europeo.

De otro lado, cabe resaltar en este ámbito material que los Estados miembros establecerán las vías de recurso necesarias para garantizar la tutela judicial efectiva en los espacios cubiertos por el Derecho de la Unión. El TJUE se pronunciará, de conformidad con los Tratados: sobre los recursos interpuestos por un Estado miembro, por una institución o por personas físicas o jurídicas; con carácter prejudicial, a petición de los órganos judiciales nacionales, sobre la interpretación del Derecho de la Unión o sobre la validez de los actos adoptados por las instituciones; en los demás casos previstos por los Tratados.

Asimismo, los actos del Consejo Europeo, así como los que emanan de las Agencias quedaran sometidos a un control jurisdiccional de legalidad. Por otra parte, se facilitan las condiciones de admisibilidad de los recursos de las personas físicas o jurídicas contra actos de carácter reglamentario. De otro lado, los actos adoptados en el contexto de la cooperación, judicial en materia penal y de la cooperación policial, podrán ser objeto de un recurso jurisdiccional, excepto en lo que respecta al control de la validez y de la proporcionalidad de las operaciones policiales, así como al ejercicio, por parte de los Estados miembros, de sus responsabilidades en materia de mantenimiento del orden público y de salvaguardia de la seguridad interior. Los actos adoptados en el ámbito de la PESC no pueden ser objeto de un recurso del tipo al descrito, el Tribunal sí que será competen para pronunciarse acerca de la legalidad de las decisiones europeas que prevean medidas restrictivas contra las personas físicas y jurídicas.

4.5. Alto Representante de la Unión para Asuntos Exteriores y de Política de Seguridad

Puede decirse que, una de las principales innovaciones institucionales que aportaba el Tratado Constitucional era la creación del puesto de Ministro de Asuntos Exteriores de la Unión. Este cargo venía a fusionar en un único puesto los ya existentes de Alto Representante de la Unión para Asuntos Exteriores y de Política de Seguridad Común y el de Comisario responsable de las Relaciones Exteriores.

Sin embargo, la no ratificación por algunos miembros del Tratado Constitucional implicó la introducción de ciertos retoques que venían a modificar, aunque de manera bastante superficial, el texto que consolidaba el TUE y el TFUE en el nuevo Tratado de Lisboa. Precisamente, uno de los ámbitos en los que el texto jurídico fue alterado se refirió a la eliminación de la denominación de Ministro de Asuntos Exteriores de la Unión, consensuando entre todos los Estados un nuevo apelativo para designar el cargo, por cierto, con idénticas funciones y responsabilidades a desempeñar de las que estaban previstas en el Tratado Constitucional. Así fue como el Tratado de Lisboa alude al Alto Representante de la Unión para Asuntos Exteriores y de Política de Seguridad, manteniendo el conjunto completo de competencias que se le habían encomendado en el texto constitucional no ratificado. Así pues, el único cambio resulta ser el nombre del cargo.

En consecuencia, el nuevo puesto creado viene a corresponder al objetivo de asegurar la coherencia y la visibilidad de la acción exterior de la Unión. En este orden de ideas, cabe afirmar que, el Alto Representante de la Unión para Asuntos Exteriores y de Política de Seguridad ostenta una doble función institucional: a) en la medida en la que es el encargado de dirigir la PESC, tiene la competencia para presidir el Consejo de Ministros de Asuntos Exteriores, teniendo la capacidad de presentar y de asegurar la ejecución de decisiones adoptadas por el Consejo; y b) al mismo tiempo, el Alto Representante de la Unión para Asuntos Exteriores y de Política de Seguridad se erige en uno de los Vicepresidentes de la Comisión, asumiendo las responsabilidades de esta institución en el ámbito de las relaciones exteriores, y coordinando todos los aspectos de la acción exterior de la Unión.

En el mismo sentido, hay que apuntar que el Alto Representante de la Unión para Asuntos Exteriores y de Política de Seguridad contará con el apoyo de un Servicio Europeo de Acción Exterior, el cual estará compuesto por personal de la Comisión, de la Secretaría General del Consejo y de los servicios Diplomáticos nacionales. Así pues, el Alto Representante de la Unión para Asuntos Exteriores y de Política de Seguridad, al propio tiempo, miembro de la Comisión, si bien estará sometido a un estatuto especial, que se introduce en los procedimientos para su designación y su posible dimisión.

El Alto Representante de la Unión para Asuntos Exteriores y de Política de Seguridad será nombrado por el Consejo Europeo, que habrá de pronunciarse por mayoría cualificada, con la conformidad del Presidente de la Comisión. Asimismo, puede ser sustituido por el Consejo Europeo, debiendo presentar su dimisión en el caso de que así se lo solicite el Presidente de la Comisión.

Por último, cabe afirmar que todas las disposiciones reseñadas corresponden a lo que el Parlamento Europeo venía defendiendo desde hacía décadas. En este sentido, el Alto Representante de la Unión para Asuntos Exteriores y de Política de Seguridad podrá reforzar la coherencia y la eficacia de la acción internacional de la Unión, favoreciendo la elaboración de una auténtica Política Exterior Común.

4.6. Otras instituciones y órganos

Como advertiríamos anteriormente, tanto el TUE como el TFUE abordan entre sus disposiciones la regulación del Banco Central Europeo (BCE) y del Tribunal de Cuentas. Asimismo, los Tratados hacen referencia expresa, en tanto que órganos consultivos de la Unión, al Comité Económico y Social y al Comité de las Regiones. Finalmente, el TFUE se ocupa de recoger también, en el contexto que reseñamos, la existencia, los objetivos y el funcionamiento del Banco Europeo de Inversiones (BEI), al que dota de personalidad jurídica.

Así, pues, con respecto a otras instituciones y órganos que se recogen en el Tratado de Lisboa, conviene precisar, brevemente, que tanto las disposiciones relativas al BCE, que han elevado a este rango de institución de la Unión, como las que afectan al Tribunal de Cuentas, no han experimentado prácticamente cambio alguno. Tal vez lo único a destacar sea que los miembros del Comité Ejecutivo del BCE deberán ser nombrados por el Consejo, el cual habrá de pronunciarse por mayoría cualificada y no por unanimidad que es lo que venía haciendo hasta ahora.

Por último, acerca de los dos órganos consultivos, hay que señalar que el número que constituyen cada uno de ellos no podrá exceder de trescientos cincuenta. Como novedad, respecto del Comité de las Regiones, hay que destacar, que el Tratado le proporciona la necesaria competencia para poder interponer un recurso jurisdiccional por incumplimiento del principio de subsidiariedad contra el acto legislativo para cuya adopción el Tratado tenga prevista su consulta. De esta manera, finalmente, el Comité de las Regiones ha visto recogida su vieja pretensión de obtener la necesaria legitimación para actuar ante el Tribunal de Justicia de la Unión Europea, algo que nos parece particularmente satisfactorio, sobre todo si en el futuro se reafirma y consolida el importante rol a cumplimentar, en tanto que órgano consultivo, por el Comité de las Regiones.

5. COMPARACIÓN CON EL TRATADO CONSTITUCIONAL

La mayoría de las innovaciones institucionales que se acordaron en la Constitución Europea, se mantienen en el Tratado de Lisboa. La diferencia más destacada es, sin duda, que el Tratado de Lisboa modifica los Tratados existentes de la UE, en lugar de la refundación de la UE mediante la sustitución de antiguos textos con un solo documento con la condición de una constitución.

En definitiva, la esencia de la Constitución se mantiene, pues se consigue la unidad de mercado, de moneda y del estatuto del ciudadano.

Otras diferencias incluyen:

- El proyecto de «Ministro de Asuntos Exteriores» ha pasado a denominarse «Alto Representante de la Unión para Asuntos Exteriores y Política de Seguridad».
- Tres Estados miembros de la UE han negociado cláusulas de exclusión adicional de determinados ámbitos de la política, en particular el Reino Unido.
- Debido a la presión de Polonia durante el Consejo de junio de 2007, los nuevos sistemas de votación no entrarán en vigor antes de 2014.
- La lucha contra el cambio climático se declara explícitamente como objetivo de las instituciones de la UE en el Tratado de Lisboa.
- En la Constitución de la UE se había establecido como un objetivo el fomento de la «competencia libre y sin distorsiones». Debido a la presión ejercida por el Gobierno francés, esta frase no se incluyó en el Tratado de Lisboa. En cambio, el texto relativo a la libre y leal competencia en el artículo 3 del Tratado CE se mantiene y se trasladó al Protocolo n.º 6 («El Mercado Interior y Competencia»).
- Los símbolos de la UE como la bandera, el lema y el himno, no son jurídicamente vinculantes en el Tratado de Lisboa. Todos ellos están, sin embargo, ya en uso, por ejemplo, la bandera fue adoptada en el decenio de 1980. Dieciséis países de la UE han declarado su lealtad a estos símbolos en el nuevo Tratado, aunque la declaración anexa no es jurídicamente vinculante.

6. COLOFÓN

Europa ya no es la misma que hace 50 años, como tampoco lo es el resto del mundo. Los Estados miembros no están ya en condiciones de afrontar en solitario los nuevos retos, que el siglo XXI nos propone y que no conocen fronteras. Sólo un esfuerzo colectivo a escala europea permitirá hacerlo y responder a las preocupaciones de los ciudadanos. Pero, para ello, Europa debe modernizarse a partir de instrumentos eficaces y coherentes capaces de adaptarse a las circunstancias de cada momento.

Este es el objetivo del Tratado firmado en Lisboa el 13 de diciembre de 2007. Al acordar esas nuevas normas, los Jefes de Estado o de Gobierno tenían presentes los cambios políticos, económicos y sociales que se estaban produciendo y la necesidad de responder a las esperanzas y expectativas de los ciudadanos europeos. El Tratado de Lisboa establece qué puede y no puede hacer la UE, y qué medios pueden utilizar. Modifica la estructura de las instituciones europeas y sus métodos de trabajo, para que puedan dar mejor servicio a la democracia y a los valores fundamentales de la Unión.

Este Tratado es el fruto de negociaciones entre los Estados miembros reunidos en la Conferencia Intergubernamental, en la que participaron también la Comisión y el Parlamento Europeo. Ha sido ratificado por los 28 Estados miembros, siendo de libre elección el método de ratificación, de acuerdo con sus esquemas constitucionales.

El último país en adherirse a la Unión Europea, en virtud de la ratificación de sus Tratados, fue la República de Croacia, cuyas negociaciones dieron comienzo en octubre de 2005 y finalizaron con su adhesión el 1 de julio de 2013. De las circunstancias de su incorporación, destacan dos aspectos fundamentales: Croacia no pasa a formar parte del Espacio Schengen, y no adoptará la moneda única hasta cumplir por completo con los requisitos necesarios para ello. En otro orden de cosas, su incorporación ha supuesto la apertura de la Unión Europea hacia los Balcanes Occidentales, siendo este un acontecimiento clave para su desarrollo.

Actualmente, poseen el estatuto de candidato para la adhesión, lo que significa que están en proceso de adecuación de sus ordenamientos jurídicos a las exigencias del Derecho de la Unión Europea: Turquía, Macedonia del Norte, Montenegro, Serbia, Bosnia y Herzegovina, Moldavia, Albania y Ucrania[2].

Asimismo, como candidatos potenciales, es decir, que aún no cumplen los requisitos para ingresar en la Unión Europea, figuran Georgia y Kosovo. Ahora bien, en el caso particular de Kosovo, su candidatura encuentra como principal obstáculo el hecho de no ser reconocido como Estado indepen-

2 Unión Europea. «Adhesión a la UE» https://european-union.europa.eu/principles-countries-history/joining-eu_es, [Consultado a 28 de septiembre de 2023].

diente por varios Estados miembros de la Unión, tales como España, Eslovaquia, Chipre, Rumanía y Grecia, no existiendo la unanimidad necesaria en el seno de los Estados miembros, algo que es requisito imprescindible para el acceso de Kosovo a la Unión Europea.

7. PERSPECTIVAS DE FUTURO EN LA UNIÓN EUROPEA

7.1. La salida de Reino Unido de la Unión Europea (BREXIT)

Otro de los aspectos reseñables, por ser de absoluta relevancia, es la salida del Reino Unido como miembro de la UE —o Brexit—, a partir de la celebración de un Referéndum el 23 de junio de 2016. En virtud de una mayoría favorable a la retirada, el 29 de marzo de 2017, fue notificada a las Instituciones su intención de abandonar la Unión Europea, activando oficialmente y, por primera vez en la historia, el artículo 50 del TUE.

El mencionado artículo. 50 del Tratado de la Unión Europea permite, a cualquier Estado miembro, abandonar la Unión siguiendo las normas constitucionales del país en cuestión. El procedimiento se articula en varias fases, que involucran a todos los Estados miembros, a la hora de tomar decisiones al respecto.

De esta forma, tras la decisión, en este caso del Reino Unido, de abandonar la Unión, los británicos debían activar el procedimiento de salida, notificando al Consejo Europeo dicha intención, lo cual se produjo en marzo de 2017.

El 30 de enero de 2020, la Unión Europea ratificó el Acuerdo de Retirada, que entraría en vigor el 31 de enero de 2020 a medianoche, activándose entonces el inicio de un periodo transitorio que se prolongaría hasta el 31 de diciembre de ese mismo año. Con esto, se tenía por finalidad dar tiempo al Estado británico para que se pudiera adaptar a la nueva situación a través de un periodo en el que se continuaba aplicando el Derecho de la Unión Europea a las relaciones entre ésta y el Reino Unido, con la excepción de su participación en las Instituciones y los procesos decisorios.

Durante este periodo se negoció, asimismo, un nuevo acuerdo para regir las relaciones económicas, por lo que el 24 de diciembre de 2020 se celebra un acuerdo de Cooperación y Comercio, que entraría en vigor de manera provisional desde el 1 de enero de 2021. A pesar de ello, las consecuencias de esta decisión se hicieron notar en todos los niveles de la sociedad británica: las Administraciones Públicas tuvieron que dar traslado de las sedes de las Agencias europeas ubicadas en Londres; las empresas y los ciudadanos británicos, quienes al no ser ciudadanos de un Estado Miembro, pierden la ciudadanía de la Unión Europea, aunque gracias al Acuerdo de Retirada, se protege la situación jurídica de los ciudadanos británicos que residen en otros Estados de la Unión, y viceversa.

Entre las consecuencias directas, encontramos la necesaria reestructuración de las instituciones de la Unión en las que los Estados tienen representación directa:

- El Parlamento Europeo pasa a tener 705 eurodiputados, ya que los escaños ocupados por este Estado, es decir, de los 73 correspondientes al Reino Unido, 27 se repartirían entre otros Estados miembros, mientras que los 46 restantes quedaban reservados para asignarlos, en el futuro, a nuevos Estados como consecuencia de posibles próximas ampliaciones de la Unión.
- Se elimina el comisario de Reino Unido, pasando la Comisión a estar compuesta por 27 comisarios.
- En el Tribunal de Justicia de la Unión Europea se retiran los jueces británicos (uno en el Tribunal de Justicia y dos en el Tribunal General), aunque el número de abogados generales no se verá afectado.
- El Consejo pasa de tener 28 a 27 ministros (uno por Estado Miembro).
- En el Consejo Europeo, se pasa de 28 a 27 Jefes de Estado o Jefes de Gobierno (nuevamente, uno por Estado miembro).
- El Tribunal de Cuentas pasa a tener 27 componentes, uno por cada Estado miembro.

7.2. La crisis sanitaria de la COVID-19

La crisis sanitaria producida por la pandemia derivada del COVID-19 provocó que, la Unión Europea tuviera que hacer frente a su mayor desafío habido a lo largo de toda su historia, a partir de la implementación de medidas absolutamente impopulares. Sin embargo, el objetivo era precisamente paliar los efectos de una crisis de magnas dimensiones, destacándose la interrupción de determinados Derechos Fundamentales y de Ciudadanía (como el de libre circulación, con el consiguiente aplazamiento temporal del cumplimiento de ciertos acuerdos que estaban en plena vigencia, como el Acuerdo de Schengen.

La pandemia acontecida ha supuesto la puesta en evidencia de grandísimas carencias que existían en el proyecto europeo y la absoluta necesidad de implementar un cambio de rumbo en la construcción y desarrollo del modelo de integración. De este modo, se buscó la consolidación del proyecto, al mismo tiempo que conseguir una mayor coordinación de los sujetos, de las acciones y de las políticas que intervienen en el funcionamiento habitual de esta organización supranacional que es la Unión Europea. Todo ello, con la finalidad última de gestionar una mayor seguridad para los ciudadanos europeos y un posicionamiento más relevante y de peso para la Unión en el panorama internacional.

Para el período 2021-2027 se ha planteado el desarrollo del programa EU4Health, que se destaca como un instrumento clave en la recuperación de la Unión Europea y resulta definido como consecuencia de la pandemia, al ser una crisis sobrevenida.

Este programa crea un mecanismo de subvenciones directas y contratos públicos, gestionados por la Comisión Europea, en beneficio de todos los Estados miembros, las organizaciones sanitarias y las ONG. La inversión prevista de 9.400 millones de euros debe centrar su atención en la seguridad y la capacidad de reacción en situaciones de crisis sanitarias, así como la prevención, vigilancia y diagnóstico de enfermedades a largo plazo. En concordancia con dichas finalidades, el Programa presenta, para el aludido período, los siguientes objetivos:

- Impulsar la preparación ante amenazas transfronterizas con una reserva de suministros médicos, personal y expertos sanitarios que puedan ser movilizados en cualquier Estado miembro.
- Reforzar los sistemas sanitarios para afrontar retos futuros. Se prevé luchar contra las enfermedades y se invertirá amplia y profundamente en la salud, en tanto que característica importante de una sociedad europea envejecida. Asimismo, se trata de hacer llegar el acceso a la atención sanitaria a los grupos más vulnerables, a la vez que, se aprovecha la transición digital para modernizar los sistemas sanitarios.
- Los medicamentos y productos sanitarios deberán ser accesibles y asequibles, dándose un uso eficiente de los antimicrobianos y una fabricación más ecológica.

7.3. El Pacto Verde: la lucha europea contra el cambio climático

En las últimas décadas, hemos podido apreciar, en gran medida, los desastrosos efectos del cambio climático y la degradación progresiva del medio ambiente. Dicha situación se ha convertido en una amenaza cada vez mayor para el planeta y, por ende, para los seres humanos.

Semejante panorámica trazada, ha venido a suponer la verdadera y urgente necesidad de adoptar medidas de toda índole para intentar poner freno a la situación descrita e, incluso, en un contexto más ambicioso, poder llegar a revertirla en un medio plazo.

A este respecto, a nivel internacional, los Objetivos de Desarrollo Sostenible de la Agenda 2030, impulsada por las Naciones Unidas, se han erigido como una especie de guía para que los distintos países inspiren, promuevan, protejan y desarrollen sus políticas medioambientales y sostenibles, orientándolas en una dirección común.

En este mismo orden de ideas, conviene destacar como, uno de los últimos pasos dados por la Unión Europea en el sentido apuntado, ha sido la presentación, por parte de la Comisión Europea, del denominado Pacto Verde Europeo, el cual se concibe en tanto que la hoja de ruta inicial, mediante la cual se consiga una economía sostenible en el seno del territorio europeo.

Desde su aprobación, el Pacto Verde Europeo se ha convertido en la guía europea para el desarrollo de otros proyectos y legislaciones, lo que ha derivado en un conjunto de mecanismos diseñados expresamente para su puesta en marcha, que deben involucrar a la mayor parte de agentes sociales, siendo el más destacado las regiones europeas, tanto desde el punto de vista de la concienciación a los ciudadanos, en relación con materias de medio ambiente, como por la afectación más directa que sobre ellos tienen las decisiones que se adoptan. De ahí la importancia de no solo tenerles en cuenta, sino de convertirlos en verdaderos impulsores de la acción por el clima, al ser su impacto aún mayor.

El documento que contiene el Pacto Verde Europeo, cuya presentación tuvo lugar el 11 de diciembre de 2019, por parte de la Comisión Europea, se configura como la guía de la Unión Europea que pretende conseguir unos objetivos medioambientales ambiciosos en el transcurso de los próximos años, en consonancia con la Agenda 2030.

Su objetivo principal consiste en lograr la transformación de la propia Unión Europea, de modo que se consiga un crecimiento económico disociado de los recursos, dándole prioridad a la dimensión humana, prestando especial atención a las regiones y haciéndose necesaria y, aún diríamos más, imprescindible, la participación activa de los ciudadanos.

Su puesta en marcha supuso una inversión pública masiva que fuese capaz de redistribuir los recursos y convertir a la Unión Europea en un referente a seguir en la materia, liderando con solidez los esfuerzos internacionales en este sentido. Uno de los retos más exigentes se ha puesto de manifiesto a través de la captación de los posibles inversores, convenciéndoles de la necesidad de emplear estas medidas y de no deslocalizar a países con menos consciencia medioambiental su inversión.

7.4. La transición digital

Siendo evidente que vivimos en un mundo en el que los medios digitales son completamente dominantes y se imponen progresivamente en todos los ámbitos, incluida la Administración y la Jurisdicción, la Unión Europea no está exenta de afrontar este reto.

Es necesario abordar la transición digital como elemento clave para el desarrollo económico y la autonomía estratégica de la Unión Europea[3]. Esta transición digital ayudará a afrontar retos como permitir a la industria y a las PYMES ser más proactivas, dotando a los trabajadores de nuevas capacidades y apoyar la descarbonización de nuestra economía, así como la modernización del sistema sanitario, dando herramientas a los Estados para actuar con mayor efectividad ante situaciones de emergencia, tales como la reciente crisis sanitaria provocada por el COVID-19.

7.5. La guerra de Ucrania

Como precedentes inmediatos a este conflicto, con la Segunda Guerra mundial y la invasión de la URSS se provocó un enorme destrozo en la zona, siendo, incluso, uno de los escenarios del Holocausto.

Sin embargo, la caída de la URSS en 1991 supuso la independencia de los países que la componían, pero las tensiones entre estos países no hicieron más que empezar. En 2014, con la invasión de Vladimir Putin de la península de Crimea, se hizo efectivo el conflicto entre Rusia y Ucrania, llegando, en 2021, Rusia a intensificar su presencia militar en la frontera de Ucrania, y desembocando, el 21 de febrero de 2022, en la decisión del Presidente ruso de reconocer como entidades independientes las zonas ucranianas de Donetsk y Luhansk, procediendo a enviar tropas rusas a dichos territorios. Así, el 24 de febrero de 2022 comenzó la invasión de Ucrania.

Para entender la postura adoptada por la Unión Europea es necesario hacer hincapié en lo relativo a las políticas de vecindad, que pretenden ofrecer a los vecinos cercanos territorialmente una relación especial y privilegiada, que se encuentra asentada en un estándar de compromiso mutuo, a partir de la aceptación de una serie de valores comunes tales como: la democracia, el respeto de los Derechos Humanos, el Estado de Derecho, la buena gobernanza, los principios de economía de mercado y el desarrollo sostenible, entre otros. En este sentido, Ucrania es, en efecto, uno de los países adheridos a este marco privilegiado.

Las tensiones e inestabilidades en la relación entre la Unión Europea y Rusia han sido constantes y, en los últimos años, quizás con la preponderancia y el incremento de su poderío ruso en el panorama internacional, motivo del aumento de los precios del petróleo y del gas, han ataviado a sus mandatarios de un despotismo y arrojo, en absoluto deseable para la concordia entre ambos territorios.

3 Consejo Europeo. «Un futuro digital para Europa» , https://www.consilium.europa.eu/es/policies/a-digital-future-for-europe/

Por todo ello, el bloque comunitario se ha mostrado inflexible con la violación manifiesta de Derechos Humanos que ha venido cometiéndose por la invasión rusa al pueblo ucraniano. La Unión Europea condenó desde un primer momento la decisión del Presidente Putin de declarar independientes dichas zonas y la acción militar no provocada e injustificada de Rusia contra Ucrania.

Desde la fecha en que tuvo lugar el inicio del conflicto, tanto el Consejo Europeo como el Consejo se han reunido periódicamente para debatir esta situación. En reiteradas ocasiones, han concluido que, únicamente, se podrá disolver este conflicto con el diálogo y la diplomacia, llegándose a comunicar a Rusia en múltiples ocasiones, que retire las fuerzas y equipos militares del territorio ucraniano como muestra de respeto e integridad territorial, soberanía e independencia de Ucrania.

Como respuesta a la negativa de Putin se ampliaron las sanciones contra Rusia por parte de la Unión Europea, y se adoptaron unas medidas sin precedentes hasta este momento, las cuales están siendo aplicadas en la relación de todo tipo con Rusia. Con el descrito posicionamiento, se ha conseguido proporcionar a Ucrania apoyo humanitario, político, financiero y militar. Asimismo, se han concedido y hecho entrega de numerosas y cuantiosas ayudas a los refugiados que huyen de la guerra, todo ello coordinando la actuación en el marco de las Naciones Unidas, la OTAN y el G7.

Como se ha expuesto anteriormente, la Unión Europea ha ido adoptando una amplia serie de sanciones como réplica al ataque militar, todas ellas concebidas para debilitar la base de Rusia. Cabría destacar la no aceptación de documentos de viaje rusos expedidos en Ucrania y Georgia o la suspensión de la facilitación de visados entre la Unión Europea y Rusia.

La invasión rusa está teniendo un efecto en los mercados mundiales, produciéndose el aumento a nivel internacional de los precios de los productos básicos, sobre todo, en combustibles, además de generar cierta incertidumbre en el abastecimiento energético, y de todo ello está resultando un agravamiento de la crisis alimentaria a escala mundial. En el contexto descrito, puede apreciarse que, hay países que están colaborando para conseguir garantizar el suministro de gas y acelerar la transición hacia la energía limpia.

En materia relativa a la crisis alimentaria, hemos de comentar que, se crearon los llamados corredores solidarios, a través de los cuales se ha logrado poder exportar alimentos necesarios para intentar paliar los numerosos ataques a instalaciones agrícolas realizados por Rusia, así como el bloqueo de los puertos que facilitaban la exportación de cereal[4]. No obstante, debe constatarse que, estas medidas no están siendo del todo eficaces y se puede apreciar cómo, a nivel global, se está dando una inflación generalizada de productos de primera necesidad.

4 Consejo Europeo. «Respuesta de la UE ante la invasión rusa de Ucrania».https://www.consilium.europa.eu/es/policies/eu-response-ukraine-invasion [Fecha de consulta: 10 de noviembre de 2022].

7.6. La necesidad de evolución del modelo de integración europea

Las circunstancias actuales, mencionadas en párrafos anteriores, traen consigo inevitablemente, un compendio de disparidades económicas, culturales, políticas y sociales, así como el nacimiento de una Unión Europea a dos velocidades, aunque no de manera oficial: compuesta por una Europa ágil y dinámica, cuyos países son capaces de llegar a los objetivos determinados por las políticas europeas y que articulan su participación en las instituciones con mayor facilidad y margen de maniobra; y otra, con más dificultades para el desarrollo de todas estas cuestiones.

De las circunstancias mencionadas, parece clara la necesidad de una evolución progresiva y natural hacia una Unión Europea federal, a partir de un modelo nuevo e institucionalmente competente, modernizado y compatible con un mundo globalizado, como escenario principal de los últimos años.

Actualmente, la Unión Europea en su conjunto es la segunda mayor potencia económica mundial (sólo superada por China[5]), y representa aproximadamente el 14,8 % del comercio mundial, siendo únicamente el 5.7 %[6] de la población mundial.

Como contrapartida, tiene que afrontar retos como las abultadas deudas nacionales de sus Estados miembros, una población envejecida y un crecimiento demográfico limitado, mientras el peso económico se traslada poco a poco desde el Atlántico hacia el Pacífico. De hecho, se calcula que, para el año 2050, ningún país europeo se situará entre las ocho principales economías del planeta.

Hemos de concluir forzosamente que, por separado, los Estados miembros tienen complicado afrontar los desafíos de la nueva realidad global. Es imperativo lograr nuevos pactos para Europa y su futuro, de modo que puedan esquivarse las reticencias y alcanzar una genuina confianza entre los Estados miembros, los ciudadanos, y las instituciones europeas que permitan combatir las recientes tendencias antieuropeas o euroescépticas, que cuestionan los pros que proporciona el estar integrado en la misma, resaltando los contras (no hay más que pensar en el caso del Brexit). Para alcanzar esta meta, podemos partir de una serie de ideas de base:

- El elemento de la solidaridad es clave, puesto que los países con más peso en términos económicos han de continuar cediendo en pro de un conjunto más fuerte, lo que en última instancia redunda en beneficio de todos.

5 EUROSTAT. «Key figures on the EU in the World: 2023 edition» https://ec.europa.eu/eurostat/documents/15216629/16118334/KS-EX-23-001-EN-N.pdf/d4413940-6ef7-2fa8-d6f1-a60cdc4b89f3?version=1.0&t=1676459907834

6 *Ibidem*.

- Para lograr los objetivos de una verdadera integración, sería imperativa la convocatoria de una tercera Convención Europea, donde dejar ver el alma federal comunitaria, dando paso a una unión de Estados y ciudadanos, colocando a estos últimos como elemento central y razón de ser del proceso. Para ello, habría que rescatar la noción de Constitución Europea y sus emblemas sentimentales (como la bandera y el himno) para que adquieran su plena significación.
- Llevar a cabo una reforma institucional profunda y un incremento de las competencias de las mismas.
- En último lugar, sería imperativa una reforma de los Tratados, siendo imprescindible que para su modificación no sea necesaria la unanimidad de los Estados miembros, para evitar eventos como el fracaso del Tratado Constitucional «non nato». Se trata de sustituir este sistema por el de una amplia mayoría, y que, en ningún caso, un Estado pueda ejercer el derecho de veto, dado que ello constituye un escollo importante, conduciendo a la parálisis de los procesos de reforma.

El objetivo de este proceso, ya formulado en la Declaración Schuman como la construcción de una «Federación Europea, indispensable para la preservación de la paz», es alcanzar la Unión Política y avanzar en el proceso federalizante.

Ya hemos hablado de la dificultad que entraña determinar la naturaleza jurídica de la Unión Europea, y añadimos a este asunto el hecho de que algunos Estados miembros no desean participar en este proceso de unión política y avance hacia un modelo federalista, poniendo trabas al mismo y sólo mirando por los beneficios económicos que reporta formar parte de la Unión Europea.

Sin embargo, y teniendo en cuenta que la Unión presenta ya un carácter federal en muchos de sus elementos (moneda única, mercado único, acuerdo Schengen...) para abordar nuestros problemas comunes, únicamente existe un camino, y consiste en avanzar indefectiblemente hacia un federalismo europeo de nuevo cuño (no uno típico como pueden sugerir los modelos estadounidense o alemán) amoldado a las necesidades y aspiraciones europeas; una Federación Democrática de Estados nación.

En conclusión, y en palabras del Tribunal de Justicia de la Unión Europea, podríamos decir que la Unión Europea, hoy día, es una forma nueva de organización supranacional, con personalidad jurídica, capacidad jurídica y capacidad de representación internacional. Está provista de poderes reales provenientes de una limitación voluntaria de las competencias de los Estados miembros, transferida a la Unión por medio de los Tratados Fundacionales, que se diferencian de los tratados internacionales en que suponen la creación de un orden jurídico propio e integrado en el ordenamiento jurídico interno de los Estados miembros, y que se impone a todos los niveles: jurisdiccional, estatal y a los propios ciudadanos.

TRATADO DE LA UNIÓN EUROPEA

PREÁMBULO

SU MAJESTAD EL REY DE LOS BELGAS, SU MAJESTAD LA REINA DE DINAMARCA[7], EL PRESIDENTE DE LA REPÚBLICA FEDERAL DE ALEMANIA[8], EL PRESIDENTE DE IRLANDA[9], EL PRESIDENTE DE LA REPÚBLICA HELÉNICA[10], SU MAJESTAD EL REY DE ESPAÑA[11],

---

7 Véanse:
Lo acordado por el Consejo Europeo celebrado en Edimburgo en diciembre de 1992 sobre Dinamarca y el Tratado de la Unión Europea (DOCE C núm. 348 de 31 de diciembre).
Los Protocolos 16 sobre determinadas disposiciones relativas a Dinamarca, 17 sobre Dinamarca, 22 sobre la posición de Dinamarca, 32 relativo a determinadas disposiciones sobre adquisición de bienes inmuebles en Dinamarca y la Declaración n.° 48 relativa al protocolo sobre la posición de Dinamarca.

8 Véanse:
Declaración n.° 52 del Reino de Bélgica, de la República de Bulgaria, de la República Federal de Alemania, de la República Helénica, del Reino de España, de la República Italiana, de la República de Chipre, de la República de Lituania, del Gran Ducado de Luxemburgo, de la República de Hungría, de la República de Malta, de la República de Austria, de la República Portuguesa, de Rumanía, de la República de Eslovenia y de la República Eslovaca relativa a los símbolos de la Unión Europea.
Declaración n.° 54 de la República Federal de Alemania, de Irlanda, de la República de Hungría, de la República de Austria y del Reino de Suecia.

9 Véanse:
Declaración n.° 54 de la República Federal de Alemania, de Irlanda, de la República de Hungría, de la República de Austria y del Reino de Suecia.
Declaración n.° 56 relativa al artículo 3 del Protocolo sobre la posición del Reino Unido y de Irlanda respecto del espacio de libertad, seguridad y justicia.

10 Véase la Declaración n.° 52 del Reino de Bélgica, de la República de Bulgaria, de la República Federal de Alemania, de la República Helénica, del Reino de España, de la República Italiana, de la República de Chipre, de la República de Lituania, del Gran Ducado de Luxemburgo, de la República de Hungría, de la República de Malta, de la República de Austria, de la República Portuguesa, de Rumanía, de la República de Eslovenia y de la República Eslovaca relativa a los símbolos de la Unión Europea.

11 El Tratado de Adhesión a las Comunidades Europeas y el Acta relativa a las condiciones de adhesión del Reino de España y de la República Portuguesa se publicaron en el BOE núm. 1 de 1 enero de 1986. En esa fecha, se publicaron, también, junto a los Tratados constitutivos de las tres Comunidades, los Tratados y las Actas de Adhesión de Dinamarca, Irlanda y del Reino Unido de Gran Bretaña e Irlanda del Norte y de la República Helénica, así como el resto del Derecho comunitario originario hasta aquella fecha. El Acta Única Europea se publicó en el

EL PRESIDENTE DE LA REPÚBLICA FRANCESA[12], EL PRESIDENTE DE LA REPÚBLICA ITALIANA[13], SU ALTEZA REAL EL GRAN DUQUE DE LUXEMBURGO[14], SU MAJESTAD LA REINA DE LOS PAÍSES BAJOS[15], EL PRESIDENTE DE LA REPÚBLICA PORTUGUESA[16], SU MAJESTAD LA REINA DEL REINO UNIDO DE GRAN BRETAÑA[17]

BOE núm. 158 de 3 de julio de 1987; el Tratado de la Unión Europea en el BOE núm. 11 de 13 de enero de 1994; el Tratado y el Acta relativa a las condiciones de adhesión de Suecia, Austria y Finlandia en el BOE núm. 312 de 30 de diciembre de 1994; el Tratado de Ámsterdam en el BOE núm. 301 de 17 de diciembre de 1998; el Tratado de Niza en el BOE núm. 267 de 7 de noviembre de 2001 y el Tratado de Lisboa en el BOE núm. 286 de 27 de noviembre de 2009.

12 Protocolo n.° 18 sobre Francia.

13 Véase la Declaración n.° 49 relativa a Italia.

14 Véase la Declaración n.° 52 del Reino de Bélgica, de la República de Bulgaria, de la República Federal de Alemania, de la República Helénica, del Reino de España, de la República Italiana, de la República de Chipre, de la República de Lituania, del Gran Ducado de Luxemburgo, de la República de Hungría, de la República de Malta, de la República de Austria, de la República Portuguesa, de Rumanía, de la República de Eslovenia y de la República Eslovaca relativa a los símbolos de la Unión Europea.

15 Véanse:
Declaración n.° 59 del Reino de los Países Bajos relativa al artículo 312 del Tratado de Funcionamiento de la Unión Europea.
Declaración n.° 60 del Reino de los Países Bajos relativa al artículo 355 del Tratado de Funcionamiento de la Unión Europea.

16 Véase la Declaración n.° 52 del Reino de Bélgica, de la República de Bulgaria, de la República Federal de Alemania, de la República Helénica, del Reino de España, de la República Italiana, de la República de Chipre, de la República de Lituania, del Gran Ducado de Luxemburgo, de la República de Hungría, de la República de Malta, de la República de Austria, de la República Portuguesa, de Rumanía, de la República de Eslovenia y de la República Eslovaca relativa a los símbolos de la Unión Europea.

17 Véanse:
Protocolo n.° 15 sobre determinadas disposiciones relativas al Reino Unido de Gran Bretaña e Irlanda del Norte.
Protocolo n.° 20 sobre la aplicación de determinados aspectos del artículo 26 del Tratado de Funcionamiento de la Unión Europea al Reino Unido y a Irlanda.
Protocolo n.° 21 sobre la posición del Reino Unido y de Irlanda respecto del espacio de libertad, seguridad y justicia.
Protocolo n.° 30 sobre la aplicación de la Carta de los Derechos Fundamentales de la Unión Europea a Polonia y al Reino Unido.
Declaración n.° 55 del Reino de España y del Reino Unido de Gran Bretaña e Irlanda del Norte.
Declaración n.° 63 del Reino Unido de Gran Bretaña e Irlanda del Norte relativa a la definición del término *«nacionales»*.
Declaración n.° 64 del Reino Unido de Gran Bretaña e Irlanda del Norte relativa al derecho de voto en las elecciones al Parlamento Europeo.
Declaración n.° 65 del Reino Unido de Gran Bretaña e Irlanda del Norte relativa al artículo 75 del Tratado de Funcionamiento de la Unión Europea.

E IRLANDA DEL NORTE[18/19],

RESUELTOS a salvar una nueva etapa en el proceso de integración europea emprendido con la constitución de las Comunidades Europeas[20],

INSPIRÁNDOSE en la herencia cultural, religiosa y humanista de Europa, a partir de la cual se han desarrollado los valores universales de los derechos inviolables e inalienables de la persona, así como la libertad, la democracia, la igualdad y el Estado de Derecho[21],

RECORDANDO la importancia histórica de que la división del continente europeo haya tocado a su fin y la necesidad de sentar unas bases firmes para la construcción de la futura Europa,

CONFIRMANDO su adhesión a los principios de libertad, democracia y respeto de los derechos humanos y de las libertades fundamentales y del Estado de Derecho,

CONFIRMANDO su adhesión a los derechos sociales fundamentales tal y como se definen en la Carta Social Europea firmada en Turín el 18 de octubre de 1961 y en la Carta comunitaria de los derechos sociales fundamentales de los trabajadores, de 1989,

DESEANDO acrecentar la solidaridad entre sus pueblos, dentro del respeto de su historia, de su cultura y de sus tradiciones,

DESEANDO fortalecer el funcionamiento democrático y eficaz de las instituciones, con el fin de que puedan desempeñar mejor las misiones que les son encomendadas, dentro de un marco institucional único,

RESUELTOS a lograr el refuerzo y la convergencia de sus economías y a crear una unión económica y monetaria que incluya, de conformidad con lo dispuesto en el presente Tratado y en el Tratado de Funcionamiento de la Unión Europea, una moneda estable única,

---

18 Posteriormente, la República de Bulgaria, la República Checa, la República de Estonia, la República de Chipre, la República de Letonia, la República de Lituania, la República de Hungría, la República de Malta, la República de Austria, la República de Polonia, Rumanía, la República de Eslovenia, la República Eslovaca, la República de Finlandia y el Reino de Suecia pasaron a ser miembros de la Unión Europea (pie de página añadido por el propio tratado).

19 Véanse:
Protocolo n.° 15 sobre determinadas disposiciones relativas al Reino Unido de Gran Bretaña e Irlanda del Norte.
Declaración n.° 55 del Reino de España y del Reino Unido de Gran Bretaña e Irlanda del Norte.
Declaración n.° 63 del Reino Unido de Gran Bretaña e Irlanda del Norte relativa a la definición del término *«nacionales»*.
Declaración n.° 64 del Reino Unido de Gran Bretaña e Irlanda del Norte relativa al derecho de voto en las elecciones al Parlamento Europeo.
Declaración n.° 65 del Reino Unido de Gran Bretaña e Irlanda del Norte relativa al artículo 75 del Tratado de Funcionamiento de la Unión Europea.

20 La Constitución fallida de la Unión suponía un cambio trascendental para la misma que se ha intentado seguir con el Tratado de Lisboa, al menos en el aspecto institucional.

21 Europa es un continente que se ha caracterizado por el impulso de los valores democráticos lo que se ve plasmado en todo el proceso de integración, llegando hasta la Unión de hoy en día.

DECIDIDOS a promover el progreso social y económico de sus pueblos, teniendo en cuenta el principio de desarrollo sostenible, dentro de la realización del mercado interior y del fortalecimiento de la cohesión y de la protección del medio ambiente, y a desarrollar políticas que garanticen que los avances en la integración económica vayan acompañados de progresos paralelos en otros ámbitos,

RESUELTOS a crear una ciudadanía común a los nacionales de sus países,

RESUELTOS a desarrollar una política exterior y de seguridad común que incluya la definición progresiva de una política de defensa común que podría conducir a una defensa común de acuerdo con las disposiciones del artículo 42, reforzando así la identidad y la independencia europeas con el fin de fomentar la paz, la seguridad y el progreso en Europa y en el mundo,

RESUELTOS a facilitar la libre circulación de personas, garantizando al mismo tiempo la seguridad y la protección de sus pueblos, mediante el establecimiento de un espacio de libertad, seguridad y justicia, de conformidad con las disposiciones del presente Tratado y del Tratado de Funcionamiento de la Unión Europea,

RESUELTOS a continuar el proceso de creación de una unión cada vez más estrecha entre los pueblos de Europa, en la que las decisiones se tomen de la forma más próxima posible a los ciudadanos, de acuerdo con el principio de subsidiariedad,

ANTE LA PERSPECTIVA de las ulteriores etapas que habrá que salvar para avanzar en la vía de la integración europea,

HAN DECIDIDO crear una Unión Europea y han designado con tal fin como plenipotenciarios:

(No se reproduce la lista de los plenipotenciarios)

QUIENES, después de haber intercambiado sus plenos poderes, reconocidos en buena y debida forma, han convenido las disposiciones siguientes.

TÍTULO I
DISPOSICIONES COMUNES

ARTÍCULO 1[22]

Por el presente Tratado, las ALTAS PARTES CONTRATANTES constituyen entre sí una UNIÓN EUROPEA, en lo sucesivo denominada «Unión[23]», a la que los Estados miembros atribuyen competencias para alcanzar sus objetivos comunes.

El presente Tratado constituye una nueva etapa en el proceso creador de una unión cada vez más estrecha entre los pueblos de Europa, en la cual las decisiones serán tomadas de la forma más abierta y próxima[24/25] a los ciudadanos que sea posible.

La Unión se fundamenta en el presente Tratado y en el Tratado de Funcionamiento de la Unión Europea (en lo sucesivo denominados «los Tratados»). Ambos Tratados[26] tienen el mismo valor jurídico. La Unión sustituirá y sucederá a la Comunidad Europea[27].

ARTÍCULO 2[28]

La Unión se fundamenta en los valores de respeto de la dignidad humana, libertad, democracia[29], igualdad, Estado de Derecho[30] y respeto de los derechos humanos, incluidos los derechos de las personas pertenecientes a minorías. Estos valores son comunes a los Estados miembros en una sociedad caracterizada por el pluralismo, la no discriminación, la tolerancia, la justicia, la solidaridad y la igualdad entre mujeres y hombres[31/32].

---

22 Antiguo art. 1 TUE. Esta referencia es indicativa. Para una más amplia información, véanse las tablas de correspondencias entre la antigua y la nueva numeración de los Tratados, que se insertan al final de esta obra.

23 Antes se denominaba Comunidad Europea, pero tras el Tratado de Maastricht se ha venido produciendo una comunitarización de las diferentes materias de los tres pilares que conformaban a la Unión Europea, por lo que ahora, al pilar principal se le denomina Unión.

24 Véase el considerando 13.° del TL.

25 El punto cinco de las conclusiones del Consejo Europeo celebrado en Birmingham el 16 de octubre de 1992 dice lo siguiente: «reiteramos que las decisiones deben adoptarse lo más cerca de los ciudadanos. Es posible lograr una mayor unidad sin una centralización excesiva. Corresponde a cada Estado miembro decidir cómo deben ejercerse nacionalmente sus poderes».

26 Véase el art. 1.2 del TFUE

27 Párrafo introducido por el TL.

28 Artículo añadido por el TL.

29 La garantía principal de los Derechos Fundamentales en la Unión, es la misma tradición que hay en los países que la integran fruto de ello en el art. 6 del TL se recoge que la Carta de DDFF de la Unión tendrá el mismo valor jurídico que los Tratados.

30 A este respecto, la Comunicación de la Comisión al Parlamento Europeo y al Consejo; *Un nuevo marco de la UE para reforzar el Estado de Derecho* [COM/2014/0158 FINAL] establece al Estado de Derecho como columna vertebral de toda democracia constitucional y uno de los principales valores en los que se basa la Unión de acuerdo con el presente artículo, la Carta de los Derechos Fundamentales de la Unión Europea y el artículo 49 TUE que establece el respeto a este principio como requisito fundamental para la adhesión de los Estados a la Unión. Asimismo, deja patentes los principios básicos que defenderá la UE.

31 Artículo introducido por el TL.

32 Véanse artículo 8 del TFUE y la Declaración relativa al artículo 8 del TFUE.

ARTÍCULO 3[33]

1. La Unión tiene como finalidad promover la paz, sus valores y el bienestar de sus pueblos[34].

2. La Unión ofrecerá a sus ciudadanos[35] un espacio de libertad, seguridad y justicia sin fronteras interiores, en el que esté garantizada la libre circulación de personas conjuntamente con medidas adecuadas en materia de control de las fronteras exteriores, asilo, inmigración y de prevención y lucha contra la delincuencia[36].

3. La Unión establecerá un mercado interior[37]. Obrará en pro del desarrollo sostenible de Europa basado en un crecimiento económico equilibrado y en la estabilidad de los precios, en una economía social de mercado altamente competitiva, tendente al pleno empleo y al progreso social, y en un nivel elevado de protección y mejora de la calidad del medio ambiente. Asimismo, promoverá el progreso científico y técnico.

La Unión combatirá la exclusión social y la discriminación[38] y fomentará la justicia y la protección sociales, la igualdad entre mujeres y hombres, la solidaridad entre las generaciones y la protección de los derechos del niño[39].

La Unión fomentará la cohesión económica, social y territorial[40] y la solidaridad entre los

La Unión respetará la riqueza de su diversidad cultural y lingüística y velará por la conservación y el desarrollo del patrimonio cultural europeo.

4. La Unión establecerá una unión económica y monetaria[41] cuya moneda es el euro.

5. En sus relaciones con el resto del mundo, la Unión afirmará y promoverá sus valores e intereses y contribuirá a la protección de sus ciudadanos. Contribuirá a la paz, la seguridad, el desarrollo sostenible del planeta, la solidaridad y el respeto

---

33 Antiguo art. 2 TUE.

34 Punto introducido por el TL.

35 Véanse los artículos. 18 y siguientes del TFUE en su versión consolidada del TL donde se recogen los derechos de los ciudadanos de la UE.

36 Véanse al respecto de todas estas garantías el Título V del TFUE relativo al Espacio de Libertad, Seguridad y Justicia.

37 Véase el Protocolo n.° 27 anexo al Tratado, relativo al mercado interior y competencia, así como artículos 26 y ss. del Tratado de Funcionamiento de la Unión Europea.

38 Véanse artículos 18 y ss. del TFUE, así como el artículo 21 de la Carta Europea de Derechos Humanos.

39 La protección de los derechos del niño se encuentra recogido en el art. 24 de la Carta Europea de Derechos Humanos. Al respecto de dicha protección, conviene tener en cuenta las Conclusiones del Consejo de 30 de mayo de 2016, sobre el desarrollo de la alfabetización mediática y el pensamiento crítico a través de la educación y la formación (2016/C.212/05) que estableció la importancia de garantizar tales derechos en pro de la Resolución del Consejo y de los representantes de los Gobiernos de los Estados miembros, reunidos en el seno del Consejo, de 24 de febrero de 2016, sobre el fenómeno del desarrollo y la integración socioeconómicos en la UE a través de la educación, que contiene el compromiso de «Reforzar la alfabetización mediática y digital, así como la capacidad de pensamiento crítico de los jóvenes, sus destrezas sociales y sus competencias cívicas».

40 Véase el Protocolo n.° 28 anexo al Tratado, relativo a la cohesión social, económica y territorial, así como el Titulo XVIII cuya rúbrica versa «Cohesión Económica, Social y Territorial».

41 Véase la política económica y monetaria de la Unión que se recoge en el Título VIII del TFUE en su versión consolidada del TL.

mutuo entre los pueblos, el comercio libre y justo, la erradicación de la pobreza y la protección de los derechos humanos, especialmente los derechos del niño, así como al estricto respeto y al desarrollo del Derecho internacional, en particular el respeto de los principios de la Carta de las Naciones Unidas.

6. La Unión perseguirá sus objetivos por los medios apropiados, de acuerdo con las competencias que se le atribuyen en los Tratados.

ARTÍCULO 4[42]

1. De conformidad con lo dispuesto en el artículo 5, toda competencia no atribuida a la Unión en los Tratados corresponde a los Estados miembros[43].

2. La Unión respetará la igualdad de los Estados miembros ante los Tratados, así como su identidad nacional, inherente a las estructuras fundamentales políticas y constitucionales de éstos, también en lo referente a la autonomía local y regional. Respetará las funciones esenciales del Estado, especialmente las que tienen por objeto garantizar su integridad territorial, mantener el orden público y salvaguardar la seguridad nacional. En particular, la seguridad nacional seguirá siendo responsabilidad exclusiva de cada Estado miembro.

3. Conforme al principio de cooperación leal, la Unión y los Estados miembros se respetarán y asistirán mutuamente en el cumplimiento de las misiones derivadas de los Tratados.

Los Estados miembros adoptarán todas las medidas generales o particulares apropiadas para asegurar el cumplimiento de las obligaciones derivadas de los Tratados o resultantes de los actos de las instituciones de la Unión.

Los Estados miembros ayudarán a la Unión en el cumplimiento de su misión y se abstendrán de toda medida que pueda poner en peligro la consecución de los objetivos de la Unión.

ARTÍCULO 5[44]

1. La delimitación de las competencias[45] de la Unión se rige por el principio de atribución. El ejercicio de las competencias de la Unión se rige por los principios de subsidiariedad[46] y proporcionalidad[47/48].

---

42 Artículo añadido por el TL

43 Véanse los artículos 2 y ss. del TFUE, del Título I «Categorías y ámbitos de competencias de la Unión».

44 Sustituye al artículo 5 del TCE.

45 Véase la Declaración n.° 18 anexa al Tratado, relativa a la delimitación de las competencias.

46 En la reunión informal que los Jefes de estado o de Gobierno celebraron en octubre de 1998 en la ciudad austriaca de Pörstchach se acordó desde primero de enero de 1999 lo dispuesto en el Protocolo núm. 30 sobre la aplicación del principio de subsidiariedad, antes de la entrada en vigor del TA.

47 STJCE de 29 de enero de 1996, asuntos acumulados C-296 y C-307/93, Francia e Irlanda/ Comisión. El principio de proporcionalidad exige que los actos de las instituciones comunitarias no rebasen los límites de lo que resulta apropiado y necesario para el logro de los objetivos legítimamente perseguidos por la normativa controvertida, entendiéndose que, cuando se ofrezca una elección entre varias medidas adecuadas, debe recurrirse a la menos onerosa, y que las desventajas ocasionadas no deben ser desproporcionadas con respecto a los objetivos perseguidos.

48 Véase el Protocolo n.° 2 anexo al Tratado, relativo a la aplicación de los principios de subsidiariedad y proporcionalidad.

2. En virtud del principio de atribución, la Unión actúa dentro de los límites de las competencias[49/50] que le atribuyen[51] los Estados miembros en los Tratados para lograr los objetivos que éstos determinan. Toda competencia no atribuida a la Unión en los Tratados corresponde a los Estados miembros.

3. En virtud del principio de subsidiariedad[52], en los ámbitos que no sean de su competencia exclusiva, la Unión intervendrá sólo en caso de que, y en la medida en que, los objetivos de la acción pretendida no puedan ser alcanzados de manera suficiente por los Estados miembros, ni a nivel central ni a nivel regional y local, sino que puedan alcanzarse mejor, debido a la dimensión o a los efectos de la acción pretendida, a escala de la Unión.

Las instituciones[53] de la Unión aplicarán el principio de subsidiariedad de conformidad con el Protocolo sobre la aplicación de los principios de subsidiariedad y proporcionalidad. Los Parlamentos nacionales velarán por el respeto del principio de subsidiariedad con arreglo al procedimiento establecido en el mencionado Protocolo.

4. En virtud del principio de proporcionalidad, el contenido y la forma de la acción de la Unión no excederán de lo necesario para alcanzar los objetivos de los Tratados.

Las instituciones de la Unión aplicarán el principio de proporcionalidad de conformidad con el Protocolo sobre la aplicación de los principios de subsidiariedad y proporcionalidad[54].

ARTÍCULO 6[55/56]

1. La Unión reconoce los derechos, libertades y principios enunciados en la Carta de los Derechos Fundamentales de la Unión Europea[57] de 7 de diciembre de 2000,

---

49 Véase el art. 2 TFUE en su versión consolidada del TL que recoge los tipos de competencias.

50 En las Conclusiones de la Presidencia del Consejo Europeo de Edimburgo de 12 de diciembre de 1992 se dice que el principio de que la Comunidad sólo puede actuar cuando le han atribuido facultades para ello —lo cual supone que competencia de los estados miembros es la norma y la comunitaria excepción—, siempre ha sido una de las características fundamentales ordenamiento jurídico comunitario (principio de atribución de competencias).

51 El art. 93 de la Constitución española dice que mediante Ley Orgánica se podrá autorizar la celebración de tratados por los que se atribuya a una organización o institución internacional el ejercicio de competencias derivadas de la Constitución.

52 Véase el Acuerdo Interinstitucional de 25 de Octubre de 1993 entre el Parlamento Europeo, el Consejo y la Comisión sobre procedimientos de aplicación del principio de subsidiariedad (DOCE C núm. 239 de 6 de Diciembre, actual Acuerdo Interinstitucional entre el Parlamento Europeo, el Consejo de la Unión Europea y la Comisión sobre la mejora de la legislación, de 13 de abril de 2016.

53 Se enumeran en el art. 13 TUE en su versión consolidada de TL y se regulan y desarrollan cada una de ellas en los arts. 223 y siguientes del TFUE en su versión consolidada del TL.

54 Este Protocolo tiene como objetivo que las decisiones se tomen lo más cerca posible a los ciudadanos.

55 Antiguo art. 6 TUE.

56 El art. 218.6, párrafo segundo, letra a, inciso ii, prevé que el Consejo adoptará la decisión de celebración del acuerdo de adhesión de la Unión al Convenio Europeo de Derechos Humanos, previa aprobación del Parlamento y pronunciamiento por unanimidad del Consejo —conforme al apartado número 8 del mismo artículo—. A este respecto, véase el Protocolo n.º 8 sobre el apartado 2 del artículo 6 del Tratado de la Unión Europea relativo a la Adhesión de la Unión al Convenio Europeo para la protección de los Derechos Humanos y de las Libertades Fundamentales.

57 Véase el Protocolo n.º 24 anexo al Tratado, relativo al asilo de nacionales de los Estados miembros

tal como fue adaptada el 12 de diciembre de 2007 en Estrasburgo, la cual tendrá el mismo valor jurídico que los Tratados[58].

Las disposiciones de la Carta[59] no ampliarán en modo alguno las competencias de la Unión tal como se definen en los Tratados[60].

Los derechos, libertades y principios enunciados en la Carta se interpretarán con arreglo a las disposiciones generales del título VII de la Carta por las que se rige su interpretación y aplicación y teniendo debidamente en cuenta las explicaciones a que se hace referencia en la Carta[61/62], que indican las fuentes de dichas disposiciones.

2. La Unión se adherirá al Convenio Europeo para la Protección de los Derechos Humanos y de las Libertades Fundamentales[63]. Esta adhesión no modificará las competencias de la Unión que se definen en los Tratados[64].

3. Los derechos fundamentales que garantiza el Convenio Europeo para la Protección de los Derechos Humanos y de las Libertades Fundamentales y los que son fruto de las tradiciones constitucionales comunes a los Estados miembros formarán parte del Derecho de la Unión como principios generales.

ARTÍCULO 7[65]

1. A propuesta motivada de un tercio de los Estados miembros, del Parlamento Europeo o de la Comisión, el Consejo, por mayoría de cuatro quintos de sus miembros y previa aprobación del Parlamento Europeo, podrá constatar la existencia de un riesgo claro de violación grave por parte de un Estado miembro de los valores contemplados en el artículo 2. Antes de proceder a esta constatación, el Consejo oirá al Estado miembro de que se trate y por el mismo procedimiento podrá dirigirle recomendaciones[66].

---

58 Véase el Protocolo n.° 8 anexo al Tratado, relativo a la adhesión de la Unión al Convenio Europeo para la Protección de los Derechos Humanos y de las Libertades Fundamentales.

59 Véase el Protocolo n.° 30 anexo al Tratado, relativo a la aplicación de la Carta de Derechos Fundamentales de la Unión Europea a Polonia y el Reino Unido. Véase la propia carta de Derechos Fundamentales al final del TL.

60 Véase el Protocolo n.° 8 anexo al Tratado, que pretende garantizar que la adhesión no afecte a las competencias de la Unión.

61 Véase la Declaración n.° 1 anexa al Tratado, relativa a la Carta de Derechos Fundamentales de la Unión Europea.

62 Con carácter anual, la Comisión realiza un informe relativo a la aplicación de la Carta de los Derechos Fundamentales de la UE con el fin de establecer criterios de mejora, para una mayor protección de los mismos. A modo ejemplificativo, cabe mencionar el Informe de la Comisión al Parlamento Europeo, al Consejo, al Comité Económico y Social Europeo y al Comité de las Regiones: Informe anual de 2017 sobre la aplicación de la Carta de los Derechos Fundamentales de la UE [SWD (2018) 304 final].

63 Adoptado por la Convención europea de DD. HH en 1950 en el seno del Consejo de Europa. Esta Convención instituye el TEDH para la protección de estos derechos efectivo desde 1954.

64 Véase la Declaración n.° 2 anexa al Tratado, relativa al apartado dos del artículo 6 del TUE.

65 Antiguo art. 7 TUE.

66 Este fue el procedimiento realizado ante la posible vulneración y puesta en riesgo del Estado de Derecho por parte de Polonia, emitiendo la Comisión Europea la Recomendación (UE) 2018/103 de la Comisión, de 20 de diciembre de 2017, por lo que respecta al Estado de Derecho en Polonia complementaria a las Recomendaciones (UE) 2016/1374, (UE) 2017/146 y (UE) 2017/1520.

El Consejo[67] comprobará de manera periódica si los motivos que han llevado a tal constatación siguen siendo válidos.

2. El Consejo Europeo[68], por unanimidad y a propuesta de un tercio de los Estados miembros o de la Comisión y previa aprobación del Parlamento Europeo[69], podrá constatar la existencia de una violación grave y persistente por parte de un Estado miembro de los valores contemplados en el artículo 2[70] tras invitar al Estado miembro de que se trate a que presente sus observaciones.

3. Cuando se haya efectuado la constatación contemplada en el apartado 2, el Consejo podrá decidir, por mayoría cualificada, que se suspendan determinados derechos derivados de la aplicación de los Tratados al Estado miembro de que se trate, incluidos los derechos de voto del representante del Gobierno de dicho Estado miembro en el Consejo. Al proceder a dicha suspensión, el Consejo tendrá en cuenta las posibles consecuencias de la misma para los derechos y obligaciones de las personas físicas y jurídicas.

Las obligaciones del Estado miembro de que se trate derivadas de los Tratados continuarán, en cualquier caso, siendo vinculantes para dicho Estado.

4. El Consejo podrá decidir posteriormente, por mayoría cualificada, la modificación o revocación de las medidas adoptadas de conformidad con el apartado 3 como respuesta a cambios en la situación que motivó su imposición.

5. Las modalidades de voto que, a los efectos del presente artículo, serán de aplicación para el Parlamento Europeo, el Consejo Europeo y el Consejo se establecen en el artículo 354 del Tratado de Funcionamiento de la Unión Europea.

ARTÍCULO 8[71]

1. La Unión desarrollará con los países vecinos relaciones preferentes[72/73], con el objetivo de establecer un espacio de prosperidad y de buena vecindad basado en los valores de la Unión y caracterizado por unas relaciones estrechas[74] y pacíficas fundadas en la cooperación.

---

67 Se regula en el art. 16 TUE y en los arts. 237 a 243 TFUE en su versión consolidada de TL.

68 Se regula en el art. 15 TUE y en los arts. 235 a 236 TFUE en su versión consolidada de TL.

69 Se regula en el art. 14 TUE y en los arts. 223 a 234 TFUE en su versión consolidada de TL.

70 Véase el 5.° considerando del Protocolo n.° 24 anexo al Tratado, relativo al asilo de nacionales de los Estados miembros.

71 Artículo añadido por el TL, desarrollado por el Reglamento (UE) 2021/947 del Parlamento Europeo y del Consejo de 9 de junio de 2021 por el que se establece el Instrumento de Vecindad, Cooperación al Desarrollo y Cooperación Internacional Europa Global, por el que se modifica y deroga la Decisión n.° 466/2014/UE del Parlamento Europeo y del Consejo y se derogan el Reglamento (UE) 2017/1601 del Parlamento Europeo y del Consejo y el Reglamento (CE, Euratom) n.° 480/2009 del Consejo.

72 Se trata de las relaciones de vecindad con terceros países para potenciar la cooperación y el intercambio comercial en diferentes materias. Véase la Comunicación de la Comisión al Parlamento Europeo y al Consejo: *Balance de la Política Europea de Vecindad* [COM (2010) 207 final) y el posterior Informe conjunto al Parlamento Europeo, al Consejo, al Comité Económico y Social Europeo y al Comité de las regiones: *Informe sobre la aplicación de la Revisión de la política Europea de Vecindad.*

73 Esencial fue la Comunicación de la Comisión al Parlamento Europeo, al Consejo, al Comité Económico y Social Europeo y al Comité de las Regiones: Relaciones de la UE con el Principado de Andorra, el Principado de Mónaco y la Republica de San Marino, opciones para una mayor integración con la UE [COM/2012/0680 final] que desarrollo dichas relaciones de preferencia entre la UE y estos países con arreglo a la Declaración n.° 3 relativa al artículo 8 del Tratado de la Unión Europea.

74 Véase la Declaración n.° 3 anexa al Tratado, relativa al artículo 8 del TUE

2. A efectos del apartado 1, la Unión podrá celebrar acuerdos específicos con dichos países. Estos acuerdos podrán incluir derechos y obligaciones recíprocos, así como la posibilidad de realizar acciones en común. Su aplicación será objeto de una concertación periódica.

TÍTULO II
DISPOSICIONES SOBRE LOS PRINCIPIOS DEMOCRÁTICOS

ARTÍCULO 9[75]

La Unión respetará en todas sus actividades el principio de la igualdad de sus ciudadanos, que se beneficiarán por igual de la atención de sus instituciones, órganos y organismos[76]. Será ciudadano de la Unión toda persona que tenga la nacionalidad de un Estado miembro. La ciudadanía[77] de la Unión se añade a la ciudadanía nacional sin sustituirla.

ARTÍCULO 10

1. El funcionamiento de la Unión se basa en la democracia representativa[78].

2. Los ciudadanos estarán directamente representados en la Unión a través del Parlamento Europeo[79].

Los Estados miembros estarán representados en el Consejo Europeo por su Jefe de Estado o de Gobierno y en el Consejo por sus Gobiernos, que serán democráticamente responsables, bien ante sus Parlamentos nacionales, bien ante sus ciudadanos.

3. Todo ciudadano tiene derecho a participar en la vida democrática de la Unión[80]. Las decisiones serán tomadas de la forma más abierta y próxima posible a los ciudadanos.

4. Los partidos políticos a escala europea contribuirán a formar la conciencia política europea y a expresar la voluntad de los ciudadanos de la Unión.

ARTÍCULO 11[81]

1. Las instituciones darán a los ciudadanos y a las asociaciones representativas, por los cauces apropiados, la posibilidad de expresar e intercambiar públicamente sus opiniones en todos los ámbitos de actuación de la Unión[82].

---

75 Antiguo artículo 8 TUE (derogado). El artículo 8 del TUE vigente antes de la entrada en vigor del TL, modificaba el TCE. Estas modificaciones se han incorporado en este último Tratado y se deroga el artículo 8. Su número se utiliza para insertar una nueva disposición.

76 Véanse arts. 227 y 228 TFUE en su versión consolidada del TL que regulan el derecho de petición y la figura del Defensor del Pueblo Europeo.

77 La ciudadanía europea se encuentra definida en el artículo 20 del TFUE y regulada en el Título II, segunda parte del mismo Tratado bajo el título «No discriminación y ciudadanía de la Unión», en el título V de la Carta Europea de Derechos Humanos.

78 Véanse los arts. 288 y ss. TFUE donde se recogen las formas de adoptar los actos legislativos en la UE.

79 Una novedad del TL es que el Parlamento Europeo se convierte en una institución colegislativa, junto con el Consejo, mientras que antes de este, solo ejercía funciones de carácter consultivo y de Control político.

80 Reglamento (UE) 2021/692 del Parlamento Europeo y del Consejo de 28 de abril de 2021 por el que se establece el programa Ciudadanos, Igualdad, Derechos y Valores y por el que se deroga el Reglamento (UE) n.° 1381/2013 del Parlamento Europeo y del Consejo y el Reglamento (UE) n.° 390/2014 del Consejo.

81 Artículo añadido en el TL.

82 La Comisión, a la hora de adoptar decisiones o iniciar un proyecto legislativo, suele pedir

2. Las instituciones mantendrán un diálogo abierto, transparente y regular con las asociaciones representativas y la sociedad civil.

3. Con objeto de garantizar la coherencia y la transparencia de las acciones de la Unión, la Comisión Europea mantendrá amplias consultas con las partes interesadas.

4. Un grupo de al menos un millón de ciudadanos de la Unión, que sean nacionales de un número significativo de Estados miembros, podrá tomar la iniciativa de invitar a la Comisión Europea, en el marco de sus atribuciones, a que presente una propuesta adecuada sobre cuestiones que estos ciudadanos estimen que requieren un acto jurídico de la Unión para los fines de la aplicación de los Tratados[83].

Los procedimientos y las condiciones preceptivos para la presentación de una iniciativa de este tipo se fijarán de conformidad con el párrafo primero del artículo 24 del Tratado de Funcionamiento de la Unión Europea.

ARTÍCULO 12[84]

Los Parlamentos nacionales[85] contribuirán activamente al buen funcionamiento de la Unión, para lo cual:

a) serán informados por las instituciones de la Unión y recibirán notificación de los proyectos de actos legislativos de la Unión[86] de conformidad con el Protocolo sobre el cometido de los Parlamentos nacionales en la Unión Europea;

b) velarán por que se respete el principio de subsidiariedad de conformidad con los procedimientos establecidos en el Protocolo sobre la aplicación de los principios de subsidiariedad y proporcionalidad;

c) participarán, en el marco del espacio de libertad, seguridad y justicia, en los mecanismos de evaluación de la aplicación de las políticas de la Unión en dicho espacio, de conformidad con el artículo 70 del Tratado de Funcionamiento de la Unión Europea, y estarán asociados al control político de Europol[87] y a la evaluación de las actividades de Eurojust[88], de conformidad con los artículos 88 y 85 de dicho Tratado;

d) participarán en los procedimientos de revisión de los Tratados, de conformidad con el artículo 48 del presente Tratado;

e) serán informados de las solicitudes de adhesión a la Unión, de conformidad con el artículo 49 del presente Tratado;

f) participarán en la cooperación interparlamentaria entre los Parlamentos nacionales y con el Parlamento Europeo, de conformidad con el Protocolo sobre el cometido de los Parlamentos nacionales en la Unión Europea.

---

información a los diferentes sectores de cada materia de la sociedad civil para efectuar una mejor gobernanza.

83 El TL introduce este derecho de iniciativa ciudadana europea indirecta. Véase el art. 24 TFUE en su versión consolidada del TL para más información sobre el procedimiento.

84 Artículo añadido en el TL.

85 Véase el Considerando 1.° del Protocolo n.° 1 anexo al Tratado, relativo al cometido de los Parlamentos Nacionales en la Unión.

86 Véase el art. 2 del Protocolo N.° 1 anexo al Tratado, relativo al cometido de los parlamentos Nacionales en la Unión.

87 Véase el Reglamento 2016/794 del Consejo, de 11 de mayo de 2016, relativo a la agencia de la Unión Europea para la Cooperación Policial (Europol) y por el que se sustituyen y derogan las Decisiones 2009/371/JAI, 2009/934/JAI, 2009/935/JAI, 2009/936/JAI y 2009/968/JAI del Consejo (DOUE L 135, de 24 de mayo de 2016).

88 Véase el Reglamento (UE) 2018/1727 del Parlamento Europeo y del Consejo, de 14 de noviembre de 2018, sobre la Agencia de la Unión Europea para la Cooperación Judicial Penal (Eurojust) y por el que se sustituye y deroga la Decisión 2002/187/JAI del Consejo.

TÍTULO III[89]
DISPOSICIONES SOBRE LAS INSTITUCIONES

ARTÍCULO 13[90]

1. La Unión dispone de un marco institucional que tiene como finalidad promover sus valores, perseguir sus objetivos, defender sus intereses, los de sus ciudadanos y los de los Estados miembros, así como garantizar la coherencia, eficacia y continuidad de sus políticas y acciones.

Las instituciones de la Unión son:

- El Parlamento Europeo[91].
- El Consejo Europeo[92].
- El Consejo[93].
- La Comisión Europea (denominada en lo sucesivo «Comisión»)[94].
- El Tribunal de Justicia de la Unión Europea[95].
- El Banco Central Europeo[96].

---

89 Antiguo Título III -DISPOSICIONES POR LAS QUE SE MODIFICA EL TRATADO CONSTITUTIVO DE LA COMUNIDAD EUROPEA DEL CARBÓN Y DEL ACERO.

90 Antiguo artículo 9 TUE (derogado). El artículo 9 del actual TUE modificaba el Tratado constitutivo de la Comunidad Europea del Carbón y del Acero. Este último Tratado cesó en su vigencia el 23 de julio de 2002. Se deroga el art. 9 y su número se utiliza para insertar otra disposición.

91 El Parlamento Europeo asume la representación democrática de los pueblos de los Estados miembros; comparte con el Consejo las funciones legislativas y presupuestarias; y ejerce el control político de la Comisión. Para saber más sobre dicha Institución, véanse los arts. 223 y ss. TFUE.

92 El Consejo Europeo es una institución surgida al margen de los Tratados, pero reconocida por el Tratado de Lisboa, compuesto por los respectivos Jefes de Estado o de Gobierno, inicialmente previsto como órgano de impulso y de solución de los grandes problemas comunitarios. No ejerce funciones legislativas. Para más información acerca de su funcionamiento y competencias, véanse los arts. 235 y ss. TFUE.

93 El Consejo es una pieza esencial del sistema: comparte con el Parlamento Europeo las funciones legislativas y presupuestarias, y le corresponde la definición de las políticas de la Unión y su coordinación. Para saber más acerca del Consejo, véanse los arts. 237 y ss. TFUE.

94 La Comisión Europea vela por la correcta aplicación de los Tratados. Ejerce en exclusiva (salvo excepciones) la iniciativa legislativa; e igualmente se encarga de ejecutar y gestionar las políticas comunitarias. Para más información sobre funcionamiento y competencias de la Comisión, véanse los arts. 244 y ss. TFUE.

95 El Tribunal de Justicia de la Unión Europea es una institución de naturaleza jurisdiccional que garantiza el respeto del derecho en la interpretación y aplicación de los Tratados. Véanse, para más información sobre esta Institución comunitaria, los arts. 251 y ss. TFUE. Se recomienda encarecidamente consultar, acerca de las competencias del TJUE, los siguientes arts. del TFUE: 258-260 (Recurso por infracción de un Estado miembro), 263-264 y 266 (Recurso de anulación), 265-266 (Recurso de carencia u omisión), 267 (Cuestión Prejudicial) y 277 (Excepción de ilegalidad).

96 El Banco Central Europeo es un órgano de la Unión Económica y Monetaria que se creó por el Tratado de Maastricht. Su finalidad es limitar al máximo la influencia de los Estados miembros en la elaboración de la política monetaria; siendo el objetivo final de dicha política la conservación de la estabilidad de los precios. Para saber más sobre el BCE, véanse los arts. 282 y ss. TFUE.

– El Tribunal de Cuentas[97].

2. Cada institución actuará dentro de los límites de las atribuciones que le confieren los Tratados, con arreglo a los procedimientos, condiciones y fines establecidos en los mismos. Las instituciones mantendrán entre sí una cooperación leal.

3. Las disposiciones relativas al Banco Central Europeo y al Tribunal de Cuentas, así como las disposiciones detalladas sobre las demás instituciones, figuran en el Tratado de Funcionamiento de la Unión Europea.

4. El Parlamento Europeo, el Consejo y la Comisión estarán asistidos por un Comité Económico y Social[98] y por un Comité de las Regiones[99] que ejercerán funciones consultivas.

ARTÍCULO 14[100/101]

1. El Parlamento Europeo ejercerá conjuntamente con el Consejo la función legislativa[102] y la función presupuestaria. Ejercerá funciones de control político[103] y consultivas[104], en las condiciones establecidas en los Tratados. Elegirá al Presidente de la Comisión.

2. El Parlamento Europeo estará compuesto[105] por representantes de los ciudadanos de la Unión. Su número no excederá de setecientos cincuenta, más el Presidente[106]. La representación de los ciudadanos será decrecientemente proporcio-

97 El Tribunal de Cuentas es la institución encargada de la fiscalización o control de cuentas de la Unión. Para más información sobre el mismo, véanse los arts. 285 y ss. TFUE.

98 Sobre la regulación del Comité Económico y Social o «CESE», véanse los arts. 301 a 304 TFUE. No confundir con el «ECOSOC», organismo relacionado con las Naciones Unidas.

99 La estructura y competencias del Comité de las Regiones se hallan más detalladamente en los arts. 305 a 307 TFUE.

100 Los apartados 1 y 2 sustituyen, en sustancia, al artículo 189 del TCE.
- Los apartados 1 a 3 sustituyen, en sustancia, al artículo 190, apartados 1 a 3 TCE.
- El apartado 1 sustituye, en sustancia, al artículo 192, párrafo primero TCE.
- El apartado 4 sustituye, en sustancia, al artículo 197, párrafo primero TCE.

101 El Parlamento está regulado en el TFUE en los artículos 223 a 234.

102 Mediante el procedimiento de codecisión con el Consejo.

103 Para ejercer el control político de la Comisión tiene atribuidos una serie de poderes.

104 Por ejemplo, mediante el procedimiento de dictamen conforme; según el cual la resolución favorable del Parlamento Europeo es plenamente necesaria para sacar adelante ciertos tipos de propuestas procedentes del Consejo. Véase el apartado 11.1.1.2 del Preámbulo de la presente obra para más información sobre el dictamen conforme).

105 Véase la Declaración n.° 57, de la República italiana, relativa a la composición del Parlamento Europeo.

106 Tras hacerse efectiva la salida de Reino Unido de la Unión Europea la distribución de los eurodiputados se redistribuye; se produciría un reajuste sobre el número total de eurodiputados, reduciéndose su cantidad de 750+1 a 705; y con respecto a los escaños pertenecientes al Reino Unido, se reservarían 46 para asignarlos a futuros Estados miembros en próximas ampliaciones de la UE y procederían a repartirse los restantes 27 entre varios de los Estados ya miembros (de los cuales España recibiría 5) La tabla con la nueva distribución de los eurodiputados se encuentra disponible en: http://www.europarl.europa.eu/resources/library/media/20180123RES92302/20180123RES92302.pdf.

nal, con un mínimo de seis diputados por Estado miembro. No se asignará a ningún Estado miembro más de noventa y seis escaños[107].

3. El Consejo Europeo adoptará por unanimidad, a iniciativa del Parlamento Europeo y con su aprobación, una decisión por la que se fije la composición del Parlamento Europeo conforme a los principios a que se refiere el párrafo primero.

4. Los diputados al Parlamento Europeo serán elegidos por sufragio universal directo, libre y secreto, para un mandato de cinco años.

5. El Parlamento Europeo elegirá a su Presidente y a la Mesa[108] de entre sus diputados.

ARTÍCULO 15[109/110/111]

1. El Consejo Europeo dará a la Unión los impulsos necesarios para su desarrollo y definirá sus orientaciones y prioridades políticas generales[112]. No ejercerá función legislativa alguna[113].

2. El Consejo Europeo estará compuesto por los Jefes de Estado o de Gobierno de los Estados miembros, así como por su Presidente y por el Presidente de la Comisión. Participará en sus trabajos el Alto Representante de la Unión para Asuntos Exteriores y Política de Seguridad[114].

3. El Consejo Europeo se reunirá dos veces por semestre por convocatoria de su Presidente.

Cuando el orden del día lo exija, los miembros del Consejo Europeo podrán decidir contar, cada uno de ellos, con la asistencia de un ministro y, en el caso del Presidente

---

107 Actualmente el número máximo de 96 escaños sólo está en poder de Alemania.

108 La Mesa hace referencia a la Mesa del Parlamento Europeo. Es el órgano rector y de representación colegiada de la Cámara de los partidos políticos que forman parte del órgano asambleario de la Unión. Está integrada por el Presidente del Parlamento Europeo, que preside las sesiones y los demás vicepresidentes.

109 Sustituye en sustancia al antiguo artículo 4 TUE.

110 El Consejo Europeo está regulado en el TFUE en los artículos 235 y 236 en su versión consolidada del TL.

111 Véase la Declaración N.° 6, relativa a los apartados 5 y 6 del artículo 15, a los apartados 6 y 7 del artículo 17 y al artículo 18 del TUE en su versión consolidada del TL.

112 Esta labor se traduce en la aprobación de acuerdos, conclusiones, declaraciones, informes u otras manifestaciones de juicio, voluntad o deseo, desprovistos de eficacia jurídica vinculante. En cualquier caso, es preciso repetir que el Consejo Europeo está excluido de toda función legislativa.

113 Este último inciso tiene una importancia sustancial ya que el Consejo Europeo, en su actuación, carecía de seguridad jurídica alguna. De algún modo actuaba según le parecía dado que eran los Jefes de Estado y de Gobierno quienes lo componían, y no estaban sometidos a ningún control ni político ni jurisdiccional. Anteriormente también dictaba normas, cuando no podía hacerlo, de forma encubierta; por eso que, aunque parezca baladí, la importancia de este último inciso es enormemente considerable. Además, en algunos casos, se permitían la prerrogativa de establecer auténticos textos jurídicos en los que se imponían a los miembros del Consejo lo que debían hacer, todo ello disfrazado bajo la forma de «Conclusiones del Consejo Europeo», con lo cual ejercían su poder como Jefes de Estado o de Gobierno con cierto carácter abusivo, lo cual no es procedente en el marco de la Unión. Puede afirmarse que se venía produciendo un marcado intervencionismo del Consejo Europeo sobre la normal actividad del Consejo en el marco del proceso de adopción de decisiones.

114 El TL modifica la composición.

de la Comisión, con la de un miembro de la Comisión. Cuando la situación lo exija, el Presidente convocará una reunión extraordinaria del Consejo Europeo.

4. El Consejo Europeo se pronunciará por consenso, excepto cuando los Tratados dispongan otra cosa.

5. El Consejo Europeo elegirá a su Presidente[115] por mayoría cualificada para un mandato de dos años y medio, que podrá renovarse una sola vez. En caso de impedimento o falta grave, el Consejo Europeo podrá poner fin a su mandato por el mismo procedimiento.

6. El Presidente del Consejo Europeo:

a) Presidirá e impulsará los trabajos del Consejo Europeo.

b) Velará por la preparación y continuidad de los trabajos del Consejo Europeo, en cooperación con el Presidente de la Comisión y basándose en los trabajos del Consejo de Asuntos Generales.

c) Se esforzará por facilitar la cohesión y el consenso en el seno del Consejo Europeo.

d) Al término de cada reunión del Consejo Europeo, presentará un informe al Parlamento Europeo.

e) El Presidente del Consejo Europeo asumirá, en su rango y condición, la representación exterior de la Unión en los asuntos de política exterior y de seguridad común, sin perjuicio de las atribuciones del Alto Representante de la Unión para Asuntos Exteriores y Política de Seguridad.

f) El Presidente del Consejo Europeo no podrá ejercer mandato nacional alguno.

ARTÍCULO 16[116/117/118]

1. El Consejo ejercerá conjuntamente con el Parlamento Europeo la función legislativa[119] y la función presupuestaria[120]. Ejercerá funciones de definición de políticas y de coordinación, en las condiciones establecidas en los Tratados.

2. El Consejo estará compuesto por un representante de cada Estado miembro, de rango ministerial[121], facultado para comprometer al Gobierno del Estado miembro al que represente y para ejercer el derecho de voto.

115 El TL, siguiendo lo previsto en el fallido Tratado Constitucional de 2004, crea esta figura; ya que hasta la actualidad la Presidencia la viene ejerciendo el Jefe de Estado o de Gobierno del Estado miembro al que corresponda la Presidencia del Consejo. Véase el mencionado Tratado Constitucional *non nato* en DOUE C 310, de 16 de diciembre de 2004.

116 El apartado 1 sustituye, en sustancia, al artículo 202, primer y segundo guiones, TCE.
- Los apartados 2 y 9 sustituyen, en sustancia, al artículo 203 TCE.
- Los apartados 4 y 5 sustituyen, en sustancia, al artículo 205, apartados 2 y 4 TCE.

117 El Consejo está regulado en el TFUE en los artículos 237 a 243.

118 Véase Declaración N.° 7, relativa al apartado 4 del artículo 16 del TUE y al apartado 2 del artículo 238 TFUE.

119 Ya dijimos que el procedimiento legislativo ordinario es la codecisión, junto con el Parlamento.

120 Anteriormente la función presupuestaria le correspondía al Parlamento en exclusiva; actualmente, como novedad, el Consejo también participa en esa función.

121 Los representantes de cada Estado miembro en el Consejo no necesariamente han de ser ministros, sino que también pueden serlo aquellos cargos públicos que tengan rango ministerial, aunque no sean ministros; como, por ejemplo, en el caso concreto de España, los Consejeros de las Comunidades Autónomas.

3. El Consejo se pronunciará por mayoría cualificada[122], excepto cuando los Tratados dispongan otra cosa.

4. A partir del 1 de noviembre de 2014, la mayoría cualificada se definirá como un mínimo del 55 % de los miembros del Consejo que incluya al menos a quince de ellos y represente a Estados miembros que reúnan como mínimo el 65 % de la población de la Unión.

Una minoría de bloqueo estará compuesta por al menos cuatro miembros del Consejo, a falta de lo cual la mayoría cualificada se considerará alcanzada.

Las demás modalidades reguladoras del voto por mayoría cualificada se establecen en el apartado 2 del artículo 238 del Tratado de Funcionamiento de la Unión Europea.

5. Las disposiciones transitorias relativas a la definición de la mayoría cualificada que serán de aplicación hasta el 31 de octubre de 2014, así como las aplicables entre el 1 de noviembre de 2014[123] y el 31 de marzo de 2017, se establecerán en el Protocolo sobre las disposiciones transitorias[124].

6. El Consejo se reunirá en diferentes formaciones, cuya lista se adoptará de conformidad con el artículo 236 del Tratado de Funcionamiento de la Unión Europea.

El Consejo de Asuntos Generales[125] velará por la coherencia de los trabajos de las diferentes formaciones del Consejo. Preparará las reuniones del Consejo Europeo y garantizará su actuación subsiguiente, en contacto con el Presidente del Consejo Europeo y la Comisión.

El Consejo de Asuntos Exteriores[126/127] elaborará la acción exterior de la Unión atendiendo a las líneas estratégicas definidas por el Consejo Europeo y velará por la coherencia de la acción de la Unión.

---

122 Hasta ahora el sistema adoptado en Niza establecía un sistema de distribución ponderada de los votos en el Consejo.

123 Se estableció el 1 de noviembre de 2014 porque el Estado polaco lo exigió, de manera que, si no se hacía así, no estaba dispuesto a ratificar el Tratado de Lisboa. Hasta esa fecha se va a seguir utilizando el sistema de Niza. No obstante, Polonia no quedó del todo satisfecha, de manera que se estableció otro plazo más: a partir del 1 de noviembre de 2014 y hasta el 31 de marzo de 2017, si algún Estado miembro solicitare que se mantuviere el sistema de Niza, se estudiará por parte del Consejo Europeo y se tomarán las correspondientes decisiones. A pesar de esta pretensión, desde el 1 de abril de 2017 se viene aplicando ya el nuevo sistema de mayoría cualificada. Existe una aplicación útil para calcular el resultado de las votaciones en el seno del Consejo atendiendo al nuevo sistema de mayoría cualificada, disponible en el siguiente enlace: https://www.consilium.europa.eu/es/council-eu/voting-system/voting-calculator/

124 No obstante, cuando el Consejo no actúe a propuesta de la Comisión o del Alto Representante de la Unión en Asuntos Exteriores, y quiere aprobar una norma motu proprio, en este caso, la mayoría cualificada será del 72 % de los miembros del Consejo y que reúna como mínimo el 65 % de la población de la Unión. Véase el art. 238.2 TFUE a este respecto.

125 Cuando se dice que un Estado miembro «preside la Unión», no está correctamente expresado. Ese Estado miembro lo que preside es el Consejo, con su Ministro de Asuntos Exteriores correspondiente.

126 Presidido por el Alto Representante de Asuntos Exteriores de la Unión.

127 Véase la Declaración n.º 8, relativa a las medidas prácticas que deberán adoptarse al entrar en vigor el Tratado de Lisboa por lo que respecta a la Presidencia del Consejo Europeo y del Consejo de Asuntos Exteriores.

7. Un Comité de Representantes Permanentes[128/129] de los Gobiernos de los Estados miembros se encargará de preparar los trabajos del Consejo.

8. El Consejo se reunirá en público cuando delibere y vote sobre un proyecto de acto legislativo.

Con este fin, cada sesión del Consejo se dividirá en dos partes, dedicadas respectivamente a las deliberaciones sobre los actos legislativos de la Unión y a las actividades no legislativas.

9. [130]La presidencia de las formaciones del Consejo, con excepción de la de Asuntos Exteriores, será desempeñada por los representantes de los Estados miembros en el Consejo mediante un sistema de rotación igual, de conformidad con las condiciones establecidas en el artículo 236 del Tratado de Funcionamiento de la Unión Europea.

ARTÍCULO 17[131/132/133/134]

1. La Comisión[135] promoverá el interés general de la Unión y tomará las iniciativas adecuadas con este fin. Velará por que se apliquen los Tratados y las medidas adoptadas por las instituciones en virtud de éstos. Supervisará la aplicación del Derecho de la Unión bajo el control del Tribunal de Justicia de la Unión Europea. Ejecutará el presupuesto y gestionará los programas. Ejercerá asimismo funciones de coordinación, ejecución y gestión, de conformidad con las condiciones establecidas en los Tratados.

Con excepción de la política exterior y de seguridad común y de los demás casos previstos por los Tratados, asumirá la representación exterior de la Unión. Adoptará las iniciativas de la programación anual y plurianual de la Unión con el fin de alcanzar acuerdos interinstitucionales.

2. Los actos legislativos de la Unión sólo podrán adoptarse a propuesta de la Comisión, excepto cuando los Tratados dispongan otra cosa. Los demás actos se adoptarán a propuesta de la Comisión cuando así lo establezcan los Tratados.

3. El mandato de la Comisión será de cinco años.

Los miembros[136] de la Comisión serán elegidos en razón de su competencia general y de su compromiso europeo, de entre personalidades que ofrezcan plenas garantías de independencia.

---

128 Véase el art. 240 TFUE, al respecto del Comité de Representantes Permanentes o «*COREPER*».

129 Los representantes permanentes tienen el rango de embajadores (que no quiere decir que lo sean, porque la Unión Europea no es un Estado, no acredita embajadores).

130 Véase la Declaración n.° 9, relativa al apartado 9 del artículo 16 del Tratado de la Unión sobre la Decisión del Consejo Europeo relativa al ejercicio de la Presidencia del Consejo.

131 Véanse los artículos 244 a 250 TFUE y 13 TUE en su versión consolidada del TL.

132 El apartado 1 sustituye, en sustancia, al artículo 211 del TCE.
- Los apartados 3 y 7 sustituyen, en sustancia, al artículo 214 TCE.
- El apartado 6 sustituye en sustancia, al artículo 217, apartados 1, 3 y 4, TCE.

133 Véase la Declaración 6, relativa a los apartados 5 y 6 del artículo 15, a los apartados 6 y 7 del artículo 17 y al artículo 18 del TUE en su versión consolidada del TL.

134 Véase la Declaración n.° 10, relativa al artículo 17 del TUE en su versión consolidada TL.

135 Órgano ejecutivo de la UE. Sus notas características fundamentales son: independencia, colegialidad y derecho de iniciativa legislativa.

136 Los miembros de la Comisión son absolutamente independientes. Sus objetivos son los de la Unión, no los de su respectivo país. Trabaja, pues, para el logro de los fines exclusivos de la Unión, no pudiendo, en ningún caso, defender los intereses de su país de origen, ni siquiera de ninguna otra institución de la Unión distinta a la suya propia.

La Comisión ejercerá sus responsabilidades con plena independencia. Sin perjuicio de lo dispuesto en el apartado 2 del artículo 18, los miembros de la Comisión no solicitarán ni aceptarán instrucciones de ningún gobierno, institución, órgano u organismo. Se abstendrán de todo acto incompatible con sus obligaciones o con el desempeño de sus funciones.

4. La Comisión nombrada entre la fecha de entrada en vigor del Tratado de Lisboa y el 31 de octubre de 2014 estará compuesta por un nacional de cada Estado miembro, incluidos su Presidente y el Alto Representante de la Unión para Asuntos Exteriores y Política de Seguridad[137], que será uno de sus Vicepresidentes.

5. A partir del 1 de noviembre de 2014, la Comisión estará compuesta por un número de miembros correspondiente a los dos tercios del número de Estados miembros, que incluirá a su Presidente y al Alto Representante de la Unión para Asuntos Exteriores y Política de Seguridad, a menos que el Consejo Europeo decida por unanimidad modificar dicho número.

Los miembros de la Comisión serán seleccionados de entre los nacionales de los Estados miembros mediante un sistema de rotación estrictamente igual entre los Estados miembros que permita tener en cuenta la diversidad demográfica y geográfica del conjunto de dichos Estados. Este sistema será establecido por unanimidad por el Consejo Europeo de conformidad con el artículo 244 del Tratado de Funcionamiento de la Unión Europea.

6. El Presidente de la Comisión[138]:

a) Definirá las orientaciones con arreglo a las cuales la Comisión desempeñará sus funciones.

b) Determinará la organización interna de la Comisión velando por la coherencia, eficacia y colegialidad de su actuación.

c) Nombrará Vicepresidentes, distintos del Alto Representante de la Unión para Asuntos Exteriores y Política de Seguridad, de entre los miembros de la Comisión.

Un miembro de la Comisión presentará su dimisión si se lo pide el Presidente. El Alto Representante de la Unión para Asuntos Exteriores y Política de Seguridad presentará su dimisión, con arreglo al procedimiento establecido en el apartado 1 del artículo 18, si se lo pide el Presidente.

7. Teniendo en cuenta el resultado de las elecciones al Parlamento Europeo y tras mantener las consultas apropiadas, el Consejo Europeo propondrá al Parlamento Europeo, por mayoría cualificada, un candidato al cargo de Presidente de la Comisión. El Parlamento Europeo elegirá al candidato por mayoría de los miembros que lo componen. Si el candidato no obtiene la mayoría necesaria, el Consejo Europeo propondrá en el plazo de un mes, por mayoría cualificada, un nuevo candidato, que será elegido por el Parlamento Europeo por el mismo procedimiento.

El Consejo, de común acuerdo con el Presidente electo, adoptará la lista de las demás personalidades que se proponga nombrar miembros de la Comisión. Éstas serán seleccionadas, a partir de las propuestas presentadas por los Estados miembros, de acuerdo con los criterios enunciados en el párrafo segundo del apartado 3 y en el párrafo segundo del apartado 5.

El Presidente, el Alto Representante de la Unión para Asuntos Exteriores y Política de Seguridad y los demás miembros de la Comisión se someterán colegiadamente al voto de aprobación del Parlamento Europeo. Sobre la base de dicha aprobación, la Comisión será nombrada por el Consejo Europeo, por mayoría cualificada.

8. La Comisión tendrá una responsabilidad colegiada ante el Parlamento Europeo. El Parlamento Europeo podrá votar una moción de censura contra la Comisión de

137 Actualmente hay 27 Comisarios incluido el Presidente y el Alto Representante, es decir, uno por cada Estado miembro, aunque no es necesario ni obligatorio que sea así, puesto que no trabajan en beneficio de su respectivo país, sino por la Unión Europea.

138 Véase la Declaración n.º 11, relativa a los apartados 6 y 7 del artículo 17 TUE en su versión consolidada del TL.

conformidad con el artículo 234 del Tratado de Funcionamiento de la Unión Europea. Si se aprueba dicha moción[139], los miembros de la Comisión deberán dimitir colectivamente de sus cargos y el Alto Representante de la Unión para Asuntos Exteriores y Política de Seguridad deberá dimitir del cargo que ejerce en la Comisión.

ARTÍCULO 18[140/141/142]

1. El Consejo Europeo nombrará por mayoría cualificada, con la aprobación del Presidente de la Comisión, al Alto Representante de la Unión para Asuntos Exteriores y Política de Seguridad. El Consejo Europeo podrá poner fin a su mandato por el mismo procedimiento.

2. El Alto Representante estará al frente de la política exterior y de seguridad común de la Unión.

Contribuirá con sus propuestas a elaborar dicha política y la ejecutará como mandatario del Consejo.

Actuará del mismo modo en relación con la política común de seguridad y defensa.

3. El Alto Representante presidirá el Consejo de Asuntos Exteriores.

4. El Alto Representante será uno de los Vicepresidentes de la Comisión[143]. Velará por la coherencia de la acción exterior de la Unión. Se encargará, dentro de la Comisión, de las responsabilidades que incumben a la misma en el ámbito de las relaciones exteriores y de la coordinación de los demás aspectos de la acción exterior de la Unión. En el ejercicio de estas responsabilidades dentro de la Comisión, y exclusivamente por lo que respecta a las mismas, el Alto Representante estará sujeto a los procedimientos por los que se rige el funcionamiento de la Comisión en la medida en que ello sea compatible con los apartados 2 y 3.

ARTÍCULO 19[144/145]

1. El Tribunal de Justicia[146] de la Unión Europea comprenderá el Tribunal de Justicia, el Tribunal General[147] y los tribunales especializados[148]. Garantizará el respeto del Derecho en la interpretación y aplicación de los Tratados.

---

139 Se han llegado a presentar hasta 8 mociones de censura contra la Comisión Europea (la más reciente contra la Comisión Juncker en 2014). Curiosamente, la Comisión Santer en 1999 dimitió en bloque tras la presentación de un informe que acusaba a varios de sus miembros de corrupción, antes de que pudiera ni tan siquiera iniciarse el procedimiento de la moción de censura

140 Artículo añadido por el TL.

141 Véase la Declaración 6, relativa a los apartados 5 y 6 del artículo 15, a los apartados 6 y 7 del artículo 17 y al artículo 18 del Tratado de la Unión.

142 Véase la Declaración n.° 12, relativa al artículo 18 TUE en su versión consolidada del TL.

143 Por el hecho de ser Alto Representante se convierte automáticamente en Vicepresidente de la Comisión.

144 Véanse los arts. 251 a 281 TFUE y 13 TUE en su versión consolidada del TL.

145 - Sustituye, en sustancia, al artículo 220 del TCE.
- El apartado 2, párrafo primero, sustituye en sustancia, al artículo 221, párrafo primero del TCE.

146 Su jurisprudencia es fuente obligatoria de Derecho Comunitario, ahora denominado correctamente como Derecho de la Unión Europea.

147 Encargado de resolver en 1.ª instancia los recursos que no estén reservados al TJUE, ni hayan sido atribuidos a un Tribunal especializado (actualmente no existe ninguno).

148 El único que se llegó a crear es el Tribunal de la Función Pública, actualmente suprimido de acuerdo con el Reglamento 2016/1192 del Parlamento Europeo y del Consejo (DOUE L

Los Estados miembros establecerán las vías de recurso necesarias para garantizar la tutela judicial efectiva en los ámbitos cubiertos por el Derecho de la Unión.

2. El Tribunal de Justicia estará compuesto por un juez por Estado miembro. Estará asistido por abogados generales[149].

El Tribunal General dispondrá al menos de un juez por Estado miembro.

Los jueces y abogados generales del Tribunal de Justicia y los jueces del Tribunal General serán elegidos de entre personalidades que ofrezcan plenas garantías de independencia y que reúnan las condiciones contempladas en los artículos 253 y 254 del Tratado de Funcionamiento de la Unión Europea. Serán nombrados de común acuerdo por los Gobiernos de los Estados miembros para un período de seis años. Los jueces y abogados generales salientes podrán ser nombrados de nuevo.

3. El Tribunal de Justicia de la Unión Europea se pronunciará, de conformidad con los Tratados:

a) sobre los recursos interpuestos por un Estado miembro, por una institución o por personas físicas o jurídicas[150].

b) con carácter prejudicial, a petición de los órganos jurisdiccionales nacionales, sobre la interpretación del Derecho de la Unión o sobre la validez de los actos adoptados por las instituciones.

c) en los demás casos previstos por los Tratados.

TÍTULO IV[151]
DISPOSICIONES SOBRE LAS COOPERACIONES REFORZADAS[152]

ARTÍCULO 20[153]

1. Los Estados miembros que deseen instaurar entre sí una cooperación reforzada[154] en el marco de las competencias no exclusivas de la Unión podrán hacer uso de las instituciones de ésta y ejercer dichas competencias aplicando las disposiciones pertinentes de los Tratados, dentro de los límites y con arreglo a las modalidades contempladas en el presente artículo y en los artículos 326 a 334 del Tratado de Funcionamiento de la Unión Europea.

200, de 26 de julio de 2016).

149 Tanto los Jueces como los Abogados Generales son designados por un período de 6 años.

150 El contencioso de legalidad (recurso de anulación, recurso de omisión o carencia, excepción de ilegalidad), el contencioso de plena jurisdicción y el recurso por infracción de un Estado miembro. Véanse los arts. 258 a 267 y 277 TFUE al respecto de dichos recursos.

151 Antiguo Título IV -DISPOSICIONES POR LAS QUE SE MODIFICA EL TRATADO CONSTITUTIVO DE LA COMUNIDAD EUROPEA DE LA ENERGÍA ATÓMICA.

152 Se regula y se desarrolla en los arts. 326 y ss. TFUE en su versión consolidada del TL.

153 Antiguos artículos 27A a 27E (sustituidos), 40 a 40B (sustituidos) y 43 a 45 TUE (sustituidos), antiguos artículos 11 y 11 A TCE y antiguo artículo 10 TUE (derogado).
Los artículos 40 a 40 B del actual TUE, relativos a la cooperación reforzada, se sustituyen también por los artículos 326 a 334 del TFUE en su versión consolidada del TL.
Los artículos 43 a 45 y el título VII del actual TUE, relativos a la cooperación reforzada, se sustituyen también por los artículos 326 a 334 del TFUE en su versión consolidada del TL.

154 Se habla a veces de «Europa a diferentes velocidades». Una cooperación reforzada permite a varios Estados miembros intensificar la integración en ámbitos no previstos por el Tratado, impulsando normas europeas que sólo se aplicarán a los que la integren, Un ejemplo de cooperación reforzada es la creación de una Fiscalía Europea: Reglamento (UE) 2017/1939 del Consejo, de 12 de octubre de 2017, por el que se establece una cooperación reforzada para la creación de la Fiscalía Europea.

La finalidad de las cooperaciones reforzadas será impulsar los objetivos de la Unión, proteger sus intereses y reforzar su proceso de integración. Las cooperaciones reforzadas estarán abiertas permanentemente a todos los Estados miembros, de conformidad con el artículo 328 del Tratado de Funcionamiento de la Unión Europea.

2. La decisión de autorizar una cooperación reforzada será adoptada por el Consejo como último recurso, cuando haya llegado a la conclusión de que los objetivos perseguidos por dicha cooperación no pueden ser alcanzados en un plazo razonable por la Unión en su conjunto, y a condición de que participen en ella al menos nueve Estados miembros[155]. El Consejo se pronunciará con arreglo al procedimiento establecido en el artículo 329 del Tratado de Funcionamiento de la Unión Europea[156].

3. Todos los miembros del Consejo podrán participar en sus deliberaciones, pero únicamente participarán en la votación los miembros del Consejo que representen a los Estados miembros que participan en una cooperación reforzada. Las modalidades de la votación se establecen en el artículo 330 del Tratado de Funcionamiento de la Unión Europea.

4. Los actos adoptados en el marco de una cooperación reforzada vincularán únicamente a los Estados miembros participantes. Dichos actos no se considerarán acervo que deban aceptar los Estados candidatos a la adhesión a la Unión.

TÍTULO V[157]
DISPOSICIONES GENERALES RELATIVAS A LA ACCIÓN EXTERIOR DE LA UNIÓN Y DISPOSICIONES ESPECÍFICAS RELATIVAS

CAPÍTULO 1[158]
DISPOSICIONES GENERALES RELATIVAS A LA ACCIÓN EXTERIOR DE LA UNIÓN

ARTÍCULO 21[159]

1. La acción de la Unión en la escena internacional se basará en los principios que han inspirado su creación, desarrollo y ampliación y que pretende fomentar en el resto del mundo: la democracia, el Estado de Derecho, la universalidad e indivisibilidad de los derechos humanos y de las libertades fundamentales, el respeto de la dignidad humana, los principios de igualdad y solidaridad y el respeto de los principios de la Carta de las Naciones Unidas y del Derecho internacional[160].

155 En la Constitución Europea fallida se disponía la necesidad de un tercio, que en el caso de 27 serían nueve, pero aquí se establece directamente nueve.

156 En el art. 329.1 II TFUE en su versión consolidada del TL, se prevé un derecho de veto del Parlamento Europeo, dónde votan todos los eurodiputados, por lo que este procedimiento puede suponer un obstáculo para su adopción.

157 Antiguo Título V del TUE -DISPOSICIONES RELATIVAS A LA POLÍTICA EXTERIOR Y DE SEGURIDAD COMÚN.

158 Capítulo añadido por el TL.

159 Artículo añadido por el TL.

160 Véase el Preámbulo del TL, especialmente atendiendo a las siguientes consideraciones: INSPIRÁNDOSE en la herencia cultural, religiosa y humanista de Europa, a partir de la cual se han desarrollado los valores universales de los derechos inviolables e inalienables de la persona, así como la libertad, la democracia, la igualdad y el Estado de Derecho.
CONFIRMANDO su adhesión a los principios de libertad, democracia y respeto de los derechos humanos y de las libertades fundamentales y del Estado de Derecho.

La Unión procurará desarrollar relaciones y crear asociaciones con los terceros países y con las organizaciones internacionales, regionales o mundiales que compartan los principios mencionados en el párrafo primero. Propiciará soluciones multilaterales a los problemas comunes, en particular en el marco de las Naciones Unidas.

2. La Unión definirá y ejecutará políticas comunes y acciones y se esforzará por lograr un alto grado de cooperación[161] en todos los ámbitos de las relaciones internacionales con el fin[162] de:

a) Defender sus valores, intereses fundamentales, seguridad[163] independencia e integridad.

b) Consolidar y respaldar la democracia, el Estado de Derecho, los derechos humanos y los principios del Derecho internacional[164].

CONFIRMANDO su adhesión a los derechos sociales fundamentales tal y como se definen en la Carta Social Europea firmada en Turín el 18 de octubre de 1961 y en la Carta comunitaria de los derechos sociales fundamentales de los trabajadores, de 1989.
RESUELTOS a desarrollar una política exterior y de seguridad común que incluya la definición progresiva de una política de defensa común que podría conducir a una defensa común de acuerdo con las disposiciones del artículo 42, reforzando así la identidad y la independencia europeas con el fin de fomentar la paz, la seguridad y el progreso en Europa y en el mundo.

161 Véase el Preámbulo del TL, fundamentalmente:
RESUELTOS a continuar el proceso de creación de una unión cada vez más estrecha entre los pueblos de Europa, en la que las decisiones se tomen de la forma más próxima posible a los ciudadanos, de acuerdo con el principio de subsidiariedad.

162 Véanse los artículos 1 y 2 del TUE en su versión consolidada del TL y su Preámbulo en consonancia para poder abordar las vicisitudes de los mismos

163 Véase el título V del TFUE, del Espacio de Libertad, Seguridad y Justicia; sito en los artículos 67 y siguientes del TFUE en su versión consolidada del TL. Antiguo artículo 61 del TCE y 29 del TUE.

164 Véanse:
- Reglamento (UE) n.° 235/2014 del Parlamento Europeo y del Consejo, de 11 de marzo de 2014, por el que se establece un instrumento financiero para la democracia y los derechos humanos a escala mundial (DOUE L 77, de 15 de marzo de 2014).
- Comunicación de la Comisión al Consejo y al Parlamento Europeo, de 8 de mayo de 2001: El papel de la Unión Europea en el fomento de los derechos humanos y la democratización en terceros países [COM (2001) 252 final, no publicada en el Diario Oficial].
- Informe anual de la UE sobre los Derechos Humanos en el mundo 2017 (Último disponible). Consejo de la Unión Europea Bruselas, 27 de mayo de 2018 [No publicado en el Diario Oficial], disponible únicamente en idioma inglés en el siguiente enlace: http://www.consilium.europa.eu/ media/35383/st09122-en18.pdf
- Orientaciones para la política de la UE respecto a terceros países por lo que se refiere a la pena de muerte. Consejo de Asuntos Generales Luxemburgo, 29 de junio de 1998 [No publicado en el Diario Oficial].
- Directrices sobre la política de la UE frente a terceros países en relación con la tortura y otros tratos o penas crueles, inhumanas o degradantes. Consejo de Asuntos Generales Luxemburgo, 9 de abril de 2001 [No publicado en el Diario Oficial].
- Comunicación de la Comisión, de 1 de junio de 2001. Contribución a la conferencia mundial contra el racismo, la discriminación racial, la xenofobia y formas conexas de intolerancia [COM (2001) 291 final no publicada en el Diario Oficial]. - Orientaciones de la UE relativas a la promoción y la protección de los derechos del niño. Aprobadas por el Consejo del 10 de diciembre de 2007 [no publicado en el Diario Oficial].
- Comunicación de la Comisión, de 5 de febrero de 2008. Un lugar especial para la infancia

c) Mantener la paz, prevenir los conflictos y fortalecer la seguridad internacional, conforme a los propósitos y principios de la Carta de las Naciones Unidas, así como a los principios del Acta Final de Helsinki y a los objetivos de la Carta de París, incluidos los relacionados con las fronteras exteriores.

d) Apoyar el desarrollo sostenible en los planos económico, social y medioambiental de los países en desarrollo, con el objetivo fundamental de erradicar la pobreza.

e) Fomentar la integración de todos los países en la economía mundial, entre otras cosas mediante la supresión progresiva de los obstáculos al comercio internacional.

f) Contribuir a elaborar medidas internacionales de protección y mejora de la calidad del medio ambiente y de la gestión sostenible de los recursos naturales mundiales, para lograr el desarrollo sostenible[165].

g) Ayudar a las poblaciones[166], países y regiones que se enfrenten a catástrofes naturales o de origen humano.

h) Promover un sistema internacional basado en una cooperación multilateral sólida y en una buena gobernanza mundial.

3. La Unión respetará los principios y perseguirá los objetivos mencionados en los apartados 1 y 2 al formular y llevar a cabo su acción exterior en los distintos ámbitos cubiertos por el presente título y por la quinta parte del Tratado de Funcionamiento de la Unión Europea, así como los aspectos exteriores de sus demás políticas.

La Unión velará por mantener la coherencia entre los distintos ámbitos de su acción exterior y entre éstos y sus demás políticas[167]. El Consejo y la Comisión, asistidos por el Alto Representante de la Unión para Asuntos Exteriores y Política de Seguridad, garantizarán dicha coherencia y cooperarán a tal efecto[168].

---

en la acción exterior de la UE [COM (2008) 55 final no publicado en el Diario Oficial].
- Comunicación de la Comisión, de 2 de julio de 2008. No discriminación e igualdad de oportunidades: un compromiso renovado [COM (2008) 420 final no publicado en el Diario Oficial].
- Directrices actualizadas de la Unión Europea para fomentar la observancia del Derecho internacional humanitario [DOUE C 303, de 15 de diciembre de 2009].
- Comunicación de la Comisión al Consejo y al Parlamento Europeo Un nuevo impulso a las iniciativas de la UE en el ámbito de los derechos humanos y la democratización, en colaboración con los socios mediterráneos Orientaciones estratégicas [COM (2003) 294 final no publicada en el Diario Oficial].

165 Véase la Comunicación de la Comisión de 22 de noviembre de 2016. Próximas etapas para un futuro europeo sostenible, Acción Europea para la sostenibilidad [COM (2016) 739 final no publicada en el Diario Oficial].

166 Véanse:
- Informe de la Comisión al Consejo, de 11 de junio de 2002, sobre el progreso del trabajo con los pueblos indígenas [COM (2002) 291 final no publicado en el Diario Oficial].
- Comunicación de la Comisión, de 14 de abril de 2010. La integración social y económica del pueblo romaní [COM (2010) 133 final].

167 Véanse:
- Resolución del Parlamento Europeo sobre la dimensión exterior de la lucha contra el terrorismo internacional; DOUE C 287E, de 29 de noviembre de 2007.
- Reglamento (UE) N.º 230/2014 del Parlamento Europeo y del Consejo, de 11 de marzo de 2014, por el que se establece un instrumento en pro de la estabilidad y de la paz; DOUE L 77, de 15 de marzo de 2014.

168 Véanse:
- Comunicación de la Comisión al Consejo y al Parlamento Europeo, de 10 de septiembre de 2003, «Unión Europea y Naciones Unidas: la opción del multilateralismo» [COM (2003) 526 final no publicada en el Diario Oficial].

ARTÍCULO 22[169]

1. Basándose en los principios y objetivos enumerados en el artículo 21, el Consejo Europeo determinará los intereses y objetivos estratégicos de la Unión.

Las decisiones del Consejo Europeo sobre los intereses y objetivos estratégicos[170] de la Unión tratarán de la política exterior y de seguridad común y de otros ámbitos de la acción exterior de la Unión. Podrán referirse a las relaciones de la Unión con un país o una región[171], o tener un planteamiento temático. Definirán su duración y los medios que deberán facilitar la Unión y los Estados miembros.

- Declaración UE-OTAN sobre Política Exterior y de Seguridad Común (PESC) (EN) Bruselas, 16 de diciembre de 2002 [no publicado en el Diario Oficial].

169 Artículo añadido por el TL.

170 Para la defensa de su seguridad y la promoción de sus valores, la Unión Europea se concentra en tres objetivos estratégicos:

1.° Hacer frente a las amenazas. La Unión sigue desarrollando su lucha a este respecto. Después del 11 de septiembre de 2001, la Unión reaccionó, por ejemplo, aprobando la orden de detención europea o iniciativas contra la financiación del terrorismo. La UE prosigue su política de lucha contra la proliferación de armas, en particular reforzando los tratados internacionales y sus disposiciones en materia de comprobación. La Unión contribuye asimismo a la solución de los conflictos regionales y a reforzar a los Estados que son víctimas de una situación de debilitamiento, ya que restablecer una buena gestión de los asuntos públicos permite promover la democracia y combatir la delincuencia organizada. Nuestro concepto tradicional de autodefensa (guerra fría) se basaba en la amenaza de una invasión; ante las nuevas amenazas, es en el extranjero donde se situará a menudo la primera línea defensiva, es decir, debemos estar dispuestos a actuar antes de que una crisis se produzca. A cada una de las nuevas amenazas es necesario oponer una combinación de medios de acción, y la Unión está particularmente bien equipada para responder a situaciones que presentan aspectos múltiples.

2.° Construir la seguridad en los países vecinos. Redunda en interés de la Unión que los países situados en sus fronteras exteriores estén bien gobernados. La tarea debe ser promover, al Este de la Unión y en las fronteras de la cuenca mediterránea, que un conjunto de países bien gobernados con los que la Unión pueda mantener estrechas relaciones, basadas en la cooperación. La solución del conflicto entre Israel y los países árabes constituye una prioridad estratégica, ya que sin ella apenas habrá oportunidades de solucionar los otros problemas de Oriente Medio.

3.° Basar el orden internacional en un multilateralismo eficaz. La seguridad y la prosperidad dependen cada vez más de un sistema multilateral eficaz. La Unión persigue el objetivo de construir una sociedad internacional más fuerte, lograr instituciones internacionales (en particular la ONU, cuya Carta constituye el marco fundamental de las relaciones internacionales) que funcionen bien y un orden internacional basado en un conjunto de normas. La mejor protección para nuestra seguridad es un mundo formado por Estados democráticos, y la política exterior de la Unión va encaminada en este sentido.

171 Entre cuyos ejemplos nos encontramos con las ya nombradas:

Orientaciones para la política de la UE respecto a terceros países por lo que se refiere a la pena de muerte. Consejo de Asuntos Generales Luxemburgo, 29 de junio de 1998 [No publicado en el Diario Oficial].

Directrices sobre la política de la UE frente a terceros países en relación con la tortura y otras penas o tratos crueles, inhumanos o degradantes. Consejo de Asuntos Generales Luxemburgo, 9 de abril de 2001 [No publicado en el Diario Oficial].

El Consejo Europeo se pronunciará por unanimidad, basándose en una recomendación del Consejo adoptada por éste según las modalidades previstas para cada ámbito. Las decisiones del Consejo Europeo se ejecutarán con arreglo a los procedimientos establecidos en los Tratados.

2. El Alto Representante de la Unión para Asuntos Exteriores y Política de Seguridad[172], en el ámbito de la política exterior y de seguridad común, y la Comisión, en los demás ámbitos de la acción exterior, podrán presentar propuestas conjuntas al Consejo.

CAPÍTULO 2[173]
DISPOSICIONES ESPECÍFICAS SOBRE LA POLÍTICA EXTERIOR Y DE SEGURIDAD COMÚN[174]

SECCIÓN 1
DISPOSICIONES COMUNES

ARTÍCULO 23

La acción de la Unión en la escena internacional, en virtud del presente capítulo, se basará en los principios, perseguirá los objetivos y se realizará de conformidad con las disposiciones generales contempladas en el capítulo 1.

ARTÍCULO 24[175/176]

1. La competencia de la Unión en materia de política exterior y de seguridad común abarcará todos los ámbitos de la política exterior y todas las cuestiones relativas a la

---

172 Véase el artículo 26 TUE en su versión consolidada del TL. La función de Alto Representante de la Política Exterior y de Seguridad Común (PESC) se creó con el Tratado de Ámsterdam (adoptado en 1997). La ejerce el Secretario General del Consejo con el fin de asistir a la Presidencia que representa a la Unión en los ámbitos relacionados con la política exterior y de seguridad común. Esta función se designa también con el término «Sr. o Sra. PESC». Su objetivo consiste en permitir que la Unión se exprese con mayor visibilidad y coherencia en el ámbito internacional, dotándose de un rostro y una voz más perceptibles.
El Alto Representante contribuye también a la formulación, elaboración y aplicación de las decisiones políticas del Consejo. Está facultado para dirigir el diálogo político con terceras partes en nombre del Consejo y a petición de la Presidencia. Hasta 2009 este cargo lo ejerció el español Javier Solana; posteriormente fue la británica Catherine Margaret Ashton, posteriormente vino siendo desempeñado por la italiana Federica Mogherini y, en la actualidad, el cargo es ocupado por el español Josep Borrell Fontelles.

173 Capítulo añadido por el TL.

174 Véanse las Declaraciones número 13 y 14 relativas a la Política Exterior y de Seguridad Común.

175 Antiguo artículo 11 TUE.

176 El Tribunal de Justicia de la Unión Europea no tiene jurisdicción en el ámbito de la PESC, excepto cuando se revisa la legalidad de las medidas restrictivas (por ejemplo, las sanciones) adoptadas por la UE contra personas físicas o jurídicas o cuando se supervisa la aplicación de la PESC por parte de las instituciones de la UE.

seguridad de la Unión[177], incluida la definición progresiva de una política común de defensa que podrá conducir a una defensa común[178].

---

177 La Unión Europea sigue basando su Política Exterior y de Seguridad Común (PESC) en lo que se ha dado en llamar el «poder blando», es decir, el recurso a la diplomacia —complementada con medidas comerciales, de ayuda y fuerzas de paz— para solucionar los conflictos y procurar el entendimiento a escala internacional.
La UE ha enviado misiones de mantenimiento de la paz a diversas zonas conflictivas del mundo. En agosto de 2008 impulsó el alto el fuego que puso fin a las hostilidades entre Georgia y Rusia y envió observadores para supervisar la situación. Además, prestó ayuda humanitaria a los refugiados del conflicto y organizó una conferencia internacional de donantes para Georgia.
La UE también desempeña un papel destacado en los Balcanes y financia proyectos de asistencia en siete países de la región, con los que contribuye a la construcción de sociedades más estables. En Kosovo, la UE desplegó en diciembre de 2008 una misión civil formada por 1900 personas (policías, jueces y fiscales principalmente) para colaborar en el mantenimiento del orden público.
La UE también es el principal donante de ayuda a las víctimas de la crisis en Siria, a quienes ha destinado más de 3.200 millones de euros desde 2011. También intenta ayudar a Libia en su difícil coyuntura política y de seguridad.
Instrumentos de intervención: para dotarse de mayor influencia diplomática y hacerse más visible, la Unión creó el puesto de Alto Representante de Política Exterior y de Seguridad, que realiza un papel de coordinación entre los países de la UE para dar forma y poner en práctica la política exterior. El Alto Representante cuenta con la asistencia de personal político y militar.
La UE no tiene un ejército permanente, sino que recurre a agrupaciones de fuerzas para operaciones concretas. Dichas fuerzas proceden de los países miembros y llevan a cabo misiones de mantenimiento de la paz, gestión de crisis y ayuda humanitaria. Para poder actuar con rapidez, la UE ha creado grupos de combate de unos 1.500 efectivos. En todo momento hay dos de estos grupos listos para entrar en acción.
Estas actividades se basan en los principios de la Política Europea de Seguridad y Defensa (PESD).

178 Véanse:
- La Comunicación de la Comisión al Parlamento Europeo y al Consejo, de 24 de junio de 2009, sobre el refuerzo de la seguridad química, biológica, radiológica y nuclear en la Unión Europea, que deriva en la Resolución del Parlamento Europeo, de 14 de diciembre de 2010, sobre el refuerzo de la seguridad química, biológica, radiológica y nuclear en la Unión Europea Plan de Acción QBRN de la UE.
- La Estrategia de la UE contra la proliferación de armas de destrucción masiva. Bruselas, 12 de diciembre de 2003 [No publicada en el Diario Oficial].
Decisión (PESC) 2022/327 del Consejo de 25 de febrero de 2022 por la que se modifica la Decisión 2014/512/PESC relativa a medidas restrictivas motivadas por acciones de Rusia que desestabilizan la situación en Ucrania.
- Decisión (PESC) 2017/809 sobre la aplicación de la Resolución 1540 (2004) del Consejo de Seguridad de las Naciones Unidas sobre la no proliferación de las armas de destrucción masiva y sus sistemas vectores. Esta Decisión apoya la aplicación de la Resolución 1540 del Consejo de Seguridad de las Naciones Unidas. Es la continuación de decisiones similares adoptadas en 2006, 2008 y 2013. El Consejo realizará un seguimiento constante de la estrategia y recibirá informes de situación cada 6 meses. Esta estrategia se aplica a través de proyectos y actividades como: El apoyo al Código de Conducta de La Haya, un conjunto de normas contra los misiles balísticos (Decisión 2014/913/PESC), el apoyo a la Organización para la Prohibición de las Armas Químicas (Decisión 2015/259/PESC), una red europea de grupos de reflexión independientes sobre la no proliferación (Decisión

La política exterior y de seguridad común se regirá por reglas y procedimientos específicos. La definirán y aplicarán el Consejo Europeo y el Consejo[179], que deberán pronunciarse por unanimidad salvo cuando los Tratados dispongan otra cosa. Queda excluida la adopción de actos legislativos. La política exterior y de seguridad común será ejecutada por el Alto Representante de la Unión para Asuntos Exteriores y Política de Seguridad y por los Estados miembros, de conformidad con los Tratados. La función específica del Parlamento Europeo y de la Comisión en este ámbito se define en los Tratados. El Tribunal de Justicia de la Unión Europea no tendrá competencia respecto de estas disposiciones, con la salvedad de su competencia para controlar el respeto del artículo 40 del presente Tratado y para controlar la legalidad de determinadas decisiones contempladas en el párrafo segundo del artículo 275 del Tratado de Funcionamiento de la Unión Europea.

2. En el marco de los principios y de los objetivos de su acción exterior, la Unión dirigirá, definirá y ejecutará una política exterior y de seguridad común basada en el desarrollo de la solidaridad política[180] mutua de los Estados miembros[181], en la identificación de los asuntos que presenten un interés general y en la consecución de una convergencia cada vez mayor de la actuación de los Estados miembros.

3. Los Estados miembros apoyarán activamente y sin reservas la política exterior y de seguridad de la Unión, con espíritu de lealtad y solidaridad mutua[182] y respetarán la acción de la Unión en este ámbito.

Los Estados miembros trabajarán conjuntamente para intensificar y desarrollar su solidaridad política mutua[183]. Se abstendrán de toda acción contraria a los intereses de la Unión o que pueda perjudicar su eficacia como fuerza de cohesión en las relaciones internacionales.

El Consejo y el Alto Representante[184] velarán por que se respeten estos principios.

ARTÍCULO 25[185]

La Unión dirigirá la política exterior y de seguridad común:

a) Definiendo sus orientaciones generales.

2010/430/PESC) y El apoyo a las actividades en el ámbito de la bioseguridad y la bioprotección de la Organización Mundial de la Salud (Decisión 2013/668/PESC). Modificada parcialmente por la Decisión (PESC) 2022/574 del Consejo de 7 de abril de 2022 por la que se modifica la Decisión (PESC) 2017/809 de apoyo a la aplicación de la Resolución 1540 (2004) del Consejo de Seguridad de las Naciones Unidas sobre la no proliferación de las armas de destrucción masiva y sus sistemas vectores.

179 Ver artículos 237 y siguientes TFUE.

180 Ver artículo 222 TFUE.

181 Véase el artículo 3.5 del TUE en su versión consolidada del TL: «En sus relaciones con el resto del mundo, la Unión afirmará y promoverá sus valores e intereses y contribuirá a la protección de sus ciudadanos. Contribuirá a la paz, la seguridad, el desarrollo sostenible del planeta, la solidaridad y el respeto mutuo entre los pueblos, el comercio libre y justo, la erradicación de la pobreza y la protección de los derechos humanos, especialmente los derechos del niño, así como al estricto respeto y al desarrollo del Derecho internacional, en particular el respeto de los principios de la Carta de las Naciones Unidas».

182 Véase el artículo 32 del TUE en su versión consolidada del TL.

183 Véanse los artículos 31 y 32 TUE en su versión consolidada del TL.

184 Véase la Decisión (UE) 2019/1330 del Consejo Europeo, de 5 de agosto de 2019, por la que se nombra al Alto Representante de la Unión para Asuntos Exteriores y Política de Seguridad.

185 Antiguo artículo 12 TUE.

b) Adoptando decisiones por las que se establezcan[186]:
i) Las acciones que va a realizar la Unión.
ii) Las posiciones que va a adoptar la Unión.
iii) Las modalidades de ejecución de las decisiones contempladas en los incisos i) y ii)[187].
c) Fortaleciendo la cooperación sistemática entre los Estados miembros para llevar a cabo sus políticas[188].

---

186 Véanse:
- Decisión (PESC) 2023/1217 del Consejo de 23 de junio de 2023 por la que se modifica la Decisión 2014/512/PESC relativa a medidas restrictivas motivadas por acciones de Rusia que desestabilizan la situación en Ucrania
- Decisión (PESC) 2022/849 del Consejo de 30 de mayo de 2022 por la que se modifica la Decisión 2013/255/PESC relativa a la adopción de medidas restrictivas contra Siria.

187 Destaca en este sentido la Escuela Europea de Seguridad y Defensa (EESD), que es una red de instituciones de enseñanza que se encarga de impartir formación al personal civil y militar en el ámbito de la Política Europea de Seguridad y Defensa (PESD), de fomentar la comprensión común de esta política y de difundir las mejores prácticas en la materia. Actualmente está en vigor la Decisión (PESC) 2016/2382 del Consejo, de 21 de diciembre de 2016, por la que se crea la Escuela Europea de Seguridad y Defensa (EESD) y por la que se deroga la Decisión 2013/189/ PESC del Consejo, de 22 de abril de 2013 , relativa a la creación de la Escuela Europea de Seguridad y Defensa (EESD) que a su vez derogó la Acción Común 2008/550/PESC del Consejo, de 23 de junio de 2008, relativa a la creación de la Escuela Europea de Seguridad y Defensa (EESD) y esta, la Acción Común 2005/575/PESC.

188 Gestión eficaz de las crisis: El Comité Político y de Seguridad (CPS) sigue la situación internacional en el ámbito de la Política Europea de Seguridad y Defensa (PESD) y de la Política Exterior y de Seguridad Común (PESC). Desempeña igualmente un papel primordial en la definición y el seguimiento de la respuesta de la Unión Europea a una crisis. El CPS es la instancia del Consejo que trata las situaciones de crisis y examina todas las opciones posibles para la respuesta de la Unión Europea. El Comité propone al Consejo los objetivos políticos que deben alcanzarse y recomienda un conjunto coherente de opciones con el fin de responder a la crisis. En particular, el CPS puede elaborar un dictamen para recomendar al Consejo la adopción de una acción común. Sin perjuicio del papel de la Comisión, el CPS supervisa la aplicación de las medidas decididas y evalúa sus consecuencias. La Comisión y los Estados miembros, por su parte, informan al CPS de las medidas adoptadas o que tienen intención de adoptar.
El Consejo y la Comisión, cada uno en su ámbito con arreglo a los procedimientos establecidos por el Tratado, son competentes para tomar decisiones jurídicamente vinculantes. Sin embargo, sobre la base del artículo 25 del Tratado de la Unión Europea, el Consejo puede autorizar al Comité a tomar las decisiones adecuadas en cuanto al control político y la dirección estratégica de la operación de gestión de crisis, mientras ésta dure.
En caso de respuesta militar, el CPS ejerce el control político y la dirección estratégica. Sobre la base de los dictámenes y recomendaciones del CMUE, el CPS evalúa las opciones militares estratégicas, y el concepto y el plan de operaciones, con el fin de presentarlos al Consejo. Por consiguiente, ante la perspectiva del inicio de una operación, el CPS dirige al Consejo una recomendación basada en los dictámenes del Comité Militar. El Consejo decide a continuación iniciar o no la operación, en el marco de una acción común, que determinará, en particular, el papel del Secretario General y Alto Representante en la aplicación de las medidas. Durante la operación, el Secretario General y Alto Representante, que puede presidir el CPS, debe informar al Consejo. Además, el Secretario General y Alto Representante, basándose en el trabajo del CPS, orientará las actividades del Centro de Situación, que apoya al CPS y le proporciona información relativa a la gestión de las crisis.

ARTÍCULO 26[189/190]

1. El Consejo Europeo[191] determinará los intereses estratégicos de la Unión, fijará los objetivos y definirá las orientaciones generales de la política exterior y de seguridad común, incluidos los asuntos que tengan repercusiones en el ámbito de la defensa. Adoptará las decisiones que resulten necesarias.

Si un acontecimiento internacional así lo exige, el Presidente del Consejo Europeo convocará una reunión extraordinaria del Consejo Europeo para definir las líneas estratégicas de la política de la Unión ante dicho acontecimiento.

2. Basándose en las orientaciones generales y en las líneas estratégicas definidas por el Consejo Europeo, el Consejo elaborará la política exterior y de seguridad común y adoptará las decisiones necesarias para definir y aplicar dicha política.

El Consejo y el Alto Representante de la Unión para Asuntos Exteriores y Política de Seguridad velarán por la unidad, la coherencia y la eficacia de la acción de la Unión.

3. La política exterior y de seguridad común será ejecutada por el Alto Representante y por los Estados miembros, utilizando los medios nacionales y los de la Unión.

Las instituciones deben colaborar estrechamente de consuno, sobre todo en momentos de crisis. El Presidente del CPS participa, por consiguiente, en caso de necesidad, en las reuniones del Comité de Representantes Permanentes. Los consejeros de relaciones exteriores ejercen una coordinación eficaz y permanente entre los trabajos de la PESC y los de los otros pilares.

Véanse para más información los documentos ST 9234 2007 INIT *respectivo al fortalecimiento de las capacidades de África Propuestas de acciones con vistas a reforzar la colaboración entre África y la Unión Europea en el ámbito de las capacidades de África en cuanto a la prevención, gestión y resolución de conflictos (doc. 6955/07 de 1 de marzo de 2007 RESTREINT UE).*

Recomendaciones del CPS al Consejo (doc. 8551/2/07 REV2 de 7 de mayo de 2007), ST 10138 2016 INIT15-06-2016 relativo al proyecto de Informe anual de la UE sobre los derechos humanos y la democracia en el mundo en 2015 Parte temática 1. El 13 de junio de 2016, el Grupo «Derechos Humanos» dio su visto bueno al Proyecto de Informe anual de la UE sobre los derechos humanos y la democracia en el mundo en 2015 Parte temática. 2. El 15 de junio de 2016, el Comité Político y de Seguridad (CPS) aprobó la parte temática del proyecto de Informe anual de la UE. 3. Por consiguiente, se ruega al Comité de Representantes Permanentes que apruebe el proyecto de informe anual de la UE sobre los derechos humanos y la democracia en el mundo en 2015 -Parte temáticaque figura en el anexo, y que lo remita al Consejo para su adopción y ST 10409 2010 INIT28-05-2010 sobre el Informe conjunto provisional del CPE y el CPS sobre pensiones Conclusiones del Consejo.

189 Antiguo artículo 13 TUE.

190 Ver artículo 68 TFUE.

191 Como ya se ha expresado con anterioridad, hay que destacar que el Consejo Europeo es instituido por el comunicado final de la Cumbre de París de diciembre de 1974, y se reunió por primera vez en 1975. Sucedió a la práctica de las conferencias europeas en la cumbre que caracterizó el periodo de 1961 a 1974. El Acta Única Europea (1986) consagró jurídicamente su existencia. Su régimen interno sita en la DECISIÓN DEL CONSEJO EUROPEO de 1 de diciembre de 2009 relativa a la adopción de su Reglamento interno (2009/882/UE).

ARTÍCULO 27[192/193]

1. El Alto Representante de la Unión para Asuntos Exteriores y Política de Seguridad, que presidirá el Consejo de Asuntos Exteriores, contribuirá con sus propuestas a elaborar la política exterior y de seguridad común[194] y se encargará de ejecutar las decisiones adoptadas por el Consejo Europeo y el Consejo[195].

2. El Alto Representante representará a la Unión en las materias concernientes a la política exterior y de seguridad común. Dirigirá el diálogo político con terceros en nombre de la Unión y expresará la posición de la Unión en las organizaciones internacionales y en las conferencias internacionales.

3. En el ejercicio de su mandato, el Alto Representante se apoyará en un servicio europeo de acción exterior[196]. Este servicio trabajará en colaboración con los servicios diplomáticos de los Estados miembros y estará compuesto por funcionarios de los servicios competentes de la Secretaría General del Consejo y de la Comisión y por personal en comisión de servicios de los servicios diplomáticos nacionales. La organización y el funcionamiento del servicio europeo de acción exterior se establecerán mediante decisión del Consejo, que se pronunciará a propuesta del Alto Representante, previa consulta al Parlamento Europeo y previa aprobación de la Comisión[197].

---

192 Véase la Declaración número 15 relativa al artículo 27 del TUE en su versión consolidada del TL.

193 Artículo añadido por el TL.

194 Es un instrumento jurídico del título V del TUE en su versión consolidada del TL (Política Exterior y de Seguridad Común, PESC). La acción común designa una acción coordinada de los Estados miembros por la cual se emplean recursos de todo tipo (recursos humanos, conocimientos, financiación, material, etc.) con el fin de lograr los objetivos fijados por el Consejo, que tienen como base las orientaciones generales del Consejo Europeo.

195 Ver artículos 237 y siguientes del TFUE.

196 Para el mejor ejercicio de sus funciones y una mayor coherencia en las políticas, el Alto Representante cuenta, además de las estructuras administrativas de la Comisión y de la Secretaría General del Consejo, con la permanente asistencia en sus actividades de un Servicio europeo de acción exterior, que dirige, y con sus estructuras interna (su cuartel general se sitúa en Bruselas) y externa (las Delegaciones de la Unión en el extranjero, o «*embajadas*»).

197 Los Ministros de Asuntos Exteriores llegaron a un acuerdo político sobre la propuesta de creación de un Servicio Europeo de Acción Exterior, el SEAE. Tendrá las funciones de un servicio diplomático de la UE, del que formarán parte las delegaciones de la Unión en terceros países.
La creación del SEAE es uno de los cambios más significativos aportados por el Tratado de Lisboa. Su objetivo es garantizar una mayor coherencia y eficiencia de la acción exterior de la UE y aumentar su influencia política y económica en el mundo.
El nuevo servicio funcionará como órgano autónomo de la UE y en apoyo de la labor de Josep Borrell, Alto Representante de la Unión para Asuntos Exteriores y Política de Seguridad, en la dirección de la Política Exterior y de Seguridad Común y como garantía de la coherencia de la acción exterior de la UE.
El personal estará formado por funcionarios de los servicios de relaciones exteriores del Consejo y de la Comisión, así como por personal de los servicios diplomáticos de los 27 Estados miembros. El SEAE cooperará con los servicios nacionales y sus delegaciones fuera de Europa podrán prestar apoyo a los Estados miembros a la hora de prestar servicios consulares a sus ciudadanos.
El acuerdo servirá de base para consultas con el Parlamento Europeo con el objeto de que el nuevo servicio empiece a funcionar lo antes posible. El Consejo adoptará la decisión

ARTÍCULO 28[198]

1. Cuando una situación internacional exija una acción operativa de la Unión[199], el Consejo adoptará las decisiones necesarias. Éstas fijarán los objetivos, el alcance, los

---

tras esas consultas y con la aprobación de la Comisión. Las disposiciones por las que se modificarán el Reglamento Financiero y el Estatuto del personal de la UE, necesarias para la creación del SEAE y para modificar el presupuesto, se adoptarán en codecisión con el Parlamento Europeo.
Véase Decisión 2010/427/UE del Consejo: por la que se establece la organización y el funcionamiento del Servicio Europeo de Acción Exterior.

198 Antiguo artículo 14 TUE.

199 Véase la Comunicación de la Comisión al Consejo, al Parlamento Europeo, al Comité Económico y Social Europeo y al Comité de las Regiones Potenciar la respuesta de la UE en las situaciones de catástrofe o crisis en terceros países.
La Comunidad dispone, al margen de los instrumentos existentes en el ámbito de las relaciones exteriores, de numerosos instrumentos de política interior que pueden utilizarse para reforzar las medidas generales adoptadas en caso de catástrofe. Estos instrumentos se enmarcan en distintos ámbitos: la investigación, la sociedad de la información, la justicia, la libertad, la seguridad y la pesca. La diversidad de capacidades de que dispone la Unión constituye una de sus fuerzas, y resulta esencial para afrontar el doble reto de dar una respuesta racional, rápida y flexible en caso de emergencia, y movilizar y desarrollar estos recursos de una forma coherente.
Refuerzo de las capacidades de reacción de la Unión.
La Unión Europea (UE) está en condiciones de reaccionar sin demora ante las catástrofes gracias a: Los instrumentos de la Comunidad establecidos en virtud del Reglamento (CE) n.° 1257/96 del Consejo sobre la ayuda humanitaria;
Las capacidades de los Estados miembros movilizadas en el marco del mecanismo comunitario de protección civil.
Las capacidades militares de la UE, sobre todo las capacidades logísticas, completan la ayuda proporcionada en el marco de estos dos dispositivos. Es no obstante indispensable velar por que las capacidades militares utilizadas en el marco de una acción humanitaria mantengan su carácter civil e imparcial. La Comisión, que considera que es esencial preservar la neutralidad del «espacio humanitario», concede una gran importancia al respeto de las directrices de las Naciones Unidas sobre la utilización de los recursos militares y la protección civil en el marco de las operaciones de ayuda humanitaria vinculadas o no a conflictos.
La Unión Europea reconoce el papel de coordinador desempeñado por la OCAH en caso de catástrofe. El transporte de la ayuda humanitaria de la Comunidad corre principalmente a cargo de los organismos especializados de la ONU, la Cruz Roja y ONG europeas.
Las asociaciones celebradas por ECHO con las citadas organizaciones, así como el establecimiento de procedimientos de financiación rápida, sitúan a la Comunidad entre los principales donantes en caso de catástrofe repentina. Con vistas a mejorar el estado de preparación, la Comisión financiará el transporte previo de artículos de primera necesidad.
Para una evaluación fiable y rápida de las necesidades, es importante poder basarse en una red de expertos en ayuda humanitaria. La Comisión aumentará su número de expertos, que pasará de 69 a 150; estos expertos seguirán un curso de formación en los métodos de evaluación de los otros actores institucionales (las Naciones Unidas, la Cruz Roja, etc.), y se crearán equipos multisectoriales especializados que podrán desplegarse en 24 horas en caso de catástrofe.
Para mejorar la coherencia del conjunto de las reacciones de la UE en el ámbito humanitario, la Comisión considera que es esencial establecer un flujo de información uniformada. Ésta es la razón por la que propone:
La creación de una red que interconecte los centros de coordinación de ayuda humanitaria de emergencia que existen en los Estados miembros.

medios que haya que facilitar a la Unión, las condiciones de su ejecución y, en caso necesario, su duración.

La mejora del sistema utilizado para los informes humanitarios de la UE (sistema conocido como de los «14 puntos») y su armonización con el sistema de seguimiento financiero de la OCAH de las Naciones Unidas.

La puesta de los expertos en ayuda humanitaria destinados, in situ a disposición de los Estados miembros para aconsejarles sobre la prestación de una ayuda humanitaria bilateral El mecanismo comunitario de protección civil puede emplearse fuera de la UE bien de manera autónoma, bien mediante una contribución a una operación realizada por una organización internacional; la coordinación de estas intervenciones recaerá en la Comisión y la Presidencia de la UE.

La Comisión propone la adopción de varias acciones inmediatas que contribuirán a mejorar el mecanismo existente y a optimizar las repercusiones de la ayuda prestada en el marco jurídico vigente. A más largo plazo, es posible prever reformas estructurales más ambiciosas, respaldadas por recursos financieros suplementarios y destinadas a reforzar las capacidades en materia de protección civil.

Una buena evaluación de las necesidades desde la primera fase resulta fundamental en todas las fases de intervención. Con el fin de reforzar la eficacia de la ayuda comunitaria a la reconstrucción, la Comisión creará varios equipos de evaluación y planificación que reunirán a los responsables geográficos y a los especialistas por sectores procedentes de la Comisión en su conjunto.

Los equipos habrán de estar dispuestos a movilizarse en un breve plazo para misiones que podrían durar hasta un mes, y deberán poder recurrir a expertos externos. Para constituir estos equipos:

Se elaborará un cuadro de rotación de los expertos internos; Se preparará un curso de formación común;

Se adoptarán las medidas necesarias para que el personal pueda ser relevado de sus funciones y movilizado de forma rápida.

La Comisión cree que la célula de planificación civil-militar del Estado Mayor de la UE en el seno del Secretariado del Consejo posee un rol esencial en la definición de las reacciones de la UE en situaciones de crisis. Sobre la base de la experiencia adquirida en la gestión de las medidas de ayuda y estabilización en caso de conflicto, la Comisión ha designado dos representantes en la célula civil-militar para fomentar la coherencia entre las hipótesis de planificación de la Comisión Europea y las medidas de la PESC.

Necesidad de medidas estructurales a más largo plazo.

La Comisión ha anunciado la instauración de una estructura ligera que permita mejorar la coordinación instantánea de las políticas entre los servicios de la institución en caso de crisis ocurridas fuera de la Unión Europea. Esta iniciativa permitiría tanto aumentar los flujos de información transmitida a los responsables políticos como reforzar la coordinación con la Secretaría General del Consejo.

La Comisión seguirá trabajando en la elaboración de una plataforma que prevea una ayuda logística y administrativa común para las medidas exteriores: esta plataforma se encargará de garantizar oportunamente la gestión administrativa de las misiones, la logística y la adjudicación de contratos. Además, la Comisión adoptará una serie de medidas transitorias para acelerar la adjudicación de los contratos vinculados a las misiones de la PESC.

La creación de un instrumento de estabilidad tiene por objeto racionalizar la respuesta comunitaria, estableciendo un único instrumento financiero integrado.

Medidas de prevención, sistema de alerta rápida y preparación ante las catástrofes

Las capacidades de reacción rápida deben ir acompañadas de una estrategia reforzada de prevención de catástrofes, preparación y alerta rápida. En este sentido, la Comunidad tiene previsto crear un dispositivo ACP-CEE que permita hacer frente a las catástrofes naturales (anexo II). Partiendo de los resultados de la Conferencia mundial sobre la reducción de los desastres naturales de 2005 (declaración de Hyogo y plan de acción 2005-2015), la Comisión insistió en

Si se produjera un cambio de circunstancias con clara incidencia sobre un asunto objeto de tal decisión, el Consejo revisará los principios y objetivos de dicha decisión y adoptará las decisiones necesarias.

2. Las decisiones contempladas en el apartado 1 serán vinculantes para los Estados miembros en las posiciones que adopten y en el desarrollo de su acción.

3. Cuando exista cualquier plan para adoptar una posición nacional o emprender una acción nacional en aplicación de una de las decisiones contempladas en el apartado 1, el Estado miembro de que se trate proporcionará información en un plazo que permita, en caso necesario, una concertación previa en el seno del Consejo. La obligación de información previa no se aplicará a las medidas que constituyan una mera transposición al ámbito nacional de las decisiones del Consejo.

4. En caso de imperiosa necesidad derivada de la evolución de la situación y a falta de revisión de una de las decisiones del Consejo a que se refiere el apartado 1, los Estados miembros podrán adoptar con carácter de urgencia las medidas necesarias, teniendo en cuenta los objetivos generales de dicha decisión. El Estado miembro de que se trate informará al Consejo inmediatamente de tales medidas.

5. En caso de que un Estado miembro tenga dificultades importantes para aplicar una decisión contemplada en el presente artículo, solicitará al Consejo que delibere al

---

1. La integración de la reducción de los riesgos de catástrofes en las políticas de desarrollo sostenible y en los programas desarrollados en los países afectados por las catástrofes.
2. El refuerzo de las capacidades de resistencia a los desastres naturales.
3. La elaboración de un sistema de alerta rápida, centrado en las personas.
4. La definición, evaluación y vigilancia de los riesgos de catástrofes.
5. La reducción de los factores de riesgo subyacentes.

La Comisión animó a las organizaciones regionales y subregionales a participar en la aplicación de los sistemas de alerta rápida y desencadenamiento de la alerta, adoptando un enfoque multirriesgo. La Comisión se centrará en la ayuda humanitaria y en la ayuda al desarrollo, orientándolas hacia la preparación local y la acción nacional, la comunicación urgente y los planes de atenuación, haciendo hincapié en el refuerzo de las capacidades a nivel nacional y regional en términos de prevención de catástrofes. Se han previsto algunos instrumentos específicos, elaborados en cooperación con el Centro Común de Investigación de la Comisión y la OCAH, como el Sistema Mundial de Alerta en caso de Catástrofe (GDAS).

La última conferencia tuvo lugar en Sendai, se está hablando de la Tercera Conferencia Mundial sobre la Reducción del Riesgo de Desastres, en la cual discutieron y aprobaron al sucesor del Marco de Acción de Hyogo para 2005-2015, un plan acordado internacionalmente para hacer que el mundo esté más seguro ante los peligros naturales.

Con el fin de aumentar la eficacia de la alerta rápida, es preciso mejorar significativamente los sistemas de información, las bases de datos y las redes de medición terrestres y por satélite a disposición de la comunidad internacional. Para ello, la Comisión elaborará sus programas en los siguientes foros:

La estrategia internacional de las Naciones Unidas para la prevención de catástrofes.

El Grupo de Observación de la Tierra (GEO), que gestionará la Red Mundial de Sistemas de Observación de la Tierra (GEOSS).

Protección y ayuda a los ciudadanos de la UE.

Para ayudar a los ciudadanos europeos afectados por graves situaciones de crisis, la Comisión apoya los trabajos del Grupo «asuntos consulares» sobre el refuerzo de la cooperación consular, así como los del Grupo de Trabajo «cooperación policial» relativos a la instauración de un mecanismo comunitario coordinado para la identificación de las víctimas de catástrofes.

La presente Comunicación incluye dos anexos. El primero es un informe sobre las medidas adoptadas por la Comisión en respuesta al tsunami; el segundo ofrece una visión de conjunto de los distintos instrumentos y programas comunitarios destinados a contribuir a la instauración de un sistema de alerta rápida y preparación frente a las catástrofes en el mundo.

respecto y busque las soluciones adecuadas. Estas soluciones no podrán ser contrarias a los objetivos de la decisión contemplada en el apartado 1 ni mermar su eficacia.

ARTÍCULO 29[200/201]

El Consejo adoptará decisiones que definirán el enfoque de la Unión sobre un asunto concreto de carácter geográfico o temático. Los Estados miembros velarán por la conformidad de sus políticas nacionales con las posiciones de la Unión.

ARTÍCULO 30[202]

1. Cualquier Estado miembro, el Alto Representante de la Unión para Asuntos Exteriores y Política de Seguridad, o el Alto Representante con el apoyo de la Comisión[203], podrá plantear al Consejo cualquier cuestión relacionada con la política exterior y de seguridad común y presentar, respectivamente, iniciativas o propuestas[204] al Consejo.

2. En los casos que requieran una decisión rápida, el Alto Representante convocará, de oficio o a petición[205] de un Estado miembro, una reunión extraordinaria del Consejo, en un plazo de cuarenta y ocho horas o, en caso de necesidad absoluta, en un plazo más breve.

ARTÍCULO 31[206]

1. El Consejo Europeo[207] y el Consejo adoptarán por unanimidad las decisiones de que trata el presente capítulo, salvo en los casos en que el presente capítulo disponga otra cosa. Se excluye la adopción de actos legislativos.

En caso de que un miembro del Consejo se abstuviera en una votación, podrá acompañar su abstención de una declaración formal efectuada de conformidad con el presente párrafo. En ese caso, no estará obligado a aplicar la decisión, pero admitirá que ésta sea vinculante para la Unión. En aras de la solidaridad[208] mutua, el Estado miembro de que se trate se abstendrá de cualquier acción que pudiera obstaculizar o impedir la acción de la Unión basada en dicha decisión y los demás Estados miembros respetarán su posición. En caso de que el número de miembros del Consejo que acompañara su abstención de tal declaración representara al menos[209] un tercio de los Estados miembros que reúnen como mínimo un tercio de la población de la Unión, no se adoptará la decisión.

2. Como excepción a lo dispuesto en el apartado 1, el Consejo adoptará por mayoría cualificada:

---

200 Antiguo artículo 15 TUE.

201 Ver artículo 67 TFUE.

202 Antiguo artículo 22 TUE (desplazado).

203 En el pretérito y derogado artículo 22 TUE sólo se hacía alusión a «cualquier Estado miembro o a la Comisión»; es decir, esta es una de las nuevas atribuciones del Alto Representante.

204 En el antiguo artículo 22 del TUE, nada se dice sobre la posibilidad de presentar, respectivamente, iniciativas o propuestas al Consejo.

205 Anteriormente se le concedía dicha facultad también a la Comisión.

206 Antiguo artículo 23 TUE (desplazado).

207 A tenor de lo dispuesto en el antiguo artículo 23 TUE, la adopción por unanimidad de estas decisiones solamente correspondía al Consejo.

208 Ver artículo 222 TFUE.

209 Antes se exigía más de un tercio.

- una decisión que establezca una acción o una posición de la Unión a partir de una decisión del Consejo Europeo relativa a los intereses y objetivos estratégicos de la Unión prevista en el apartado 1 del artículo 22[210].

- una decisión que establezca una acción o una posición de la Unión a partir de una propuesta presentada por el Alto Representante de la Unión para Asuntos Exteriores y Política de Seguridad en respuesta a una petición específica que el - Consejo Europeo le haya dirigido bien por propia iniciativa, bien por iniciativa del Alto Representante[211].

- cualquier decisión por la que se aplique una decisión que establezca una acción o una posición de la Unión.

- la designación de un representante especial de conformidad con el artículo 33[212].

Si un miembro del Consejo declarase que, por motivos vitales[213] y explícitos de política nacional, tiene la intención de oponerse a la adopción de una decisión que se deba adoptar por mayoría cualificada, no se procederá a la votación. El Alto Representante intentará hallar, en estrecho contacto con el Estado miembro de que se trate, una solución aceptable para éste[214]. De no hallarse dicha solución, el Consejo, por mayoría cualificada, podrá pedir que el asunto se remita al Consejo Europeo para que adopte al respecto una decisión por unanimidad.

3. El Consejo Europeo podrá adoptar por unanimidad una decisión que establezca que el Consejo se pronuncie por mayoría cualificada en casos distintos de los previstos en el apartado 2.

4. Los apartados 2 y 3 no se aplicarán a las decisiones que tengan repercusiones en el ámbito militar o de la defensa.

5. En lo que se refiere a cuestiones de procedimiento, el Consejo se pronunciará por mayoría de los miembros que lo componen.

ARTÍCULO 32[215]

Los Estados miembros se consultarán en el seno del Consejo Europeo y del Consejo sobre cualquier cuestión de política exterior y de seguridad que, revista un interés general, a fin de definir un enfoque común. Antes de emprender cualquier actuación en la escena internacional o de asumir cualquier compromiso que pueda afectar a los intereses de la Unión, cada Estado miembro consultará a los demás en el seno del Consejo Europeo o del Consejo. Los Estados miembros garantizarán, mediante la convergencia de su actuación, que la Unión pueda defender sus intereses y valores en la escena internacional. Los Estados miembros serán solidarios entre sí.

Cuando el Consejo Europeo o el Consejo haya establecido un enfoque común de la Unión en el sentido del párrafo primero, el Alto Representante de la Unión para Asuntos Exteriores y Política de Seguridad y los Ministros de Asuntos Exteriores de los Estados miembros coordinarán su actuación en el seno del Consejo.

Las misiones diplomáticas de los Estados miembros y las delegaciones de la Unión en los terceros países y ante las organizaciones internacionales cooperarán entre sí y contribuirán a la formulación y puesta en práctica del enfoque común.

---

210 No previsto con anterioridad, configurándose por lo tanto como una novedad del TL.

211 No previsto con anterioridad, configurándose por lo tanto como una novedad del TL.

212 No previsto con anterioridad, configurándose por lo tanto como una novedad del TL.

213 Tradicionalmente se utilizaba la palabra «*importantes*», por lo que se denota la intención de disminuir todos los casos posibles en los que un Estado miembro tenga la intención de oponerse.

214 No previsto con anterioridad, configurándose por lo tanto como una novedad del TL.

215 Antiguo artículo 16 del TUE.

ARTÍCULO 33[216/217]

A propuesta del Alto Representante de la Unión para Asuntos Exteriores y Política de Seguridad, el Consejo podrá designar un representante especial provisto de un mandato en relación con cuestiones políticas concretas[218]. El representante especial ejercerá su mandato bajo la autoridad del Alto Representante.

ARTÍCULO 34[219]

1. Los Estados miembros coordinarán su acción en las organizaciones internacionales y con ocasión de las conferencias internacionales. Los Estados miembros defenderán en esos foros las posiciones de la Unión. El Alto Representante de la Unión para Asuntos Exteriores y Política de Seguridad organizará dicha coordinación[220].

En las organizaciones internacionales y en las conferencias internacionales en las que no participen todos los Estados miembros, aquellos que participen defenderán las posiciones de la Unión[221].

2. De conformidad con el apartado 3 del artículo 24, los Estados miembros representados en organizaciones internacionales o en conferencias internacionales en las que no participen todos los Estados miembros mantendrán informados a los demás, así como al Alto Representante, sobre cualquier cuestión de interés común.

Los Estados miembros que también son miembros del Consejo de Seguridad de las Naciones Unidas se concertarán entre sí y tendrán cabalmente informados a los demás Estados miembros y al Alto Representante. Los Estados miembros que son miembros del Consejo de Seguridad defenderán, en el desempeño de sus funciones, las posiciones e intereses de la Unión, sin perjuicio de las responsabilidades que les incumban en virtud de las disposiciones de la Carta de las Naciones Unidas.

Cuando la Unión haya definido una posición sobre un tema incluido en el orden del día del Consejo de Seguridad de las Naciones Unidas, los Estados miembros que sean miembros de éste pedirán que se invite al Alto Representante a presentar la posición de la Unión[222].

ARTÍCULO 35[223]

Las misiones diplomáticas y consulares de los Estados miembros y las delegaciones de la Unión[224] en los terceros países y en las conferencias internacionales, así como sus representaciones ante las organizaciones internacionales, cooperarán para garantizar el respeto y la ejecución de las decisiones que establezcan posiciones o acciones de la Unión adoptadas en virtud del presente capítulo.

---

216 Antiguo artículo 18 TUE.

217 Ver artículo 240.2 TFUE.

218 Nombran Representantes Especiales de la UE (REUES) para dotar a la UE de una presencia más activa en determinadas regiones —como es el caso del REUE para el Cuerno de África—, países —como es el caso del REUE para Afganistán—, o ciertas áreas temáticas que la UE considera claves en el desarrollo de su política exterior, como son los Derechos Humanos.

219 Antiguo artículo 19 TUE.

220 Novedad del TL. En este artículo se cristaliza una de las funciones del Alto Representante de la Unión para Asuntos Exteriores y Política de Seguridad.

221 Lo que refuerza el posicionamiento común de la Unión.

222 No previsto con anterioridad, consolidándose como otras tantas novedades del TL en lo que a PESC se refiere.

223 Antiguo artículo 20 TUE.

224 Anteriormente esta función correspondía a las delegaciones de la Comisión, sin embargo, ahora la Unión Europea posee personalidad jurídica propia

Intensificarán su cooperación intercambiando información y procediendo a valoraciones comunes.

Contribuirán a la aplicación del derecho de los ciudadanos de la Unión a gozar de protección en el territorio de terceros países, establecido en la letra c) del apartado 2 del artículo 20 del Tratado de Funcionamiento de la Unión Europea, así como de las medidas adoptadas en aplicación del artículo 23 de dicho Tratado.

ARTÍCULO 36[225]

El Alto Representante[226] de la Unión para Asuntos Exteriores y Política de Seguridad consultará periódicamente[227] al Parlamento Europeo sobre los aspectos principales y las opciones fundamentales de la política exterior y de seguridad común y de la política común de seguridad y defensa y le informará de la evolución de dichas políticas[228]. Velará por que se tengan debidamente en cuenta las opiniones del Parlamento Europeo. Los representantes especiales podrán estar asociados a la información al Parlamento Europeo.

El Parlamento Europeo podrá dirigir preguntas o formular recomendaciones al Consejo y al Alto Representante. Dos veces al año procederá a un debate sobre los progresos realizados en el desarrollo de la política exterior y de seguridad común, incluida la política común de seguridad y defensa[229].

ARTÍCULO 37[230]

La Unión[231] podrá celebrar acuerdos con uno o varios Estados u organizaciones internacionales en los ámbitos comprendidos en el presente capítulo.

ARTÍCULO 38[232]

Sin perjuicio de las disposiciones del artículo 240 del Tratado de Funcionamiento de la Unión Europea[233], un Comité Político[234] y de Seguridad[235] seguirá la situación

---

225 Antiguo artículo 21 TUE.

226 Los Tratados anteriores se referían a la «Presidencia».

227 Novedad introducida por el TL a través de la palabra «periódicamente» con el fin de asegurar una mayor concurrencia, número e intensidad de consultas.

228 Esta última frase es una novedad del TL.

229 Véase el artículo 14 del TUE en su versión consolidada del TL, donde entre otras funciones se reconoce la de control del Parlamento.

230 Antiguo artículo 24 TUE.

231 Dado que la Unión ya goza de personalidad jurídica, es un interlocutor válido con capacidad para comprometerse y asumir tanto derechos como obligaciones con terceros.

232 Antiguo artículo 25 TUE.

233 Véase el artículo 240 de la versión consolidada del TFUE.

234 En tiempos de vigencia del TA, este Comité era únicamente político y no de seguridad. Referido a ese pretérito Comité de Seguridad, destáquese que conforme a lo dispuesto en el Real Decreto 1881/1996, de 2 de agosto, se vela por la concordancia de la política exterior española con las posiciones y acciones comunes de la Unión Europea; a su vez, conviene que se tenga en cuenta lo paradójico (y las notables diferencias) de las relaciones entre el Reino de España y Cuba, y la Unión Europea con la ya citada, entre otras.
Sin embargo, actualmente, se encuentra vigente el Real Decreto 267/2022, de 12 de abril, por el que se desarrolla la estructura orgánica básica del Ministerio de Asuntos Exteriores, Unión Europea y Cooperación.

235 Funciones del Comité Político y de Seguridad: La misión del CPS es vigilar la situación

internacional en los ámbitos concernientes a la política exterior y de seguridad común y contribuirá a definir la política mediante la emisión de dictámenes dirigidos al Consejo, bien a instancia de éste, del Alto Representante de la Unión para Asuntos Exteriores y Política de Seguridad o por propia iniciativa. Asimismo, supervisará la ejecución de las políticas acordadas, sin perjuicio de las competencias del Alto Representante.

En el marco del presente capítulo, el Comité Político y de Seguridad[236/237] ejercerá, bajo la responsabilidad del Consejo y del Alto Representante, el control político y la dirección estratégica de las operaciones de gestión de crisis contempladas en el artículo 43.

---

internacional en el ámbito de la PESC. En concreto, el CPS:
1) Asesora al Consejo con el fin de contribuir a la elaboración de las políticas.
2) Examina los proyectos de conclusión del Consejo de Asuntos Generales.
3) Coordina los distintos grupos de trabajo en el ámbito de la PESC.
En las formas establecidas, el CPS conduce el diálogo político y desempeña el papel de interlocutor privilegiado del Secretario General y Alto Representante y sus representantes especiales, al tiempo que constituye el órgano preferente para el diálogo sobre la PESD con otros organismos internacionales, como la OTAN.
En este mismo orden de ideas y, por lo que se refiere a las Políticas de Ayuda a Ucrania, la respuesta de la Unión ante la invasión rusa a Ucrania supone un desafío para la Política Exterior y de Seguridad Común y, es por ello que, la Unión Europea a través de sus instituciones respalda decididamente a Ucrania. Véase por ello, la página web del Consejo Europeo y del Consejo de la Unión. «La UE respalda decididamente a Ucrania, y seguirá apoyando firmemente la economía de Ucrania, así como la sociedad, las fuerzas armadas y la futura reconstrucción». https://www.consilium.europa.eu/es/policies/eu-response-ukraine-invasion/eu-solidarity-ukraine/
Desde el inicio de la guerra de agresión de Rusia, la UE y sus Estados miembros han puesto a disposición de Ucrania más de 77 000 millones de euros en apoyo a Ucrania y a su población: 38 300 millones de euros en ayuda económica, 17 000 millones de euros en ayuda a refugiados en la UE, 21 160 millones de euros en ayuda militar, 670 millones de euros en el Mecanismo de Protección Civil de la Unión.
El CPS transmite directrices al Comité Militar (CMUE) y recibe asesoramiento y recomendaciones de este último. El Presidente del CMUE que, en caso de necesidad, participa en las reuniones del CPS, actúa como interfaz con el Estado Mayor de la Unión Europea (EMUE).
Bajo la autoridad del Consejo, el CPS es responsable de la dirección política del desarrollo de la capacidad militar. Para esta tarea, el CPS cuenta con el asesoramiento del CMUE asistido por el EMUE.

236 Véase el Real Decreto 267/2022, de 12 de abril, por el que se desarrolla la estructura orgánica básica del Ministerio de Asuntos Exteriores, Unión Europea y Cooperación, en cuyo artículo 3 se menciona la coordinación entre la política exterior española con respecto a la PESC de la UE.

237 La función del Comité Político y Social es vigilar la situación internacional en el ámbito de la PESC. En concreto:
1) Asesora al Consejo con el fin de contribuir a la elaboración de las políticas.
2) Examina los proyectos de conclusión del Consejo de Asuntos Generales.
3) Coordina los distintos grupos de trabajo en el ámbito de la PESC.
En las formas establecidas, el CPS conduce el diálogo político y desempeña el papel de interlocutor privilegiado del Secretario General y Alto Representante y sus representantes especiales, al tiempo que constituye el órgano preferente para el diálogo sobre la PESD con otros organismos internacionales, como la OTAN. El CPS transmite directrices al Comité Militar (CMUE) y recibe asesoramiento y recomendaciones de este último. El Presidente del CMUE que, en caso de necesidad, participa en las reuniones del CPS, actúa como interfaz con el Estado Mayor de la Unión Europea (EMUE). Bajo la autoridad del

A efectos de una operación de gestión de crisis y para el tiempo que dure dicha operación, según determine el Consejo, éste podrá autorizar al Comité a que adopte las decisiones adecuadas en lo que se refiere al control político y a la dirección estratégica de la operación[238].

ARTÍCULO 39

De conformidad con el artículo 16 del Tratado de Funcionamiento de la Unión Europea, y no obstante lo dispuesto en su apartado 2, el Consejo adoptará una decisión que fije las normas sobre protección de las personas físicas respecto del tratamiento de datos de carácter personal por los Estados miembros en el ejercicio de las actividades comprendidas en el ámbito de aplicación del presente capítulo, y sobre la libre circulación de dichos datos. El respeto de dichas normas estará sometido al control de autoridades independientes.

ARTÍCULO 40[239]

La ejecución de la política exterior y de seguridad común no afectará a la aplicación de los procedimientos y al alcance respectivo de las atribuciones de las instituciones establecidas en los Tratados para el ejercicio de las competencias de la Unión mencionadas en los artículos 3 a 6 del Tratado de Funcionamiento de la Unión Europea.

Asimismo, la ejecución de las políticas mencionadas en dichos artículos no afectará a la aplicación de los procedimientos y al alcance respectivo de las atribuciones de las instituciones[240] establecidas en los Tratados para el ejercicio de las competencias de la Unión en virtud del presente capítulo.

ARTÍCULO 41[241]

1. Los gastos administrativos que la aplicación del presente capítulo ocasione a las instituciones correrán a cargo del presupuesto de la Unión.

2. Los gastos operativos derivados de la aplicación del presente capítulo también correrán a cargo del presupuesto de la Unión, excepto los relativos a las operaciones que tengan repercusiones en el ámbito militar o de la defensa y los casos en que el Consejo decida, por unanimidad, otra cosa.

Cuando los gastos no corran a cargo del presupuesto de la Unión, correrán a cargo de los Estados miembros con arreglo a una clave de reparto basada en el producto nacional bruto, a menos que el Consejo decida otra cosa por unanimidad. En cuanto a los gastos derivados de las operaciones que tengan repercusiones en el ámbito militar o de la defensa, los Estados miembros cuyos representantes en el Consejo hayan efectuado una declaración formal con arreglo al párrafo segundo del apartado 1 del artículo 31 no estarán obligados a contribuir a su financiación.

El Consejo[242] adoptará una decisión por la que se establezcan los procedimientos específicos para garantizar el acceso rápido a los créditos del presupuesto de la Unión destinados a la financiación urgente de iniciativas en el marco de la política exterior y de seguridad común, en particular los preparativos de una de las misiones

---

Consejo, el CPS es responsable de la dirección política del desarrollo de la capacidad militar. Para esta tarea, el CPS cuenta con el asesoramiento del CMUE asistido por el EMUE.

238 Novedad introducida en el TL.

239 Antiguo artículo 47 TUE (desplazado).

240 Este párrafo es un garante de la normalidad institucional para evitar graves alteraciones en el ejercicio de competencias de estas.

241 Antiguo artículo 28 TUE.

242 El artículo 41.3 del TUE es una novedad del TL.

contempladas en el apartado 1 del artículo 42 y en el artículo 43. El Consejo se pronunciará previa consulta al Parlamento Europeo.

Los preparativos de las misiones contempladas en el apartado 1 del artículo 42 y en el artículo 43 que no se imputen al presupuesto de la Unión se financiarán mediante un fondo inicial constituido por contribuciones de los Estados miembros.

El Consejo adoptará por mayoría cualificada, a propuesta del Alto Representante de la Unión para Asuntos Exteriores y Política de Seguridad, las decisiones que establezcan:

a) Las modalidades de constitución y de financiación del fondo inicial, en particular los importes financieros asignados al mismo.

b) Las modalidades de gestión del fondo inicial.

c) Las modalidades de control financiero.

Cuando la misión prevista de conformidad con el apartado 1 del artículo 42 y el artículo 43 no pueda imputarse al presupuesto de la Unión, el Consejo autorizará al Alto Representante a utilizar dicho fondo. El Alto Representante informará al Consejo acerca de la ejecución de este mandato.

SECCIÓN 2

DISPOSICIONES SOBRE LA POLÍTICA COMÚN DE SEGURIDAD Y DEFENSA

ARTÍCULO 42[243]

1. La política común de seguridad y defensa forma parte integrante de la política exterior y de seguridad común. Ofrecerá a la Unión una capacidad operativa basada en medios civiles y militares[244]. La Unión podrá recurrir a dichos medios en misiones fuera[245] de la Unión que tengan por objetivo garantizar el mantenimiento de la paz, la prevención de conflictos y el fortalecimiento de la seguridad internacional, conforme a los principios de la Carta de las Naciones Unidas. La ejecución de estas tareas se apoyará en las capacidades proporcionadas por los Estados miembros[246].

---

243 Antiguo artículo 17 TUE (desplazado).
Véase la declaración de los miembros del Consejo Europeo del 30 de septiembre de 2022 tras la anexión y agresión ilegitima por parte de Rusia a territorios ucranianos. En materia de política común, la Unión Europea ha destinado ayudas militares a razón de 2500 millones de euros, además de equipamiento militar.

244 Como ya hemos indicado con anterioridad, la UE no tiene un ejército permanente, sino que recurre a agrupaciones de fuerzas para operaciones concretas. Dichas fuerzas proceden de los países miembros y llevan a cabo misiones de mantenimiento de la paz, gestión de crisis y ayuda humanitaria. Para poder actuar con rapidez, la UE ha creado grupos de combate de unos 1.500 efectivos. En todo momento hay dos de estos grupos listos para entrar en acción.

245 Las primeras misiones militares europeas se desarrollaron en los Balcanes. La UE asumió el mando de la fuerza militar de estabilización en Bosnia y Herzegovina en 2005. Posteriormente se realizaron otras misiones a corto plazo en África, Asia y Oriente Medio.
En mayo de 2007 la UE inició una misión policial de tres años en Afganistán y a principios de 2008 estacionó un contingente de más de 3.000 militares en zonas fronterizas entre el Chad y la República Centroafricana, con el fin de proteger a los refugiados a causa de los enfrentamientos en la región vecina de Darfur (Sudán).
En diciembre de 2008 se puso en marcha en Somalia la primera operación marítima de la UE. Su misión es proteger de los piratas a los barcos, especialmente cuando transportan ayuda alimentaria a ese país.

246 La UE ha intensificado la cooperación en materia de seguridad y defensa. En el 2016 el Consejo Europeo refrendó el plan de aplicación en el ámbito de la seguridad y la defensa,

2. La política común de seguridad y defensa incluirá la definición progresiva de una política común de defensa de la Unión. Ésta conducirá a una defensa común una vez que el Consejo Europeo[247] lo haya decidido por unanimidad. En este caso, el Consejo Europeo recomendará a los Estados miembros que adopten una decisión en este sentido de conformidad con sus respectivas normas constitucionales.

La política de la Unión con arreglo a la presente sección no afectará al carácter específico de la política de seguridad y de defensa de determinados Estados miembros, respetará las obligaciones derivadas del Tratado del Atlántico Norte para determinados Estados miembros que consideran que su defensa común se realiza dentro de la Organización del Tratado del Atlántico Norte (OTAN) y será compatible con la política común de seguridad y de defensa establecida en dicho marco.

3. Los Estados miembros pondrán a disposición de la Unión, a efectos de la aplicación de la política común de seguridad y defensa, capacidades civiles y militares para contribuir a los objetivos definidos por el Consejo. Los Estados miembros que constituyan entre ellos fuerzas multinacionales podrán asimismo ponerlas a disposición de la política común de seguridad y defensa.

Los Estados miembros se comprometen a mejorar progresivamente sus capacidades militares. La Agencia en el ámbito del desarrollo de las capacidades de defensa, la investigación, la adquisición y el armamento (en lo sucesivo denominada «Agencia Europea de Defensa[248]) determinará las necesidades operativas, fomentará medidas

---

que define el rumbo que ha de seguirse para desarrollar la política de seguridad y defensa de la UE. El 11 de diciembre de 2017, el Consejo adoptó una Decisión por la que se establece la Cooperación Estructurada Permanente. Participan en ella todos los Estados miembros de la UE, a excepción de tres países (Dinamarca, Malta y el Reino Unido).

247 Véase el artículo 26 del TUE en su versión consolidada del TL.

248 La Agencia Europea de Defensa (AED) tiene como misión asistir al Consejo y a los Estados miembros en su esfuerzo por mejorar las capacidades de defensa de la Unión Europea en el contexto de la gestión de crisis, así como apoyar la política europea de seguridad y defensa (PESD). Salvo Dinamarca, todos los Estados miembros de la Unión participan en la Agencia (de conformidad con el artículo 6 del Protocolo sobre la posición de Dinamarca, adjunto al Tratado de la Unión Europea y al Tratado constitutivo de la Comunidad Europea, Dinamarca no participa en la elaboración ni ejecución de las decisiones y actividades de la UE que tienen implicaciones en el ámbito de la defensa). La sede de la Agencia se encuentra en Bruselas.
La AED está sujeta a la autoridad y el control político del Consejo, que, además de fijar anualmente las directrices que han de seguir las actividades de la Agencia (especialmente en el contexto de su programa de trabajo), establece cada tres años su marco financiero. La Agencia, asimismo, informa periódicamente de sus actividades al Consejo.
Ámbitos de acción
Entre los objetivos principales de la Agencia destacan los siguientes:
- Desarrollar las capacidades de defensa para la gestión de crisis: la Agencia determina las necesidades futuras de la UE en materia de defensa, coordina la ejecución del Plan de acción europeo sobre las capacidades y la armonización de las necesidades militares, propone actividades de colaboración en el terreno operativo y realiza evaluaciones sobre las prioridades financieras.
- Fomentar y mejorar la cooperación europea en materia de armamento: la Agencia propone proyectos de cooperación multilateral, coordina los que ya están en curso y se ocupa de la gestión de programas específicos.
- Fortalecer en el ámbito de la defensa las bases industriales y tecnológicas europeas y trabajar por la creación de un mercado europeo competitivo en el sector del material de defensa: la Agencia elabora en consulta con la Comisión y con la industria las políticas y estrategias que son oportunas y desarrolla y armoniza normas y reglamentaciones.

para satisfacerlas, contribuirá a definir y, en su caso, a aplicar cualquier medida oportuna para reforzar la base industrial y tecnológica del sector de la defensa, participará en la definición de una política europea de capacidades y de armamento y asistirá al Consejo en la evaluación de la mejora de las capacidades militares.

4. El Consejo adoptará por unanimidad, a propuesta del Alto Representante de la Unión para Asuntos Exteriores y Política de Seguridad o a iniciativa de un Estado miembro, las decisiones relativas a la política común de seguridad y defensa, incluidas las relativas al inicio de una misión contemplada en el presente artículo. El Alto Representante podrá proponer que se recurra a medios nacionales y a los instrumentos de la Unión, en su caso conjuntamente con la Comisión.

5. El Consejo podrá encomendar la realización de una misión, en el marco de la Unión, a un grupo de Estados miembros a fin de defender los valores y favorecer los intereses de la Unión. La realización de esta misión se regirá por el artículo 44.

6. Los Estados miembros que cumplan criterios más elevados de capacidades militares y que hayan suscrito compromisos más vinculantes en la materia para realizar las misiones más exigentes establecerán una cooperación estructurada permanente en el marco de la Unión. Esta cooperación se regirá por el artículo 46 y no afectará a lo dispuesto en el artículo 43.

7. Si un Estado miembro es objeto de una agresión armada en su territorio, los demás Estados miembros le deberán ayuda y asistencia con todos los medios a su alcance, de conformidad con el artículo 51 de la Carta de las Naciones Unidas. Ello se entiende sin perjuicio del carácter específico de la política de seguridad y defensa de determinados Estados miembros.

Los compromisos y la cooperación en este ámbito seguirán ajustándose a los compromisos adquiridos en el marco de la Organización del Tratado del Atlántico Norte, que seguirá siendo, para los Estados miembros que forman parte de la misma, el fundamento de su defensa colectiva y el organismo de ejecución de ésta.

- Aumentar la eficacia de la investigación y la tecnología europeas en el ámbito de la defensa: la Agencia, en colaboración con la Comisión, promueve y coordina actividades de investigación que tratan de responder a las necesidades futuras en materia de capacidades de defensa.

Organización

La Agencia está dotada de personalidad jurídica y se compone de los órganos siguientes:

- Director de la Agencia: el Secretario General/Alto Representante de la política exterior y de seguridad común (PESC). La organización general y el funcionamiento de la Agencia son responsabilidad suya. Vela también porque el Director Ejecutivo aplique las directrices del Consejo y las decisiones de la Junta Directiva.
- Junta Directiva: es el órgano de decisión de la Agencia y está compuesto por el representante de cada uno de los Estados miembros que participan en ella («Estados miembros participantes») y por un representante de la Comisión. Sus reuniones, que son convocadas y presididas por el Director de la Agencia, se celebran, en principio, al menos dos veces al año entre ministros de defensa o de sus representantes.
- Director Ejecutivo: es el jefe de personal de la Agencia y se encarga de supervisar y coordinar las unidades funcionales. Su nombramiento corresponde a la Junta Directiva, a propuesta del Director de la Agencia, y su mandato tiene una duración de tres años, prorrogables por otros dos.

Aunque sin derecho de voto, la Comisión es miembro de la Junta Directiva y colabora activamente en las tareas de la Agencia. Además, puede participar en sus proyectos y programas en nombre de la Comunidad.

ARTÍCULO 43[249]

1. Las misiones contempladas en el apartado 1 del artículo 42, en las que la Unión podrá recurrir a medios civiles y militares, abarcarán las actuaciones conjuntas en materia de desarme, las misiones humanitarias y de rescate, las misiones de asesoramiento y asistencia en cuestiones militares, las misiones de prevención de conflictos y de mantenimiento de la paz, las misiones en las que intervengan fuerzas de combate para la gestión de crisis, incluidas las misiones de restablecimiento de la paz y las operaciones de estabilización al término de los conflictos. Todas estas misiones podrán contribuir a la lucha contra el terrorismo, entre otras cosas mediante el apoyo prestado a terceros países para combatirlo en su territorio.

2. El Consejo adoptará las decisiones relativas a las misiones contempladas en el apartado 1, y en ellas definirá el objetivo y el alcance de estas misiones y las normas generales de su ejecución. El Alto Representante de la Unión para Asuntos Exteriores y Política de Seguridad, bajo la autoridad del Consejo y en contacto estrecho y permanente con el Comité Político y de Seguridad, se hará cargo de la coordinación de los aspectos civiles y militares de dichas misiones.

ARTÍCULO 44[250]

1. En el marco de las decisiones adoptadas de conformidad con el artículo 43, el Consejo podrá encomendar la realización de una misión a un grupo de Estados miembros que lo deseen y que dispongan de las capacidades necesarias para tal misión. La gestión de la misión se acordará entre dichos Estados miembros, en asociación con el Alto Representante de la Unión para Asuntos Exteriores y Política de Seguridad.

2. Los Estados miembros que participen en la realización de la misión informarán periódicamente al Consejo acerca del desarrollo de la misma, por propia iniciativa o a petición de un Estado miembro. Los Estados miembros participantes comunicarán de inmediato al Consejo si la realización de la misión acarrea consecuencias importantes o exige una modificación del objetivo, alcance o condiciones de la misión establecidos en las decisiones a que se refiere el apartado 1. En tales casos, el Consejo adoptará las decisiones necesarias.

ARTÍCULO 45[251]

1. La Agencia Europea de Defensa a que se refiere el apartado 3 del artículo 42 estará bajo la autoridad del Consejo y tendrá como misión:

a) Contribuir a definir los objetivos de capacidades militares de los Estados miembros y a evaluar el respeto de los compromisos de capacidades contraídos por los Estados miembros.

b) Fomentar la armonización de las necesidades operativas y la adopción de métodos de adquisición, eficaces y compatibles.

c) Proponer proyectos multilaterales para cumplir los objetivos de capacidades militares y coordinar los programas ejecutados por los Estados miembros y la gestión de programas de cooperación específicos.

d) Apoyar la investigación sobre tecnología de defensa y coordinar y planificar actividades de investigación conjuntas y estudios de soluciones técnicas que respondan a las futuras necesidades operativas.

249 Artículo añadido por el TL.

250 Artículo añadido por el TL.

251 Artículo añadido por el TL.

e) Contribuir a definir y, en su caso, aplicar cualquier medida oportuna para reforzar la base industrial y tecnológica del sector de la defensa y para mejorar la eficacia de los gastos militares.

2. Podrán participar en la Agencia Europea de Defensa todos los Estados miembros que lo deseen. El Consejo adoptará por mayoría cualificada una decisión en la que se determinará el estatuto, la sede y la forma de funcionamiento de la Agencia. La decisión tendrá en cuenta el grado de participación efectiva en las actividades de la Agencia. Dentro de ésta se constituirán grupos específicos, formados por los Estados miembros que realicen proyectos conjuntos. La Agencia desempeñará sus funciones manteniéndose, en caso necesario, en contacto con la Comisión.

ARTÍCULO 46[252]

1. Los Estados miembros que deseen participar en la cooperación estructurada permanente mencionada en el apartado 6 del artículo 42 y que reúnan los criterios y asuman los compromisos en materia de capacidades militares que figuran en el Protocolo sobre la cooperación estructurada permanente notificarán su intención al Consejo y al Alto Representante de la Unión para Asuntos Exteriores y Política de Seguridad.

2. En un plazo de tres meses a partir de la notificación mencionada en el apartado 1, el Consejo adoptará una decisión por la que se establezca la cooperación estructurada permanente y se fije la lista de los Estados miembros participantes. El Consejo, tras consultar al Alto Representante, se pronunciará por mayoría cualificada.

3. Cualquier Estado miembro que, con posterioridad, desee participar en la cooperación estructurada permanente, notificará su intención al Consejo y al Alto Representante.

El Consejo adoptará una decisión por la que se confirme la participación del Estado miembro de que se trate, que cumpla los criterios y asuma los compromisos contemplados en los artículos 1 y 2 del Protocolo sobre la cooperación estructurada permanente. El Consejo, tras consultar al Alto Representante, se pronunciará por mayoría cualificada. Únicamente participarán en la votación los miembros del Consejo que representen a los Estados miembros participantes. La mayoría cualificada se definirá de conformidad con la letra a) del apartado 3 del artículo 238 del Tratado de Funcionamiento de la Unión Europea.

4. Si un Estado miembro participante ya no cumple los criterios o ya no puede asumir los compromisos contemplados en los artículos 1 y 2 del Protocolo sobre la cooperación estructurada permanente, el Consejo podrá adoptar una decisión por la que se suspenda la participación de dicho Estado.

El Consejo se pronunciará por mayoría cualificada. Únicamente participarán en la votación los miembros del Consejo que representen a los Estados miembros participantes, con excepción del Estado miembro de que se trate.

La mayoría cualificada se definirá de conformidad con la letra a) del apartado 3 del artículo 238 del Tratado de Funcionamiento de la Unión Europea.

5. Si un Estado miembro participante decide abandonar la cooperación estructurada permanente, notificará su decisión al Consejo, que tomará nota de que ha finalizado la participación de ese Estado miembro.

6. Las decisiones y las recomendaciones del Consejo en el marco de la cooperación estructurada permanente, distintas de las contempladas en los apartados 2 a 5, se adoptarán por unanimidad. A efectos de la aplicación del presente apartado, la unanimidad estará constituida únicamente por los votos de los representantes de los Estados miembros participantes.

---

252 Artículo añadido por el TL.

TÍTULO VI
DISPOSICIONES FINALES[253]

ARTÍCULO 47[254]

La Unión tiene personalidad jurídica[255/256].

ARTÍCULO 48[257]

1. Los Tratados podrán modificarse con arreglo a un procedimiento de revisión ordinario. También podrán modificarse con arreglo a procedimientos de revisión simplificados.

Procedimiento de revisión ordinario.

2. El Gobierno de cualquier Estado miembro, el Parlamento Europeo o la Comisión podrán presentar al Consejo proyectos de revisión[258] de los Tratados. Estos proyectos podrán tener por finalidad, entre otras cosas, la de aumentar o reducir las competencias atribuidas a la Unión en los Tratados. El Consejo remitirá dichos proyectos al Consejo Europeo y los notificará a los Parlamentos nacionales.

3. Si el Consejo Europeo, previa consulta al Parlamento Europeo y a la Comisión, adopta por mayoría simple una decisión favorable al examen de las modificaciones propuestas, el Presidente del Consejo Europeo convocará una Convención compuesta por representantes de los Parlamentos nacionales, de los Jefes de Estado o de Gobierno de los Estados miembros, del Parlamento Europeo y de la Comisión. Cuando se trate de modificaciones institucionales en el ámbito monetario, se consultará también al Banco Central Europeo. La Convención examinará los proyectos de revisión y adoptará por consenso una recomendación dirigida a una Conferencia de representantes de los Gobiernos de los Estados miembros según lo dispuesto en el apartado 4.

El Consejo Europeo podrá decidir por mayoría simple, previa aprobación del Parlamento Europeo, no convocar una Convención cuando la importancia de las modificaciones no lo justifique. En este último caso, el Consejo Europeo establecerá un mandato para una Conferencia de representantes de los Gobiernos de los Estados miembros.

4. El Presidente del Consejo convocará una Conferencia de representantes de los Gobiernos de los Estados miembros con el fin de que se aprueben de común acuerdo las modificaciones que deban introducirse en los Tratados. Las modificaciones entra-

---

253 Antiguo Título VIII TUE -DISPOSICIONES FINALES.

254 Artículo añadido por el TL.

255 Novedad introducida por el TL, lo que permitirá que la Unión Europea como Organización Supranacional pueda firmar Tratados internacionales. Véase el art. 6.2 TUE en su versión consolidada del TL.

256 Véase la Declaración 24 anexa al Tratado, relativa a la personalidad jurídica de la Unión.

257 Antiguo artículo 48 TUE.

258 SJTCE de 8 de abril de 1976, 43/75, Defrenne II. La resolución de los Estados miembros de 30 de diciembre de 1961, sin perjuicio de los efectos que puede tener con vistas a favorecer y acelerar la aplicación integral del artículo 119 (actualmente 143 TFUE), no puede modificar legítimamente el plazo fijado por el Tratado. En efecto, una modificación del Tratado sólo puede resultar, salvo por virtud de disposiciones específicas, de una revisión efectuada de conformidad con el art. 236 (actualmente 270 TFUE).
Dictamen del TJCE 1/1994, 15 de noviembre de 1994. Según reiterada jurisprudencia, una simple práctica del Consejo no puede ir contra las normas del Tratado y, por consiguiente, no puede crear precedente que vincule a las Instituciones de la Unión en cuanto a la elección de la base jurídica correcta.

rán en vigor después de haber sido ratificadas por todos los Estados miembros de conformidad con sus respectivas normas constitucionales.

5. Si, transcurrido un plazo de dos años desde la firma de un tratado modificativo de los Tratados, las cuatro quintas partes de los Estados miembros lo han ratificado y uno o varios Estados miembros han encontrado dificultades para proceder a dicha ratificación, el Consejo Europeo examinará la cuestión.

Procedimientos de revisión simplificados.

6. El Gobierno de cualquier Estado miembro, el Parlamento Europeo o la Comisión podrán presentar al Consejo Europeo proyectos de revisión de la totalidad o parte de las disposiciones de la tercera parte del Tratado de Funcionamiento de la Unión Europea, relativas a las políticas y acciones internas de la Unión.

El Consejo Europeo podrá adoptar una decisión que modifique la totalidad o parte de las disposiciones de la tercera parte del Tratado de Funcionamiento de la Unión Europea[259]. El Consejo Europeo se pronunciará por unanimidad previa consulta al Parlamento Europeo y a la Comisión, así como al Banco Central Europeo en el caso de modificaciones institucionales en el ámbito monetario. Dicha decisión sólo entrará en vigor una vez que haya sido aprobada por los Estados miembros, de conformidad con sus respectivas normas constitucionales.

La decisión contemplada en el párrafo segundo no podrá aumentar las competencias atribuidas a la Unión por los Tratados.

7. Cuando el Tratado de Funcionamiento de la Unión Europea o el título V del presente Tratado dispongan que el Consejo se pronuncie por unanimidad en un ámbito o en un caso determinado, el Consejo Europeo podrá adoptar una decisión que autorice al Consejo a pronunciarse por mayoría cualificada en dicho ámbito o en dicho caso. El presente párrafo no se aplicará a las decisiones que tengan repercusiones militares o en el ámbito de la defensa.

Cuando el Tratado de Funcionamiento de la Unión Europea disponga que el Consejo adopte actos legislativos con arreglo a un procedimiento legislativo especial, el Consejo Europeo podrá adoptar una decisión que autorice a adoptar dichos actos con arreglo al procedimiento legislativo ordinario.

Cualquier iniciativa tomada por el Consejo Europeo en virtud de los párrafos primero o segundo se transmitirá a los Parlamentos nacionales. En caso de oposición de un Parlamento nacional notificada en un plazo de seis meses a partir de esta transmisión, no se adoptará la decisión contemplada en los párrafos primero o segundo. A falta de oposición, el Consejo Europeo podrá adoptar la citada decisión.

Para la adopción de las decisiones contempladas en los párrafos primero o segundo, el Consejo Europeo se pronunciará por unanimidad, previa aprobación del Parlamento Europeo, que se pronunciará por mayoría de los miembros que lo componen.

ARTÍCULO 49[260]

Cualquier Estado europeo[261] que respete[262] los valores[263] mencionados en el artículo 2 y se comprometa a promoverlos podrá solicitar el ingreso como miembro en la Unión. Se informará de esta solicitud al Parlamento Europeo y a los Parlamentos nacionales. El Estado solicitante dirigirá su solicitud al Consejo, que se pronunciará

259 Véase la Declaración n.° 18 relativa a la delimitación de las competencias.

260 Antiguo artículo 49 TUE.

261 Tiene que cumplir al menos el requisito de pertenecer a Europa y cumplir el Acervo Comunitario que son las condiciones que se le imponen a todo el que pretende ingresar en la Unión.

262 Véase el Protocolo n.° 24 anexo al Tratado, relativo al asilo de nacionales de los Estados miembros.

263 Véase el artículo 14 del Tratado de Funcionamiento de la Unión Europea.

por unanimidad después de haber consultado a la Comisión y previa aprobación del Parlamento Europeo, el cual se pronunciará por mayoría de los miembros que lo componen. Se tendrán en cuenta los criterios de elegibilidad acordados por el Consejo Europeo[264].

Las condiciones de admisión y las adaptaciones que esta admisión supone en lo relativo a los Tratados sobre los que se funda la Unión serán objeto de un acuerdo entre los Estados miembros y el Estado solicitante[265].

Dicho acuerdo se someterá a la ratificación de todos los Estados contratantes, de conformidad con sus respectivas normas constitucionales.

ARTÍCULO 50[266]

1. Todo Estado miembro podrá decidir, de conformidad con sus normas constitucionales, retirarse de la Unión[267].

2. El Estado miembro que decida retirarse notificará su intención al Consejo Europeo. A la luz de las orientaciones del Consejo Europeo, la Unión negociará y celebrará con ese Estado un acuerdo que establecerá la forma de su retirada, teniendo en cuenta el marco de sus relaciones futuras con la Unión. Este acuerdo se negociará con arreglo al apartado 3 del artículo 218 del Tratado de Funcionamiento de la Unión Europea. El Consejo lo celebrará en nombre de la Unión por mayoría cualificada, previa aprobación del Parlamento Europeo.

Los Tratados dejarán de aplicarse al Estado de que se trate a partir de la fecha de entrada en vigor del acuerdo de retirada o, en su defecto, a los dos años de la notificación a que se refiere el apartado 2, salvo si el Consejo Europeo, de acuerdo con dicho Estado, decide por unanimidad prorrogar dicho plazo.

3. A efectos de los apartados 2 y 3, el miembro del Consejo Europeo y del Consejo que represente al Estado miembro que se retire no participará ni en las deliberaciones ni en las decisiones del Consejo Europeo o del Consejo que le afecten.

La mayoría cualificada se definirá de conformidad con la letra b) del apartado 3 del artículo 238 del Tratado de Funcionamiento de la Unión Europea.

4. Si el Estado miembro que se ha retirado de la Unión solicita de nuevo la adhesión, su solicitud se someterá al procedimiento establecido en el artículo 49.

ARTÍCULO 51[268]

Los Protocolos y Anexos de los Tratados forman parte integrante de los mismos.

ARTÍCULO 52[269]

1. Los Tratados se aplicarán al Reino de Bélgica, a la República de Bulgaria, a la República Checa, al Reino de Dinamarca, a la República Federal de Alemania, a la

---

264 Actualmente, poseen el estatuto de candidato para la adhesión (y que están por tanto en proceso de adecuar sus ordenamientos jurídicos a las exigencias del Derecho de la Unión Europea) los siguientes países: Turquía, Macedonia del Norte, Montenegro, Serbia, Bosnia y Herzegovina, Moldavia, Albania y Ucrania. Como candidatos potenciales (que aún no cumplen los requisitos para ingresar en la Unión Europea), figuran Georgia y Kosovo.

265 Véase el Consejo Europeo de Copenhague de 21 y 22 de junio de 1993, donde se establecen los requisitos para ser miembro de pleno Derecho.

266 Artículo añadido por el TL.

267 En virtud de este apartado, Reino Unido el 29 de marzo de 2017 notificó al Consejo Europeo su intención de abandonar la Unión europea

268 Artículo añadido por el TL.

269 Artículo añadido por el TL. Véase el artículo 355 del Tratado de Funcionamiento de la Unión Europea.

República de Estonia, a Irlanda, a la República Helénica, al Reino de España, a la República Francesa, a la República Italiana, a la República de Chipre, a la República de Letonia, a la República de Lituania, al Gran Ducado de Luxemburgo, a la República de Hungría, a la República de Malta, al Reino de los Países Bajos, a la República de Austria, a la República de Polonia, a la República Portuguesa, a Rumanía, a la República de Eslovenia, a la República Eslovaca, a la República de Finlandia, al Reino de Suecia y al Reino Unido de Gran Bretaña e Irlanda del Norte.

2. El ámbito de aplicación territorial de los Tratados se especifica en el artículo 355 del Tratado de Funcionamiento de la Unión Europea.

ARTÍCULO 53[270]

El presente Tratado se concluye por un período de tiempo ilimitado[271].

ARTÍCULO 54[272]

1. El presente Tratado será ratificado por las Altas Partes Contratantes, de conformidad con sus respectivas normas constitucionales. Los instrumentos de ratificación serán depositados ante el Gobierno de la República Italiana.

2. El presente Tratado entrará en vigor el 1 de enero de 1993, siempre que se hayan depositado todos los instrumentos de ratificación o, en su defecto, el primer día del mes siguiente al depósito del instrumento de ratificación del último Estado signatario que cumpla dicha formalidad.

ARTÍCULO 55[273]

1. El presente Tratado, redactado en un ejemplar único, en lenguas alemana, búlgara, checa, danesa, eslovaca, eslovena, española, estonia, finesa, francesa, griega, húngara, inglesa, irlandesa, italiana, letona, lituana, maltesa, neerlandesa, polaca, portuguesa, rumana y sueca[274], cuyos textos en cada una de estas lenguas son igualmente auténticos, será depositado en los archivos del Gobierno de la República Italiana, que remitirá una copia autenticada a cada uno de los Gobiernos de los restantes Estados signatarios.

2. El presente Tratado podrá asimismo traducirse a cualquier otra lengua[275] que determinen los Estados miembros entre aquellas que, de conformidad con sus ordenamientos constitucionales, tengan estatuto de lengua oficial en la totalidad o en parte de su territorio. El Estado miembro de que se trate facilitará una copia certificada de estas traducciones, que se depositará en los archivos del Consejo.

EN FE DE LO CUAL, los plenipotenciarios abajo firmantes suscriben el presente Tratado.

Hecho en Maastricht, el siete de febrero de mil novecientos noventa y dos. (No se reproduce la lista de signatarios).

---

270 Antiguo artículo 51 TUE. Véase el artículo 356 del Tratado de Funcionamiento de la Unión Europea.

271 Salvo el Tratado Constitutivo de la Comunidad Europea del Carbón y del Acero que ha sido el único que se estableció por tiempo limitado, concretamente de 50 años.

272 Antiguo artículo 52 TUE.

273 Antiguo artículo 53 TUE. Véase también el artículo 358 del Tratado de Funcionamiento de la Unión Europea.

274 Coincide con el número de lenguas oficiales de la Unión.

275 Véase la Declaración n.° 16 relativo a apartado 2 del artículo 55 del TUE en su versión consolidada del TL.

TRATADO DE FUNCIONAMIENTO DE LA UNIÓN EUROPEA

PREÁMBULO

SU MAJESTAD EL REY DE LOS BELGAS, EL PRESIDENTE DE LA REPÚBLICA FEDERAL DE ALEMANIA, EL PRESIDENTE DE LA REPÚBLICA FRANCESA, EL PRESIDENTE DE LA REPÚBLICA ITALIANA, SU ALTEZA REAL LA GRAN DUQUESA DE LUXEMBURGO, SU MAJESTAD LA REINA DE LOS PAÍSES BAJOS[276]

RESUELTOS a sentar las bases de una unión cada vez más estrecha entre los pueblos europeos,

DECIDIDOS a asegurar, mediante una acción común, el progreso económico y social de sus respectivos Estados, eliminando las barreras que dividen Europa,

FIJANDO como fin esencial de sus esfuerzos la constante mejora de las condiciones de vida y de trabajo de sus pueblos,

RECONOCIENDO que la eliminación de los obstáculos existentes exige una acción concertada para garantizar un desarrollo económico estable, un intercambio comercial equilibrado y una competencia leal,

PREOCUPADOS por reforzar la unidad de sus economías y asegurar su desarrollo armonioso, reduciendo las diferencias entre las diversas regiones y el retraso de las menos favorecidas,

DESEOSOS de contribuir, mediante una política comercial común, a la progresiva supresión de las restricciones a los intercambios internacionales,

PRETENDIENDO reforzar la solidaridad de Europa con los países de ultramar y deseando asegurar el desarrollo de su prosperidad, de conformidad con los principios de la Carta de las Naciones Unidas,

---

276 Posteriormente, la República de Bulgaria, la República Checa, el Reino de Dinamarca, la República de Estonia, Irlanda, la República Helénica, el Reino de España, la República de Chipre, la República de Letonia, la República de Lituania, la República de Hungría, la República de Malta, la República de Austria, la República de Polonia, la República Portuguesa, Rumanía, la República de Eslovenia, la República de Eslovaquia, la República de Finlandia, el Reino de Suecia y el Reino Unido de Gran Bretaña e Irlanda del Norte pasaron a ser miembros de la Unión Europea. Ahora bien, con posterioridad, se adhirió la República de Croacia, mientras que, el Reino Unido de la Gran Bretaña, actualmente, ya no es miembro de la Unión.

RESUELTOS a consolidar, mediante la constitución de este conjunto de recursos, la defensa de la paz y la libertad e invitando a los demás pueblos de Europa que participan de dicho ideal a asociarse a su esfuerzo,

DECIDIDOS a promover el desarrollo del nivel de conocimiento más elevado posible para sus pueblos mediante un amplio acceso a la educación y mediante su continua actualización,

HAN DESIGNADO con tal fin como plenipotenciarios:

(No se reproduce la lista de los plenipotenciarios)

QUIENES, después de haber intercambiado sus plenos poderes, reconocidos en buena y debida forma, han convenido las disposiciones siguientes.

PRIMERA PARTE
PRINCIPIOS

ARTÍCULO 1[277]

1. El presente Tratado organiza el funcionamiento de la Unión y determina los ámbitos, la delimitación y las condiciones de ejercicio de sus competencias[278].

2. El presente Tratado y el Tratado de la Unión Europea constituyen los Tratados sobre los que se fundamenta la Unión. Estos dos Tratados, que tienen el mismo valor jurídico, se designarán con la expresión «los Tratados».

TÍTULO I
CATEGORÍAS Y ÁMBITOS DE COMPETENCIAS DE LA UNIÓN[279/280]

ARTÍCULO 2[281/282/283]

1. Cuando los Tratados atribuyan a la Unión una competencia exclusiva en un ámbito determinado, sólo la Unión podrá legislar y adoptar actos jurídicamente vinculantes, mientras que los Estados miembros, en cuanto tales, únicamente podrán hacerlo si son facultados por la Unión o para aplicar actos de la Unión.

2. Cuando los Tratados atribuyan a la Unión una competencia compartida con los Estados miembros en un ámbito determinado, la Unión y los Estados miembros podrán legislar y adoptar actos jurídicamente vinculantes en dicho ámbito. Los Estados miembros ejercerán su competencia en la medida en que la Unión no haya ejercido la suya. Los Estados miembros ejercerán de nuevo su competencia en la medida en que la Unión haya decidido dejar de ejercer la suya.

3. Los Estados miembros coordinarán sus políticas económicas y de empleo según las modalidades establecidas en el presente Tratado, para cuya definición la Unión dispondrá de competencia.

---

277 Artículo añadido por el TL.

278 Véase el art. 1 TUE en su versión consolidada del TL.

279 En estos artículos se desarrollan de una forma más detallada las competencias descritas en los primeros artículos del TUE.

280 Título añadido por el TL.

281 Artículo añadido por el TL.

282 Véase el art. 5 TUE en su versión consolidada del TL.

283 Véase el art. 3.6 TUE en su versión consolidada del TL.

4. La Unión dispondrá de competencia, de conformidad con lo dispuesto en el Tratado de la Unión Europea, para definir y aplicar una política exterior y de seguridad común, incluida la definición progresiva de una política común de defensa.

5. En determinados ámbitos y en las condiciones establecidas en los Tratados, la Unión dispondrá de competencia para llevar a cabo acciones con el fin de apoyar, coordinar o complementar la acción de los Estados miembros, sin por ello sustituir la competencia de éstos en dichos ámbitos.

Los actos jurídicamente vinculantes de la Unión adoptados en virtud de las disposiciones de los Tratados relativas a esos ámbitos no podrán conllevar armonización alguna de las disposiciones legales y reglamentarias de los Estados miembros.

6. El alcance y las condiciones de ejercicio de las competencias de la Unión se determinarán en las disposiciones de los Tratados relativas a cada ámbito.

ARTÍCULO 3[284]

1. La Unión dispondrá de competencia exclusiva en los ámbitos siguientes:

a) La unión aduanera.

b) El establecimiento de las normas sobre competencia necesarias para el funcionamiento del mercado interior.

c) La política monetaria de los Estados miembros cuya moneda es el euro.

d) La conservación de los recursos biológicos marinos dentro de la política pesquera común.

e) La política comercial común[285].

2. La Unión dispondrá también de competencia exclusiva para la celebración de un acuerdo internacional cuando dicha celebración esté prevista en un acto legislativo de la Unión, cuando sea necesaria para permitirle ejercer su competencia interna o en la medida en que pueda afectar a normas comunes o alterar el alcance de las mismas.

ARTÍCULO 4[286/287]

1. La Unión dispondrá de competencia compartida con los Estados miembros cuando los Tratados le atribuyan una competencia que no corresponda a los ámbitos mencionados en los artículos 3 y 6.

2. Las competencias compartidas entre la Unión y los Estados miembros se aplicarán a los siguientes ámbitos principales:

a) El mercado interior.

b) La política social, en los aspectos definidos en el presente Tratado.

c) La cohesión económica, social y territorial.

d) La agricultura y la pesca, con exclusión de la conservación de los recursos biológicos marinos.

e) El medio ambiente.

f) La protección de los consumidores.

g) Los transportes.

h) Las redes transeuropeas.

i) La energía.

j) El espacio de libertad, seguridad y justicia.

k) Los asuntos comunes de seguridad en materia de salud pública, en los aspectos definidos en el presente Tratado.

3. En los ámbitos de la investigación, el desarrollo tecnológico y el espacio, la Unión dispondrá de competencia para llevar a cabo acciones, en particular destina-

---

284 Artículo añadido por el TL.

285 Véase art. 207 TFUE.

286 Artículo añadido por el TL.

287 Véase art. 5 TUE, en relación con el principio de atribución.

das a definir y realizar programas, sin que el ejercicio de esta competencia pueda tener por efecto impedir a los Estados miembros ejercer la suya.

4. En los ámbitos de la cooperación para el desarrollo y de la ayuda humanitaria, la Unión dispondrá de competencia para llevar a cabo acciones y una política común, sin que el ejercicio de esta competencia pueda tener por efecto impedir a los Estados miembros ejercer la suya.

ARTÍCULO 5[288]

1. Los Estados miembros coordinarán sus políticas económicas en el seno de la Unión. Con este fin, el Consejo adoptará medidas, en particular las orientaciones generales de dichas políticas.

Se aplicarán disposiciones particulares a los Estados miembros cuya moneda es el euro.

2. La Unión tomará medidas para garantizar la coordinación de las políticas de empleo de los Estados miembros, en particular definiendo las orientaciones de dichas políticas.

3. La Unión podrá tomar iniciativas para garantizar la coordinación de las políticas sociales de los Estados miembros.

ARTÍCULO 6[289]

La Unión dispondrá de competencia para llevar a cabo acciones con el fin de apoyar, coordinar o complementar la acción de los Estados miembros. Los ámbitos de estas acciones serán, en su finalidad europea:

a) La protección y mejora de la salud humana.
b) La industria[290]
c) La cultura.
d) El turismo.
e) La educación, la formación profesional, la juventud y el deporte.
f) La protección civil.
g) La cooperación administrativa.

TÍTULO II
DISPOSICIONES DE APLICACIÓN GENERAL[291]

ARTÍCULO 7[292]

La Unión velará por la coherencia entre sus diferentes políticas y acciones, teniendo en cuenta el conjunto de sus objetivos y observando el principio de atribución de competencias[293].

---

288 Artículo añadido por el TL.

289 Artículo añadido por el TL.

290 Reglamento (UE) 2021/2085 del Consejo, de 19 de noviembre de 2021, por el que se establecen las empresas comunes en el marco de Horizonte Europa y se derogan los Reglamentos (CE) n.° 219/2007, (UE) n.° 557/2014, (UE) n.° 558/2014, (UE) n.° 559/2014, (UE) n.° 560/2014, (UE) n.° 561/2014 y (UE) n.° 642/2014.

291 Título añadido por el TL.

292 Artículo añadido por el TL. Véase el art. 3.3 TUE en su versión consolidada del TL.

293 Conforme al art. 5 TUE.

ARTÍCULO 8[294/295]

En todas sus acciones, la Unión se fijará el objetivo de eliminar las desigualdades entre el hombre y la mujer y promover su igualdad[296].

ARTÍCULO 9[297/298]

En la definición y ejecución de sus políticas y acciones, la Unión tendrá en cuenta las exigencias relacionadas con la promoción de un nivel de empleo elevado, con la garantía de una protección social adecuada, con la lucha contra la exclusión social y con un nivel elevado de educación, formación y protección de la salud humana.

ARTÍCULO 10[299]

En la definición y ejecución de sus políticas y acciones, la Unión tratará de luchar contra toda discriminación[300/301] por razón de sexo[302], raza u origen étnico, religión o convicciones, discapacidad, edad u orientación sexual.

---

294 Antiguo artículo 3 apartado 2 TCE.

295 La Unión ha adoptado diferentes actos legislativos al respecto, como la Directiva 2010/41/UE del Parlamento Europeo y del Consejo, de 7 de julio de 2010, sobre la aplicación del principio de igualdad de trato entre hombres y mujeres que ejercen una actividad autónoma, o del Consejo, de 8 de marzo de 2010 por la que se aplica el Acuerdo marco revisado la Directiva (UE) 2019/1158 del Parlamento Europeo y del Consejo, de 20 de junio de 2019, relativa a la conciliación de la vida familiar y la vida profesional de los progenitores y los cuidadores, y por la que se deroga la Directiva 2010/18/UE del Consejo. También son de interés las aún vigentes Directiva 2004/113/CE del Consejo, de 132 de diciembre de 2004, por la que se aplica el principio de igualdad de trato entre hombres y mujeres al acceso de bienes y servicios y su suministro, y la Directiva 2006/54/CE del Parlamento Europeo y del Consejo, de 5 de julio de 2006, relativa a la aplicación del principio de igualdad de oportunidades e igualdad de trato entre hombres y mujeres en asuntos de empleo y ocupación (refundición).

296 Reglamento (UE) 2021/692 del Parlamento Europeo y del Consejo de 28 de abril de 2021 por el que se establece el programa Ciudadanos, Igualdad, Derechos y Valores y por el que se deroga el Reglamento (UE) n.° 1381/2013 del Parlamento Europeo y del Consejo y el Reglamento (UE) n.° 390/2014 del Consejo.

297 Artículo añadido por el TL. Véase Art. 3.3 TUE en su versión consolidada del TL.

298 Véase Dictamen del Comité Económico y Social Europeo sobre el tema «Reforzar la cohesión y la coordinación de la UE en el ámbito social gracias a la nueva cláusula social horizontal del artículo 9 del Tratado FUE», (Dictamen de iniciativa), 2012/C24/06.

299 Artículo añadido por el TL. Véase Art. 3.3 TUE en su versión consolidada del TL.

300 La Directiva 2006/54/CE del Parlamento Europeo y del Consejo de 5 de julio de 2006, relativa a la aplicación del principio de igualdad de oportunidades e igualdad de trato entre hombres y mujeres en asuntos de empleo y ocupación (refundición) ofrece en su artículo segundo la definición de discriminación directa e indirecta, entre otras.

301 Sentencias TJUE como el Asunto Kalanke (C-450/93), Asunto Marshal (C-409/95) o Asunto Badek (C-185/97) han matizado la definición de discriminación positiva entendiendo que, aquellas acciones positivas sobre el grupo menos representado pueden ser admitidas si se aplican circunstancias de equivalencia objetiva.

302 El art. 14 del Convenio Europeo de Derechos Humanos regula este tipo de discriminación.

ARTÍCULO 11[303/304]

Las exigencias de la protección del medio ambiente deberán integrarse en la definición y en la realización de las políticas y acciones[305] de la Unión, en particular con objeto de fomentar un desarrollo sostenible[306].

ARTÍCULO 12[307/308/309/310]

Al definirse y ejecutarse otras políticas y acciones de la Unión se tendrán en cuenta las exigencias de la protección de los consumidores[311].

ARTÍCULO 13[312]

Al formular y aplicar las políticas de la Unión en materia de agricultura, pesca, transporte, mercado interior, investigación y desarrollo tecnológico y espacio, la Unión y los Estados miembros tendrán plenamente en cuenta las exigencias en materia de bienestar de los animales como seres sensibles, respetando al mismo tiempo las disposiciones legales o administrativas y las costumbres de los Estados miembros relativas, en particular, a ritos religiosos, tradiciones culturales y patrimonio regional.

---

303 Antiguo artículo 6 TCE.

304 En el caso español, Sentencia del TC 102/95, de 26 de junio de 1995, que dispuso como medio ambiente los Recursos naturales, aire, agua, suelo, subsuelo, flora y fauna, a los que se suma el paisaje y los elementos que componen el Patrimonio Histórico-Artístico, así como la interrelación entre todos ellos.

305 Sirva como ejemplo la Decisión n.° 1386/2013/UE del Parlamento Europeo y del Consejo de 20 de noviembre de 2013 relativa al Programa General de Acción de la Unión en materia de Medio Ambiente hasta 2020 «Vivir bien, respetando los límites de nuestro planeta».

306 Reglamento (UE) 2021/783 del Parlamento Europeo y del Consejo, de 29 de abril de 2021, por el que se establece un Programa de Medio Ambiente y Acción por el Clima (LIFE) y se deroga el Reglamento (UE) n.° 1293/2013.

307 Antiguo artículo 153 apartado 2, TCE (desplazado).

308 Véase Directiva 2011/83/UE del Parlamento Europeo y del Consejo, de 25 de octubre de 2011, sobre los derechos de los consumidores, por la que se modifica la Directiva 93/13/CEE del Consejo y la Directiva 1999/44/CE del Parlamento Europeo y del Consejo y se derogan la Directiva 85/577/CEE del Consejo y la Directiva 97/7/CE del Parlamento Europeo y del Consejo.

309 Véase Reglamento (UE) 2017/2394 del Parlamento Europeo y del Consejo, de 12 de diciembre de 2017, sobre la cooperación entre las autoridades nacionales responsables de la aplicación de la legislación en materia de protección de los consumidores y por el que se deroga el Reglamento (CE) n.° 2006/2004.

310 Reglamento (UE) 2021/690 del Parlamento Europeo y del Consejo, de 28 de abril de 2021, por el que se establece un programa para el mercado interior, la competitividad de las empresas, incluidas las pequeñas y medianas empresas, el ámbito de los vegetales, animales, alimentos y piensos, y las estadísticas europeas (Programa para el Mercado Único), y se derogan los Reglamentos (UE) n.° 99/2013, (UE) n.° 1287/2013, (UE) n.° 254/2014 y (UE) n.° 652/2014 (Texto pertinente a efectos del EEE).

311 Directiva (UE) 2020/1828 del Parlamento Europeo y del Consejo de 25 de noviembre de 2020 relativa a las acciones de representación para la protección de los intereses colectivos de los consumidores, y por la que se deroga la Directiva 2009/22/CE (Texto pertinente a efectos del EEE).

312 Se inserta el dispositivo del Protocolo sobre la protección y el bienestar de los animales.

ARTÍCULO 14[313]

Sin perjuicio del artículo 4 del Tratado de la Unión Europea y de los artículos 93, 106 y 107 del presente Tratado, y a la vista del lugar que los servicios de interés económico general ocupan entre los valores comunes de la Unión, así como de su papel en la promoción de la cohesión social y territorial, la Unión y los Estados miembros, con arreglo a sus competencias respectivas y en el ámbito de aplicación de los Tratados, velarán por que dichos servicios actúen con arreglo a principios y condiciones, en particular económicas y financieras, que les permitan cumplir su cometido. El Parlamento Europeo y el Consejo establecerán dichos principios y condiciones mediante reglamentos, con arreglo al procedimiento legislativo ordinario, sin perjuicio de la competencia que incumbe a los Estados miembros, dentro del respeto a los Tratados, para prestar, encargar y financiar dichos servicios[314].

ARTÍCULO 15[315]

1. A fin de fomentar una buena gobernanza y de garantizar la participación de la sociedad civil, las instituciones, órganos y organismos de la Unión actuarán con el mayor respeto posible al principio de apertura.

2. Las sesiones del Parlamento Europeo serán públicas, así como las del Consejo en las que éste delibere y vote sobre un proyecto de acto legislativo.

3. Todo ciudadano de la Unión, así como toda persona física o jurídica que resida o tenga su domicilio social en un Estado miembro, tendrá derecho a acceder a los documentos de las instituciones, órganos y organismos de la Unión, cualquiera que sea su soporte, con arreglo a los principios y las condiciones que se establecerán de conformidad con el presente apartado.

El Parlamento Europeo y Consejo, con arreglo al procedimiento legislativo ordinario, determinarán mediante reglamentos los principios generales y los límites, por motivos de interés público o privado, que regulan el ejercicio de este derecho de acceso a los documentos.

Cada una de las instituciones, órganos u organismos garantizará la transparencia de sus trabajos y elaborará en su reglamento interno disposiciones específicas sobre el acceso a sus documentos, de conformidad con los reglamentos contemplados en el párrafo segundo.

El Tribunal de Justicia de la Unión Europea, el Banco Central Europeo y el Banco Europeo de Inversiones sólo estarán sujetos al presente apartado cuando ejerzan funciones administrativas.

El Parlamento Europeo y el Consejo garantizarán la publicidad de los documentos relativos a los procedimientos legislativos en las condiciones establecidas por los reglamentos contemplados en el párrafo segundo.

313 Antiguo artículo 16 TCE.

314 Párrafo añadido por el TL.

315 Antiguo artículo 255 TCE.

ARTÍCULO 16[316/317/318/319]

1. Toda persona tiene derecho a la protección de los datos de carácter personal que le conciernan.

2. El Parlamento Europeo y el Consejo establecerán, con arreglo al procedimiento legislativo ordinario, las normas sobre protección de las personas físicas respecto del tratamiento de datos de carácter personal por las instituciones, órganos y organismos de la Unión, así como por los Estados miembros en el ejercicio de las actividades comprendidas en el ámbito de aplicación del Derecho de la Unión, y sobre la libre circulación de estos datos. El respeto de dichas normas estará sometido al control de autoridades independientes.

Las normas que se adopten en virtud del presente artículo se entenderán sin perjuicio de las normas específicas previstas en el artículo 39 del Tratado de la Unión Europea.

ARTÍCULO 17[320/321]

1. La Unión respetará[322] y no prejuzgará el estatuto reconocido en los Estados miembros, en virtud del Derecho interno, a las iglesias y las asociaciones o comunidades religiosas.

2. La Unión respetará asimismo el estatuto reconocido, en virtud del Derecho interno, a las organizaciones filosóficas y no confesionales.

3. Reconociendo su identidad y su aportación específica, la Unión mantendrá un diálogo abierto, transparente y regular con dichas iglesias y organizaciones[323].

316 Antiguo artículo 286 TCE (sustituido).

317 Véase Declaración relativa al artículo 16 del Tratado de Funcionamiento de la Unión Europea.

318 Actualmente regulado bajo el Reglamento (UE) 2016/679 del Parlamento Europeo y del Consejo, de 27 de abril de 2016, relativo a la protección de las personas físicas en lo que respecta al tratamiento de datos personales y a la libre circulación de estos datos y por el que se deroga la Directiva 95/46/CE del Parlamento Europeo y del Consejo, de 24 de octubre de 1995.

319 Directiva (UE) 2016/680 del Parlamento Europeo y del Consejo, de 27 de abril de 2016, relativa a la protección de personas físicas en lo que respecta al tratamiento de datos personales por parte de las autoridades competentes para fines de prevención, investigación, detención o enjuiciamiento de infracciones penales o de ejecución de sanciones penales, y a la libre circulación de dichos datos y por la que se deroga la Decisión Marco 2008/977/JAI del Consejo.

320 Artículo añadido por el TL.

321 Véase art. 4.2 TUE en su versión consolidada del TL.

322 Respeto de la Unión hacia los distintos estatutos que cada uno de los Estado miembros reconozcan internamente con relación a las distintas iglesias y organizaciones tanto filosóficas como no confesionales. Motivo éste que permite afirmar una clara igualdad entre las distintas iglesias y organizaciones, de las cuales la Unión no se adscribe a ninguna de ellas y las pone a todas al mismo nivel jurídico.

323 El parlamento suele organizar al año 2 o 3 tres seminarios completos sobre el diálogo del articulo 17 TFUE. Véase la Decisión del Defensor del Pueblo Europeo del 25 de enero de 2014.

SEGUNDA PARTE
NO DISCRIMINACIÓN Y CIUDADANÍA DE LA UNIÓN[324]

ARTÍCULO 18[325/326/327]

En el ámbito de aplicación de los Tratados, y sin perjuicio de las disposiciones particulares previstas en los mismos, se prohibirá toda discriminación[328]

324 Antigua segunda parte TCE -CIUDADANÍA DE LA UNIÓN. Ahora se le añade además la «No discriminación».

325 Antiguo artículo 12 TCE (desplazado). El segundo párrafo añade al Parlamento Europeo en el procedimiento legislativo ordinario.

326 El Tribunal de Justicia ha reconocido efecto directo vertical a este artículo, en el sentido de que engendra para los justiciables, en sus relaciones con el Estado, derechos que los órganos jurisdiccionales deben salvaguardar (STJCE de 20 de octubre de 1980, 22/80, Boussac).

327 STJCE de 29 febrero de 1996, C193/94, Skanavi y Chryssanthakopoulos. El artículo 6 (actual art. 18 del TL) está destinado a aplicarse de manera independiente sólo en situaciones reguladas por el Derecho comunitario para las que el Tratado no prevea normas específicas contra la discriminación; STJCE de 23 de enero de 1997, C-29/95, Pastoors. Según reiterada jurisprudencia, las normas sobre igualdad de trato entre nacionales y no nacionales no sólo prohíben las discriminaciones manifiestas basadas en la nacionalidad, sino también cualesquiera otras formas encubiertas de discriminación que, aplicando otros criterios de distinción, conduzcan el hecho al mismo resultado... Una normativa nacional que establece una distinción basada en el criterio de la residencia, en el sentido de que niega a los no residentes un trato favorable que, por el contrario, se concede a los residentes en el territorio nacional, implica el riesgo de producir efectos principalmente en perjuicio de los nacionales de otras Estados miembros, ya que los no residentes son con mayor frecuencia no nacionales, por lo que puede constituir una discriminación indirecta por razón de la nacionalidad.

328 STJCE 25 junio 1997, C-131/96, apartado 10. Según reiterada jurisprudencia, el artículo 6 del Tratado, que establece el principio general que prohíbe la discriminación por razón de la nacionalidad, está destinado a aplicarse de manera independiente sólo en situaciones reguladas por el Derecho comunitario para las que el Tratado no prevea normas específicas contra la discriminación (véase STJCE de 29 de febrero de 1996, Skanavi, C-193/94, apartado 20, anteriormente citada STJCE de 14 de octubre de 2008, Grunkin y Paul, C-353/06, apartado 18: X está legitimado, en principio, para invocar frente al Estado miembro del que es nacional el derecho conferido por el art. 12 CE a no sufrir una discriminación por razón de su nacionalidad.

por razón de la nacionalidad[329/330/331/332/333/334].

329 Véase lo que declara en el considerando n.º 20 la Directiva 2004/38/CE del Parlamento Europeo y del Consejo, de 29 de abril de 2004, relativa al derecho de los ciudadanos de la Unión y de los miembros de sus familias a circular y residir libremente en el territorio de los Estados miembros, por la que se modifica el Reglamento (CEE) núm. 1612/68, adoptada sobre la base de los artículos 12 CE, párrafo segundo, 18 CE, apartado 2, 40 CE, 44 CE y 52 CE, Do L 158 de 30 de abril de 2004.

330 Véase el art. 21.2 de la Ley Orgánica 1/2008, de 30 de julio, por la que se autoriza la ratificación por España del Tratado de Lisboa, por el que se modifican el TUE y el Tratado Constitutivo de la Comunidad Europea, firmado en la capital portuguesa el 13 de diciembre de 2007 (BOE n.º 184 del 31 de julio 2008). El artículo 2 de dicha Ley añade que: «A tenor de lo dispuesto en el párrafo segundo del art. 10 CE y en el apartado 8 del art. 1 del Tratado de Lisboa, las normas relativas a los derechos fundamentales y a las libertades que la Constitución reconoce se interpretarán también de conformidad con lo dispuesto en la Carta de Derechos Fundamentales publicada en el Diario Oficial de la UE «de 14 diciembre de 2007, cuyo texto íntegro se reproduce a continuación...». La Carta de los Derechos Fundamentales de la UE fue proclamada solemnemente por el Consejo Europeo de Niza el 7 de diciembre de 2000. Está basada en los Tratados comunitarios, los Convenios internacionales, incluidos el Convenio Europeo de Derechos Humanos de 1950 y la Carta Social Europea de 1989, las tradiciones constitucionales comunes de los Estados miembros y en las declaraciones del Parlamento Europeo. Al respecto, véase el Protocolo n.º 30 anejo al TFUE sobre la aplicación de la Carta de los Derechos Fundamentales de la UE a Polonia y Reino Unido y, por otro lado, la Declaración de la República Checa relativa a la Carta de Derechos Fundamentales de la Unión Europea.

331 Véase STJCE de 26 de noviembre de 2002, asunto 100/01 sobre el permiso de residencia de un etarra alojado en Francia: el artículo 2 del Decreto n.º 46-448 en su versión modificada por el Decreto n.º 93-1285, de 6 de diciembre de 1993, relativa a las condiciones de entrada y de residencia de los extranjeros en Francia, dispone que los extranjeros residirán y circularán libremente en el territorio de la Francia metropolitana, pero el Ministro del Interior podrá designar, mediante orden, departamentos en los que los extranjeros no podrán establecer su domicilio sin haber obtenido previamente una autorización del prefecto del lugar al que quieran trasladarse. Cuando un extranjero que no sea titular de un permiso de residencia deba ser sometido a vigilancia especial por su comportamiento o sus antecedentes, el Ministro del Interior podrá prohibirle la residencia en uno o varios departamentos. (STJCE de 25 de junio de 1997, Mora Romero, C-131/96, Rec. p. I-3659, apartado 10).
Véase también, STJUE (Sala Tercera) de 8 de noviembre de 2012. Asunto C-40/11. Yoshikazu lida contra Stadt Ulm, referente a la libre circulación de nacionales de terceros países, sobre los límites al derecho de residencia basado en un nacional de la UE. Fuera de las situaciones reguladas por la Directiva 2004/38/CE del Parlamento Europeo y del Consejo, de 29 de abril de 2004, relativa al derecho de los ciudadanos de la Unión y de los miembros de sus familias a circular y residir libremente en el territorio de los Estados miembros, por la que se modifica el Reglamento (CEE) núm. 1612/68 y se derogan las Directivas 64/221/CEE, 68/360/CEE, 72/194/CEE, 73/148/CEE, 75/34/CEE, 75/35/CEE, 90/364/CEE, 90/365/CEE y 93/96/CEE, y cuando no existe otro elemento de conexión con las disposiciones en materia de ciudadanía, un nacional de un tercer país no puede invocar un derecho de residencia derivado de un ciudadano de la Unión.

332 Véase STJCE de 13 de abril de 2010, C 73/08, Bressol, apartado 40: el principio de no discriminación prohíbe no sólo las discriminaciones directas, basadas en la nacionalidad, sino también cualquier forma de discriminación indirecta que, aplicando otros criterios de diferenciación, conduzca de hecho al mismo resultado; STJCE de 18 de julio de 2007, Hartmann, C-212/05, apartado 29). Apartado 62: «De la jurisprudencia se desprende que una desigualdad de trato basada indirectamente en la nacionalidad puede estar justificada por el objetivo de mantener un servicio sanitario de calidad, equilibrado y accesible a todos en la medida en que contribuye a la consecución de un elevado grado de protección de la salud pública» (véase la STJCE de 10 de marzo de 2009, Hartlauer, C 169/07).

333 Véase la Declaración n.º 2 relativa a la nacionalidad de un Estado miembro, anexa por los Estados miembros al Acta final del Tratado de la Unión Europea (DO 1992, C 191, p. 98).

334 El TJUE en la Sentencia del 11 de noviembre de 2014 (C-333/13), caso Dano —FJ 65— dispuso que, aunque el artículo 18 TFUE prohíbe la discriminación por razón de nacionalidad, se prevé la existencia de disposiciones particulares que puedan limitar la aplicación del principio anterior, (conforme a la Directiva 2004/38/CE), si bien se prevé que todos los ciudadanos de la Unión gozan de igualdad de trato respecto de los nacionales de dicho Estado en el ámbito de aplicación del Tratado, durante los tres primeros meses de residencia el Estado miembro de acogida no viene obligado a conceder el derecho de prestaciones de asistencia social, ni está obligado a conceder ayudas de manutención antes de la adquisición del derecho de residencia.

El Parlamento Europeo y el Consejo, con arreglo al procedimiento legislativo ordinario[335], podrán establecer la regulación necesaria para prohibir dichas discriminaciones[336].

ARTÍCULO 19[337]

1. Sin perjuicio de las demás disposiciones de los Tratados y dentro de los límites de las competencias atribuidas a la Unión por los mismos, el Consejo, por unanimidad con arreglo a un procedimiento legislativo especial[338], y previa aprobación del Parlamento Europeo, podrá adoptar acciones adecuadas para luchar contra la discri-

335 Novedad del TL: la codecisión es el procedimiento legislativo ordinario llevado a cabo entre el Consejo y el Parlamento Europeo, los cuales ejercen conjuntamente la función legislativa y la presupuestaria. Véase art. 289 TFUE, procedimientos.

336 Las Instituciones de la UE están obligadas legalmente a recurrir siempre a lo establecido en la CDFUE, incluyendo por supuesto, la prohibición de la no discriminación que dispone este articulo 19 TFUE. Por tanto, todo Estado miembro a la hora de aplicar el derecho comunitario deberá estar en cumplimiento con la Carta.

337 Antiguo artículo 13 TCE (desplazado). Es muy parecido al actual artículo, añadiendo la posibilidad del procedimiento legislativo especial, y se modifica la «previa consulta» al «Parlamento» por «previa aprobación». Al final del artículo también se modifica medidas por «acciones».

338 Del procedimiento legislativo especial al que se refiere el artículo emanan actos legislativos de la Unión, adoptados por el Consejo con la participación del Parlamento Europeo.

minación por motivos de sexo[339/340/341/342/343], de origen racial o étnico[344/345], religión o

339 Considerando n.° 2 y 3 de la Directiva 2006/54/CE del Parlamento Europeo y del Consejo, de 5 de julio de 2006, relativa a la aplicación del principio de igualdad de oportunidades e igualdad de trato entre hombres y mujeres en asuntos de empleo y ocupación (DO L 204 de 26.7.2006]; STJCE de 16 de febrero de 2006, Sarkatzis Herrero, C-294/04 Respecto a la igualdad en las condiciones de trabajo y permiso por maternidad; STJCE de 27 de abril de 2006, Richards, C-423/04; STJUE 26 de junio de 2018, C-451/16.

340 Véase las conclusiones del párrafo 2.° y 3.° del Informe de la Comisión al Consejo y al Parlamento Europeo, de 29 de julio de 2009, «Informe sobre la aplicación de la Directiva 2002/73/ CE del Parlamento Europeo y del Consejo, de 23 de septiembre de 2002, que modifica la Directiva 76/207/CEE del Consejo, relativa a la aplicación del principio de igualdad de trato entre hombres y mujeres en lo que se refiere al acceso al empleo, a la formación y a la promoción profesionales, y a las condiciones de trabajo» [COM(2009) 409], Actual Directiva 2006/54/CE del Parlamento Europeo y del Consejo, de 5 de julio de 2006, relativa a la aplicación del principio de igualdad de oportunidades e igualdad de trato entre hombres y mujeres en asuntos de empleo y ocupación.

341 Directiva 2010/41/UE del Parlamento Europeo y del Consejo, de 7 de julio de 2010, sobre la aplicación del principio de igualdad de trato entre hombres y mujeres que ejercen una actividad autónoma y por la que se deroga la Directiva 86/613/CEE del Consejo.

342 Reglamento (CE) n.° 1922/2006 del Parlamento Europeo y del Consejo, de 20 de diciembre de 2006, por el que se crea un Instituto Europeo de Igualdad de Género.

343 Reglamento (UE) n.° 1381/2013 del Parlamento Europeo y del Consejo, de 17 de diciembre de 2013, por el que se establece el Programa «Derechos, Igualdad y Ciudadanía» para el periodo 2014 a 2020.

344 Véase la Declaración contra el racismo y la xenofobia, DOCE C n.° 158 de 25 junio de 1986; Resolución del Consejo y de los Representantes de los Gobiernos de los Estados miembros, reunidos en el seno del Consejo de 23 de julio de 1996 sobre el Año Europeo contra el Racismo (1997) , DO n.° C 237 de 15/08/1996; Directiva 2000/43/CE del Consejo, de 29 de junio de 2000, relativa a la aplicación del principio de igualdad de trato de las personas independientemente de su origen racial o étnico, DO L 180 de 19 de julio de 2000.

345 Véase Informe especial n.° 14/2016, iniciativas políticas de la UE y, apoyo financiero para la integración de la población gitana: progresos significativos de la última década.

convicciones, discapacidad[346], edad u orientación sexual[347/348/349].

2. No obstante lo dispuesto en el apartado 1, el Parlamento Europeo y el Consejo podrán adoptar, con arreglo al procedimiento legislativo ordinario, los principios básicos de las medidas de la Unión de estímulo, con exclusión de toda armonización de las disposiciones legales y reglamentarias de los Estados miembros, para apoyar las acciones de los Estados miembros emprendidas con el fin de contribuir a la consecución de los objetivos enunciados en el apartado 1[350].

346 Véase la Resolución del Consejo y los ministros de Educación reunidos en Consejo, de 31 de mayo de 1990, relativa a la integración de los niños y jóvenes minusválidos en los sistemas educativos ordinarios, DO C 162 de 3.7.1990; Resolución del Consejo y de los representantes de los Gobiernos de los Estados Miembros, reunidos en el seno del Consejo de 20 de diciembre de 1996 sobre la igualdad de oportunidades de las personas con minusvalías, DO C 12 de 13.1.1997; Recomendación 98/376/CE del Consejo, de 4 de junio de 1998, sobre la creación de una tarjeta de estacionamiento para personas con discapacidad, DO L n.° 167 de 12 de junio; STJCE de 11 de julio de 2006, C13/05: La prohibición, en materia de despido, de la discriminación por motivos de discapacidad, recogida en los artículos 2, apartado 1, y 3, apartado 1, letra c), de la Directiva 2000/78, relativa al establecimiento de un marco general para la igualdad de trato en el empleo y la ocupación, se opone a un despido por motivos de discapacidad que, habida cuenta de la obligación de realizar los ajustes razonables para las personas con discapacidad, no se justifique por el hecho de que la persona en cuestión no sea competente o no esté capacitada o disponible para desempeñar las tareas fundamentales del puesto de que se trate.

347 Del primer apartado se pueden deducir los artículos 10, 20, 21, 23 y el 26 de la Ley Orgánica 1/2008, de 30 de julio, por la que se autoriza la ratificación por España del Tratado de Lisboa, por el que se modifican el TUE y el Tratado Constitutivo de la Comunidad Europea, firmado en la capital portuguesa el 13 de diciembre de 2007. (BOE n.° 184 del 31 de julio 2008), los cuales hablan de la libertad de religión y convicciones, igualdad ante la ley en general, no discriminación con carácter general, igualdad entre sexos e integración de personas discapacitadas respectivamente.

348 Véanse los considerandos 2, 3 y 4, y el art. 2 de la Directiva 2000/78/CE del Consejo, de 27 de noviembre de 2000, relativa al establecimiento de un marco general para la igualdad de trato en el empleo y la ocupación, DO L 303 de 2 de diciembre de 2000; Directiva 2000/43/CE del Consejo relativa a la aplicación del principio de igualdad de trato de las personas independientemente de su origen racial o étnico (DO L 180 de 19 de julio de 2000); STJCE de 22 de noviembre de 2005, C 144/04, relativa a la discriminación por razón de edad.

349 Véase art. 10.2.2 párrafo 1 del Libro Verde Igualdad y no discriminación en la Unión Europea ampliada [COM (2004) 379 final no publicado en el Diario Oficial]

350 Párrafo añadido por el TL.

ARTÍCULO 20[351/352]

1. Se crea una ciudadanía de la Unión. Será ciudadano de la Unión toda persona que ostente la nacionalidad de un Estado miembro[353]. La ciudadanía de la Unión se añade a la ciudadanía nacional sin sustituirla[354/355/356].

2. Los ciudadanos de la Unión son titulares de los derechos y están sujetos a los deberes establecidos en los Tratados. Tienen, entre otras cosas, el derecho[357]:

a) De circular y residir libremente en el territorio de los Estados miembros[358/359].

---

351 Antiguo artículo 17 TCE. El apartado 1 es igual excepto en la última frase: «la ciudadanía de la Unión no es complementaria a la nacional».

352 Véase la Declaración sobre la Ciudadanía del Anexo 3 en la Decisión relativa a determinados problemas planteados por Dinamarca sobre el TUE, DOCE C n.° 348 de 31 de diciembre de 1992.

353 Véanse los artículos 10.2 y 11 de la Constitución y del 17 al 28 del Código Civil español.

354 Véase el Quinto Informe de la Comisión Europea, de 15 de febrero de 2008, sobre la Ciudadanía de la Unión [COM (2008) 85 final: Se debería fomentar la toma de conciencia de los ciudadanos sobre su ciudadanía europea, y sobre las ventajas, derechos y obligaciones derivados de la misma, a fin de que puedan desarrollar una identidad europea que tenga sentido y apoyar plenamente la integración europea. Iniciativas como el Programa de acción comunitario para la promoción de la ciudadanía europea activa, que se aplicó en el periodo 2004-2006, y el «Programa Europa con los ciudadanos» para el periodo 2007-2013, proporcionan instrumentos importantes para que la Unión fomente una ciudadanía europea activa. Del mismo modo, en el Informe sobre la ciudadanía de la UE 2017, se fomenta la promoción y el conocimiento entre los ciudadanos de los derechos que otorga la ciudadanía europea. Véase también: el Reglamento (UE) n.° 390/2014 del Consejo, de 14 de abril de 2014, por el que se establece el programa «Europa para los Ciudadanos» para el periodo 2014-2020 que deroga la Decisión n.° 1358/2008/CE del Parlamento Europeo y el Consejo de 16 de diciembre de 2008 que modifica la Decisión no 1904/2006/CE por la que se establece el programa «Europa con los ciudadanos» para el período 2007-2013 a fin de promover la ciudadanía europea activa, DO L 350 de 30-12-2008.

355 STJCE de 2 de marzo de 2010, Asunto C-135/08, en cuyo fallo establece: «El Derecho de la Unión, en particular el artículo 17 CE, no se opone a que un Estado miembro le revoque a un ciudadano de la Unión la nacionalidad de dicho Estado miembro adquirida mediante naturalización cuando ésta se ha obtenido de modo fraudulento, a condición de que esta decisión revocatoria respete el principio de proporcionalidad».

356 Véase los apartados 27 y 28 de la STJCE 11 de julio de 2002, C-224/98, D'Hoop y el apartado 53 de las Conclusiones del Abogado General SR. Melchior Watthelet presentadas el 26 de julio de 2017 (Asunto c-442/16).

357 Este apartado añade un listado de derechos de los que disponen los ciudadanos de la Unión por el mero hecho de serlo. Es una novedad del TL. Su base jurídica son los artículos 2,3,7,9,10,11,12 del TUE. Los artículos 18 a 25 del TFUE. Y, por último, los artículos 39 a 46 de la Carta de los Derechos Fundamentales de la Unión Europea.

358 Véase el art. 45 de la de la Ley Orgánica 1/2008, de 30 de julio, por la que se autoriza la ratificación por España del Tratado de Lisboa, por el que se modifican el TUE y el Tratado Constitutivo de la Comunidad Europea, firmado en la capital portuguesa el 13 de diciembre de 2007 (BOE n.° 184 del 31 de julio 2008).

359 Véase la STJCE 11 de julio de 2002, C-224/98, apartado 29. D'Hoop, anteriormente citada. El TJCE declara: El Derecho comunitario se opone a que un Estado miembro deniegue a

b) De sufragio activo y pasivo en las elecciones al Parlamento Europeo[360] y en las elecciones municipales del Estado miembro en el que residan, en las mismas condiciones que los nacionales de dicho Estado[361].

c) De acogerse, en el territorio de un tercer país en el que no esté representado el Estado miembro del que sean nacionales, a la protección de las autoridades diplomáticas y consulares de cualquier Estado miembro en las mismas condiciones que los nacionales de dicho Estado[362].

d) De formular peticiones al Parlamento Europeo[363], de recurrir al Defensor del Pueblo Europeo[364/365], así como de dirigirse a las instituciones y a los órganos consultivos de la Unión en una de las lenguas de los Tratados y de recibir una contestación en esa misma lengua[366].

Estos derechos se ejercerán en las condiciones y dentro de los límites definidos por los Tratados y por las medidas adoptadas en aplicación de éstos.

---

uno de sus nacionales, estudiante en busca de un primer empleo, la concesión de los subsidios de espera por el mero hecho de que dicho estudiante haya terminado sus estudios secundarios en otro Estado miembro.

360 Véase el art. 39 de la de la Ley Orgánica 1/2008, de 30 de julio, por la que se autoriza la ratificación por España del Tratado de Lisboa, por el que se modifican el TUE y el Tratado Constitutivo de la Comunidad Europea, firmado en la capital portuguesa el 13 de diciembre de 2007 (BOE n.° 184 del 31 de julio 2008).

361 Véase el art. 40 de la Ley Orgánica 1/2008, de 30 de julio, por la que se autoriza la ratificación por España del Tratado de Lisboa, por el que se modifican el TUE y el Tratado Constitutivo de la Comunidad Europea, firmado en la capital portuguesa el 13 de diciembre de 2007 (BOE n.° 184 del 31 de julio 2008).

362 Véase el art. 46 de la Ley Orgánica 1/2008, de 30 de julio, por la que se autoriza la ratificación por España del Tratado de Lisboa, por el que se modifican el TUE y el Tratado Constitutivo de la Comunidad Europea, firmado en la capital portuguesa el 13 de diciembre de 2007 (BOE n.° 184 del 31 de julio 2008).

363 Véase art. 44 de la Ley Orgánica 1/2008, de 30 de julio, por la que se autoriza la ratificación por España del Tratado de Lisboa, por el que se modifican el TUE y el Tratado Constitutivo de la Comunidad Europea, firmado en la capital portuguesa el 13 de diciembre de 2007. (BOE n.° 184 del 31 de julio 2008); véase el art. 227 TFUE.

364 Véase el art. 43 de la Ley Orgánica 1/2008, de 30 de julio, por la que se autoriza la ratificación por España del Tratado de Lisboa, por el que se modifican el TUE y el Tratado Constitutivo de la Comunidad Europea, firmado en la capital portuguesa el 13 de diciembre de 2007. (BOE n.° 184 del 31 de julio 2008); véase el art. 228 TFUE.

365 En el art. 43 y 44 de la LO 1/2008, de 30 de julio, antes citada, se hace distinción entre «ciudadano» y «persona». Con el término ciudadano se hace referencia a toda persona que sea nacional de un Estado miembro, y por lo tanto tiene la ciudadanía de la Unión, y con la denominación «persona» se alude a todas las demás personas que aunque no son nacionales de ningún Estado miembro, también los tienen y pueden disfrutar de los mencionados derechos de ciudadanía.

366 Ello se puede deducir de lo dispuesto en el art. 41.4 de la Ley Orgánica 1/2008, de 30 de julio, antes citada.

ARTÍCULO 21[367]

1. Todo ciudadano de la Unión tendrá derecho a circular y residir libremente en el territorio de los Estados miembros[368/369], con sujeción a las limitaciones[370], y condiciones previstas en los Tratados[371] y en las disposiciones[372] adoptadas para su aplicación[373].

2.[374]Cuando una acción de la Unión resulte necesaria para alcanzar este objetivo, y a menos que los Tratados hayan previsto los poderes de acción al respecto, el Parlamento Europeo y el Consejo podrán adoptar, con arreglo al procedimiento legislativo

367 Antiguo artículo 18 TCE.

368 Véanse los considerandos 1, 2, 3 y 5 de la Directiva 2004/38/CE del Parlamento Europeo y del Consejo de 29 de abril de 2004, relativa al derecho de los ciudadanos de la Unión y de los miembros de sus familias a circular y residir libremente en el territorio de los Estados miembros por la que se modifica el Reglamento n.° 1612/68, DO L 158 de 30.4.2004.

369 Véase el art. 45 de la Ley Orgánica 1/2008, de 30 de julio, citada anteriormente en las notas del art. 2.2 apartado a) TFUE.

370 Véase la Comunicación de la Comisión al Parlamento Europeo y al Consejo, de 2 de julio de 2009, relativa a las Orientaciones para una mejor transposición y aplicación de la Directiva 2004/38/ CE relativa al derecho de los ciudadanos de la Unión y de los miembros de sus familias a circular y residir libremente en el territorio de los Estados miembros, COM (2009) 313 final, punto 3.

371 Jurisprudencia reiterada del TJUE como los asuntos c-89/17 o c-673/16 manifiesta que una restricción a la libre circulación de las personas independientemente de la nacionalidad de los sujetos afectados puede justificarse si se basa en consideraciones objetivas siendo necesarias para la protección de intereses legítimos —c-191/16— y debiendo ser proporcional al objetivo legítimo perseguido por el Derecho nacional —c-353/06, c-438/14—.

372 Rectificación al Reglamento no 307/1999 del Consejo, de 8 de febrero de 1999, por el que se modifica el Reglamento no 1408/71 relativo a la aplicación de los regímenes de seguridad social a los trabajadores por cuenta ajena, a los trabajadores por cuenta propia y a sus familias que se desplazan dentro de la Comunidad, y el Reglamento no 574/72 por el que se establecen las modalidades de aplicación del Reglamento no 1408/71 con vistas a ampliarlos para que cubran a los estudiantes (Diario Oficial de las Comunidades Europeas L 38 de 12 de febrero de 1999), DO L 80 de 25.3.1999.

373 STJCE de 14 de octubre de 2008, Grunkin y Paul, C-353/06: apartados 16, 17 y 18: «(...) las normas que rigen el apellido de una persona son competencia de los Estados miembros, pero deben respetar el Derecho comunitario al ejercitar dicha competencia, a menos que se trate de situaciones internas que no tengan ningún vínculo con el Derecho comunitario» (véase STJCE de 2 octubre de 2003, García Avello, C-148/02, apartados 25 y 26, y STJUE de 5 de junio de 2018, C-673/16, FJ 38). El Tribunal de Justicia ha declarado que existe dicho vínculo con el Derecho comunitario en el caso de niños que son nacionales de un Estado miembro y residen legalmente en el territorio de otro Estado miembro (véase STJCE antes citada, apartado 27). X está legitimado, en principio, para invocar frente al Estado miembro del que es nacional el derecho conferido por el art. 12 CE a no sufrir una discriminación por razón de su nacionalidad, así como el derecho garantizado por el art. 18 CE a circular y residir libremente en el territorio de los Estados miembros.

374 El apartado 1 no ha cambiado, pero el apartado 2 se ha modificado: las palabras «[...] el Consejo podrá adoptar» se sustituyen por «El Parlamento Europeo y el Consejo podrán adoptar, con arreglo al procedimiento legislativo ordinario [...]» y se suprime la última frase.

ordinario[375] disposiciones destinadas a facilitar el ejercicio de los derechos contemplados en el apartado 1.

3. [376]A los efectos contemplados en el apartado 1, y salvo que los Tratados establezcan poderes de actuación para ello, el Consejo podrá adoptar, con arreglo a un procedimiento legislativo especial, medidas sobre seguridad social o protección social. El Consejo se pronunciará por unanimidad previa consulta al Parlamento Europeo[377].

ARTÍCULO 22[378/379]

1. Todo ciudadano de la Unión[380] que resida en un Estado miembro del que no sea nacional tendrá derecho a ser elector y elegible en las elecciones municipales del Estado miembro en el que resida, en las mismas condiciones[381] que los nacionales de dicho Estado[382]. Este derecho se ejercerá sin perjuicio de las modalidades que el Consejo adopte, por unanimidad con arreglo a un procedimiento legislativo especial, y previa consulta al Parlamento Europeo; dichas modalidades podrán establecer excepciones cuando así lo justifiquen problemas específicos de un Estado miembro[383],.

---

375 Se refiere al procedimiento de codecisión como una de las novedades del TL, donde el Consejo y el Parlamento Europeo ejercen conjuntamente la función legislativa y la presupuestaria.

376 Apartado sustituido por el TL.

377 Del procedimiento legislativo especial al que se refiere el artículo emanan actos legislativos de la Unión, adoptados por el Consejo con la participación del Parlamento Europeo.

378 Antiguo art. 19 TCE.

379 El apartado 1 es igual en el TCE, pero se sustituye las palabras «... por unanimidad, a propuesta de la Comisión», por las palabras «... por unanimidad con arreglo a un procedimiento legislativo especial».

380 Reglamento (UE) n.° 1381/2013 del Parlamento Europeo y del Consejo, de 17 de diciembre de 2013, por el que se establece el programa «*Derechos, Igualdad y Ciudadanía*» para el periodo 2014 a 2020.

381 Véase la Directiva 94/80/CE del Consejo, de 19 de diciembre, por la que se fijan las modalidades del ejercicio del derecho de sufragio activo y pasivo en las elecciones municipales por parte de los ciudadanos de la Unión residentes en un Estado miembro de que no sean nacionales, DO L n.° 368 de 31 de diciembre y la Ley Orgánica 1/1997, de 30 de mayo, de modificación de la LO de Régimen Electoral General para la transposición de la Directiva 94/80/CE, de Elecciones Municipales , BOE n.° 130 de 31 de mayo.

382 Véase el artículo 40 de la Ley Orgánica 1/2008, de 30 de julio, citada anteriormente en el art. 20.2 b) TFUE.

383 Este precepto llevó al Gobierno, de acuerdo con lo establecido en el art. 95 de la Constitución, a recabar del Tribunal Constitucional una declaración vinculante sobre si el art. 93 de la Constitución era adecuado y suficiente para ratificar el TUE y si, en si caso, el art. 167 de la misma era la vía idónea para modificar la Constitución. El Tribunal Constitucional, en su Declaración de 1 de julio 1992 (BOE n.° 117 suplemento, de 24 del mismo mes), dijo que este precepto era contrario al art. 13.2 de la Constitución y que el procedimiento a seguir para reformar la Constitución era el de su art. 167. Cumplido el mismo, en el BOE n.° 207 de 28 de agosto, se publicó la Reforma del art. 13 apartado 2 de la Constitución que quedó redactado como sigue: «Solamente los españoles serán titulares de los derechos reconocidos en el art. 23, salvo lo que, atendiendo a criterios de reciprocidad, pueda establecerse por tratado o ley para el derecho de sufragio activo y pasivo en las elecciones municipales».

2. Sin perjuicio de lo dispuesto en el apartado 1 del artículo 223 y en las normas adoptadas para su aplicación, todo ciudadano de la Unión que resida en un Estado miembro del que no sea nacional tendrá derecho a ser elector y elegible en las elecciones al Parlamento Europeo en el Estado miembro en el que resida, en las mismas condiciones[384] que los nacionales de dicho Estado[385]. Este derecho se ejercerá sin perjuicio de las modalidades que el Consejo adopte, por unanimidad con arreglo a un procedimiento legislativo especial, y previa consulta al Parlamento Europeo; dichas modalidades podrán establecer excepciones cuando así lo justifiquen problemas específicos de un Estado miembro[386].

ARTÍCULO 23[387]

Todo ciudadano de la Unión podrá acogerse, en el territorio de un tercer país en el que no esté representado el Estado miemgerbro del que sea nacional, a la protección de las autoridades diplomáticas y consulares de cualquier Estado miembro, en las mismas condiciones que los nacionales de dicho Estado[388/389]. Los Estados miembros tomarán las disposiciones necesarias y entablarán las negociaciones internacionales requeridas para garantizar dicha protección[390].

El Consejo podrá adoptar, con arreglo a un procedimiento legislativo especial[391] y previa consulta al Parlamento Europeo, directivas en las que se establezcan las medidas de coordinación y de cooperación necesarias para facilitar dicha protección[392].

384 Véase Directiva 93/109/CE del Consejo, de 6 de diciembre de 1993, por la que se fijan las modalidades de ejercicio del derecho de sufragio activo y pasivo en las elecciones al Parlamento Europeo por parte de los ciudadanos de la Unión residentes en un Estado miembro del que no sean nacionales, DO L 329 de 30.12.1993 y la Ley Orgánica 13/1994, de 30 de marzo, de modificación de la Ley Orgánica 5/1985, de 19 de junio, del Régimen Electoral General, BOE n.° 77 de 31 de marzo 1994.

385 Véase el art. 39 de la Ley Orgánica 1/2008, de 30 de julio, citada anteriormente.

386 Informe de la Comisión al Parlamento Europeo y al Consejo, de 20 de diciembre de 2007, sobre la concesión de una excepción con arreglo al artículo 19, apartado 2, del TCE, presentada en virtud del artículo 14, apartado 3, de la Directiva 93/109/CE, sobre el sufragio activo y pasivo de los ciudadanos de la Unión en las elecciones al Parlamento Europeo [COM (2007) 846 final).

387 Antiguo art. 20 TCE.

388 Véase el art. 46 de la Ley Orgánica 1/2008, de 30 de julio, citada anteriormente en el art. 20.2 c) TFUE.

389 Véase, actual Directiva (UE) 2015/637 del Consejo, de 20 de abril de 2015, sobre las medidas de coordinación y cooperación para facilitar la protección consular de ciudadanos de la Unión no representados en terceros países y por la que se deroga la Decisión 95/553/CE de los Representantes de los Gobiernos de los Estados miembros, reunidos en el seno del Consejo, de 19 de diciembre de 1995, relativa a la protección de los ciudadanos de la Unión Europea por las representaciones diplomáticas y consulares, DO L 314 de 28.12.1995.

390 El artículo ha sido modificado por el TL: las palabras «establecerán entre sí las normas necesarias» y, se sustituyen por «tomarán las disposiciones necesarias».

391 Del procedimiento legislativo especial al que se refiere el artículo emanan actos legislativos de la Unión, adoptados por el Consejo con la participación del Parlamento Europeo.

392 Párrafo añadido por el TL.

ARTÍCULO 24[393/394]

El Parlamento Europeo y el Consejo adoptarán mediante reglamentos[395], con arreglo al procedimiento legislativo ordinario[396], las disposiciones relativas a los procedimientos y condiciones preceptivos para la presentación de una iniciativa ciudadana en el sentido del artículo 11 del Tratado de la Unión Europea, incluido el número mínimo de Estados miembros de los que han de proceder los ciudadanos que la presenten[397].

Todo ciudadano de la Unión tendrá el derecho de petición ante el Parlamento Europeo[398], de conformidad con lo dispuesto en el artículo 227[399].

Todo ciudadano de la Unión podrá dirigirse al Defensor del Pueblo[400] instituido en virtud de lo dispuesto en el artículo 228[401].

Todo ciudadano de la Unión podrá dirigirse por escrito a cualquiera de las instituciones, órganos u organismos contemplados en el presente artículo o en el artículo 13 del Tratado de la Unión Europea en una de las lenguas mencionadas en el apartado 1 del artículo 55 de dicho Tratado y recibir una contestación en esa misma lengua[402/403].

---

393 Antiguo art. 21 TCE.

394 Se inserta un nuevo párrafo primero.

395 Los reglamentos son actos jurídicos de la Unión que se regulan en el art. 288.2 TFUE. Éstos tendrán carácter general, es decir, van dirigidos a todos los ciudadanos sin discriminación, sea cual sea su nacionalidad, será obligatorio en todos sus elementos y directamente aplicable en cada Estado miembro.

396 Novedad del TL: la codecisión es el procedimiento legislativo ordinario llevado a cabo entre el Consejo y el Parlamento Europeo, los cuales ejercen conjuntamente la función legislativa y la presupuestaria.

397 La iniciativa ciudadana es una novedad del TL: deben conseguirse un millón de firmas de ciudadanos de varios países, por lo que se deduce que la pretensión es a que se obtenga el concurso de ciudadanos provenientes de 1/3 parte aproximadamente de los países, de acuerdo con el Reglamento (UE) n.° 211/2011 del Parlamento Europeo y del Consejo de 16 de febrero de 2011, sobre la iniciativa ciudadana.

398 Resolución del Parlamento Europeo, de 10 de marzo de 2022, sobre el Informe sobre la ciudadanía de la UE de 2020 -La capacitación de los ciudadanos y la protección de sus derechos (2021/2099(INI)).

399 El segundo párrafo corresponde al primer párrafo del art. 21 TCE, del cual solo cambia el número del artículo al que se refiere.

400 Véase el art. 44 de la Ley Orgánica 1/2008, de 30 de julio, citada anteriormente en el art. 20.2 d) TFUE.

401 El tercer párrafo corresponde al segundo párrafo del art. 21 TCE, del cual únicamente cambia el número del artículo al que se refiere.

402 El párrafo cuarto corresponde al tercer párrafo del art. 21 TCE, del cual se modifican el número del primer artículo, por el art. 13 del TUE y el segundo artículo por el 55.1 del mismo Tratado.

403 Ello se puede deducir de lo dispuesto en el art. 41 de la Ley Orgánica 1/2008, de 30 de julio, antes citada.

ARTÍCULO 25[404]

Cada tres años la Comisión informará[405] al Parlamento Europeo, al Consejo y al Comité Económico y Social[406] sobre la aplicación de las disposiciones de la presente parte. Dicho informe tendrá en cuenta el desarrollo de la Unión.

Sobre dicha base[407], y sin perjuicio de las restantes disposiciones de los Tratados, el Consejo, por unanimidad con arreglo a un procedimiento legislativo especial[408], y previa aprobación del Parlamento Europeo, podrá adoptar disposiciones encaminadas a completar los derechos enumerados en el apartado 2 del artículo 20. Dichas disposiciones entrarán en vigor cuando hayan sido aprobadas por los Estados miembros de conformidad con sus respectivas normas constitucionales.

TERCERA PARTE
POLÍTICAS Y ACCIONES INTERNAS DE LA UNIÓN[409]

TÍTULO I
MERCADO INTERIOR[410]

ARTÍCULO 26[411/412]

1. La Unión adoptará las medidas destinadas a establecer el mercado interior o a garantizar su funcionamiento[413], de conformidad con las disposiciones pertinentes de los Tratados.

2. El mercado interior implicará un espacio sin fronteras interiores, en el que la libre circulación de mercancías[414], personas, servicios y capitales estará garantizada de acuerdo con las disposiciones de los Tratados.

---

404 Antiguo art. 22 TCE.

405 Quinto Informe de la Comisión Europea, de 15 de febrero de 2008, sobre la Ciudadanía de la Unión, COM (2008) 85, actual Dictamen del Comité Europeo de las Regiones; Informe sobre la ciudadanía de la UE 2017 (2018/C164/04).

406 El Comité Económico y Social Europeo es un órgano consultivo de la Unión, que representa a la sociedad civil, incluyéndose en ésta, como es sabido, a los empresarios y a los trabajadores.

407 En el segundo párrafo las palabras «a propuesta de la Comisión» se sustituyen por «con arreglo a un procedimiento legislativo especial», y luego se sustituye «previa consulta» por «previa aprobación».

408 Del procedimiento legislativo especial al que se refiere el artículo emanan actos legislativos de la Unión, adoptados por el Consejo con la participación del Parlamento Europeo

409 Antigua tercera parte TCE - POLÍTICAS DE LA COMUNIDAD.

410 Véase el Protocolo n.° 27 sobre mercado interior y competencia.

411 Antiguo artículo 14 TCE (desplazado).

412 Véase el Protocolo n.° 20, sobre la aplicación de determinados aspectos del artículo 26 del Tratado de Funcionamiento de la Unión Europea al Reino Unido y a Irlanda.

413 Novedad introducida por el TL, anteriormente solo se adoptaban medidas para establecer un mercado interior y no a garantizar también su funcionamiento.

414 Véase el Reglamento 2679/98/CE del Consejo, de 7 de diciembre, sobre el funcionamiento del mercado interior en relación con la libre circulación de mercancías entre los Estados miembros y la Resolución del Consejo y de los representantes de los Gobiernos de los Esta-

3. El Consejo[415], a propuesta de la Comisión, definirá las orientaciones y condiciones necesarias para asegurar un progreso equilibrado en el conjunto de los sectores considerados.

ARTÍCULO 27[416]

En el momento de formular sus propuestas encaminadas a la consecución de los objetivos enunciados en el artículo 26, la Comisión tendrá en cuenta la importancia del esfuerzo que determinadas economías, que presenten un nivel de desarrollo diferente, tendrán que realizar para el establecimiento del mercado interior[417], y podrá proponer las disposiciones adecuadas.

Si dichas disposiciones adoptaren la forma de excepciones, deberán tener carácter temporal y perturbar lo menos posible el funcionamiento del mercado interior.

TÍTULO II[418]
LIBRE CIRCULACIÓN DE MERCANCÍAS[419/420]

ARTÍCULO 28[421]

1.[422] La Unión comprenderá[423] una unión aduanera[424], que abarcará la totalidad de los intercambios de mercancías y que implicará la prohibición[425],

---

dos miembros, reunidos en el seno del Consejo, de 7 de diciembre de 1998, en relación con la libre circulación de mercancías, DOCE L núm. 337 de 12 de diciembre y la Resolución del Consejo y de los representantes de los Gobiernos de los Estados miembros, reunidos en el seno del Consejo de 7 de diciembre de 1998, en relación a la libre circulación de mercancías.

415 En el TL se ha suprimido la exigencia de mayoría cualificada por parte del Consejo, pero se mantiene la propuesta de la Comisión.

416 Antiguo artículo 15 TCE (desplazado).

417 Se ha cambiado la redacción del precepto, anteriormente se decía: «tendrán que realizar durante el periodo de establecimiento del mercado interior».

418 Antiguo Título I.

419 Véase los artículos 8 a 16 del Acuerdo sobre el Espacio Económico Europeo, hecho en Oporto el día 2 de mayo de 1992, respecto de los productos originarios de las Partes Contratantes, BOE núm. 21, suplemento, de 25 de enero de 1994.

420 Véase DOCE L núm. 337 de 12 de diciembre de 1998 el Reglamento 2679/98/CE del Consejo, de 7 de diciembre, sobre el funcionamiento del mercado interior en relación con la libre circulación de mercancías entre los Estados miembros y de los representantes de los Gobiernos de los Estados miembros, reunidos en el seno del Consejo, de 7 de diciembre de 1998, en relación con la libre circulación de mercancías.

421 Antiguo artículo 23 TCE.

422 El Tribunal de Justicia ha reconocido efecto directo vertical a este artículo, en el sentido de que engendra para los justiciables, en sus relaciones con el Estado, derechos que los órganos jurisdiccionales deben salvaguardar (STJCE de 1 de julio de 1969, asuntos acumulados 2 y 3/69, Diamantarbeiders).

423 Modificación del TL, anteriormente se decía «se basará».

424 Véase Reglamento (UE) 2021/444 del Parlamento Europeo y del Consejo de 11 de marzo de 2021 por el que se establece el programa Aduana para la cooperación en el ámbito aduanero y se deroga el Reglamento (UE) n.° 1294/2013.

425 STJCE de 14 de septiembre de 1995, asuntos acumulados C-485 y C-486/93, Simitzi. Un tributo recaudado en una frontera regional para la exportación de productos a partir de

entre los Estados miembros, de los derechos de aduana de importación y exportación y de cualesquiera exacciones de efecto equivalente, así como la adopción de un arancel aduanero común en sus relaciones con terceros países.

2. Las disposiciones del artículo 30 y las del capítulo 3 del presente título se aplicarán a los productos originarios de los Estados miembros y a los productos procedentes de terceros países que se encuentren en libre práctica[426] en los Estados miembros.

ARTÍCULO 29[427]

Se considerarán en libre práctica en un Estado miembro los productos procedentes de terceros países respecto de los cuales se hayan cumplido, en dicho Estado miembro, las formalidades de importación y percibido los derechos de aduana y cualesquiera otras exacciones de efecto equivalente exigibles, siempre que no se hubieren beneficiado de una devolución total o parcial de los mismos[428].

una región de un Estado miembro con destino a otras regiones del propio Estado constituye un obstáculo a la libre circulación de mercancías al menos tan grave como un tributo percibido en la frontera nacional debido a la exportación de productos desde la totalidad del territorio de un Estado miembro. Esta doctrina ha sido confirmada por la STJCE de 9.9.2004 asunto C-72/03 que recoge lo siguiente (conforme a la sentencia del TJCE dictada el 1 de julio de 1969 (asuntos acumulados 2 y 3/69): *Según ha declarado ya el Tribunal de Justicia en repetidas ocasiones, toda carga pecuniaria unilateralmente impuesta, aunque sea mínima, cualquiera que fuere su denominación y su técnica, que grave las mercancías nacionales o extranjeras por el hecho de atravesar la frontera, cuando no es un derecho de aduana propiamente dicho, constituye una exacción de efecto equivalente con arreglo al artículo 23 CE*. A la misma conclusión han llegado sentencias posteriores dictadas por el Tribunal de Justicia de la Unión Europea como la STJUE del 2 de octubre de 2014 (asunto c-254/13) o la STJUE del 14 de junio de 2018 (asunto c-39/17).

426 Véase la STJCE de 15 de diciembre de 1976, C-41/76, Donckerwolcke, la de 5 de marzo de 1986, C-59/84, Tezi/Comisión y la de 3 de diciembre de 1998, C-233/97, KappAhl Oy.

427 Antiguo artículo 24 del TCE.

428 Reglamento (UE) 2018/196 del Parlamento Europeo y del Consejo, de 7 de febrero de 2018, por el que se establecen derechos de aduanas adicionales sobre las importaciones de determinados productos originarios de los Estados Unidos de América.

CAPÍTULO 1
UNIÓN ADUANERA

ARTÍCULO 30[429/430/431]

Quedarán prohibidos entre los Estados miembros los derechos de aduana de importación y exportación o exacciones de efecto equivalente[432]. Esta prohibición se aplicará también a los derechos de aduana de carácter fiscal.

ARTÍCULO 31[433]

El Consejo[434], a propuesta de la Comisión, fijará los derechos del arancel aduanero común.

ARTÍCULO 32[435]

En el cumplimiento de las funciones que le son atribuidas en el presente capítulo, la Comisión se guiará por:

a) La necesidad de promover los intercambios comerciales entre los Estados miembros y terceros países.

b) La evolución de las condiciones de competencia dentro de la Unión, en la medida en que dicha evolución tenga por efecto el incremento de la capacidad competitiva de las empresas.

c) Las necesidades de abastecimiento de la Unión en materias primas y productos semielaborados, procurando que no se falseen, entre los Estados miembros, las condiciones de competencia de los productos acabados.

d) La necesidad de evitar perturbaciones graves en la vida económica de los Estados miembros y garantizar un desarrollo racional de la producción y una expansión del consumo en la Unión.

---

429 El Tribunal de Justicia ha reconocido efecto directo vertical a este artículo, en el sentido de que engendra para los justiciables, en sus relaciones con el Estado, derechos que los órganos jurisdiccionales deben salvaguardar (STJCE de 5 de febrero de 1963, 26/62, Van Gend y Loos).

430 Antiguo artículo 25 del TCE.

431 Véase Directiva (UE) 2020/262 del Consejo, de 19 de diciembre de 2019, por la que se establece el régimen general de los impuestos especiales (versión refundida) cuyo artículo 1.3 permite a los Estados miembros recaudar impuestos sobre productos que no se encuentren sujetos al régimen de impuestos especiales: Sin embargo, la imposición de tales gravámenes «[...] no podrá dar lugar, en el comercio entre Estados miembros, a tramites conexos al cruce de fronteras». La STJUE de 17 de diciembre de 2015 (asunto 402/14), caso Viamar, analiza los diferentes límites del Derecho de la UE en la configuración de impuestos (en el caso de contravención, impuestos de matriculación) al respecto de los artículos 30 y 110 del TFUE —como derecho originario— y del art. 1.3 de la Directiva 2008/118, anteriormente dictada —correspondiente al derecho derivado—

432 La sentencia TJUE de 13 de diciembre de 1973 (asuntos acumulados 37/73 y 38/73), vino a proporcionar un concepto más específico de lo que debía entenderse por Unión Aduanera, no solo entendiéndose por tal la eliminación de derechos de aduana y exacciones de efecto equivalente sino, además, todo obstáculo capaz de entorpecer el libre comercio entre países de la Unión

433 Antiguo artículo 26 del TCE.

434 Se ha eliminado la necesidad de mayoría cualificada.

435 Antiguo artículo 27 del TCE.

CAPÍTULO 2 COOPERACIÓN ADUANERA[436]

ARTÍCULO 33[437/438]

Dentro del ámbito de aplicación de los Tratados, el Parlamento Europeo[439] y el Consejo, con arreglo al procedimiento legislativo ordinario, adoptarán medidas destinadas a fortalecer la cooperación aduanera[440/441] entre los Estados miembros y entre éstos y la Comisión.

---

436 El Tribunal de Justicia ha reconocido efecto directo vertical a este artículo, en el sentido de que engendra para los justiciables, en sus relaciones con el Estado, derechos que los órganos jurisdiccionales deben salvaguardar (STJCE de 5 de febrero de 1963, 26/62, Van Gend y Loos).

437 Antiguo artículo 135 del TCE (desplazado).

438 La parte final de este artículo ha sido reducida respecto de la regulación anterior.

439 La mención al Parlamento Europeo es una novedad del TL, porque recordemos que el procedimiento ordinario, es ahora, la codecisión.

440 Reglamento (UE) n.° 952/2013 del Parlamento Europeo y del Consejo, de 9 de octubre de 2013, por el que se establece el código aduanero de la Unión; Reglamento (UE) 2021/444 del Parlamento Europeo y del Consejo, de 11 de marzo de 2021, por el que se establece el programa Aduana para la cooperación en el ámbito aduanero y se deroga el Reglamento (UE) n.° 1294/2013.

441 Véase la Comunicación de la Comisión al Parlamento Europeo, al Consejo Europeo, al Consejo, al Comité Económico y Social Europeo y al Comité de las Regiones: *Un presupuesto moderno para una Unión que proteja, empodere y vele por la seguridad. El marco financiero plurianual para el periodo 2021-2027,* por el que se prevé un presupuesto financiero destinado al Programa Aduana de 950 millones —frente a los 523 millones recibidos en el periodo 2014-2020— así como el impulso del programa Fiscalis. La Comisión propone, además, renovar y reforzar el Programa Aduana, con el fin de apoyar una mayor digitalización y modernización de la Unión Aduanera, a través del Fondo de Gestión Integrada de las Fronteras, entre otras medidas.

CAPÍTULO 3[442]
PROHIBICIÓN DE LAS RESTRICCIONES CUANTITATIVAS ENTRE LOS ESTADOS MIEMBROS

ARTÍCULO 34[443/444/445/446/447/448]

Quedarán prohibidas entre los Estados miembros las restricciones cuantitativas a la importación, así como todas las medidas

442 Antiguo Capítulo 2, con la misma denominación que en Lisboa.

443 El Tribunal de Justicia ha reconocido efecto directo vertical a este artículo, en el sentido de que engendra para los justiciables, en sus relaciones con el Estado, derechos que los órganos jurisdiccionales deben salvaguardar (STJCE de 22 de marzo de 1977, 74/76, Iannelli).

444 STJCE de 9 de agosto de 1994, C-51/93, Meyhui. La prohibición de restricciones cuantitativas, así como de medidas de efecto equivalente es válida no solo para las medidas nacionales sino igualmente para las medidas que emanan de las Instituciones comunitarias. Esta doctrina ha sido reiterada en otras sentencias posteriores como por ejemplo en la Sentencia del Tribunal de Justicia (Gran Sala) de 14 de diciembre de 2004. The Queen, a instancia de Swedish Match AB y Swedish Match UK Ltd contra Secretary of State for Health, asunto C-210/03 o en la Sentencia del Tribunal de Justicia (Gran Sala) de 14 de diciembre de 2004, asunto C 434/02 Arnold André GmbH & Co. KG contra Landrat des Kreises Herford.
STJCE de 13 de julio de 1994, C-131/93, Comisión/Alemania. Las disposiciones del artículo 30 se aplican indistintamente a los productos originarios de la Comunidad y a los que han sido despachados a libre practica dentro de cualquiera de los Estados miembros, sea cual sea el origen primigenio de tales productos.

445 Véase la Directiva (UE) 2015/1535 del Parlamento Europeo y del Consejo, de 9 de septiembre de 2015, por la que se establece un procedimiento de información en materia de reglamentaciones técnicas y de reglas relativas a los servicios de la sociedad de la información que deroga la Directiva 98/34/CE del PE y del Consejo, de 22 de junio, tal y como ha sido modificada por la Directiva 98/48/CE, de 20 de julio, que deroga la Directiva 83/189/CEE del Consejo, por la que se establece un procedimiento de información en materia de normas y reglamentaciones técnicas, la STJCE de 30 de abril de 1996, C-194/94, CIA Security International SA y la STJCE de 16 de junio de 1998, C-226/97, Lemmens.

446 Sobre las exigencias imperativas, que son una excepción a lo dispuesto en este artículo, véase la STJCE de 20 de febrero de 1979, 120/78, Cassis de Dijon. Son intereses protegidos por esas exigencias imperativas, cuando se dan las circunstancias establecidas para su invocabilidad, la eficacia de los controles fiscales; la protección de la salud pública; la lealtad de las transacciones comerciales, la defensa de los consumidores; la protección de obras y valores culturales y de la cultura en general; y la protección del medio ambiente.

447 Antiguo artículo 28 del TCE.

448 La sentencia TJUE, de 1 de julio de 2014 (asunto c-573/12) establece de acuerdo con reiterada jurisprudencia (C-309/02 entre otros), que «Cuando un ámbito ha sido armonizado con carácter exhaustivo a escala de la Unión, cualquier medida nacional en este ámbito deberá apreciarse a la luz de las disposiciones de la medida de armonización y no del derecho primario».

de efecto equivalente[449/450].

ARTÍCULO 35[451/452/453]

Quedarán prohibidas entre los Estados miembros las restricciones cuantitativas a la exportación, así como todas las medidas de efecto equivalente[454/455].

---

449 STJCE de 11 de agosto de 1995, C-63/94, Belgapom. Constituye una medida de efecto equivalente a una restricción cuantitativa cualquier medida que pueda obstaculizar directa o indirectamente, real o potencialmente, el comercio intracomunitario. STJCE de 20 de junio de 1996, asuntos acumulados C-418 a C-421/93, C-460 a C-462/93; C-464793 y C-9, C-11, C-14, C-15, C-15, C-23, C-24 y C-332/94 Semeraro. El artículo 30 no es aplicable a una normativa nacional que prohíbe a los comercios minoristas abrir en domingo...El artículo 30 debe interpretarse en el sentido de que no es aplicable a una legislación nacional sobre cierre de comercios que afecte a todos los operadores económicos que ejerzan su actividad en el territorio nacional, y que afecte del mismo modo, de hecho y de Derecho, a la comercialización de los productos nacionales y a la de los procedente de otros Estados miembros. Véase la STJCE de 24 de noviembre de 1993, asuntos acumulados C-267 Y 268/91, Keck y Mithouard.

450 STJCE de 18 de junio de 1991, C-369/89, Piageme. La obligación de utilizar exclusivamente la lengua de la región lingüística (en el etiquetado de productos alimenticios) constituiría una medida de efecto equivalente a una restricción cuantitativa de las importaciones, prohibida por el artículo 30 del Tratado. STJCE de 12 de octubre de 1995, C-85/94, Piageme. Ni el artículo 128 ni el artículo 129A del Tratado autorizan a un Estado miembro a sustituir la norma establecida en la Directiva por una norma más severa... El artículo 14 de la Directiva se opone a que, en relación con la exigencia del uso de una lengua fácilmente inteligible para los compradores, un Estado miembro imponga la utilización de la lengua dominante de la región en que se vende el producto, aun cuando no excluya la utilización simultanea de otra lengua. Esta doctrina se ha mantenido inalterada, como podemos observar en la Sentencia del Tribunal de Justicia de 12 de septiembre de 2000, asunto C-366/98, y en la Sentencia del Tribunal de Justicia (Sala Quinta) de 14 de julio de 1998, asunto C-385/96.

451 El Tribunal de Justica ha reconocido efecto directo vertical a este artículo, en el sentido de que engendra para los justiciables, en sus relaciones con el Estado, derechos que los órganos jurisdiccionales deben salvaguardar (STJCE de 29 de noviembre de 1978, 83/78, Pigs Marketing).

452 STJCE de 9 de junio de 1992, C-47/90, Delhaize. El artículo 34 se refiere a las medidas nacionales que tienen por objeto o como efecto restringir específicamente las corrientes de exportación y establecer, de este modo, una diferencia de trato entre el comercio interior de un Estado miembro y su comercio de exportación, con el fin de proporcionar una ventaja particular a la producción nacional o al mercado interior del Estado interesado... STJCE de 15 de abril de 1997, C-272/95, Deutsches Milch-Kontor. Sería contrario al sentido y a la finalidad del artículo 34 considerar que únicamente los obstáculos ocasionados en la frontera o en las inmediaciones de esta puedan estar comprendidos en su ámbito de aplicación. En efecto, de ser así sería fácil burlar la prohibición que establece dicha disposición desplazando el lugar geográfico del obstáculo.

453 Antiguo artículo 29 TCE.

454 STJCE de 8 de febrero de 1996, C-212/94, FMC. Si bien toda percepción de cualquier cantidad de dinero a la exportación con destino a otro Estado miembro, cualquiera que sea el carácter con el que se efectúa, constituye, en principio, un obstáculo a la libre circulación de mercancías dentro del mercado común, no obstante, tal percepción puede estar justificada en una organización común de mercados unificada aun de forma incompleta, cuando se destina a compensar las desigualdades que resultan de una situación de realización imperfecta de dicha organización, con el fin de permitir que los productos cubiertos por la misma circulen en condiciones de igualdad, sin que la competencia entre productores de distintas regiones sea falseada artificialmente.

455 Véanse Conclusiones del Abogado General Sr. Melchior Wathelet, presentadas el 29 de noviembre de 2017 (asunto C-518/16, PUNTO 37) «Los requisitos establecidos por la Jurisprudencia del TJUE relativa al artículo 35 TFUE se corresponden con los establecidos por el artículo 34 TFUE. Por consiguiente, toda medida nacional o emanada de instituciones de la Unión que pueda obstaculizar, directa o indirectamente, real o potencialmente, el comercio en el seno de la Unión debe considerarse una medida de efecto equivalente o una restricción cuantitativa a efectos de los artículos 34 y 35 TFUE».

ARTÍCULO 36[456/457]

Las disposiciones de los artículos 34 y 35 no serán obstáculo para las prohibiciones o restricciones a la importación, exportación o tránsito justificadas por razones de orden público, moralidad y seguridad públicas, protección de la salud y vida de las personas y animales, preservación de los vegetales, protección del patrimonio artístico, histórico o arqueológico nacional o protección de la propiedad industrial y comercial. No obstante, tales prohibiciones o restricciones no deberán constituir un medio de discriminación arbitraria ni una restricción encubierta del comercio entre los Estados miembros.

ARTÍCULO 37[458]

1. [459]Los Estados miembros adecuarán los monopolios nacionales[460/461] de carácter comercial de tal modo que quede asegurada la exclusión de toda discriminación entre los nacionales de los Estados miembros respecto de las condiciones de abastecimiento y de mercado.

Las disposiciones del presente artículo se aplicarán a cualquier organismo mediante el cual un Estado miembro, de iure o de facto, directa o indirectamente, controle, dirija o influya sensiblemente en las importaciones o las exportaciones entre los Estados miembros. Tales disposiciones se aplicarán igualmente a los monopolios cedidos por el Estado a terceros[462].

2. [463]Los Estados miembros se abstendrán de cualquier nueva medida contraria a los principios enunciados en el apartado 1 o que restrinja el alcance de los artículos

---

456 El Tribunal de Justicia ha reconocido efecto directo vertical a este artículo, en el sentido de que engendra para los justiciables, en sus relaciones con el Estado, derechos que los órganos jurisdiccionales deben salvaguardar (STJCE de 8 de junio de 1971, 78/70, Deutsche Grammophon).

457 Antiguo artículo 30 TCE.

458 Antiguo artículo 31 TCE.

459 El Tribunal de Justicia ha reconocido efecto directo vertical a este apartado, en el sentido de que engendra para los justiciables, en sus relaciones con el Estado, derechos que los órganos jurisdiccionales deben salvaguardar (STJCE de 3 de febrero de 1976, Manghera, (C-59/75)).

460 Reiterada jurisprudencia del Tribunal de Justicia de la UE ha indicado que, el presente artículo no exige una supresión total de los monopolios nacionales de carácter comercial, sino únicamente su adecuación y aseguramiento de las discriminaciones entre los nacionales de los Estados Miembros respecto de las condiciones de abastecimiento de los mercados, tal y como establece la sentencia de 12 de noviembre de 2015 (C-198/14), p. 94, basada en las resoluciones de la sentencia de 3 de febrero de 1976, Manghera (C-59/75); la Sentencia de 7 de junio de 1983, Comisión/Italia, (C-78/82) y la sentencia 23 de octubre de 1997, Frazén (C-189/95).

461 Las normas relativas a la existencia y funcionamiento de un monopolio deberán ser examinadas a la luz del artículo 37 TFUE, de acuerdo con la sentencia del Tribunal de Justicia, de 23 de octubre de 1997, Franzén, (C-189/95), p. 35 y la sentencia, de 5 de junio de 2007, Rosengren y otros (C-170/04), p. 17.

462 STJCE de 14 de diciembre de 1995, C-387/93, Banchero. El párrafo segundo del apartado 1 del artículo 37 supone una situación en la que las autoridades nacionales están en condiciones de controlar o dirigir los intercambios, por medio de un organismo constituido con ese fin o de un monopolio concedido por el Estado a un tercero.

463 El Tribunal de Justicia ha reconocido efecto directo vertical a este apartado, en el sentido de que engendra para los justiciables, en sus relaciones con el Estado, derechos que los órganos jurisdiccionales deben salvaguardar (STJCE de 15 de julio de 1964, 6/64, Costa/ENEL).

relativos a la prohibición de los derechos de aduana y de las restricciones cuantitativas entre los Estados miembros.

3. En caso de que un monopolio de carácter comercial implique una regulación destinada a facilitar la comercialización o a mejorar la rentabilidad de los productos agrícolas, deberán adoptarse las medidas necesarias para asegurar, en la aplicación de las normas del presente artículo, garantías equivalentes para el empleo y el nivel de vida de los productores interesados.

TÍTULO III[464]
AGRICULTURA Y PESCA

ARTÍCULO 38[465]

1. La Unión definirá y aplicará una política común de agricultura y pesca[466].

El mercado interior[467] abarcará la agricultura, la pesca[468] y el comercio de los productos agrícolas. Por productos agrícolas se entienden los productos de la tierra, de la ganadería y de la pesca, así como los productos de primera transformación directamente relacionados con aquéllos. Se entenderá que las referencias a la política agrícola común o a la agricultura y la utilización del término «agrícola» abarcan también la pesca, atendiendo a las características particulares de este sector[469].

2. Salvo disposición en contrario de los artículos 39 a 44, ambos inclusive, las normas previstas para el establecimiento o el funcionamiento[470] del mercado interior serán aplicables a los productos agrícolas.

3. Los productos a los que serán de aplicación los artículos 39 a 44, ambos inclusive, son los que figuran en la lista del anexo I.

4. El funcionamiento y desarrollo del mercado interior[471] para los productos agrícolas deberán ir acompañados del establecimiento de una política agrícola común[472].

---

464 Antiguo Título II Agricultura.

465 Antiguo artículo 32 TCE.

466 Inciso introducido por el TL.

467 EL TL cambia la denominación, antes lo llamaba «mercado común».

468 Novedad introducida por el TL, anteriormente se refería únicamente a la agricultura y al comercio de los productos agrícolas.

469 Este último inciso es novedad del TL, anteriormente no se hacia esa aclaración.

470 La palabra funcionamiento es una palabra introducida por el TL, anteriormente se utilizaba la expresión «establecimiento del mercado común».

471 El TL vuelve a utilizarla denominación «interior» en vez de «común».

472 STJCE de 5 de mayo de 1998, C-157/96, National Farmer´s Union. El legislador comunitario dispone en materia de política agraria común de una potestad discrecional que corresponde a las responsabilidades políticas que le atribuyen los artículos 40 y 43 del Tratado. Por consiguiente, solo el carácter manifiestamente inadecuado de una medida adoptada en este ámbito, con relación al objetivo que tiene previsto conseguir la Institución competente, puede afectar a la legalidad de tal medida. STJCE de 29 de febrero de 1996, asuntos acumulados C-296 y C-307/93, Francia e Irlanda/ Comisión. En el marco de la Política Agrícola Común, el Consejo puede conferir a la Comisión amplias facultades de ejecución, ya que esta es la única que está en situación de seguir de manera constante y atenta la evolución de los mercados agrícolas y de actuar con la urgencia que requiera la situación.

ARTÍCULO 39[473/474]

1. Los objetivos[475] de la política agrícola común serán:

a) Incrementar la productividad agrícola, fomentando el progreso técnico, asegurando el desarrollo racional de la producción agrícola, así como el empleo óptimo de los factores de producción, en particular, de la mano de obra.

b) Garantizar así un nivel de vida equitativo a la población agrícola, en especial, mediante el aumento de la renta individual de los que trabajan en la agricultura.

c) Estabilizar los mercados.

d) Garantizar la seguridad de los abastecimientos.

e) Asegurar al consumidor suministros a precios razonables.

2. En la elaboración de la política agrícola común y de los métodos especiales que ésta pueda llevar consigo, se deberán tener en cuenta:

a) Las características especiales de la actividad agrícola, que resultan de la estructura social de la agricultura y de las desigualdades estructurales y naturales entre las distintas regiones agrícolas.

b) La necesidad de efectuar gradualmente las oportunas adaptaciones.

c) El hecho de que, en los Estados miembros, la agricultura constituye un sector estrechamente vinculado al conjunto de la economía.

ARTÍCULO 40[476]

1. Para alcanzar los objetivos previstos en el artículo 39, se crea una organización común de los mercados agrícolas[477].

Según los productos, esta organización adoptará una de las formas siguientes:

a) Normas comunes sobre la competencia.

b) Una coordinación obligatoria de las diversas organizaciones nacionales de mercado.

c) Una organización europea del mercado.

2. La organización común establecida bajo una de las formas indicadas en el apartado 1 podrá comprender todas las medidas necesarias para alcanzar los objetivos

---

473 Antiguo artículo 33 del TCE.

474 El Tribunal de Justicia ha reconocido efecto directo vertical a este artículo, en el sentido de que engendra para los justiciables, en sus relaciones con el Estado, derechos que los órganos jurisdiccionales deben salvaguardar (STJCE de 15 de abril de 1997, C-27/95, Bakers of Nailsea).

475 Véase Comunicación de la Comisión, de 29 de noviembre de 2017; «El futuro de los alimentos y de la agricultura» [COM (2017) 0713] y el Reglamento (UE) n.° 2017/2393 del Parlamento Europeo y del Consejo, de 13 de diciembre de 2017, por el que se modifican los Reglamentos (UE) n.° 1305/2013 relativo a la ayuda al desarrollo rural a través del Fondo Europeo Agrícola de Desarrollo Rural (FEADER), (UE) n.° 1306/2013 sobre la financiación, gestión y seguimiento de la Política Agrícola Común, (UE) n.° 1307/2013, por el que se establecen normas aplicables a los pagos directos a los agricultores en virtud de los regímenes de ayuda incluidos en el marco de la Política Agrícola Común, (UE) n.° 1308/2013, por el que se crea la organización común de mercados de los productos agrarios y (UE) n.° 652/2014 por el que se establecen disposiciones para la gestión de los gastos relativos a la cadena alimentaria, la salud animal y el bienestar de los animales, y relativos a la fitosanidad y a los materiales de reproducción vegetal

476 Antiguo artículo 34 TCE.

477 Véase Reglamento (UE) n.° 1308/2013 del Parlamento Europeo y del Consejo, de 17 de diciembre de 2013, por el que se crea la organización común de mercados de los productos agrarios y por el que se derogan los Reglamentos (CEE) n.° 922/72, (CEE) n.° 234/79, (CE) n.° 1037/2001 y (CE) n.° 1234/2007.

definidos en el artículo 39, en particular, la regulación de precios, subvenciones a la producción y a la comercialización de los diversos productos, sistemas de almacenamiento y de compensación de remanentes, mecanismos comunes de estabilización de las importaciones o exportaciones.

La organización común deberá limitarse a conseguir los objetivos enunciados en el artículo 39 y deberá excluir toda discriminación entre productores o consumidores de la Unión.

Cualquier política común de precios deberá basarse en criterios comunes y en métodos uniformes de cálculo.

3. Para permitir que la organización común a que hace referencia el apartado 1 alcance sus objetivos, se podrán crear uno o más fondos de orientación y de garantía agrícolas[478]/[479].

ARTÍCULO 41[480]

Para alcanzar los objetivos definidos en el artículo 39, podrán preverse, en el ámbito de la política agrícola común, medidas tales como:

a) Una eficaz coordinación de los esfuerzos emprendidos en los sectores de la formación profesional, investigación y divulgación de conocimientos agronómicos, que podrá comprender proyectos o instituciones financiados en común.

b) Acciones comunes para el desarrollo del consumo de determinados productos.

478 El Tribunal de Justica ha reconocido efecto directo vertical a este apartado, en el sentido de que engendra para los justiciables, en sus relaciones con el Estado derechos que los órganos jurisdiccionales deben salvaguardar (STJCE de 15 de abril de 1997, C-27/95, Bakers of Nailsea).

479 Véase el Real Decreto 1441/2001, de 21 de diciembre, por el que se aprueba el Estatuto del Fondo Español de Garantía Agraria (BOE núm. 12, de 14 de enero de 2002), actual Real Decreto 264/2015, de 10 de abril, por el que se modifica el Estatuto del Fondo Español de Garantía Agraria, aprobado por el Real Decreto 1441/2001, de 21 DE diciembre.

480 Antiguo artículo 35 del TCE.

ARTÍCULO 42[481/482/483/484]

Las disposiciones del capítulo relativo a las normas sobre la competencia serán aplicables a la producción y al comercio de los productos agrícolas sólo en la medida determinada por el Parlamento Europeo[485] y el Consejo, en el marco de las disposiciones y de acuerdo con el procedimiento previsto en el apartado 2 del artículo 43, teniendo en cuenta los objetivos enunciados en el artículo 39.

El Consejo, a propuesta de la Comisión[486], podrá autorizar la concesión de ayudas:

a) Para la protección de las explotaciones desfavorecidas por condiciones estructurales o naturales.

b) En el marco de programas de desarrollo económico.

ARTÍCULO 43[487/488]

1. La Comisión presentará propuestas relativas a la elaboración y ejecución de la política agrícola común, incluida la sustitución de las organizaciones nacionales por

---

481 Antiguo artículo 36 TCE.

482 Véase el Real Decreto 2721/1998, de 18 de diciembre, sobre determinadas ayudas comunitarias en el sector agrario, *BOE* núm. 302 de 19 de diciembre, corrección de errores en el *BOE* núm. 36 de 11 de febrero de 1999, vigente hasta el 25 de diciembre de 1999, fecha de entrada en vigor del Real Decreto 1973/1999, de 23 de diciembre, sobre determinadas ayudas comunitarias en ganadería. (BOE núm. 307, de 24 de diciembre de 1999), actual Real Decreto 1467/2001, de 27 de diciembre, por el que se derogan el Real Decreto 1738/1997, de 20 de noviembre, por el que se establecen ayudas a los programas de carne de vacuno de calidad y el Real Decreto 1973/1999, de 23 de diciembre sobre determinadas ayudas comunitarias en ganadería.

483 De acuerdo con el Reglamento (UE) 1305/2013, del Parlamento Europeo y del Consejo, de 17 de diciembre de 2013, relativo a la ayuda al desarrollo rural a través del Fondo Europeo Agrícola de Desarrollo Rural, Las ayudas no incluidas en el ámbito de aplicación del presente artículo, le son plenamente de aplicación los artículos 107, 108 y 109 del TFUE.

484 El Reglamento (UE) 2015/1588 del Consejo, de 13 de julio de 2015, sobre la aplicación de los artículos 107 y 108 del Tratado de Funcionamiento de la Unión Europea a determinadas categorías de ayudas estatales horizontales, establece en su considerando n.° 12 que «De conformidad con el artículo 42 TFUE, las normas sobre ayudas estatales no se aplican, bajo ciertas condiciones, a determinadas medidas de ayuda en favor de los productos agrícolas enumerados en el anexo I del TFUE. El artículo 42 no es aplicable al sector forestal y a los productos incluidos en dicho anexo. La Comisión debe estar facultada para eximir a determinados tipos de ayudas en favor del sector forestal, incluida la ayuda en los programas de desarrollo rural, así como las ayudas en favor de la promoción y publicidad de los productos del sector alimentario no incluidos en el anexo I del TFUE, si la experiencia de la comisión pone de manifiesto que los falseamientos de la competencia son limitados y que pueden establecerse condiciones claras de compatibilidad».

485 Novedad introducida por el TL, ahora aparece junto con el Consejo el Parlamento Europeo, anteriormente era solo el Consejo.

486 Novedad introducida por el TL, anteriormente no era necesaria la propuesta de la Comisión.

487 Antiguo artículo 37 TCE.

488 Véase Reglamento (UE) n.° 1306/2013 del Parlamento Europeo y del Consejo, de 17 de diciembre de 2013, sobre la financiación, gestión y seguimiento de la Política Agrícola Común, por el que se derogan los Reglamentos (CE) n.° 352/78, (CE) n.° 165/94, (CE) n.° 2799/98, (CE) n.° 814/2000, (CE) n.° 1290/2005 y (CE) n.° 485/2008 del Consejo.

alguna de las formas de organización común previstas en el apartado 1 del artículo 40, así como a la aplicación de las medidas especificadas en el presente título[489].

Tales propuestas deberán tener en cuenta la interdependencia de las cuestiones agrícolas mencionadas en el presente título[490].

2. El Parlamento Europeo y el Consejo[491] establecerán, con arreglo al procedimiento legislativo ordinario[492] y previa consulta al Comité Económico y Social, la organización común de los mercados agrícolas prevista en el apartado 1 del artículo 40, así como las demás disposiciones que resulten necesarias para la consecución de los objetivos de la política común de agricultura y pesca.

3. El Consejo, a propuesta de la Comisión, adoptará las medidas relativas a la fijación de los precios, las exacciones, las ayudas y las limitaciones cuantitativas, así como a la fijación y el reparto de las posibilidades de pesca[493/494].

4. En las condiciones previstas en el apartado 2, se podrá sustituir las organizaciones nacionales de mercado por la organización común[495] prevista en el apartado 1 del artículo 40:

a) Cuando la organización común ofrezca a los Estados miembros que se opongan a esta medida y dispongan de una organización nacional para la producción de que se trate garantías equivalentes para el empleo y el nivel de vida de los productores interesados, teniendo en cuenta el ritmo de las posibles adaptaciones y de las necesarias especializaciones.

b) Cuando dicha organización asegure a los intercambios dentro de la Unión condiciones análogas a las existentes en un mercado nacional.

5. En caso de crearse una organización común para determinadas materias primas, sin que exista todavía una organización común para los correspondientes productos transformados, tales materias primas utilizadas en los productos transformados destinados a la exportación a terceros países podrán ser importadas del exterior de la Unión[496].

---

489 Novedad introducida por el TL, aunque mantiene la esencia del TCE de elaboración y ejecución de una política común, que anteriormente se elaboraba en una Conferencia de los Estados miembros.

490 Este inciso mantiene la misma redacción que en las regulaciones anteriores.

491 En la regulación anterior era la Comisión la encargada de llevar a cabo esta tarea, ahora con el TL se encargan tanto el Parlamento Europeo como el Consejo.

492 El procedimiento legislativo ordinario es la codecisión.

493 Párrafo introducido como novedad por el TL, anteriormente no se encontraba una previsión de las mismas características.

494 El Tribunal de Justicia ha determinado, en la sentencia de 7 de septiembre de 2016 (C-113/14) Alemania/Parlamento-Consejo-Comisión (FJ. 58), que los apartados 2 y 3 del presente artículo persiguen finalidades distintas teniendo cada una un ámbito de aplicación concreto y que, en los casos en que el Consejo adopte medidas basándose en el artículo 43.3 deberá actuar conforme a los límites de sus competencias, y en su caso, del marco jurídico ya establecido en aplicación del art 43.2. No cabe afirmar que el TJUE haya reconocido la existencia de una jerarquía entre las dos disposiciones y que el Consejo puede hacer uso de las competencias que se le reconocen en el 43.3, incluso cuando el legislador de la Unión no haya establecido marco jurídico en el ejercicio de las competencias que reconoce el artículo 43.2 (FJ 59).

495 Anteriormente para poder sustituir, se necesitaba la mayoría cualificada del Consejo.

496 Este inciso mantiene la misma redacción que en el TCE.

ARTÍCULO 44[497]

Cuando en un Estado miembro un producto esté sujeto a una organización nacional de mercado o a cualquier regulación interna de efecto equivalente que afecte a la situación competitiva de una producción similar en otro Estado miembro, los Estados miembros aplicarán un gravamen compensatorio a la entrada de este producto procedente del Estado miembro que posea la organización o la regulación anteriormente citadas, a menos que dicho Estado aplique ya un gravamen compensatorio a la salida del producto.

La Comisión fijará el importe de dichos gravámenes en la medida necesaria para restablecer el equilibrio, pudiendo autorizar igualmente la adopción de otras medidas en las condiciones y modalidades que determine[498].

TÍTULO IV[499]
LIBRE CIRCULACIÓN DE PERSONAS, SERVICIOS Y CAPITALES

CAPÍTULO 1
TRABAJADORES[500/501]

ARTÍCULO 45[502/503]

1. Quedará asegurada la libre circulación de los trabajadores[504] dentro de la Unión[505].

---

497 Antiguo artículo 38 del TCE.

498 El presente artículo mantiene la misma redacción que en las regulaciones anteriores.

499 Antiguo Título III, con la misma denominación.

500 El artículo 28.1 del Acuerdo sobre el Espacio Económico Europeo establece lo siguiente: «Quedará asegurada la libre circulación de los trabajadores entre los Estados miembros de la CE y los Estados de la AELC».

501 Véase el Reglamento (UE) n.° 492/2011 del Parlamento Europeo y del Consejo, de 5 de abril de 2011, relativo a la libre circulación de los trabajadores dentro de la Unión y la Directiva 77/486/CEE del Consejo, de 25 de julio, relativa a la escolarización de los hijos de los trabajadores migrantes.

502 Antiguo artículo 39 TCE.

503 Véase la referencia hecha a este artículo en el artículo siguiente.

504 STJCE de 5 de marzo de 1998, C-194/96, Kulzer. El concepto de «trabajador» que tiene un alcance general, comprende a cualquier persona que, ejerciendo o no una actividad profesional, posea la condición de asegurado con arreglo a la legislación de la Seguridad Social de uno o varios Estados miembros. En el sistema del Tratado, los funcionarios son considerados trabajadores por cuenta ajena. El concepto de «trabajador» se refiere también a trabajadores y a los funcionarios jubilados.

505 Véase Directiva 2014/54/UE del Parlamento Europeo y del Consejo, de 16 de abril de 2014, sobre medidas para facilitar el ejercicio de los derechos conferidos a los trabajadores en el contexto de la libre circulación de los trabajadores.

2. [506]La libre circulación supondrá la abolición de toda discriminación[507] por razón de la nacionalidad entre los trabajadores de los Estados miembros, con respecto al empleo, la retribución y las demás condiciones de trabajo[508].

3. Sin perjuicio de las limitaciones[509/510] justificadas por razones de orden público, seguridad y salud públicas, la libre circulación de los trabajadores implicará el derecho:

a) de responder a ofertas efectivas de trabajo.

b) de desplazarse libremente para este fin en el territorio de los Estados miembros.

c) de residir[511] en uno de los Estados miembros con objeto de ejercer en él un empleo, de conformidad con las disposiciones legales, reglamentarias y administrativas aplicables al empleo de los trabajadores nacionales.

---

506 El Tribunal de Justicia ha reconocido efecto directo vertical y horizontal a este apartado, en el sentido de que engendra para las justiciables, en sus relaciones con el Estado y con otros particulares, derechos que los órganos jurisdiccionales deben salvaguardar (STJCE de 4 de diciembre de 1974, 41/74, Van Duyn).

507 STJCE de 12 de septiembre de 1996, C-278/94, Comisión/Bélgica. Una disposición de Derecho nacional debe considerarse como indirectamente discriminatoria cuando, por su propia naturaleza, puede afectar más a los trabajadores migrantes que a los trabajadores nacionales e implica, por consiguiente, el riesgo de resultar menos favorable sobre todo para los primeros. No es necesario comprobar si la disposición controvertida afecta, en la práctica, a un porcentaje considerablemente más importante de trabajadores migrantes. Basta con que se aprecie que dicha disposición puede producir tal efecto... están especialmente prohibidos los requisitos indistintamente aplicables que pueden ser cumplidos más fácilmente por los trabajadores nacionales que por los trabajadores migrantes.

508 El considerando sexto del preámbulo del Reglamento (UE) n.° 492/2011 del Parlamento Europeo y del Consejo, de 5 de abril de 2011, relativo a la libre circulación de los trabajadores dentro de la Unión dispone a tal efecto que «[...] el derecho de libre circulación exige que la igualdad de trato en todo cuanto se relaciona con el ejercicio mismo de la actividad por cuenta ajena [...]».

509 STJCE de 16 de julio de 1998, C-171/96, Pereira. La reserva que figura en el apartado 3 del artículo 48 TCE (hoy 54 TFUE), permite a los Estados miembros adoptar, con respecto a los nacionales de otros Estados miembros, por razones mencionadas en dicha disposición, especialmente por razones de orden público, medidas que no podrían aplicar a sus propios nacionales, en el sentido de que no pueden expulsar a éstos del territorio nacional ni prohibirle el acceso a él.

510 La STJUE, de 19 de septiembre de 2013 (C-140/12), caso Brey, establece la posibilidad de rehusar el acceso a tales prestaciones, a las personas no activas o que están en búsqueda de empleo, si no ostentan la residencia en el Estado que presta, en aquellos casos en que quede constatado que la generalización del acceso a tales prestaciones, en las condiciones mencionadas, supone un cargo para el sistema de protección social estatal. Del mismo modo la STJUE de 11 de noviembre de 2014 (C-333/13), Caso Dano, afirma que la aplicación de la Directiva 2004/38/CE no es contraria a la exclusión por parte de un determinado Estado a nacionales de otro estado miembro de la percepción económica de determinadas prestaciones especiales en metálico no contributivas en aquellos casos en que dichos nacionales no posean permiso de residencia en virtud de no cumplir con las exigencias y requisitos de la citada Directiva. En este sentido cabe citar también la STJUE, de 15 de septiembre de 2015 (C-67/14), casi Alimanovic, en todas ellas el TJUE se aparta de la jurisprudencia citada en años anteriores, y establece una interpretación de la directiva mucho más restrictiva.

511 Conforme al art. 14 de la Directiva 2004/38/CE, con carácter general, no podrán reali-

d) de permanecer[512] en el territorio de un Estado miembro después de haber ejercido en él un empleo, en las condiciones previstas en los reglamentos establecidos por la Comisión.

4. Las disposiciones del presente artículo no serán aplicables a los empleos en la administración pública[513/514].

ARTÍCULO 46[515/516]

El Parlamento Europeo y el Consejo, con arreglo al procedimiento legislativo ordinario[517] y, previa consulta al Comité Económico y Social, adoptarán, mediante directivas o reglamentos, las medidas necesarias a fin de hacer efectiva la libre circulación de los trabajadores, tal como queda definida en el artículo 45, en especial:

---

zarse acciones de expulsión contra ciudadanos de la Unión o miembros de su familia que hayan entrado en territorio de Estado miembro y puedan demostrar su búsqueda activa de empleo y posibilidades reales de contratación. El art. 16.1 de la mencionada directiva establece que los ciudadanos de la unión adquieren la residencia de manera permanente cuando el periodo de residencia haya sido superior a cinco años.

512 Véase el Reglamento (CE) n.° 635/2006 de la Comisión, de 25 de abril de 2006, por el que se deroga el Reglamento (CEE) n.° 1251/70 relativo al derecho de los trabajadores a permanecer en el territorio de un Estado miembro después de haber ejercido en él un empleo.

513 STJCE de 2 de julio de 1996, C-473/93, Comisión/Luxemburgo. El concepto de Administración Pública a efectos del apartado 4 del artículo 48 del Tratado debe interpretarse y aplicarse uniformemente en toda la Comunidad y no es posible por tanto dejarlo a la absoluta discreción de los Estados miembros... Para determinar si determinados puestos de trabajo están incluidos en el ámbito de aplicación del apartado 4 del artículo 48 del Tratado es preciso analizar si son o no característicos de las actividades específicas de la Administración Pública, en cuanto ente al que se ha confiado el ejercicio del poder público y la responsabilidad de salvaguardar los intereses generales del Estado o de otras entidades públicas... Por esta razón, el criterio de aplicabilidad del apartado 4 del artículo 48 del tratado debe ser funcional y tener en cuenta la naturaleza de las tareas y de las responsabilidades propias del puesto de trabajo, a fin de evitar que el efecto útil y el alcance de las disposiciones del Tratado relativas a la libre circulación de trabajadores y a la igualdad de trato de los nacionales de todos los Estados miembros se vean limitadas por interpretaciones del concepto de Administración Pública derivadas exclusivamente del Derecho nacional, que obstaculizarían la aplicación la aplicación de la normativa comunitaria. Limitando la aplicación del requisito de nacionalidad exclusivamente al acceso a empleos que implican realmente una participación directa o indirecta en el ejercicio del poder público y en las funciones que tienen por objeto la salvaguardia de los intereses generales del Estado o de otras entidades públicas... Los requisitos muy estrictos que deben satisfacer los empleos para que les sea aplicable la excepción prevista en el apartado 4 del artículo 48 no se cumplen en el caso de ... los profesores de enseñanza secundaria. Idéntica afirmación se impone, por las mismas razones, en lo que respecta a los profesores de enseñanza primaria.

514 Véase Real Decreto Legislativo 5/2015, de 30 de octubre, por el que se aprueba el texto refundido de la Ley del Estatuto Básico del Empleado Público (BOE de 31 de octubre de 2015).

515 Antiguo artículo 40 TCE.

516 Véase el artículo 160 TFUE en su versión consolidada del TL.

517 Véase el considerando 35 de la Directiva 2005/36/CE del Parlamento Europeo y del Consejo, de 7 de septiembre de 2005, relativa al reconocimiento de cualificaciones profesionales.

a) asegurando una estrecha colaboración entre las administraciones nacionales de trabajo.

b) eliminando aquellos procedimientos y prácticas administrativos, así como los plazos de acceso a los empleos disponibles, que resulten de la legislación nacional o de acuerdos celebrados con anterioridad entre los Estados miembros, cuyo mantenimiento suponga un obstáculo para la liberalización de los movimientos de los trabajadores.

c) eliminando todos los plazos y demás restricciones previstas en las legislaciones nacionales o en los acuerdos celebrados con anterioridad entre los Estados miembros, que impongan a los trabajadores de los demás Estados miembros condiciones distintas de las impuestas a los trabajadores nacionales para la libre elección de un empleo.

d) estableciendo los mecanismos adecuados para poner en relación las ofertas y las demandas de empleo y facilitar su equilibrio en condiciones tales que no se ponga en grave peligro el nivel de vida y de empleo en las diversas regiones e industrias.

ARTÍCULO 47[518/519]

Los Estados miembros facilitarán, en el marco de un programa común, el intercambio de trabajadores jóvenes[520].

ARTÍCULO 48[521/522]

El Parlamento Europeo y el Consejo, con arreglo al procedimiento legislativo ordinario, adoptarán, en materia de seguridad social[523], las medidas necesarias para el

518 Antiguo artículo 41 TCE.

519 Véase el artículo 160 TFUE en su versión consolidada del TL.

520 Véase Dictamen del Comité Económico y Social Europeo sobre la Propuesta de Reglamento del Parlamento Europeo y del Consejo relativo a una red europea de servicios de empleo, al acceso de los trabajadores a los servicios de movilidad y a la mayor integración de los mercados de trabajo [COM (2014) 6 final 2014/0002 (COD)], PROGRAMA EURES y la Decisión de Ejecución de la Comisión, de 26 de noviembre de 2012 relativa a la aplicación del Reglamento de Ejecución (UE) n.° 492/2011 del Parlamento Europeo y del Consejo en lo que respecta a la puesta en relación y la compensación de las ofertas y demandas de empleo y el restablecimiento de EURES [2012/733/UE].

521 Antiguo artículo 42 TCE.

522 Véase el artículo 160 TFUE en su versión consolidada del TL.

523 Véase el Reglamento 1408/71/CEE del Consejo, de 14 de Junio, relativo a la aplicación de los regímenes de seguridad social a los trabajadores por cuenta ajena y a los miembros de sus familias que se desplazan en el interior de la Comunidad.
Asimismo, véase el Reglamento (CE) n.° 987/2009 del Parlamento Europeo y del Consejo, de 16 de septiembre de 2009, por el que se adoptan las normas de aplicación del Reglamento (CE) n.° 883/2004, sobre la coordinación de los sistemas de seguridad social.
Véase, también, Aplicación de los regímenes de seguridad social a los trabajadores por cuenta ajena, a los trabajadores por cuenta propia y a los miembros de sus familias que se desplazan dentro de la Comunidad, Resolución legislativa del Parlamento Europeo, de 15 de enero de 2008, sobre la propuesta de Reglamento del Parlamento Europeo y del Consejo por el que se modifica el Reglamento (CEE) n.° 1408/71 del Consejo, relativo a la aplicación de los regímenes de seguridad social a los trabajadores por cuenta ajena, a los trabajadores por cuenta propia y a los miembros de sus familias que se desplazan dentro de la Comunidad (COM(2007) 0159 —C6-0104/2007— 2007/0054(COD)).
Véase, asimismo, P6_TC1-COD (2007)0054 Posición del Parlamento Europeo, adoptada

establecimiento de la libre circulación de los trabajadores[524], creando, en especial, un sistema que permita garantizar a los trabajadores migrantes por cuenta ajena y por cuenta propia, así como a sus derechohabientes:

a) la acumulación de todos los períodos tomados en consideración por las distintas legislaciones nacionales para adquirir y conservar el derecho a las prestaciones sociales, así como para el cálculo de éstas.

b) el pago de las prestaciones a las personas que residan en los territorios de los Estados miembros.

Cuando un miembro del Consejo declare que un proyecto de acto legislativo de los previstos en el párrafo primero perjudica a aspectos importantes de su sistema de seguridad social, como su ámbito de aplicación, coste o estructura financiera, o afecta al equilibrio financiero de dicho sistema, podrá solicitar que el asunto se remita al Consejo Europeo, en cuyo caso quedará suspendido el procedimiento legislativo ordinario. Previa deliberación y en un plazo de cuatro meses a partir de dicha suspensión, el Consejo Europeo:

a) devolverá el proyecto al Consejo, poniendo fin con ello a la suspensión del procedimiento legislativo ordinario, o bien

b) no se pronunciará o pedirá a la Comisión que presente una nueva propuesta. En tal caso, el acto propuesto inicialmente se considerará no adoptado.

---

en primera lectura el 15 de enero de 2008, con vistas a la adopción del Reglamento (CE) n.°/2008 del Parlamento Europeo y del Consejo por el que se modifica el Reglamento (CEE) n.° 1408/71, relativo a la aplicación de los regímenes de seguridad social a los trabajadores por cuenta ajena, a los trabajadores por cuenta propia y a los miembros de sus familias que se desplazan dentro de la Comunidad. DO C 41E de 19.2.2009.

524 Reglamento (UE) n.° 492/2011 del Parlamento Europeo y del Consejo, de 5 de abril de 2011, relativo a la libre circulación de los trabajadores dentro de la Unión.

CAPÍTULO 2
DERECHO DE ESTABLECIMIENTO[525/526]

ARTÍCULO 49[527/528/529]

En el marco de las disposiciones siguientes, quedarán prohibidas las restricciones a la libertad de establecimiento de los nacionales de un Estado miembro en el territorio de otro Estado miembro[530].

---

525 El artículo 31.1 del Acuerdo sobre el Espacio Económico Europeo dice lo siguiente: «En el marco de las disposiciones del presente Acuerdo quedaran prohibidas las restricciones de la libertad de establecimiento de los nacionales de un Estado miembro de las CE o de un Estado de la AELC en el territorio de otro de esos Estados. Esta disposición se extenderá igualmente a la apertura de agencias, sucursales o filiales por los nacionales de un Estado miembro de las CE o de un Estado de las AELC establecidos en el territorio de cualquiera de estos Estados. La libertad de establecimiento comprenderá el acceso a las actividades por cuenta propia y su ejercicio, así como la constitución y gestión de empresas, y especialmente de sociedades tal como se definen en el párrafo segundo del artículo 34, en las condiciones fijadas por la legislación del país de establecimiento para sus propios nacionales, sin perjuicio de las disposiciones del Capítulo 4».

526 STJCE de 25 de julio de 1991 (C-221/89), caso Factortame (p. 20) define el concepto de establecimiento como aquel «[...] ejercicio efectivo de una actividad económica por medio de una instalación permanente en otro Estado miembro por una duración indeterminada». Por consiguiente, establece la STJCE de 12 de septiembre de 2006 (C-196/04), apartado 54 y STJUE de 12 de abril de 2012 (C-378/10), apartado 34 «supone una implantación real de la sociedad de que se trate en ese Estado y el ejercicio de una actividad económica efectiva en este».

527 Antiguo artículo 43 del TCE.

528 El Tribunal de Justicia ha reconocido efecto directo vertical a este artículo, en el sentido de que engendra para los justiciables, en sus relaciones con el Estado, derechos que los órganos jurisdiccionales deben salvaguardar (STJCE de 21 de Junio de 1974, 2/74, Reyners).

529 STJCE de 29 de febrero de 1996, C-193/94, Skanavi: El Tribunal distingue entre el derecho de conducción y el documento que aporta tal certificación, entendiendo que el derecho de conducción no desaparecería, aunque el titular no canjeara el permiso en el periodo previsto por la Directiva 80/1263/CEE. A este respecto, véase la Directiva 80/1263/CEE del Consejo, de 4 de diciembre de 1980 relativa al establecimiento de un permiso de conducir comunitario (derogada), la posterior Directiva 91/439/CEE del Consejo, de 29 de julio de 1991, sobre el permiso de conducción (derogada), y la actual Directiva 2006/126/CE del Parlamento Europeo y del Consejo, de 20 de diciembre de 2006, sobre el permiso de conducción (refundición).
Por su parte, la sentencia del TJUE, de 26 de octubre de 2017 (C-195/16), establece a este respecto —punto 77— que *«[...] el hecho de que un Estado miembro impusiese a un conductor [...], que ha obtenido autorización para conducir en otro Estado miembro, pero al que no se ha expedido todavía un permiso de conducción conforme a las exigencias del modelo de permiso de conducción establecido en la Directiva 2006/123, una sanción grave [...], seria desproporcionado en relación con la gravedad de los hechos que se trata y vulneraria por lo tanto el derecho de este conductor a circular y residir libremente en el territorio de los Estados miembros [...]»*.
Véase, asimismo, la STJCE de 20 de junio de 1996, asuntos acumulados C-418 a C-421/93, C-460 a C-462/93, C-464/93 y C-9, C-11, C-14, C-15, C-23, C-24 y C-332/94, Semeraro. El artículo 52 (43 del TCE y 49 del TFUE) no se opone a una legislación nacional sobre cierre de comercios los domingos y festivos

530 La sentencia del TJUE de 1 de febrero de 2017 (C-392/15) declara que el requisito de nacionalidad exigido para acceder a la profesión notarial constituye una discriminación por razón de nacionalidad que, por otro lado, generaría restricciones a la libertad de establecimiento de tales profesionales en otros Estados miembros

Dicha prohibición se extenderá igualmente a las restricciones relativas a la apertura de agencias, sucursales o filiales[531] por los nacionales de un Estado miembro establecidos en el territorio de otro Estado miembro.

La libertad de establecimiento comprenderá el acceso a las actividades no asalariadas y su ejercicio, así como la constitución y gestión de empresas y, especialmente, de sociedades, tal como se definen en el párrafo segundo del artículo 54, en las condiciones fijadas por la legislación del país de establecimiento para sus propios nacionales, sin perjuicio de las disposiciones del capítulo relativo a los capitales[532].

ARTÍCULO 50[533]

1. A efectos de alcanzar la libertad de establecimiento en una determinada actividad, el Parlamento Europeo y el Consejo decidirán, mediante directivas[534], con arreglo al procedimiento legislativo ordinario y previa consulta al Comité Económico y Social.

2. El Parlamento Europeo, el Consejo y la Comisión ejercerán las funciones que les atribuyen las disposiciones precedentes, en particular:

a) ocupándose, en general, con prioridad, de las actividades en las que la libertad de establecimiento contribuya de manera especialmente útil al desarrollo de la producción y de los intercambios.

b) asegurando una estrecha colaboración entre las administraciones nacionales competentes a fin de conocer las situaciones particulares, dentro de la Unión, de las distintas actividades afectadas.

c) eliminando aquellos procedimientos y prácticas administrativos que resulten de la legislación nacional o de acuerdos celebrados con anterioridad entre los Estados miembros, cuyo mantenimiento suponga un obstáculo para la libertad de establecimiento.

d) velando por que los trabajadores asalariados de uno de los Estados miembros, empleados en el territorio de otro Estado miembro, puedan permanecer en dicho territorio para emprender una actividad no asalariada, cuando cumplan las condicio-

531 STJUE de 12 de junio de 2014 (C-39/13 a C-41/13), p. 43, declara que «Los artículos 49 y 54 TFUE deben interpretarse en el sentido de que se oponen a una normativa de un Estado miembro en virtud de la cual se concede un régimen de unidad fiscal única a una sociedad matriz residente que controla determinadas filiales residentes, pero se excluye para sociedades hermanas residentes cuya sociedad matriz común no tiene su domicilio social en ese Estado miembro ni cuenta en el con un establecimiento permanente».

532 STJCE de 6 de junio de 1996, C-101/94, Comisión/Italia. En virtud del párrafo segundo del artículo 52 (43 TCE y 49 TFUE), la libertad de establecimiento se ejerce en las condiciones fijadas por la legislación del país de establecimiento para sus propios nacionales... El acceso a determinadas actividades por cuenta propia y su ejercicio pueden, por tanto, estar supeditados a la observancia de las disposiciones legislativas, reglamentarias o administrativas, justificadas por el interés general, tales como normas de organización, de aptitud, de deontología, de control y de responsabilidad. En relación con esta materia, encontramos la Sentencia del Tribunal de Justicia (Sala Sexta) de 13 de febrero de 2003. Asunto C-131/01: «Por otro lado, la condición de reciprocidad, en virtud de la cual la República Italiana estaría dispuesta a respetar el Derecho comunitario únicamente en sus relaciones con los Estados miembros que no impongan una obligación de residencia de esta índole, resulta inaceptable con arreglo al Derecho comunitario».

533 Antiguo artículo 44 TCE.

534 Véase la Directiva 2004/38/CE del Parlamento Europeo y del Consejo, de 29 de abril de 2004, relativa al derecho de los ciudadanos de la Unión y de los miembros de sus familias a circular y residir libremente en el territorio de los Estados miembros por la que se modifica el Reglamento (CEE) n.º 1612/68 y se derogan las Directivas 64/221/CEE, 68/36/CEE, 72/194/CEE, 73/148/CEE, 75/34/CEE, 75/35/CEE, 90/364/CEE, 90/365/CEE y 93/96/CEE.

nes que les serían exigibles si entraran en el citado Estado en el momento de querer iniciar dicha actividad.

e) haciendo posible la adquisición y el aprovechamiento de propiedades inmuebles situadas en el territorio de un Estado miembro por un nacional de otro Estado miembro, en la medida en que no se contravengan los principios establecidos en el apartado 2 del artículo 39.

f) aplicando la supresión progresiva de las restricciones a la libertad de establecimiento, en cada rama de actividad contemplada, tanto en lo que respecta a las condiciones de apertura, en el territorio de un Estado miembro, de agencias, sucursales o filiales, como a las condiciones de admisión del personal de la sede central en los órganos de gestión o de control de aquéllas.

g) coordinando, en la medida necesaria y con objeto de hacerlas equivalentes, las garantías exigidas en los Estados miembros a las sociedades definidas en el párrafo segundo del artículo 54, para proteger los intereses de socios y terceros.

h) asegurándose de que las condiciones para el establecimiento no resultan falseadas mediante ayudas otorgadas por los Estados miembros.

ARTÍCULO 51[535/536]

Las disposiciones del presente capítulo no se aplicarán, en lo que respecta al Estado miembro interesado, a las actividades que, en dicho Estado, estén relacionadas, aunque sólo sea de manera ocasional, con el ejercicio del poder público.

El Parlamento Europeo y el Consejo, con arreglo al procedimiento legislativo ordinario, podrán excluir determinadas actividades de la aplicación de las disposiciones del presente capítulo.

ARTÍCULO 52[537/538/539]

1. Las disposiciones del presente capítulo y las medidas adoptadas en virtud de las mismas no prejuzgarán la aplicabilidad de las disposiciones legales, reglamentarias y administrativas que prevean un régimen especial para los extranjeros y que estén justificadas por razones de orden público, seguridad y salud públicas.

2. El Parlamento Europeo y el Consejo, con arreglo al procedimiento legislativo ordinario, adoptarán directivas para la coordinación de las mencionadas disposiciones.

535 Antiguo artículo 45 TCE.

536 Véase el artículo 62 TFUE.

537 Antiguo artículo 46 TCE.

538 Véase artículo 62 TFUE.

539 STJCE de 28 de abril de 1998, C-158/96, Kohll. El artículo 56 (46 del Tratado CE y 52 del TFUE) permite a los Estados miembros restringir la libre prestación de servicios médicos y hospitalarios, en la medida en que el mantenimiento de una capacidad de asistencia o de una competencia médica en el territorio nacional es esencial para la salud pública, e incluso para la supervivencia de su población. En relación con esta materia ver la Sentencia del Tribunal de Justicia de 14 de enero de 2010, Asunto C-343/08: «Ciertamente, semejante prohibición establecida por el Derecho nacional deberá ajustarse a las normas reguladoras de la libertad de circulación contenidas en el Tratado CE, en particular a las disposiciones reguladoras de la libertad de establecimiento, que sientan la prohibición de restricciones al ejercicio de la citada libertad, a menos que éstas puedan justificarse por los motivos mencionados en el Tratado o por razones imperiosas de interés general que incluyan, en particular, la existencia de un riesgo de perjuicio grave para el equilibrio financiero del sistema de seguridad social».

ARTÍCULO 53[540/541]

1. A fin de facilitar el acceso a las actividades no asalariadas y su ejercicio, el Parlamento Europeo y el Consejo, con arreglo al procedimiento legislativo ordinario, adoptarán directivas[542] para el reconocimiento mutuo de diplomas, certificados y otros títulos, así como para la coordinación de las disposiciones legales, reglamentarias y administrativas de los Estados miembros relativas al acceso a las actividades por cuenta propia y a su ejercicio.

2. En cuanto a las profesiones médicas, paramédicas y farmacéuticas, la progresiva supresión de las restricciones quedará subordinada a la coordinación de las condiciones exigidas para su ejercicio en los diferentes Estados miembros.

ARTÍCULO 54[543/544]

Las sociedades constituidas de conformidad con la legislación de un Estado miembro y cuya sede social, administración central o centro de actividad principal se encuentre dentro de la Unión quedarán equiparadas, a efectos de aplicación de las disposiciones del presente capítulo, a las personas físicas nacionales de los Estados miembros[545].

Por sociedades se entiende las sociedades de Derecho civil o mercantil, incluso las sociedades cooperativas, y las demás personas jurídicas de Derecho público o privado, con excepción de las que no persigan un fin lucrativo[546].

ARTÍCULO 55[547]

Los Estados miembros aplicarán a los nacionales de los demás Estados miembros el trato de nacional en lo que respecta a su participación financiera en el capital de las sociedades definidas en el artículo 54, sin perjuicio de la aplicación de las restantes disposiciones de los Tratados.

---

540 Antiguo artículo 47 TCE.

541 Véase artículo 62 TFUE.

542 Véase Directiva 2013/55/UE del Parlamento Europeo y del Consejo por la que se modifica la Directiva 2005/36/CE relativa al reconocimiento de cualificaciones profesionales.

543 Antiguo artículo 48 TCE.

544 Véase las referencias hechas a este artículo en los artículos 55 y 62 TFUE.

545 Propuesta de Directiva del Parlamento Europeo y del Consejo por la que se modifica la Directiva (UE) 2017/1132 en lo que atañe a las transformaciones, fusiones y escisiones transfronterizas establece que «En ausencia de armonización del Derecho de la Unión, la definición del factor de conexión que determina la ley nacional aplicable a una sociedad o empresa es, de conformidad con el artículo 54 TFUE, competencia de cada Estado miembro». Asimismo, la STJUE de 25 de octubre de 2017 (C-106/06), apartado 29 afirma que, cuando el Estado de destino requiera únicamente el traslado de la sede social como factor de conexión para la existencia de una sociedad sujeta a su legislación nacional, el hecho de que solo se traslade la sede social, no excluye en si la aplicabilidad de la libertad de establecimiento.

546 Véanse las referencias hechas a este artículo en los artículos 49 y 50 g) TFUE.

547 Antiguo artículo 294 del TCE (desplazado).

CAPÍTULO 3
SERVICIOS[548/549]

ARTÍCULO 56[550/551]

En el marco de las disposiciones siguientes, quedarán prohibidas las restricciones[552] a la libre prestación de servicios dentro de la Unión para los nacionales de los Estados miembros establecidos en un Estado miembro[553] que no sea el del destinatario de la prestación[554].

---

548 El apartado artículo 36.1 del Acuerdo sobre el Espacio Económico Europeo menciona lo siguiente: «En el marco de las disposiciones del presente Acuerdo, quedaran prohibidas las restricciones de la libre prestación de servicios en el territorio de las Partes Contratantes para los nacionales de los Estados miembros de la CE y de los Estados de la AELC establecidos en un Estado de la CE o en un Estado de la AELC que no sea el de destinatario de la prestación».

549 Véase el Protocolo n.° 26 sobre los Servicios de Interés General anejo al TL.

550 Antiguo artículo 49 TCE.

551 STJCE de 28 de marzo de 1996, C-272/94, Guiot. Incluso a falta de armonización en la materia, la libre prestación de servicios, como principio fundamental del Tratado, sólo puede limitarse mediante normas justificadas por razones imperiosas de interés general y que se apliquen a cualquier persona o empresa que ejerza una actividad en el Estado de destino, en la medida en que dicho interés no quede salvaguardado por las normas a que está sujeto el prestador en el Estado miembro en el que está establecido.

552 STJCE de 28 de abril de 1998, C-158/96 Kohll. Objetivos de carácter meramente económico no pueden justificar un obstáculo al principio fundamental de la libre prestación de servicios. Sin embargo, no puede excluirse que un riesgo de perjuicio grave para el equilibrio financiero del sistema de Seguridad Social constituya una razón imperiosa de interés general que pueda justificar un obstáculo de dicha naturaleza. STJCE de 10 de septiembre de 1996, C-11/95, Comisión/Bélgica. Una política cultural que tenga por finalidad salvaguardar la libertad de expresión de las diferentes corrientes, especialmente sociales, culturales, religiosas o filosóficas propia de un Estado con el alcance con que dicha libertad debe poderse manifestar en la prensa, en la radio o en la televisión puede constituir una razón imperativa de interés general que justifique una restricción a la libre prestación de servicios garantizada por el artículo 59 del Tratado CE.
STJUE de 18 de diciembre de 2007 (C-341/05), caso Laval un Partneri (apartado 101); de 4 de diciembre de 2008 (C-330/07), caso Jobra (apartado 27); de 26 de mayo de 2016 (C-48/15) caso International (apartado 58) establecen que una restricción de la libre prestación de servicios solo será admisible en aquellos casos en que la persecución de su objetivo sea legítimo y compatible con el TFUE, así como posea una justificación en virtud del interés general y siempre que sea adecuada para garantizar la realización del objetivo que persigue y no exceda lo necesario para alcanzarlo.
STJUE de 6 de junio de 2013 (C-383/10), Comisión/Bélgica —apartado 42— establece que, *«Desde la perspectiva de un mercado único y para permitir alcanzar sus objetivos, el artículo 56 TFUE se opone a la aplicación de toda normativa nacional que dificulte más la prestación de servicios entre Estados miembros que la prestación de servicios puramente interna en un Estado miembro»*.

553 El TL cambia la referencia de «país», que se encontraba en el TCE, a la de «Estado miembro de la Unión Europea».

554 El Tribunal de Justicia ha reconocido efecto directo vertical y horizontal a este párrafo, en el sentido de que engendra para los justiciables, en sus relaciones con el Estado y con

El Parlamento Europeo y el Consejo, con arreglo al procedimiento legislativo ordinario[555], podrán extender el beneficio de las disposiciones del presente capítulo a los prestadores de servicios que sean nacionales de un tercer Estado y se hallen establecidos dentro de la Unión.

ARTÍCULO 57[556]

Con arreglo a los Tratados[557], se considerarán como servicios[558] las prestaciones realizadas normalmente a cambio de una remuneración, en la medida en que no se rijan por las disposiciones relativas a la libre circulación de mercancías, capitales y personas.

Los servicios comprenderán, en particular:

a) Actividades de carácter industrial.

b) Actividades de carácter mercantil.

c) Actividades artesanales.

d) Actividades propias de las profesiones liberales[559].

Sin perjuicio de las disposiciones del capítulo relativo al derecho de establecimiento, el prestador de un servicio podrá, con objeto de realizar dicha prestación, ejercer temporalmente su actividad en el Estado miembro[560] donde se lleve a cabo la prestación, en las mismas condiciones que imponga ese Estado a sus propios nacionales[561].

ARTÍCULO 58[562]

1. La libre prestación de servicios, en materia de transportes, se regirá por las disposiciones del título relativo a los transportes[563].

---

otros particulares, derechos que los órganos jurisdiccionales deben salvaguardar (STJCE de 3 de diciembre de 1974, 33/74, Van Binsberger).

555 Novedad introducida el TL, anteriormente se aludía al Consejo y siempre y cuando lo hiciera por mayoría absoluta y a propuesta de la Comisión.

556 Antiguo artículo 50 TCE.

557 En el TL se hace mención a los Tratados, en lugar de al Tratado, de acuerdo a lo que se contempla en el artículo 1 párrafo 3.° del TUE en su versión consolidada del TL.

558 La STJUE de 11 de septiembre de 2014 (C-291/13), apartado 29 establece conforme a lo dispuesto en la Sentencia de 26 de abril de 1988 (C-352/89), caso Bond van Adverteers, que el concepto de servicios en el sentido del artículo 57 TFUE tampoco exige que el servicio sea pagado por sus beneficiarios.

559 Véase la Directiva 77/249/CEE del Consejo, de 22 de marzo, dirigida a facilitar el ejercicio efectivo de la libre prestación de servicios por los abogados, modificada en reiteradas ocasiones, y cuya última modificación es la Directiva 2006/100/CE del Consejo, de 20 de noviembre de 2006, por la que se adaptan determinadas directivas en el ámbito de la libre circulación de personas, con motivo de la adhesión de Bulgaria y Rumanía y la Directiva 98/5/CE del PE y del Consejo, de 16 de febrero, destinada a facilitar el ejercicio permanente de la profesión de abogado en un Estado miembro distinto de aquél en el que se haya obtenido el título, DOCE L núm. 77, de 14 de marzo.

560 En el TL se añade el calificativo de «miembro», anteriormente sólo se decía Estado.

561 El Tribunal de Justicia ha reconocido efecto directo vertical a este párrafo, en el sentido de que engendra para los justiciables, en sus relaciones con el Estado, derechos que los órganos jurisdiccionales deben salvaguardar (STJCE de 3 de diciembre de 1974, 33/74, Van Binsberger).

562 Antiguo artículo 51 TCE.

563 El Tribunal de Justicia de la Unión Europea, en la sentencia de 20 de diciembre de 2017 (C-434/15) declara que un servicio de intermediación (UBER) cuyo objeto es conectar por

2. La liberalización de los servicios bancarios y de seguros vinculados a los movimientos de capitales se realizará en armonía con la liberalización de la circulación de capitales.

ARTÍCULO 59[564]

1. A efectos de alcanzar la liberalización de un servicio determinado, el Parlamento Europeo y el Consejo, con arreglo al procedimiento legislativo ordinario y previa consulta al Comité Económico y Social, decidirán mediante directivas[565].

2. Las directivas previstas en el apartado 1 se referirán, en general, con prioridad, a los servicios que influyan de forma directa en los costes de producción o cuya liberalización contribuya a facilitar los intercambios de mercancías.

ARTÍCULO 60[566]

Los Estados miembros se esforzarán por proceder[567] a una liberalización de los servicios más amplia que la exigida en virtud de las directivas adoptadas en aplicación del apartado 1 del artículo 59, si su situación económica general y la del sector afectado se lo permiten.

La Comisión dirigirá, a este fin, recomendaciones a los Estados miembros interesados.

ARTÍCULO 61[568]

En tanto no se supriman las restricciones a la libre prestación de servicios, cada uno de los Estados miembros aplicará tales restricciones, sin distinción de nacionalidad o residencia[569], a todos los prestadores de servicios a que se refiere el párrafo primero del artículo 56.

---

medio de aplicaciones telefónicas y a cambio de una retribución económica, conductores profesionales con vehículo propio efectuando traslados a personas por zonas urbanas debe estar vinculado a este artículo y no al régimen establecido por el artículo 56 TFUE. Véase Directiva 2006/123/CE del Parlamento Europeo y del Consejo, de 12 de diciembre de 2006, relativa a los servicios en el mercado interior.

564 Antiguo artículo 52 TCE.

565 Véase la Directiva 73/148/CEE del Consejo, de 21 de mayo, relativa a la supresión de las restricciones al desplazamiento y residencia en materia de libertad de establecimiento y prestación de servicios, aunque ha sido derogada por la Directiva 2004/38/CE del Parlamento Europeo y del Consejo, de 29 de abril de 2004, relativa al derecho de los ciudadanos de la Unión y de los miembros de sus familias a circular y residir libremente en el territorio de los Estados miembros por la que se modifica el Reglamento (CEE) n.° 1612/68 y se derogan las Directivas 64/221/CEE, 68/360/ CEE, 72/194/CEE, 73/148/CEE, 75/34/CEE, 75/35/CEE, 90/364/CEE, 90/365/CEE y 93/96/CEE.
Este primer párrafo mantiene el espíritu contemplado en el primer párrafo del artículo 52 del TCE, aunque la redacción del mismo ha sido modificada. El TL, hace alusión al PE y al Consejo previa consulta al Comité Económico y Social, para decidir mediante directivas. En cambio, el TCE hacía referencia al Consejo, a propuesta de la Comisión y previa consulta al Comité Económico y Social, para decidir mediante directivas, aunque con el requisito de la mayoría absoluta.

566 Antiguo artículo 53 del TCE.

567 Modificación introducida por el TL, anteriormente el Tratado decía: «Los Estados miembros se declaran dispuestos a proceder».

568 Antiguo artículo 54 TCE.

569 Véase respecto de Austria y Suecia los artículos 70 y 114 y respecto de Finlandia los artículos 86 y 87 del Acta de Adhesión.

ARTÍCULO 62[570]

Las disposiciones de los artículos 51 a 54, ambos inclusive, serán aplicables a las materias reguladas por el presente capítulo.

CAPÍTULO 4
CAPITAL Y PAGOS[571]

ARTÍCULO 63[572/573]

1. [574]En el marco de las disposiciones del presente capítulo, quedan prohibidas todas las restricciones a los movimientos de capitales entre Estados miembros y entre Estados miembros y terceros países[575/576/577].

2. En el marco de las disposiciones del presente capítulo, quedan prohibidas cualesquiera restricciones sobre los pagos entre Estados miembros y entre Estados miembros y terceros países[578].

---

570 Antiguo artículo 55 TCE.

571 El artículo 40 del Acuerdo sobre el Espacio Económico Europeo dice lo siguiente: «En el marco de las disposiciones del presente Acuerdo quedarán prohibidas entre las Partes Contratantes las restricciones de los movimientos de capitales pertenecientes a personas residentes en los Estados miembros de la CE o en los Estados de la AELC, así como las discriminaciones de trato por razón de la nacionalidad o de la residencia de las partes o del lugar donde se haya invertido los capitales. En el Anexo XII figuran las disposiciones necesarias para la aplicación del presente artículo».

572 Antiguo artículo 56 TCE.

573 En caso de incumplimiento por parte de los Estados de la libre circulación de capitales de forma injustificada, será de aplicación el procedimiento de infracción habitual contemplado en los artículos 258 a 260 del TFUE.

574 El Tribunal de Justicia ha reconocido efecto directo vertical a este apartado, en relación con el artículo 57 y con la letra b) del artículo 58.1, en el sentido de que engendra para los justiciables, en sus relaciones con el Estado, derechos que los órganos jurisdiccionales deben salvaguardar (STJCE de 14 de diciembre de 1995, C-163, C-165 y C-250/94, Sanz de Lera).

575 Véase la Comunicación de la Comisión relativa a determinados aspectos jurídicos que afectan a las inversiones intracomunitarias, DOCE C núm. 220 de 19 de julio de 1997.

576 Véase STJUE de 3 de septiembre de 2014 (C-127/12) en la que el Tribunal declara el incumplimiento de las obligaciones determinadas por el presente artículo y por el art. 40 del Acuerdo sobre el Espacio Económico Europeo de 2 de mayo de 1992 permitiendo el establecimiento de distinto trato fiscal entre donaciones y sucesiones de los residentes y no residentes en España.

577 El Plan de Acción para la Unión de Mercados de Capital [COM (2015) 468 final de 30.9.2015] contiene un programa global de medidas para poner en práctica los elementos básicos de la UMC de aquí a 2019. La Comunicación de la Comisión al Parlamento Europeo, al Consejo, al Comité Económico y Social Europeo y al Comité de las Regiones [COM (2016) 601 final, 14.9.2016] pretende acelerar el proceso de reformas.

578 Véase Directiva (UE) 2015/2366 del Parlamento Europeo y del Consejo, de 25 de noviembre de 2015, sobre servicios de pago en el mercado interior y por la que se modifican las Directivas 2002/65/CE, 2009/110/CE y 2013/36/UE y el Reglamento (UE) n.º 1093/2010 y se deroga la Directiva 2007/64/CE.

ARTÍCULO 64[579]

1. [580]Lo dispuesto en el artículo 63 se entenderá sin perjuicio de la aplicación a terceros países de las restricciones que existan el 31 de diciembre de 1993 de conformidad con el Derecho nacional o con el Derecho de la Unión[581] en materia de movimientos de capitales, con destino a terceros países o procedentes de ellos, que supongan inversiones directas, incluidas las inmobiliarias, el establecimiento, la prestación de servicios financieros o la admisión de valores en los mercados de capitales. Respecto de las restricciones existentes en virtud de la legislación nacional en Bulgaria, Estonia y Hungría, la fecha aplicable será el 31 de diciembre de 1999[582]. Respecto de las restricciones existentes en Croacia en virtud de la legislación nacional, la fecha aplicable será el 31 de diciembre de 2002.

2. Aunque procurando alcanzar el objetivo de la libre circulación de capitales entre Estados miembros y terceros países en el mayor grado posible, y sin perjuicio de lo dispuesto en los demás capítulos de los Tratados, el Parlamento Europeo y el Consejo, con arreglo al procedimiento legislativo ordinario[583], adoptarán medidas relativas a los movimientos de capitales, con destino a terceros países o procedentes de ellos, que supongan inversiones directas, incluidas las inmobiliarias, el establecimiento, la prestación de servicios financieros o la admisión de valores en los mercados de capitales.

3. No obstante lo dispuesto en el apartado 2, sólo el Consejo, con arreglo a un procedimiento legislativo especial, por unanimidad y previa consulta al Parlamento Europeo, podrá establecer medidas que supongan un retroceso en el Derecho de la Unión respecto de la liberalización de los movimientos de capitales con destino a terceros países o procedentes de ellos[584].

ARTÍCULO 65[585]

1. Lo dispuesto en el artículo 63 se aplicará sin perjuicio del derecho de los Estados miembros a:

a) Aplicar las disposiciones pertinentes de su Derecho fiscal que distingan entre contribuyentes cuya situación difiera con respecto a su lugar de residencia o con respecto a los lugares donde esté invertido su capital.

b) [586]Adoptar las medidas necesarias para impedir las infracciones a su Derecho y normativas nacionales, en particular en materia fiscal y de supervisión prudencial

---

579 Antiguo artículo 57 TCE.

580 El TJUE en la sentencia de 15 de febrero de 2017 (C-317/15) afirma que el artículo 64.1 TFUE «debe interpretarse en el sentido de que se aplica a una normativa nacional que impone una restricción a los movimientos de capitales a los que se refiere esta disposición, como el plazo ampliado para la liquidación complementaria [...] incluso cuando esa restricción sea aplicable igualmente a situaciones sin vínculo alguno con las inversiones directas, con el establecimiento, con la prestación de servicios financieros o con la admisión de valores en los mercados».

581 En el TL cambia la denominación de Derecho Comunitario a Derecho de la Unión.

582 Este último inciso ha sido introducido por el TL.

583 Modificación introducida por el TL, anteriormente era sólo el Consejo con mayoría cualificada y a propuesta de la Comisión.

584 Este párrafo mantiene la esencia de la última parte del antiguo artículo 57.2 del TCE, aunque la redacción ha sido modificada, Anteriormente, se exigía unanimidad por parte del Consejo. Ahora con el TL, se exige unanimidad por parte del Consejo, una consulta previa al PE y todo ello realizado mediante un procedimiento legislativo especial.

585 Antiguo artículo 58 del TCE.

586 STJUE de 6 de marzo de 2018 (C-52/16 y C-113/16), asunto Segro y Horvath afirma, conforme a jurisprudencia reiterada la prohibición general de restricciones a los movimientos

de entidades financieras, establecer procedimientos de declaración de movimientos de capitales a efectos de información administrativa o estadística o tomar medidas justificadas por razones de orden público o de seguridad pública.

2. Las disposiciones del presente capítulo no serán obstáculo para la aplicación de restricciones del derecho de establecimiento compatibles con los Tratados.

3. Las medidas y procedimientos a que se hace referencia en los apartados 1 y 2 no deberán constituir ni un medio de discriminación arbitraria ni una restricción encubierta de la libre circulación de capitales y pagos tal y como la define el artículo 63.

4. A falta de medidas de aplicación del apartado 3 del artículo 64, la Comisión o, a falta de una decisión de la Comisión dentro de un período de tres meses a partir de la solicitud del Estado miembro interesado, el Consejo, podrá adoptar una decisión que declare que las medidas fiscales restrictivas adoptadas por un Estado miembro con respecto a uno o varios terceros países deben considerarse compatibles con los Tratados en la medida en que las justifique uno de los objetivos de la Unión y sean compatibles con el correcto funcionamiento del mercado interior. El Consejo se pronunciará por unanimidad a instancia de un Estado miembro[587].

ARTÍCULO 66[588]

Cuando en circunstancias excepcionales los movimientos de capitales con destino a terceros países o procedentes de ellos causen, o amenacen causar, dificultades graves para el funcionamiento de la unión económica y monetaria, el Consejo[589], a propuesta de la Comisión y previa consulta al Banco Central Europeo, podrá adoptar respecto a terceros países, por un plazo que no sea superior a seis meses, las medidas de salvaguardia estrictamente necesarias.

TÍTULO V[590]
ESPACIO DE LIBERTAD, SEGURIDAD Y JUSTICIA

CAPÍTULO 1[591]
DISPOSICIONES GENERALES

ARTÍCULO 67[592]

La Unión constituye un espacio de libertad, seguridad y justicia dentro del respeto de los derechos fundamentales[593] y de los distintos sistemas y tradiciones[594]

---

de capitales entre Estados miembro. A modo de ejemplo, véase la Sentencia TJUE de 25 de abril de 2013 (C-212/11), caso Jyske Bank Gibraltar, apartado 64 que admite la lucha contra el blanqueo de capitales siendo un elemento de protección del orden público y que constituye, por tanto, un objetivo legítimo que puede justificar una restricción a las libertades fundamentales garantizadas por el TFUE.

587 Este último apartado ha sido introducido como novedad por el TL, en la regulación anterior no se encontraba.

588 Antiguo artículo 59 TCE.

589 Con el TL se ha suprimido la exigencia de mayoría cualificada por parte del Consejo.

590 Antiguo Título IV Visados, asilo, inmigración y otras políticas relacionadas con la libre circulación de personas.

591 Capítulo añadido por el TL.

592 Antiguo artículo 61 TCE y antiguo artículo 29 TUE.

593 Véanse el artículo 3.2 del TUE, 67 a 89 del TFUE y la Carta de los Derechos Fundamentales.

594 Conviene recordar en este supuesto el Preámbulo del Tratado de Lisboa, en los siguientes términos: «...INSPIRÁNDOSE en la herencia cultural, religiosa y humanista de Europa, a partir

jurídicos de los Estados miembros[595].

Garantizará la ausencia de controles de las personas en las fronteras interiores[596/597] y desarrollará una política común de asilo, inmigración y control de las fronteras exteriores que esté basada en la solidaridad entre Estados miembros y sea equitativa respecto de los nacionales de terceros países. A efectos del presente título, los apátridas se asimilarán a los nacionales de terceros países.

La Unión se esforzará por garantizar un nivel elevado de seguridad mediante medidas de prevención de la delincuencia, el racismo y la xenofobia y de lucha en contra de ellos[598], medidas de coordinación y cooperación entre autoridades policiales y judiciales y otras autoridades competentes, así como mediante el reconocimiento mutuo de las resoluciones judiciales[599] en materia penal y, si es necesario, mediante la aproximación de las legislaciones penales.

La Unión facilitará la tutela judicial, garantizando en especial el principio de reconocimiento mutuo de las resoluciones judiciales y extrajudiciales en materia civil[600].

ARTÍCULO 68[601]

El Consejo Europeo[602] definirá las orientaciones estratégicas de la programación legislativa y operativa en el espacio de libertad, seguridad y justicia.

ARTÍCULO 69[603]

En relación con las propuestas e iniciativas legislativas presentadas en el marco de los capítulos 4 y 5, los Parlamentos nacionales velarán por que se respete el principio

---

de la cual se han desarrollado los valores universales de los derechos inviolables e inalienables de la persona, así como la libertad, la democracia, la igualdad y el Estado de Derecho, RECORDANDO la importancia histórica de que la división del continente europeo haya tocado a su fin y la necesidad de sentar unas bases firmes para la construcción de la futura Europa...».

595 Véanse los Protocolos n.° 21 y 22, Sobre la Posición de Reino Unido y de Irlanda respecto del Espacio de Libertad, Seguridad y Justicia; así como el concerniente a la Posición de Dinamarca, respectivamente.

596 Véase todo lo concerniente al «Espacio Schengen», en especial el Reglamento (UE) 2016/399 del Parlamento Europeo y del Consejo, de 9 de marzo de 2016, por el que se establece un Código de normas de la Unión para el cruce de personas por las fronteras.

597 Sentencia TJUE de 8 de diciembre de 2011 (C-371/08), establece que las medidas justificadas por razones de orden o seguridad públicos solo pueden adoptarse cuando, tras una valoración [...] por parte de las autoridades nacionales competentes, se ponga de manifiesto que la conducta individual de la persona en cuestión representa actualmente una amenaza real y suficientemente grave para un interés fundamental de la sociedad

598 El programa de Derechos, Igualdad y Ciudadanía 2014-2020, como sucesor de los programas anteriores: Derechos fundamentales y ciudadanía, Daphne III y programa Progress.

599 El objetivo fundamental es que cualquier resolución judicial emanada de un órgano jurisdiccional de cualquier Estado miembro, sea conocida, acatada y ejecutada en todo el espacio de la Unión.

600 Reglamento (UE) n.° 1215/2012 del Parlamento Europeo y del Consejo, de 12 de diciembre de 2012, relativo a la competencia judicial, el reconocimiento y la ejecución de resoluciones judiciales en materia civil y mercantil.

601 Artículo añadido por el TL.

602 Véanse el artículo 26 del TUE en su versión consolidada del TL.

603 Artículo añadido por el TL.

de subsidiariedad, de conformidad con el Protocolo sobre la aplicación de los principios de subsidiariedad y proporcionalidad[604].

ARTÍCULO 70[605]

Sin perjuicio de los artículos 258, 259 y 260, el Consejo podrá adoptar, a propuesta de la Comisión, medidas que establezcan los procedimientos que seguirán los Estados miembros para efectuar, en colaboración con la Comisión, una evaluación objetiva e imparcial de la aplicación, por las autoridades de los Estados miembros, de las políticas de la Unión contempladas en el presente título, en particular con objeto de favorecer la plena aplicación del principio de reconocimiento mutuo[606]. Se informará al Parlamento Europeo y a los Parlamentos nacionales[607] del contenido y los resultados de esta evaluación.

ARTÍCULO 71[608]

Se creará un comité permanente[609] en el Consejo con objeto de garantizar dentro de la Unión el fomento y la intensificación de la cooperación operativa en materia de seguridad interior. Sin perjuicio del artículo 240, dicho comité propiciará la coordinación de la actuación de las autoridades competentes de los Estados miembros. Podrán participar en sus trabajos los representantes de los órganos y organismos de la Unión afectados. Se mantendrá informados de dichos trabajos al Parlamento Europeo y a los Parlamentos nacionales.

ARTÍCULO 72[610]

El presente título se entenderá sin perjuicio del ejercicio de las responsabilidades que incumben a los Estados miembros en cuanto al mantenimiento del orden público y la salvaguardia de la seguridad interior[611].

ARTÍCULO 73[612]

Los Estados miembros tendrán la posibilidad de organizar entre ellos y bajo su responsabilidad formas de cooperación y coordinación en la medida en que lo estimen apropiado, entre los servicios competentes de sus administraciones responsables de velar por la seguridad nacional.

---

604 Véanse los artículos 5 y 12 b) del TUE en su versión consolidada del TL.

605 Artículo añadido por el TL.

606 Esta competencia se ejerce sin perjuicio de que la Comisión pueda demandar ante el Tribunal de Justicia a cualquier Estado miembro cuando estime que incumple las obligaciones del Tratado (art. 258 TFUE), o que tal demanda se presente por un Estado miembro frente a otro (art. 259 TFUE).

607 Véase el artículo 12 c) del TUE en su versión consolidada del TL. Serán informados por las Instituciones de la Unión y recibirán notificación de los proyectos de actos legislativos de la Unión de conformidad con el Protocolo n.º 1 sobre el cometido de los Parlamentos nacionales en la Unión Europea. Se velará por el respeto al principio de subsidiariedad de conformidad con los procedimientos establecidos en el Protocolo 2 sobre la aplicación de los principios de subsidiariedad y proporcionalidad.

608 Sustituye al antiguo artículo 36 del TUE.

609 Decisión del Consejo, de 25 de febrero de 2010, por la que se crea el Comité permanente de cooperación operativa en materia de seguridad interior (2010/131/UE).

610 Antiguo artículo 64, apartado 1 TCE (sustituido) y antiguo artículo 33 TUE.

611 Véase el artículo 73 del TFUE en su versión consolidada del TL.

612 Artículo añadido por el TL.

ARTÍCULO 74[613]

El Consejo adoptará medidas para garantizar la cooperación administrativa entre los servicios competentes de los Estados miembros en los ámbitos a que se refiere el presente título, así como entre dichos servicios y la Comisión. Se pronunciará a propuesta de la Comisión, sin perjuicio del artículo 76, y previa consulta al Parlamento Europeo.

ARTÍCULO 75[614]

Cuando sea necesario para lograr los objetivos enunciados en el artículo 67, en lo que se refiere a la prevención y lucha contra el terrorismo y las actividades con él relacionadas, el Parlamento Europeo y el Consejo definirán mediante reglamentos[615], con arreglo al procedimiento legislativo ordinario, un marco de medidas administrativas sobre movimiento de capitales y pagos, tales como la inmovilización de fondos, activos financieros o beneficios económicos cuya propiedad, posesión o tenencia ostenten personas físicas o jurídicas, grupos o entidades no estatales.

El Consejo adoptará, a propuesta de la Comisión, medidas para aplicar el marco mencionado en el párrafo primero.

Los actos contemplados en el presente artículo incluirán las disposiciones necesarias en materia de garantías jurídicas.

ARTÍCULO 76[616]

Los actos contemplados en los capítulos 4 y 5, así como las medidas mencionadas en el artículo 74 que garanticen la cooperación administrativa en los ámbitos a que se refieren esos capítulos, se adoptarán:

a) A propuesta de la Comisión, o

b) Por iniciativa de la cuarta parte de los Estados miembros.

---

613 Antiguo artículo 66 TCE (sustituido).

614 Antiguo artículo 60 TCE (desplazado).

615 Véase Reglamento (UE) n.° 1382/2013 del Parlamento Europeo y del Consejo, de 17 de diciembre de 2013, por el que se establece el programa «Justicia» para el periodo 2014-2020. En lo que concierne a la financiación del terrorismo, ésta se ha abordado en el Reglamento 2580/2001 de 27-12-2001, para prevenir e impedir actos terroristas mediante la imposición de medidas restrictivas a los activos financieros, con su congelación. El Reglamento 881/2002 congeló los fondos de personas relacionadas con la red terrorista Al Qaeda. Directiva (UE) 2015/849 del Parlamento y del Consejo, de 20 de mayo de 2015, relativa a la prevención de la utilización del sistema financiero para el blanqueo de capitales o la financiación del terrorismo, y por la que se modifica el Reglamento (UE) n.° 648/2012 del Parlamento Europeo y del Consejo y se deroga la Directiva 2005/60/ CE del Parlamento Europeo y del Consejo y la Directiva 2006/70/ CE de la Comisión; véase también la Directiva (UE) 2017/541 del Parlamento Europeo y del Consejo, de 15 de marzo de 2017, relativa a la lucha contra el terrorismo y por la que se sustituye la Decisión marco 2002/475/JAI del Consejo y se modifica la Decisión 2005/671/JAI.

616 Artículo añadido por el TL.

CAPÍTULO 2
POLÍTICAS SOBRE CONTROLES EN LAS FRONTERAS, ASILO[617] E INMIGRACIÓN[618]

ARTÍCULO 77[619/620]

1. La Unión desarrollará una política que tendrá por objetivo:

a) Garantizar la ausencia total de controles de las personas, sea cual sea su nacionalidad, cuando crucen las fronteras interiores[621].

b) Garantizar los controles de las personas y la vigilancia eficaz en el cruce de las fronteras exteriores[622].

c) Instaurar progresivamente un sistema integrado de gestión de las fronteras exteriores[623].

2. A efectos del apartado 1, el Parlamento Europeo y el Consejo adoptarán, con arreglo al procedimiento legislativo ordinario, medidas relativas a:

a) La política común de visados y otros permisos de residencia de corta duración.

b) Los controles a los cuales se someterá a las personas que crucen las fronteras exteriores[624].

c) Las condiciones en las que los nacionales de terceros países podrán circular libremente por la Unión durante un corto período.

d) Cualquier medida necesaria para el establecimiento progresivo de un sistema integrado de gestión de las fronteras exteriores[625].

---

617 Capítulo añadido por el TL.

618 Estas tres políticas y su ejecución se rigen por el principio de solidaridad y de reparto equitativo de la responsabilidad entre los Estados miembros. Véase en este sentido el artículo 80 del TFUE.

619 Véase el Protocolo n.° 20, sobre la Aplicación de Determinados Aspectos del artículo 26 del Tratado de Funcionamiento de la Unión Europea al Reino Unido y a Irlanda.

620 Antiguo artículo 62 TCE.

621 Véanse el artículo 67.2 TFUE y el Protocolo (n.° 19), sobre el Acervo de SCHENGEN Integrado en el marco de la Unión Europea. Volviendo al Espacio Schengen, cabe aludir a que la novedad más significativa consiste en que se suprime la obligación de enseñar un documento, ya sea un pasaporte o un documento nacional de identidad, acreditativo de la titularidad del derecho del libre tránsito en el suelo de la Unión. Para ello, es necesario el correcto funcionamiento del Sistema de Información Schengen, que permite a las autoridades encargadas de las fronteras, controles aduaneros y policiales, así como a las autoridades judiciales obtener información sobre las personas y objetos.

622 Véase el Protocolo n.° 23, sobre las Relaciones Exteriores de los Estados Miembros con Respecto al Cruce de Fronteras Exteriores.

623 Véase Reglamento (UE) 2016/1624 del Parlamento Europeo y del Consejo, de 14 de septiembre de 2016, sobre la Guardia Europea de Fronteras y Costas, por el que se modifica el Reglamento (UE) 2016/399 del Parlamento Europeo y del Consejo y por el que se derogan el Reglamento (CE) n.° 863/2007 del Parlamento y del Consejo, el Reglamento (CE) n.° 2007/2004 del Consejo y la Decisión 2005/267/CE del Consejo.

624 Véase, en este sentido, el Reglamento (UE) 2016/399 del Parlamento Europeo y del Consejo, de 9 de marzo, por el que se establece un Código de normas de la Unión para el cruce de personas por las fronteras (Código de fronteras Schengen).

625 En lo concerniente a la política comunitaria de visados, hay que destacar los siguientes Reglamentos: el 539/2001/CE de 15-3-2001; el 1683/957 CE de 29-5-1995; el 333/2002/CE de 18-2-2002; y el Reglamento (CE) n.° 810/2009 del Parlamento Europeo y del Consejo, de 13 de julio de 2009, por el que se establece un Código comunitario sobre visados.

e) La ausencia total de controles de las personas sea cual sea su nacionalidad, cuando crucen las fronteras interiores.

3. Si resulta necesaria una acción de la Unión para facilitar el ejercicio del derecho, establecido en la letra a) del apartado 2 del artículo 20, y a menos que los Tratados hayan previsto poderes de actuación a tal efecto, el Consejo podrá establecer, con arreglo a un procedimiento legislativo especial, disposiciones relativas a los pasaportes, documentos de identidad, permisos de residencia o cualquier otro documento asimilado. El Consejo se pronunciará por unanimidad, previa consulta al Parlamento Europeo.

4. El presente artículo no afectará a la competencia de los Estados miembros respecto de la delimitación geográfica de sus fronteras, de conformidad con el Derecho internacional.

ARTÍCULO 78[626]

1. La Unión desarrollará una política común en materia de asilo[627], protección subsidiaria y protección temporal destinada a ofrecer un estatuto apropiado a todo nacional de un tercer país que necesite protección internacional y a garantizar el respeto del principio de no devolución. Esta política deberá ajustarse a la Convención de Ginebra de 28 de julio de 1951 y al Protocolo de 31 de enero de 1967 sobre el Estatuto de los Refugiados, así como a los demás tratados pertinentes.

2. A efectos del apartado 1, el Parlamento Europeo y el Consejo adoptarán, con arreglo al procedimiento legislativo ordinario, medidas relativas a un sistema europeo común de asilo[628] que incluya:

a) Un estatuto uniforme de asilo para nacionales de terceros países, válido en toda la Unión.

b) Un estatuto uniforme de protección subsidiaria para los nacionales de terceros países[629] que, sin obtener el asilo europeo, necesiten protección internacional.

c) Un sistema común para la protección temporal de las personas desplazadas, en caso de afluencia masiva.

d) Procedimientos comunes para conceder o retirar el estatuto uniforme de asilo[630] o de protección subsidiaria.

---

626 Antiguos artículos 63, puntos 1 y 2, y 64, apartado 2, TCE. El artículo 63, puntos 1 y 2 TCE se sustituye por el artículo 78, apartados 1 y 2 TFUE y el artículo 64, apartado 2, se sustituye por el artículo 78, apartado 3 TFUE.

627 Véase el Protocolo n.° 24 Sobre Asilo a Nacionales de los Estados Miembros de la Unión Europea.

628 Tales como la Directiva 2013/32/UE sobre procedimientos comunes para conceder o retirar el estatuto de protección internacional; La Directiva 2013/33/UE relativa a las normas para la acogida de los solicitantes de protección internacional; El Reglamento (UE) n.° 603/2013, relativo al establecimiento de «Eurodac» para la comparación de las impresiones dactilares para la aplicación efectiva del Reglamento (UE) n.° 604/2013; o el Reglamento (UE) n.° 604/2013, por el que se establecen los criterios y mecanismos de determinación del Estado miembro responsable del examen de una solicitud de protección internacional presentada en uno de los Estados miembros por un nacional del tercer país o apátrida.

629 Véase la Directiva 2004/83/CE de 29-4-2004, establecedora de las normas mínimas para el reconocimiento y el estatuto de los nacionales de terceros países o apátridas como refugiados o personas que necesitan otro tipo de protección internacional, y regula también la protección concedida.

630 Véase el Libro Verde sobre el Fututo Sistema Europeo Común de Asilo [COM (2007) 301 final] de 6-6-2007. Posteriormente, se han establecido una serie importante de disposi-

e) Criterios y mecanismos para determinar el Estado miembro responsable de examinar una solicitud de asilo o de protección subsidiaria.

f) Normas relativas a las condiciones de acogida de los solicitantes de asilo o de protección subsidiaria.

g) La asociación y la cooperación con terceros países para gestionar los flujos de personas que solicitan asilo o una protección subsidiaria o temporal.

3. [631] Si uno o varios Estados miembros se enfrentan a una situación de emergencia caracterizada por la afluencia repentina de nacionales de terceros países, el Consejo podrá adoptar, a propuesta de la Comisión, medidas provisionales en beneficio de los Estados miembros afectados[632]. El Consejo se pronunciará previa consulta al Parlamento Europeo.

ARTÍCULO 79[633/634]

1. La Unión desarrollará una política común de inmigración destinada a garantizar, en todo momento, una gestión eficaz de los flujos migratorios[635], un trato equitativo de los nacionales de terceros países que residan legalmente en los Estados miembros, así como una prevención de la inmigración ilegal y de la trata de seres humanos y una lucha reforzada contra ambas[636].

---

ciones y normas de asilo y migración a escala de la Unión, así, por citar únicamente las más recientes, pueden mencionarse, a los efectos de que los solicitantes de asilo deban recibir un trato uniforme en toda Europa, las siguientes: Reglamento del Consejo de 9 de diciembre del 2021, sobre la Agencia de Asilo de la UE; Reglamento del Consejo de 22 de junio de 2022, por el que se aprueban mandatos de negociación sobre los Reglamentos Eurodac y de control; Reglamento de 4 de octubre de 2023, Council agrees mandate on EU law dealing with crisis situations.

631 De acuerdo con la Propuesta de Decisión del Consejo relativa al establecimiento de medidas provisionales en el ámbito de protección internacional en beneficio de Suecia, de conformidad con el art 9 de la Decisión (UE) 2015/1523 del Consejo y el art. 9 de la Decisión (UE) 2015/1601 del Consejo, por las que se establecen medidas provisionales en el ámbito de la protección internacional en beneficio de Italia y Grecia, con carácter general, las medidas contempladas en el artículo 78.3 TFUE son de carácter excepcional y solo pueden activarse cuando se dé un determinado nivel de urgencia y gravedad en los problemas creados en el sistema de asilo del Estado miembro afectado por una afluencia repentina de nacionales de terceros países.

632 Véase el Reglamento (UE) n.° 516/2014 del Parlamento Europeo y del Consejo, de 16 de abril de 2014, por el que se crea el Fondo de Asilo, Migración e Integración, por el que se modifica la Decisión 2008/381/CE del Consejo y por el que se derogan las Decisiones n.° 573/2007/CE y n.° 575/2007/CE del Parlamento Europeo y del Consejo y la Decisión 2007/435/CE del Consejo.

633 Antiguo artículo 63, puntos 3 y 4, TCE.

634 Véase la Declaración número 22 relativa a los artículos 48 y 79 del TFUE.

635 Véase el Programa Marco de Solidaridad y Gestión de flujos migratorios para los años 2007-2013 [COM (2005) 123 final]; actual Marco Financiero Plurianual para el periodo 2014-2020 regulado por el Reglamento (UE, Euratom) n.° 1311/2013 del Consejo, de 2 de diciembre de 2013.

636 La Comunicación de 19-7-2005 [COM (2006) 402 final], enumera las posibles soluciones a aplicar en los distintos ámbitos prioritarios: 1.° Cooperación con terceros países. 2.° Seguridad de las fronteras. 3.° Gestión integrada de las fronteras exteriores. 4.° Seguridad de los documentos de identidad o de viaje. 5.° Lucha contra la trata de seres humanos. 6.° Regularización de los que se encuentren en situación irregular. 7.° Mejora del intercambio de la información. 8.° Responsabilidad de los transportistas.

2. A efectos del apartado 1, el Parlamento Europeo y el Consejo adoptarán, con arreglo al procedimiento legislativo ordinario, medidas en los ámbitos siguientes:

a) Las condiciones de entrada y residencia y las normas relativas a la expedición por los Estados miembros de visados[637] y permisos de residencia de larga duración, incluidos los destinados a la reagrupación familiar.

b) La definición de los derechos de los nacionales de terceros países que residan legalmente en un Estado miembro, con inclusión de las condiciones que rigen la libertad de circulación y de residencia en los demás Estados miembros.

c) La inmigración y residencia ilegales, incluidas la expulsión y la repatriación de residentes en situación ilegal.

d) La lucha contra la trata de seres humanos, en particular de mujeres y niños.

2. La Unión podrá celebrar con terceros países acuerdos para la readmisión[638], en sus países de origen o de procedencia, de nacionales de terceros países que no cumplan o que hayan dejado de cumplir las condiciones de entrada, presencia o residencia en el territorio de uno de los Estados miembros[639].

3. El Parlamento Europeo y el Consejo podrán establecer, con arreglo al procedimiento legislativo ordinario, medidas para fomentar y apoyar la acción de los Estados miembros destinada a propiciar la integración de los nacionales de terceros países que residan legalmente en su territorio, con exclusión de toda armonización de las disposiciones legales y reglamentarias de los Estados miembros.

4. El presente artículo no afectará al derecho de los Estados miembros a establecer volúmenes de admisión en su territorio de nacionales de terceros países procedentes de terceros países con el fin de buscar trabajo por cuenta ajena o por cuenta propia.

ARTÍCULO 80[640]

Las políticas de la Unión mencionadas en el presente capítulo y su ejecución se regirán por el principio de solidaridad y de reparto equitativo de la responsabilidad entre los Estados miembros, también en el aspecto financiero. Cada vez que sea necesario, los actos de la Unión adoptados en virtud del presente capítulo contendrán medidas apropiadas para la aplicación de este principio.

CAPÍTULO 3[641]
COOPERACIÓN JUDICIAL EN MATERIA CIVIL

ARTÍCULO 81[642]

1. La Unión desarrollará una cooperación judicial en asuntos civiles con repercusión transfronteriza, basada en el principio de reconocimiento mutuo de las resolu-

---

637 Véase lo dicho anteriormente sobre los visados: pie de página n.º 348.

638 Reglamento (UE) 2016/1953 del Parlamento Europeo y del Consejo, de 26 de octubre de 2016, relativo al establecimiento de un documento de viaje europeo para el retorno de los nacionales de terceros países en situación irregular y por el que se deroga la Recomendación del Consejo de 30 de noviembre de 1994.

639 Véase la Comunicación de 5-12-2007 [COM (2007) 780 final] aportando coherencia a esta política y complementando las políticas nacionales con la de la Unión Europea.

640 Artículo añadido por el TL.

641 Capítulo añadido por el TL.

642 Antiguo artículo 65 TCE.

ciones judiciales[643] y extrajudiciales[644]. Esta cooperación podrá incluir la adopción de medidas de aproximación de las disposiciones legales y reglamentarias de los Estados miembros.

2. A los efectos del apartado 1, y en particular cuando resulte necesario para el buen funcionamiento del mercado interior, el Parlamento Europeo y el Consejo adoptarán, con arreglo al procedimiento legislativo ordinario, medidas para garantizar:

a) El reconocimiento mutuo, entre los Estados miembros, de las resoluciones judiciales y extrajudiciales[645], así como su ejecución.

b) La notificación y el traslado transfronterizos de documentos judiciales y extrajudiciales.

c) La compatibilidad de las normas aplicables en los Estados miembros en materia de conflictos de leyes y de jurisdicción.

d) La cooperación en la obtención de pruebas.

e) Una tutela judicial efectiva[646].

f) La eliminación de los obstáculos al buen funcionamiento de los procedimientos civiles, fomentando si es necesario la compatibilidad de las normas de procedimiento civil aplicables en los Estados miembros[647].

g) El desarrollo de métodos alternativos de resolución de litigios.

h) El apoyo a la *formación* de magistrados y del personal al servicio de la administración de justicia[648].

---

643 Véanse Reglamento (UE) n.° 1215/2012 anteriormente citado. También merece mención aparte la Decisión 2009/397/CE, de 26 de Febrero, del Convenio sobre acuerdos de elección de foro para el reconocimiento mutuo de las resoluciones judiciales, celebrado en la Haya. Con el fin de asegurar que este programa llegue a buen puerto, la Decisión 2001/470/CE, es sustituida por la 568/2009/CE. El Reglamento 743/2002 de 25-4-2002 donde se establece un marco general de actividad comunitaria destinado a facilitar la cooperación judicial. El Reglamento 2201/2003, sobre competencia, reconocimiento y ejecución de resoluciones judiciales en materia matrimonial y responsabilidad parental; en este orden de cosas, conviene tener en cuenta el Artículo 81.3 del TFUE.

644 Véase el Convenio sobre la ley aplicable a las obligaciones contractuales abierto a la firma en Roma el 19-6-1980, que se aplica a las obligaciones contractuales que impliquen un conflicto de las leyes que deben regir tales obligaciones, incluso si la ley designada es la de un Estado no contratante.

645 Véase el Reglamento (CE) 864/2007, de 11-7-2007 sobre la ley aplicable a las obligaciones extracontractuales.

646 Véase la Directiva 2003/8/CE de 27-1-2003 cuya finalidad es la de mejorar el acceso a la justicia en los litigios transfronterizos mediante el establecimiento de reglas mínimas comunes sobre la justicia gratuita para personas que no dispongan de recursos suficientes (incluye la asistencia de un abogado, la exención de costas y cubre determinados gastos).

647 El Reglamento (CE) 1896/2006 de 12-12-2006, por el que se crea un proceso monitorio europeo, que entró en vigor en el año 2008, encargándose de simplificar, acelerar y reducir los costes de los litigios de los asuntos transfronterizos relativos a créditos pecuniarios que no hayan sido impugnados. El Reglamento (CE) 662/2009, de 13-7-2009, establece un procedimiento para la celebración y negociación de acuerdos entre Estados miembros y terceros países sobre materias específicas en relación con la ley aplicable a las obligaciones contractuales y extracontractuales

648 Véase la decisión 1149/2007, de 25-9-2007, en la que se establece para el periodo de 2007 a 2013, el Programa Específico de Justicia Civil, cuyos objetivos son favorecer la cooperación judicial en materia civil, mejorar el conocimiento recíproco de los ordenamientos jurídicos de los Estados miembros, mejorar la información sobre tales ordenamientos, pro-

3. No obstante, lo dispuesto en el apartado 2, las medidas relativas al Derecho de familia con repercusión transfronteriza se establecerán por el Consejo, con arreglo a un procedimiento legislativo especial. El Consejo se pronunciará por unanimidad, previa consulta al Parlamento Europeo.

El Consejo, a propuesta de la Comisión, podrá adoptar una decisión que determine los aspectos del Derecho de familia con repercusión transfronteriza que puedan ser objeto de actos adoptados mediante el procedimiento legislativo ordinario. El Consejo se pronunciará por unanimidad, previa consulta al Parlamento Europeo.

La propuesta a que se refiere el párrafo segundo se comunicará a los Parlamentos nacionales. En caso de que un Parlamento nacional notifique su oposición en los seis meses posteriores a la comunicación, la decisión no será adoptada. En ausencia de oposición, el Consejo podrá adoptar la decisión.

CAPÍTULO 4[649]
COOPERACIÓN JUDICIAL EN MATERIA PENAL

ARTÍCULO 82[650]

1. La cooperación judicial en materia penal en la Unión se basará en el principio de reconocimiento mutuo de las sentencias y resoluciones judiciales[651] e incluye la aproximación de las disposiciones legales y reglamentarias de los Estados miembros en los ámbitos mencionados en el apartado 2 y en el artículo 83.

El Parlamento Europeo y el Consejo adoptarán, con arreglo al procedimiento legislativo ordinario, medidas tendentes a:

a) Establecer normas y procedimientos para garantizar el reconocimiento en toda la Unión de las sentencias y resoluciones judiciales en todas sus formas[652].

b) Prevenir y resolver los conflictos de jurisdicción entre los Estados miembros.

c) Apoyar la formación de magistrados y del personal al servicio de la administración de justicia[653].

d) Facilitar la cooperación entre las autoridades judiciales o equivalentes de los Estados miembros en el marco del procedimiento penal y de la ejecución de resoluciones[654].

---

mover la formación de profesionales, reforzar la confianza recíproca con pleno respeto a la independencia del poder judicial y facilitar en la medida de lo posible el funcionamiento de la Red Judicial Europea creada por la Decisión 2001/470, actualmente se encuentra en vigor el Programa Justicia 2014-2020, citado con anterioridad que persigue idénticos objetivos.

649 Capítulo añadido por el TL.

650 Sustituye al antiguo artículo 31 TUE.

651 Tal y como ocurre en el Artículo 81.1 TFUE, referido a la cooperación civil.

652 Véase El Convenio de 29 de mayo de 2000 sobre asistencia judicial en materia penal firmado entre los Estados miembros, que fomenta y actualiza la ayuda mutua entre autoridades judiciales, policiales y aduaneras, facilitando la aplicación de: El Convenio de 1959 del Consejo de Europa con su pertinente Protocolo de 1958; y el Convenio de aplicación del Acuerdo Schengen de 1990, así como el Tratado Benelux de 1962.

653 Véase el Artículo 81.2.h) TFUE, referido a la cooperación civil.

654 La Decisión de 12-2-2007, establece para el periodo 2007-2013, un programa específico denominado «Justicia penal», para promover la cooperación judicial penal, acercar los sistemas judiciales de los Estados miembros entre sí y con el sistema europeo; así como la mejora de los contactos e intercambios de información, e incrementar la confianza entre las distintas autoridades judiciales. Véase el Informe de la Comisión al Consejo y al

2. En la medida en que sea necesario para facilitar el reconocimiento mutuo de las sentencias y resoluciones judiciales y la cooperación policial y judicial en asuntos penales con dimensión transfronteriza, el Parlamento Europeo y el Consejo podrán establecer normas mínimas mediante directivas adoptadas con arreglo al procedimiento legislativo ordinario. Estas normas mínimas tendrán en cuenta las diferencias entre las tradiciones y los sistemas jurídicos de los Estados miembros.

Estas normas se referirán a:

a) La admisibilidad mutua de pruebas entre los Estados miembros[655].

b) Los derechos de las personas durante el procedimiento penal[656].

c) Los derechos de las víctimas de los delitos.

d) Otros elementos específicos del procedimiento penal, que el Consejo habrá determinado previamente mediante una decisión. Para la adopción de esta decisión, el Consejo se pronunciará por unanimidad, previa aprobación del Parlamento Europeo.

La adopción de las normas mínimas contempladas en el presente apartado no impedirá que los Estados miembros mantengan o instauren un nivel más elevado de protección de las personas.

3. Cuando un miembro del Consejo considere que un proyecto de directiva contemplada en el apartado 2 afecta a aspectos fundamentales de su sistema de justicia penal, podrá solicitar que el asunto se remita al Consejo Europeo, en cuyo caso quedará suspendido el procedimiento legislativo ordinario. Previa deliberación, y en caso de que se alcance un consenso, el Consejo Europeo, en el plazo de cuatro meses a partir de dicha suspensión, devolverá el proyecto al Consejo, poniendo fin con ello a la suspensión del procedimiento legislativo ordinario.

Si no hay acuerdo dentro de ese mismo plazo, y al menos nueve Estados miembros quieren establecer una cooperación reforzada con arreglo al proyecto de directiva de que se trate, lo comunicarán al Parlamento Europeo, al Consejo y a la Comisión. En tal caso, la autorización para iniciar la cooperación reforzada a que se refieren el apartado 2 del artículo 20 del Tratado de la Unión Europea y el apartado 1 del artículo 329 del presente Tratado se considerará concedida, y se aplicarán las disposiciones relativas a la cooperación reforzada.

ARTÍCULO 83[657]

1. [658]El Parlamento Europeo y el Consejo podrán establecer, mediante directivas adoptadas con arreglo al procedimiento legislativo ordinario, normas mínimas relati-

---

Parlamento Europeo, de evaluación a posteriori del programa Justicia penal (2007-2013), [COM/2017/0115 Final]. Asimismo, véase el actual Programa Justicia para el periodo 2014-2020 citado con anterioridad.

655 Véase el artículo 81.2.d) TFUE en su versión consolidada del TL.

656 Véase el Libro Verde sobre garantías para los sospechosos e inculpados en procesos penales en la Unión, aprobado en el año 2003.

657 Sustituye al antiguo artículo 31 TUE.

658 Véase art. 28 párrafo 3 de la Directiva 2004/38/CE del Parlamento Europeo y del Consejo, de 29 de abril de 2004, relativa al derecho de los ciudadanos de la Unión y de los miembros de sus familias a circular y residir libremente en el territorio de los Estados miembros por la que se modifica el Reglamento (CEE) n.° 1612/68 y se derogan las Directivas 64/221/CEE, 68/360/CEE, 73/148/CEE, 75/35/CEE, 90/364/CEE, 90/368/CEE y 93/96/CEE.
El TJUE, en la sentencia de 23 de noviembre de 2010 (C-145/09), caso Tsakouridis, estableció que antes de tomar una decisión acerca de la expulsión del territorio de un individuo por razones de orden público o seguridad, el Estado miembro de acogida deberá tener en cuenta la duración de la residencia, su edad, el estado de salida, su situación económica y familiar, así como la integración social y cultural del mismo en el Estado de acogida y sus lazos con el país de origen.

vas a la definición de las infracciones penales y de las sanciones en ámbitos delictivos que sean de especial gravedad y tengan una dimensión transfronteriza derivada del carácter o de las repercusiones de dichas infracciones o de una necesidad particular de combatirlas según criterios comunes.

Estos ámbitos delictivos son los siguientes: el terrorismo, la trata de seres humanos y la explotación sexual de mujeres y niños, el tráfico ilícito de drogas, el tráfico ilícito de armas, el blanqueo de capitales, la corrupción, la falsificación de medios de pago, la delincuencia informática y la delincuencia organizada.

Teniendo en cuenta la evolución de la delincuencia, el Consejo podrá adoptar una decisión que determine otros ámbitos delictivos que respondan a los criterios previstos en el presente apartado. Se pronunciará por unanimidad, previa aprobación del Parlamento Europeo.

2. Cuando la aproximación de las disposiciones legales y reglamentarias de los Estados miembros en materia penal resulte imprescindible para garantizar la ejecución eficaz de una política de la Unión en un ámbito que haya sido objeto de medidas de armonización, se podrá establecer mediante directivas normas mínimas relativas a la definición de las infracciones penales y de las sanciones en el ámbito de que se trate. Dichas directivas se adoptarán con arreglo a un procedimiento legislativo ordinario o especial idéntico al empleado para la adopción de las medidas de armonización en cuestión, sin perjuicio del artículo 76.

3. Cuando un miembro del Consejo considere que un proyecto de directiva contemplada en los apartados 1 o 2 afecta a aspectos fundamentales de su sistema de justicia penal, podrá solicitar que el asunto se remita al Consejo Europeo, en cuyo caso quedará suspendido el procedimiento legislativo ordinario. Previa deliberación, y en caso de que se alcance un consenso, el Consejo Europeo, en el plazo de cuatro meses a partir de dicha suspensión, devolverá el proyecto al Consejo, poniendo fin con ello a la suspensión del procedimiento legislativo ordinario.

Si no hay acuerdo dentro de ese mismo plazo, y al menos nueve Estados miembros quieren establecer una cooperación reforzada con arreglo al proyecto de directiva de que se trate, lo comunicarán al Parlamento Europeo, al Consejo y a la Comisión. En tal caso, la autorización para iniciar la cooperación reforzada a que se refieren el apartado 2 del artículo 20 del Tratado de la Unión Europea y el apartado 1 del artículo 329 del presente Tratado se considerará concedida, y se aplicarán las disposiciones relativas a la cooperación reforzada.

ARTÍCULO 84[659]

El Parlamento Europeo y el Consejo podrán establecer, con arreglo al procedimiento legislativo ordinario, medidas que impulsen y apoyen la actuación de los Estados miembros en el ámbito de la prevención de la delincuencia, con exclusión de toda armonización de las disposiciones legales y reglamentarias de los Estados miembros[660].

ARTÍCULO 85[661]

1. La función de Eurojust[662] es apoyar y reforzar la coordinación y la cooperación entre las autoridades nacionales encargadas de investigar y perseguir la delincuencia

659 Artículo añadido por el TL.

660 Sirva de ejemplo la Propuesta de Decisión del Consejo, relativa a la celebración, por la Unión Europea del Convenio del Consejo de Europa sobre la prevención y lucha contra la violencia contra las mujeres y la violencia domestica [COM/2016/0109 Final].

661 Sustituye al antiguo artículo 31 TUE.

662 Eurojust se crea en virtud de la Decisión 2002/187/JAI, de 28-2-2002, para reforzar la lucha contra las formas graves de delincuencia y coordinar las actividades de las autori-

grave que afecte a dos o más Estados miembros o que deba perseguirse según criterios comunes, basándose en las operaciones efectuadas y en la información proporcionada por las autoridades de los Estados miembros y por Europol.

A tal fin, el Parlamento Europeo y el Consejo determinarán, mediante reglamentos adoptados con arreglo al procedimiento legislativo ordinario, la estructura, el funcionamiento, el ámbito de actuación y las competencias de Eurojust. Estas competencias podrán incluir:

a) El inicio de diligencias de investigación penal, así como la propuesta de incoación de procedimientos penales por las autoridades nacionales competentes, en particular los relativos a infracciones que perjudiquen a los intereses financieros de la Unión.

b) La coordinación de las investigaciones y los procedimientos mencionados en la letra a).

c) La intensificación de la cooperación judicial, entre otras cosas mediante la resolución de conflictos de jurisdicción y una estrecha cooperación con la Red Judicial Europea[663].

En dichos reglamentos se determinará asimismo el procedimiento de participación del Parlamento Europeo y de los Parlamentos nacionales en la evaluación de las actividades de Eurojust.

2. En el contexto de las acciones penales contempladas en el apartado 1, y sin perjuicio del artículo 86, los actos formales de carácter procesal serán llevados a cabo por los funcionarios nacionales competentes.

ARTÍCULO 86[664]

1. Para combatir las infracciones que perjudiquen a los intereses financieros de la Unión, el Consejo podrá crear, mediante reglamentos adoptados con arreglo a un procedimiento legislativo especial, una Fiscalía Europea[665/666] a partir de Eurojust. El Consejo se pronunciará por unanimidad, previa aprobación del Parlamento Europeo.

En caso de falta de unanimidad, un grupo de al menos nueve Estados miembros podrá solicitar que el proyecto de reglamento se remita al Consejo Europeo, en cuyo caso quedará suspendido el procedimiento en el Consejo. Previa deliberación, y en caso de alcanzarse un consenso, el Consejo Europeo, en el plazo de cuatro meses a partir de dicha suspensión, devolverá el proyecto al Consejo para su adopción.

Si no hay acuerdo dentro de ese mismo plazo, y al menos nueve Estados miembros quieren establecer una cooperación reforzada con arreglo al proyecto de reglamento de que se trate, lo comunicarán al Parlamento Europeo, al Consejo y a la Comisión. En tal caso, la autorización para iniciar la cooperación reforzada a que se refieren el apartado 2 del artículo 20 del Tratado de la Unión Europea y el apartado 1 del artículo 329 del presente Tratado se considerará concedida, y se aplicarán las disposiciones relativas a la cooperación reforzada.

---

dades nacionales en esos ámbitos. Ha sido modificada por la Decisión 2009/426/JAI, de 16-12-2008 que se encarga de reforzar los objetivos de Eurojust, perfila las competencias de cada autoridad nacional, crea la Cédula de Coordinación de Emergencias, y prevé la creación de sistemas nacionales de coordinación con Eurojust para coordinar la labor de diversos sectores.

663 Ello se afirma en la Decisión 2008/976/JAI, de 16 de diciembre, sobre la Red Judicial Europea.

664 Artículo añadido por el TL.

665 Introducida por el TL.

666 El Reglamento (UE) 2017/1939 del Consejo, de 12 de octubre de 2017, por el que se establece una cooperación reforzada para la creación de la Fiscalía Europea establece que, «De conformidad con el artículo 86 del TFUE, la Fiscalía Europea debe crearse a partir de Eurojust».

2. La Fiscalía Europea, en su caso en colaboración con Europol, será competente para descubrir a los autores y cómplices de infracciones que perjudiquen a los intereses financieros de la Unión definidos en el reglamento contemplado en el apartado 1, y para incoar un procedimiento penal y solicitar la apertura de juicio contra ellos. Ejercerá ante los órganos jurisdiccionales competentes de los Estados miembros la acción penal relativa a dichas infracciones.

3. Los reglamentos contemplados en el apartado 1 fijarán el Estatuto de la Fiscalía Europea, las condiciones para el desempeño de sus funciones, las normas de procedimiento aplicables a sus actividades y aquéllas que rijan la admisibilidad de las pruebas, así como las normas aplicables al control jurisdiccional de los actos procesales realizados en el desempeño de sus funciones.

4. Simultáneamente o con posterioridad, el Consejo Europeo podrá adoptar una decisión que modifique el apartado 1 con el fin de ampliar las competencias de la Fiscalía Europea a la lucha contra la delincuencia grave que tenga una dimensión transfronteriza, y que modifique en consecuencia el apartado 2 en lo referente a los autores y cómplices de delitos graves que afectan a varios Estados miembros. El Consejo Europeo se pronunciará por unanimidad, previa aprobación del Parlamento Europeo y previa consulta a la Comisión.

CAPÍTULO 5[667]
COOPERACIÓN POLICIAL

ARTÍCULO 87[668]

1. La Unión desarrollará una cooperación policial en la que participen todas las autoridades competentes de los Estados miembros, incluidos los servicios de policía, los servicios de aduanas y otros servicios con funciones coercitivas especializados en la prevención y en la detección e investigación de infracciones penales.

2. [669]A los efectos del apartado 1, el Parlamento Europeo y el Consejo podrán adoptar, con arreglo al procedimiento legislativo ordinario, medidas relativas a:

a) La recogida, almacenamiento, tratamiento, análisis e intercambio de información pertinente.

b) El apoyo a la formación de personal, así como la cooperación para el intercambio de personal, los equipos y la investigación científica policial.

c) Las técnicas comunes de investigación relacionadas con la detección de formas graves de delincuencia organizada.

3. El Consejo podrá establecer, con arreglo a un procedimiento legislativo especial, medidas relativas a la cooperación operativa entre las autoridades a que se refiere

---

667 Capítulo añadido por el TL.

668 Sustituye al antiguo artículo 30 TUE.

669 La STJUE de 6 de mayo de 2014 (C-43/12), en su apartado 48 establece «[...]el artículo 87 TFUE, apartado 2, debe ser interpretado a la luz de las «Disposiciones generales» que son objeto del capítulo 1 del título V de la tercera parte del Tratado FUE y, en concreto, del artículo 67 TFUE, que abre este capítulo estableciendo, en su apartado 2, que la Unión «garantizará la ausencia de controles de las personas en las fronteras interiores y desarrollará una política común de asilo, inmigración y control de las fronteras exteriores» y, en su apartado 3, que «se esforzará por garantizar un nivel elevado de seguridad mediante medidas de prevención de la delincuencia, el racismo y la xenofobia y de lucha en contra de ellos, medidas de coordinación y de cooperación entre autoridades policiales y judiciales y otras autoridades competentes, así como mediante el reconocimiento mutuo de las resoluciones judiciales en materia penal y, si es necesario, mediante la aproximación de las legislaciones penales».

el presente artículo. El Consejo se pronunciará por unanimidad, previa consulta al Parlamento Europeo.

En caso de falta de unanimidad, un grupo de al menos nueve Estados miembros podrá solicitar que el proyecto de medidas se remita al Consejo Europeo, en cuyo caso quedará suspendido el procedimiento en el Consejo. Previa deliberación, y en caso de alcanzarse un consenso, el Consejo Europeo, en el plazo de cuatro meses a partir de dicha suspensión, devolverá el proyecto al Consejo para su adopción.

Si no hay acuerdo dentro de ese mismo plazo, y al menos nueve Estados miembros quieren establecer una cooperación reforzada con arreglo al proyecto de medidas de que se trate, lo comunicarán al Parlamento Europeo, al Consejo y a la Comisión. En tal caso, la autorización para iniciar la cooperación reforzada a que se refieren el apartado 2 del artículo 20 del Tratado de la Unión Europea y el apartado 1 del artículo 329 del presente Tratado se considerará concedida, y se aplicarán las disposiciones relativas a la cooperación reforzada.

El procedimiento específico establecido en los párrafos segundo y tercero no será de aplicación a los actos que constituyan un desarrollo del acervo de Schengen[670].

ARTÍCULO 88[671]

1. La función de Europol[672] es apoyar y reforzar la actuación de las autoridades policiales y de los demás servicios con funciones coercitivas de los Estados miembros, así como su colaboración mutua en la prevención de la delincuencia grave[673] que afecte a dos o más Estados miembros, del terrorismo y de las formas de delincuencia que lesionen un interés común que sea objeto de una política de la Unión, así como en la lucha en contra de ellos.

2. El Parlamento Europeo y el Consejo determinarán, mediante reglamentos adoptados con arreglo al procedimiento legislativo ordinario, la estructura, el funcionamiento, el ámbito de actuación y las competencias de Europol[674]. Estas competencias podrán incluir:

---

670 Véanse las Declaraciones número 44, 45, 46, 47, 48, 49 y 50 sobre las distintas vicisitudes del acervo Schengen, anejas a los Tratados.

671 Sustituye al antiguo artículo 30 TUE.

672 La creación de esta oficina estaba prevista en el Tratado UE de 7-2-1992 y se reguló en un Convenio, posteriormente sustituido por la Decisión del Consejo de 6-4-2009; teniendo consideración de ente de la Unión, tiene personalidad jurídica propia y su sede se sitúa en la Haya y se encuentra regulada por el Reglamento (UE) 2016/794 del Parlamento Europeo y del Consejo, de 11 de mayo de 2016, relativo a la Agencia de la Unión Europea para la Cooperación Policial (Europol), mencionado con anterioridad.

673 Véanse los siguientes términos: el Reglamento (UE) 2021/692 del Parlamento Europeo y del Consejo de 28 de abril de 2021 por el que se establece el programa Ciudadanos, Igualdad, Derechos y Valores y por el que se deroga el Reglamento (UE) 2021/693 del Parlamento Europeo y del Consejo de 28 de abril de 2021 por el que se establece el programa Justicia y por el que se deroga el Reglamento (UE) no. 1382/2013; el Reglamento (UE) n.º 513/2014 del Parlamento Europeo y del Consejo, de 16 de abril de 2014, por el que se establece, como parte del Fondo de Seguridad Interior, el instrumento de apoyo financiero a la cooperación policial, la prevención y la lucha contra la delincuencia y la gestión de crisis por el que se deroga la Decisión 2007/125/JAI y el Reglamento 1889/2005/CE de 26-10-2005, en materia de blanqueo de capitales.

674 Véase el Reglamento (UE) 2016/794 del Parlamento Europeo y del Consejo de 11 de mayo de 2016, relativa a la Agencia de la Unión Europea para la Cooperación Policial y por el que se sustituyen y derogan las Decisiones 2009/371/JAI, 2009/934/JAI, 2009/935/JAI, 2009/396/JAI, 2009/968/JAI del Consejo.

a) La recogida, almacenamiento, tratamiento, análisis e intercambio de la información, en particular la transmitida por las autoridades de los Estados miembros o de terceros países o terceras instancias.

b) La coordinación, organización y realización de investigaciones y actividades operativas, llevadas a cabo conjuntamente con las autoridades competentes de los Estados miembros o en el marco de equipos conjuntos de investigación, en su caso en colaboración con Eurojust.

En dichos reglamentos se fijará asimismo el procedimiento de control de las actividades de Europol por el Parlamento Europeo, control en el que participarán los Parlamentos nacionales.

3. Cualquier actividad operativa de Europol deberá llevarse a cabo en contacto y de acuerdo con las autoridades de los Estados miembros cuyo territorio resulte afectado. La aplicación de medidas coercitivas corresponderá exclusivamente a las autoridades nacionales competentes.

ARTÍCULO 89[675]

El Consejo fijará, con arreglo a un procedimiento legislativo especial, las condiciones y límites dentro de los cuales las autoridades competentes de los Estados miembros mencionadas en los artículos 82 y 87 podrán actuar en el territorio de otro Estado miembro en contacto y de acuerdo con las autoridades de dicho Estado. El Consejo se pronunciará por unanimidad, previa consulta al Parlamento Europeo.

TÍTULO VI[676]
TRANSPORTES

ARTÍCULO 90[677]

Los objetivos de los Tratados[678] se perseguirán, en la materia regulada por el presente título, en el marco de una política común de transportes.

ARTÍCULO 91[679]

1. Para la aplicación del artículo 90, y teniendo en cuenta las peculiaridades del sector de transportes, el Parlamento Europeo y el Consejo, con arreglo al procedimiento legislativo ordinario[680] y previa consulta al Comité Económico y Social y al Comité de Regiones, establecerán:

a) Normas comunes aplicables a los transportes internaciones efectuados desde el territorio de un Estado miembro o con destino al mismo o a través del territorio de uno o varios Estados miembros.

b) Condiciones con arreglo a las cuales los transportistas no residentes podrán prestar servicios de transportes en un Estado miembro.

c) Medidas que permitan mejorar la seguridad de los transportes.

d) Cualesquiera otras disposiciones oportunas.

---

675 Sustituye al antiguo artículo 32 TUE.

676 Antiguo Título V - Transportes.

677 Antiguo artículo 70 TCE.

678 El artículo hace referencia a que serán los objetivos de los Tratados los que se perseguirán de acuerdo a una política común de transportes, y no el de los Estados Miembros conforme a lo previsto anteriormente por el artículo 70 TCE, produciéndose de tal forma un cambio de denominación.

679 Antiguo artículo 71 TCE.

680 Con la entrada en vigor del TL, el procedimiento ordinario es el procedimiento de codecisión.

2. Cuando se adopten las medidas contempladas en el apartado 1, se tendrán en cuenta los casos en que su aplicación pueda afectar gravemente al nivel de vida y al empleo en ciertas regiones, así como la explotación del material de transporte[681].

ARTÍCULO 92[682]

Hasta la adopción de las disposiciones a que se refiere el apartado 1 del artículo 91, ningún Estado miembro podrá, salvo que el consejo adopte por unanimidad una medida[683] por la que se conceda una excepción[684], hacer que las diferentes disposiciones que estuvieran regulando esta materia el 1 de enero de 1985 o, para los Estados, que se hayan adherido, en su fecha de adhesión, produzcan efectos que, directa o indirectamente, desfavorezcan a los transportes de los demás Estados miembros con respecto a los transportes nacionales.

ARTÍCULO 93[685]

Serán compatibles con los Tratados[686] las ayudas que respondan a las necesidades de coordinación de los transportes o que correspondan al reembolso de determinadas obligaciones inherentes a la noción del servicio público.

ARTÍCULO 94[687]

Toda medida en materia de precios y condiciones de transporte, adoptada en el marco de los Tratados, deberá tener en cuenta la situación económica de los transportistas.

ARTÍCULO 95[688]

1. Quedan prohibidas[689], respecto del tráfico dentro de la Unión, las discriminaciones que consistan en la aplicación por un transportista, para las mismas mercancías y las mismas relaciones de tráfico, de precios y condiciones de transporte diferentes en razón del país de origen o de destino de los productos transportados.

2. El apartado 1 no excluye que el Parlamento Europeo[690] y el Consejo pueden adoptar otras medidas en aplicación del apartado 1 del artículo 91.

---

681 Se realizó una redacción más simplificada de este segundo apartado con respecto al previsto en el ya derogado artículo 71 TCE, pudiéndolo considerar como una modificación parcial del mismo. Sin embargo, no constituye una novedad en el TL.

682 Antiguo artículo 72 TCE.

683 Anteriormente se requería del acuerdo unánime del Consejo a diferencia de la actual unanimidad para la adopción de medidas.

684 El TL introduce el término «excepción» en su artículo 92.

685 Antiguo artículo 73 TCE.

686 Hace referencia a ambos Tratados: TUE y TFUE.

687 Antiguo artículo 74 TCE.

688 Antiguo artículo 75 TCE.

689 A diferencia de lo previsto por el TCE que establecía el término «deberán suprimirse», el artículo 95 TL prohíbe, desde el principio de su redacción, las discriminaciones por razón de país de origen o destino de los productos transportados.

690 El TL introduce como novedad al Parlamento Europeo, puesto que en el derogado artículo 75 sólo se hacía referencia al Consejo, apareciendo ambos en este apartado segundo.

3. El Consejo[691] a propuesta de la Comisión y previa consulta al Parlamento Europeo[692] y al Comité Económico y Social, establecerá una regulación que garantice la aplicación de lo dispuesto en el apartado 1.

En particular, podrá adoptar las disposiciones necesarias para permitir a las instituciones de la Unión controlar el cumplimiento de los dispuesto en el apartado 1 y asegurar a los usuarios el pleno beneficio de tal disposición.

4. La Comisión, por propia iniciativa o a instancia de un Estado miembro, examinará los casos de discriminación a que se hace referencia en el apartado 1 y, previa consulta a cualquier Estado miembro interesado, tomará las decisiones que considere necesarias en el ámbito de la regulación establecida de conformidad con lo dispuesto en el apartado 3.

ARTÍCULO 96[693]

1. Quedará prohibida la imposición por un Estado miembro, al transporte dentro de la Unión, de precios y condiciones que impliquen en cualquier forma una ayuda o protección a una o más empresas o industrias determinadas, a menos que tal imposición haya sido autorizada por la Comisión.

2. La Comisión, por propia iniciativa o a instancia de un Estado miembro, examinará los precios y condiciones mencionados en el apartado 1, teniendo especialmente en cuenta, por una parte, la exigencia de una política económica regional adecuada, las necesidades de las regiones subdesarrolladas y los problemas de las regiones gravemente afectadas por circunstancias políticas y, por otra, la incidencia de tales precios y condiciones en la competencia entre los distintos tipos de transportes.

La Comisión, previa consulta a todos los Estados miembros interesados, tomará las decisiones necesarias.

3. La prohibición a que se alude en el apartado 1 no afectará a las tarifas de competencia.

ARTÍCULO 97[694]

Los derechos o cánones que, independientemente de los precios de transporte, exija un transportista por cruzar las fronteras no deberán sobrepasar un nivel razonable, teniendo en cuenta los gastos reales a que efectivamente dé lugar el paso por esas fronteras.

Los Estados miembros procurarán reducir progresivamente dichos gastos.

La Comisión podrá dirigir a los Estados miembros recomendaciones relativas a la aplicación del presente artículo.

ARTÍCULO 98[695]

Las disposiciones del presente título no obstarán a las medidas adoptadas en el República Federal de Alemania[696], siempre que fueren necesarias para compensar las desventajas económicas que la división de Alemania ocasiona a la economía de determinadas regiones de la República Federal, afectadas por esta división. Cinco

691 Este tercer apartado del artículo 95 únicamente hace referencia al Consejo, sin exigir ni pronunciarse sobre la mayoría cualificada prevista por el antiguo artículo 75 TCE.

692 Se introduce la novedad de consulta al Parlamento Europeo.

693 Antiguo artículo 76 TCE.

694 Antiguo artículo 77 TCE.

695 Antiguo artículo 78 TCE.

696 Véase la Declaración relativa al artículo 98 TFUE.

años después de la entrada en vigor del Tratado de Lisboa, el Consejo podrá adoptar, a propuesta de la Comisión, una disposición por la que derogue el presente artículo[697].

ARTÍCULO 99[698]

Se crea un Comité Consultivo a la Comisión, compuesto por expertos designados por los Gobiernos de los Estados miembros. La Comisión consultará a este Comité en materia de transportes, siempre que lo estime conveniente[699].

ARTÍCULO 100[700]

1. Las disposiciones del presente título se aplicarán a los transportes por ferrocarril, carretera o vías navegables.

2. El Parlamento Europeo y el Consejo podrán establecer[701], con arreglo al procedimiento legislativo ordinario, disposiciones apropiadas para la navegación marítima y aérea. Se pronunciarán previa consulta al Comité Económico y Social y al Comité de las Regiones[702].

---

697 Se actualiza esta segunda parte del artículo añadiendo la facultad del Consejo para que, a propuesta de la Comisión, derogue esta disposición.

698 Antiguo artículo 79 TCE.

699 La nueva redacción de este artículo en el TL suprimió la fórmula «sin perjuicio de las atribuciones del Comité Económico y Social» prevista en la anterior disposición TCE.

700 Antiguo artículo 80 TCE.

701 El derogado artículo 80 TCE regulaba exclusivamente la facultad del Consejo, por mayoría cualificada, de decidir en qué medida y de acuerdo con qué procedimiento.

702 Esta consulta al Comité Económico y Social y al Comité de Regiones es la última novedad introducida en el Título VI, sin aparecer en la disposición TCE.

TÍTULO VII[703]
NORMAS COMUNES SOBRE COMPETENCIA, FISCALIDAD Y APROXIMACIÓN DE LAS LEGISLACIONES

CAPÍTULO 1
NORMAS SOBRE COMPETENCIA[704]

SECCIÓN PRIMERA
DISPOSICIONES APLICABLES A LAS EMPRESAS

ARTÍCULO 101[705/706]

1. Serán incompatibles con el mercado interior y quedarán prohibidos todos los acuerdos entre empresas, las decisiones de asociaciones de empresas[707] y las prácticas concertadas que puedan afectar al comercio entre los Estados miembros y que tengan por objeto o efecto impedir, restringir o falsear el juego de la competencia dentro del mercado interior y, en particular, los que consistan en:

---

703 Antiguo Título VI TCE.

704 Real Decreto 2295/2004, de 10 de diciembre, relativo a la aplicación en España de las normas comunitarias de competencia. Se reguló la aplicación de dichos preceptos por los órganos nacionales encargados de la defensa de la competencia, y se realizó una atribución genérica de competencias a cada una de las autoridades nacionales, el Tribunal y el Servicio de Defensa de la Competencia, acorde con la distribución interna de aquéllas. Esa norma se centró también en la definición de las facultades y poderes de los funcionarios y agentes acreditados que realizasen verificaciones o investigaciones en España, así como en la colaboración y asistencia a los funcionarios y agentes de la Comisión Europea por parte de los funcionarios o agentes españoles en la realización de verificaciones en el territorio nacional. Esto implica que tanto la Comisión Europea como las autoridades de competencia y los órganos jurisdiccionales nacionales, estos últimos en el ámbito jurisdiccional civil, podrán aplicar los artículos 81 y 82 TCE en su conjunto, actualmente artículos 101 y 102 TL.

705 Antiguo artículo 81 TCE.

706 Reglamento 773/2004/CE de la Comisión de 7 de abril de 2004 relativo al desarrollo de los procedimientos de la Comisión con arreglo a los artículos 81 y 82 del Tratado CE, DOCE L núm. 123 de 27 de abril de 2004, en sustitución al reglamento 2842/98/CE de la Comisión, de 22 de diciembre, relativo a las audiencias en determinados procedimientos en aplicación de los artículos 85 y 86 TCE, DOCE L núm. 354 de 30 de diciembre de 1997. La última modificación del Reglamento 773/2004/ CE de la Comisión de 7 de abril de 2004 se produjo con el Reglamento (UE) 2015/1348 de la Comisión, de 3 de agosto de 2015, por el que se modifica el Reglamento (CE) n.º 773/2004 relativo al desarrollo de los procedimientos de la Comisión con arreglo a los artículos 81 y 82 del Tratado CE.

707 STJCE 18 de junio de 1998, C-35/96, Comisión/ Italia. El Tribunal procede a recordad que el concepto de empresa comprende cualquier entidad que ejerza una actividad económica, con independencia del estatuto jurídico de dicha entidad y de su modo de financiación y que constituye una actividad económica cualquier actividad consistente en ofrecer bienes o servicios en un determinado mercado. Por otro lado, la STJUE de 3 de marzo de 2011, procedimiento C-437/09 ha establecido que debe considerarse como actividad económica, cualquier actividad consistente en ofrecer por parte de una empresa bienes o servicios en un determinado mercado a cambio de remuneración, con independencia del carácter de la empresa y de su modo de financiación. Léase la sentencia Skanska del año 2020, trata sobre la ampliación de los conceptos de empresa y unidad económica.

a) Fijar directa o indirectamente los precios de compra o de venta u otras condiciones de transacción.

b) Limitar o controlar la producción, el mercado, el desarrollo técnico o las inversiones.

c) Repartirse los mercados o las fuentes de abastecimiento.

d) Aplicar a terceros contratantes condiciones desiguales para prestaciones equivalentes, que ocasionen a éstos una desventaja competitiva.

e) Subordinar la celebración de contratos a la aceptación, por los otros contratantes, de prestaciones suplementarias que, por su naturaleza o según los usos mercantiles, no guarden relación alguna con el objeto de dichos contratos.

2. Los acuerdos o decisiones prohibidos por el presente artículo serán nulos de pleno derecho.

3. No obstante, las disposiciones del apartado 1 podrán ser declaradas inaplicables a:

- Cualquier acuerdo o categoría de acuerdos entre empresas.
- Cualquier decisión o categoría de decisiones de asociaciones de empresas.
- Cualquier práctica concertada o categoría de prácticas concertadas[708],

que contribuyan a mejorar la producción o la distribución de los productos o a fomentar el progreso técnico o económico, y reserven al mismo tiempo a los usuarios una participación equitativa en el beneficio resultante, y sin que:

a) Impongan a las empresas interesadas restricciones que no sean indispensables para alcanzar tales objetivos.

b) Ofrezcan a dichas empresas la posibilidad de eliminar la competencia respecto de una parte sustancial de los productos de que se trate.

ARTÍCULO 102[709]

Será incompatible con el mercado interior y quedará prohibida, en la medida en que pueda afectar al comercio entre los Estados miembros, la explotación abusiva, por parte de una o más empresas, de una posición dominante en el mercado interior o en una parte sustancial del mismo.

Tales prácticas abusivas podrán consistir, particularmente, en:

a) Imponer directa o indirectamente precios de compra, de venta u otras condiciones de transacción no equitativas.

b) Limitar la producción, el mercado o el desarrollo técnico en perjuicio de los consumidores.

c) Aplicar a terceros contratantes condiciones desiguales para prestaciones equivalentes, que ocasionen a éstos una desventaja competitiva.

d) Subordinar la celebración de contratos a la aceptación, por los otros contratantes, de prestaciones suplementarias que, por su naturaleza o según los usos mercantiles, no guarden relación alguna con el objeto de dichos contratos.

---

708 STJUE 1 de julio de 2010 Knauf Gips KG/ Comisión Europea, asunto C-407/08 al ser notorias tanto la prohibición de participar en acuerdos y prácticas contrarias a la competencia como las sanciones a las que se pueden exponer los infractores, es habitual que las actividades que comportan tales prácticas y acuerdos se desarrollen clandestinamente. Resulta de ello que, aunque la Comisión descubra documentos que acrediten explícitamente un contrato ilícito entre los operadores, dichos documentos solo tendrán carácter fragmentario y disperso, de modo que con frecuencia resulta necesario reconstruir algunos detalles por deducción. En la mayoría de los casos, la existencia de una práctica o de un acuerdo contrario a la competencia se infiere de ciertas coincidencias e indicios que, considerados en su conjunto, pueden constituir, a falta de una explicación coherente, la prueba de una infracción de las normas sobre competencia.

709 Antiguo artículo 82 TCE.

ARTÍCULO 103[710]

1. El Consejo, a propuesta de la Comisión y previa consulta al Parlamento Europeo, adoptará los reglamentos[711/712] o directivas apropiados para la aplicación de los principios enunciados en los artículos 101 y 102.

2. Las disposiciones a que se refiere el apartado 1 tendrán especialmente por objeto:

a) Garantizar la observancia de las prohibiciones mencionadas en el apartado 1 del artículo 101 y en el artículo 102, mediante el establecimiento de multas y multas coercitivas.

b) Determinar las modalidades de aplicación del apartado 3 del artículo 101, teniendo en cuenta la necesidad, por una parte, de asegurar una vigilancia eficaz y, por otra, de simplificar en lo posible el control administrativo.

c) Precisar, eventualmente, respecto de los distintos sectores económicos, el ámbito de aplicación de los artículos 101 y 102.

d) Definir las respectivas funciones de la Comisión y del Tribunal de Justicia de la Unión Europea en la aplicación de las disposiciones establecidas en el presente apartado.

e) Definir las relaciones entre las legislaciones nacionales, por una parte, y las disposiciones de la presente sección y las adoptadas en aplicación del presente artículo, por otra.

ARTÍCULO 104[713]

Hasta la entrada en vigor de las disposiciones adoptadas en aplicación del artículo 103, las autoridades de los Estados miembros decidirán sobre la admisibilidad de los acuerdos, decisiones y prácticas concertadas y sobre la explotación abusiva de una posición dominante en el mercado interior, de conformidad con su propio Derecho y las disposiciones del artículo 101, en particular las de su apartado 3, y las del artículo 102.

ARTÍCULO 105[714]

1. Sin perjuicio de lo dispuesto en el artículo 104, la Comisión velará por la aplicación de los principios enunciados en los artículos 101 y 102. A instancia de un Estado miembro o de oficio, y en colaboración con las autoridades competentes de los Estados miembros, que le prestarán su asistencia, la Comisión investigará los casos de supuesta infracción de los principios antes mencionados. Si comprobare la existencia de una infracción, propondrá las medidas adecuadas para poner término a ella.

2. En caso de que no se ponga fin a tales infracciones, la Comisión hará constar su existencia mediante una decisión motivada. Podrá publicar dicha decisión y autorizar a los Estados miembros para que adopten las medidas necesarias, en las condiciones y modalidades que ella determine, para remediar esta situación.

---

710 Antiguo artículo 83 TCE.

711 Real Decreto 378/2003, de 28 de marzo, por el que se desarrolla la Ley 16/1989, de 17 de julio, de Defensa de la Competencia, en materia de exenciones por categorías, autorización singular y registro de defensa de competencia. Por Real Decreto 261/2008, de 22 de febrero, se derogan los artículos 2, 3, 4, 15.1 a 4 y el Capítulo III del Real Decreto 378/2003, de 28 de marzo.

712 Reglamento 1/2003/CE del Consejo, de 16 de diciembre de 2002, relativo a la aplicación de las normas sobre competencia previstas en los artículos 81 y 82 TCE, DOUE L núm. 269 de 28 de septiembre de 2006, acto modificativo del Reglamento 1017/68/CEE, de 19 de julio, por el que se aplican las normas de la competencia de los sectores de los transportes por ferrocarril, por carretera y por vía navegable, tal y como han sido modificados.

713 Antiguo artículo 84 TCE.

714 Antiguo artículo 85 TCE.

3. La Comisión podrá adoptar reglamentos relativos a las categorías de acuerdos sobre las que el Consejo haya adoptado un reglamento o una directiva con arreglo a la letra b) del apartado 2 del artículo 103[715].

ARTÍCULO 106[716]

1. [717]Los Estados miembros no adoptarán ni mantendrán, respecto de las empresas públicas y aquellas empresas a las que concedan derechos especiales o exclusivos, ninguna medida contraria a las normas de los Tratados, especialmente las previstas en los artículos 18 y 101 a 109, ambos inclusive.

2. Las empresas encargadas de la gestión de servicios de interés económico general[718/719] o que tengan el carácter de monopolio fiscal quedarán sometidas a las normas de los Tratados, en especial a las normas sobre competencia, en la medida en que la aplicación de dichas normas no impida, de hecho o de derecho, el cumplimiento de la misión específica a ellas confiada. El desarrollo de los intercambios no deberá quedar afectado en forma tal que sea contraria al interés de la Unión[720].

3. La Comisión velará por la aplicación de las disposiciones del presente artículo y en tanto fuere necesario, dirigirá a los Estados miembros directivas o decisiones apropiadas.

---

715 Apartado introducido por el Tratado de Lisboa en el cual la Comisión posee la facultad para adoptar reglamentos en los casos a los que se refiere el artículo 103.2 TFUE.

716 Antiguo artículo 86 TCE.

717 Véase el artículo 14 TFUE.

718 STJCE de 21 de marzo de 1974, BRT/SABAM. Asunto 12/73 Rec. [1974] p.00313. El concepto de servicio de interés económico general según lo dispuesto en el artículo 86 del TCE, implica que se haya encomendado a las empresas en cuestión una misión particular atribuida por el Estado. Es necesario que exista una atribución de servicio público que defina las obligaciones recíprocas de las empresas en cuestión y el Estado. Por Estado debe entenderse tanto el Estado central como las colectividades locales o regionales.

719 El concepto de interés económico general también se encuentra recogido en el Comunicado de la Comisión al Parlamento Europeo, al Consejo, al Comité Económico y Social y al Comité de Regiones: «A Quality Framework of Services of General Interest in Europe», Bruselas 20.12.2011, COM (2011)900 final.

720 El Tribunal de Justicia ha reconocido efecto directo vertical a este apartado, en el sentido de que engendra para los justiciables, en sus relaciones con el Estado, derechos que los órganos jurisdiccionales deben salvaguardar (STJCE de 11 de abril de 1989, 66/86 Ahmed Saaed).

SECCIÓN SEGUNDA
AYUDAS OTORGADAS POR LOS ESTADOS

ARTÍCULO 107[721/722]

1. [723]Salvo que los Tratados dispongan otra cosa, serán incompatibles con el mercado interior, en la medida en que afecten a los intercambios comerciales entre Estados miembros, las ayudas otorgadas por los Estados[724] o mediante fondos estatales, bajo cualquier forma, que falseen o amenacen falsear la competencia, favoreciendo a determinadas empresas o producciones[725].

2. Serán compatibles con el mercado interior:

a) Las ayudas de carácter social concedidas a los consumidores individuales, siempre que se otorguen sin discriminaciones basadas en el origen de los productos.

b) Las ayudas destinadas a reparar los perjuicios causados por desastres naturales o por otros acontecimientos de carácter excepcional.

c) Las ayudas concedidas con objeto de favorecer la economía de determinadas regiones de la República Federal de Alemania, afectadas por la división de Alemania, en la medida en que sean necesarias para compensar las desventajas económicas que resultan de tal división. Cinco años después de la entrada en vigor del Tratado de Lisboa, el Consejo podrá adoptar, a propuesta de la Comisión, una decisión por la que se derogue la presente letra.

3. Podrán considerarse compatibles con el mercado interior:

---

721 Antiguo artículo 87 TCE.

722 STJCE de 24 de junio de 2003 en el asunto C-280/00 Altmark Trans, y Sentencia de 27 de noviembre de 2003 en los asuntos acumulados C-34/01 a C-38/01 Enririrsorse SpA. De la jurisprudencia del Tribunal de Justicia se desprende que las compensaciones por servicio público no constituyen ayudas estatales en el sentido de lo dispuesto en el apartado 1 del artículo 87 del TCE, siempre que cumplan determinadas condiciones. Si estas condiciones no se cumplen, y si se cumplen los criterios generales de aplicabilidad del apartado 1 del artículo 87, estas compensaciones constituyen ayudas estatales. El Tribunal estableció las condiciones necesarias para que las compensaciones de servicio público no constituyan ayudas públicas. La determinación del importe de la compensación con arreglo a un procedimiento de apertura a la competencia real y efectivo o a los costes de empresas medias bien gestionadas, puede aumentar la eficacia de los SIEG, sin poner en entredicho su funcionamiento. Sin embargo, todo indica que en casos no se cumplirán los criterios de la Sentencia Altmark en cuanto a la determinación del importe de la compensación y, por consiguiente, estas compensaciones constituirán ayudas estatales.

723 El Tribunal de Justicia ha negado expresamente que este apartado tenga efecto directo vertical, en el sentido de que engendre para los justiciables, en sus relaciones con el Estado, derechos que los órganos jurisdiccionales deben salvaguardar (STJCE de 19 de junio de 1973, 77/72, Capolongo).

724 Auto del TJCE de 25 de marzo de 1998, C-174/97P, FFSA y otros/ Comisión. El concepto de ayuda comprende las ventajas concedidas por las autoridades públicas que, bajo formas diversas, alivian las cargas que normalmente recaen sobre el presupuesto de una empresa.

725 Comunicación de la Comisión relativa al concepto de ayuda estatal conforme a lo dispuesto en el art. 107, apartado 1 del Tratado de Funcionamiento de la Unión Europea, DOUE C-262/1 de 19 de julio de 2016, por la cual a Comisión desea seguir aclarando los conceptos clave relativos al concepto de ayuda estatal conforme a lo dispuesto en el artículo 107, apartado 1, del Tratado de Funcionamiento de la Unión Europea, con el fin de contribuir a una aplicación de este concepto más sencilla, transparente y coherente en toda la Unión.

a) [726]Las ayudas destinadas a favorecer el desarrollo económico de regiones en las que el nivel de vida sea anormalmente bajo o en las que exista una grave situación de subempleo, así como el de las regiones contempladas en el artículo 349, habida cuenta de su situación estructural, económica y social.

b) [727]Las ayudas para fomentar la realización de un proyecto importante de interés común europeo o destinadas a poner remedio a una grave perturbación en la economía de un Estado miembro.

c) Las ayudas destinadas a facilitar el desarrollo de determinadas actividades o de determinadas regiones económicas, siempre que no alteren las condiciones de los intercambios en forma contraria al interés común.

d) Las ayudas destinadas a promover la cultura y la conservación del patrimonio, cuando no alteren las condiciones de los intercambios y de la competencia en la Unión en contra del interés común.

e) Las demás categorías de ayudas que determine el Consejo por decisión, tomada a propuesta de la Comisión.

ARTÍCULO 108[728/729/730]

1. [731]La Comisión[732] examinará permanentemente, junto con los Estados miembros, los regímenes de ayudas existentes en dichos Estados. Propondrá a éstos las

---

726 STJCE de 14 de septiembre de 1994, asuntos acumulados C-278 a C-280/92, España/ Comisión. El hecho de que las ayudas hayan sido concedidas en virtud de decisiones específicas no puede excluir su calificación como ayudas regionales en el sentido de la letra a) del apartado 3 del artículo 92 del Tratado.

727 Apartado añadido por el TL.

728 Antiguo artículo 88 TFUE.

729 Reglamento (UE) 2015/1589 del Consejo, de 13 de julio de 2015, por el que se establecen normas detalladas para la aplicación del artículo 108 del Tratado de Funcionamiento de la Unión Europea.

730 STJCE de 2 de abril de 1998, C367/95P, Comisión/Sytravaly Brink's France. En el procedimiento previsto en el artículo 93 debe distinguirse, por una parte, la fase previa de examen de las ayudas, establecida en el apartada 3 del artículo 93 del estado, que solo tiene por objeto permitir a la Comisión formarse una primera opinión sobre la compatibilidad parcial o total de la ayuda controvertida y, por otra, la fase de examen del apartado 2 del artículo 93 del Tratado, cuya finalidad es permitir a la Comisión obtener una información completa sobre el conjunto de los datos del asunto. El procedimiento del apartado 2 del artículo 93 tiene carácter necesario siempre que la comisión encuentre serias dificultades para apreciar si una ayuda es compatible con el mercado común. Por tanto, la Comisión únicamente puede limitarse a la fase previa del apartado 3 del artículo 93, para adoptar una Decisión favorable a una ayuda, si, después de un primer examen, le es posible llegar a la convicción de que dicha ayuda es compatible con el Tratado. Por el contrario, si este primer examen lleva a la Comisión a la convicción opuesta, o bien no le ha permitido superar todas las dificultades planteadas por la apreciación de la compatibilidad de dicha ayuda con el mercado común, la Comisión tiene el deber de recabar todas las opiniones necesarias y de iniciar, para ello, el procedimiento del apartado 2 del artículo 93.

731 Véanse los artículos 106.1 y 109 TFUE en su versión consolidada TL.

732 STJCE de 22 de marzo de 1977, 74/76, Ianelli/Meroni. Los particulares no pueden invocando exclusivamente el artículo 92, cuestionar la compatibilidad de una ayuda con el Derecho comunitario ante los órganos jurisdiccionales nacionales, ni solicitar a éstos que se pronuncien, con carácter principal o incidental, sobre una posible incompatibilidad. STJCE de 30 de noviembre de 1993, C-44/93, Namur. En lo que respecta a las ayudas

medidas apropiadas que exija el desarrollo progresivo o el funcionamiento del mercado interior[733].

2. Si, después de haber emplazado a los interesados para que presenten sus observaciones, la Comisión comprobare que una ayuda otorgada por un Estado o mediante fondos estatales no es compatible con el mercado interior en virtud del artículo 107, o que dicha ayuda se aplica de manera abusiva, decidirá que el Estado interesado la suprima o modifique en el plazo que ella misma determine[734].

Si el Estado de que se trate no cumpliere esta decisión en el plazo establecido, la Comisión[735] o cualquier otro Estado interesado podrá recurrir directamente al Tribunal de Justicia de la Unión Europea, no obstante, lo dispuesto en los artículos 258 y 259.

A petición de un Estado miembro, el Consejo podrá decidir, por unanimidad y no obstante lo dispuesto en el artículo 107 o en los reglamentos previstos en el artículo 109, que la ayuda que ha concedido o va a conceder dicho Estado sea considerada compatible con el mercado interior, cuando circunstancias excepcionales justifiquen dicha decisión. Si, con respecto a esta ayuda, la Comisión hubiere iniciado el procedimiento previsto en el párrafo primero del presente apartado, la petición del Estado

existentes, el apartado 1 del artículo 93 atribuye competencia a la Comisión para proceder a un examen permanente de ellas, junto con los estados miembros, en el marco de este examen, la Comisión propone a los estados miembros las medidas apropiadas que exija el desarrollo progresivo o el funcionamiento del mercado común. El párrafo segundo del mismo artículo dispone, a continuación, que, si después de haber emplazado a los interesados para que presenten sus observaciones, la Comisión comprobare que una ayuda no es compatible con el mercado común en virtud del artículo 92, o que dicha ayuda se aplica de manera abusiva, decidirá que el estado interesado la suprima o modifique en el plazo que ella misma determine, Por lo tanto, la iniciativa corresponde a la Comisión en cuanto a las ayudas existentes.

733 Auto TGUE de 9 de marzo de 2016, asunto T-438/15, en el cual se establece que el Reglamento n.° 659/1999 precisa en sus artículos 17 a 19 el procedimiento aplicable a los regímenes de ayuda existentes a los que se refiere el apartado 1 del artículo 108 TFUE.

734 Conclusiones n.° C-63/14 de TJUE, de 26 de marzo de 2015, por las que A raíz de una denuncia de Corsica Ferries France SAS (en lo sucesivo, «Corsica Ferries») sobre ayudas ilegales e incompatibles con el mercado interior de las que la SNCM y la CMN se habrían beneficiado gracias al CDSP, la Comisión, mediante escrito de 27 de junio de 2012, informó a las autoridades francesas de su decisión de incoar el procedimiento de investigación formal, con arreglo al artículo 108 TFUE, apartado 2, sobre las posibles ayudas en favor de la SNCM y de la CMN contenidas en el CDSP (5) 11. Al decidir que las compensaciones previstas por el CDSP constituían ayudas estatales ilegales e incompatibles con el mercado interior, la Comisión consideró que dos de los cuatro criterios establecidos por el Tribunal de Justicia en la sentencia Altmark Trans y Regierungspräsidium Magdeburg (C-280/00, EU:C:2003:415) no se cumplían.

735 Cuando un Estado miembro no cumple una decisión de recuperación, la Comisión o cualquier otro Estado miembro puede recurrir al Tribunal de Justicia en virtud del artículo 108 TFUE, apartado 2, no obstante lo dispuesto en los artículos 258 TFUE y 259 TFUE. A diferencia de lo que ocurre con el artículo 258 TFUE, esta última opción no prevé una fase administrativa previa. La elección del procedimiento que ha de adoptarse en un determinado caso incumbe a la Comisión. El Tribunal de Justicia ha declarado que la vía de recurso prevista en el artículo 108 TFUE, apartado 2, no es más que una variante del recurso por incumplimiento, específicamente adaptada a los problemas particulares que plantean a la competencia en el mercado común las ayudas estatales. En el presente asunto, la Comisión ha interpuesto su recurso con arreglo al artículo 108 TFUE, apartado (Conclusiones n.° c-363/16 de tribunal de justicia, 10 de octubre de 2017).

interesado dirigida al Consejo tendrá por efecto la suspensión de dicho procedimiento hasta que este último se haya pronunciado sobre la cuestión.

Sin embargo, si el Consejo no se hubiere pronunciado dentro de los tres meses siguientes a la petición, la Comisión decidirá al respecto.

3. La Comisión será informada de los proyectos dirigidos a conceder o modificar ayudas con la suficiente antelación para poder presentar sus observaciones. Si considerare que un proyecto no es compatible con el mercado interior con arreglo al artículo 107, la Comisión iniciará sin demora el procedimiento previsto en el apartado anterior. El Estado miembro interesado no podrá ejecutar las medidas proyectadas antes que en dicho procedimiento haya recaído decisión definitiva[736].

4. La Comisión[737] podrá adoptar reglamentos relativos a las categorías de ayudas públicas sobre las que el Consejo haya determinado, con arreglo al artículo 109, que pueden quedar exentas del procedimiento establecido en el apartado 3 del presente artículo[738].

ARTÍCULO 109[739]

El Consejo, a propuesta de la Comisión y previa consulta al Parlamento Europeo, podrá adoptar los reglamentos apropiados para la aplicación de los artículos 107 y 108 y determinar, en particular, las condiciones para la aplicación del apartado 3 del artículo 108 y las categorías de ayudas que quedan excluidas de tal procedimiento.

CAPÍTULO 2
DISPOSICIONES FISCALES

ARTÍCULO 110[740]

Ningún Estado miembro gravará directa o indirectamente los productos de los demás Estados miembros con tributos internos, cualquiera que sea su naturaleza,

736 Aunque es cierto que los órganos jurisdiccionales nacionales no están facultados para juzgar la compatibilidad de una ayuda con el mercado interior a la luz del artículo 107 TFUE, apartados 2 y 3, pues esa función corresponde a la Comisión, no sucede lo mismo con la obligación de suspensión prevista en el artículo 108 TFUE, apartado 3, tercera frase, pues esta disposición tiene efecto directo (conclusiones n.° c-66/14 de tribunal de justicia, 16 de abril de 2015).

737 La Comisión tiene capacidad para dictar reglamentos en base a ayudas públicas que hayan quedado exentas del artículo 109 TFUE.

738 Apartado añadido por el TL.

739 Antiguo artículo 89 TCE.

740 Antiguo artículo 90 TCE.

superiores a los que graven directa o indirectamente los productos nacionales similares[741/742/743/744].

---

741 En la STJUE n.º c-198/14 del Tribunal de Justicia, 12 de noviembre de 2015, el Tribunal de Justicia ha juzgado reiteradamente que los ámbitos de aplicación de los artículos 34 TFUE y 110 TFUE son mutuamente excluyentes. En efecto, de asentada jurisprudencia resulta que el ámbito de aplicación del artículo 34 TFUE no abarca los obstáculos objeto de otras disposiciones específicas y que los obstáculos de naturaleza fiscal a los que se refiere el artículo 110 TFUE no están sujetos a la prohibición prevista en el artículo 34 TFUE (en especial, la sentencia Tatu, C-402/09, EU C-2011/219, apartado 33).

742 El Tribunal de Justicia ha reconocido efecto directo vertical a este apartado, en el sentido de que engendra para los justiciables, en sus relaciones con el Estado, derechos que los órganos jurisdiccionales deben salvaguardar (STJCE de 16 de junio de 1966, 57/65, Lütticke II).

743 STJCE de 30 de noviembre de 1995, C-113/94, Casarin. Unos productos son similares en el sentido del párrafo primero del artículo 95 del Tratado si sus propiedades y las necesidades a las que responden los colocan en una relación de competencia. En el estado actual del Derecho comunitario, los Estados miembros siguen teniendo libertad para someter productos tales como los automóviles a un sistema de impuesto de circulación cuyo importe aumente progresivamente en función de un criterio objetivo, como es el de efecto discriminatorio o protector. STJCE de 11 de agosto de 1995, asuntos acumulados C-367 a C-377/93, Roders. la similitud debe apreciarse examinando si los productos de que se trata presentan propiedades análogas y satisfacen las mismas necesidades de los consumidores, teniendo en cuenta a dicho fin no un criterio de identidad absoluta, sino de analogía y de utilización comparable.
STJCE de 11 de agosto de 1995, asuntos acumulados C-367 a C-377/93, Roders. El objetivo del artículo 95, en su conjunto, es asegurar la libre circulación de mercancías entre los Estados miembros, en condiciones normales de competencia, mediante la eliminación de cualesquiera formas de protección que puedan derivarse de la aplicación de tributos internos discriminatorios para con los productos originarios de otros Estados miembros. STJCE de 12 de mayo de 1992, C-327/90, Comisión / Grecia. para la aplicación del artículo 95 del Tratado deben tomarse en cuenta no sólo el tipo impositivo del tributo interno que grava directa o indirectamente los productos nacionales o importados, sino también la base imponible y las modalidades de recaudación del impuesto. STJCE de 30 de noviembre de 1995, C-113/94, Casarin. Un sistema impositivo no puede considerarse discriminatorio por la única razón de que en la categoría sometida a un mayor gravamen se sitúen sólo productos importados, especialmente de otros estados miembros.

744 Conclusiones del Abogado General Stix-Hackl presentadas el 7 de marzo de 2006., Asunto C-517/04, Visserijbedrijf D. J. Koornstra & Zn. vof contra Productschap Vis. En virtud del artículo 90 CE, los Estados miembros tienen prohibido gravar directa o indirectamente los productos de los demás Estados miembros con tributos internos superiores a los que graven los productos nacionales similares. Según la jurisprudencia, un gravamen no constituye una exacción de efecto equivalente a un derecho de aduana, sino un tributo interno en el sentido del artículo 90 CE, si pertenece a un régimen general de tributos internos que recaen sistemáticamente sobre categorías de productos en función de criterios objetivos aplicados con independencia del origen o del destino del producto.... Por consiguiente, resulta indispensable delimitar entre sí los ámbitos de aplicación de los artículos 25 CE y 90 CE. Pues bien, la jurisprudencia del Tribunal de justicia ilustra claramente las dificultades para efectuar esa ineludible delimitación. Las cargas pecuniarias impuestas unilateralmente, cualesquiera que sean su denominación y su técnica, que graven las mercancías por el hecho de atravesar la frontera, cuando no sean derechos de aduana propiamente dichos, constituyen exacciones de efecto equivalente, en el sentido de los artículos 23

Asimismo, ningún Estado miembro gravará los productos de los demás Estados miembros con tributos internos que puedan proteger indirectamente otras producciones[745/746/747].

ARTÍCULO 111[748]

Los productos exportados al territorio de uno de los Estados miembros no podrán beneficiarse de ninguna devolución de tributos internos superior al importe de aquellos con que hayan sido gravados directa o indirectamente.

ARTÍCULO 112[749]

En cuanto a los tributos distintos de los impuestos sobre el volumen de negocios, los impuestos sobre consumos específicos y los otros impuestos indirectos, no se podrán conceder exoneraciones ni reembolsos a las exportaciones a los demás Estados miembros ni imponer gravámenes compensatorios a las importaciones procedentes de los Estados miembros, a menos que las medidas proyectadas hubieren sido previamente aprobadas por el Consejo, a propuesta de la Comisión, para un período de tiempo limitado.

ARTÍCULO 113[750]

El Consejo, por unanimidad con arreglo a un procedimiento legislativo especial, y previa consulta al Parlamento Europeo y al Comité Económico y Social, adoptará las disposiciones referentes a la armonización de las legislaciones relativas a los impuestos sobre el volumen de negocios, los impuestos sobre consumos específicos y otros impuestos indirectos, en la medida en que dicha armonización sea necesaria para garantizar el establecimiento y el funcionamiento del mercado interior y evitar las distorsiones de la competencia.

CE y 90 CE. 16 Sin embargo, no es así cuando las cargas forman parte de un régimen general de tributos internos que recaen sistemáticamente sobre categorías de productos en función de criterios objetivos aplicados con independencia del origen o del destino del producto; en este caso, las cargas pecuniarias se incluyen precisamente en el ámbito de aplicación del artículo 90 CE.

745 El Tribunal de Justicia ha reconocido efecto directo vertical a este apartado, en el sentido de que engendra para los justiciables, en sus relaciones con el Estado, derechos que los órganos jurisdiccionales deben salvaguardar (STJCE de 4 de abril de 1968, 27/68, Fink Frucht).

746 Véase el Reglamento (UE) 2021/847 del Parlamento Europeo y del Consejo de 20 de mayo de 2021 por el que se establece el Programa «Fiscalis» para la cooperación en el ámbito de la fiscalidad y se deroga el Reglamento (UE) no. 1286/2013.

747 STJCE de 11 de agosto de 1995, asuntos acumulados C-367 a C-377/93, Roders. El párrafo segundo del artículo 95 tiene la función de evitar cualquier forma de proteccionismo fiscal indirecto en el caso de los productos que, sin ser similares, en el sentido del párrafo primero, a los productos nacionales, se encuentran sin embargo en una relación de competencia, aunque sea parcial, indirecta o potencial con algunos de ellos.

748 Antiguo artículo 91 TCE.

749 Antiguo artículo 92 TCE.

750 Antiguo artículo 93 TCE.

CAPÍTULO 3
APROXIMACIÓN DE LAS LEGISLACIONES

ARTÍCULO 114[751/752/753/754]

1. Salvo que los Tratados dispongan otra cosa, se aplicarán las disposiciones siguientes para la consecución de los objetivos enunciados en el artículo 26. El Parlamento Europeo y el Consejo, con arreglo al procedimiento legislativo ordinario y previa consulta al Comité Económico y Social, adoptarán las medidas relativas a la aproximación de las disposiciones legales, reglamentarias y administrativas de los Estados miembros que tengan por objeto el establecimiento y el funcionamiento del mercado interior.

2. El apartado 1 no se aplicará a las disposiciones fiscales, a las disposiciones relativas a la libre circulación de personas ni a las relativas a los derechos e intereses de los trabajadores por cuenta ajena.

3. La Comisión, en sus propuestas previstas en el apartado 1 referentes a la aproximación de las legislaciones en materia de salud, seguridad, protección del medioambiente y protección de los consumidores, se basará en un nivel de protección elevado, teniendo en cuenta especialmente cualquier novedad basada en hechos científicos. En el marco de sus respectivas competencias, el Parlamento Europeo y el Consejo procurarán también alcanzar ese objetivo.

---

751 Antiguo artículo 95 (desplazado) TCE.

752 STJCE de 17 de marzo de 1993, C-155/91, Comisión / Consejo. el solo hecho de que le establecimiento o funcionamiento del mercado interior sea afectado no basta para que el artículo 100A del Tratado sea aplicable. La utilización del artículo 100A no se justifica cuando el acto que ha de adoptarse sólo tiene accesoriamente el efecto de armonizar las condiciones del mercado en el interior de la Comunidad.

753 Conclusiones del Abogado General Poiares Maduro presentadas el 1 de octubre de 2009, Asunto C-58/08, The Queen, a instancia de Vodafone Ltd y otros/Secretary of State for Business, Enterprise and Regulatory Reform. Petición de decisión prejudicial: High Court of Justice (England & Wales), Queen's Bench Division (Administrative Court) Reino Unido. no significa que la legislación adoptada en virtud del artículo 95 CE no pueda perseguir objetivos de regulación independientes. En realidad, si se interpretara el artículo 95 CE en el sentido de que sólo confiere a la Comunidad las potestades necesarias para eliminar los obstáculos a la integración del mercado, la intervención de la Comunidad siempre subordinaría otros fines de regulación del mercado a lo que fuera estrictamente necesario para eliminar obstáculos a la libre circulación. Equivaldría a afirmar que el legislador comunitario sólo puede adoptar medidas que pretendan lograr el reconocimiento mutuo, en cuanto esas medidas siempre serían suficientes para prevenir la aparición o la prolongación de obstáculos a la libre circulación. Cualquier otra medida sería excesiva si, al actuar en virtud del artículo 95 CE con el objetivo de eliminar restricciones a la libre circulación, el legislador comunitario nunca pudiera ir más allá de lo que fuera suficiente para eliminar obstáculos a la libre circulación. Ello llevaría consigo que el artículo 95 CE sólo podría promover la integración del mercado mediante la desregulación de los mercados nacionales. Una interpretación como esa atribuiría al artículo 95 CE una preferencia específica de política siendo así que nada en el Tratado sustenta ese criterio.

754 STJCE de 14 de diciembre de 2004, C 210/03, Swedish Match. Una medida comunitaria que prohibía completamente la comercialización de determinado producto podía adoptarse conforme al artículo 95 CE siempre que existiera un riego de que las diferentes legislaciones nacionales originaran obstáculos para comercializar dicho producto. El Tribunal de Justicia parece aceptar que el riesgo de obstáculos para comercializar dicho producto puede justificar una prohibición comunitaria total de la venta de ese producto.

4. Si, tras la adopción por el Parlamento Europeo y el Consejo, por el Consejo o por la Comisión de una medida de armonización, un Estado miembro estimare necesario mantener disposiciones nacionales, justificadas por alguna de las razones importantes contempladas en el artículo 36 o relacionadas con la protección del medio de trabajo o del medio ambiente, dicho Estado miembro notificará a la Comisión dichas disposiciones así como los motivos de su mantenimiento.

5. Asimismo, sin perjuicio del apartado 4, si tras la adopción de una medida de armonización por el Parlamento Europeo y el Consejo, por el Consejo o por la Comisión, un Estado miembro estimara necesario establecer nuevas disposiciones nacionales basadas en novedades científicas relativas a la protección del medio de trabajo o del medio ambiente y justificadas por un problema específico de dicho Estado miembro surgido con posterioridad a la adopción de la medida de armonización, notificará a la Comisión las disposiciones previstas así como los motivos de su adopción.

6. La Comisión aprobará o rechazará, en un plazo de seis meses a partir de las notificaciones a que se refieren los apartados 4 y 5, las disposiciones nacionales mencionadas, después de haber comprobado si se trata o no de un medio de discriminación arbitraria o de una restricción encubierta del comercio entre Estados miembros y si constituyen o no un obstáculo para el funcionamiento del mercado interior.

Si la Comisión no se hubiera pronunciado en el citado plazo, las disposiciones nacionales a que se refieren los apartados 4 y 5 se considerarán aprobadas.

Cuando esté justificado por la complejidad del asunto y no haya riesgos para la salud humana, la Comisión podrá notificar al Estado miembro afectado que el plazo mencionado en este apartado se amplía por un período adicional de hasta seis meses.

7. Cuando, de conformidad con el apartado 6, se autorice a un Estado miembro a mantener o establecer disposiciones nacionales que se aparten de una medida de armonización, la Comisión estudiará inmediatamente la posibilidad de proponer una adaptación a dicha medida.

8. Cuando un Estado miembro plantee un problema concreto relacionado con la salud pública en un ámbito que haya sido objeto de medidas de armonización previas, deberá informar de ello a la Comisión, la cual examinará inmediatamente la conveniencia de proponer al Consejo las medidas adecuadas.

9. Como excepción al procedimiento previsto en los artículos 258 y 259, la Comisión y cualquier Estado miembro podrá recurrir directamente al Tribunal de Justicia de la Unión Europea si considera que otro Estado miembro abusa de las facultades previstas en el presente artículo.

10. Las medidas de armonización anteriormente mencionadas incluirán, en los casos apropiados, una cláusula de salvaguardia que autorice a los Estados miembros a adoptar, por uno o varios de los motivos no económicos indicados en el artículo 36, medidas provisionales sometidas a un procedimiento de control de la Unión[755].

ARTÍCULO 115[756]

Sin perjuicio del artículo 114, el Consejo adoptará, por unanimidad con arreglo a un procedimiento legislativo especial, y previa consulta al Parlamento Europeo y al Comité Económico y Social, directivas para la aproximación de las disposiciones legales, reglamentarias y administrativas de los Estados miembros que incidan directamente en el establecimiento o funcionamiento del mercado interior.

ARTÍCULO 116[757]

En caso de que la Comisión compruebe que una divergencia entre las disposiciones legales, reglamentarias o administrativas de los Estados miembros falsea las

---

755 Apartado nuevo introducido por el TL.

756 Antiguo artículo 94 TCE (desplazado).

757 Antiguo artículo 96 TCE.

condiciones de competencia en el mercado interior y provoca, por tal motivo, una distorsión que deba eliminarse, procederá a celebrar consultas con los Estados miembros interesados.

Si tales consultas no permitieren llegar a un acuerdo para suprimir dicha distorsión, el Parlamento Europeo y el Consejo adoptarán, con arreglo al procedimiento legislativo ordinario, las directivas necesarias a este fin. Podrán adoptarse cualesquiera otras medidas apropiadas previstas en los Tratados.

ARTÍCULO 117[758/759]

1. Cuando exista motivo para temer que la adopción o la modificación de una disposición legal, reglamentaria o administrativa pueda provocar una distorsión en el sentido definido en el artículo 96, el Estado miembro que pretenda adoptar tales medidas consultará a la Comisión. Después de haber consultado a los Estados miembros, la Comisión recomendará a los Estados interesados las medidas apropiadas para evitar tal distorsión.

2. Si el Estado que pretendiere adoptar o modificar disposiciones nacionales no se atiene a la recomendación que la Comisión le haya dirigido, no podrá pedirse a los demás Estados miembros, en aplicación del artículo 116, que modifiquen sus disposiciones nacionales para eliminar dicha distorsión. Si el Estado miembro que no ha tenido en cuenta la recomendación de la Comisión provocare una distorsión únicamente en perjuicio propio, no serán aplicables las disposiciones del artículo 116.

ARTÍCULO 118[760]

En el ámbito del establecimiento o del funcionamiento del mercado interior, el Parlamento Europeo y el Consejo establecerán, con arreglo al procedimiento legislativo ordinario, las medidas relativas a la creación de títulos europeos para garantizar una protección uniforme de los derechos de propiedad intelectual e industrial en la Unión y al establecimiento de regímenes de autorización, coordinación y control centralizados a escala de la Unión.

El Consejo establecerá con arreglo a un procedimiento legislativo especial, mediante reglamentos, los regímenes lingüísticos de los títulos europeos. El Consejo se pronunciará por unanimidad, previa consulta al Parlamento Europeo.

TÍTULO VIII[761]
POLÍTICA ECONÓMICA Y MONETARIA

ARTÍCULO 119[762]

1. Para alcanzar los fines enunciados en el artículo 3 del Tratado de la Unión Europea[763], la acción de los Estados miembros y de la Unión incluirá, en las condiciones previstas en los Tratados, la adopción de una política económica que se basará en la estrecha coordinación de las políticas económicas de los Estados miembros, en el

---

758 Antiguo artículo 97 TCE.

759 El Tribunal de Justicia ha negado expresamente que este artículo tenga efecto directo vertical, en el sentido de que engendre para los justiciables, en sus relaciones con el Estado, derechos que los órganos jurisdiccionales deben salvaguardar (STJCE de 15 de julio de 1964, 6/64, Costa/ ENEL).

760 Artículo nuevo, añadido por el TL.

761 Antiguo Título VII TCE de mismo nombre.

762 Antiguo artículo 4 TCE (desplazado).

763 El TUE en su versión consolidad recoge en el apartado 4° del artículo 3 la Unión Económica y Monetaria

mercado interior y en la definición de objetivos comunes, y que se llevará a cabo de conformidad con el respeto al principio de una economía de mercado abierta y de libre competencia.

2. Paralelamente, en las condiciones y según los procedimientos previstos en los Tratados, dicha acción supondrá una moneda única, el euro, la definición y la aplicación de una política monetaria y de tipos de cambio única cuyo objetivo primordial sea mantener la estabilidad de precios y, sin perjuicio de dicho objetivo, el apoyo a la política económica general de la Unión, de conformidad con los principios de una economía de mercado abierta y de libre competencia.

3 .Dichas acciones de los Estados miembros y de la Unión implican el respeto de los siguientes principios rectores: precios estables, finanzas públicas y condiciones monetarias sólidas y balanza de pagos estable.

CAPÍTULO 1
POLÍTICA ECONÓMICA

ARTÍCULO 120[764]

Los Estados miembros llevarán a cabo sus políticas económicas con vistas a contribuir a la realización de los objetivos de la Unión, definidos en el artículo 3 del Tratado de la Unión Europea, y en el marco de las orientaciones generales contempladas en el apartado 2 del artículo 121. Los Estados miembros y la Unión actuarán respetando el principio de una economía de mercado abierta y de libre competencia[765], favoreciendo una eficiente asignación de recursos y de conformidad con los principios enunciados en el artículo 119.

ARTÍCULO 121[766]

1. Los Estados miembros considerarán sus políticas económicas como una cuestión de interés común y las coordinarán en el seno del Consejo, conforme a lo dispuesto en el artículo 120.

2. El Consejo, sobre la base de una recomendación de la Comisión, elaborará un proyecto de orientaciones generales para las políticas económicas de los Estados miembros y de la Unión y presentará un informe al respecto al Consejo Europeo.

Sobre la base del informe del Consejo, el Consejo Europeo debatirá unas conclusiones sobre las orientaciones generales de las políticas económicas de los Estados miembros y de la Unión.

Con arreglo a estas conclusiones, el Consejo, adoptará una recomendación en la que establecerá dichas orientaciones generales. El Consejo informará de su recomendación al Parlamento Europeo.

3. Con el fin de garantizar una coordinación más estrecha de las políticas económicas y una convergencia sostenida de los resultados económicos de los Estados miembros, el Consejo, basándose en informes presentados por la Comisión[767], supervisará la evolución económica de cada uno de los Estados miembros y de la Unión, así como la coherencia de las políticas económicas con las orientaciones generales contempladas en el apartado 2, y procederá regularmente a una evaluación global.

---

764 Antiguo artículo 98 TCE.

765 Conclusiones 6 de julio de 2010, Asunto C-565/08 entre Comisión e Italia del Abogado General Mazák: se establece que es contrario al principio de libre competencia establecer un precio máximo en los servicios que debe prestar un profesional.

766 Antiguo artículo 99 TCE.

767 Comunicación de la Comisión a las demás instituciones para la coordinación de la política económica (COM/2010/0250 final).

A efectos de esta supervisión multilateral, los Estados miembros informarán a la Comisión acerca de las medidas importantes que hayan adoptado en relación con su política económica, así como de todos los demás aspectos que consideren necesarios.

4. Cuando, con arreglo al procedimiento establecido en el apartado 3, se compruebe que la política económica de un Estado miembro contradice las orientaciones generales mencionadas en el apartado 2 o puede poner en peligro el correcto funcionamiento de la unión económica y monetaria, la Comisión podrá dirigir una advertencia a dicho Estado miembro[768]. El Consejo, por recomendación de la Comisión, podrá dirigir las recomendaciones necesarias al Estado miembro de que se trate. El Consejo, a propuesta de la Comisión, podrá decidir hacer públicas sus recomendaciones.

A efectos del presente apartado, el Consejo se pronunciará sin tomar en consideración el voto del miembro del Consejo que represente al Estado miembro de que se trate.

La mayoría cualificada de los demás miembros del Consejo se definirá de conformidad con la letra a) del apartado 3 del artículo 238.

5. El Presidente del Consejo y la Comisión informarán al Parlamento Europeo acerca de los resultados de la supervisión multilateral. Si el Consejo hubiere hecho públicas sus recomendaciones, se podrá invitar a su Presidente a que comparezca ante la comisión competente del Parlamento Europeo.

6. El Parlamento Europeo y el Consejo podrán adoptar mediante reglamentos, con arreglo al procedimiento legislativo ordinario, normas relativas al procedimiento de supervisión multilateral contemplado en los apartados 3 y 4.

ARTÍCULO 122[769]

1. Sin perjuicio de los demás procedimientos establecidos en los Tratados, el Consejo, a propuesta de la Comisión, podrá decidir, con un espíritu de solidaridad entre Estados miembros, medidas adecuadas a la situación económica, en particular si surgieren dificultades graves en el suministro de determinados productos, especialmente en el ámbito de la energía.

2. En caso de dificultades o en caso de serio riesgo de dificultades graves en un Estado miembro, ocasionadas por catástrofes naturales o acontecimientos excepcionales que dicho Estado no pudiere controlar, el Consejo, a propuesta de la Comisión, podrá acordar, en determinadas condiciones, una ayuda financiera de la Unión al Estado miembro en cuestión. El Presidente del Consejo informará al Parlamento Europeo acerca de la decisión tomada.

ARTÍCULO 123[770]

1. Queda prohibida la autorización de descubiertos o la concesión de cualquier otro tipo de créditos por el Banco Central Europeo y por los bancos centrales de los Estados miembros, denominados en lo sucesivo «bancos centrales nacionales», en favor de instituciones, órganos u organismos de la Unión, Gobiernos centrales, autoridades regionales o locales u otras autoridades públicas, organismos de Derecho público o empresas públicas de los Estados miembros, así como la adquisición directa a los mismos de instrumentos de deuda por el Banco Central Europeo o los bancos centrales nacionales[771].

---

768 Véase el artículo 7 TUE sobre sanciones por violaciones graves por parte de un Estado miembro.

769 Antiguo artículo 100 TCE.

770 Antiguo artículo 101 TCE.

771 Reglamento (CE) núm. 3603/93 del Consejo, de 13 de diciembre de 1993, por el que se establecen definiciones para la aplicación de las prohibiciones a que se refieren el artículo

2. Las disposiciones del apartado 1 no afectarán a las entidades de crédito públicas, que, en el marco de la provisión de reservas por los bancos centrales, deberán recibir por parte de los bancos centrales nacionales y del Banco Central Europeo el mismo trato que las entidades de crédito privadas.

ARTÍCULO 124[772]

Queda prohibida cualquier medida que no se base en consideraciones prudenciales que establezca un acceso privilegiado[773] a las entidades financieras para las instituciones, órganos u organismos de la Unión, Gobiernos centrales, autoridades regionales, locales u otras autoridades públicas, organismos de Derecho público o empresas públicas de los Estados miembros.

ARTÍCULO 125[774/775]

1. La Unión no asumirá ni responderá de los compromisos de los Gobiernos centrales, autoridades regionales o locales u otras autoridades públicas, organismos de Derecho público o empresas públicas de los Estados miembros, sin perjuicio de las garantías financieras mutuas para la realización conjunta de proyectos específicos. Los Estados miembros no asumirán ni responderán de los compromisos de los Gobiernos centrales, autoridades regionales o locales u otras autoridades públicas, organismos de Derecho público o empresas públicas de otro Estado miembro, sin perjuicio de las garantías financieras mutuas para la realización conjunta de proyectos específicos.

2. Si fuese necesario, el Consejo, a propuesta de la Comisión y previa consulta al Parlamento Europeo, podrá especificar las definiciones para la aplicación de las prohibiciones a que se refieren los artículos 123 y 124 y el presente artículo.

ARTÍCULO 126[776/777]

1. Los Estados miembros evitarán déficits públicos excesivos[778].

2. La Comisión supervisará la evolución de la situación presupuestaria y del nivel de endeudamiento público de los Estados miembros con el fin de detectar errores manifiestos. En particular, examinará la observancia de la disciplina presupuestaria atendiendo a los dos criterios siguientes:

---

104 y el apartado 1 del artículo 104 B del Tratado (actuales artículo 123 y apartado 1 del artículo 125 del TFUE), DOUE L núm. 332 de 31 de diciembre.

772 Antiguo artículo 102 TCE.

773 Reglamento 3603/93/CE del Consejo, de 13 de diciembre de 1993, por el que se establecen las definiciones para la aplicación de la prohibición del acceso privilegiado a que se refiere el artículo 104 A del Tratado, DOUE L núm. 332 de 31 de diciembre.

774 Antiguo artículo 103 TCE.

775 Reglamento 3603/93/CE del Consejo, de 13 de diciembre de 1993, por el que se establecen las definiciones para la aplicación de las prohibiciones a que se refiere el artículo 123 y el apartado 1 del artículo 125 del TFUE, DOUE L núm. 332 de 31 de diciembre.

776 Antiguo artículo 104 TCE.

777 Véase la Declaración n.° 30 anexa al Tratado, relativa al artículo 126 TFUE.

778 Reglamento (CE) n.° 1056/2005 del Consejo, de 27 de junio de 2005, por el que se modifica el Reglamento (CE) n.° 1467/97 relativo a la aceleración y clarificación del procedimiento de déficit excesivo y Reglamento (CE) n.° 1055/2005 del Consejo, de 27 de junio de 2005, por el que se modifica el Reglamento (CE) n.° 1466/97 del Consejo relativo al refuerzo de la supervisión de las situaciones presupuestarias y a la supervisión y coordinación de las políticas económicas.

a) Si la proporción entre el déficit público previsto o real y el producto interior bruto sobrepasa un valor de referencia, a menos:

- que la proporción haya descendido sustancial y continuadamente y llegado a un nivel que se aproxime al valor de referencia.
- que el valor de referencia se sobrepase sólo excepcional y temporalmente, y la proporción se mantenga cercana al valor de referencia.

b) Si la proporción entre la deuda pública y el producto interior bruto rebasa un valor de referencia, a menos que la proporción disminuya suficientemente y se aproxime a un ritmo satisfactorio al valor de referencia.

Los valores de referencia se especifican en el Protocolo sobre el procedimiento aplicable en caso de déficit excesivo, anejo a los Tratados.

3. Si un Estado miembro no cumpliere los requisitos de uno de estos criterios o de ambos, la Comisión elaborará un informe, en el que también se tendrá en cuenta si el déficit público supera los gastos públicos de inversión, así como todos los demás factores pertinentes, incluida la situación económica y presupuestaria a medio plazo del Estado miembro.

La Comisión también podrá elaborar un informe cuando considere que, aun cumpliéndose los requisitos inherentes a los criterios, existe el riesgo de un déficit excesivo en un Estado miembro.

4. El Comité Económico y Financiero emitirá un dictamen sobre el informe de la Comisión.

5. Si la Comisión considerare que un Estado miembro presenta o puede presentar un déficit excesivo, remitirá un dictamen a dicho Estado miembro e informará de ello al Consejo.

6. El Consejo, sobre la base de una propuesta de la Comisión, considerando las posibles observaciones que formule el Estado miembro de que se trate, y tras una valoración global, decidirá si existe un déficit excesivo.

7. Cuando el Consejo, de conformidad con el apartado 6, decida declarar la existencia de un déficit excesivo, adoptará sin demora injustificada, sobre la base de una recomendación de la Comisión, las recomendaciones dirigidas al Estado miembro de que se trate para que éste ponga fin a esta situación en un plazo determinado. Salvo lo dispuesto en el apartado 8, dichas recomendaciones no se harán públicas.

8. Cuando el Consejo compruebe que no se han seguido efectivamente sus recomendaciones en el plazo fijado, el Consejo podrá hacerlas públicas.

9. Si un Estado miembro persistiere en no llevar a efecto las recomendaciones del Consejo, éste podrá decidir que se formule una advertencia a dicho Estado miembro para que adopte, en un plazo determinado, las medidas dirigidas a la reducción del déficit que el Consejo considere necesaria para poner remedio a la situación.

En tal caso, el Consejo podrá exigir al Estado miembro de que se trate la presentación de informes con arreglo a un calendario específico para examinar los esfuerzos de ajuste de dicho Estado miembro.

10 En el marco de los apartados 1 a 9 del presente artículo, no podrá ejercerse el derecho de recurso previsto en los artículos 258 y 259.

11. Si un Estado miembro incumpliere una decisión adoptada de conformidad con el apartado 9, el Consejo podrá decidir que se aplique o, en su caso, que se refuerce una o varias de las siguientes medidas:

- Exigir al Estado miembro de que se trate, que publique una información adicional, que el Consejo deberá especificar, antes de emitir obligaciones y valores.
- Recomendar al BEI que reconsidere su política de préstamos respecto al Estado miembro en cuestión. Exigir que el Estado miembro de que se trate efectúe ante la Unión un depósito sin devengo de intereses por un importe apropiado, hasta que el Consejo considere que se ha corregido el déficit excesivo.
- Imponer multas de una magnitud apropiada.

El Presidente del Consejo informará al Parlamento Europeo acerca de las decisiones tomadas.

12. El Consejo derogará algunas o la totalidad de sus decisiones o recomendaciones mencionadas en los apartados 6 a 9 y 11 cuando considere que el déficit excesivo

del Estado miembro en cuestión se ha corregido. Si anteriormente el Consejo hubiere hecho públicas sus recomendaciones, hará, en cuanto haya sido derogada la decisión adoptada en virtud del apartado 8, una declaración pública en la que se afirme que el déficit excesivo ha dejado de existir en el Estado miembro en cuestión.

13. Por lo que respecta a las decisiones o recomendaciones del Consejo mencionadas en los apartados 8, 9, 11 y 12, el Consejo se pronunciará sobre la base de una recomendación de la Comisión.

Cuando el Consejo adopte las medidas contempladas en los apartados 6 a 9, 11 y 12, el Consejo se pronunciará sin tomar en consideración el voto del miembro del Consejo que represente al Estado miembro de que se trate.

La mayoría cualificada de los demás miembros del Consejo se definirá de conformidad con la letra a) del apartado 3 del artículo 238.

14. En el Protocolo sobre el procedimiento aplicable[779] en caso de déficit excesivo anejo a los Tratados se recogen disposiciones adicionales relacionadas con la aplicación del procedimiento descrito en el presente artículo.

El Consejo, por unanimidad con arreglo a un procedimiento legislativo especial, y previa consulta al Parlamento Europeo y al Banco Central Europeo, adoptará las disposiciones apropiadas que sustituirán al mencionado Protocolo.

Sin perjuicio de las restantes disposiciones del presente apartado, el Consejo, a propuesta de la Comisión y previa consulta al Parlamento Europeo, fijará normas de desarrollo y definiciones para la aplicación de las disposiciones del mencionado Protocolo.

CAPÍTULO 2
POLÍTICA MONETARIA

ARTÍCULO 127[780]

1. [781]El objetivo principal del Sistema Europeo de Bancos Centrales[782], denominado en lo sucesivo «SEBC», será mantener la estabilidad de precios. Sin perjuicio de este objetivo, el SEBC apoyará las políticas económicas generales de la Unión con el fin de contribuir a la realización de los objetivos de la Unión establecidos en el artículo 3 del Tratado de la Unión Europea. El SEBC actuará con arreglo al principio de una economía de mercado abierta y de libre competencia, fomentando una eficiente asignación de recursos de conformidad con los principios expuestos en el artículo 119.

2. Las funciones básicas que se llevarán a cabo a través del SEBC serán:

Definir y ejecutar la política monetaria de la Unión.

Realizar operaciones de divisas coherentes con las disposiciones del artículo 219.

Poseer y gestionar las reservas oficiales de divisas de los Estados miembros.

Promover el buen funcionamiento de los sistemas de pago.

---

779 Reglamento (CE) n.° 479/2009 del Consejo, de 25 de mayo de 2009, relativo a la aplicación del Protocolo sobre el procedimiento aplicable en caso de déficit excesivo, anejo al Tratado constitutivo de la Comunidad Europea, que se modifica por el Reglamento (UE) n.° 220/2014 de la Comisión, de 7 de marzo de 2014, por el que se modifica el Reglamento (CE) n.° 479/2009 respecto a las referencias al Sistema Europeo de Cuentas Nacionales y Regionales de la Unión Europea.

780 Antiguo artículo 105 TCE.

781 Véase el artículo 7.2 de la Ley 13/1994, de 1 de junio, de Autonomía del Banco de España, tal y como ha sido modificado por la Ley 12/1998 de 28 de abril (se añade la disposición adicional 8, por Ley 36/2014, de 26 de diciembre).

782 Véase el Capítulo II del protocolo n.° 4, sobre los Estatutos del Sistema Europeo de Bancos Centrales y del Banco Central Europeo.

3. [783]Lo dispuesto en el tercer guión del apartado 2 se entenderá sin perjuicio de la posesión y gestión de fondos de maniobra en divisas por parte de los Gobiernos de los Estados miembros.

4. El Banco Central Europeo será consultado[784]:

Sobre cualquier propuesta de acto de la Unión que entre en su ámbito de competencia.

Por las autoridades nacionales acerca de cualquier proyecto de disposición legal que entre en su ámbito de competencias, pero dentro de los límites y en las condiciones establecidas por el Consejo con arreglo al procedimiento previsto en el apartado 4 del artículo 129.

El Banco Central Europeo[785] podrá presentar dictámenes a las instituciones, órganos u organismos de la Unión o a las autoridades nacionales pertinentes acerca de materias que pertenezcan al ámbito de sus competencias.

5. El SEBC contribuirá a la buena gestión de las políticas que lleven a cabo las autoridades competentes con respecto a la supervisión prudencial de las entidades de crédito y a la estabilidad del sistema financiero.

6. El Consejo, mediante reglamentos adoptados con arreglo a un procedimiento legislativo especial, por unanimidad y previa consulta al Parlamento Europeo y al Banco Central Europeo, podrá encomendar al Banco Central Europeo tareas específicas respecto de políticas relacionadas con la supervisión prudencial de las entidades de crédito y otras entidades financieras, con excepción de las empresas de seguros.

ARTÍCULO 128[786]

1. El Banco Central Europeo tendrá el derecho exclusivo de autorizar la emisión[787] de billetes de banco en euros en la Unión. El Banco Central Europeo y los bancos centrales nacionales podrán emitir billetes. Los billetes emitidos[788] por el Banco Central Europeo y los bancos centrales nacionales serán los únicos billetes de curso legal en la Unión.

2. Los Estados miembros podrán realizar emisiones de moneda metálica en euros, para las cuales será necesaria la aprobación del Banco Central Europeo en cuanto al volumen de emisión. El Consejo, a propuesta de la Comisión y previa consulta al Parlamento Europeo y al Banco Central Europeo, podrá adoptar medidas para armonizar los valores nominales y las especificaciones técnicas de todas las monedas destinadas a la circulación en la medida necesaria para su buena circulación dentro de la Unión.

---

783 Véase el artículo 7.3 apartado c) de la Ley 13/1994, de 1 de junio, de Autonomía del Banco de España, tal y como ha sido modificado por la Ley 12/1998 de 28 de abril (se añade la disposición adicional 8, por Ley 36/2014, de 26 de diciembre).

784 Es obligatoria la consulta al Banco Central Europeo en el caso de los artículos 66, 126.4, 127.5, 128.2, 129.5 y 6, 132.3, 134.3, entre otros, TFUE.

785 La Decisión del Banco Central Europeo 2004/257/ CE, de 19 de febrero de 2004, por la que se adopta el Reglamento Interno del Banco Central Europeo ha sido actualizado para reflejar las modificaciones introducidas por la Decisión BCE/2009/5, de 19 de marzo de 2009.

786 Antiguo artículo 106 TCE.

787 Véase Reglamento n.º 44/2009 del Consejo, de 18 de diciembre de 2008, que modifica el Reglamento n.º 1338/2001 por el que se definen medidas necesarias para la protección del euro contra la falsificación (corrección de errores en el DOUE L 104, de 23 de abril de 2015).

788 Véase el artículo 16 del Protocolo n.º 4 anexo al Tratado, relativo a la emisión de billetes de la Unión.

ARTÍCULO 129[789]

1. El SEBC será dirigido por los órganos rectores del Banco Central Europeo, que serán el Consejo de Gobierno y el Comité Ejecutivo.

2. Los Estatutos del Sistema Europeo de Bancos Centrales y del Banco Central Europeo, denominados en lo sucesivo «Estatutos del SEBC y del BCE», figuran en un Protocolo anejo a los Tratados.

3. Los artículos 5.1, 5.2, 5.3, 17, 18, 19.1, 22, 23, 24, 26, 32.2, 32.3, 32.4, 32.6, 33.1.a) y 36 de los Estatutos del SEBC y del BCE podrán ser modificados por el Parlamento Europeo y el Consejo con arreglo al procedimiento legislativo ordinario. Se pronunciarán bien sobre la base de una recomendación del Banco Central Europeo y previa consulta a la Comisión, bien a propuesta de la Comisión y previa consulta al Banco Central Europeo.

4. El Consejo, bien a propuesta de la Comisión y previa consulta al Parlamento Europeo y al Banco Central Europeo, bien sobre la base de una recomendación del Banco Central Europeo y previa consulta al Parlamento Europeo y a la Comisión, adoptará las disposiciones contempladas en los artículos 4, 5.4, 19.2[790], 20, 28.1, 29.2, 30.4 y 34.3 de los Estatutos del SEBC y del BCE.

ARTÍCULO 130[791/792]

En el ejercicio de las facultades y en el desempeño de las funciones y obligaciones que les asignan los Tratados y los Estatutos del SEBC y del BCE, ni el Banco Central Europeo, ni los bancos centrales nacionales, ni ninguno de los miembros de sus órganos rectores podrán solicitar o aceptar instrucciones[793] de las instituciones, órganos u organismos de la Unión, ni de los Gobiernos de los Estados miembros, ni de ningún otro órgano. Las instituciones, órganos u organismos de la Unión, así como los Gobiernos de los Estados miembros, se comprometen a respetar este principio y a no tratar de influir en los miembros de los órganos rectores del Banco Central Europeo y de los bancos centrales nacionales en el ejercicio de sus funciones.

ARTÍCULO 131[794]

Cada uno de los Estados miembros velará porque su legislación nacional[795], incluidos los Estatutos de su banco central nacional, sea compatible con los Tratados y con los Estatutos del SEBC y del BCE.

---

789 Antiguo artículo 107 TCE.

790 Véase Reglamento n.° 1052/2008 del Banco Central Europeo, de 22 de octubre de 2008, por el que se modifica el Reglamento n.° 1745/2003 (BCE/2003/9) relativo a la aplicación de las reservas mínimas.

791 Antiguo artículo 108 TCE.

792 El Tribunal de Justicia ha negado expresamente que este artículo tenga efecto directo vertical, en el sentido de que engendre para los justiciables, en sus relaciones con el Estado derechos que los órganos jurisdiccionales deben salvaguardar (STJCE de 24 de octubre de 1973, 9/73, Schütter II).

793 Véase el artículo 7 del Protocolo n.° 4 anexo al Tratado, relativo a la independencia de los Bancos Centrales y del Banco Central Europeo.

794 Antiguo artículo 109 TCE.

795 Véase Ley 13/1994, de 1 de junio, de Autonomía del Banco de España (última modificación: el art. 7.5, por Real Decreto-ley 14/2013, de 29 de noviembre). Última modificación a 30/12/2014.

ARTÍCULO 132[796]

1. Para el ejercicio de las funciones encomendadas al SEBC, el Banco Central Europeo, con arreglo a las disposiciones de los Tratados y en las condiciones previstas en los Estatutos del SEBC y del BCE:

- Elaborará[797] reglamentos en la medida en que ello sea necesario para el ejercicio de las funciones definidas en el primer guión del artículo 3.1 y en los artículos 19.1, 22 o 25.2 de los Estatutos del SEBC y del BCE, y en los casos que se establezcan en los actos del Consejo mencionados en el apartado 4 del artículo 129.
- Tomará las decisiones necesarias para el ejercicio de las funciones encomendadas al SEBC por los Tratados y por los Estatutos del SEBC y del BCE.
- Formulará recomendaciones y emitirá dictámenes.

2. El Banco Central Europeo podrá decidir hacer públicos sus decisiones, recomendaciones y dictámenes.

3. Dentro de los límites y en las condiciones adoptados por el Consejo con arreglo al procedimiento establecido en el apartado 4 del artículo 129, el Banco Central Europeo estará autorizado a imponer multas[798] y pagos periódicos de penalización a las empresas que no cumplan con sus obligaciones respecto de los reglamentos y decisiones del mismo.

ARTÍCULO 133[799]

Sin perjuicio de las atribuciones del Banco Central Europeo, el Parlamento Europeo y el Consejo establecerán, con arreglo al procedimiento legislativo ordinario, las medidas necesarias para la utilización del euro como moneda única. Dichas medidas se adoptarán previa consulta al Banco Central Europeo.

CAPÍTULO 3
DISPOSICIONES INSTITUCIONALES

ARTÍCULO 134[800/801]

1. A fin de promover la coordinación de las políticas de los Estados miembros en todo lo necesario para el funcionamiento del mercado interior, se crea un Comité Económico y Financiero[802].

---

796 Antiguo artículo 110 TCE.

797 En el documento del Consejo, de 4 de diciembre de 1997, CONF/4162/97, se hace constar que la palabra «elaborará» es un error de traducción al castellano y que debería decir «adoptará».

798 Véase el Reglamento (CE) n.° 2532/98 del Consejo, de 23 de noviembre de 1998, sobre las competencias del Banco Central Europeo para imponer sanciones, DOUE L núm. 318 de 27 de noviembre (se modifica los arts. 1,2 y 3 y se añade los arts. 1bis, 4bis, 4ter y 4quarter, por Reglamento 2015/159, de 27 de enero).

799 Artículo nuevo introducido por el Tratado de Lisboa como consecuencia del nuevo procedimiento ordinario para adoptar decisiones. Véanse los artículos 14 y 15 del TUE en su versión consolidada del TL en los que se regulan el Parlamento Europeo y el Consejo.

800 Artículo modificado por el TL como consecuencia de la disolución del Comité Monetario.

801 Antiguo artículo 114 TCE.

802 Véase la Decisión 1999/8/CE del Consejo de 31 de diciembre de 1998, por la que se adoptan los Estatutos del Comité Económico y Financiero, DOUE L núm. 5 de 9 de enero de 1999, y la Decisión del Consejo 2012/245/CE del Consejo de 26 de abril de 2012 sobre la revisión de Estatutos del Comité Económico y Financiero.

2. El Comité Económico y Financiero tendrá las siguientes funciones:

Emitir dictámenes, bien a petición del Consejo o de la Comisión, bien por iniciativa propia, destinados a dichas instituciones.

Seguir la situación económica y financiera de los Estados miembros y de la Unión e informar regularmente al Consejo y a la Comisión, especialmente sobre las relaciones financieras con terceros países y con instituciones internacionales.

Colaborar, sin perjuicio de lo dispuesto en el artículo 240, en la preparación de los trabajos del Consejo a que se refieren los artículos 66 y 75, los apartados 2, 3, 4 y 6 del artículo 121, los artículos 122, 124, 125 y 126, el apartado 6 del artículo 127, el apartado 2 del artículo 128, los apartados 3 y 4 del artículo 129, el artículo 138, los apartados 2 y 3 del artículo 140, el artículo 143, los apartados 2 y 3 del artículo 144 y el artículo 219, y llevar a cabo otras tareas consultivas y preparatorias que le encomiende el Consejo.

Examinar, al menos una vez al año, la situación relativa a los movimientos de capitales y a la libertad de pagos, tal y como resulten de la aplicación de los Tratados y de las medidas adoptadas por el Consejo. Este examen comprenderá todas las medidas relativas a los movimientos de capitales y a los pagos. El Comité informará a la Comisión y al Consejo sobre el resultado de este examen.

Los Estados miembros, la Comisión y el Banco Central Europeo designarán cada uno de ellos un máximo de dos miembros del Comité.

3. El Consejo, a propuesta de la Comisión y previa consulta al Banco Central Europeo y al Comité mencionado en el presente artículo, establecerá las normas de desarrollo relativas a la composición del Comité Económico y Financiero. El Presidente del Consejo informará al Parlamento Europeo sobre tal decisión.

4. Además de las funciones expuestas en el apartado 2, si hubiere y mientras haya Estados miembros acogidos a una excepción con arreglo al artículo 139, el Comité supervisará la situación monetaria y financiera y el sistema general de pagos de dichos Estados miembros e informará regularmente al respecto al Consejo y a la Comisión.

ARTÍCULO 135[803]

Respecto de los asuntos comprendidos en el ámbito de aplicación del apartado 4 del artículo 121, del artículo 126, excepto su apartado 14, del artículo 138, del apartado 1 del artículo 140, del párrafo primero del apartado 2 del artículo 140, del apartado 3 del artículo 140, y del artículo 219, el Consejo o un Estado miembro podrán solicitar de la Comisión que presente una recomendación o una propuesta según sea pertinente. La Comisión examinará la solicitud y presentará sin demora sus conclusiones al Consejo.

803 Antiguo artículo 115 TCE.

CAPÍTULO 4[804]
DISPOSICIONES ESPECÍFICAS PARA LOS ESTADOS MIEMBROS CUYA MONEDA ES EL EURO

ARTÍCULO 136[805/806]

1 .Con el fin de contribuir al correcto funcionamiento de la unión económica y monetaria y de conformidad con las disposiciones pertinentes de los Tratados, el Consejo adoptará, con arreglo al procedimiento que corresponda de los contemplados en los artículos 121 y 126, con excepción del procedimiento establecido en el apartado 14 del artículo 126, medidas relativas a los Estados miembros cuya moneda es el euro para:

Reforzar la coordinación y supervisión de su disciplina presupuestaria[807].

Elaborar las orientaciones de política económica referentes a dichos Estados, velando por que sean compatibles con las adoptadas para el conjunto de la Unión, y garantizar su vigilancia.

2. Únicamente participarán en las votaciones sobre las medidas contempladas en el apartado 1 los miembros del Consejo que representen a los Estados miembros cuya moneda es el euro.

La mayoría cualificada de dichos miembros se definirá de conformidad con la letra a) del apartado 3 del artículo 238.

ARTÍCULO 137[808]

Las modalidades de las reuniones entre los ministros de los Estados miembros cuya moneda es el euro se establecen en el Protocolo sobre el Eurogrupo[809].

ARTÍCULO 138[810]

1. Para garantizar la posición del euro en el sistema monetario internacional, el Consejo adoptará, a propuesta de la Comisión, una decisión por la que se determinen

---

804 Capítulo nuevo añadido por el TL. Es una de las grandes novedades que introduce el Tratado de Lisboa frente al Tratado de Niza como consecuencia de que no todos los países de la Unión utilizan el Euro como moneda. Véase el artículo 20 TUE y los artículos 326 y siguientes TFUE en su versión consolidada del TL.

805 Artículo añadido por el TL.

806 Los líderes de la UE acordaron ampliar el artículo 136 TFUE en su versión consolidada del TL, con el fin de incorporar al Tratado un mecanismo de protección y estabilidad del euro a largo plazo. Por la Decisión 2011/199/ CE del Consejo Europeo, de 25 de marzo de 2011 que modifica el artículo 136 del Tratado de Funcionamiento de la Unión Europea en relación con un mecanismo de estabilidad para los Estados miembros cuya moneda es el euro, se prevé la incorporación de un tercer apartado en el artículo 136 con la siguiente redacción: «3. Los Estados miembros cuya moneda es el euro podrán establecer un mecanismo de estabilidad que se activará cuando sea indispensable para salvaguardar la estabilidad de la zona del euro en su conjunto. La concesión de toda ayuda financiera necesaria con arreglo al mecanismo se supeditará a condiciones estrictas».

807 Véase el Protocolo n.° 12 anexo al Tratado, relativo al procedimiento aplicable en caso de déficit excesivo.

808 Artículo añadido por el TL.

809 Véase el Protocolo n.° 14 anexo al Tratado, relativo al Eurogrupo, en el que se establece que los ministros de los Estados miembros del Eurogrupo eligen a un presidente por un periodo de dos años y medio.

810 Antiguo artículo 111 apartado 4 (desplazado) TCE.

las posiciones comunes sobre las cuestiones que revistan especial interés para la unión económica y monetaria en las instituciones y conferencias financieras internacionales competentes. El Consejo se pronunciará previa consulta al Banco Central Europeo.

2. El Consejo podrá adoptar, a propuesta de la Comisión, las medidas adecuadas para contar con una representación única en las instituciones y conferencias financieras internacionales. El Consejo se pronunciará previa consulta al Banco Central Europeo.

3. Únicamente participarán en las votaciones sobre las medidas contempladas en los apartados 1 y 2 los miembros del Consejo que representen a los Estados miembros cuya moneda es el euro.

La mayoría cualificada de dichos miembros se definirá de conformidad con la letra a) del apartado 3 del artículo 238.

CAPÍTULO 5[811]
DISPOSICIONES TRANSITORIAS

ARTÍCULO 139[812]

1. Los Estados miembros sobre los que el Consejo no haya decidido que cumplen las condiciones necesarias para la adopción del euro se denominarán en lo sucesivo «Estados miembros acogidos a una excepción[813]».

2. Las siguientes disposiciones[814] de los Tratados no se aplicarán a los Estados miembros acogidos a una excepción:

a) Adopción de las partes de las orientaciones generales de las políticas económicas que afecten a la zona del euro de forma general (apartado 2 del artículo 121).

b) Medios estrictos para remediar los déficit excesivos (apartados 9 y 11 del artículo 126).

c) Objetivos y funciones del SEBC (apartados 1, 2, 3 y 5 del artículo 127).

d) Emisión del euro (artículo 128).

e) Actos del Banco Central Europeo (artículo 132).

f) Medidas relativas a la utilización del euro (artículo 133).

g) Acuerdos monetarios y otras medidas relativas a la política de tipos de cambio (artículo 219).

h) Designación de los miembros del Comité Ejecutivo del Banco Central Europeo (apartado 2 del artículo 283).

i) Decisiones por las que se determinen posiciones comunes sobre cuestiones que revistan especial interés para la unión económica y monetaria en las instituciones y conferencias financieras internacionales competentes (apartado 1 del artículo 138).

j) Medidas para contar con una representación única en las instituciones y conferencias financieras internacionales (apartado 2 del artículo 138).

Por consiguiente, en los artículos citados en las letras a) a j) se entenderá por «Estados miembros» los Estados miembros cuya moneda es el euro.

---

811 Antiguo Capítulo 4.

812 Artículo nuevo añadido por el TL.

813 Acuerdo, de 13 de diciembre de 2010, entre el Banco Central Europeo y los bancos centrales nacionales de los Estados miembros que no forman parte de la zona del euro por el que se modifica el Acuerdo de 16 de marzo de 2006 entre el Banco Central Europeo y los bancos centrales nacionales de los Estados miembros que no forman parte de la zona del euro por el que se establecen los procedimientos de funcionamiento del mecanismo de tipos de cambio de la tercera fase de la unión económica y monetaria.

814 Véase el artículo 42 y ss. del Protocolo n.° 4 anexo al Tratado, relativo a disposiciones transitorias con respecto al SEBC para los Estados acogidos a una Excepción.

3. Los Estados miembros acogidos a una excepción[815/816] y sus bancos centrales nacionales estarán excluidos de los derechos y obligaciones en el marco del SEBC de conformidad con el capítulo IX de los Estatutos del SEBC y del BCE.

4. Los derechos de voto de los miembros del Consejo que representen a los Estados miembros acogidos a una excepción quedarán suspendidos cuando el Consejo adopte las medidas previstas en los artículos citados en el apartado 2, así como en los casos siguientes:

Recomendaciones dirigidas a los Estados miembros cuya moneda es el euro en el marco de la supervisión multilateral, incluidas las recomendaciones relativas a los programas de estabilidad y las advertencias (apartado 4 del artículo 121).

Medidas relativas a los déficits excesivos que afecten a los Estados miembros cuya moneda es el euro (apartados 6, 7, 8, 12 y 13 del artículo 126).

La mayoría cualificada de los demás miembros del Consejo se definirá de conformidad con la letra a) del apartado 3 del artículo 238.

ARTÍCULO 140[817]

1. [818]Una vez cada dos años como mínimo, o a petición de cualquier Estado miembro acogido a una excepción, la Comisión y el Banco Central Europeo presentarán informes al Consejo acerca de los avances que hayan realizado los Estados miembros acogidos a una excepción en el cumplimiento de sus obligaciones en relación con la realización de la unión económica y monetaria. Estos informes incluirán un examen de la compatibilidad de la legislación nacional de cada uno de estos Estados miembros, incluidos los Estatutos de su banco central nacional, con el artículo 130 y el artículo 131, así como con los Estatutos del SEBC y del BCE[819]. Estos informes examinarán también la consecución de un alto grado de convergencia sostenible, atendiendo al cumplimiento de los siguientes criterios por parte de cada uno de los Estados miembros[820]:

- El logro de un alto grado de estabilidad de precios, que deberá quedar de manifiesto a través de una tasa de inflación que esté próxima a la de, como máximo, los tres Estados miembros más eficaces en cuanto a la estabilidad de precios.
- Las finanzas públicas deberán encontrarse en una situación sostenible, lo que quedará demostrado en caso de haberse conseguido una situación del presupuesto sin un déficit público excesivo, definido de conformidad con lo dispuesto en el apartado 6 del artículo 126.
- El respeto, durante dos años como mínimo, sin que se haya producido devaluación frente al euro[821], de los márgenes normales de fluctuación que establece el mecanismo de tipos de cambio del sistema monetario europeo.

---

815 Véase el Protocolo n.º 15 anexo al Tratado, relativo a ciertas disposiciones con respecto a Reino Unido e Irlanda del Norte.

816 Véase los protocolos n.º 16 y 17 anexos al Tratado, relativos a ciertas disposiciones sobre Dinamarca.

817 Antiguos artículos 121, apartado 1 (desplazado), 122, apartado 2, segunda frase (desplazado), y 123, apartado 5 (desplazado), TCE.

818 Véase el artículo 124.2 TFUE.

819 Véanse los artículos 127 al 132 TFUE relativos al Banco Central Europeo y el Sistema Europeo de Bancos Centrales.

820 Disposición modificada parcialmente por el TL. Véase el antiguo artículo 121 TCE.

821 Modificación del TL, ya que se establecía con respecto a las monedas de los Estados miembros.

- El carácter duradero de la convergencia conseguida por el Estado miembro acogido a una excepción y de su participación en el mecanismo de tipos de cambio deberá verse reflejado en los niveles de tipos de interés a largo plazo.

Los cuatro criterios mencionados en el presente apartado y los períodos pertinentes durante los cuales deberán respetarse dichos criterios se explicitan más en un Protocolo anejo a los Tratados[822]. Los informes de la Comisión y del IME deberán tomar en consideración asimismo los resultados de la integración de los mercados, la situación y la evolución de las balanzas de pagos por cuenta corriente y un estudio de la evolución de los costes laborales unitarios y de otros índices de precios[823].

2. Tras consultar al Parlamento Europeo y una vez debatida la cuestión en el Consejo Europeo, el Consejo, a propuesta de la Comisión, decidirá qué Estados miembros acogidos a una excepción reúnen las condiciones necesarias con arreglo a los criterios expuestos en el apartado 1, y suprimirá las excepciones de los Estados miembros de que se trate.

El Consejo se pronunciará tras recibir una recomendación de una mayoría cualificada de sus miembros que represente a los Estados miembros cuya moneda es el euro. Dichos miembros se pronunciarán en un plazo de seis meses a partir de la recepción por el Consejo de la propuesta de la Comisión.

La mayoría cualificada de dichos miembros, a que se refiere el párrafo segundo, se definirá de conformidad con la letra a) del apartado 3 del artículo 238.

3. Si, con arreglo al procedimiento establecido en el apartado 2, se decide poner fin a una excepción, el Consejo, por unanimidad de los Estados miembros cuya moneda es el euro y del Estado miembro de que se trate, a propuesta de la Comisión y previa consulta al Banco Central Europeo, fijará irrevocablemente el tipo al que el euro sustituirá a la moneda del Estado miembro de que se trate, así como las restantes medidas necesarias para la introducción del euro como moneda única en el Estado miembro de que se trate.

ARTÍCULO 141[824]

1. En caso de que haya Estados miembros acogidos a una excepción, y hasta tanto los haya, y sin perjuicio del apartado 1 del artículo 129, el Consejo General del Banco Central Europeo mencionado en el artículo 44 de los Estatutos del SEBC y del BCE se constituirá como tercer órgano decisorio del Banco Central Europeo.

2. Mientras haya Estados miembros acogidos a una excepción, el Banco Central Europeo, en lo que se refiere a esos Estados miembros:

- Reforzará la cooperación entre los bancos centrales nacionales.
- Reforzará la coordinación de las políticas monetarias de los Estados miembros con el fin de garantizar la estabilidad de precios.
- Supervisará el funcionamiento del mecanismo de tipos de cambio.
- Celebrará consultas sobre asuntos que sean competencia de los bancos centrales nacionales y que afecten a la estabilidad de las entidades y mercados financieros.
- Ejercerá las antiguas funciones del Fondo Europeo de Cooperación Monetaria, que anteriormente había asumido el Instituto Monetario Europeo.

ARTÍCULO 142[825]

Cada Estado miembro acogido a una excepción considerará su política de cambio como una cuestión de interés común. Los Estados miembros tendrán en cuenta al

822 Véase el Protocolo n.º 13 anexo al Tratado, relativo a los criterios de convergencia para los Estados acogidos a una excepción.

823 Disposición modificada parcialmente por el TL. Véase el artículo 121 TCE.

824 Antiguos artículos 123, apartado 3 (desplazado), y 117 apartado 2, cinco primeros guiones (desplazado), TCE.

825 Antiguo artículo 142 apartado 1 (desplazado) TCE.

hacerlo las experiencias adquiridas mediante la cooperación en el marco del mecanismo de tipos de cambio.

ARTÍCULO 143[826]

1. En caso de dificultades o de amenaza grave de dificultades en la balanza de pagos de un Estado miembro acogido a una excepción, originadas por un desequilibrio global de dicha balanza o por el tipo de divisas de que disponga, que puedan, en particular, comprometer el funcionamiento del mercado interior o la realización de la política comercial común, la Comisión procederá sin demora a examinar la situación de dicho Estado, así como la acción que éste haya emprendido o pueda emprender con arreglo a lo dispuesto en los Tratados, recurriendo a todos los medios que estén a su alcance. La Comisión indicará las medidas cuya adopción recomienda al Estado interesado.

Si la acción emprendida por un Estado miembro acogido a una excepción y las medidas sugeridas por la Comisión resultaren insuficientes para superar las dificultades surgidas o la amenaza de dificultades, la Comisión recomendará al Consejo, previa consulta al Comité Económico y Financiero, la concesión de una asistencia mutua y los métodos pertinentes.

La Comisión deberá informar regularmente al Consejo sobre la situación y su evolución.

2. El Consejo concederá dicha asistencia mutua y adoptará directivas o tomará decisiones para determinar las condiciones y modalidades de la misma. La asistencia mutua podrá revestir, en particular, la forma de:

a) Una acción concertada ante otras organizaciones internacionales a las que puedan recurrir los Estados miembros acogidos a una excepción.

b) Medidas necesarias para evitar desviaciones del tráfico comercial, cuando el Estado miembro acogido a una excepción que esté en dificultades mantenga o restablezca restricciones cuantitativas respecto de terceros países.

c) Concesión de créditos limitados por parte de otros Estados miembros, cuando éstos den su consentimiento.

3. Si el Consejo no aprobare la asistencia mutua recomendada por la Comisión o si la asistencia mutua aprobada y las medidas adoptadas fueren insuficientes, la Comisión autorizará al Estado miembro acogido a una excepción que atraviese dificultades para que adopte medidas de salvaguardia en las condiciones y modalidades que ella determine.

El Consejo podrá revocar dicha autorización y modificar sus condiciones y modalidades.

ARTÍCULO 144[827]

1. En caso de crisis súbita en la balanza de pagos y de no tomarse inmediatamente una decisión de acuerdo con lo establecido en el apartado 2 del artículo 143, el Estado miembro acogido a una excepción podrá adoptar, con carácter cautelar, las medidas de salvaguardia necesarias. Dichas medidas deberán producir la menor perturbación posible en el funcionamiento del mercado interior y no podrán tener mayor alcance del estrictamente indispensable para superar las dificultades que hayan surgido súbitamente.

2. [828]La Comisión y los demás Estados miembros deberán ser informados de dichas medidas de salvaguardia, a más tardar, en el momento de su entrada en vigor. La Comisión podrá recomendar al Consejo la concesión de una asistencia mutua con arreglo a lo previsto en el artículo 143.

---

826 Antiguo artículo 119 TCE.

827 Antiguo artículo 120 TCE.

828 Véase el guion 3 del artículo 124.2 TFUE.

3. Previa recomendación de la Comisión y previa consulta al Comité Económico y Financiero, el Consejo podrá decidir que el Estado miembro interesado modifique, suspenda o suprima las medidas de salvaguardia antes mencionadas.

TÍTULO IX[829]
EMPLEO

ARTÍCULO 145[830]

Los Estados miembros y la Unión se esforzarán, de conformidad con el presente título, por desarrollar una estrategia coordinada para el empleo, en particular para potenciar una mano de obra cualificada, formada y adaptable y mercados laborales con capacidad de respuesta al cambio económico, con vistas a lograr los objetivos definidos en el artículo 3 del Tratado de la Unión Europea.

ARTÍCULO 146[831]

1. Los Estados miembros, mediante sus políticas de empleo, contribuirán al logro de los objetivos contemplados en el artículo 145, de forma compatible con las orientaciones generales de las políticas económicas de los Estados miembros y de la Unión adoptadas con arreglo al apartado 2 del artículo 121.

2. Teniendo en cuenta las prácticas nacionales relativas a las responsabilidades de los interlocutores sociales, los Estados miembros considerarán el fomento del empleo como un asunto de interés común y coordinarán sus actuaciones al respecto en el seno del Consejo, de conformidad con lo dispuesto en el artículo 148.

ARTÍCULO 147[832]

1. La Unión contribuirá a un alto nivel de empleo mediante el fomento de la cooperación entre los Estados miembros, así como apoyando y, en caso necesario, complementando sus respectivas actuaciones. Al hacerlo, se respetarán las competencias de los Estados miembros.

2. Al formular y aplicar las políticas y medidas de la Unión deberá tenerse en cuenta el objetivo de un alto nivel de empleo.

ARTÍCULO 148[833]

1. El Consejo Europeo examinará anualmente la situación del empleo en la Unión y adoptará conclusiones al respecto, basándose en un informe conjunto anual elaborado por el Consejo y la Comisión.

2. Basándose en las conclusiones del Consejo Europeo, el Consejo, a propuesta de la Comisión, previa consulta al Parlamento Europeo, al Comité Económico y Social, al Comité de las Regiones y al Comité de Empleo previsto en el artículo 150, elaborará anualmente orientaciones que los Estados miembros tendrán en cuenta en sus respectivas políticas de empleo. Dichas orientaciones serán compatibles con las orientaciones generales adoptadas con arreglo a lo dispuesto en el apartado 2 del artículo 121.

3. Cada Estado miembro facilitará al Consejo y a la Comisión un informe anual sobre las principales medidas adoptadas para aplicar su política de empleo, a la vista de las orientaciones referentes al empleo contempladas en el apartado 2.

---

829 Antiguo Título VIII TCE.

830 Antiguo artículo 125 TCE.

831 Antiguo artículo 126 TCE.

832 Antiguo artículo 127 TCE.

833 Antiguo artículo 128 TCE.

4. El Consejo, basándose en los informes a que se refiere el apartado 3 y tras recibir las opiniones del Comité de Empleo, efectuará anualmente un examen de la aplicación de las políticas de empleo de los Estados miembros a la vista de las orientaciones referentes al empleo. El Consejo, sobre la base de una recomendación de la Comisión, podrá formular recomendaciones a los Estados miembros, si lo considera pertinente a la vista de dicho examen.

5. Sobre la base del resultado de dicho examen, el Consejo y la Comisión prepararán un informe anual conjunto para el Consejo Europeo sobre la situación del empleo en la Unión y sobre la aplicación de las orientaciones para el empleo.

ARTÍCULO 149[834]

El Parlamento Europeo y el Consejo, con arreglo al procedimiento legislativo ordinario y previa consulta al Comité Económico y Social y al Comité de las Regiones, podrán adoptar medidas de fomento para alentar la cooperación entre los Estados miembros y apoyar la actuación de estos últimos en el ámbito del empleo, a través de iniciativas destinadas a desarrollar los intercambios de información y buenas prácticas, facilitar análisis comparativos y asesoramiento, así como promover planteamientos innovadores y evaluar experiencias, en particular recurriendo a proyectos piloto.

Estas medidas no incluirán armonización alguna de las disposiciones legales y reglamentarias de los Estados miembros.

ARTÍCULO 150[835]

El Consejo, por mayoría simple[836], previa consulta al Parlamento Europeo, creará un Comité de Empleo de carácter consultivo para fomentar la coordinación entre los Estados miembros en materia de políticas de empleo y del mercado laboral. Las tareas de dicho Comité serán las siguientes:

- Supervisar la situación del empleo y las políticas en materia de empleo de los Estados miembros y de la Unión.
- Elaborar, sin perjuicio de lo dispuesto en el artículo 240, dictámenes a petición del Consejo, de la Comisión o por propia iniciativa, y contribuir a la preparación de las medidas del Consejo a las que se refiere el artículo 148.

Para llevar a cabo su mandato, el Comité deberá consultar a los interlocutores sociales.

Cada uno de los Estados miembros y la Comisión designarán dos miembros del Comité.

---

834 Antiguo artículo 129 TCE. La función que en el TCE correspondía en exclusiva al Consejo, ahora corresponde al Parlamento Europeo y al Consejo, de conformidad con el procedimiento legislativo ordinario.

835 Antiguo artículo 130 TCE.

836 La mayoría simple en esta función es una exigencia introducida por primera vez en el TL.

TÍTULO X[837]
POLÍTICA SOCIAL[838]

ARTÍCULO 151[839]

La Unión y los Estados miembros[840], teniendo presentes derechos sociales fundamentales como los que se indican en la Carta Social Europea, firmada en Turín el 18 de octubre de 1961, y en la Carta comunitaria de los derechos sociales fundamentales de los trabajadores, de 1989, tendrán como objetivo el fomento del empleo, la mejora de las condiciones de vida y de trabajo, a fin de conseguir su equiparación por la vía del progreso, una protección social adecuada, el diálogo social, el desarrollo de los recursos humanos para conseguir un nivel de empleo elevado y duradero y la lucha contra las exclusiones.

A tal fin, la Unión y los Estados miembros emprenderán acciones en las que se tenga en cuenta la diversidad de las prácticas nacionales, en particular en el ámbito de las relaciones contractuales, así como la necesidad de mantener la competitividad de la economía de la Unión.

Consideran que esta evolución resultará tanto del funcionamiento del mercado interior, que favorecerá la armonización de los sistemas sociales, como de los procedimientos previstos en los Tratados[841] y de la aproximación de las disposiciones legales, reglamentarias y administrativas.

ARTÍCULO 152[842]

La Unión reconocerá y promoverá el papel de los interlocutores sociales en su ámbito, teniendo en cuenta la diversidad de los sistemas nacionales. Facilitará el diálogo entre ellos, dentro del respeto de su autonomía.

La cumbre social tripartita[843] para el crecimiento y el empleo contribuirá al diálogo social.

---

837 Denominación modificada por TL. La denominación del Título XI del TCE «Política Social, de Educación, de Formación Profesional y de Juventud» se sustituye por la de «Política Social».

838 STJCE de 9 de septiembre de 1999, C-281/97. Es cierto que el Tribunal de Justicia ha precisado que la política social, en el estado actual del Derecho comunitario, es competencia de los Estados miembros. Por consiguiente, incumbe a estos últimos decidir las medidas necesarias para alcanzar el objetivo de su política social y de empleo. En ejercicio de dicha competencia, los Estados miembros disponen de un amplio margen de apreciación.

839 Antiguo artículo 136 TCE. Véase las referencias hechas a este artículo en los artículos 153.1, 156 y 159 TFUE y la Declaración núm. 23 relativa a la cooperación con las Asociaciones de solidaridad.

840 STJCE de 8 de febrero de 1996 C-8/94, Laperre. En el estado actual del Derecho Comunitario, la política social forma parte de las atribuciones de los Estados miembros. Por consiguiente, corresponde a estos últimos elegir las medidas con las que puedan alcanzar el objetivo de su política social. En el ejercicio de esta competencia, los Estados miembros disponen de un amplio marco de apreciación. Además, véase la Sentencia del TG de 24 de octubre de 2019.

841 La expresión «Los tratados» hace referencia al TUE y TFUE, reemplazando a la antigua expresión «el presente tratado» que contenía el TCE

842 Artículo nuevo añadido por el TL.

843 El TL introduce la cumbre social tripartita para el crecimiento y el empleo como instrumento para contribuir al diálogo social.

ARTÍCULO 153[844]

1. Para la consecución de los objetivos del artículo 151, la Unión[845] apoyará y completará la acción de los Estados miembros en los siguientes ámbitos[846]:

a) A mejora, en concreto, del entorno de trabajo, para proteger la salud y la seguridad de los trabajadores.

b) Las condiciones de trabajo.

c) La seguridad social y la protección social de los trabajadores.

d) La protección de los trabajadores en caso de rescisión del contrato laboral.

e) La información y la consulta a los trabajadores.

f) La representación y la defensa colectiva de los intereses de los trabajadores y de los empresarios, incluida la cogestión, sin perjuicio de lo dispuesto en el apartado 5.

g) Las condiciones de empleo de los nacionales de terceros países que residan legalmente en el territorio de la Unión.

h) La integración de las personas excluidas del mercado laboral, sin perjuicio del artículo 166.

i) La igualdad entre hombres y mujeres por lo que respecta a las oportunidades en el mercado laboral y al trato en el trabajo.

j) La lucha contra la exclusión social.

k) La modernización de los sistemas de protección social, sin perjuicio de la letra.

2. A tal fin, el Parlamento Europeo[847] y el Consejo:

a) Podrán adoptar medidas destinadas a fomentar la cooperación entre los Estados miembros mediante iniciativas para mejorar los conocimientos, desarrollar el intercambio de información y de buenas prácticas, promover fórmulas innovadoras y evaluar experiencias, con exclusión de toda armonización de las disposiciones legales y reglamentarias de los Estados miembros[848].

b) Podrán adoptar, en los ámbitos[849] mencionados en las letras a) a i) del apartado 1, mediante directivas, las disposiciones mínimas que habrán de aplicarse progresivamente, teniendo en cuenta las condiciones y reglamentaciones técnicas existentes en cada uno de los Estados miembros. Tales directivas evitarán establecer trabas de carácter administrativo, financiero y jurídico que obstaculicen la creación y el desarrollo de pequeñas y medianas empresas.

---

844 Antiguo artículo 137 TCE.

845 Véase STJCE de 9 de julio de 1987, asuntos 281, 283 a 285 y 287/85, Alemania, Francia, Países Bajos, Dinamarca y Reino Unido/ Comisión.

846 El primer apartado del artículo 153 se corresponde con el primer apartado del artículo 137 TCE en sus letras a), b), e), h) e i). las letras c), d), f) y g) se corresponden con el apartado 3 del artículo 137 TCE y las letras j) y k) son nuevas introducidas por el TL, y deducidas del apartado 2 del artículo 137 del TCE.

847 El TCE únicamente hacía referencia a la institución del Consejo, en el TL se añade al Parlamento Europeo.

848 El apartado a) del artículo 153.2 es introducido por primera vez por el TL. Permite al Parlamento Europeo y al Consejo adoptar medidas para fomentar la cooperación entre los Estados miembros excluyendo toda armonización de las disposiciones legales y reglamentarias de dichos Estados.

849 Este apartado se corresponde con el primer párrafo del apartado 2 del artículo 137 TCE, pero el TL introduce una novedad respecto a su aplicación. La limita a los ámbitos mencionados en las letras a) a i) del apartado 1 del artículo 153 TFUE.

El Parlamento Europeo y el Consejo decidirán, con arreglo al procedimiento legislativo ordinario[850] y previa consulta al Comité Económico y Social y al Comité de las Regiones.

El Consejo, por unanimidad, a propuesta de la Comisión y previa consulta al Parlamento Europeo, podrá decidir que el procedimiento legislativo ordinario sea aplicable a las letras d), f) y g) del apartado 1[851].

3. Todo Estado miembro podrá confiar a los interlocutores sociales, a petición conjunta de estos últimos, la aplicación de las directivas adoptadas en virtud del apartado 2[852], o, en su caso, la aplicación de una decisión del Consejo adoptada de conformidad con el artículo 155.

En tal caso se asegurará de que, a más tardar en la fecha en la que deba estar transpuesta o aplicada una directiva o una decisión, los interlocutores sociales hayan establecido, mediante acuerdo, las disposiciones necesarias; el Estado miembro interesado deberá tomar todas las disposiciones necesarias para poder garantizar, en todo momento, los resultados fijados por dicha directiva o dicha decisión.

4. Las disposiciones adoptadas en virtud del presente artículo:

- No afectarán a la facultad reconocida a los Estados miembros de definir los principios fundamentales de su sistema de seguridad social, ni deberán afectar de modo sensible al equilibrio financiero de éste,
- No impedirán a los Estados miembros mantener o introducir medidas de protección más estrictas compatibles con los Tratados[853].

5. Las disposiciones del presente artículo no se aplicarán a las remuneraciones, al derecho de asociación y sindicación, al derecho de huelga ni al derecho de cierre patronal.

ARTÍCULO 154[854]

1. La Comisión tendrá como cometido fomentar la consulta a los interlocutores sociales a nivel de la Unión y adoptar todas las disposiciones necesarias para facilitar su diálogo[855], velando por que ambas partes reciban un apoyo equilibrado.

---

850 A partir del TL, las decisiones relativas a la consecución de los objetivos del artículo 151 TFUE, siempre que no se establezca otro procedimiento, serán adoptadas por el Parlamento Europeo y el Consejo con arreglo al procedimiento legislativo ordinario y previa consulta al Comité Económico y Social y al Comité de las Regiones.

851 Novedad introducida por el TL que permite aplicar el procedimiento legislativo ordinario a las letras d), f) y g) del apartado 1.

852 En el TL el artículo 153.3 TFUE se corresponde con el artículo 137.4 TCE, al cual se añade la aplicación de la decisión del Consejo adoptada de conformidad con el artículo 155. En consecuencia, en el segundo párrafo de este apartado se incorporan las decisiones, a las que antes no se hacía referencia, junto a las directivas.

853 El artículo 153.4 TL establece dos matizaciones relativas a la adopción de disposiciones conforme a este precepto. La segunda de ellas se mantiene tal y como se recogía en el apartado 5 del artículo 137 TCE. Sin embargo, la primera es mencionada por primera vez en el TL, reconociendo la facultad exclusiva de los Estados miembros en la definición de los principios fundamentales de su sistema de seguridad social, sin que las disposiciones a las que se refiere el artículo puedan afectarles. Lo mismo se prevé con respecto al equilibrio financiero.

854 Antiguo artículo 138 TCE.

855 Véase la Decisión 98/500/ CE de la Comisión, de 20 de mayo de 1998, relativa a la creación de Comités de diálogo sectorial para promover el diálogo entre los interlocutores sociales a escala europea, DOCE L núm. 225 de 12 de agosto, modificada en último lugar por el Reglamento (UE) n.° 519/2013 de la Comisión, de 21 de febrero de 2013, por el que se

2. A tal efecto, antes de presentar propuestas en el ámbito de la política social, la Comisión consultará a los interlocutores sociales sobre la posible orientación de una acción de la Unión.

3. Si, tras dicha consulta, la Comisión estimase conveniente una acción de la Unión, consultará a los interlocutores sociales sobre el contenido de la propuesta contemplada. Los interlocutores sociales remitirán a la Comisión un dictamen o, en su caso, una recomendación.

4. Con ocasión de las consultas contempladas en los apartados 2 y 3[856], los interlocutores sociales podrán informar a la Comisión sobre su voluntad de iniciar el proceso previsto en el artículo 155. La duración de dicho proceso no podrá exceder de nueve meses, salvo si los interlocutores sociales afectados decidieran prolongarlo de común acuerdo con la Comisión.

ARTÍCULO 155[857]

1. El diálogo entre interlocutores sociales en el ámbito de la Unión podrá conducir, si éstos lo desean, al establecimiento de relaciones convencionales, acuerdos incluidos.

2. La aplicación de los acuerdos celebrados a nivel de la Unión se realizará, ya sea según los procedimientos y prácticas propios de los interlocutores sociales y de los Estados miembros, ya sea, en los ámbitos sujetos al artículo 153, y a petición conjunta de las partes firmantes, sobre la base de una decisión del Consejo adoptada a propuesta de la Comisión. Se informará al Parlamento Europeo[858].

3. El Consejo decidirá por unanimidad cuando el acuerdo en cuestión contenga una o más disposiciones relativas a alguno de los ámbitos para los que se requiera la unanimidad en virtud del apartado 2 del artículo 153[859].

ARTÍCULO 156[860]

Con el fin de alcanzar los objetivos expuestos en el artículo 151, y sin perjuicio de las demás disposiciones de los Tratados, la Comisión fomentará la colaboración entre los Estados miembros y facilitará la coordinación de sus acciones en los ámbitos de la política social tratados en el presente capítulo, particularmente en las materias relacionadas con:

- El empleo.
- El derecho del trabajo y las condiciones de trabajo.
- La formación y perfeccionamiento profesionales.

---

adaptan determinados reglamentos y decisiones en los ámbitos de la libre circulación de mercancías, la libre circulación de personas, el derecho de establecimiento y la libre prestación de servicios, el derecho de sociedades, la política de competencia, la agricultura, la seguridad alimentaria, la política veterinaria y fitosanitaria, la pesca, la política de transportes, la energía, la fiscalidad, las estadísticas, la política social y de empleo, el medio ambiente, la unión aduanera, las relaciones exteriores y la política exterior y de seguridad y defensa, con motivo de la adhesión de Croacia.

856 Se sustituye la expresión «dichas consultas» por «consultas contempladas en los apartados 2 y 3».

857 Antiguo artículo 139 TCE.

858 El TL introduce como novedad en el apartado 2 del artículo 155 el deber de informar al Parlamento Europeo.

859 Se modifica el segundo párrafo del artículo 137.2 TCE, estableciendo el artículo 155.2 TL la decisión por unanimidad cuando el acuerdo sea relativo a los ámbitos que requieren unanimidad conforme al artículo 153.2 TL.

860 Antiguo artículo 140 TCE.

- La seguridad social.
- La protección contra los accidentes de trabajo y las enfermedades profesionales.
- La higiene del trabajo.
- El derecho de sindicación y las negociaciones colectivas entre empresarios y trabajadores.

A tal fin, la Comisión actuará en estrecho contacto con los Estados miembros, mediante estudios, dictámenes y la organización de consultas, tanto para los problemas que se planteen a nivel nacional como para aquellos que interesen a las organizaciones internacionales, en particular mediante iniciativas tendentes a establecer orientaciones e indicadores, organizar el intercambio de mejores prácticas y preparar los elementos necesarios para el control y la evaluación periódicos. Se informará cumplidamente al Parlamento Europeo[861].

Antes de emitir los dictámenes previstos en el presente artículo, la Comisión consultará al Comité Económico y Social.

ARTÍCULO 157[862]

1. Cada Estado miembro garantizará la aplicación del principio de igualdad de retribución entre trabajadores y trabajadoras para un mismo trabajo o para un trabajo de igual valor.

2. Se entiende por retribución, a tenor del presente artículo, el salario o sueldo normal de base o mínimo, y cualesquiera otras gratificaciones satisfechas, directa o indirectamente, en dinero o en especie, por el empresario al trabajador en razón de la relación de trabajo.

La igualdad de retribución, sin discriminación por razón de sexo, significa:

a) Que la retribución establecida para un mismo trabajo remunerado por unidad de obra realizada se fija sobre la base de una misma unidad de medida.

b) Que la retribución establecida para un trabajo remunerado por unidad de tiempo es igual para un mismo puesto de trabajo.

3. El Parlamento Europeo[863] y el Consejo, con arreglo al procedimiento legislativo ordinario[864] y previa consulta al Comité Económico y Social, adoptarán medidas para garantizar la aplicación del principio de igualdad de oportunidades e igualdad de trato para hombres y mujeres en asuntos de empleo y ocupación, incluido el principio de igualdad de retribución para un mismo trabajo o para un trabajo de igual valor.

4. Con objeto de garantizar en la práctica la plena igualdad entre hombres y mujeres en la vida laboral, el principio de igualdad de trato no impedirá a ningún Estado miembro mantener o adoptar medidas que ofrezcan ventajas concretas destinadas a facilitar al sexo menos representado el ejercicio de actividades profesionales o a evitar o compensar desventajas en sus carreras profesionales.

ARTÍCULO 158[865]

Los Estados miembros procurarán mantener la equivalencia existente entre los regímenes de vacaciones retribuidas.

---

861 Párrafo añadido por el TL.

862 Antiguo artículo 140 TCE.

863 Novedad introducida por el TL, según la cual las medidas adoptadas para garantizar la aplicación del principio de igualdad corresponderán al Consejo y al Parlamento Europeo, y no únicamente al Consejo como establecía el artículo 141 TCE.

864 El procedimiento del artículo 251 TCE al que se remitía el artículo 141 del mismo Tratado se sustituye en el TL por el procedimiento legislativo ordinario.

865 Antiguo artículo 142 TCE.

ARTÍCULO 159[866]

La Comisión elaborará un informe anual sobre la evolución en la consecución de los objetivos del artículo 151, que incluirá la situación demográfica en la Unión. La Comisión remitirá dicho informe al Parlamento Europeo, al Consejo y al Comité Económico y Social[867].

ARTÍCULO 160[868]

El Consejo, por mayoría simple, previa consulta al Parlamento Europeo, creará un Comité de Protección Social[869], de carácter consultivo, para fomentar la cooperación en materia de protección social entre los Estados miembros y con la Comisión. El Comité tendrá por misión:

- Supervisar la situación social y la evolución de las políticas de protección social de los Estados miembros y de la Unión.
- Facilitar el intercambio de información, experiencias y buenas prácticas entre los Estados miembros y con la Comisión.
- Sin perjuicio de lo dispuesto en el artículo 240, elaborar informes, emitir dictámenes o emprender otras actividades en los ámbitos que sean de su competencia, ya sea a petición del Consejo o de la Comisión, ya por propia iniciativa.

Para llevar a cabo su mandato, el Comité entablará los contactos adecuados con los interlocutores sociales.

Cada uno de los Estados miembros y la Comisión designarán dos miembros del Comité.

ARTÍCULO 161[870]

La Comisión dedicará un capítulo especial de su informe anual al Parlamento Europeo a la evolución de la situación social en la Unión.

El Parlamento Europeo podrá invitar a la Comisión a elaborar informes sobre problemas particulares relativos a la situación social.

---

866 Antiguo artículo 143 TCE.

867 Se suprime el tercer apartado del artículo 143, que permitía al Parlamento Europeo invitar a la Comisión a que elaborase informes sobre problemas específicos relativos a la situación social.

868 Antiguo artículo 144 TCE. La mayoría simple sustituye a la antigua unanimidad, y se añade la consulta al Parlamento Europeo, que suprime la consulta al Comité Económico y Social.

869 El artículo 160 TFUE añade la figura del Comité de Protección Social.

870 Antiguo artículo 145 TCE.

TÍTULO XI[871]
EL FONDO SOCIAL EUROPEO[872/873/874]

ARTÍCULO 162[875]

Para mejorar las posibilidades de empleo de los trabajadores en el mercado interior y contribuir así a la elevación del nivel de vida, se crea, en el marco de las disposiciones siguientes, un Fondo Social Europeo destinado a fomentar, dentro de la Unión, las oportunidades de empleo y la movilidad geográfica y profesional de los trabajadores, así como a facilitar su adaptación a las transformaciones industriales y a los cambios de los sistemas de producción, especialmente mediante la formación y la reconversión profesionales.

ARTÍCULO 163[876]

La administración del Fondo corresponderá a la Comisión.

En dicha tarea, la Comisión estará asistida por un Comité, presidido por un miembro de la Comisión y compuesto por representantes de los Gobiernos, de las organizaciones sindicales de trabajadores y de las asociaciones empresariales.

ARTÍCULO 164[877]

El Parlamento Europeo y el Consejo adoptarán, con arreglo al procedimiento legislativo ordinario y previa consulta al Comité Económico y Social y al Comité de las Regiones, los reglamentos de aplicación relativos al Fondo Social Europeo.

TÍTULO XII[878]
EDUCACIÓN, FORMACIÓN PROFESIONAL, JUVENTUD Y DEPORTE

ARTÍCULO 165[879]

1. La Unión contribuirá al desarrollo de una educación de calidad fomentando la cooperación entre los Estados miembros y, si fuere necesario, apoyando y comple-

---

871 El Capítulo 2 del Título XI TCE, denominado «Fondo Social Europeo», se convierte en el Título XI TL manteniendo la misma denominación.

872 Véase los artículos 175, 178 y 310 TFUE.

873 Véase los Reglamentos 2081/93/CE, 2082/93/CE y 2084/93/CE.

874 Conforme a lo dispuesto en el Real Decreto 2288/1998 de 23 de octubre a la Dirección General de Fomento de la Economía Social y del Fondo Social Europeo, dependiente de la Secretaría General de Empleo, corresponde promover, gestionar y tramitar ante el Fondo Social Europeo las actuaciones encaminadas al cumplimiento de las políticas en materia de empleo, fomento del empleo y formación profesional de la UE. De esa Dirección General depende, con nivel orgánico de subdirección general, la unidad administradora del Fondo Social Europeo, con las funciones que le corresponden según el Real Decreto 683/2002, de 12 de julio, por el que se regulan las funciones y procedimientos de gestión de la Unidad Administradora del Fondo Social Europeo.

875 Antiguo artículo 146 TCE.

876 Antiguo artículo 147 TCE.

877 Antiguo artículo 148 TCE.

878 El Capítulo 3 del Título XI «Educación, Formación Profesional Y Juventud» TCE pasa a ser «Título xi» y las palabras «Y Juventud» son sustituidas por «Juventud Y Deporte» en el TFUE

879 Antiguo artículo 149 TCE.

tando la acción de éstos en el pleno respeto de sus responsabilidades en cuanto a los contenidos de la enseñanza y a la organización del sistema educativo, así como de su diversidad cultural y lingüística.

La Unión contribuirá a fomentar los aspectos europeos del deporte, teniendo en cuenta sus características específicas, sus estructuras basadas en el voluntariado y su función social y educativa[880].

2. La acción de la Unión se encaminará a:

- Desarrollar la dimensión europea en la enseñanza, especialmente a través del aprendizaje y de la difusión de las lenguas de los Estados miembros.
- Favorecer la movilidad de estudiantes y profesores, fomentando en particular el reconocimiento académico de los títulos y de los períodos de estudios.
- Promover la cooperación entre los centros docentes.
- Incrementar el intercambio de información y de experiencias sobre las cuestiones comunes a los sistemas de formación de los Estados miembros.
- Favorecer el incremento de los intercambios de jóvenes y de animadores socioeducativos, y fomentar la participación de los jóvenes en la vida democrática de Europa[881].
- Fomentar el desarrollo de la educación a distancia.
- Desarrollar la dimensión europea del deporte, promoviendo la equidad y la apertura en las competiciones deportivas y la cooperación entre los organismos responsables del deporte, y protegiendo la integridad física y moral de los deportistas, especialmente la de los más jóvenes[882].

3. La Unión y los Estados miembros favorecerán la cooperación con terceros países y con las organizaciones internacionales competentes en materia de educación y de deporte y, en particular, con el Consejo de Europa.

4. Para contribuir a la realización de los objetivos contemplados en el presente artículo:

- El Parlamento Europeo y el Consejo[883], con arreglo al procedimiento legislativo ordinario y previa consulta al Comité Económico y Social y al Comité de las Regiones, adoptarán medidas de fomento, con exclusión de toda armonización de las disposiciones legales y reglamentarias de los Estados miembros.
- El Consejo adoptará, a propuesta de la Comisión, recomendaciones[884/885].

ARTÍCULO 166[886]

1. La Unión desarrollará una política de formación profesional que refuerce y complete las acciones de los Estados miembros, respetando plenamente la responsabilidad de los mismos en lo relativo al contenido y a la organización de dicha formación.

---

880 Párrafo del artículo 165 TFUE añadido por el TL.

881 Se incorpora la participación de los jóvenes en la vida democrática de Europa, que no mencionaba el antiguo artículo 149 TCE.

882 Guion introducido por primera vez por el TL y que hace referencia al desarrollo de la dimensión europea del deporte.

883 El antiguo artículo 149 mencionaba únicamente al Consejo, sin embargo, a partir del TL actuará conjuntamente con el Parlamento Europeo en las funciones establecidas por el presente artículo.

884 Se suprime la exigencia de mayoría cualificada que contenía el TCE para la adopción de recomendaciones por parte del Consejo en este ámbito.

885 Véase la Recomendación del Parlamento Europeo y del Consejo, de 15 de febrero de 2006, sobre una mayor cooperación europea en la garantía de la calidad de la enseñanza superior.

886 Antiguo artículo 150 TCE.

2. La acción de la Unión se encaminará a:

- Facilitar la adaptación a las transformaciones industriales, especialmente mediante la formación y la reconversión profesionales.
- Mejorar la formación profesional inicial y permanente, para facilitar la inserción y la reinserción profesional en el mercado laboral.
- Facilitar el acceso a la formación profesional y favorecer la movilidad de los educadores y de las personas en formación, especialmente de los jóvenes.
- Estimular la cooperación en materia de formación entre centros de enseñanza y empresas.
- Incrementar el intercambio de información y de experiencias sobre las cuestiones comunes a los sistemas de formación de los Estados miembros.

3. La Unión y los Estados miembros favorecerán la cooperación con terceros países y con las organizaciones internacionales competentes en materia de formación profesional.

4. El Parlamento Europeo y el Consejo, con arreglo al procedimiento legislativo ordinario y previa consulta al Comité Económico y Social y al Comité de las Regiones, adoptarán medidas para contribuir a la realización de los objetivos establecidos en el presente artículo, con exclusión de toda armonización de las disposiciones legales y reglamentarias de los Estados miembros, y el Consejo adoptará, a propuesta de la Comisión, recomendaciones[887].

TÍTULO XIII
CULTURA

ARTÍCULO 167[888]

1. La Unión contribuirá al florecimiento de las culturas de los Estados miembros, dentro del respeto de su diversidad nacional y regional[889], poniendo de relieve al mismo tiempo el patrimonio cultural común.

2. La acción de la Unión favorecerá la cooperación entre Estados miembros y, si fuere necesario, apoyará y completará la acción de éstos en los siguientes ámbitos:

- La mejora del conocimiento y la difusión de la cultura[890] y la historia de los pueblos europeos.

---

887 La facultad que el presente artículo reconoce al Consejo para adoptar recomendaciones a propuesta de la Comisión es introducida por primera vez por el TL.

888 Antiguo artículo 151 TCE.

889 STJCE de 24 de noviembre de 1998, C-274/96, Bickel. El artículo 6 del Tratado se opone a una normativa nacional que confiere a los ciudadanos de una lengua determinada, distinta de la lengua principal del Estado miembro de que se trate, que residen en el territorio de una entidad territorial determinada, el derecho a obtener que el proceso penal se sustancie en su lengua, sin conferir el mismo derecho a los nacionales de la misma lengua, de los demás Estados miembros, que circulen o permanezcan en dicho territorio.

890 Véase Conclusiones del Consejo y de los Representantes de los Gobiernos de los Estados miembros, reunidos en el seno del consejo, sobre el plan de trabajo en materia de cultura (2015-2018) DO C 463/4, de 23 de diciembre de 2014.
Véase la Resolución del Consejo, de 16 de noviembre de 2007, relativa a una Agenda Europea para la Cultura, DO C 287 de 29 de noviembre de 2007.
Véase la Comunicación de la Comisión al Parlamento Europeo, al Consejo, al Comité Económico y Social Europeo y al Comité de las Regiones, una Nueva Agenda Europea Para la Cultura, [COM (2018) 267 final].
Véase Decisión n.º 508/2000/CE del Parlamento Europeo y del Consejo, de 14 de febrero de 2000, por la que se establece el programa Cultura 2000, que se modifica por el Reglamento 885/2004, de 26 de abril.

- La conservación y protección del patrimonio cultural de importancia europea.
- Los intercambios culturales no comerciales.
- La creación artística y literaria, incluido el sector audiovisual.

3. La Unión y los Estados miembros fomentarán la cooperación con los terceros países y con las organizaciones internacionales competentes en el ámbito de la cultura, especialmente con el Consejo de Europa[891].

4. La Unión tendrá en cuenta los aspectos culturales en su actuación en virtud de otras disposiciones del presente Tratado, en particular a fin de respetar y fomentar la diversidad de sus culturas.

5. Para contribuir a la consecución de los objetivos del presente artículo:

El Parlamento Europeo y el Consejo, con arreglo al procedimiento legislativo ordinario[892] y previa consulta al Comité de las Regiones, adoptarán[893] medidas de fomento, con exclusión de toda armonización de las disposiciones legales y reglamentarias de los Estados miembros[894].

El Consejo adoptará[895], a propuesta de la Comisión, recomendaciones.

TÍTULO XIV[896]
SALUD PÚBLICA[897]

ARTÍCULO 168[898]

1. Al definirse y ejecutarse todas las políticas y acciones de la Unión se garantizará un alto nivel de protección de la salud humana.

La acción de la Unión, que complementará las políticas nacionales, se encaminará a mejorar la salud pública, prevenir las enfermedades humanas y evitar las fuentes de peligro para la salud física y psíquica. Dicha acción abarcará la lucha contra las enfermedades más graves y ampliamente difundidas, apoyando la investigación de

891 Véase el artículo 220 TFUE en su versión consolidada del TL.

892 Modificación introducida por el TL, anteriormente el TCE introducía el guión con «por unanimidad, con arreglo al procedimiento previsto en el artículo 251».

893 Introducida por el TL.

894 Modificación introducida por el TL, suprime «El Consejo se pronuncia por unanimidad durante todo el procedimiento previsto en el artículo 251».

895 Modificación introducida por el TL, suprime las palabras «por unanimidad» y el guion comienza por las palabras «el Consejo adoptará, a propuesta...».

896 Anteriormente Título XIII del TCE.

897 Véase la Comunicación de la Comisión al Consejo, al Parlamento Europeo, al Comité Económico y Social y al Comité de las Regiones, de 16 de mayo de 2000, sobre la estrategia sanitaria de la Comunidad Europea [COM (2000) 285 final].
Véase Reglamento (UE) 2021/522 del Parlamento Europeo y del Consejo de 24 de marzo de 2021 por el que se establece un programa de acción de la Unión en el ámbito de la salud («programa UEproSalud») para el período 2021-2027 y por el que se deroga el Reglamento (UE) n.° 282/2014 (Texto pertinente a efectos del EEE).
Véanse las Conclusiones del Consejo de 26 de noviembre de 1998 sobre el futuro marco de actuación de la Comunidad en materia de salud pública, DOCE C núm. 390 de 15 de diciembre.
Véase el Libro Blanco de la Comisión, de 23 de octubre de 2007, «Juntos por la salud: un planteamiento estratégico para la UE (2008-2013)» [COM (2007) 630 final no publicado en el Diario Oficial].

898 Antiguo artículo 152 TCE.

su etiología, de su transmisión y de su prevención, así como la información y la educación sanitarias, y la vigilancia de las amenazas transfronterizas graves para la salud, la alerta en caso de tales amenazas y la lucha contra ellas.

La Unión complementará la acción de los Estados miembros dirigida a reducir los daños a la salud producidos por las drogas[899], incluidas la información y la prevención.

2. La Unión fomentará la cooperación entre los Estados miembros en los ámbitos contemplados en el presente artículo y, en caso necesario, prestará apoyo a su acción. Fomentará, en particular, la cooperación entre los Estados miembros destinada a mejorar la complementariedad de sus servicios de salud en las regiones fronterizas.

Los Estados miembros, en colaboración con la Comisión, coordinarán[900] entre sí sus políticas y programas respectivos en los ámbitos a que se refiere el apartado 1. La Comisión, en estrecho contacto con los Estados miembros, podrá adoptar cualquier iniciativa útil para fomentar dicha coordinación, en particular iniciativas tendentes a establecer orientaciones e indicadores, organizar el intercambio de mejores prácticas y preparar los elementos necesarios para el control y la evaluación periódicos. Se informará cumplidamente al Parlamento Europeo[901].

3. La Unión y los Estados miembros favorecerán la cooperación con terceros países y las organizaciones internacionales competentes en materia de salud pública.

4. No obstante, lo dispuesto en el apartado 5 del artículo 2 y en la letra a) del artículo 6, y de conformidad con la letra k) del apartado 2 del artículo 4, el Parlamento Europeo y el Consejo, con arreglo al procedimiento legislativo ordinario y previa consulta al Comité Económico y Social y al Comité de las Regiones, contribuirán a la consecución de los objetivos del presente artículo adoptando, para hacer frente a los problemas comunes de seguridad:

a) Medidas que establezcan altos niveles de calidad y seguridad de los órganos y sustancias de origen humano, así como de la sangre y derivados de la sangre[902]; estas medidas no impedirán a ningún Estado miembro mantener o introducir medidas de protección más estrictas.

---

899 Véase Reglamento de Ejecución (UE) 2015/1013 de la Comisión, de 25 de junio de 2015, que establece normas respecto del Reglamento (CE) n.° 273/2004 del Parlamento Europeo y del Consejo, sobre precursores de drogas, y del Reglamento (CE) n.° 111/2005 del Consejo, por el que se establecen normas para la vigilancia del comercio de precursores de drogas entre la Unión y terceros países.
Véase Reglamento delegado (UE) 2015/1011 de la Comisión, de 24 de abril de 2015, que completa el Reglamento (CE) n° 273/2004 del Parlamento Europeo y del Consejo sobre precursores de drogas y el Reglamento (CE) n° 111/2005 del Consejo por el que se establecen normas para la vigilancia del comercio de precursores de drogas entre la Unión y terceros países y por el que se deroga el Reglamento (CE) n.° 1277/2005 de la Comisión.
Véase el Reglamento (CE) núm. 1920/2006 del Parlamento Europeo y del Consejo, de 12 de diciembre de 2006, sobre el Observatorio Europeo de las Drogas y las Toxicomanías, que se modifica por Reglamento 2017/2101, del Parlamento Europeo y del Consejo, de 15 de noviembre de 2017, por el que se modifica el Reglamento (CE) n.° 1920/2006 en lo relativo al intercambio de información, al sistema de alerta rápida y al procedimiento de evaluación del riesgo de las nuevas sustancias psicotrópicas.

900 Véase el Real Decreto 2210/1995, de 28 de diciembre, por el que se crea la red nacional de vigilancia epidemiológica, BOE núm. 21 de 24 de enero de 1996, y se sustituye los anexos I, II y III, por orden ss./445/2015, de 9 de marzo.

901 Introducido por el TL.

902 Véase la Recomendación del Consejo, de 29 de junio de 1998, sobre la identidad de los donantes de sangre y de plasma y el cribado de las donaciones de sangre en la Unión Europea, DOCE L núm. 203 de 21 de julio.

b) Medidas en los ámbitos veterinario y fitosanitario que tengan como objetivo directo la protección de la salud pública.

c) Medidas que establezcan normas elevadas de calidad y seguridad de los medicamentos y productos sanitarios.

5. El Parlamento Europeo y el Consejo, con arreglo al procedimiento legislativo ordinario y previa consulta al Comité Económico y Social y al Comité de las Regiones, podrán adoptar también medidas de fomento destinadas a proteger y mejorar la salud humana y, en particular, a luchar contra las pandemias transfronterizas, medidas relativas a la vigilancia de las amenazas transfronterizas graves para la salud, a la alerta en caso de tales amenazas y a la lucha contra las mismas, así como medidas que tengan directamente como objetivo la protección de la salud pública en lo que se refiere al tabaco y al consumo excesivo de alcohol, con exclusión de toda armonización de las disposiciones legales y reglamentarias de los Estados miembros[903].

6. El Consejo, a propuesta de la Comisión, podrá también adoptar recomendaciones para los fines establecidos en el presente artículo[904].

7. La acción de la Unión en el ámbito de la salud pública respetará las responsabilidades de los Estados miembros por lo que respecta a la definición de su política de salud, así como a la organización y prestación de servicios sanitarios y atención médica. Las responsabilidades de los Estados miembros incluyen la gestión de los servicios de salud y de atención médica, así como la asignación de los recursos que se destinan a dichos servicios. Las medidas contempladas en la letra a) del apartado 4 se entenderán sin perjuicio de las disposiciones nacionales en materia de donaciones o uso médico de órganos y sangre[905].

TÍTULO XV[906]
PROTECCIÓN DE LOS CONSUMIDORES

ARTÍCULO 169[907]

1. Para promover los intereses de los consumidores y garantizarles un alto nivel de protección, la Unión contribuirá a proteger la salud, la seguridad y los intereses económicos de los consumidores[908], así como a promover su derecho a la información, a la educación y a organizarse para salvaguardar sus intereses.

2. La Unión contribuirá a que se alcancen los objetivos a que se refiere el apartado 1 mediante:

a) Medidas que adopte en virtud del artículo 114 en el marco de la realización del mercado interior.

b) Medidas que apoyen, complementen y supervisen la política llevada a cabo por los Estados miembros.

3. El Parlamento Europeo y el Consejo, con arreglo al procedimiento legislativo ordinario y previa consulta al Comité Económico y Social, adoptarán las medidas mencionadas en la letra b) del apartado 2.

---

903 Anteriormente letra c) del mismo artículo, que ha pasado a ser el apartado «5» y a su vez ha quedado modificado en su texto por el TL.

904 Anteriormente párrafo segundo del apartado 4 del mismo artículo. La modificación del TL lo sitúa como el actual apartado 6.

905 Anteriormente apartado 5 del mismo artículo. El texto ha quedado modificado por el TL.

906 Antiguo Título XIV TCE.

907 Antiguo artículo 153 apartados 1, 3, 4 y 5 TCE.

908 Véase la Resolución del Consejo de 2 de diciembre de 2002 sobre la Estrategia en materia de política de los consumidores en la Unión (2002-2006), DO C 11 de 17 de enero de 2003.

4. Las medidas que se adopten en virtud del apartado 3 no obstarán para que cada uno de los Estados miembros mantenga y adopte medidas de mayor protección. Dichas medidas deberán ser compatibles con los Tratados. Se notificarán a la Comisión.

TÍTULO XVI[909]
REDES TRANSEUROPEAS

ARTÍCULO 170[910]

1. A fin de contribuir a la realización de los objetivos contemplados en los artículos 26 y 174 y de permitir que los ciudadanos de la Unión, los operadores económicos y los entes regionales y locales participen plenamente de los beneficios resultantes de la creación de un espacio sin fronteras interiores, la Unión contribuirá al establecimiento y al desarrollo de redes transeuropeas en los sectores de las infraestructuras de transportes, de las telecomunicaciones y de la energía.

2. En el contexto de un sistema de mercados abiertos y competitivos, la acción de la Unión tendrá por objetivo favorecer la interconexión e interoperabilidad de las redes nacionales, así como el acceso a dichas redes. Tendrá en cuenta, en particular, la necesidad de establecer enlaces entre las regiones insulares, sin litoral y periféricas y las regiones centrales de la Unión.

ARTÍCULO 171[911]

1. A fin de alcanzar los objetivos mencionados en el artículo 170, la Unión:

- Elaborará un conjunto de orientaciones relativas a los objetivos, prioridades y grandes líneas de las acciones previstas en el ámbito de las redes transeuropeas; estas orientaciones identificarán proyectos de interés común.
- Realizará las acciones que puedan resultar necesarias para garantizar la interoperabilidad de las redes, especialmente en el ámbito de la armonización de las normas técnicas.
- Podrá apoyar proyectos de interés común apoyados por Estados miembros y determinados de acuerdo con las orientaciones mencionadas en el primer guión, especialmente mediante estudios de viabilidad, de garantías de crédito o de bonificaciones de interés; la Unión podrá aportar también una contribución financiera por medio del Fondo de Cohesión creado conforme a lo dispuesto en el artículo 177 a proyectos específicos en los Estados miembros en el ámbito de las infraestructuras del transporte.

La acción de la Unión tendrá en cuenta la viabilidad económica potencial de los proyectos.

2. Los Estados miembros coordinarán entre sí, en colaboración con la Comisión, las políticas que apliquen a escala nacional y que puedan tener una influencia significativa en la realización de los objetivos previstos en el artículo 170. La Comisión, en estrecha colaboración con los Estados miembros, podrá tomar cualquier iniciativa útil para fomentar dicha coordinación.

3. La Unión podrá decidir cooperar con terceros países para el fomento de proyectos de interés común y para garantizar la interoperabilidad de las redes.

---

909 Antiguo Título XV TCE.

910 Antiguo artículo 154 TCE.

911 Antiguo artículo 155 TCE.

ARTÍCULO 172[912]

El Parlamento Europeo y el Consejo, previa consulta al Comité Económico y Social y al Comité de las Regiones, adoptarán con arreglo al procedimiento legislativo ordinario las orientaciones y las restantes medidas previstas en el apartado 1 del artículo 171.

Las orientaciones y proyectos de interés común relativos al territorio de un Estado miembro requerirán la aprobación del Estado miembro de que se trate.

TÍTULO XVII[913]
INDUSTRIA

ARTÍCULO 173[914]

1. La Unión y los Estados miembros asegurarán la existencia de las condiciones necesarias para la competitividad de la industria de la Unión.

A tal fin, dentro de un sistema de mercados abiertos y competitivos, su acción estará encaminada a:

- Acelerar la adaptación de la industria a los cambios estructurales.
- Fomentar un entorno favorable a la iniciativa y al desarrollo de las empresas en el conjunto de la Unión, y, en particular, de las pequeñas y medianas empresas.
- Fomentar un entorno favorable a la cooperación entre empresas.
- Favorecer un mejor aprovechamiento del potencial industrial de las políticas de innovación, de investigación y de desarrollo tecnológico.

2. Los Estados miembros se consultarán mutuamente en colaboración con la Comisión y, siempre que sea necesario, coordinarán sus acciones. La Comisión podrá adoptar cualquier iniciativa adecuada para fomentar dicha coordinación, en particular iniciativas tendentes a establecer orientaciones e indicadores, organizar el intercambio de mejores prácticas y preparar los elementos necesarios para el control y la evaluación periódicos. Se informará cumplidamente al Parlamento Europeo[915].

3. La Unión contribuirá a alcanzar los objetivos estipulados en el apartado 1 mediante las políticas y actividades que lleva a cabo en virtud de otras disposiciones del presente Tratado. El Parlamento Europeo y el Consejo, con arreglo al procedimiento legislativo ordinario y previa consulta al Comité Económico y Social, podrán tomar medidas específicas destinadas a apoyar las acciones que se lleven a cabo en los Estados miembros a fin de realizar los objetivos contemplados en el apartado 1, con exclusión de toda armonización de las disposiciones legales y reglamentarias de los Estados miembros[916].

Este título no constituirá una base para el establecimiento por parte de la Unión de medidas que puedan falsear la competencia o incluyan disposiciones fiscales o relativas a los derechos e intereses de los trabajadores asalariados.

---

912 Antiguo artículo 156 TCE.

913 Antiguo Título XVI TCE.

914 Antiguo artículo 157 TCE.

915 Último inciso introducido por el TL.

916 Último inciso introducido por el TL.

TÍTULO XVIII[917]
COHESIÓN ECONÓMICA, SOCIAL Y TERRITORIAL[918/919]

ARTÍCULO 174[920]

A fin de promover un desarrollo armonioso del conjunto de la Unión, ésta desarrollará y proseguirá su acción encaminada a reforzar su cohesión económica, social y territorial.

La Unión se propondrá, en particular, reducir las diferencias entre los niveles de desarrollo de las diversas regiones y el retraso de las regiones menos favorecidas[921].

Entre las regiones afectadas se prestará especial atención a las zonas rurales, a las zonas afectadas por una transición industrial y a las regiones que padecen desventajas naturales o demográficas graves y permanentes como, por ejemplo, las regiones más septentrionales con una escasa densidad de población y las regiones insulares[922/923], transfronterizas y de montaña[924].

ARTÍCULO 175[925]

Los Estados miembros conducirán su política económica y la coordinarán con miras a alcanzar también los objetivos enunciados en el artículo 174. Al formular y desarrollar las políticas y acciones de la Unión y al desarrollar el mercado interior, se tendrán en cuenta los objetivos enunciados en el artículo 174, participando en su consecución. La Unión apoyará asimismo dicha consecución a través de la actuación que realiza mediante los fondos con finalidad estructural[926] (Fondo Europeo de Orien-

---

917 Anteriormente Título XVII TCE.

918 Anteriormente el Título se llamaba «Cohesión Económica y Social» en el TCE.

919 Véase el Protocolo núm. 28 sobre la cohesión económica, social y territorial anejo al TFUE.

920 Antiguo artículo 158 TCE.

921 Se suprime en este párrafo y se traslada al párrafo siguiente el tratamiento de las regiones insulares y rurales por modificación del TL.

922 Véase el artículo 349 TFUE y la Declaración núm. 43 relativa al apartado 6 del artículo 355 del TFUE sobre regiones ultraperiféricas de la Unión.

923 Véase en el Acta Final del TL la Declaración núm. 33 relativa al artículo 174 del TFUE sobre las regiones insulares. Véase la Ley 30/1998, de 29 de julio, del Régimen Especial de las Illes Balears, BOE núm. 181 de 30 de julio, vigente.

924 Novedad introducida por el TL.

925 Antiguo artículo 159 TCE.

926 Véase el Reglamento (UE) n.° 1303/2013 del Parlamento Europeo y del Consejo, de 17 de diciembre de 2013, por el que se establecen disposiciones comunes relativas al Fondo Europeo de Desarrollo Regional, al Fondo Social Europeo, al Fondo de Cohesión, al Fondo Europeo Agrícola de Desarrollo Rural y al Fondo Europeo Marítimo y de la Pesca, y por el que se establecen disposiciones generales relativas al Fondo Europeo de Desarrollo Regional, al Fondo Social Europeo, al Fondo de Cohesión y al Fondo Europeo Marítimo y de la Pesca, y se deroga el Reglamento (CE) n.° 1083/2006 del Consejo. Última actualización a 1/03/2023.
Véase el Reglamento (CE) n.° 1828/2006 de la Comisión, de 8 de diciembre de 2006, por el que se fijan normas de desarrollo para el Reglamento (CE) n.° 1083/2006 del Consejo, por el que se establecen las disposiciones generales relativas al Fondo Europeo de Desarrollo Regional, al Fondo Social Europeo y al Fondo de Cohesión, y el Reglamento (CE) n.° 1080/2006 del Parlamento Europeo y del Consejo, relativo al Fondo Europeo de Desarrollo Regional.

tación y de Garantía Agrícola, sección «Orientación»; Fondo Social Europeo; Fondo Europeo de Desarrollo Regional), el Banco Europeo de Inversiones y los otros instrumentos financieros existentes[927].

Cada tres años, la Comisión presentará un informe al Parlamento Europeo, al Consejo, al Comité Económico y Social y al Comité de las Regiones sobre los avances realizados en la consecución de la cohesión económica, social y territorial y sobre la forma en que los distintos medios establecidos en el presente artículo hayan contribuido a ellos. En caso necesario, dicho informe deberá ir acompañado de propuestas adecuadas.

Si se manifestare la necesidad de acciones específicas al margen de los fondos y sin perjuicio de las medidas decididas en el marco de las demás políticas de la Unión, el Parlamento Europeo y el Consejo[928] podrán adoptar dichas acciones con arreglo al procedimiento legislativo ordinario[929] y previa consulta al Comité Económico y Social y al Comité de las Regiones.

ARTÍCULO 176[930]

El Fondo Europeo de Desarrollo Regional estará destinado a contribuir a la corrección de los principales desequilibrios regionales dentro de la Unión mediante una participación en el desarrollo y en el ajuste estructural de las regiones menos desarrolladas y en la reconversión de las regiones industriales en declive.

---

927 Véase el Reglamento 2080/93/CE del Consejo, de 20 de julio, por el que se establecen las disposiciones de aplicación del Reglamento 2052/88/CEE en lo referente al Instrumento financiero de orientación de la pesca, DOCE L núm. 193 de 31 de julio.

Véase el Reglamento 2081/93/CE del Consejo, de 20 de julio, por el que se modifica el Reglamento 4253/88/CEE por el que se aprueban disposiciones de aplicación del Reglamento 2052/88/ CEE, en lo relativo, por una parte, a la coordinación de las intervenciones de los Fondos estructurales y, por otra, de éstas con las del Banco Europeo de Inversiones y con los demás instrumentos financieros existentes.

Véase el Reglamento 2085/93/CE del Consejo, de 20 de julio, que modifica el Reglamento 4256/88/CEE, por el que se aprueban las disposiciones de aplicación de aplicación del Reglamento 2052/88/CEE, en lo relativo al FEOGA, sección Orientación.

Véase el Reglamento 2084/93/CE del Consejo, de 20 de julio, por el que se modifica el Reglamento 4255/88/CEE, por el que se aprueban las disposiciones de aplicación del Reglamento 2052/88/CEE en lo relativo al Fondo Social Europeo. Véase la Decisión 83/673/ CEE de la Comisión, de 22 de diciembre, relativa a la gestión del Fondo Social Europeo. Conforme a lo dispuesto en el Real Decreto 1884/1996, de 2 de agosto (BOE del día 6) a la Dirección General de Análisis y Programación Presupuestaria, de la que depende la Subdirección General de Fondos de Compensación y Cohesión, corresponde la elaboración de propuestas de aplicación de política regional comunitaria y los fondos estructurales europeos. Dependiente de la Intervención General del Estado, a la Subdirección General de Control Financiero de Fondos Comunitarios corresponde las funciones de control financiero que la normativa atribuye a la Intervención General.

928 Anteriormente sólo el Consejo, por lo que se produce una modificación introducida por el TL.

929 Anteriormente se realizaba por «unanimidad», a propuesta de la Comisión y previa consulta al Parlamento Europeo.

930 Antiguo artículo 160 TCE.

ARTÍCULO 177[931/932]

Sin perjuicio de lo establecido en el artículo 178, el Parlamento Europeo y el Consejo, mediante reglamentos adoptados con arreglo al procedimiento legislativo ordinario[933], y tras consultar al Comité Económico y Social y al Comité de las Regiones, determinarán las funciones, los objetivos prioritarios y la organización de los fondos con finalidad estructural, lo que podrá suponer la agrupación de los fondos. Mediante el mismo procedimiento, se determinarán asimismo las normas generales aplicables a los fondos, así como las disposiciones necesarias para garantizar su eficacia y la coordinación de los fondos entre sí y con los demás instrumentos financieros existentes.

Un Fondo de Cohesión[934], creado[935] con arreglo al mismo procedimiento, proporcionará una contribución financiera a proyectos en los sectores del medio ambiente y de las redes transeuropeas en materia de infraestructuras del transporte[936].

ARTÍCULO 178[937]

Los reglamentos de aplicación[938] relativos al Fondo Europeo de Desarrollo Regional serán tomados por el Parlamento Europeo y el Consejo, con arreglo al procedimiento legislativo ordinario y previa consulta al Comité Económico y Social y al Comité de las Regiones.

En cuanto al Fondo Europeo de Orientación y de Garantía Agrícola, sección «Orientación», y al Fondo Social Europeo, seguirán siendo aplicables, respectivamente, las disposiciones de los artículos 43 y 164.

---

931 Antiguo artículo 161 TCE.

932 Véase las referencias hechas a este artículo en los artículos 171.1 guión 3 y 192.5 guión 2 del TFUE.

933 Modificación introducida por el TL.

934 Véase los considerandos 3 y 11 del Protocolo núm. 28 anejo al TFUE sobre cohesión económica, social y territorial.

935 El Fondo fue creado por el Reglamento 1164/94/CE del Consejo de 16 de mayo, DOCE L núm. 130 de 25 de mayo (derogado). Véase el Reglamento (UE) n.° 1300/2013 del Parlamento Europeo y del Consejo, de 17 de diciembre de 2013, relativo al Fondo de Cohesión y por el que se deroga el Reglamento (CE) n.° 1084/2006.

936 Véase el Reglamento (CE) n.° 1828/2006 de la Comisión, de 8 de diciembre de 2006, por el que se fijan normas de desarrollo para el Reglamento (CE) n.° 1083/2006 del Consejo, por el que se establecen las disposiciones generales relativas al Fondo Europeo de Desarrollo Regional, al Fondo Social Europeo y al Fondo de Cohesión, y el Reglamento (CE) n.° 1080/2006 del Parlamento Europeo y del Consejo, relativo al Fondo Europeo de Desarrollo Regional. Última actualización a 1/12/2011.

937 Antiguo artículo 162 TCE.

938 Modificación introducida por el TL. Anteriormente «Las decisiones de aplicación».

TÍTULO XIX[939]
INVESTIGACIÓN Y DESARROLLO TECNOLÓGICO Y ESPACIO[940]

ARTÍCULO 179[941]

1. La Unión tendrá por objetivo fortalecer sus bases científicas y tecnológicas, mediante la realización de un espacio europeo de investigación en el que los investigadores, los conocimientos científicos y las tecnologías circulen libremente, y favorecer el desarrollo de su competitividad, incluida la de su industria, así como fomentar las acciones de investigación que se consideren necesarias en virtud de los demás capítulos de los Tratados.

2. A tal fin, la Unión estimulará en todo su territorio a las empresas, incluidas las pequeñas y medianas, a los centros de investigación y a las universidades en sus esfuerzos de investigación y de desarrollo tecnológico de alta calidad; apoyará sus esfuerzos de cooperación con el fin, especialmente, de permitir que los investigadores cooperen libremente por encima de las fronteras y que las empresas aprovechen las posibilidades del mercado interior, en particular por medio de la apertura de la contratación pública nacional, la definición de normas comunes y la supresión de los obstáculos jurídicos y fiscales que se opongan a dicha cooperación.

3. Todas las acciones de la Unión que se realicen en virtud de los Tratados, incluidas las acciones de demostración, en el ámbito de la investigación y del desarrollo tecnológico se decidirán y se ejecutarán de conformidad con lo dispuesto en el presente título.

ARTÍCULO 180[942/943]

Para la consecución de los mencionados objetivos, la Unión realizará las siguientes acciones, que, a su vez, completarán las acciones emprendidas en los Estados miembros:

a) Ejecución de programas de investigación, de desarrollo tecnológico y de demostración, promoviendo la cooperación con las empresas, los centros de investigación y las universidades, y de estas entidades entre sí.

b) Promoción de la cooperación en materia de investigación, de desarrollo tecnológico y de demostración de la Unión con los terceros países y las organizaciones internacionales.

c) Difusión y explotación de los resultados de las actividades en materia de investigación, de desarrollo tecnológico y de demostración de la Unión.

d) Estímulo a la formación y a la movilidad de los investigadores de la Unión.

ARTÍCULO 181[944]

1. La Unión y sus Estados miembros coordinarán su acción en materia de investigación y de desarrollo tecnológico, con el fin de garantizar la coherencia recíproca de las políticas nacionales y de la política de la Unión.

2. La Comisión, en estrecha colaboración con los Estados miembros, podrá adoptar cualquier iniciativa apropiada para promover la coordinación prevista en el apartado 1, en particular iniciativas tendentes a establecer orientaciones e indicadores, organizar el

---

939 Antes Título XVIII TCE.

940 Introducida por el TL. Anteriormente se denominaba «Investigación y Desarrollo Tecnológico».

941 Antiguo artículo 163 TCE.

942 Antiguo artículo 164 TCE.

943 Véase el guion 1 del artículo 182 TFUE en su versión consolidad del TL.

944 Antiguo artículo 165 TCE.

intercambio de mejores prácticas y preparar los elementos necesarios para el control y la evaluación periódicos. Se informará cumplidamente al Parlamento Europeo[945].

ARTÍCULO 182[946]

1. El Parlamento Europeo y el Consejo, con arreglo al procedimiento legislativo ordinario y previa consulta al Comité Económico y Social, establecerán un programa marco plurianual[947] que incluirá el conjunto de las acciones de la Unión.

El programa marco:

- Fijará los objetivos científicos y tecnológicos que deban alcanzarse mediante las acciones contempladas en el artículo 180 y las prioridades correspondientes.
- Indicará las grandes líneas de dichas acciones.
- Fijará el importe global máximo y la participación financiera de la Unión en el programa marco, así como la proporción representada por cada una de las acciones previstas.

2. El programa marco se adaptará o completará en función de la evolución de las situaciones.

3. El programa marco se ejecutará mediante programas específicos desarrollados dentro de cada una de las acciones. Cada programa específico precisará las modalidades de su realización, fijará su duración y preverá los medios que se estimen necesarios. La suma de los importes que se estimen necesarios fijados para los programas específicos no podrá superar el importe global máximo fijado para el programa marco y para cada acción.

4. Los programas específicos serán adoptados por el Consejo, con arreglo a un procedimiento legislativo especial[948] y previa consulta al Parlamento Europeo y al Comité Económico y Social.

5. Como complemento de las acciones previstas en el programa marco plurianual, el Parlamento Europeo y el Consejo establecerán, con arreglo al procedimiento legislativo ordinario y previa consulta al Comité Económico y Social, las medidas necesarias para la realización del espacio europeo de investigación[949].

ARTÍCULO 183[950/951]

Para la ejecución del programa marco plurianual, la Unión[952]:

- Fijará las normas para la participación de las empresas, los centros de investigación y las universidades[953].
- Fijará las normas aplicables a la difusión de los resultados de la investigación.

---

945 Introducida por el TL.

946 Antiguo artículo 166 TCE.

947 Véase el Reglamento (UE) 2021/695 del Parlamento Europeo y del Consejo de 28 de abril de 2021 por el que se crea el Programa Marco de Investigación e Innovación «Horizonte Europa», se establecen sus normas de participación y difusión, y se derogan los Reglamentos (UE) n.° 1290/2013 y (UE) n.° 1291/2013 (Texto pertinente a efectos del EEE).

948 Introducida por el TL.

949 Introducida por el TL.

950 Antiguo artículo 167 TCE.

951 Véase el artículo 188 TFUE en su versión consolidada del TL.

952 Anteriormente «el Consejo». Modificación introducida por el TL.

953 Reglamento (EURATOM) 2021/765 del Consejo de 10 de mayo de 2021 por el que se establece el Programa de Investigación y Formación de la Comunidad Europea de la Energía Atómica para el período 2021-2025 que complementa el Programa Marco de Investigación e Innovación «Horizonte Europa», y por el que se deroga el Reglamento (EURATOM) 2018/1563.

ARTÍCULO 184[954/955]

Al ejecutarse el programa marco plurianual, podrán aprobarse programas complementarios en los que solamente participen aquellos Estados miembros que aseguren su financiación, sin perjuicio de una posible participación de la Unión[956].

La Unión[957] establecerá las normas aplicables a los programas complementarios, especialmente en materia de difusión de los conocimientos y de acceso de otros Estados miembros.

ARTÍCULO 185[958/959]

En la ejecución del programa marco plurianual, la Unión podrá prever, de acuerdo con los Estados miembros interesados, una participación en programas de investigación y desarrollo emprendidos por varios Estados miembros, incluida la participación en las estructuras creadas para la ejecución de dichos programas.

ARTÍCULO 186[960]

En la ejecución del programa marco plurianual, la Unión podrá prever una cooperación en materia de investigación, de desarrollo tecnológico y de demostración de la Unión con terceros países o con organizaciones internacionales.

Las modalidades de esta cooperación podrán ser objeto de acuerdos entre la Unión y las terceras partes interesadas[961].

ARTÍCULO 187[962/963]

La Unión podrá crear empresas comunes o cualquier otra estructura que se considere necesaria para la correcta ejecución de los programas de investigación, de desarrollo tecnológico y de demostración de la Unión.

ARTÍCULO 188[964]

El Consejo adoptará, a propuesta de la Comisión y previa consulta al Parlamento Europeo y al Comité Económico y Social, las disposiciones previstas en el artículo 187.

---

954 Antiguo artículo 168 Tratado CE.

955 Véase el artículo 188 TFUE en su versión consolidada del TL.

956 Este párrafo, referido a la ejecución de programas complementarios por parte de únicamente ciertos Estados miembros de la UE, constituye un ejemplo de «cooperación reforzada» o, con mejor denominación, «integración reforzada». Para un análisis pormenorizado de las principales problemáticas relativas a esta cuestión, véase la Resolución del Parlamento Europeo, de 12 de diciembre de 2013, sobre los problemas constitucionales de una gobernanza multinivel en la Unión Europea, DOUE C 468, de 15 de diciembre de 2016.

957 Anteriormente «*el Consejo*». Modificación introducida por el TL.

958 Antiguo artículo 169 TCE.

959 Véase el artículo 188 TFUE en su versión consolidada del TL.

960 Antiguo artículo 170 TCE.

961 Se han suprimido las palabras «que serán negociados y concluidos con arreglo al artículo 300». Modificación introducida por el TL.

962 Antiguo artículo 171 TCE.

963 Véase el artículo 188 TFUE en su versión consolidada del TL.

964 Antiguo artículo 172 TCE.

El Parlamento Europeo y el Consejo, con arreglo al procedimiento legislativo ordinario y previa consulta al Comité Económico y Social, adoptarán las disposiciones contempladas en los artículos 183, 184 y 185. La aprobación de los programas complementarios requerirá el acuerdo de los Estados miembros interesados.

ARTÍCULO 189[965]

1. A fin de favorecer el progreso científico y técnico, la competitividad industrial y la aplicación de sus políticas, la Unión elaborará una política espacial europea. Para ello podrá fomentar iniciativas comunes, apoyar la investigación y el desarrollo tecnológico y coordinar los esfuerzos necesarios para la exploración y utilización del espacio.

2. Para contribuir a la consecución de los objetivos mencionados en el apartado 1, el Parlamento Europeo y el Consejo establecerán, con arreglo al procedimiento legislativo ordinario, las medidas necesarias, que podrán tener la forma de un programa espacial europeo, con exclusión de toda armonización de las disposiciones legales y reglamentarias de los Estados miembros.

3. La Unión establecerá las relaciones que sean apropiadas con la Agencia Espacial Europea.

4. El presente artículo se entenderá sin perjuicio de las demás disposiciones del presente título.

ARTÍCULO 190[966]

Al principio de cada año, la Comisión presentará un informe al Parlamento Europeo y al Consejo.

Dicho informe versará en particular sobre las actividades realizadas en materia de investigación y desarrollo tecnológico y de difusión de los resultados durante el año precedente, así como sobre el programa de trabajo del año en curso.

TITULO XX[967]
MEDIO AMBIENTE[968]

ARTÍCULO 191[969]

1. La política de la Unión en el ámbito del medio ambiente contribuirá a alcanzar los siguientes objetivos:

- La conservación, la protección y la mejora de la calidad del medio ambiente.
- La protección de la salud de las personas.
- La utilización prudente y racional[970] de los recursos naturales.
- El fomento de medidas a escala internacional destinadas a hacer frente a los problemas regionales o mundiales del medio ambiente y en particular a luchar contra el cambio climático[971].

---

965 Artículo introducido por el TL.

966 Antiguo artículo 173 TCE.

967 Antiguo Título XIX del TCE.

968 Véase el 9.° considerando del preámbulo del TUE en su versión consolidada del TL, alusión al «principio de desarrollo sostenible».

969 Antiguo artículo 174 TCE.

970 Véase la Resolución del Consejo de 15 de diciembre de 1998 sobre una estrategia forestal para la Unión Europea, DOCE C 56, de 26 de febrero de 1999.

971 Este último inciso ha sido introducido por el TL.

2. La política de la Unión en el ámbito del medio ambiente tendrá como objetivo alcanzar un nivel de protección elevado, teniendo presente la diversidad de situaciones existentes en las distintas regiones de la Unión. Se basará en los principios de cautela y de acción preventiva, en el principio de corrección de los atentados al medio ambiente, preferentemente en la fuente[972] misma, y en el principio de quien contamina paga[973].

En este contexto, las medidas de armonización necesarias para responder a exigencias de la protección del medio ambiente incluirán, en los casos apropiados, una cláusula de salvaguardia que autorice a los Estados miembros a adoptar, por motivos medioambientales no económicos, medidas provisionales sometidas a un procedimiento de control de la Unión[974].

3. En la elaboración de su política en el área del medio ambiente, la Unión tendrá en cuenta:

- Los datos científicos y técnicos disponibles.
- Las condiciones del medio ambiente en las diversas regiones de la Unión.
- Las ventajas y las cargas que puedan resultar de la acción o de la falta de acción.
- El desarrollo económico y social de la Unión en su conjunto y el desarrollo equilibrado de sus regiones.

4. En el marco de sus respectivas competencias, la Unión y los Estados miembros cooperarán con los terceros países y las organizaciones internacionales competentes. Las modalidades de la cooperación de la Unión podrán ser objeto de acuerdos entre ésta y las terceras partes interesadas[975].

El párrafo precedente se entenderá sin perjuicio de la competencia de los Estados miembros para negociar en las instituciones internacionales y para concluir acuerdos internacionales.

ARTÍCULO 192[976]

1. El Parlamento Europeo y el Consejo, con arreglo al procedimiento legislativo ordinario[977] y previa consulta al Comité Económico y Social y al Comité de las Regiones, decidirán las acciones que deba emprender la Unión para la realización de los objetivos fijados en el artículo 191.

---

972 STJCE de 9 de julio de 1992, Asunto C-2/90, Comisión/Bélgica. El principio de corrección, preferentemente en la fuente misma, de los ataques al medio ambiente (principio establecido para la acción de la Comunidad en lo que respecta al medio ambiente en el apartado 2 del artículo 130R del Tratado), implica que incumbe a cada región, municipio u otro ente local adoptar las medidas apropiadas para asegurar la recepción, el tratamiento y la gestión de sus propios residuos; en consecuencia, estos deben gestionarse lo más cerca posible del lugar de producción, a fin de limitar al máximo su traslado.

973 Véase la Directiva N° 2004/35/CE del Parlamento Europeo y del Consejo, de 21 de abril de 2004 (Última modificación a 26/06/2019), sobre responsabilidad medioambiental en relación con la prevención y reparación de daños medioambientales (DOUE L 143, de 30 de abril de 2004); que establece el mencionado principio, así como el Informe de la Comisión al Consejo y al Parlamento Europeo sobre responsabilidad medioambiental en relación con la prevención y reparación de daños medioambientales [COM(2016) 204 final], de 14 de abril de 2016.

974 Este último párrafo ha sido introducido por el TL.

975 Este inciso del párrafo 4 ha sido reducido respecto de su formulación original.

976 Antiguo artículo 175 TCE.

977 Novedad introducida por el TL. El TL introduce como procedimiento ordinario la codecisión.

2. No obstante, el procedimiento de toma de decisiones contemplado en el apartado 1, y sin perjuicio del artículo 114, el Consejo, por unanimidad con arreglo a un procedimiento legislativo especial, a propuesta de la Comisión y previa consulta al Parlamento Europeo, al Comité Económico y Social y al Comité de las Regiones, adoptará:

a) Disposiciones esencialmente de carácter fiscal.

b) Las medidas que afecten a:

- La ordenación territorial.
- La gestión cuantitativa de los recursos hídricos o que afecten directa o indirectamente a la disponibilidad de dichos recursos.
- La utilización del suelo, con excepción de la gestión de los residuos.

c) Las medidas que afecten de forma significativa a la elección por un Estado miembro entre diferentes fuentes de energía y a la estructura general de su abastecimiento energético.

El Consejo, por unanimidad, a propuesta de la Comisión y previa consulta al Parlamento Europeo, al Comité Económico y Social y al Comité de las Regiones, podrá disponer que el procedimiento legislativo ordinario sea aplicable a los ámbitos mencionados en el párrafo primero[978].

3. El Parlamento Europeo y el Consejo adoptarán[979], con arreglo al procedimiento legislativo ordinario y previa consulta al Comité Económico y Social y al Comité de las Regiones, programas de acción de carácter general que fijen los objetivos prioritarios que hayan de alcanzarse.

Las medidas necesarias para la ejecución de dichos programas se adoptarán de conformidad con las condiciones contempladas en el apartado 1 o en el apartado 2, según proceda.

4. Sin perjuicio de determinadas medidas adoptadas por la Unión, los Estados miembros tendrán a su cargo la financiación y la ejecución de la política en materia de medio ambiente.

5. Sin perjuicio del principio de quien contamina paga, cuando una medida adoptada con arreglo a lo dispuesto en el apartado 1 implique costes que se consideren desproporcionados para las autoridades públicas de un Estado miembro, dicha medida establecerá las disposiciones adecuadas en forma de:

- Excepciones de carácter temporal.
- Apoyo financiero con cargo al Fondo de Cohesión creado de conformidad con lo dispuesto en el artículo 177, o ambas posibilidades.

ARTÍCULO 193[980]

Las medidas de protección adoptadas en virtud del artículo 192 no serán obstáculo para el mantenimiento y la adopción, por parte de cada Estado miembro, de medidas de mayor protección.

Dichas medidas deberán ser compatibles con los Tratados y se notificarán a la Comisión.

978 Inciso introducido por el TL.

979 En la regulación anterior, era el Consejo en solitario el que consultando a los Comités podía adoptar programas de acción general. Con la entrada en vigor del TL, actúan conjuntamente el Consejo y el Parlamento Europeo.

980 Antiguo artículo 176 TCE.

TITULO XXI[981]
ENERGÍA

ARTÍCULO 194[982/983]

1. En el marco del establecimiento o del funcionamiento del mercado interior y atendiendo a la necesidad de preservar y mejorar el medio ambiente, la política energética de la Unión tendrá por objetivo[984], con un espíritu de solidaridad entre los Estados miembros:

a) Garantizar el funcionamiento del mercado de la energía.

b) Garantizar la seguridad del abastecimiento energético en la Unión.

c) Fomentar la eficiencia energética y el ahorro energético, así como el desarrollo de energías nuevas y renovables.

d) Fomentar la interconexión de las redes energéticas.

2. Sin perjuicio de la aplicación de otras disposiciones de los Tratados, el Parlamento Europeo y el Consejo establecerán, con arreglo al procedimiento legislativo ordinario, las medidas necesarias para alcanzar los objetivos mencionados en el apartado 1. Dichas medidas se adoptarán previa consulta al Comité Económico y Social y al Comité de las Regiones.

No afectarán al derecho de un Estado miembro a determinar las condiciones de explotación de sus recursos energéticos, sus posibilidades de elegir entre distintas fuentes de energía y la estructura general de su abastecimiento energético, sin perjuicio de la letra c) del apartado 2 del artículo 192.

3. No obstante, lo dispuesto en el apartado 2, el Consejo, con arreglo a un procedimiento legislativo especial, por unanimidad y previa consulta al Parlamento Europeo, establecerá las medidas mencionadas en ese apartado cuando sean esencialmente de carácter fiscal.

TÍTULO XXII[985]
TURISMO

ARTÍCULO 195[986]

1. La Unión complementará la acción de los Estados miembros en el sector turístico, en particular promoviendo la competitividad de las empresas de la Unión[987] en este sector.

---

981 Título añadido por el TL.

982 Artículo introducido por el TL, por el cual se introduce una política común de la energía.

983 Véase la Declaración relativa al artículo 194 del Tratado de Funcionamiento de la Unión Europea, aneja al Acta Final de la Conferencia Intergubernamental que adoptó el Tratado de Lisboa, firmado el 13 de diciembre de 2007.

984 Véase la Comunicación de la Comisión al Parlamento Europeo, al Consejo, al Comité Económico y Social Europeo y al Comité de las Regiones, en la que se desarrolla la hoja de ruta de la energía en Europa para 2050 [COM (2011) 885 final], de 15 de diciembre de 2011.

985 Título introducido por el TL.

986 Artículo añadido por el TL.

987 Véase el Reglamento (UE) 2021/690 del Parlamento Europeo y del Consejo de 28 de abril de 2021 por el que se establece un programa para el mercado interior, la competitividad de las empresas, incluidas las pequeñas y medianas empresas, el ámbito de los vegetales, animales, alimentos y piensos, y las estadísticas europeas (Programa para el Mer-

Con este fin, la Unión tendrá por objetivo:

Fomentar la creación de un entorno[988] favorable al desarrollo de las empresas en este sector.

Propiciar la cooperación entre Estados miembros, en particular mediante el intercambio de buenas prácticas[989].

2. El Parlamento Europeo y el Consejo, con arreglo al procedimiento legislativo ordinario, establecerán las medidas específicas destinadas a complementar las acciones llevadas a cabo en los Estados miembros para conseguir los objetivos mencionados en el presente artículo, con exclusión de toda armonización de las disposiciones legales y reglamentarias de los Estados miembros.

TÍTULO XXIII[990]
PROTECCIÓN CIVIL

ARTÍCULO 196[991]

1. La Unión fomentará la cooperación entre los Estados miembros con el fin de mejorar la eficacia de los sistemas de prevención de las catástrofes naturales o de origen humano y de protección frente a ellas.

La acción de la Unión tendrá por objetivo:

a) Apoyar y complementar la cooperación entre los Estados miembros a escala nacional, regional y local por lo que respecta a la prevención de riesgos, la preparación de las personas encargadas de la protección civil en los Estados miembros y la intervención en caso de catástrofes naturales o de origen humano dentro de la Unión.

b) Fomentar una cooperación operativa rápida y eficaz dentro de la Unión entre los servicios de protección civil nacionales.

c) Favorecer la coherencia de las acciones emprendidas a escala internacional en materia de protección civil.

2. El Parlamento Europeo y el Consejo, con arreglo al procedimiento legislativo ordinario, establecerán las medidas necesarias para contribuir a la consecución de los objetivos contemplados en el apartado 1[992], con exclusión de toda armonización de las disposiciones legales y reglamentarias de los Estados miembros.

---

cado Único), y se derogan los Reglamentos (UE) n.° 99/2013, (UE) n.° 1287/2013, (UE) n.° 254/2014 y (UE) n.° 652/2014 (Texto pertinente a efectos del EEE).

988 Véase la política empresarial de la Unión para la creación de un entorno empresarial favorable. Véase la Carta Europea de la Pequeña empresa [COM (2001) 122 final no publicada en el Diario Oficial]. Véase la Comunicación de la Comisión al Consejo, al Parlamento Europeo, al Comité Económico y Social y al Comité de las Regiones, de 11 de febrero de 2004, «Plan de acción: el programa europeo en favor del espíritu empresarial» [COM (2004) 70 final no publicada en el Diario Oficial]. Véase el Libro Verde de la Comisión Europea sobre el espíritu empresarial, [COM (2003) 27 final no publicado en el Diario Oficial].

989 Véase el método abierto de coordinación impulsado por la Comisión (23 y 24 de marzo de 2000, Lisboa) en materia de mejora del clima empresarial para la definición y el intercambio de buenas prácticas.

990 Título creado por el TL.

991 Artículo agregado por el TL.

992 Véase la Decisión n.° 1313/2013/UE del Parlamento Europeo y del Consejo, de 17 de diciembre de 2013, relativa a un Mecanismo de Protección Civil de la Unión; DOUE L 347, de 20 de diciembre de 2013.

TÍTULO XXIV[993]
COOPERACIÓN ADMINISTRATIVA[994]

ARTÍCULO 197[995]

1. La aplicación efectiva del Derecho de la Unión por los Estados miembros, que es esencial para el buen funcionamiento de la Unión, se considerará asunto de interés común.

2. La Unión podrá respaldar los esfuerzos de los Estados miembros por mejorar su capacidad administrativa para aplicar el Derecho de la Unión. Esta acción podrá consistir especialmente en facilitar el intercambio de información[996] y funcionarios, así como en apoyar programas de formación.

Ningún Estado miembro estará obligado a valerse de tal apoyo. El Parlamento Europeo y el Consejo, mediante reglamentos adoptados con arreglo al procedimiento legislativo ordinario, establecerán las medidas necesarias a este fin, con exclusión de toda armonización de las disposiciones legales y reglamentarias de los Estados miembros.

3. El presente artículo se entenderá sin perjuicio de la obligación de los Estados miembros de aplicar el Derecho de la Unión, ni de las prerrogativas y deberes de la Comisión. Se entenderá también sin perjuicio de las demás disposiciones de los Tratados que prevén una cooperación administrativa entre los Estados miembros y entre éstos y la Unión.

CUARTA PARTE
ASOCIACION DE LOS PAÍSES Y TERRITORIOS DE ULTRAMAR

ARTÍCULO 198[997]

Los Estados miembros convienen en asociar a la Unión los países y territorios no europeos que mantienen relaciones especiales con Dinamarca, Francia, Países

993 Título introducido por el TL.

994 Véase el Dictamen del Comité Económico y Social Europeo sobre la Comunicación de la Comisión al Parlamento Europeo, al Consejo, al Comité Económico y Social Europeo y al Comité de las Regiones relativa a hacer realidad las ventajas del mercado interior mediante el refuerzo de la cooperación administrativa, [COM (2008) 703 final no publicado en el Diario Oficial].

995 Artículo añadido por el TL.

996 Véase el Reglamento n.º 1024/2012 del Parlamento Europeo y del Consejo, de 25 de octubre de 2012 (Última modificación a 21/02/2022), relativo a la cooperación administrativa a través del Sistema de Información del Mercado Interior y por el que se deroga la Decisión 2008/49/CE de la Comisión («Reglamento IMI»); DOUE L 316, de 14 de noviembre de 2012.

997 Antiguo artículo 182 TCE.

Bajos y Reino Unido[998]. Dichos países y territorios, que en lo sucesivo se denominarán «países y territorios», se enumeran en la lista que constituye el anexo II[999].

El fin de la asociación será la promoción del desarrollo económico y social de los países y territorios, así como el establecimiento de estrechas relaciones económicas entre éstos y la Unión en su conjunto. De conformidad con los principios enunciados en el preámbulo del presente Tratado, la asociación deberá, en primer lugar, contribuir a favorecer los intereses de los habitantes de dichos países y territorios y su prosperidad, de modo que puedan alcanzar el desarrollo económico, social y cultural al que aspiran.

ARTÍCULO 199[1000]

La asociación perseguirá los siguientes objetivos:

1. Los Estados miembros aplicarán a sus intercambios comerciales con los países y territorios el régimen que se otorguen entre sí en virtud de los Tratados.
2. Cada país o territorio aplicará a sus intercambios comerciales con los Estados miembros y con los demás países y territorios el régimen que aplique al Estado europeo con el que mantenga relaciones especiales.
3. Los Estados miembros contribuirán a las inversiones que requiera el desarrollo progresivo de estos países y territorios.
4. Para las inversiones financiadas por la Unión, la participación en las convocatorias para la adjudicación de obras, servicios y suministros quedará abierta, en igualdad de condiciones, a todas las personas físicas y jurídicas que tengan la nacionalidad de los Estados miembros o de los países y territorios.
5. En las relaciones entre los Estados miembros y los países y territorios, el derecho de establecimiento de los nacionales y sociedades se regulará de conformidad con las disposiciones y normas de procedimiento previstas en el capítulo relativo al derecho de establecimiento y sobre una base no discriminatoria, sin perjuicio de las disposiciones especiales que se adopten en virtud del artículo 203.

ARTÍCULO 200[1001]

1. Las importaciones de mercancías originarias de los países y territorios se beneficiarán, a su entrada en los Estados miembros, de la prohibición de los derechos de aduana llevada a cabo entre los Estados miembros de acuerdo con las disposiciones de los Tratados.
2. Los derechos de aduana que graven, a su entrada en cada país y territorio, las importaciones procedentes de los Estados miembros y de los demás países y territorios quedarán prohibidos de conformidad con lo dispuesto en el artículo 30.
3. No obstante, los países y territorios podrán percibir derechos de aduana para satisfacer las exigencias de su desarrollo y las necesidades de su industrialización o derechos de carácter fiscal destinados a nutrir su presupuesto.

---

998 En lo que respecta a España, ni las Islas Canarias ni Ceuta y Melilla figuran en la lista de regiones de Ultramar del Anexo II al Tratado de Funcionamiento de la Unión Europea, aunque antes del Tratado de Lisboa estas regiones no tenían exactamente el mismo trato que el resto del territorio español con las antiguas «Comunidades Europeas», fundamentalmente en materia aduanera y de aranceles. Para más información a este respecto, véase el Protocolo n.º 2 al Acta de Adhesión del Reino de España a las Comunidades Europeas, sobre las Islas Canarias y Ceuta y Melilla; DOCE L 302, de 15 de noviembre de 1985.

999 Véase el Reglamento Financiero 98/430/CE del Consejo, de 16 de junio, aplicable a la cooperación para la financiación del desarrollo con arreglo al IV Convenio ACP-CE; DOCE L 191, de 7 de julio de 1998.

1000 Antiguo artículo 183 TCE.

1001 Antiguo artículo 184 TCE.

Los derechos mencionados en el párrafo anterior no podrán ser superiores a los que graven las importaciones de productos procedentes del Estado miembro con el que cada país o territorio mantenga relaciones especiales.

4. El apartado 2 no será aplicable a los países y territorios que, por estar sujetos a obligaciones internacionales especiales, estén aplicando un arancel aduanero no discriminatorio.

5. El establecimiento o la modificación de los derechos de aduana que graven las mercancías importadas por los países y territorios no deberá provocar, de hecho o de derecho, una discriminación directa o indirecta entre las importaciones procedentes de los distintos Estados miembros.

ARTÍCULO 201[1002]

Si la cuantía de los derechos aplicables a las mercancías procedentes de un tercer país a su entrada en un país o territorio fuere tal que, teniendo en cuenta lo dispuesto en el apartado 1 del artículo 200, pudiere originar desviaciones del tráfico comercial en perjuicio de uno de los Estados miembros, éste podrá pedir a la Comisión que proponga a los demás Estados miembros las medidas necesarias para corregir dicha situación.

ARTÍCULO 202[1003]

Sin perjuicio de las disposiciones relativas a la salud y seguridad públicas y al orden público, la libertad de circulación de los trabajadores de los países y territorios en los Estados miembros, así como la de los trabajadores de los Estados miembros en los países y territorios, se regirá por actos adoptados de conformidad con el artículo 203[1004].

ARTÍCULO 203[1005]

El Consejo, a la luz de los resultados alcanzados en el marco de la asociación de los países y territorios a la Unión y basándose en los principios contenidos en los Tratados, adoptará, por unanimidad, a propuesta de la Comisión, las disposiciones relativas a las modalidades y el procedimiento para la asociación de los países y territorios a la Unión. Cuando el Consejo adopte dichas disposiciones con arreglo a un procedimiento legislativo especial, se pronunciará por unanimidad, a propuesta de la Comisión y previa consulta al Parlamento Europeo[1006].

ARTÍCULO 204[1007/1008]

Las disposiciones de los artículos 198 a 203 serán aplicables a Groenlandia, sin perjuicio de las disposiciones específicas para Groenlandia que figuran en el Protocolo sobre el régimen particular aplicable a Groenlandia, incorporado como anexo a los Tratados.

1002 Antiguo artículo 185 TCE.

1003 Antiguo artículo 186 TCE.

1004 Novedad introducida por el TL, anteriormente se regía por convenios ulteriores, que requerían el acuerdo unánime de los Estados miembros.

1005 Antiguo artículo 187 TCE.

1006 Párrafo introducido, como novedad, por el TL, que requiere la unanimidad del Consejo.

1007 Antiguo artículo 188 TCE.

1008 Este artículo fue añadido por el Tratado de 13 de marzo de 1984 por el que se modifican los Tratados constitutivos de las Comunidades Europeas en lo que respecta a Groenlandia, DOCE L 29, de 1 de febrero de 1985; y a lo largo de las distintas regulaciones se ha mantenido. Véase el Protocolo n.º 34 anejo al TL, sobre el régimen especial aplicable a Groenlandia.

QUINTA PARTE[1009]
ACCIÓN EXTERIOR DE LA UNIÓN[1010]

TÍTULO I[1011]
DISPOSICIONES GENERALES RELATIVAS A LA ACCIÓN EXTERIOR DE LA UNIÓN

ARTÍCULO 205[1012]

La acción de la Unión en la escena internacional, en virtud de la presente parte, se basará en los principios, perseguirá los objetivos y se realizará de conformidad con las disposiciones generales contempladas en el capítulo 1 del título V del Tratado de la Unión Europea[1013].

TÍTULO II
POLÍTICA COMERCIAL COMÚN

ARTÍCULO 206[1014]

Mediante el establecimiento de una unión aduanera de conformidad con los artículos 28 a 32[1015], la Unión contribuirá, en el interés común, al desarrollo armonioso del comercio mundial, a la supresión progresiva de las restricciones a los intercambios internacionales y a las inversiones extranjeras directas, así como a la reducción de las barreras arancelarias y de otro tipo.

ARTÍCULO 207[1016]

1. La política comercial común[1017] se basará en principios uniformes, en particular por lo que se refiere a las modificaciones arancelarias, la celebración de acuerdos arancelarios y comerciales relativos a los intercambios de mercancías y de servicios, y los aspectos comerciales de la propiedad intelectual e industrial, las inversiones extranjeras directas, la uniformización de las medidas de liberalización, la política de exportación, así como las medidas de protección comercial[1018], entre ellas las que

---

1009 Parte añadida por el TL.

1010 Véase la Comunicación Conjunta al Parlamento Europeo y al Consejo «Una Europa global»: nuevo enfoque para financiar la acción exterior de la UE [COM (2011) 865 final].

1011 Título añadido por el TL.

1012 Artículo añadido por el TL.

1013 Véase el artículo 21 TUE en su versión consolidada del TL.

1014 Antiguo artículo 131 TCE (desplazado).

1015 Es decir, libre circulación de mercancías y Unión aduanera, como ejemplo conviene destacar la STJUE de 9 de diciembre de 1997, C-265/95, Comisión/Francia.

1016 Antiguo artículo 133 TCE (desplazado).

1017 Véanse los artículos 3.5 TUE y 3.1e) TFUE. La política comercial común se configura como una competencia exclusiva de la Unión, siendo uno de los elementos más importantes de las «relaciones exteriores de la Unión». Una de las claves fundamentales es la protección de las empresas europeas garantizando con ello un desarrollo económico armónico del comercio, mediante su promoción y apoyo.

1018 En este sentido, se destacan actuaciones en materia de «dumping», subvenciones, competencia desleal y demás efectos comerciales adversos (Reglamento N.° 2015/1843 del deban adoptarse en caso de dumping[1019] y subvenciones[1020]. La política comercial común se llevará a cabo en el marco de los principios y objetivos de la acción exterior de la Unión.

2. El Parlamento Europeo y el Consejo, con arreglo al procedimiento legislativo ordinario, adoptarán mediante reglamentos las medidas por las que se defina el marco de aplicación de la política comercial común.

3. En caso de que deban negociarse y celebrarse acuerdos con uno o más terceros países u organizaciones internacionales, se aplicará el artículo 218, sin perjuicio de las disposiciones específicas del presente artículo.

La Comisión[1021] presentará recomendaciones al Consejo, que la autorizará a iniciar las negociaciones necesarias. Corresponderá al Consejo y a la Comisión velar por que los acuerdos negociados sean compatibles con las políticas y normas internas de la Unión.

La Comisión llevará a cabo dichas negociaciones en consulta con un comité especial designado por el Consejo para asistirla en dicha tarea y con arreglo a las directrices que el Consejo pueda dirigirle. La Comisión informará periódicamente al comité especial y al Parlamento Europeo de la marcha de las negociaciones.

4. Para la negociación y celebración de los acuerdos mencionados en el apartado 3, el Consejo decidirá por mayoría cualificada.

Para la negociación y celebración de acuerdos en los ámbitos del comercio de servicios y de los aspectos comerciales de la propiedad intelectual e industrial, así como de las inversiones extranjeras directas, el Consejo se pronunciará por unanimidad[1022] cuando dichos acuerdos contengan disposiciones en las que se requiere la unanimidad para la adopción de normas internas.

El Consejo se pronunciará también por unanimidad para la negociación y la celebración de acuerdos:

Parlamento Europeo y del Consejo, de 6 de octubre de 2015, por el que se establecen procedimientos de la Unión en el ámbito de la política comercial común con objeto de asegurar el ejercicio de los derechos de la Unión en virtud de las normas comerciales internacionales, particularmente las establecidas bajo los auspicios de la Organización Mundial del Comercio; DOUE L 272 de 16 de octubre de 2015) y falsificaciones (Reglamento n.° 608/2013 del Parlamento Europeo y del Consejo, de 12 de junio de 2013, relativo a la vigilancia por parte de las autoridades aduaneras del respeto de los derechos de propiedad intelectual y por el que se deroga el Reglamento N° 1383/2003 del Consejo; DOUE L 181, de 29 de junio de 2013).

1019 Véase el Reglamento n.° 2016/1036 del Parlamento Europeo y del Consejo, de 8 de junio de 2016 (Última modificación a 11/08/2020), relativo a la defensa contra las importaciones que sean objeto de dumping por parte de países no miembros de la Unión Europea; DOUE L 176, de 30 de junio de 2016.

1020 Véase el Reglamento n.° 2016/1037 del Parlamento Europeo y del Consejo, de 8 de junio de 2016, sobre la defensa contra las importaciones subvencionadas originarias de países no miembros de la Unión Europea; DOUE L 176, de 30 de junio de 2016.

1021 Destáquese la Comunicación de la Comisión de 4 de octubre de 2006 cuyo nombre es «Una Europa global: competir en el mundo»; concretándose en un programa para la competitividad de la Unión y sus empresas. Por otro lado, también es muy importante la Comunicación de 18 de abril de 2007, [COM (2007) 183 final] proponiéndose el establecimiento de una cooperación reforzada entre los Estados miembros y sus empresas, dando prioridad a los acuerdos suscritos en el seno de la OMC y del Programa de Doha.

1022 Se exige mayoría cualificada del Consejo para la negociación y celebración de acuerdos, pero, sin embargo, se requiere la unanimidad en los acuerdos con disposiciones que necesitaban la unanimidad para la adopción de normas internas.

a) En el ámbito del comercio de servicios culturales y audiovisuales, cuando dichos acuerdos puedan perjudicar a la diversidad cultural y lingüística de la Unión.

b) En el ámbito del comercio de servicios sociales, educativos y sanitarios, cuando dichos acuerdos puedan perturbar gravemente la organización nacional de dichos servicios y perjudicar a la responsabilidad de los Estados miembros en la prestación de los mismos.

5. La negociación y la celebración de acuerdos internacionales en el ámbito de los transportes se regirán por el título VI de la tercera parte y por el artículo 218.

6. El ejercicio de las competencias atribuidas por el presente artículo en el ámbito de la política comercial común no afectará a la delimitación de las competencias entre la Unión y los Estados miembros ni conllevará una armonización de las disposiciones legales o reglamentarias de los Estados miembros en la medida en que los Tratados excluyan dicha armonización.

TÍTULO III
COOPERACIÓN CON TERCEROS PAÍSES Y AYUDA HUMANITARIA

CAPÍTULO 1[1023]
COOPERACIÓN PARA EL DESARROLLO[1024]

ARTÍCULO 208[1025]

1. La política de la Unión en el ámbito de la cooperación para el desarrollo se llevará a cabo en el marco de los principios y objetivos de la acción exterior de la Unión[1026]. Las políticas de cooperación para el desarrollo de la Unión y de los Estados miembros se complementarán y reforzarán mutuamente.

El objetivo principal de la política de la Unión en este ámbito será la reducción y, finalmente, la erradicación de la pobreza[1027]. La Unión tendrá en cuenta los objetivos de la cooperación para el desarrollo al aplicar las políticas que puedan afectar a los países en desarrollo.

2. La Unión y los Estados miembros respetarán los compromisos y tendrán en cuenta los objetivos que han acordado en el marco de las Naciones Unidas y de otras organizaciones internacionales competentes[1028].

ARTÍCULO 209[1029]

1. El Parlamento Europeo y el Consejo, con arreglo al procedimiento legislativo ordinario, adoptarán las medidas necesarias para ejecutar la política de cooperación[1030]

1023 Antigua Tercera parte, Título XX, Cooperación al desarrollo del TCE (desplazado).

1024 Véase el artículo 4.4 TFUE. Ésta es una competencia compartida de la Unión y los Estados miembros.

1025 Antiguo artículo 177 TCE (desplazado). El apartado 1, párrafo segundo, segunda frase, sustituye en sustancia, al artículo 178 TCE.

1026 Véase el artículo 21 TUE en su versión consolidada del TL.

1027 Véase el artículo 3.5 TUE en su versión consolidada del TL.

1028 La Unión se encuentra dentro de un conglomerado de normas que provienen de Instituciones Internacionales como UNCTAC, FMI, BIRD, OMC, G-7, G-24...

1029 Antiguo artículo 179 TCE (desplazado).

1030 Destáquense, como medios, las actuaciones propias de la UE y los acuerdos de diversa naturaleza. Para un mayor conocimiento del desarrollo reciente de la actuación de la Unión en este ámbito, véase el Reglamento n.° 2017/1601 del Parlamento Europeo y del Consejo, para el desarrollo, que podrán referirse a programas plurianuales de cooperación con países en desarrollo o a programas que tengan un enfoque temático.

2. La Unión podrá celebrar con los terceros países y con las organizaciones internacionales competentes cualquier acuerdo adecuado para la consecución de los objetivos enunciados en los artículos 21 del Tratado de la Unión Europea y 208 del presente Tratado.

El párrafo primero se entenderá sin perjuicio de las competencias de los Estados miembros para negociar en los foros internacionales y celebrar acuerdos.

3. El Banco Europeo de Inversiones contribuirá, en las condiciones previstas en sus Estatutos, a la ejecución de las acciones contempladas en el apartado 1.

ARTÍCULO 210[1031]

1. Con objeto de favorecer la complementariedad y la eficacia de sus acciones, la Unión y los Estados miembros coordinarán sus políticas en materia de cooperación al desarrollo y concertarán sus programas de ayuda, también en el marco de organizaciones internacionales y de conferencias internacionales. Podrán emprender acciones conjuntas. Los Estados miembros contribuirán, si fuere necesario, a la ejecución de los programas de ayuda de la Unión.

2. La Comisión podrá adoptar cualquier iniciativa adecuada para fomentar la coordinación a que se refiere el apartado 1.

ARTÍCULO 211[1032]

En el marco de sus respectivas competencias, la Unión y los Estados miembros cooperarán con los terceros países y las org anizaciones internacionales competentes.

CAPÍTULO 2[1033]
COOPERACIÓN ECONÓMICA, FINANCIERA Y TÉCNICA CON TERCEROS PAÍSES

ARTÍCULO 212[1034]

1. Sin perjuicio de las demás disposiciones de los Tratados, y en particular las de los artículos 208 a 211, la Unión llevará a cabo acciones de cooperación[1035] económica, financiera[1036] y técnica, entre ellas acciones de ayuda en particular en el ámbito financiero, con terceros países distintos de los países en desarrollo. Estas acciones

---

de 26 de septiembre de 2017, por el que se establece el Fondo Europeo de Desarrollo Sostenible (FEDS), la Garantía del FEDS y el Fondo de Garantía del FEDS; DOUE L 249 de 27 de septiembre de 2017

1031 Antiguo artículo 180 TCE (desplazado).

1032 Antiguo artículo 181 TCE (desplazado).

1033 Antigua Tercera parte, Título XXI, Cooperación económica, financiera y técnica con terceros países (desplazado).

1034 Antiguo artículo 181 A TCE (desplazado).

1035 El Fondo Europeo de Desarrollo vigente en la actualidad es el 11.° FED (para los años 2014-2020) con una dotación presupuestaria de 30.500 millones de euros, lo que supone un aumento con respecto al FED anterior, dotado con 22.682 millones de euros. Para más información, véase el Reglamento N.° 2015/322 del Consejo, de 2 de marzo de 2015, sobre la aplicación del 11.° Fondo Europeo de Desarrollo; DOUE L 58 de 3 de marzo de 2015.

1036 Véase el Reglamento n.° 233/2014 del Parlamento Europeo y del Consejo, de 11 de marzo de 2014, por el que se establece un Instrumento de Financiación de la Cooperación al Desarrollo para el período 2014-2020; DOUE L 77 de 15 de marzo de 2014.

serán coherentes con la política de desarrollo[1037] de la Unión y se llevarán a cabo conforme a los principios y objetivos de su acción exterior. Las acciones de la Unión y de los Estados miembros se complementarán y reforzarán mutuamente.

2. El Parlamento Europeo y el Consejo adoptarán, con arreglo al procedimiento legislativo ordinario, las medidas necesarias para la aplicación del apartado 1.

3. En el marco de sus respectivas competencias, la Unión y los Estados miembros cooperarán con los terceros países y con las organizaciones internacionales competentes. Las modalidades de cooperación de la Unión podrán ser objeto de acuerdos entre ésta y las terceras partes interesadas.

El párrafo primero no afectará a las competencias de los Estados miembros para negociar en los organismos internacionales y celebrar acuerdos internacionales.

ARTÍCULO 213[1038]

Cuando la situación en un tercer país requiera que la Unión preste ayuda financiera urgente, el Consejo adoptará, a propuesta de la Comisión, las decisiones necesarias.

CAPÍTULO 3
AYUDA HUMANITARIA[1039/1040]

ARTÍCULO 214[1041]

1. Las acciones de la Unión en el ámbito de la ayuda humanitaria se llevarán a cabo en el marco de los principios y objetivos de la acción exterior de la Unión[1042]. Dichas acciones tendrán por objeto, en casos concretos, prestar asistencia y socorro a las poblaciones de los terceros países víctimas de catástrofes naturales o de origen humano, y protegerlas, para hacer frente a las necesidades humanitarias resultantes de esas diversas situaciones. Las acciones de la Unión y de los Estados miembros se complementarán y reforzarán mutuamente.

2. Las acciones de ayuda humanitaria se llevarán a cabo conforme a los principios[1043] del Derecho internacional y a los principios de imparcialidad, neutralidad y no discriminación.

1037 Véase la Comunicación de la Comisión de 12-4-2005, bajo la rúbrica «*Acelerar el avance para cumplir los objetivos de desarrollo del milenio*» para poder alcanzar el esfuerzo global del 0,7 % de PNB en 2015. Las Comunicaciones de 4-4-2007 sobre Una Estrategia Europea de Ayuda al Comercio [COM (2007) 163 final]; y la otra «De Monterrey al consenso europeo sobre el desarrollo» [COM (2007) 158, final]. Por último, conviene nombrar, además de las anteriores, la Comunicación de la Comisión de 28-2-2007 sobre el «Código de conducta de la Unión Europea relativo a la división del trabajo en el ámbito de la política de desarrollo».

1038 Artículo añadido por el TL.

1039 Véase el Reglamento (CE) n.° 1257/96 del Consejo, de 20 de junio de 1996, sobre la ayuda humanitaria (Última modificación 26/07/2019); DOCE L 163 de 2 de julio de 1996.

1040 Cada año, las instituciones de la Unión Europea aportan un total de más de 1.000 millones de euros en ayuda humanitaria urgente, cantidad a la que hay que añadir las diversas aportaciones de cada uno de los Estados miembros.

1041 Artículo añadido por el TL.

1042 Véase el artículo 21 TUE en su versión consolidada del TL.

1043 Véase el Consenso Europeo sobre ayuda humanitaria, en Declaración conjunta del Consejo y los Representantes de los Gobiernos de los Estados miembros reunidos en el seno del Consejo, del Parlamento Europeo y de la Comisión Europea; DOUE C 25, de 30 de enero de 2008; véanse asimismo las Directrices actualizadas de la Unión Europea para fomentar la observancia del Derecho Internacional Humanitario; DOUE C 303 de 15 de diciembre de 2009.

3. El Parlamento Europeo y el Consejo[1044] establecerán, con arreglo al procedimiento legislativo ordinario, las medidas que determinen el marco en el que se realizarán las acciones de ayuda humanitaria de la Unión.

4. La Unión podrá celebrar con los terceros países y con las organizaciones internacionales competentes cualquier acuerdo adecuado para la consecución de los objetivos enunciados en el apartado 1 y en el artículo 21 del Tratado de la Unión Europea.

El párrafo primero se entenderá sin perjuicio de las competencias de los Estados miembros para negociar en los foros internacionales y celebrar acuerdos.

5. A fin de establecer un marco para que los jóvenes europeos puedan aportar contribuciones comunes a las acciones de ayuda humanitaria de la Unión, se creará un Cuerpo Voluntario Europeo de Ayuda Humanitaria. El Parlamento Europeo y el Consejo fijarán mediante reglamentos, con arreglo al procedimiento legislativo ordinario, su estatuto y sus normas de funcionamiento.

6. La Comisión podrá adoptar cualquier iniciativa adecuada para fomentar la coordinación entre las acciones de la Unión y las de los Estados miembros, con objeto de aumentar la eficacia y la complementariedad de los mecanismos de la Unión y de los mecanismos nacionales de ayuda humanitaria[1045].

7. La Unión velará porque sus acciones de ayuda humanitaria estén coordinadas y sean coherentes con las de las organizaciones y organismos internacionales, en particular los que forman parte del sistema de las Naciones Unidas.

TÍTULO IV[1046]
MEDIDAS RESTRICTIVAS

ARTÍCULO 215[1047]

1. Cuando una decisión adoptada de conformidad con el capítulo 2 del título V del Tratado de la Unión Europea prevea la interrupción o la reducción, total o parcial, de las relaciones económicas y financieras con uno o varios terceros países, el Consejo adoptará por mayoría cualificada, a propuesta conjunta del Alto Representante de la Unión para Asuntos Exteriores y Política de Seguridad y de la Comisión, las medidas necesarias. Informará de ello al Parlamento Europeo.

2. Cuando una decisión adoptada de conformidad con el capítulo 2 del título V del Tratado de la Unión Europea así lo prevea, el Consejo podrá adoptar por el procedimiento establecido en el apartado 1 medidas restrictivas contra personas físicas o jurídicas, grupos o entidades no estatales.

3. Los actos contemplados en el presente artículo incluirán las disposiciones necesarias en materia de garantías jurídicas.

1044 El Reglamento n.° 2012/2002 del Consejo, de 11 de noviembre de 2002 (DOUE L 311, de 14 de noviembre de 2002), creó en su día el Fondo de Solidaridad para responder rápida y efectivamente a situaciones de emergencia o catástrofes naturales.

1045 La Comisión ha creado la Oficina Europea de Ayuda Humanitaria (ECHO), regulándose en virtud del Reglamento n.° 1257/96/CE, del Consejo (DOCE L 163, de 2 de julio de 1996), con más de 200 socios e implantación en más de 85 países.

1046 Título añadido por el TL.

1047 Antiguo artículo 301 TCE (desplazado).

TÍTULO V[1048]
ACUERDOS INTERNACIONALES

ARTÍCULO 216[1049]

1. La Unión podrá celebrar un acuerdo con uno o varios terceros países[1050] u organizaciones internacionales cuando así lo prevean los Tratados o cuando la celebración de un acuerdo bien sea necesaria para alcanzar, en el contexto de las políticas de la Unión, alguno de los objetivos establecidos en los Tratados, bien esté prevista en un acto jurídicamente vinculante de la Unión, o bien pueda afectar a normas comunes o alterar el alcance de las mismas[1051].

2. Los acuerdos celebrados por la Unión vincularán a las instituciones de la Unión y a los Estados miembros.

ARTÍCULO 217[1052]

La Unión podrá celebrar con uno o varios terceros países o con organizaciones internacionales acuerdos que establezcan una asociación que entrañe derechos y obligaciones recíprocos, acciones comunes y procedimientos particulares.

ARTÍCULO 218[1053/1054]

1. Sin perjuicio de las disposiciones particulares del artículo 207[1055], para la negociación[1056] y celebración de acuerdos entre la Unión y terceros países u organizaciones internacionales se aplicará el procedimiento siguiente.

2. El Consejo autorizará la apertura de negociaciones, aprobará las directrices de negociación, autorizará la firma y celebrará los acuerdos.

3. La Comisión, o el Alto Representante de la Unión para Asuntos Exteriores y Política de Seguridad cuando el acuerdo previsto se refiera exclusiva o principalmente a la política exterior y de seguridad común, presentará recomendaciones al Consejo, que adoptará una decisión por la que se autorice la apertura de negociaciones y se designe, en función de la materia del acuerdo previsto, al negociador o al jefe del equipo de negociación de la Unión.

1048 Título añadido por el TL.

1049 Artículo añadido por el TL.

1050 Como ejemplo de ello destacarían los Acuerdos para el establecimiento de uniones aduaneras con Turquía, Acuerdos individuales de libre comercio con países vecinos de la AELG, con lo que además se conforma el Espacio Económico Europeo, Acuerdos europeos de asociación con los países de la Europa Oriental, Acuerdos preferenciales con los países mediterráneos y con los países del Convenio de Lomé, Cotonú, etc.

1051 Véase el artículo 209.2 TUE en su versión consolidada del TL.

1052 Antiguo artículo 310 TCE (desplazado).

1053 En este artículo se establece el procedimiento y las atribuciones para concluir estos acuerdos.

1054 Antiguo artículo 300 TCE (sustituido).

1055 Se refiere a la política comercial.

1056 Véase la Declaración N.° 36, relativa al artículo 218 del Tratado de Funcionamiento de la Unión Europea sobre la negociación y celebración de acuerdos internacionales por los Estados miembros en relación con el Espacio de Libertad, Seguridad y Justicia: «los Estados miembros podrán (...) celebrar acuerdos, siempre y cuando dichos acuerdos se ajusten al Derecho de la Unión».

4. El Consejo podrá dictar directrices al negociador y designar un comité especial, al que deberá consultarse durante las negociaciones.

5. El Consejo adoptará, a propuesta del negociador, una decisión por la que se autorice la firma del acuerdo y, en su caso, su aplicación provisional antes de la entrada en vigor.

6. El Consejo adoptará, a propuesta del negociador, una decisión de celebración del acuerdo.

Con excepción de los acu erdos que se refieran exclusivamente a la política exterior y de seguridad común, el Consejo adoptará la decisión de celebración del acuerdo:

a) previa Aprobación del Parlamento Europeo en los casos siguientes:

i) Acuerdos de asociación.

ii) Acuerdo de adhesión de la Unión al Convenio Europeo para la Protección de los Derechos Humanos y de las Libertades Fundamentales.

iii) Acuerdos que creen un marco institucional específico al organizar procedimientos de cooperación.

iv) Acuerdos que tengan repercusiones presupuestarias importantes para la Unión.

v) Acuerdos que se refieran a ámbitos a los que se aplique el procedimiento legislativo ordinario o, si se requiere la aprobación del Parlamento Europeo, el procedimiento legislativo especial.

En caso de urgencia, el Parlamento Europeo y el Consejo podrán convenir en un plazo para la aprobación.

b) Previa consulta al Parlamento Europeo en los demás casos. El Parlamento Europeo emitirá su dictamen en un plazo que el Consejo podrá fijar según la urgencia. De no haberse emitido un dictamen al término de dicho plazo, el Consejo podrá pronunciarse.

7. No obstante, lo dispuesto en los apartados 5, 6 y 9, el Consejo, al celebrar un acuerdo, podrá autorizar al negociador a aprobar, en nombre de la Unión, las modificaciones del acuerdo para cuya adopción éste prevea un procedimiento simplificado o la intervención de un órgano creado por el acuerdo. El Consejo podrá supeditar dicha autorización a condiciones específicas.

8. El Consejo se pronunciará por mayoría cualificada[1057] durante todo el procedimiento.

Sin embargo, el Consejo se pronunciará por unanimidad cuando el acuerdo se refiera a un ámbito en el que se requiera la unanimidad para la adopción de un acto de la Unión y cuando se trate de acuerdos de asociación y de los acuerdos previstos en el artículo 212 con los Estados candidatos a la adhesión. El Consejo se pronunciará también por unanimidad sobre el acuerdo de adhesión de la Unión al Convenio Europeo para la Protección de los Derechos Humanos y de las Libertades Fundamentales; la decisión de celebración de dicho acuerdo entrará en vigor después de haber sido aprobada por los Estados miembros, de conformidad con sus respectivas normas constitucionales.

9. El Consejo adoptará, a propuesta de la Comisión o del Alto Representante de la Unión para Asuntos Exteriores y Política de Seguridad, una decisión por la que se suspenda la aplicación de un acuerdo y se establezcan las posiciones que deban adoptarse en nombre de la Unión en un organismo creado por un acuerdo, cuando dicho organismo deba adoptar actos que surtan efectos jurídicos, con excepción de los actos que completen o modifiquen el marco institucional del acuerdo.

10. Se informará cumplida e inmediatamente al Parlamento Europeo en todas las fases del procedimiento.

11. Un Estado miembro, el Parlamento Europeo, el Consejo o la Comisión podrán solicitar el dictamen del Tribunal de Justicia sobre la compatibilidad con los Tratados

1057 Existen 3 excepciones que van a exigir la unanimidad y que se nombran en el siguiente párrafo.

de cualquier acuerdo previsto[1058]. En caso de dictamen negativo del Tribunal de Justicia, el acuerdo previsto no podrá entrar en vigor, salvo modificación de éste o revisión de los Tratados.

ARTÍCULO 219[1059]

1. No obstante lo dispuesto en el artículo 218, el Consejo, bien por recomendación del Banco Central Europeo, bien por recomendación de la Comisión y previa consulta al Banco Central Europeo, bien por recomendación de la Comisión y previa consulta al Banco Central Europeo con el fin de lograr un consenso compatible con el objetivo de la estabilidad de precios, podrá celebrar acuerdos formales relativos a un sistema de tipos de cambio para el euro en relación con las monedas de terceros Estados. El Consejo se pronunciará por unanimidad, previa consulta al Parlamento Europeo y con arreglo al procedimiento establecido en el apartado 3.

El Consejo, bien por recomendación del Banco Central Europeo, bien por recomendación de la Comisión y previa consulta al Banco Central Europeo con el fin de lograr un consenso compatible con el objetivo de la estabilidad de precios, podrá adoptar, ajustar o abandonar los tipos centrales del euro en el sistema de tipos de cambio. El Presidente del Consejo informará al Parlamento Europeo de la adopción, del ajuste o del abandono de los tipos centrales del euro.

2. A falta de un sistema de tipos de cambio respecto de una o varias monedas de terceros Estados con arreglo al apartado 1, el Consejo, bien sobre la base de una recomendación de la Comisión y previa consulta al Banco Central Europeo, bien sobre la base de una recomendación del Banco Central Europeo, podrá formular orientaciones generales para la política de tipos de cambio respecto de estas monedas. Estas orientaciones generales se entenderán sin perjuicio del objetivo fundamental del SEBC de mantener la estabilidad de precios.

3. No obstante lo dispuesto en el artículo 218, cuando la Unión tenga que negociar acuerdos en materia de régimen monetario o de régimen cambiario con uno o varios terceros Estados u organizaciones internacionales, el Consejo, sobre la base de una recomendación de la Comisión y previa consulta al Banco Central Europeo, decidirá sobre las modalidades de negociación y celebración de dichos acuerdos. Las citadas modalidades de negociación garantizarán que la Unión exprese una posición única. La Comisión estará plenamente asociada a las negociaciones.

4. Sin perjuicio de las competencias y de los acuerdos de la Unión sobre la unión económica y monetaria, los Estados miembros podrán negociar en los foros internacionales y celebrar acuerdos internacionales.

TÍTULO VI[1060]
RELACIONES DE LA UNIÓN CON LAS ORGANIZACIONES INTERNACIONALES Y CON TERCEROS PAÍSES[1061] Y DELEGACIONES DE LA UNIÓN

ARTÍCULO 220[1062]

1. La Unión establecerá todo tipo de cooperación adecuada con los órganos de las Naciones Unidas y de sus organismos especializados, el Consejo de Europa, la

1058 Esa compatibilidad puede ser conocida a través de una cuestión prejudicial, establecida en el artículo 267 TFUE. A este respecto, destáquese la Sentencia del TJCE de 20 de septiembre de 1990, *Sevince*, Asunto C-192/89.

1059 Antiguo artículo 111, apartados 1 a 3 y 5, TCE (desplazados).

1060 Título añadido por el TL.

1061 Las relaciones exteriores de la Unión se manifiestan de esta manera.

1062 Antiguos artículos 302 a 304 TCE (sustituidos).

Organización para la Seguridad y la Cooperación en Europa[1063] y la Organización de Cooperación y Desarrollo Económicos.

La Unión mantendrá también relaciones apropiadas con otras organizaciones internacionales.

2. El Alto Representante de la Unión para Asuntos Exteriores y Política de Seguridad y la Comisión se encargarán de aplicar lo dispuesto en el presente artículo.

ARTÍCULO 221[1064]

1. Las delegaciones[1065] de la Unión en terceros países y ante organizaciones internacionales asumirán la representación de la Unión.

2. Las delegaciones de la Unión estarán bajo la autoridad del Alto Representante de la Unión para Asuntos Exteriores y Política de Seguridad. Actuarán en estrecha cooperación con las misiones diplomáticas y consulares de los Estados miembros.

TÍTULO VII[1066]
CLÁUSULA DE SOLIDARIDAD

ARTÍCULO 222[1067]

1. La Unión y sus Estados miembros actuarán conjuntamente con espíritu de solidaridad[1068] si un Estado miembro es objeto de un ataque terrorista o víctima de una catástrofe[1069] natural o de origen humano. La Unión movilizará todos los instrumentos de que disponga, incluidos los medios militares[1070] puestos a su disposición por los Estados miembros, para:

a) Revenir la amenaza terrorista en el territorio de los Estados miembros:

- Proteger a las instituciones democráticas y a la población civil de posibles ataques terroristas.

- Prestar asistencia a un Estado miembro en el territorio de éste, a petición de sus autoridades políticas, en caso de ataque terrorista.

b) Prestar asistencia a un Estado miembro en el territorio de éste, a petición de sus autoridades políticas, en caso de catástrofe natural o de origen humano.

2. Si un Estado miembro es objeto de un ataque terrorista o víctima de una catástrofe natural o de origen humano, a petición de sus autoridades políticas los demás Estados miembros le prestarán asistencia. Con este fin, los Estados miembros se coordinarán en el seno del Consejo.

3. Las modalidades de aplicación por la Unión de la presente cláusula de solidaridad serán definidas mediante decisión adoptada por el Consejo, a propuesta conjunta de la Comisión y del Alto Representante de la Unión para Asuntos Exteriores y Política de Seguridad. Cuando dicha decisión tenga repercusiones en el ámbito de la defensa, el Consejo se pronunciará de conformidad con el apartado 1 del artículo 31 del Tratado de la Unión Europea. Se informará al Parlamento Europeo.

1063 Véase el artículo 350 TFUE en su versión consolidada del TL.

1064 Artículo añadido por el TL.

1065 La posibilidad de Delegaciones de la Unión en terceros países y anteriormente Organizaciones Internacionales, es una novedad introducida por el TL.

1066 Título añadido por el TL.

1067 Véase la Declaración número 37, relativa al artículo 222 TFUE.

1068 Véanse los artículos 21, 24, 31.1 TUE; además del 67.2 y 80 TFUE, ambos en su versión consolidada del TL.

1069 Véase lo anteriormente referido a la reacción de la Unión ante distintas catástrofes.

1070 Véanse los artículos 42, 43, 45 y 46 TUE en su versión consolidada del TL.

A efectos del presente apartado, y sin perjuicio del artículo 240, el Consejo estará asistido por el Comité Político y de Seguridad[1071], con el apoyo de las estructuras creadas en el marco de la política común de seguridad y defensa, y por el comité contemplado en el artículo 71, que le presentarán, en su caso, dictámenes conjuntos.

4. Para asegurar la eficacia de la actuación de la Unión y de sus Estados miembros, el Consejo Europeo evaluará de forma periódica las amenazas a que se enfrenta la Unión.

SEXTA PARTE
DISPOSICIONES INSTITUCIONALES Y FINANCIERAS[1072]

TÍTULO I
DISPOSICIONES INSTITUCIONALES[1073]

CAPÍTULO 1
INSTITUCIONES[1074]

SECCIÓN PRIMERA
EL PARLAMENTO EUROPEO[1075/1076]

ARTÍCULO 223[1077]

1. El Parlamento Europeo elaborará un proyecto encaminado a establecer las disposiciones necesarias para hacer posible la elección de sus miembros por sufragio universal directo[1078], de acuerdo con un procedimiento uniforme en todos los Estados miembros o de acuerdo con principios comunes[1079] a todos los Estados miembros.

El Consejo establecerá las disposiciones necesarias por unanimidad con arreglo a un procedimiento legislativo especial, previa aprobación del Parlamento Europeo, que se pronunciará por mayoría de los miembros que lo componen. Dichas disposiciones

1071 Véanse los artículos 38 y 43.2 TUE en su versión consolidada del TL.

1072 Antigua Quinta Parte Instituciones de la Comunidad del TCE.

1073 Véanse los artículos 13 a 19 TUE en su versión consolidada del TL.

1074 Véase el Protocolo n.º 6 sobre la fijación de las sedes de las instituciones y de determinados órganos, organismos y servicios de la Unión.

1075 Véase el artículo 14 TUE en su versión consolidada del TL.

1076 Véase la Declaración 4, relativa a la composición del Parlamento Europeo.

1077 Antiguo artículo 190 TCE, apartados 4 y 5.

1078 Véase la Directiva 93/109/CE del Consejo, de 6 de diciembre de 1993, por la que se fijan las modalidades de ejercicio del derecho de sufragio activo y pasivo en las elecciones al Parlamento Europeo por parte de los ciudadanos de la Unión residentes en un Estado miembro del que no sean nacionales; DOCE L 329 de 30 de diciembre de 1993.

1079 Tras el informe ANASTASOPOULOS (A4-0212/98), el Parlamento aprobó, el día 15 de julio de 1998, una Resolución sobre la elaboración de un proyecto de procedimiento electoral fundado en principios comunes para la elección de los diputados al Parlamento, que incluye en el Anexo un Proyecto de acto a los efectos de este apartado; DOCE C 292, de 21 de septiembre de 1998.

entrarán en vigor una vez que hayan sido aprobadas por los Estados miembros de conformidad con sus respectivas normas constitucionales[1080].

2. El Parlamento Europeo establecerá mediante reglamentos adoptados por propia iniciativa, con arreglo a un procedimiento legislativo especial, el estatuto y las condiciones generales de ejercicio de las funciones de sus miembros, previo dictamen de la Comisión y con la aprobación del Consejo. Toda norma o condición relativas al régimen fiscal de los miembros o de los antiguos miembros se decidirán en el Consejo por unanimidad.

ARTÍCULO 224[1081]

El Parlamento Europeo y el Consejo, con arreglo al procedimiento legislativo ordinario[1082], establecerán mediante reglamentos el estatuto de los partidos políticos a escala europea, a los que se hace referencia en el apartado 4 del artículo 10 del Tratado de la Unión Europea, y en particular las normas relativas a su financiación.

ARTÍCULO 225[1083]

Por decisión de la mayoría de los miembros que lo componen, el Parlamento Europeo podrá solicitar a la Comisión que presente las propuestas oportunas sobre cualquier asunto que a juicio de aquél requiera la elaboración de un acto de la Unión para la aplicación de los Tratados[1084]. Si la Comisión no presenta propuesta alguna, comunicará las razones al Parlamento Europeo.

ARTÍCULO 226[1085]

En cumplimiento de sus cometidos y a petición de la cuarta parte de los miembros que lo componen, el Parlamento Europeo podrá constituir una comisión temporal de investigación[1086] para examinar, sin perjuicio de las competencias que los Tratados confieren a otras instituciones u órganos, alegaciones de infracción o de mala administración en la aplicación del Derecho de la Unión, salvo que de los hechos alegados esté conociendo un órgano jurisdiccional, hasta tanto concluya el procedimiento jurisdiccional.

1080 Se trata de una forma simplificada de completar el Tratado, distinta de la ordinaria para modificarlo.

1081 Antiguo artículo 191 párrafo segundo TCE.

1082 Como ya sabemos es el de codecisión.

1083 Antiguo artículo 192 párrafo segundo TCE.

1084 Este hecho es el que da lugar a lo que hemos venido denominando tradicionalmente, desde su reconocimiento en el Tratado de Ámsterdam, derecho de iniciativa legislativa indirecta que ostenta el Parlamento Europeo.

1085 Antiguo artículo 193 TCE.

1086 Véase la Decisión del Parlamento, del Consejo y de la Comisión de 6 de marzo de 1995 relativa a las modalidades de ejercicio del derecho de investigación del Parlamento Europeo; DOCE L 78, de 6 de abril de 1995. Mediante Decisión del Parlamento de 13 de diciembre de 1995 (DOCE C 17, de 22 de enero de 1996) se constituyó la primera comisión temporal de investigación para examinar las alegaciones de infracción o de mala administración en el marco del régimen de tránsito comunitario. Por Decisión de 18 de julio de 1996 (DOCE C 261, de 9 de septiembre de 1996) se constituyó una segunda para investigar supuestas contravenciones o mala administración en la aplicación de la legislación comunitaria con respecto a la encefalopatía espongiforme bovina (conocida coloquialmente como «enfermedad de las vacas locas»).

La existencia de la comisión temporal de investigación terminará con la presentación de su informe.

El Parlamento Europeo determinará las modalidades de ejercicio del derecho de investigación mediante reglamentos adoptados por propia iniciativa, con arreglo a un procedimiento legislativo especial[1087], previa aprobación del Consejo y de la Comisión.

ARTÍCULO 227[1088]

Cualquier ciudadano de la Unión, así como cualquier persona física o jurídica que resida o tenga su domicilio social en un Estado miembro, tendrá derecho a presentar al Parlamento Europeo, individualmente o asociado con otros ciudadanos o personas, una petición sobre un asunto propio de los ámbitos de actuación de la Unión que le afecte directamente.

ARTÍCULO 228[1089]

El Parlamento Europeo elegirá a un Defensor del Pueblo Europeo, que estará facultado para recibir las reclamaciones de cualquier ciudadano de la Unión o de cualquier persona física o jurídica que resida o tenga su domicilio social en un Estado miembro, relativas a casos de mala administración en la acción de las instituciones, órganos u organismos de la Unión, con exclusión del Tribunal de Justicia de la Unión Europea en el ejercicio de sus funciones jurisdiccionales. Instruirá estas reclamaciones e informará al respecto.

En el desempeño de su misión, el Defensor del Pueblo llevará a cabo las investigaciones que considere justificadas, bien por iniciativa propia, bien sobre la base de las reclamaciones recibidas directamente o a través de un miembro del Parlamento Europeo, salvo que los hechos alegados sean o hayan sido objeto de un procedimiento jurisdiccional. Cuando el Defensor del Pueblo haya comprobado un caso de mala administración, lo pondrá en conocimiento de la institución, órgano u organismo interesado, que dispondrá de un plazo de tres meses para exponer su posición al Defensor del Pueblo. Éste remitirá a continuación un informe al Parlamento Europeo y a la institución, órgano u organismo interesado. La persona de quien emane la reclamación será informada del resultado de estas investigaciones.

El Defensor del Pueblo presentará cada año al Parlamento Europeo un informe[1090] sobre el resultado de sus investigaciones.

El Defensor del Pueblo será elegido[1091] después de cada elección del Parlamento Europeo para toda la legislatura. Su mandato será renovable.

A petición del Parlamento Europeo, el Tribunal de Justicia podrá destituir al Defensor del Pueblo si éste dejare de cumplir las condiciones necesarias para el ejercicio de sus funciones o hubiere cometido una falta grave.

1. El Defensor del Pueblo ejercerá sus funciones con total independencia. En el ejercicio de tales funciones no solicitará ni admitirá instrucciones de ningún gobierno, institución, órgano u organismo.

1087 Véase la Decisión 95/167/CE, EURATOM, CECA del PE, del Consejo y de la Comisión, de 19 de abril, relativa a las modalidades de ejercicio del derecho de investigación del Parlamento Europeo; DOCE L 113, de 19 de mayo de 1995.

1088 Antiguo artículo 194 TCE.

1089 Antiguo artículo 195 TCE.

1090 Todos los informes anuales presentados por el Defensor del Pueblo están disponibles para su lectura en: https://www.ombudsman.europa.eu/es/home

1091 Véase la Decisión n.° 2014/2092, de 16 de diciembre de 2014, por la que se elige al Defensor del Pueblo Europeo; DOUE C 294, de 12 de agosto de 2016.

Durante su mandato, el Defensor del Pueblo no podrá desempeñar ninguna otra actividad profesional, sea o no retribuida.

2. El Parlamento Europeo fijará, mediante reglamentos adoptados por propia iniciativa, con arreglo a un procedimiento legislativo especial, el Estatuto[1092] y las condiciones generales de ejercicio de las funciones del Defensor del Pueblo, previo dictamen de la Comisión y con la aprobación del Consejo.

ARTÍCULO 229[1093]

El Parlamento Europeo celebrará cada año un período de sesiones. Se reunirá sin necesidad de previa convocatoria el segundo martes de marzo.

El Parlamento Europeo podrá reunirse en período parcial de sesiones extraordinario a petición de la mayoría de los miembros que lo componen, del Consejo o de la Comisión.

ARTÍCULO 230[1094]

La Comisión podrá asistir a todas las sesiones del Parlamento Europeo y comparecerá ante este si así lo solicita.

La Comisión contestará oralmente o por escrito a todas las preguntas que le sean formuladas por el Parlamento Europeo o por sus miembros.

El Consejo Europeo y el Consejo comparecerán ante el Parlamento Europeo en las condiciones fijadas por el reglamento interno del Consejo Europeo y por el del Consejo.

ARTÍCULO 231[1095]

Salvo disposición en contrario de los Tratados, el Parlamento Europeo decidirá por mayoría de los votos emitidos[1096].

El reglamento interno fijará el quórum.

ARTÍCULO 232[1097]

El Parlamento Europeo establecerá su propio reglamento interno[1098] por mayoría de los miembros que lo componen.

Los documentos del Parlamento Europeo se publicarán en la forma prevista en los Tratados y en dicho reglamento[1099].

1092 2008/587/CE, EURATOM: decisión del Parlamento Europeo, de 18 de junio de 2008, por la que se modifica la Decisión 94/262/CECA, CE, EURATOM, sobre el Estatuto del Defensor del Pueblo y sobre las condiciones generales del ejercicio de sus funciones; *DOUE L 189 de 17 de julio de 2008.*

1093 Antiguo artículo 196 TCE.

1094 Antiguo artículo 197, párrafos segundo, tercero y cuarto TCE.

1095 Antiguo artículo 198 TCE.

1096 Véanse las mayorías exigidas en los procedimientos de los artículos 293 y 294 TFUE en su versión consolidada del TL

1097 Antiguo artículo 199 TCE.

1098 El Reglamento Interno del Parlamento Europeo en vigor, correspondiente a la 9.ª Legislatura 2019-2024, de diciembre de 2019, se encuentra en el presente enlace, en idioma español: http://www.europarl.europa.eu

1099 Véase la Reglamentación relativa al acceso del público a los documentos del Parlamento Europeo, en Decisión de la Mesa, de 28 de noviembre de 2001; DOUE C 216, de 22 de julio de 2011.

ARTÍCULO 233[1100]

El Parlamento Europeo procederá a la decisión, en sesión pública, del informe general anual que le presentará la Comisión.

ARTÍCULO 234[1101]

El Parlamento Europeo, en caso de que se le someta una moción de censura sobre la gestión de la Comisión, sólo podrá pronunciarse sobre dicha moción transcurridos tres días como mínimo desde la fecha de su presentación y en votación pública.

Si la moción de censura es aprobada[1102] por mayoría de dos tercios de los votos emitidos que representen, a su vez, la mayoría de los diputados que componen el Parlamento Europeo, los miembros de la Comisión deberán dimitir colectivamente de sus cargos y el Alto Representante de la Unión para Asuntos Exteriores y Política de Seguridad deberá dimitir del cargo que ejerce en la Comisión.

Permanecerán en sus cargos y continuarán despachando los asuntos de administración ordinaria hasta que sean sustituidos de conformidad con el artículo 17 del Tratado de la Unión Europea. En tal caso, el mandato de los miembros de la Comisión designados para sustituirlos expirará en la fecha en que habría expirado el mandato de los miembros de la Comisión obligados a dimitir colectivamente de sus cargos.

SECCIÓN SEGUNDA[1103]
EL CONSEJO EUROPEO[1104/1105/1106/1107]

ARTÍCULO 235[1108]

1. En caso de votación, cada miembro del Consejo Europeo podrá actuar en representación de uno solo de los demás miembros.

El apartado 4 del artículo 16 del Tratado de la Unión Europea y el apartado 2 del artículo 238 del presente Tratado se aplicarán al Consejo Europeo cuando se pronuncie por mayoría cualificada. El Presidente del Consejo Europeo[1109] y el Presidente de

1100 Antiguo artículo 200 TCE.

1101 Antiguo artículo 201 TCE.

1102 A lo largo de la historia del Parlamento Europeo como institución, se han llegado a producir un total de 8 mociones de censura contra la Comisión; no obstante, ninguna llegó a prosperar.

1103 Sección añadida por el TL.

1104 En el ámbito del TUE, en su versión consolidada del TL, véanse las referencias a esta institución en los artículos 13, 15, 22, 24, 26, 27.1, 31.1, 31.3, 32, 48.3 y 48.6.

1105 El Consejo Europeo nace en el contexto de la cooperación política europea. Hasta que no entra en vigor el Acta Única Europea no se encontraba regulado en ninguna disposición. Es conveniente recordar que al Consejo Europeo no se le atribuye función legislativa alguna (art .15.1 TUE).

1106 Véase la Declaración n.° 5, relativa al acuerdo político del Consejo Europeo sobre el proyecto de Decisión relativa a la composición del Parlamento Europeo.

1107 Véase la Decisión n.° 2009/882/UE del Consejo Europeo, de 1 de diciembre de 2009, relativa a la adopción de su Reglamento Interno; DOUE L 315 de 2 de diciembre de 2009.

1108 Artículo añadido por el TL.

1109 Véase la Declaración n.° 8, relativa a las medidas prácticas que deberán adoptarse al entrar en vigor el Tratado de Lisboa por lo que respecta a la Presidencia del Consejo Europeo y del Consejo de Asuntos Exteriores.

la Comisión no participarán en las votaciones del Consejo Europeo cuando éste se pronuncie por votación.

La abstención de los miembros presentes o representados no obstará a la adopción de los acuerdos del Consejo Europeo que requieran unanimidad.

2. El Consejo Europeo podrá invitar al Presidente del Parlamento Europeo a comparecer ante él.

3. El Consejo Europeo se pronunciará por mayoría simple en las cuestiones de procedimiento y para la aprobación de su reglamento interno.

4. El Consejo Europeo estará asistido por la Secretaría General del Consejo.

ARTÍCULO 236[1110]

El Consejo Europeo adoptará por mayoría cualificada:

a) Una decisión por la que se establezca la lista de las formaciones del Consejo, distintas de la de Asuntos Generales y la de Asuntos Exteriores, de conformidad con el apartado 6 del artículo 16 del Tratado de la Unión Europea.

b) Una decisión relativa a la presidencia de las formaciones del Consejo, con excepción de la de Asuntos Exteriores, de conformidad con el apartado 9 del artículo 16 del Tratado de la Unión Europea.

SECCIÓN TERCERA[1111]
EL CONSEJO[1112/1113/1114]

ARTÍCULO 237[1115/1116]

El Consejo se reunirá por convocatoria de su Presidente, a iniciativa de éste, de uno de sus miembros o de la Comisión.

ARTÍCULO 238[1117/1118]

1. Cuando deba adoptar un acuerdo por mayoría simple, el Consejo se pronunciará por mayoría[1119] de los miembros que lo componen.

1110 Artículo añadido por el TL.

1111 Antigua Sección segunda en el TCE.

1112 Mediante Decisión n.° 93/591/CE de 8 de noviembre el propio Consejo acordó que, en adelante, se denominará oficialmente «Consejo de la Unión Europea»; DOCE L 281, de 16 de noviembre de 1993.

1113 En el ámbito del TUE en su versión consolidada del TL, véanse las referencias a esta institución en los artículos 16, 20.2, 20.3, 24.1, 26.2, 28.1, 28.3, 28.4, 28.5, 29, 30, 31.1, 31.2, 32, 33, 38, 39, 41.2, 41.3, 42.4, 42.5, 43.2, 44.1, 44.2, 45.2, 46 y 48.

1114 Véase el Protocolo n.° 9, sobre la Decisión del Consejo relativa a la aplicación del apartado 4 del artículo 16 del Tratado de la Unión Europea y del apartado 2 del artículo 238 del Tratado de Funcionamiento de la Unión entre el 1 de noviembre de 2014 y el 31 de marzo de 2017, por una parte, y a partir del 1 de abril de 2017, por otra.

1115 Antiguo artículo 204 TCE.

1116 Véase el artículo 41 TUE en su versión consolidada del TL.

1117 Antiguo artículo 205, apartados 1 y 3 TCE.

1118 Véase la Declaración n.° 7, relativa al apartado 4 del artículo 16 del Tratado de la Unión Europea y al apartado 2 del artículo 238 del Tratado de Funcionamiento de la Unión Europea.

1119 Decide por mayoría de sus miembros en el ámbito del TFUE en el caso de los artículos: 135, 148.4, 150, 229, 240.3, 241, 242, 245, 263, 265, 302.2, 303, 304, 306, 307, 314.3 y

2. No obstante lo dispuesto en el apartado 4 del artículo 16 del Tratado de la Unión Europea, a partir del 1 de noviembre de 2014, a reserva de las disposiciones fijadas en el Protocolo sobre las disposiciones transitorias, cuando el Consejo no actúe a propuesta de la Comisión o del Alto Representante de la Unión para Asuntos Exteriores y Política de Seguridad, la mayoría cualificada se definirá como un mínimo del 72 % de los miembros del Consejo que represente a Estados miembros que reúnan como mínimo el 65 % de la población de la Unión.

3. A partir del 1 de noviembre de 2014, a reserva de las disposiciones fijadas en el Protocolo sobre las disposiciones transitorias, en aquellos casos en que, en aplicación de los Tratados, no todos los miembros del Consejo participen en la votación, la mayoría cualificada[1120] se definirá como sigue:

a) La mayoría cualificada se definirá como un mínimo del 55 % de los miembros del Consejo que represente a Estados miembros participantes que reúnan como mínimo el 65 % de la población de dichos Estados.

Una minoría de bloqueo estará compuesta al menos por el número mínimo de miembros del Consejo que represente más del 35 % de la población de los Estados miembros participantes, más un miembro, a falta de lo cual la mayoría cualificada se considerará alcanzada.

b) No obstante lo dispuesto en la letra a), cuando el Consejo no actúe a propuesta de la Comisión o del Alto Representante de la Unión para Asuntos Exteriores y Política de Seguridad, la mayoría cualificada se definirá como un mínimo del 72 % de los miembros del Consejo que represente a Estados miembros participantes que reúnan como mínimo el 65 % de la población de dichos Estados.

4. Las abstenciones de los miembros presentes o representados no impedirán la adopción de los acuerdos del Consejo que requieran unanimidad[1121].

ARTÍCULO 239[1122]

En caso de votación, cada miembro del Consejo podrá actuar en representación de uno solo de los demás miembros.

---

337. (Estos artículos se corresponden con los antiguos artículos del TCE: 115, 128, 130, 196, 207, 208, 209, 213, 230, 232, 259, 260, 262, 265, 272 y 284). En el ámbito del TUE decide así en el caso del artículo 48.4.

1120 Decide por mayoría cualificada en el ámbito del TUE en el caso del artículo: 7. En el ámbito del TFUE decide así en los artículos: 26.3, 31, 42, 43.2, 51, 56, 59, 62, 64.2, 66, 75, 77.2, 77.3, 95.3, 103.1, 109, 112, 116, 121, 122, 126.6, 129, 138, 143.2, 144.3, 140.2, 148.2, 148.4, 155.2, 165.4, 168.4, 178, 182.4, 228.4, 243, 286.7, 314.3, 315, 319, 336, 349 y 354. (Estos artículos se corresponden con los antiguos artículos del TCE: 14, 26, 36, 37, 45, 49, 52, 55, 57, 59, 60, 62, 75, 83, 89, 92, 96, 99, 100, 104, 107, 111, 119, 120, 121, 128, 139, 149, 152, 162, 166, 195, 210, 247, 272, 273, 276, 283, 299 y 309).

1121 Decide por unanimidad en el ámbito del TFUE en los artículos: 19, 21.3, 22.1, 22.2, 25, 64.3, 65.4, 77.3, 81.3, 82.2, 83.1, 86, 87.3, 89, 92, 108.2, 113, 115, 118, 126.14, 127.6, 153.2, 155.2, 192.2, 194.3, 203, 207.4, 218.8, 219.1, 223.1, 223.2, 246, 252, 257, 262, 292, 293, 294.9, 301, 305, 308, 311, 312.2, 329.2, 331, 332, 333.1, 333.2, 346.2 y 352.1. En el ámbito del TUE decide por unanimidad en los artículos: 31, 41, 42.4 y 46.6.

1122 Antiguo artículo 206 TCE.

ARTÍCULO 240[1123/1124]

1. Un Comité compuesto por Representantes Permanentes[1125/1126] de los Gobiernos de los Estados miembros se encargará de preparar los trabajos del Consejo y de realizar las tareas que éste le confíe. El Comité podrá adoptar decisiones de procedimiento en los casos establecidos por el reglamento interno del Consejo.

2. [1127]El Consejo estará asistido por una Secretaría General, que estará bajo la responsabilidad de un Secretario General nombrado por el Consejo.

El Consejo decidirá por mayoría simple la organización de la Secretaría General.

3. El Consejo se pronunciará por mayoría simple en las cuestiones de procedimiento y para la aprobación de su reglamento interno[1128].

ARTÍCULO 241[1129/1130/1131]

El Consejo, por mayoría simple, podrá pedir a la Comisión que proceda a efectuar todos los estudios que él considere oportunos para la consecución de los objetivos comunes y que le someta las propuestas pertinentes. Si la Comisión no presenta propuesta alguna, comunicará las razones al Consejo.

ARTÍCULO 242[1132/1133]

El Consejo, por mayoría simple, establecerá, previa consulta a la Comisión, los estatutos de los Comités previstos en los Tratados.

1123 Véase las referencias hechas a este artículo en los artículos 16 y 38 TL y 134 y 150 TFUE.

1124 Antiguo artículo 207 TCE.

1125 STJCE de 19 de marzo de 1996, Asunto C-25/94, Comisión/Consejo. El Coreper no es una Institución de las Comunidades dotada por el Tratado de competencias propias, sino que constituye un órgano auxiliar del Consejo que efectúa, para este último, tareas de preparación y de ejecución. La función de ejecución de las tareas encomendadas por el Consejo no faculta al Coreper para ejercitar el poder de decisión que corresponde, conforme al Tratado, al Consejo.

1126 Véase el Real Decreto 260/1986, de 17 de enero, por el que se crea la Representación Permanente ante las Comunidades Europeas, modificado por el Real Decreto 2077/1995, de 22 de diciembre; y el Real Decreto 738/2012, de 27 de abril.

1127 Ver artículo 33 TUE en su versión consolidada del TL.

1128 El Reglamento interno del Consejo fue aprobado por Decisión del Consejo de 1 de diciembre de 2009; DOUE L 325 de 11 de diciembre de 2009, y su modificación más reciente se produjo mediante Decisión del Consejo de 9 de diciembre de 2014; DOUE L 358, de 13 de diciembre de 2014.

1129 Antiguo artículo 208 TCE.

1130 Conclusiones del Abogado General Darmon en el asunto C-41/92, Recopilación 1993. En el marco del antiguo artículo 152 TCE (hoy 168 TFUE), cuando la Comisión omite someter una propuesta al Consejo en respuesta a una solicitud de éste, el Consejo se ve, a falta de este preliminar indispensable, en la imposibilidad de pronunciarse. Puede interponerse un recurso contra la Comisión por omisión por no haber adoptado la propuesta en los plazos fijados, aunque la misma no produzca efectos jurídicos. Si el Consejo no pudiera interponer un recurso por omisión en tal supuesto, se vulnerarían sus prerrogativas.

1131 Véase el artículo 41 TUE en su versión consolidada del TL.

1132 Antiguo artículo 209 TCE.

1133 Véase el artículo 41 TUE en su versión consolidada del TL.

ARTÍCULO 243[1134]

El Consejo fijará los sueldos, dietas y pensiones del Presidente del Consejo Europeo, del Presidente de la Comisión, del Alto Representante de la Unión para Asuntos Exteriores y Política de Seguridad, de los miembros de la Comisión, de los Presidentes, miembros y secretarios del Tribunal de Justicia de la Unión Europea y del Secretario General del Consejo. Fijará también cualesquiera otros emolumentos de carácter retributivo.

SECCIÓN CUARTA[1135]
LA COMISIÓN[1136/1137]

ARTÍCULO 244[1138/1139]

De conformidad con el apartado 5 del artículo 17 del Tratado de la Unión Europea, los miembros de la Comisión serán elegidos mediante un sistema de rotación establecido por unanimidad por el Consejo Europeo, basado en los principios siguientes:

a) Se tratará a los Estados miembros en condiciones de rigurosa igualdad en lo que se refiere a la determinación del orden de turno y del período de permanencia de sus nacionales en la Comisión; por lo tanto, la diferencia entre el número total de los mandatos que ejerzan nacionales de dos determinados Estados miembros nunca podrá ser superior a uno.

b) Con sujeción a lo dispuesto en la letra a), cada una de las sucesivas Comisiones se constituirá de forma que refleje de manera satisfactoria la diversidad demográfica y geográfica del conjunto de los Estados miembros.

ARTÍCULO 245[1140/1141]

Los miembros de la Comisión se abstendrán de todo acto incompatible con el carácter de sus funciones. Los Estados miembros respetarán su independencia y no intentarán influir en ellos en el desempeño de sus funciones.

Los miembros de la Comisión no podrán, mientras dure su mandato, ejercer ninguna otra actividad profesional, retribuida o no. En el momento de asumir sus funciones, se comprometerán solemnemente a respetar, mientras dure su mandato y aún después de finalizar éste, las obligaciones derivadas de su cargo y, en especial, los deberes de honestidad y discreción, en cuanto a la aceptación, una vez terminado su mandato, de determinadas funciones o beneficios. En caso de incumplimiento de dichas obligaciones, el Tribunal de Justicia, a instancia del Consejo, por mayoría simple, o de la Comisión, podrá, según los casos, declarar su cese en las condiciones previstas en el artículo 247 o la privación del derecho del interesado a la pensión o de cualquier otro beneficio sustitutivo[1142].

1134 Antiguo artículo 210 TCE.

1135 Antigua Sección tercera en el TCE.

1136 En el ámbito del TUE en su versión consolidada del TL, véanse las referencias a esta institución en los artículos 7, 11, 13, 17, 24, 27, 30, 42 y 48.

1137 Véase el Protocolo n.° 1: sobre el cometido de los Parlamentos Nacionales en la Unión.

1138 Artículo añadido por el TL.

1139 Véase la Decisión n.° 2013/272/UE, del Consejo Europeo, de 22 de mayo de 2013, relativa al número de miembros de la Comisión Europea; DOUE L 165 de 18 de junio de 2013.

1140 Véanse las referencias hechas a este artículo en los artículos 41 TUE y 250 TFUE, en su versión consolidada del TL.

1141 Antiguo artículo 213 TCE.

1142 Ya aclaramos al referirnos a la Comisión en el TUE, que los Comisarios actúan con absoluta independencia (además de caracterizarse esta institución por la colegialidad y por el

ARTÍCULO 246[1143]

Aparte de los casos de renovación periódica y fallecimiento, el mandato de los miembros de la Comisión concluirá individualmente por dimisión voluntaria o cese.

El miembro dimisionario, cesado o fallecido será sustituido por el resto de su mandato por un nuevo miembro de la misma nacionalidad, nombrado por el Consejo, de común acuerdo con el Presidente de la Comisión, previa consulta al Parlamento Europeo y con arreglo a los criterios establecidos en el párrafo segundo del apartado 3 del artículo 17 del Tratado de la Unión Europea.

El Consejo, por unanimidad y a propuesta del Presidente de la Comisión, podrá decidir que no ha lugar a tal sustitución, en particular cuando quede poco tiempo para que termine el mandato de dicho miembro.

En caso de dimisión, cese o fallecimiento, el Presidente será sustituido por el tiempo que falte para terminar el mandato. Para su sustitución será aplicable el procedimiento previsto en el párrafo primero del apartado 7 del artículo 17 del Tratado de la Unión Europea.

En caso de dimisión voluntaria, cese o fallecimiento, el Alto Representante de la Unión para Asuntos Exteriores y Política de Seguridad será sustituido por el resto de su mandato, de conformidad con el apartado 1 del artículo 18 del Tratado de la Unión Europea.

En caso de dimisión voluntaria de todos los miembros de la Comisión, éstos permanecerán en sus cargos y continuarán despachando los asuntos de administración ordinaria hasta que sean sustituidos, por el resto de su mandato, de conformidad con el artículo 17 del Tratado de la Unión Europea.

ARTÍCULO 247[1144/1145]

Todo miembro de la Comisión que deje de reunir las condiciones necesarias para el ejercicio de sus funciones o haya cometido una falta grave podrá ser cesado por el Tribunal de Justicia, a instancia del Consejo, por mayoría simple, o de la Comisión.

ARTÍCULO 248[1146]

Sin perjuicio del apartado 4 del artículo 18 del Tratado de la Unión Europea, las responsabilidades que incumben a la Comisión serán estructuradas y repartidas entre sus miembros por el Presidente, de conformidad con lo dispuesto en el apartado 6 del artículo 17 de dicho Tratado. El Presidente podrá reorganizar el reparto de dichas responsabilidades a lo largo de su mandato. Los miembros de la Comisión ejercerán las funciones que les atribuya el Presidente bajo la autoridad de éste.

ARTÍCULO 249[1147]

1. La Comisión establecerá su reglamento interno[1148] con objeto de asegurar su funcionamiento y el de sus servicios. La Comisión publicará dicho reglamento.

---

derecho de iniciativa legislativa). Por consecuencia, hemos de recordar que actúan por y para la Unión Europea, persiguiendo los objetivos y fines estrictos de la Unión, no los de sus respectivos Estados ni los que les pudiesen inducir, incluso, de otras instituciones de la Unión.

1143 Antiguo artículo 215 TCE.

1144 Véanse los artículos 41 TUE, 245 TFUE y 246 TFUE, en su versión consolidada del TL.

1145 Antiguo artículo 216 TCE.

1146 Antiguo artículo 217, apartado 2 TCE.

1147 Antiguo artículo 218, apartado 2 TCE.

1148 Véase el Reglamento interno de la Comisión, DOCE L 308, de 8 de diciembre de 2000; modificado por última vez por la Decisión de la Comisión N.° 2011/737/UE, EURATOM, de

2.La Comisión publicará todos los años, al menos un mes antes de la apertura del período de sesiones del Parlamento Europeo, un informe general sobre las actividades de la Unión.

ARTÍCULO 250[1149]

Los acuerdos[1150] de la Comisión se adoptarán por mayoría de sus miembros.
Su reglamento interno fijará el quórum[1151].

SECCIÓN QUINTA[1152]
EL TRIBUNAL DE JUSTICIA DE LA UNIÓN EUROPEA[1153/1154/1155]

ARTÍCULO 251[1156]

El Tribunal de Justicia actuará en Salas[1157] o en Gran Sala, de conformidad con las normas establecidas al respecto en el Estatuto[1158] del Tribunal de Justicia de la Unión Europea.

---

9 de noviembre de 2011, por la que se modifica su reglamento interno; DOUE L 296, de 15 de noviembre de 2011

1149 Antiguo artículo 219 TCE.

1150 Véase la Decisión n.º 73/2/CECA, CEE, EURATOM, de 6 de enero, en materia de delegación de firma; DOCE L 7, de 6 de enero de 1973.

1151 Según el artículo 7 del Reglamento Interno de la Comisión Europea, «El número de miembros cuya presencia será necesaria para que la Comisión pueda adoptar acuerdos válidamente será igual a la mayoría del número de miembros previsto...».

1152 Antigua Sección cuarta en el TCE.

1153 Véase en el ámbito del TUE en su versión consolidada del TL, los artículos: 13, 17 y 19. En el ámbito del TFUE ver los artículos: 15, 103, 108, 114, 218, 228, 245 y 247, además de la Sección 5.ª del Capítulo I del Título I de la Sexta Parte del TFUE.

1154 Dictamen del TJCE 1/1991 de 14 de diciembre de 1991. Los rasgos esenciales del ordenamiento jurídico así creado son, en particular, su primacía respecto de los Derechos de los Estados miembros, así como el efecto directo de toda una serie de disposiciones aplicables a sus nacionales y a ellos mismos. STJCE de 19 de noviembre de 1991, asuntos acumulados C-6 y C-9/90, Francovich y Bonifaci. El Tratado CEE creó un ordenamiento jurídico propio, integrado en los sistemas jurídicos de los Estados miembros y que se impone a sus órganos jurisdiccionales, cuyos sujetos no son sólo los Estados miembros sino también sus nacionales y que, así como crea obligaciones para los particulares, el Derecho comunitario está también destinado a crear derechos que entran a formar parte de su patrimonio jurídico; que éstos nacen no sólo cuando se hace una atribución explícita en el Tratado sino también debido a las obligaciones que el Tratado impone de manera bien definida tanto a los particulares como a los Estados miembros y a las instituciones comunitarias.

1155 Antes del 2009 se denominaba «Tribunal de Justicia de las Comunidades Europeas».

1156 Antiguo artículo 221 TCE, párrafos segundo y tercero.

1157 Las Salas están compuestas por 3 ó 5 Jueces, siempre en número impar. Normalmente se encargaban de la instrucción del procedimiento, pero se amplió a la resolución de las cuestiones prejudiciales y de los asuntos presentados por particulares. Sólo entrará a conocer el Pleno si se trata de asuntos de cierta relevancia.

1158 Véase el Protocolo n.º 3 sobre el Estatuto del Tribunal de Justicia de la Unión Europea.

Cuando el Estatuto así lo disponga, el Tribunal de Justicia también podrá actuar en Pleno.

ARTÍCULO 252[1159/1160]

El Tribunal de Justicia estará asistido por ocho abogados generales. Si el Tribunal de Justicia lo solicitare, el Consejo, por unanimidad, podrá aumentar el número de abogados generales.

La función del abogado general consistirá en presentar públicamente, con toda imparcialidad e independencia, conclusiones motivadas sobre los asuntos que, de conformidad con el Estatuto del Tribunal de Justicia de la Unión Europea, requieran su intervención.

ARTÍCULO 253[1161]

Los jueces y los abogados generales del Tribunal de Justicia, elegidos entre personalidades que ofrezcan absolutas garantías de independencia y que reúnan las condiciones requeridas para el ejercicio, en sus respectivos países, de las más altas funciones jurisdiccionales o que sean jurisconsultos de reconocida competencia, serán designados de común acuerdo por los Gobiernos de los Estados miembros por un período de seis años, tras consultar al comité a que se refiere el artículo 255.

Cada tres años tendrá lugar una renovación parcial de los jueces y abogados generales[1162], en las condiciones establecidas en el Estatuto del Tribunal de Justicia de la Unión Europea.

Los jueces elegirán de entre ellos al Presidente del Tribunal de Justicia por un período de tres años. Su mandato será renovable.

Los jueces y los abogados generales salientes podrán ser nuevamente designados.

El Tribunal de Justicia nombrará a su secretario y establecerá el estatuto de éste.

1159 Antiguo artículo 222 TCE.

1160 Véase la Declaración n.º 38 relativa al artículo 252 TFUE sobre el número de Abogados Generales del Tribunal de Justicia.

1161 Antiguo artículo 223 TCE.

1162 Véanse los dos anteriores artículos (251 y 252 TFUE).

El Tribunal de Justicia establecerá su Reglamento de Procedimiento[1163/1164/1165]. Dicho reglamento requerirá la aprobación del Consejo.

ARTÍCULO 254[1166]

El número de jueces del Tribunal General será fijado por el Estatuto[1167] del Tribunal de Justicia de la Unión Europea. El Estatuto podrá disponer que el Tribunal General esté asistido por abogados generales.

Los miembros del Tribunal General[1168] serán elegidos entre personas que ofrezcan absolutas garantías de independencia y que posean la capacidad necesaria para el ejercicio de altas funciones jurisdiccionales.

Serán designados de común acuerdo por los Gobiernos de los Estados miembros por un período de seis años, tras consultar al comité a que se refiere el artículo 255. Cada tres años tendrá lugar una renovación parcial. Los miembros salientes podrán ser nuevamente designados.

Los jueces elegirán de entre ellos al Presidente del Tribunal General por un período de tres años. Su mandato será renovable.

El Tribunal General nombrará a su secretario y establecerá el estatuto de éste[1169].

1163 Véase el Reglamento de Procedimiento del Tribunal de Justicia de la Unión Europea (DOUE L 265, de 29 de septiembre de 2012), con las modificaciones resultantes de los siguientes actos:

1. Modificaciones del Reglamento de Procedimiento del Tribunal de Justicia de la Unión Europea (DOUE L 173, de 26 de junio de 2013).
2. Modificaciones del Reglamento de Procedimiento del Tribunal de Justicia de la Unión Europea (DOUE L 217, de 12 de agosto de 2016).
3. Modificaciones del Reglamento de Procedimiento del Tribunal de Justicia de la Unión Europea (DOUE L 274, de 9 de octubre de 2012) [Corrección de errores].
4. Modificaciones del Reglamento de Procedimiento del Tribunal de Justicia de la Unión Europea (DOUE L 38, de 9 de febrero de 2013) [Corrección de errores].
5. Modificaciones del Reglamento de Procedimiento del Tribunal de Justicia de la Unión Europea (DOUE L 41, de 12 de febrero de 2014) [Corrección de errores].
6. Modificaciones del Reglamento de Procedimiento del Tribunal de Justicia de la Unión Europea (DOUE L 173, de 30 de junio de 2016) [Corrección de errores].
7. Modificaciones del Reglamento de Procedimiento del Tribunal de Justicia de la Unión Europea (DOUE L 149, de 14 de junio de 2018) [Corrección de errores].
8. Modificaciones del Reglamento de Procedimiento del Tribunal General (DOUE L 217, de 14 de febrero de 2023)

1164 El Reglamento adicional, que deriva del artículo 207 del vigente Reglamento de Procedimiento del TJUE, se halla publicado en el DOUE L 32, de 1 de febrero de 2014.

1165 En España el Ministro de Justicia es la Autoridad nacional competente para recibir y transmitir una comisión rogatoria, formular propuestas en orden a la designación de Abogado de oficio para actuar ante el TJCE/TPI (hoy Tribunal General) y para recibir comunicaciones del TJCE (Real Decreto 220/1987 de 20 de febrero, BOE n.º 45 del día 21).

1166 Antiguo artículo 224 del TCE. La primera frase del párrafo primero se sustituye, en sustancia, por el artículo 19, apartado 2, párrafo segundo, del TUE en su versión consolidada del TL.

1167 Véase el Protocolo N.º 3 (Sobre el Estatuto del Tribunal de Justicia) Títulos I, II y III.

1168 Véase el Protocolo N.º 3 (Sobre el Estatuto del Tribunal de Justicia) Título IV.

1169 Véanse las Normas Prácticas de desarrollo del Reglamento de Procedimiento del Tribunal General (en especial su primer capítulo, sobre la Secretaría); DOUE L 152, de 18 de junio de 2015. Estas normas sustituyen y derogan las antiguas Instrucciones al Secretario del Tribunal de 1.ª Instancia de las Comunidades Europeas del año 2007.

El Tribunal General establecerá su Reglamento de Procedimiento[1170] de acuerdo con el Tribunal de Justicia.

Dicho reglamento requerirá la aprobación del Consejo.

Salvo disposición en contrario del Estatuto del Tribunal de Justicia de la Unión Europea, las disposiciones de los Tratados relativas al Tribunal de Justicia serán aplicables al Tribunal General.

ARTÍCULO 255[1171]

Se constituirá un comité para que se pronuncie sobre la idoneidad de los candidatos para el ejercicio de las funciones de juez y abogado general del Tribunal de Justicia y del Tribunal General, antes de que los Gobiernos de los Estados miembros procedan a los nombramientos de conformidad con los artículos 253 y 254.

El comité estará compuesto por siete personalidades elegidas de entre antiguos miembros del Tribunal de Justicia y del Tribunal General, miembros de los órganos jurisdiccionales nacionales superiores y juristas de reconocida competencia, uno de los cuales será propuesto por el Parlamento Europeo. El Consejo adoptará una decisión por la que se establezcan las normas de funcionamiento del comité, así como una decisión por la que se designe a sus miembros. El Consejo se pronunciará por iniciativa del Presidente del Tribunal de Justicia.

ARTÍCULO 256[1172]

1. El Tribunal General será competente para conocer en primera instancia de los recursos contemplados en los artículos 263, 265, 268, 270 y 272, con excepción de los que se atribuyan a un tribunal especializado creado en virtud del artículo 257 y de los que el Estatuto reserve al Tribunal de Justicia. El Estatuto podrá establecer que el Tribunal General sea competente en otras categorías de recursos.

Contra las resoluciones dictadas por el Tribunal General en virtud del presente apartado podrá interponerse recurso de casación ante el Tribunal de Justicia limitado[1173] a las cuestiones de Derecho, en las condiciones y dentro de los límites fijados en el Estatuto.

1170 Véase el Reglamento de Procedimiento del Tribunal General (DOUE L 105, de 23 de abril de 2015), con las modificaciones producto de los siguientes actos:

1. Modificación del Reglamento de Procedimiento del Tribunal General de la Unión Europea (DOUE L 217, de 12 de agosto de 2016, pág. 71).
2. Modificación del Reglamento de Procedimiento del Tribunal General de la Unión Europea (DOUE L 217, de 12 de agosto de 2016, pág. 72).
3. Modificaciones del Reglamento de Procedimiento del Tribunal General de la Unión Europea (DOUE L 217, de 12 de agosto de 2016, págs. 73-77)
4. Modificaciones del Reglamento de Procedimiento del Tribunal General (DOUE L 217, de 14 de febrero de 2023, págs. 8 a 14)

1171 Artículo añadido por el TL.

1172 Antiguo artículo 225 TCE.

1173 STJCE de 1 de junio de 1994, Asunto C-136/92P, Brazzelli. En el marco de un recurso de casación, el Tribunal de Justicia no conoce de la totalidad del litigio sobre el que se ha pronunciado el Tribunal de Primera Instancia (hoy Tribunal General), sino sólo de los fundamentos de Derecho de la sentencia dictada por el Tribunal General que se rebaten en el recurso de casación. Además, sólo conoce de dichos fundamentos de Derecho desde el punto de vista de los motivos invocados en el recurso de casación para obtener la anulación de la sentencia... El recurso de casación no puede fundarse más que en motivos referentes a la infracción de normas jurídicas, excluyendo cualquier apreciación de hecho...

2. El Tribunal General será competente para conocer de los recursos[1174/1175] que se interpongan contra las resoluciones de los tribunales especializados.

Las resoluciones dictadas por el Tribunal General en virtud del presente apartado podrán ser reexaminadas con carácter excepcional por el Tribunal de Justicia, en las condiciones y dentro de los límites fijados en el Estatuto, en caso de riesgo grave de que se vulnere la unidad o la coherencia del Derecho de la Unión.

3. El Tribunal General será competente para conocer de las cuestiones prejudiciales, planteadas en virtud del artículo 267, en materias específicas determinadas por el Estatuto.

Cuando el Tribunal General considere que el asunto requiere una resolución de principio que pueda afectar a la unidad o a la coherencia del Derecho de la Unión, podrá remitir el asunto ante el Tribunal de Justicia para que éste resuelva.

Las resoluciones dictadas por el Tribunal General sobre cuestiones prejudiciales podrán ser reexaminadas con carácter excepcional por el Tribunal de Justicia, en las condiciones y dentro de los límites fijados en el Estatuto, en caso de riesgo grave de que se vulnere la unidad o la coherencia del Derecho de la Unión.

ARTÍCULO 257[1176]

El Parlamento Europeo y el Consejo, con arreglo al procedimiento legislativo ordinario, podrán crear tribunales especializados[1177] adjuntos al Tribunal General, encargados de conocer en primera instancia de determinadas categorías de recursos interpuestos en materias específicas. El Parlamento Europeo y el Consejo se pronunciarán mediante reglamentos, bien a propuesta de la Comisión y previa consulta al Tribunal de Justicia, bien a instancia del Tribunal de Justicia y previa consulta a la Comisión.

El reglamento por el que se cree un tribunal especializado fijará las normas relativas a la composición de dicho tribunal y precisará el alcance de las competencias que se le atribuyan.

En este mismo sentido se ha pronunciado reiterada Jurisprudencia, tal y como se ve en un fragmento de la STJCE (Sala Segunda) de 16 de diciembre de 1999, Asunto C-150/98P. A este respecto, según jurisprudencia reiterada, cuando el Tribunal General ha comprobado o apreciado los hechos, el Tribunal de Justicia es competente para ejercer, con arreglo al artículo 168 A del Tratado CE (actualmente, artículo 225 CE), un control sobre la calificación jurídica de éstos y las consecuencias en Derecho que de ella ha deducido el Tribunal General (véase, en este sentido, la sentencia de 1 de junio de 1994, Comisión/Brazzelli Lualdi y otros, Asunto C-136/92 P, Rec. p. I-1981, apartado 49).

1174 Véase el artículo 3 de la Decisión 88/591/CECA, CEE, EURATOM del Consejo, de 24 de octubre (DOCE L 319, de 25 de noviembre de 1988) modificada por las Decisiones del Consejo 93/350/EURATOM, CECA, CEE, de 8 de junio (DOCE L 144, de 16 de junio de 1993) y 94/194/ CECA, CE, de 7 de marzo (DOCE L 66, de 10 de marzo de 1994).

1175 El Reglamento n.° 2017/1001 del Parlamento Europeo y del Consejo, de 14 de junio de 2017, atribuye competencia en primera instancia al Tribunal General, con posibilidad de recurrir posteriormente al TJUE (DOUE L 154, de 16 de junio de 2017). Véase en particular el Capítulo VII de dicho reglamento, relativo al procedimiento de recurso.

1176 Antiguo artículo 225 A TCE

1177 El único tribunal especializado creado en virtud de este artículo fue el Tribunal de la Función Pública, actualmente suprimido con arreglo al Reglamento n.° 2016/1192 del Parlamento Europeo y del Consejo (DOUE L 200, de 26 de julio de 2016). Sobre la creación de dicho Tribunal, véase la Decisión del Consejo n.° 2004/752/CE, EURATOM, de 2 de noviembre de 2004 (DOUE L 333, de 9 de noviembre de 2004).

Contra las resoluciones dictadas por los tribunales especializados podrá interponerse ante el Tribunal General recurso de casación limitado a las cuestiones de Derecho o, cuando el reglamento relativo a la creación del tribunal especializado así lo contemple, recurso de apelación referente también a las cuestiones de hecho.

Los miembros de los tribunales especializados serán elegidos entre personas que ofrezcan absolutas garantías de independencia y que posean la capacidad necesaria para el ejercicio de funciones jurisdiccionales. Serán designados por el Consejo por unanimidad.

Los tribunales especializados establecerán su Reglamento de Procedimiento de acuerdo con el Tribunal de Justicia. Dicho reglamento requerirá la aprobación del Consejo.

Salvo disposición en contrario del reglamento por el que se cree el tribunal especializado, las disposiciones de los Tratados relativas al Tribunal de Justicia de la Unión Europea y las disposiciones del Estatuto del Tribunal de Justicia de la Unión Europea serán aplicables a los tribunales especializados.

El título I del Estatuto y su artículo 64 se aplicarán en todo caso a los tribunales especializados.

ARTÍCULO 258[1178]

Si la Comisión[1179] estimare[1180/1181] que un Estado miembro ha incumplido[1182/1183/1184] una de las obligaciones que le incumben en virtud de los Tratados, emitirá[1185] un

1178 Antiguo artículo 226 TCE.

1179 Auto del Tribunal de Primera Instancia (hoy Tribunal General) de 13 de noviembre de 1995, Asunto T-126/95, Dumez/Comisión. El artículo 169 del Tratado CE (hoy artículo 185 TFUE) no concede a la Comisión la facultad de declarar una infracción, ni a los terceros interesados el derecho a intervenir en el procedimiento administrativo.

1180 La Comisión puede iniciar el procedimiento por denuncia de los particulares para lo cual publicó un formulario, tipo en el DOCE C 26, de 1 de febrero de 1989, teniendo anunciada la publicación de un nuevo formulario de queja en el que se explicará las vías jurídicas de que dispone el particular (Comunicación de la Comisión Incumplimiento del Derecho comunitario por un Estado miembro: formulario tipo de denuncia que ha de ser remitida a la Comisión Europea DOCE C 119, de 30 de abril de 1999). STJCE de 12 de junio de 1992, Asunto C-29/92, Asia Motor France. Los particulares no pueden impugnar una abstención de la Comisión de incoar un procedimiento por incumplimiento contra un Estado miembro. STJCE de 18 de junio de 1998, Asunto C-35/96, Comisión/Italia. Corresponde a la Comisión apreciar la oportunidad de actuar contra un Estado miembro, especificar las disposiciones que éste haya podido infringir y elegir el momento en que inicia en su contra el procedimiento por incumplimiento, sin que puedan afectar a la admisibilidad del recurso las consideraciones que determinen dicha decisión. STJCE de 24 de junio de 1992, Asunto C-137/91, Comisión/ Grecia. La falta de respuesta, en un plazo razonable, a las cuestiones planteadas por la Comisión dificultó en gran medida el cumplimiento de la misión que incumbe a ésta y, por ello, constituye una violación de la obligación de cooperación establecida en los Tratados.

1181 Véase el punto 11° del Acuerdo adoptado por la Conferencia para Asuntos relacionados con las Comunidades Europeas, en su reunión de 11 de Diciembre de 1997, sobre la participación de las Comunidades Autónomas en los procedimientos ante el TJCE, firmado por el Estado y todas las Comunidades Autónomas con la excepción de Euskadi (Resolución de 24 de marzo de 1998, de la Subsecretaría, por la que se dispone la publicación del acuerdo de 11 de diciembre de 1997 de la Conferencia para Asuntos Relacionados con las Comunidades Europeas, BOE n.° 79, de 2 de abril de 1998.

1182 Desde 1984, la Comisión envía al Parlamento un informe anual sobre el control de la aplicación del Derecho Comunitario.

1183 STJCE de 10 de septiembre de 1996, C-11/95, Comisión/Bélgica. Un Estado miembro no puede sentirse autorizado para adoptar unilateralmente medidas correctoras o de defensa para prevenirse contra un posible incumplimiento, por parte de otro Estado miembro, de las normas del Derecho Comunitario.

1184 En materia de responsabilidad de los Estados miembros frente a los particulares por incumplimiento del Derecho comunitario véase las Sentencias del TJCE de 19 de noviembre de 1991, asuntos acumulados C-6 y C-9/90, Francovich y Bonifaci; de 5 de marzo de 1996, asuntos acumulados C-46 y C-48/93, Brasserie de Pêcheur y Factortame III; de 26 de marzo de 1996, C392/93, British Telecommunications; de 23 de mayo de 1996, C-5/94, Hedley Lomas; de 8 de octubre de 1996, asuntos acumulados C-178/94 y C-188 a C-190/94, Dillenkofer; de 2 de abril de 1998, C-127/95, Norbrook Laboratories.

1185 STJCE de 10 de abril de 1984, C-324/82, Comisión/Bélgica. La Comisión no está obligada a respetar un plazo determinado. STJCE de 1 de junio de 1994, C-317/92, Comisión/Alemania. El hecho de que ninguna actuación siga al dictamen motivado, inmediatamente o en un breve plazo, por una parte, y de que no se señale el incumplimiento durante una dictamen motivado[1186] al respecto, después de haber ofrecido a dicho Estado la posibilidad de presentar sus observaciones[1187].

Si el Estado de que se trate no se atuviere a este dictamen en el plazo determinado por la Comisión, ésta podrá recurrir al Tribunal de Justicia de la Unión Europea[1188].

ARTÍCULO 259[1189/1190]

Cualquier Estado miembro podrá recurrir al Tribunal de Justicia de la Unión Europea, si estimare que otro Estado miembro[1191/1192] ha incumplido una de las obligaciones que le incumben en virtud de los Tratados.

Antes de que un Estado miembro interponga, contra otro Estado miembro, un recurso fundado en un supuesto incumplimiento de las obligaciones que le incumben en virtud de los Tratados, deberá someter el asunto a la Comisión.

---

reunión bilateral, por otra, no puede originar en el Estado miembro de que se trata la confianza legítima de que el procedimiento ha sido archivado. Reiterada Jurisprudencia así lo ha venido estableciendo, como por ejemplo en la Sentencia del Tribunal de Justicia (Sala Tercera) de 21 de enero de 2010, Comisión Europea contra República Federal de Alemania, Asunto C-546/07.

1186 STJCE de 20 de marzo de 1997, Asunto C-96/95, Comisión/Alemania. El dictamen motivado debe contener una exposición coherente y detallada de las razones que llevaron a la Comisión al convencimiento de que el Estado miembro interesado había incumplido una de las obligaciones que le incumben en virtud del Tratado. Reiterada Jurisprudencia así lo ha establecido como las Sentencias: 15 de enero de 2002, Comisión/Italia, C-439/99. Sentencia de 20 de junio de 2002, Comisión/Alemania, C-287/00.
STJCE de 30 de mayo de 1991, Asunto C-361/88, Comisión/Alemania. Los cambios legislativos adoptados por los Estados miembros después de finalizar dicho plazo no pueden ser tomados en consideración.

1187 STJCE de 1 de noviembre de 1988, Asunto C-229/87, Comisión/Grecia. La carta de emplazamiento tiene como finalidad delimitar el objeto del litigio e indicar al Estado miembro, al que se invita a presentar sus observaciones, los elementos necesarios para preparar su defensa.

1188 Auto del TJCE de 11 de julio de 1996, Asunto C-325/94P, An Taisce y WWF UK/Comisión. La finalidad del procedimiento del artículo 169 (hoy 185) es que se declare y que cese el comportamiento de un Estado miembro contrario al Derecho Comunitario.

1189 Antiguo artículo 227 TCE.

1190 Véanse las referencias hechas a este artículo en los artículos 108, 114, 126, 260 y 348 TFUE en su versión consolidada del TL.

1191 Véase el punto 9° del Acuerdo adoptado por la Conferencia para Asuntos relacionados con las Comunidades Europeas, en su reunión de 11 de diciembre de 1997, sobre la participación de las Comunidades Autónomas en los procedimientos ante el TJCE, firmado por el Estado y todas las Comunidades Autónomas con la excepción de Euskadi (Resolución de 24 de marzo de 1998, de la Subsecretaría, por la que se dispone la publicación del acuerdo de 11 de diciembre de 1997 de la Conferencia para Asuntos Relacionados con las Comunidades Europeas, BOE n.° 79, de 2 de abril de 1998).

1192 STJCE de 29 de mayo de 1997, Asunto C-14/96, Denuit. Si un Estado miembro estima que otro Estado miembro ha incumplido las obligaciones que le incumben... puede interponer un recurso por incumplimiento al amparo del artículo 170 del Tratado CE (actualmente artículo 186 TFUE) o solicitar a la Comisión que actúe ella misma contra dicho Estado miembro con arreglo al artículo 169 (actualmente 185 TFUE).

La Comisión emitirá un dictamen motivado, una vez que los Estados interesados hayan tenido la posibilidad de formular sus observaciones por escrito y oralmente en procedimiento contradictorio.

Si la Comisión no hubiere emitido el dictamen en el plazo de tres meses desde la fecha de la solicitud, la falta de dictamen no será obstáculo para poder recurrir al Tribunal.

ARTÍCULO 260[1193]

1. Si el Tribunal de Justicia de la Unión Europea declarare que un Estado miembro ha incumplido una de las obligaciones que le incumben en virtud de los Tratados, dicho Estado estará obligado a adoptar las medidas necesarias para la ejecución de la sentencia del Tribunal.

2. Si la Comisión estimare que el Estado miembro afectado no ha adoptado las medidas necesarias para la ejecución de la sentencia del Tribunal, podrá someter el asunto al Tribunal de Justicia de la Unión Europea, después de haber ofrecido a dicho Estado la posibilidad de presentar sus observaciones.

La Comisión indicará el importe[1194] de la suma a tanto alzado o de la multa coercitiva que deba ser pagada por el Estado miembro afectado y que considere adaptado a las circunstancias.

Si el Tribunal declarare que el Estado miembro afectado ha incumplido su sentencia, podrá imponerle el pago de una suma a tanto alzado o de una multa coercitiva.

Este procedimiento se entenderá sin perjuicio de lo dispuesto en el artículo 259.

3. Cuando la Comisión presente un recurso ante el Tribunal de Justicia de la Unión Europea en virtud del artículo 258 por considerar que el Estado miembro afectado ha incumplido la obligación de informar sobre las medidas de transposición de una directiva adoptada con arreglo a un procedimiento legislativo, podrá, si lo considera oportuno, indicar el importe de la suma a tanto alzado o de la multa coercitiva que deba ser pagada por dicho Estado y que considere adaptado a las circunstancias.

Si el Tribunal comprueba la existencia del incumplimiento, podrá imponer al Estado miembro afectado el pago de una suma a tanto alzado o de una multa coercitiva dentro del límite del importe indicado por la Comisión. La obligación de pago surtirá efecto en la fecha fijada por el Tribunal en la sentencia.

ARTÍCULO 261[1195]

Los reglamentos adoptados conjuntamente por el Parlamento Europeo y el Consejo, y por el Consejo, en virtud de las disposiciones de los Tratados, podrán atribuir al Tribunal de Justicia de la Unión Europea una competencia jurisdiccional plena respecto de las sanciones previstas en dichos reglamentos.

1193 Antiguo artículo 228 TCE.

1194 Véase la Comunicación de la Comisión sobre la aplicación del artículo 228 TCE (actualmente 260 TFUE) DOCE C 242, de 21 de agosto de 1996; y el método de cálculo de la multa coercitiva prevista en el artículo 228 TCE (260 TFUE), DOCE C 63, de 28 de febrero de 1997.

Dicho método de cálculo ha sido previsto en reiterada jurisprudencia como, por ejemplo: Asunto C-369/07: Sentencia del Tribunal de Justicia (Gran Sala) de 7 de julio de 2009 Comisión de las Comunidades Europeas/República Helénica y Sentencia del Tribunal de Justicia (Gran Sala), de 12 de julio de 2005, en el Asunto C-304/02: Comisión de las Comunidades Europeas contra República Francesa.

1195 Antiguo artículo 229 TCE.

ARTÍCULO 262[1196]

Sin perjuicio de las restantes disposiciones de los Tratados, el Consejo, por unanimidad, con arreglo a un procedimiento legislativo especial y previa consulta al Parlamento Europeo, podrá adoptar disposiciones destinadas a atribuir al Tribunal de Justicia de la Unión Europea, en la medida que el Consejo determine, la competencia para resolver litigios relativos a la aplicación de los actos adoptados sobre la base de los Tratados por los que se crean títulos europeos de propiedad intelectual o industrial.

Dichas disposiciones entrarán en vigor cuando hayan sido aprobadas por los Estados miembros de conformidad con sus respectivas normas constitucionales.

ARTÍCULO 263[1197]

El Tribunal de Justicia de la Unión Europea controlará la legalidad[1198] de los actos legislativos, de los actos del Consejo, de la Comisión y del Banco Central Europeo que no sean recomendaciones o dictámenes, y de los actos del Parlamento Europeo[1199] y del Consejo Europeo destinados a producir efectos jurídicos frente a terceros. Controlará también la legalidad de los actos de los órganos u organismos de la Unión destinados a producir efectos jurídicos frente a terceros.

A tal fin, el Tribunal de Justicia de la Unión Europea será competente para pronunciarse sobre los recursos por incompetencia, vicios sustanciales de forma, violación de los Tratados o de cualquier norma jurídica relativa a su ejecución, o desviación de

1196 Antiguo artículo 229 A TCE.

1197 Antiguo artículo 230 TCE.

1198 STJCE de 12 de noviembre de 1996, Asunto C-84/94, Reino Unido/Consejo. No corresponde al Tribunal de Justicia controlar la oportunidad de las medidas adoptadas por el legislador. El control ejercido con arreglo al artículo 173 (actualmente 190 TFUE) debe limitarse a la legalidad del acto impugnado.

1199 El reconocimiento de la legitimación pasiva del Parlamento fue introducido por el TUE, que lo hizo ajustándose a la jurisprudencia del Tribunal de Justicia expresada en su Sentencia de 23 de abril de 1986, 294/83, Los Verdes/PE.

poder[1200], interpuestos por un Estado miembro[1201/1202/1203/1204], el Parlamento Europeo, el Consejo o la Comisión[1205].

El Tribunal de Justicia de la Unión Europea será competente en las mismas condiciones para pronunciarse sobre los recursos interpuestos por el Tribunal de Cuentas, por el Banco Central Europeo y por el Comité de las Regiones con el fin de salvaguardar prerrogativas de éstos.

Toda persona física o jurídica podrá interponer recurso, en las condiciones previstas en los párrafos primero y segundo, contra los actos de los que sea destinataria o

1200 STJCE de 13 de noviembre de 1990, Asunto C-331/88, FEDESA. Un acto sólo está viciado de desviación de poder cuando resulte, en función de indicios objetivos, pertinentes y concordantes, que fue adoptado con el fin exclusivo, o al menos determinante, de conseguir otros fines distintos de los alegados o de eludir un procedimiento específicamente establecido en el Tratado para hacer frente a las circunstancias del caso.

1201 Sobre el concepto de Estado miembro, ver el Auto del TJCE de 21 de marzo de 1997, Asunto C-95/97, Región de Valonia. Véase también Auto del TJCE de 1 de octubre de 1997, Región Toscana/Comisión, Asunto C-180/97.

1202 Véase la Ley 52/1997, de 27 de noviembre, de Asistencia Jurídica al Estado e Instituciones Públicas (modificada recientemente con motivo de la Ley 6/2018, de 3 de julio, de Presupuestos Generales del Estado para el año 2018).

1203 Actualmente, de la defensa del Estado Español como parte en un proceso ante el TJUE, se encarga la sección de la Abogacía del Estado para las actuaciones ante el TJUE, dependiente de la Secretaría de Estado para Asuntos Europeos del Ministerio de Exteriores. Véase el Real Decreto 768/2017, de 28 de julio, por el que se desarrolla la estructura orgánica básica del Ministerio de Asuntos Exteriores y de Cooperación.

1204 Véanse los puntos 1.° a 6.° del Acuerdo adoptado por la Conferencia para Asuntos relacionados con las Comunidades Europeas, en su reunión de 11 de diciembre de 1997, sobre la participación de las Comunidades Autónomas en los procedimientos ante el TJCE, firmado por el Estado y todas las Comunidades Autónomas con la excepción de Euskadi (Resolución de 24 de marzo de 1998, de la Subsecretaría, por la que se dispone la publicación del acuerdo de 11 de diciembre de 1997 de la Conferencia para Asuntos Relacionados con las Comunidades Europeas, BOE n.° 79, de 2 de abril de 1998).

1205 Véase el artículo 277 TFUE en su versión consolidada del TL.

que la afecten directa[1206] e individualmente[1207/1208] y contra los actos reglamentarios que la afecten directamente y que no incluyan medidas de ejecución.

Los actos por los que se crean los órganos y organismos de la Unión podrán prever condiciones y procedimientos específicos para los recursos presentados por personas físicas o jurídicas contra actos de dichos órganos u organismos destinados a producir efectos jurídicos frente a ellos.

Los recursos previstos en el presente artículo deberán interponerse en el plazo[1209] de dos meses a partir, según los casos, de la publicación del acto, de su notificación

1206 STJCE de 5 de mayo de 1998, Asunto C-386/96, Dreyfus. Para que una persona resulte directamente afectada, la medida comunitaria impugnada debe surtir efectos directos en la situación jurídica del particular y no debe permitir ninguna facultad de apreciación a los destinatarios de dicha medida que están encargados de su aplicación, por tener ésta un carácter meramente automático y derivarse únicamente de la normativa comunitaria sin aplicación de otras normas intermedias. En este mismo sentido se ha venido pronunciando reiterada jurisprudencia como la Sentencia del Tribunal de Primera Instancia (Sala Sexta) de 18 de noviembre de 2009. Scheucher-Fleisch GmbH y otros contra Comisión de las Comunidades Europeas. Asunto T-375/04.

1207 Auto del Presidente de la Sala 4.ª del TJCE de 24 de abril de 1996, Asunto C-87/95P, CNPAAP. Si bien un acto que, por su naturaleza y alcance, tiene carácter normativo puede afectar individualmente a una persona física o jurídica, para que dicha persona pueda considerarse individualmente afectada, sería preciso que la disposición influyera en su situación jurídica a causa de circunstancias de hecho que la caracterizaran frente a cualesquiera otras personas y la identificaran de manera análoga a la de un destinatario.
Auto del Presidente del TJCE de 23 de noviembre de 1995, Asunto 10/95 P, Asocarne/Consejo. Sería contrario a la letra y al espíritu del 173 TCE (actualmente 190 TFUE) permitir a cualquier particular, por haber participado en la preparación de un acto de naturaleza legislativa, interponer después un recurso contra dicho acto.

1208 Auto del TJCE de 5 de noviembre de 1986, Asunto 117/86, UFADE. Una asociación de empresas que tiene por objeto la defensa de los intereses de los asociados no resulta afectada individualmente (...) El hecho de que los intereses generales de los agricultores españoles se encuentren afectados por los reglamentos objeto de litigio no implica que la demandante tenga un interés individual, en su calidad de representante de los mismos, para interponer un recurso de anulación. STPI de 13 de diciembre de 1995, asuntos acumulados T-481/93, Exporteurs in Levende Varkens. Procede declarar la admisibilidad de un recurso de anulación interpuesto por una asociación que no sea su destinatario en dos situaciones. En primer lugar, cuando la asociación posee un interés propio para ejercitar la acción, en especial debido a que el acto cuya anulación se solicita afecta a su posición negociadora. La segunda situación es aquélla en la que la asociación, al interponer un recurso, sustituye a uno o varios de sus miembros a los que representa, a condición de que éstos hubieran podido interponer válidamente un recurso por sí mismos.

1209 STJCE de 4 de febrero de 1987, Asunto 276/85, Cladakis. Es jurisprudencia constante del Tribunal de Justicia que la estricta aplicación de las normas comunitarias relativas a los plazos judiciales responde a la exigencia de seguridad jurídica y a la necesidad de evitar cualquier discriminación o trato arbitrario en la administración de justicia. Por lo tanto, sólo pueden admitirse excepciones al respecto, en circunstancias extraordinarias, como el caso fortuito o la fuerza mayor, según lo preconiza el Estatuto del Tribunal de Justicia. Este planteamiento se ha venido produciendo en reiterada jurisprudencia (ver por ejemplo Sentencia del Tribunal de Primera Instancia (Hoy Tribunal General) de 2 de marzo de 2004, Asunto T-14/03. Colette di Marzio/Comisión.

al recurrente o, a falta de ello, desde el día en que éste haya tenido conocimiento del mismo[1210].

ARTÍCULO 264[1211]

Si el recurso fuere fundado, el Tribunal de Justicia de la Unión Europea declarará nulo y sin valor ni efecto alguno el acto impugnado.

Sin embargo, el Tribunal indicará, si lo estima necesario, aquellos efectos del acto[1212] declarado nulo que deban ser considerados como definitivos.

ARTÍCULO 265[1213/1214]

En caso de que, en violación de los Tratados, el Parlamento Europeo, el Consejo Europeo, el Consejo, la Comisión o el Banco Central Europeo se abstuvieren de pronunciarse, los Estados miembros[1215] y las demás instituciones de la Unión podrán recurrir al Tribunal de Justicia de la Unión Europea con objeto de que declare dicha violación. El presente artículo se aplicará, en las mismas condiciones, a los órganos y organismos de la Unión que se abstengan de pronunciarse.

Este recurso solamente será admisible si la institución, órgano u organismo de que se trate hubieren sido requeridos previamente para que actúen. Si transcurrido un plazo de dos meses, a partir de dicho requerimiento, la institución, órgano u orga-

---

1210 Véase el artículo 277 TFUE en su versión consolidada del TL.

1211 Antiguo artículo 231 TCE.

1212 El Tribunal de Justicia extendió esa posibilidad a las Directivas (STJCE de 7 de julio de 1992, Asunto C-295/90, PE/Consejo) y a las Decisiones (STJCE de 26 de marzo de 1996, Asunto C-271/94, PE/Consejo).

1213 Antiguo artículo 232 TCE.

1214 Auto del TG de 13 de noviembre de 1995, Asunto T-126/95. Dumez/Comisión. El artículo 175 (232 en el TCE y 265 en el TFUE) se refiere a la omisión que consiste en no tomar una decisión o definir una postura y no a la adopción de un acto diferente al que los interesados hubieran deseado o considerado necesario. Además, el recurso por omisión previsto por el artículo 175 del Tratado CE (actualmente 192 TFUE) está supeditado a la existencia de una obligación de actuar a cargo de la Institución interesada, de modo tal, que la abstención alegada sea contraria al Tratado.
Auto del TJCE de 15 de abril de 1998, Asunto C-43/98P, Camar/Comisión y Consejo. El derecho a una protección jurisdiccional incluye, en el marco de un recurso por omisión contra una Institución que no hubiera adoptado un acto, la posibilidad de solicitar al órgano jurisdiccional comunitario que ordene las medidas provisionales contempladas por el artículo 186 (actualmente 202).
STJCE de 26 de noviembre de 1996, Asunto C-68/95, Port. El Tratado no ha previsto la posibilidad de una remisión mediante la cual un órgano jurisdiccional nacional pueda solicitar al Tribunal de Justicia que declare con carácter prejudicial la omisión de una Institución y que, por lo tanto, los órganos jurisdiccionales no son competentes para ordenar medidas provisionales en espera de que la Institución actúe. El control de la omisión corresponde a la competencia exclusiva de la jurisdicción comunitaria.

1215 Véase el punto 7.° del Acuerdo adoptado por la Conferencia para Asuntos relacionados con las Comunidades Europeas, en su reunión de 11 de Diciembre de 1997, sobre la participación de las Comunidades Autónomas en los procedimientos ante el TJCE, firmado por el Estado y todas las Comunidades Autónomas con la excepción de Euskadi (Resolución de 24 de marzo de 1998, de la Subsecretaría, por la que se dispone la publicación del acuerdo de 11 de diciembre de 1997 de la Conferencia para Asuntos Relacionados con las Comunidades Europeas, BOE n.° 79, de 2 de abril de 1998).

nismo no hubiere definido su posición, el recurso podrá ser interpuesto dentro de un nuevo plazo de dos meses.

Toda persona física o jurídica podrá recurrir en queja al Tribunal, en las condiciones señaladas en los párrafos precedentes, por no haberle dirigido una de las instituciones, o uno de los órganos u organismos de la Unión un acto distinto de una recomendación o de un dictamen.

ARTÍCULO 266[1216/1217]

La institución, órgano u organismo del que emane el acto anulado, o cuya abstención haya sido declarada contraria a los Tratados, estarán obligados a adoptar las medidas necesarias para la ejecución de la sentencia del Tribunal de Justicia de la Unión Europea.

Esta obligación se entiende sin perjuicio de la que pueda resultar de la aplicación del párrafo segundo del artículo 340.

ARTÍCULO 267[1218/1219/1220/1221/1222]

El Tribunal de Justicia de la Unión Europea será competente para pronunciarse, con carácter prejudicial:

a) Sobre la interpretación de los Tratados.

1216 Antiguo artículo 233 TCE.

1217 STJCE de 5 de julio de 1995, Asunto C-21/94, PE/Consejo. El Tribunal de Justicia carece de competencia para imponer al Consejo un plazo dentro del cual éste deba adoptar una nueva normativa en la materia en el marco de un control de legalidad basado en el artículo 173 (hoy 190), lo cual no excluye que el Consejo tenga el deber de poner remedio, dentro de un plazo razonable, a la irregularidad cometida.
STG de 9 de noviembre de 1995, Asunto T-346/94, France-Aviation/Comisión. El juez comunitario no puede, sin usurpar las prerrogativas de la autoridad administrativa, ordenar a una Institución comunitaria que adopte las medidas que implica la ejecución de una sentencia que declare la anulación de una Decisión. En efecto, el artículo 176 (hoy 193), según el cual la institución de la que emana el acto anulado estará obligada a adoptar las medidas necesarias, es una norma limitativa en la materia. En este sentido se ha pronunciado reiterada jurisprudencia como por ejemplo la Sentencia del TG de 29 de septiembre de 2005, Asunto T-26/03.

1218 Antiguo artículo 234 TCE.

1219 La cuestión prejudicial del artículo 267 TFUE constituyó un 72,12 % de todos los procedimientos llevados a cabo ante el Tribunal de Justicia entre los años 2013 y 2017. Véase el informe anual de actividad judicial correspondiente al año 2017, en: https://curia.europa.eu/jcms/ jcms/Jo2_11670/es/

1220 Véase el artículo 19 TUE y 256 TFUE en su versión consolidada del TL (antiguo 225 TCE).

1221 Véase el punto 10.° del Acuerdo adoptado por la Conferencia para Asuntos relacionados con las Comunidades Europeas, en su reunión de 11 de diciembre de 1997, sobre la participación de las Comunidades Autónomas en los procedimientos ante el TJCE, firmado por el Estado y todas las Comunidades Autónomas con la excepción de Euskadi (Resolución de 24 de marzo de 1998, de la Subsecretaría, por la que se dispone la publicación del acuerdo de 11 de diciembre de 1997 de la Conferencia para Asuntos Relacionados con las Comunidades Europeas, BOE n.° 79, de 2 de Abril de 1998).

1222 En el Boletín de Actividades del TJUE y del TG n.° 31/1996, se publicó una Nota informativa del TJUE sobre el planteamiento de cuestiones prejudiciales por los órganos jurisdiccionales nacionales.

b) Sobre la validez[1223] e interpretación[1224] de los actos adoptados por las instituciones, órganos u organismos de la Unión.

Cuando se plantee una cuestión de esta naturaleza ante un órgano jurisdiccional[1225/1226] de uno de los Estados miembros, dicho órgano podrá pedir al Tribunal que se pronuncie sobre la misma, si estima necesaria una decisión al respecto para poder emitir su fallo.

Cuando se plantee una cuestión de este tipo en un asunto pendiente ante un órgano jurisdiccional nacional, cuyas decisiones no sean susceptibles de ulterior

1223 STJCE de 18 de febrero de 1964, asuntos acumulados 73 y 74/63, Puttershoeck. Una cuestión prejudicial sobre la validez de un acto de las instituciones comunitarias puede basarse en los mismos motivos que un recurso de anulación.
STJCE de 17 de julio de 1997, asuntos acumulados C-248 y C-249/95, Schiffahrt. La legalidad de un acto debe apreciarse en función de los elementos de hecho y de Derecho que existían en la fecha en que ese acto fue adoptado. Por analogía, la apreciación que debe hacer el Tribunal de Justicia en el marco de una remisión prejudicial normalmente debe basarse en la situación que existe en el momento de la adopción de ese acto.

1224 Auto del TJCE de 5 de marzo de 1986, Asunto 69/85, Wünsche. Una sentencia por la que el Tribunal se pronuncia con carácter prejudicial sobre la interpretación o la validez de un acto adoptado por una institución de la Comunidad resuelve, con autoridad de cosa juzgada, una o varias cuestiones de Derecho Comunitario y vincula al Juez nacional para la resolución del litigio principal... La autoridad de que está revestida una sentencia dictada con carácter prejudicial no obsta, sin embargo, a que el juez nacional que es su destinatario pueda estimar necesario volver a someter la cuestión al Tribunal de Justicia antes de resolver el litigio principal. Según jurisprudencia constante, un recurso de este tipo puede estar justificado cuando el juez nacional tropieza con dificultades de derecho o, incluso cuando le somete nuevos elementos de apreciación que pueden conducir al Tribunal a responder de manera diferente a una cuestión ya resuelta.
STJCE de 27 de marzo de 1963, asuntos acumulados 28 a 30/62, Da Costa. La autoridad de la interpretación dada por el Tribunal de Justicia en virtud del artículo 177 (actualmente 208 TFUE) puede dejar la obligación de formular consulta sin causa y vaciarla de su contenido; ello es así singularmente cuando la cuestión prejudicial planteada es materialmente idéntica a otra cuestión que ya ha sido objeto de una decisión prejudicial en un caso análogo.
STJCE de 11 de agosto de 1995, asuntos acumulados C-367 a C-377/93, Roders. La norma así interpretada puede y debe ser aplicada por el Juez incluso a relaciones jurídicas nacidas y constituidas antes de la sentencia que resuelva sobre la petición de interpretación, siempre y cuando, por otra parte, se reúnan los requisitos necesarios para someter a los órganos jurisdiccionales competentes un litigio relativo a la aplicación de dicha norma.

1225 En ausencia de una definición en el Tratado CE, el Tribunal ha establecido (STJCE de 30 de junio de 1966, 61/65, Vaassen-Göebbels) los criterios que permiten considerar que se es órgano jurisdiccional a los efectos del artículo 234 TCE (actualmente 267 TFUE). El origen legal del órgano jurisdiccional, su permanencia, la existencia de un procedimiento contradictorio análogo al que regula el funcionamiento de los Tribunales de Derecho común, su carácter obligatorio y la aplicación de normas jurídicas.

1226 El Tribunal de Justicia ha considerado que son órganos jurisdiccionales en el sentido de este artículo el Tribunal de Defensa de la Competencia (STJCE de 16 de julio de 1992, Asunto C-67/91, Asociación Española de Banca Privada); el Tribunal Económico-Administrativo Central (STJCE de 1 de abril de 1993, asuntos acumulados C-260 y C-261/91, Diversinte); y el Tribunal Económico-Administrativo de Cataluña (asuntos acumulados C-31 y C-32/97, FECSA y C-110 a C-147/98, Gabalfrisa).

recurso judicial de Derecho interno, dicho órgano estará obligado[1227] a someter la cuestión al Tribunal.

Cuando se plantee una cuestión de este tipo en un asunto pendiente ante un órgano jurisdiccional nacional en relación con una persona privada de libertad, el Tribunal de Justicia de la Unión Europea se pronunciará con la mayor brevedad.

ARTÍCULO 268[1228/1229]

El Tribunal de Justicia de la Unión Europea será competente para conocer de los litigios relativos a la indemnización por daños a que se refieren los párrafos segundo y tercero del artículo 340.

1227 STJCE de 6 de octubre de 1982, Asunto 283/81, CILFIT. El párrafo tercero del artículo 177 TCE (actualmente 208 TFUE) debe ser interpretado en el sentido de que un órgano jurisdiccional contra cuya decisión no cabe ulterior recurso está obligado a someter la cuestión al Tribunal a menos que hubiere constatado que no es pertinente, entendiendo por tal que la respuesta, cualquiera que sea, no influye de manera alguna en la solución del litigio; que la norma en cuestión haya sido ya objeto de interpretación por el Tribunal de Justicia o que la aplicación correcta del Derecho comunitario se impone con tal evidencia que no deja lugar a ninguna duda razonable, eventualidad que debe ser evaluada en función de las características propias del Derecho comunitario; las dificultades concretas que presente su interpretación y el riesgo de divergencias jurisprudenciales en el interior de la Comunidad.
En este sentido reiterada jurisprudencia ha hecho referencia a dicha Sentencia, como por ejemplo la Sentencia de 2 de octubre de 2009, Estonia/Comisión, Asunto T-324/05: *«Igualmente, es preciso destacar que, en el ordenamiento jurídico comunitario, un concepto determinado puede tener un significado particular (STJUE de 6 de octubre de 1982, Asunto 238/81, CILFIT)»*.

1228 Antiguo artículo 235 TCE.

1229 STJCE de 2 de Julio de 1974, Asunto 153/73, Holtz. La acción de indemnización se diferencia del recurso por omisión en que su objetivo no es que se adopte una medida determinada, sino que se repare el perjuicio causado por una Institución en el ejercicio de sus funciones.
STJCE de 15 de septiembre de 1994, Asunto C-146/91, Kydep. Según reiterada jurisprudencia, para que se genere la responsabilidad extracontractual de la Comunidad es necesario que concurran un conjunto de requisitos en lo que respecta a la ilicitud de la actuación imputada a las Instituciones comunitarias, a la realidad del daño y a la existencia de una relación de causalidad entre la actuación de la Institución y el perjuicio invocado... Las omisiones de las Instituciones comunitarias tan sólo hacen incurrir en responsabilidad a la Comunidad en la medida en que las Instituciones hayan incumplido una obligación legal de actuar derivada de una norma comunitaria.
STJCE de 25 de mayo de 1978, asuntos acumulados 83 y 94/76, 4/77, 15/77 y 40/77. Cuando se trata de actos normativos que implican opciones de política económica, la Comunidad únicamente incurre en responsabilidad si se produce una violación suficientemente caracterizada de una norma jurídica de rango superior destinada a proteger a los particulares.

ARTÍCULO 269[1230/1231]

El Tribunal de Justicia será competente para pronunciarse sobre la legalidad de un acto adoptado por el Consejo Europeo o por el Consejo en virtud del artículo 7 del Tratado de la Unión Europea, solamente a petición del Estado miembro objeto de la constatación del Consejo Europeo o del Consejo y únicamente en lo que se refiere al respeto de las disposiciones de procedimiento establecidas en el citado artículo.

Esta petición deberá presentarse en el plazo de un mes a partir de la constatación. El Tribunal se pronunciará en el plazo de un mes a partir de la fecha de la petición.

ARTÍCULO 270[1232]

El Tribunal de Justicia de la Unión Europea será competente para pronunciarse sobre cualquier litigio entre la Unión y sus agentes dentro de los límites y en las condiciones que establezca el Estatuto de los funcionarios de la Unión y el régimen aplicable a los otros agentes de la Unión.

ARTÍCULO 271[1233]

El Tribunal de Justicia de la Unión Europea será competente, dentro de los límites que a continuación se señalan, para conocer de los litigios relativos:

a) Al cumplimiento de las obligaciones de los Estados miembros que se derivan de los Estatutos del Banco Europeo de Inversiones. El Consejo de Administración del Banco tendrá, a este respecto, las competencias que el artículo 258 atribuye a la Comisión.

b) A los acuerdos del Consejo de Gobernadores del Banco. Cualquier Estado miembro, la Comisión y el Consejo de Administración del Banco podrán interponer recurso en esta materia, en las condiciones previstas en el artículo 263.

c) A los acuerdos del Consejo de Administración del Banco. Sólo[1234] podrán interponer recurso contra tales acuerdos los Estados miembros o la Comisión, en las condiciones establecidas en el artículo 263 y únicamente por vicio de forma en el procedimiento previsto en los apartados 2, 5, 6 y 7 del artículo 19 de los Estatutos del Banco.

d) Al cumplimiento por parte de los bancos centrales nacionales de las obligaciones que se derivan de los Tratados y de los Estatutos del SEBC y del BCE. El Consejo de Gobierno del Banco Central Europeo dispondrá a este respecto, frente a los bancos centrales nacionales, de los poderes que el artículo 258 reconoce a la Comisión respecto de los Estados miembros. Si el Tribunal declarare que un banco central nacional ha incumplido una de las obligaciones que le incumben en virtud de los Tratados, dicho banco estará obligado a adoptar las medidas necesarias para la ejecución de la sentencia del Tribunal[1235].

ARTÍCULO 272[1236]

El Tribunal de Justicia de la Unión Europea será competente para juzgar en virtud de una cláusula compromisoria contenida en un contrato de Derecho público o de Derecho privado celebrado por la Unión o por su cuenta.

1230 Artículo añadido por el TL.

1231 Ver artículo 206 del Reglamento de Procedimiento del Tribunal de Justicia, *DO L 265, 29.9.201.*

1232 Antiguo artículo 236 del TCE.

1233 Antiguo artículo 237 del TCE.

1234 Véase el Auto del TPI (hoy Tribunal General) de 26 de Noviembre de 1993, T-460/93, Tête/BEI.

1235 Que el declarado incumplidor sea un Banco Central Nacional es una excepción respecto al artículo 226 del TCE (actualmente 258 TFUE), donde el incumplidor lo es siempre un Estado miembro, cualquiera que sea la Autoridad incumplidora.

1236 Antiguo artículo 238 del TCE.

ARTÍCULO 273[1237]

El Tribunal de Justicia será competente para pronunciarse sobre cualquier controversia entre Estados miembros relacionada con el objeto de los Tratados, si dicha controversia le es sometida en virtud de un compromiso.

ARTÍCULO 274[1238]

Sin perjuicio de las competencias que los Tratados atribuyen al Tribunal de Justicia de la Unión Europea, los litigios en los que la Unión sea parte no podrán ser, por tal motivo, sustraídos a la competencia de las jurisdicciones nacionales.

ARTÍCULO 275[1239]

El Tribunal de Justicia de la Unión Europea no será competente para pronunciarse sobre las disposiciones relativas a la política exterior y de seguridad común ni sobre los actos adoptados sobre la base de éstas.

No obstante, el Tribunal de Justicia será competente para controlar el respeto del artículo 40 del Tratado de la Unión Europea y para pronunciarse sobre los recursos interpuestos en las condiciones contempladas en el párrafo cuarto del artículo 263 del presente Tratado y relativos al control de la legalidad de las decisiones adoptadas por el Consejo en virtud del capítulo 2 del título V del Tratado de la Unión Europea por las que se establezcan medidas restrictivas frente a personas físicas o jurídicas.

ARTÍCULO 276[1240]

En el ejercicio de sus atribuciones respecto de las disposiciones de los capítulos 4 y 5 del título V de la tercera parte relativas al espacio de libertad, seguridad y justicia, el Tribunal de Justicia de la Unión Europea no será competente para comprobar la validez o proporcionalidad de operaciones efectuadas por la policía u otros servicios con funciones coercitivas de un Estado miembro, ni para pronunciarse sobre el ejercicio de las responsabilidades que incumben a los Estados miembros respecto del mantenimiento del orden público y de la salvaguardia de la seguridad interior.

ARTÍCULO 277[1241/1242]

Aunque haya expirado el plazo previsto en el párrafo sexto del artículo 263, cualquiera de las partes de un litigio en el que se cuestione un acto de alcance general adoptado por una institución, órgano u organismo de la Unión podrá recurrir al Tribu-

---

1237 Antiguo artículo 239 del TCE.

1238 Antiguo artículo 240 del TCE.

1239 Artículo añadido por el TL.

1240 Artículo añadido por el TL.

1241 Antiguo artículo 241 TCE.

1242 STPI de 13 de septiembre de 1995, hoy Tribunal General, asuntos acumulados T-244 y T-486/93, TWD/Comisión. La excepción de ilegalidad prevista en el artículo 184 del Tratado (después pasaría a ser el artículo 241 del TCE, y en Lisboa el artículo 277 TFUE) no puede ser invocada por una persona física o jurídica que, habiendo tenido la posibilidad de interponer recurso con arreglo al párrafo segundo del artículo 173 (después pasaría a ser el artículo 230 del TCE, actualmente el artículo 263 del TFUE), no lo haya hecho dentro del plazo allí previsto. Por otra parte, el asunto T-486/93 forma parte de aquella jurisprudencia, que dentro del marco de las ayudas, ha admitido de manera implícita que la Comisión pueda supeditar el abono de nuevas ayudas declaradas compatibles a la recuperación de ayudas anteriores declaradas incompatibles... (Sentencia del Tribunal de Justicia de 29 de Junio de 2004, Comisión/Consejo, Asunto C-110/02.

nal de Justicia de la Unión Europea alegando la inaplicabilidad de dicho acto por los motivos previstos en el párrafo segundo del artículo 263.

ARTÍCULO 278[1243]

Los recursos interpuestos ante el Tribunal de Justicia de la Unión Europea no tendrán efecto suspensivo. Sin embargo, el Tribunal podrá, si estima que las circunstancias así lo exigen, ordenar la suspensión de la ejecución del acto impugnado.

ARTÍCULO 279[1244]

El Tribunal de Justicia de la Unión Europea podrá ordenar las medidas provisionales necesarias en los asuntos de que esté conociendo.

ARTÍCULO 280[1245]

Las sentencias del Tribunal de Justicia de la Unión Europea tendrán fuerza ejecutiva en las condiciones que establece el artículo 299.

ARTÍCULO 281[1246/1247]

El Estatuto del Tribunal de Justicia de la Unión Europea se fijará en un protocolo independiente[1248].

El Parlamento Europeo y el Consejo, con arreglo al procedimiento legislativo ordinario, podrán modificar las disposiciones del Estatuto, a excepción de su título I y su artículo 64. El Parlamento Europeo y el Consejo se pronunciarán bien a petición del Tribunal de Justicia y previa consulta a la Comisión, bien a propuesta de la Comisión y previa consulta al Tribunal de Justicia.

SECCIÓN SEXTA[1249]
EL BANCO CENTRAL EUROPEO

ARTÍCULO 282[1250]

1. El Banco Central Europeo y los bancos centrales nacionales constituirán el Sistema Europeo de Bancos Centrales (SEBC). El Banco Central Europeo y los bancos centrales nacionales de los Estados miembros cuya moneda es el euro, que constituyen el Eurosistema, dirigirán la política monetaria de la Unión.

2. El SEBC estará dirigido por los órganos rectores del Banco Central Europeo. El objetivo principal del SEBC será mantener la estabilidad de precios. Sin perjuicio de este objetivo, prestará apoyo a las políticas económicas generales de la Unión para contribuir a la consecución de los objetivos de ésta.

3. El Banco Central Europeo tendrá personalidad jurídica. Le corresponderá en exclusiva autorizar la emisión del euro. Será independiente en el ejercicio de sus com-

---

1243 Antiguo artículo 242 TCE.

1244 Antiguo artículo 243 TCE.

1245 Antiguo artículo 244 TCE.

1246 Antiguo artículo 245 TCE.

1247 Véase el Reglamento de Procedimiento del Tribunal de Justicia. DO L 265 de 29.9.2012, el cual, establece las normas que aplican y complementan el Estatuto del Tribunal de Justicia detallado en el Protocolo n.° 3 anexo en los Tratados.

1248 Véase el Protocolo n.° 3 sobre el Estatuto del Tribunal de Justicia de la UE.

1249 Sección añadida por el TL.

1250 Artículo añadido por el TL.

petencias y en la gestión de sus finanzas. Las instituciones, órganos y organismos de la Unión y los Gobiernos de los Estados miembros respetarán esta independencia.

4. El Banco Central Europeo adoptará las medidas necesarias para desempeñar sus cometidos con arreglo a los artículos 127 a 133 y 138 y a las condiciones establecidas en los Estatutos[1251] del SEBC y del BCE. Con arreglo a dichos artículos, los Estados miembros cuya moneda no sea el euro y los bancos centrales de éstos mantendrán sus competencias en el ámbito monetario.

5. En los ámbitos que entren dentro de sus atribuciones, se consultará al Banco Central Europeo sobre todo proyecto de acto de la Unión y sobre todo proyecto de normativa a escala nacional; el Banco podrá emitir dictámenes.

ARTÍCULO 283[1252]

1. El Consejo de Gobierno del Banco Central Europeo estará formado por los miembros del Comité Ejecutivo del Banco Central Europeo y los gobernadores de los bancos centrales nacionales de los Estados miembros cuya moneda sea el euro.

2. El Comité Ejecutivo estará compuesto por el presidente, el vicepresidente y otros cuatro miembros.

[1253/1254]El presidente, el vicepresidente y los demás miembros del Comité Ejecutivo serán nombrados por el Consejo Europeo, por mayoría cualificada, de entre personas

---

1251 Véase Protocolo n.º 4: sobre los Estatutos del Sistema Europeo de Bancos Centrales y del Banco Central Europeo.

1252 Antiguo artículo 112 del TCE (desplazado).

1253 Véase la Recomendación del Consejo de 3 de mayo de 1998 publicada en el DOCE L núm. 139 de 11 de mayo y el Dictamen del Instituto Monetario Europeo de 5 de mayo de 1998 publicado en el DOCE C núm. 169 de 4 de junio.

1254 Véase:

1. 2006/371/CE: Decisión adoptada de común acuerdo por los Gobiernos de los Estados miembros cuya moneda es el euro, a nivel de jefes de Estado o de Gobierno, de 19 de mayo de 2006, por la que se nombra a un miembro del Comité Ejecutivo del Banco Central Europeo. *DO L 136 de 24.5.2006.* 2011/897/UE: Decisión del Consejo Europeo, de 19 de diciembre de 2011, por la que se nombra a un miembro del Comité Ejecutivo del Banco Central *Europeo DO L 345 de 29.12.2011.*
2. 2005/391/CE: Decisión adoptada de común acuerdo, a nivel de jefes de Estado o de Gobierno, por los gobiernos de los Estados Miembros cuya moneda es el euro, de 20 de mayo de 2005, por la que se nombra a un miembro del Comité Ejecutivo del Banco Central Europeo. *DO L 130 de 24.5.2005,* 2011/195/UE: Decisión del Consejo Europeo, de 25 de marzo de 2011, por la que se nombra un miembro del Comité Ejecutivo del Banco Central Europeo. *DO L 82 de 30.3.2011.*
3. 2004/488/CE: Decisión adoptada de común acuerdo, a nivel de Jefes de Estado o de Gobierno, por los Gobiernos de los Estados miembros cuya moneda es el euro, de 27 de abril de 2004, por la que se nombra a un miembro del Comité Ejecutivo del Banco Central Europeo. *DO L 163 de 30.4.2004.* Decisión del Parlamento Europeo, de 14 de diciembre de 2011, sobre la Recomendación del Consejo relativa al nombramiento de un miembro del Comité Ejecutivo del Banco Central Europeo. (17227/2011 - C7-0459/2011 - 2011/0819(NLE)) *DO C 168E 14.6.2013.*
4. 2003/379/CE: Decisión adoptada mediante común acuerdo de los Gobiernos de los Estados miembros que han adoptado el euro a nivel de Jefes de Estado o de Gobierno, de 23 de mayo de 2003, por la que se nombra a un miembro del Comité Ejecutivo del Banco Central Europeo. Diario Oficial n° L 131 de 28/05/2003.
5. 2014/37/UE: Decisión del Consejo Europeo, de 21 de enero de 2014, por la que se nombra a un miembro del Comité Ejecutivo del Banco Central Europeo. *DO L 22 de 25.1.2014.*

de reconocido prestigio y experiencia profesional en asuntos monetarios o bancarios, sobre la base de una recomendación del Consejo y previa consulta al Parlamento Europeo y al Consejo de Gobierno del Banco Central Europeo.

Su mandato tendrá una duración de ocho años y no será renovable.

Sólo podrán ser miembros del Comité Ejecutivo los nacionales de los Estados miembros.

ARTÍCULO 284[1255/1256]

1. El Presidente del Consejo y un miembro de la Comisión podrán participar, sin derecho de voto, en las reuniones del Consejo de Gobierno del Banco Central Europeo.

El Presidente del Consejo podrá someter una moción a la deliberación al Consejo de Gobierno del Banco Central Europeo[1257].

2. Se invitará al Presidente del Banco Central Europeo a que participe en las reuniones del Consejo en las que se delibere sobre cuestiones relativas a los objetivos y funciones del SEBC.

3. El Banco Central Europeo remitirá un informe anual sobre las actividades del SEBC y sobre la política monetaria del año precedente y del año en curso al Parlamento Europeo, al Consejo y a la Comisión, así como al Consejo Europeo. El Presidente del Banco Central Europeo presentará dicho informe al Consejo y al Parlamento Europeo, que podrá proceder a un debate general sobre esa base.[1258]

El Presidente del Banco Central Europeo y los restantes miembros del Comité Ejecutivo, a petición del Parlamento Europeo o por iniciativa propia, podrán ser oídos por las comisiones competentes del Parlamento Europeo.

---

6. 2003/767/CE: Decisión adoptada de común acuerdo de los Gobiernos por los Estados miembros cuya moneda es el euro, representados por sus Jefes de Estado o de Gobierno, de 16 de octubre de 2003, por la que se nombra al Presidente del Banco Central Europeo. *DO L 277 de 28.10.2003,* 2011/386/UE: Decisión del Consejo Europeo, de 24 de junio de 2011, por la que se nombra al Presidente del Banco Central Europeo. *DO L 173 de 1.7.2011.*
7. 2010/223/: Decisión del Consejo Europeo, de 26 de marzo de 2010, por la que se nombra al Vicepresidente del Banco Central Europeo. *DO L 99 de 21.4.2010.*
8. 2018/509/UE: Decisión del Consejo Europeo, por la que se nombra al vicepresidente del Banco Central Europeo de 22 de marzo de 2018. *DO L 83 de 27.3.2018.*

1255 Antiguo artículo 113 del TCE (desplazado).

1256 Véase la Resolución del Consejo Europeo de 13 de diciembre de 1997 sobre la coordinación de las políticas económicas en la tercera fase de la UEM y sobre los artículos 111 y 113 del TCE (hoy artículos 219, 138 [el antiguo artículo 111 se contiene ahora en estos dos artículos] y 284 del TFUE), DOCE C núm. 35 de 2 de febrero de 1998.

1257 En el documento del Consejo, de 4 de diciembre de 1997, CONF/4162/97, se hace constar que la palabra «al» es un error de traducción al castellano y que debería decir «del».

1258 Véanse Informes anuales sobre las actividades del SEBC, el más reciente es el Informe anual 2017.

SECCIÓN SÉPTIMA[1259]
EL TRIBUNAL DE CUENTAS[1260/1261]

ARTÍCULO 285[1262]

La fiscalización, o control de cuentas de la Unión, será efectuada por el Tribunal de Cuentas.

El Tribunal de Cuentas estará compuesto por un nacional de cada Estado miembro. Los miembros del Tribunal ejercerán sus funciones con plena independencia, en interés general de la Unión.

ARTÍCULO 286[1263]

1. Los miembros del Tribunal de Cuentas serán elegidos entre personalidades que pertenezcan o hayan pertenecido en sus respectivos Estados a las instituciones de control externo o que estén especialmente calificadas para esta función. Deberán ofrecer absolutas garantías de independencia[1264/1265].

2. Los miembros del Tribunal de Cuentas serán nombrados para un período de seis años. El Consejo, previa consulta al Parlamento Europeo, adoptará la lista de miembros establecida de conformidad con las propuestas presentadas por cada Estado miembro. El mandato de los miembros del Tribunal de Cuentas será renovable.

Los miembros elegirán de entre ellos al Presidente del Tribunal de Cuentas por un período de tres años.

Su mandato será renovable.

3. En el cumplimiento de sus funciones, los miembros del Tribunal de Cuentas no solicitarán ni aceptarán instrucciones de ningún Gobierno ni de ningún organismo. Se abstendrán de realizar cualquier acto incompatible con el carácter de sus funciones.

4. Los miembros del Tribunal de Cuentas no podrán, mientras dure su mandato, ejercer ninguna otra actividad profesional, retribuida o no. En el momento de asumir sus funciones, se comprometerán solemnemente a respetar, mientras dure su mandato y aún después de finalizar éste, las obligaciones derivadas de su cargo y, en especial, los deberes de honestidad y discreción en cuanto a la aceptación, una vez terminado su mandato, de determinadas funciones o beneficios.

5. Aparte de los casos de renovación periódica y fallecimiento, el mandato de los miembros del Tribunal de Cuentas concluirá individualmente por dimisión voluntaria o cese declarado por el Tribunal de Justicia de conformidad con lo dispuesto en el apartado 6.

El interesado será sustituido por el tiempo que falte para terminar el mandato.

Salvo en caso de cese, los miembros del Tribunal de Cuentas permanecerán en su cargo hasta su sustitución.

6. Los miembros del Tribunal de Cuentas sólo podrán ser relevados de sus funciones o privados de su derecho a la pensión o de cualquier otro beneficio sustitutivo

---

1259 Antigua sección quinta TCE.

1260 Véase el artículo 13 TUE, en su versión consolidada del TL.

1261 Véanse los Informes anuales de actividades emitidos por el Tribunal de Cuentas. El más reciente a consultar es el Informe de actividades de 2022, emitido el 20 de julio de 2023.

1262 Antiguo artículo 246 TCE.

1263 Antiguo artículo 247 TCE.

1264 Véase el artículo 158 del Acta de Adhesión de Austria, Finlandia y Suecia.

1265 Cabe destacar que la Comisión de Control Presupuestario del Parlamento examina a los candidatos propuestos para ser miembros del Tribunal de Cuentas.

si el Tribunal de Justicia, a instancia del Tribunal de Cuentas, declarare que dejan de reunir las condiciones requeridas o de cumplir las obligaciones que dimanan de su cargo.

7. El Consejo fijará las condiciones de empleo y, en particular, los sueldos, dietas y pensiones del Presidente y de los miembros del Tribunal de Cuentas. Fijará también cualesquiera otros emolumentos de carácter retributivo.

8. Las disposiciones del Protocolo sobre los privilegios y las inmunidades de la Unión Europea aplicables a los jueces del Tribunal de Justicia de la Unión Europea serán igualmente aplicables a los miembros del Tribunal de Cuentas.

ARTÍCULO 287[1266]

1. El Tribunal de Cuentas examinará las cuentas de la totalidad de los ingresos y gastos de la Unión. Examinará también las cuentas de la totalidad de los ingresos y gastos de cualquier órgano u organismo creado por la Unión en la medida en que el acto constitutivo de dicho órgano u organismo no excluya dicho examen.

El Tribunal de Cuentas presentará al Parlamento Europeo y al Consejo una declaración sobre la fiabilidad de las cuentas y la regularidad y legalidad de las operaciones correspondientes que será publicada en el *Diario Oficial de la Unión Europea*[1267]. Dicha declaración podrá completarse con observaciones específicas sobre cada uno de los ámbitos principales de la actividad de la Unión.

2. El Tribunal de Cuentas examinará la legalidad y regularidad de los ingresos y gastos y garantizará una buena gestión financiera. Al hacerlo, informará, en particular, de cualquier caso de irregularidad

El control de los ingresos se efectuará sobre la base de las liquidaciones y de las cantidades entregadas a la Unión.

El control de los gastos se efectuará sobre la base de los compromisos asumidos y los pagos realizados.

Ambos controles podrán efectuarse antes del cierre de las cuentas del ejercicio presupuestario considerado.

3. El control se llevará a cabo sobre la documentación contable y, en caso necesario, en las dependencias correspondientes de las otras instituciones de la Unión, en las dependencias de cualquier órgano u organismo que gestione ingresos o gastos en nombre de la Unión y en los Estados miembros, incluidas las dependencias de cualquier persona física o jurídica que perciba fondos del presupuesto. En los Estados miembros, el control se efectuará en colaboración con las instituciones nacionales de control o, si éstas no poseen las competencias necesarias, con los servicios nacionales competentes. El Tribunal de Cuentas y las instituciones nacionales de control de los Estados miembros cooperarán con espíritu de confianza y manteniendo su independencia. Tales instituciones o servicios comunicarán al Tribunal de Cuentas si tienen la intención de participar en el mencionado control.

Las otras instituciones de la Unión, cualquier órgano u organismo que gestione ingresos o gastos en nombre de la Unión, cualquier persona física o jurídica que perciba fondos del presupuesto y las instituciones nacionales de control o, si éstas no poseen las competencias necesarias, los servicios nacionales competentes, comunicarán al Tribunal de Cuentas, a instancia de éste, cualquier documento o información necesarios para el cumplimiento de su misión.

Respecto a la actividad del Banco Europeo de Inversiones en la gestión de los ingresos y gastos de la Unión, el derecho de acceso del Tribunal a las informaciones que posee el Banco se regirá por un acuerdo celebrado entre el Tribunal, el Banco y la Comisión. En ausencia de dicho acuerdo, el Tribunal tendrá, no obstante, acceso a las informaciones necesarias para el control de los ingresos y gastos de la Unión gestionados por el Banco. El Tribunal de Cuentas elaborará, después del cierre de

1266 Antiguo artículo 248 TCE.

1267 Véase el artículo 319 TFUE, en su versión consolidada del TL.

cada ejercicio, un informe anual[1268]. Dicho informe será transmitido a las instituciones de la Unión y publicado en el *Diario Oficial de la Unión Europea*, acompañado de las respuestas de estas instituciones a las observaciones del Tribunal de Cuentas.

El Tribunal de Cuentas podrá, además, presentar en cualquier momento sus observaciones, que podrán consistir en informes especiales, sobre cuestiones particulares y emitir dictámenes[1269], a instancia de una de las demás instituciones de la Unión.

El Tribunal de Cuentas aprobará sus informes anuales, informes especiales o dictámenes por mayoría de los miembros que lo componen. No obstante, podrá crear en su seno salas para aprobar determinadas categorías de informes o de dictámenes en las condiciones previstas por su reglamento interno.

El Tribunal de Cuentas asistirá al Parlamento Europeo y al Consejo en el ejercicio de su función de control de la ejecución del presupuesto.

El Tribunal de Cuentas elaborará su reglamento interno.[1270] Dicho reglamento requerirá la aprobación del Consejo.

1268 El informe anual relativo al ejercicio de 1997, que incluye el informe sobre las actividades del presupuesto general y el informe sobre las actividades del 6.° y 7.° Fondos Europeos de Desarrollo se publicó en el DOCE C núm. 349 de 17 de noviembre de 1998.

Véase el Informe Anual del Tribunal de Cuentas sobre las actividades financiadas por los séptimo, octavo, noveno y décimo Fondos Europeos de Desarrollo (FED) relativo al ejercicio 2008, acompañado de las respuestas de la Comisión, *DO C 269 de 10.11.2009; y* Corrección de errores del Informe Anual del Tribunal de Cuentas sobre la ejecución presupuestaria relativo al ejercicio 2008, acompañado de las respuestas de las instituciones (DO C 269 de 10.11.2009), *DO C 304 de 15.12.2009*.

Véase el Informe Anual del Tribunal de Cuentas sobre las actividades financiadas por los octavo, noveno, décimo y undécimo Fondos Europeos de Desarrollo (FED) relativo al ejercicio 2016, acompañado de las respuestas de la Comisión DO C 322 28.9.2017; y Corrección de errores del Informe Anual del Tribunal de Cuentas sobre la ejecución presupuestaria relativo al ejercicio 2015, acompañado de las respuestas de las instituciones (DO C 375 13.10.2016) DO C 52 de 18.2.2017.

Véase el Informe Anual sobre la Ejecución de los Presupuestos de la UE relativos al ejercicio de 2022 y el Informe Anual sobre las actividades financiadas por el noveno, décimo y undécimo Fondos Europeos de Desarrollo (FED) relativos al ejercicio 2022. Elaborados y aprobados por el Tribunal de Cuentas Europeo en sus reuniones del 6 y 20 de julio de 2023.

1269 Es preceptivo el dictamen del Tribunal de Cuentas en el caso de los artículos 322 y 325 TFUE (antiguos artículos 279 y 280 TCE).

1270 Véase Reglamento interno del Tribunal de Cuentas de la Unión Europea *DO L 103 de 23.4.2010.*

CAPÍTULO 2
ACTOS JURÍDICOS DE LA UNIÓN, PROCEDIMIENTOS DE ADOPCIÓN Y OTRAS DISPOSICIONES[1271]

SECCIÓN PRIMERA[1272]

ACTOS JURÍDICOS DE LA UNIÓN[1273]

ARTÍCULO 288[1274]

Para ejercer las competencias de la Unión, las instituciones adoptarán reglamentos, directivas, decisiones, recomendaciones y dictámenes.

El reglamento[1275] tendrá un alcance general. Será obligatorio en todos sus elementos y directamente aplicable en cada Estado miembro.

La directiva[1276] obligará al Estado miembro[1277] destinatario en cuanto al resultado que deba conseguirse, dejando, sin embargo, a las autoridades nacionales la elección de la forma y de los medios.

La decisión[1278/1279] será obligatoria en todos sus elementos. Cuando designe destinatarios, sólo será obligatoria para éstos.

Las recomendaciones y los dictámenes no serán vinculantes[1280/1281].

ARTÍCULO 289[1282]

1. El procedimiento legislativo ordinario consiste en la adopción conjunta por el Parlamento Europeo y el Consejo, a propuesta de la Comisión, de un reglamento, una directiva o una decisión. Este procedimiento se define en el artículo 294.

2. En los casos específicos previstos por los Tratados, la adopción de un reglamento, una directiva o una decisión, bien por el Parlamento Europeo con la participación del Consejo, bien por el Consejo con la participación del Parlamento Europeo, constituirá un procedimiento legislativo especial.

3. Los actos jurídicos que se adopten mediante procedimiento legislativo constituirán actos legislativos.

4. En los casos específicos previstos por los Tratados, los actos legislativos podrán ser adoptados por iniciativa de un grupo de Estados miembros o del Parlamento Euro-

---

1271 Antiguo capítulo 2 relativo a Disposiciones comunes a varias instituciones del TCE.

1272 La Sección primera ha sido añadida por el TL.

1273 Ver Protocolo n.° 1 sobre el cometido de los Parlamentos nacionales en la Unión, artículo 2.

1274 Antiguo artículo 249 del TCE.

1275 Véase el artículo 132 TFUE en su versión consolidada del TL.

1276 Véase el artículo 153 TFUE en su versión consolidada del TL.

1277 Véase el Acuerdo del Consejo de Ministros de 27 de julio de 1990 (BOE núm. 233 de 28 de septiembre, corrección de errores en el BOE núm. 251 de 19 de octubre) que dicta instrucciones a determinados órganos de la Administración Pública para acelerar el procedimiento de elaboración de normas que transponen Directivas.

1278 Véase el artículo 132 TFUE en su versión consolidada del TL.

1279 Sobre las disposiciones del BCE, véase el segundo guion del artículo 132 TFUE.

1280 Véase el artículo 132 TFUE en su versión consolidada del TL.

1281 Sobre las recomendaciones y dictámenes del BCE, véase el guion 3.° del artículo 132 TFUE.

1282 Artículo añadido por el TL.

peo, por recomendación del Banco Central Europeo o a petición del Tribunal de Justicia o del Banco Europeo de Inversiones.

ARTÍCULO 290[1283/1284/1285/1286]

1. Un acto legislativo podrá delegar en la Comisión los poderes para adoptar actos no legislativos de alcance general que completen o modifiquen determinados elementos no esenciales del acto legislativo.

Los actos legislativos delimitarán de forma expresa los objetivos, el contenido, el alcance y la duración de la delegación de poderes. La regulación de los elementos esenciales de un ámbito estará reservada al acto legislativo y, por lo tanto, no podrá ser objeto de una delegación de poderes.

2. Los actos legislativos fijarán de forma expresa las condiciones a las que estará sujeta la delegación, que podrán ser las siguientes:

a) El Parlamento Europeo o el Consejo podrán decidir revocar la delegación.

b) El acto delegado no podrá entrar en vigor si el Parlamento Europeo o el Consejo han formulado objeciones en el plazo fijado en el acto legislativo.

A efectos de las letras a) y b), el Parlamento Europeo se pronunciará por mayoría de los miembros que lo componen y el Consejo lo hará por mayoría cualificada.

3. En el título de los actos delegados figurará el adjetivo «delegado» o «delegada».

ARTÍCULO 291[1287/1288/1289]

1. Los Estados miembros adoptarán todas las medidas de Derecho interno necesarias para la ejecución de los actos jurídicamente vinculantes de la Unión.

2. Cuando se requieran condiciones uniformes de ejecución de los actos jurídicamente vinculantes de la Unión, éstos conferirán competencias de ejecución a la Comisión o, en casos específicos debidamente justificados y en los previstos en los artículos 24 y 26 del Tratado de la Unión Europea, al Consejo.

3. A efectos del apartado 2, el Parlamento Europeo y el Consejo establecerán previamente, mediante reglamentos adoptados con arreglo al procedimiento legislativo ordinario, las normas y principios generales relativos a las modalidades de control, por parte de los Estados miembros, del ejercicio de las competencias de ejecución por la Comisión.

4. En el título de los actos de ejecución figurará la expresión «de ejecución».

1283 Artículo añadido por el TL.

1284 Sustituye en sustancia, al artículo 202, tercer guion, TCE.

1285 Véase la Declaración n.° 39, relativa al artículo 290 TFUE.

1286 Véase las Conclusiones del Abogado General Cruz Villalón presentadas el 19 de diciembre de 2013. Comisión Europea contra Parlamento Europeo y Consejo de la Unión Europea. Recurso de anulación Elección de la base jurídica Artículos 290 TFUE y 291 TFUE Acto delegado y acto de ejecución Reglamento (UE) n.° 528/2012 Artículo 80, apartado 1 Biocidas Agencia Europea de Sustancias y Mezclas Químicas Fijación de tasas por la Comisión. *Asunto C-427/12.*

1287 Artículo añadido por el TL.

1288 Al igual que el artículo anterior, sustituye en sustancia al artículo 202, tercer guión, del TCE.

1289 Véase el Reglamento (UE) n.° 182/2011 del Parlamento Europeo y del Consejo, de 16 de febrero de 2011, por el que se establecen las normas y los principios generales relativos a las modalidades de control por parte de los Estados miembros del ejercicio de las competencias de ejecución por la Comisión. *DO L 55 de 28.2.2011.*

ARTÍCULO 292[1290]

El Consejo adoptará recomendaciones. Se pronunciará a propuesta de la Comisión en todos los casos en que los Tratados dispongan que el Consejo adopte actos a propuesta de la Comisión. Se pronunciará por unanimidad en los ámbitos en los que se requiere la unanimidad para la adopción de un acto de la Unión. La Comisión, así como el Banco Central Europeo en los casos específicos previstos por los Tratados, adoptarán recomendaciones.

SECCIÓN SEGUNDA
PROCEDIMIENTOS DE ADOPCIÓN DE LOS ACTOS Y OTRAS DISPOSICIONES[1291]

ARTÍCULO 293[1292]

1. Cuando, en virtud de los Tratados, el Consejo se pronuncie a propuesta de la Comisión, únicamente podrá modificar la propuesta por unanimidad, salvo en los casos contemplados en los apartados 10 y 13 del artículo 294, en los artículos 310, 312 y 314 y en el párrafo segundo del artículo 315.

2. En tanto que el Consejo no se haya pronunciado, la Comisión podrá modificar[1293] su propuesta mientras dure los procedimientos que conduzcan a la adopción de un acto de la Unión.

ARTÍCULO 294[1294/1295]

1. Cuando en los Tratados, para la adopción de un acto, se haga referencia al procedimiento legislativo ordinario, se aplicará el procedimiento[1296/1297] siguiente.

2. La Comisión presentará una propuesta al Parlamento Europeo y al Consejo.

1290 Artículo añadido por el TL.

1291 Sección añadida por el TL.

1292 Antiguo artículo 250 del TCE.

1293 Véase la STJCE de 5 de octubre de 1994, C-280/93, Alemania/Consejo. Ver en este mismo sentido las Conclusiones de la Abogado General Sra. Eleanor Sharpston presentadas el 14 de mayo de 2009, *Asunto C-141/08P* Foshan Shunde Yongjian Housewares & Hardware Co. Ltd. contra Consejo de la Unión Europea.

1294 Antiguo artículo 251 del TCE.

1295 Véase el artículo 297 TFUE en su versión consolidada del TL.

1296 En Lisboa, el procedimiento de codecisión (que pasa a llamarse «procedimiento legislativo ordinario») se amplía a otros campos. Eso significa que, en una serie de áreas en las que antes a lo sumo se le consultaba, el Parlamento tendrá tanto poder legislador como el Consejo. Entre ellas figuran la inmigración legal, la cooperación judicial penal (Eurojust, prevención de la delincuencia, aproximación de las normas penales, infracciones y sanciones), la cooperación policial (Europol) y determinados aspectos de política comercial o agrícola. De este modo, el Parlamento Europeo intervendrá en casi todos los procesos legislativos.

1297 Este procedimiento es de aplicación en el ámbito del TFUE en el caso de los artículos: 14, 15, 16, 18, 19, 21, 24, 33, 43, 46, 48, 50, 51, 52, 53, 56, 59, 64, 75, 77, 78, 79, 80, 81, 82, 83, 84, 85, 87, 88, 91, 100, 114, 116, 118, 121, 129, 133, 149, 153, 157, 164, 165, 166, 167, 168, 169, 172, 173, 175, 177, 178, 182, 188, 189, 192, 194, 195, 196, 197, 207, 209, 212, 214, 224, 257, 281, 289, 291, 298, 322, 325, 333, 336 y 338.

Primera lectura

3. El Parlamento Europeo aprobará su posición en primera lectura y la transmitirá al Consejo.

4. Si el Consejo aprueba la posición del Parlamento Europeo, se adoptará el acto de que se trate en la formulación correspondiente a la posición del Parlamento Europeo.

5. Si el Consejo no aprueba la posición del Parlamento Europeo, adoptará su posición en primera lectura y la transmitirá al Parlamento Europeo.

6. El Consejo informará cumplidamente al Parlamento Europeo de las razones que le hayan llevado a adoptar su posición en primera lectura. La Comisión informará cumplidamente de su posición al Parlamento Europeo.

Segunda lectura

7. Si, en un plazo de tres meses a partir de dicha transmisión, el Parlamento Europeo:

a) Aprueba la posición del Consejo en primera lectura o no toma decisión alguna, el acto de que se trate se considerará adoptado en la formulación correspondiente a la posición del Consejo.

b) Rechaza, por mayoría de los miembros que lo componen, la posición del Consejo en primera lectura, el acto propuesto se considerará no adoptado.

c) Propone, por mayoría de los miembros que lo componen, enmiendas a la posición del Consejo en primera lectura, el texto así modificado se transmitirá al Consejo y a la Comisión, que dictaminará sobre dichas enmiendas.

8. Si, en un plazo de tres meses a partir de la recepción de las enmiendas del Parlamento Europeo, el Consejo, por mayoría cualificada:

a) Aprueba todas estas enmiendas, el acto de que se trate se considerará adoptado.

b) No aprueba todas las enmiendas, el Presidente del Consejo, de acuerdo con el Presidente del Parlamento Europeo, convocará al Comité de Conciliación en un plazo de seis semanas.

9. El Consejo se pronunciará por unanimidad sobre las enmiendas que hayan sido objeto de un dictamen negativo de la Comisión.

Conciliación

10. [1298]El Comité de Conciliación, que estará compuesto por los miembros del Consejo o sus representantes y por un número igual de miembros que representen al Parlamento Europeo, tendrá por misión alcanzar, en el plazo de seis semanas a partir de su convocatoria, un acuerdo por mayoría cualificada de los miembros del Consejo o sus representantes y por mayoría de los miembros que representen al Parlamento Europeo, sobre un texto conjunto basado en las posiciones del Parlamento Europeo y del Consejo en segunda lectura.

11. La Comisión participará en los trabajos del Comité de Conciliación y tomará todas las iniciativas necesarias para propiciar un acercamiento entre las posiciones del Parlamento Europeo y del Consejo.

12. Si, en un plazo de seis semanas a partir de su convocatoria, el Comité de Conciliación no aprueba un texto conjunto, el acto propuesto se considerará no adoptado.

Tercera lectura

13. [1299]Si, en este plazo, el Comité de Conciliación aprueba un texto conjunto, el Parlamento Europeo y el Consejo dispondrán cada uno de seis semanas a partir de dicha aprobación para adoptar el acto de que se trate conforme a dicho texto, pronunciándose el Parlamento Europeo por mayoría de los votos emitidos y el Consejo por mayoría cualificada. En su defecto, el acto propuesto se considerará no adoptado.

14. Los períodos de tres meses y de seis semanas contemplados en el presente artículo podrán ampliarse, como máximo, en un mes y dos semanas respectivamente, por iniciativa del Parlamento Europeo o del Consejo.

1298 Véase el artículo 293 TFUE en su versión consolidada del TL.

1299 Véase el artículo 293 TFUE en su versión consolidada del TL.

Disposiciones particulares

15. Cuando, en los casos previstos por los Tratados, un acto legislativo se someta al procedimiento legislativo ordinario por iniciativa de un grupo de Estados miembros, por recomendación del Banco Central Europeo o a instancia del Tribunal de Justicia, no se aplicarán el apartado 2, la segunda frase del apartado 6 ni el apartado 9.

En estos casos, el Parlamento Europeo y el Consejo transmitirán a la Comisión el proyecto de acto, así como sus posiciones en primera y segunda lecturas. El Parlamento Europeo o el Consejo podrá pedir el dictamen de la Comisión a lo largo de todo el procedimiento y la Comisión podrá dictaminar asimismo por propia iniciativa. La Comisión también podrá, si lo considera necesario, participar en el Comité de Conciliación de conformidad con el apartado 11.

ARTÍCULO 295[1300]

El Parlamento Europeo, el Consejo y la Comisión llevarán a cabo consultas recíprocas y organizarán de común acuerdo la forma de su cooperación. A tal efecto y dentro del respeto de los Tratados, podrán celebrar acuerdos interinstitucionales que podrán tener carácter vinculante.

ARTÍCULO 296[1301/1302/1303]

Cuando los Tratados no establezcan el tipo de acto que deba adoptarse, las instituciones decidirán en cada caso conforme a los procedimientos aplicables y al principio de proporcionalidad. Los actos jurídicos deberán estar motivados y se referirán a las propuestas, iniciativas, recomendaciones, peticiones o dictámenes previstos por los Tratados[1304].

Cuando se les presente un proyecto de acto legislativo, el Parlamento Europeo y el Consejo se abstendrán de adoptar actos no previstos por el procedimiento legislativo aplicable al ámbito de que se trate.

1300 Artículo añadido por el TL.

1301 Antiguo artículo 253 TCE.

1302 Véase el artículo 132 TFUE.

1303 STPI de 13 de julio de 1995, hoy Tribunal General, asuntos acumulados T-466, T-469, T-473, T-474 y T-477/93. La motivación exigida por el artículo 190 (después pasaría a ser el artículo 253 TCE y, actualmente el artículo 296 TFUE) debe ser adecuada a la naturaleza del acto de que se trate. Debe mostrar, de manera clara e inequívoca, el razonamiento de la autoridad comunitaria de la que emane el acto impugnado, de manera que los interesados puedan conocer las razones de la medida adoptada, con el fin de defender sus derechos, y que el Juez comunitario pueda ejercer su control. Sin embargo, no se exige que la motivación de los Reglamentos especifique los diferentes elementos de hecho y de Derecho, a veces muy numerosos y complejos, que son objeto de los Reglamentos, siempre que éstos estén dentro del marco sistemático del conjunto de normas del que forman parte. En este sentido se aprecia también una posición de no vulneración al principio de no discriminación, que se ha venido recogiendo en diferente y reiterada jurisprudencia, como por ejemplo en la Sentencia del Tribunal de Primera Instancia (hoy Tribunal General) de 12 de diciembre de 2006, Asunto T-373/94, Werners/Consejo y Comisión: *es jurisprudencia reiterada que el principio de no discriminación exige que no se traten de manera diferente situaciones comparables y que no se traten de manera idéntica situaciones diferentes, salvo que dicho trato esté objetivamente justificado.*

1304 Véase la Sentencia del Tribunal de Justicia (Gran Sala) de 14 de abril de 2015. Consejo de la Unión Europea contra Comisión Europea. *Asunto C-409/13.*

ARTÍCULO 297[1305/1306]

1. Los actos legislativos adoptados con arreglo al procedimiento legislativo ordinario serán firmados por el Presidente del Parlamento Europeo y por el Presidente del Consejo.

Los actos legislativos adoptados con arreglo a un procedimiento legislativo especial serán firmados por el Presidente de la institución que los haya adoptado.

Los actos legislativos se publicarán en el *Diario Oficial de la Unión Europea*[1307] Entrarán en vigor en la fecha que ellos mismos fijen o, a falta de ella, a los veinte días de su publicación.

2. Los actos no legislativos adoptados en forma de reglamentos, directivas y decisiones, cuando éstas últimas no indiquen destinatario, serán firmados por el Presidente de la institución que los haya adoptado.

Los reglamentos, las directivas que tengan por destinatarios a todos los Estados miembros, así como las decisiones que no indiquen destinatario, se publicarán en el *Diario Oficial de la Unión Europea*. Entrarán en vigor en la fecha que ellos mismos fijen o, a falta de ella, a los veinte días de su publicación.

Las demás directivas, así como las decisiones que indiquen un destinatario, se notificarán a sus destinatarios y surtirán efecto en virtud de dicha notificación.

ARTÍCULO 298[1308]

1. En el cumplimiento de sus funciones, las instituciones, órganos y organismos de la Unión se apoyarán en una administración europea abierta, eficaz e independiente.

2. Dentro del respeto al Estatuto y al régimen adoptados con arreglo al artículo 336, el Parlamento Europeo y el Consejo establecerán las disposiciones a tal efecto, mediante reglamentos adoptados con arreglo al procedimiento legislativo ordinario.

1305 Antiguo artículo 254 TCE.

1306 Véase el artículo 132 TFUE.

1307 Véase la Decisión de 15 de septiembre de 1958 del Consejo por la que se crea el DOCE y la Decisión 69/13/EURATOM, CECA, CEE, de 16 de enero, relativa a la instalación de la Oficina de Publicaciones Oficiales de las Comunidades Europeas, DOCE L núm. 13 de 18 de enero, tal y como ha sido modificada.

El Diario Oficial de la Unión Europea (DOUE, antes DOCE) se compone de las series L y C, el suplemento S, y un Anexo con Debates del Parlamento Europeo.

La serie L («Legislación») contiene todos los actos legislativos y regulaciones (Directivas, Decisiones, Reglamentos, etc.) cuya publicación es requisito obligatorio para su entrada en vigor, según exigencia de los Tratados que ya era establecida desde la época de las Comunidades Europeas, así como otros actos.

La serie C («Comunicaciones e Informaciones») recoge gran cantidad de información de la Unión Europea, tal como las propuestas de la Comisión, la jurisprudencia del Tribunal de Justicia, las preguntas escritas del Parlamento Europeo (junto con sus respuestas), la cotización de la unidad de cuenta europea (antes ECU, ahora de la moneda común, el Euro), licitaciones para productos agrícolas y animales, el informe anual del Tribunal de Cuentas, información sobre la convocatoria y celebración de oposiciones para cubrir los puestos de trabajo en las Instituciones de la Unión Europea, dictámenes del Comité Económico y Social Europeo (CESE) o del Comité de Regiones (CdR), posiciones comunes, etc. Es como una especie de «cajón de sastre», donde, además, se publican, en general, cualquier tipo de acto y de disposición cuya fecha de publicación no es requisito exigible para su entrada en vigor.

La serie S es un suplemento que contiene licitaciones públicas, es decir, toda la contratación pública.

1308 Artículo añadido por el TL.

ARTÍCULO 299[1309/1310]

Los actos del Consejo, de la Comisión o del Banco Central Europeo que impongan una obligación pecuniaria a personas distintas de los Estados serán títulos ejecutivos.

La ejecución forzosa se regirá por las normas de procedimiento civil vigentes en el Estado en cuyo territorio se lleve a cabo. La orden de ejecución será consignada, sin otro control que el de la comprobación de la autenticidad del título, por la autoridad nacional[1311] que el Gobierno de cada uno de los Estados miembros habrá de designar al respecto y cuyo nombre deberá comunicar a la Comisión y al Tribunal de Justicia de la Unión Europea.

Cumplidas estas formalidades a instancia del interesado, éste podrá promover la ejecución forzosa conforme al Derecho interno, recurriendo directamente al órgano competente.

La ejecución forzosa sólo podrá ser suspendida en virtud de una decisión del Tribunal de Justicia de la Unión Europea. No obstante, el control de la conformidad a Derecho de las medidas de ejecución será competencia de las jurisdicciones nacionales.

CAPÍTULO 3[1312]
ÓRGANOS CONSULTIVOS DE LA UNIÓN

ARTÍCULO 300[1313]

1. El Parlamento Europeo, el Consejo y la Comisión estarán asistidos por un Comité Económico y Social y por un Comité de las Regiones, que ejercerán funciones consultivas.

2. El Comité Económico y Social estará compuesto por representantes de las organizaciones de empresarios, de trabajadores y de otros sectores representativos de la sociedad civil, en particular en los ámbitos socioeconómico, cívico, profesional y cultural.

3. El Comité de las Regiones estará compuesto por representantes de los entes regionales y locales que sean titulares de un mandato electoral en un ente regional o local, o que tengan responsabilidad política ante una asamblea elegida.

4. Los miembros del Comité Económico y Social y del Comité de las Regiones no estarán vinculados por ningún mandato imperativo. Ejercerán sus funciones con plena independencia, en interés general de la Unión.

5. Las normas contempladas en los apartados 2 y 3, relativas a la naturaleza de la composición de estos Comités, serán revisadas periódicamente por el Consejo para tener en cuenta la evolución económica, social y demográfica en la Unión. El Consejo, a propuesta de la Comisión, adoptará decisiones a tal efecto.

1309 Antiguo artículo 256 TCE.

1310 Véanse las referencias hechas a este artículo en el artículo 280 TFUE en su versión consolidada del TL.

1311 En virtud de lo dispuesto en el Real Decreto 1359/1986 de 28 de junio (BOE núm. 160 de 5 de julio) en España esa autoridad es el Ministro de Justicia.

1312 Capítulo añadido por el TL.

1313 Artículo añadido por el TL.

SECCIÓN PRIMERA
EL COMITÉ ECONÓMICO Y SOCIAL[1314]

ARTÍCULO 301[1315]

El número de miembros del Comité Económico y Social no excederá de trescientos cincuenta.

El Consejo adoptará por unanimidad, a propuesta de la Comisión, una decisión por la que se establezca la composición[1316] del Comité.

El Consejo establecerá las dietas de los miembros del Comité.

ARTÍCULO 302[1317]

1. Los miembros del Comité serán nombrados para un período de cinco años. El Consejo adoptará la lista de miembros establecida de conformidad con las propuestas presentadas por cada Estado miembro. El mandato de los miembros del Comité será renovable.

2. El Consejo se pronunciará previa consulta a la Comisión. Podrá recabar la opinión de las organizaciones europeas representativas de los diferentes sectores económicos y sociales, y de la sociedad civil, a los que conciernan las actividades de la Unión.

ARTÍCULO 303[1318]

El Comité designará de entre sus miembros al Presidente y a la Mesa, por un período de dos años y medio.

Establecerá su reglamento interno[1319].

1314 Esta sección primera corresponde al antiguo Capítulo 3 El comité Económico y Social.

1315 Antiguo artículo 258, párrafos primero, segundo y cuarto del TCE.

1316 Véanse entre otros:

2010/305/: Decisión del Consejo, de 26 de abril de 2010, por la que se nombra a un miembro austriaco del Comité Económico y Social Europeo. *DO L 134 de 1.6.2010.*

2010/278/: Decisión del Consejo, de 10 de mayo de 2010, por la que se nombra a un miembro alemán del Comité Económico y Social Europeo. *DO L 123 de 19.5.2010.*

2009/798/CE, EURATOM: Decisión del Consejo, de 27 de octubre de 2009, por la que se nombra a un miembro neerlandés del Comité Económico y Social Europeo. *DO L 285 de 31.10.2009.*

2009/797/CE, EURATOM: Decisión del Consejo, de 27 de octubre de 2009, por la que se nombra a un miembro italiano del Comité Económico y Social Europeo. *DO L 285 de 31.10.2009.*

2009/733/CE, EURATOM: Decisión del Consejo, de 21 de septiembre de 2009, por la que se nombra a un miembro austriaco del Comité Económico y Social Europeo. *DO L 260 de 3.10.2009.*

2015/1790/UE, EURATOM: Decisión del Consejo, de 1 de octubre de 2015, por la que se nombra a los miembros del Comité Económico y Social Europeo para el periodo comprendido entre el 21 de septiembre de 2015 y el 20 de septiembre de 2020. *DO L 260 de 7.10.2015.*

Decisión 2020/1392/UE, EURATOM: Decisión del Consejo de 2 de octubre de 2020, por la que se nombra a los miembros del Comité Económico y Social Europeo para el periodo comprendido entre el 21 de septiembre de 2020 y el 20 de septiembre de 2025.

1317 Artículo 259 TCE.

1318 Antiguo artículo 260 TCE.

1319 Aprobado, inicialmente, en el Pleno de 6 de julio de 1995, se publicó en el DOCE L núm. 82

El Comité será convocado por su Presidente, a instancia del Parlamento Europeo, del Consejo o de la Comisión. También podrá reunirse por propia iniciativa.

ARTÍCULO 304[1320]

El Comité será consultado[1321] por el Parlamento Europeo, el Consejo o por la Comisión, en los casos previstos en los Tratados. Estas instituciones podrán consultarle en todos aquellos casos en que lo consideren oportuno. Podrá tomar la iniciativa de emitir un dictamen cuando lo juzgue oportuno.

Si lo estimaren necesario, el Parlamento Europeo, el Consejo o la Comisión fijarán al Comité un plazo para la presentación de su dictamen, que no podrá ser inferior a un mes a partir de la fecha de la notificación que, a tal fin, se curse al Presidente. Transcurrido el plazo fijado sin haberse recibido el dictamen, podrá prescindirse del mismo.

El dictamen del Comité será remitido al Parlamento Europeo, al Consejo y a la Comisión, junto con un acta de las deliberaciones.

---

de 30 de marzo de 1996. Fue parcialmente modificado el 10 de julio de 1998, modificaciones (número de miembros de la Mesa, número de Secciones, posibilidad de crear observatorios) que entraron en vigor el 21 de septiembre siguiente. Posteriormente, el 17 de julio de 2002, fue aprobado el vigente Reglamento interno. No obstante, el CESE aprobó, en un Pleno celebrado el 28 de enero de 2021, la última versión del actual Reglamento interno en el que se contienen todas las modificaciones precisas como consecuencia de los cambios que habían tenido lugar en el contexto de la Unión Europea (entre otros, el Brexit).

1320 Antiguo artículo 262 del TCE.

1321 En el TFUE esa consulta se origina en el caso de los artículos: 43, 46, 50, 59, 91, 95, 100, 114, 143, 149, 153, 156, 157, 164, 165, 166, 168, 169, 172, 175, 177, 178, 182, 188, 192, 194, 304 y 307.

SECCIÓN SEGUNDA[1322]
EL COMITÉ DE LAS REGIONES[1323]

ARTÍCULO 305[1324/1325/1326/1327/1328]

El número de miembros del Comité de las Regiones no excederá de trescientos cincuenta.

El Consejo adoptará por unanimidad, a propuesta de la Comisión, una decisión por la que se establezca la composición del Comité.

Los miembros del Comité, así como un número igual de suplentes, serán nombrados[1329] para un período de cinco años. Su mandato será renovable. El Consejo adoptará la lista de miembros y suplentes establecida de conformidad con las propuestas presentadas por cada Estado miembro. Al término del mandato mencionado

---

1322 Antiguo Capítulo 4 en el TCE.

1323 El Comité de las Regiones (CdR) es un órgano consultivo de la Unión Europea (UE), creado por el Tratado de Maastricht. Su primera reunión se celebró en marzo de 1994. Está formado por 350 miembros y un número igual de suplentes elegidos por un periodo de 4 años. Durante el proceso de toma de decisiones europeo, el CdR tiene que ser consultado en los siguientes ámbitos: cohesión económica y social, redes de infraestructuras transeuropeas, salud, educación y cultura, política de empleo, política social, medio ambiente, formación profesional y transportes

1324 Antiguo artículo 263 TCE, párrafos segundo, tercero y cuarto.

1325 Véase el artículo 13 TUE en su versión consolidada del TL.

1326 Véase la Ley 2/1997 de 13 de marzo, por la que se regula la Conferencia para Asuntos relacionados con las Comunidades Europeas (BOE núm. 64 del día 15) y el Reglamento interno de la Conferencia, publicado en el BOE núm. 189 de 8 de agosto de 1997

1327 Véanse en el Real Decreto 1329/1997, de 1 de agosto (BOE núm. 199 del día 20) las funciones atribuidas, dentro de la Secretaría de Estado para las Administraciones Territoriales, a la Dirección General de Cooperación Autonómica y, dependiendo de ésta, a la Subdirección General de Cooperación para asuntos relacionados con las Comunidades Europeas.

1328 Véase el Real Decreto 2105/1996 de 20 de septiembre (BOE núm. 229 del día 21), por el que se crea la Consejería para Asuntos Autonómicos en la Representación Permanente ante la Unión.

1329 Véanse algunos nombramientos de miembros del CdR, como, por ejemplo:
Decisión del Consejo, de 29 de junio de 2010, por la que se nombra a un miembro rumano del Comité de las Regiones *DO L 166 de 1.7.2010.*
Decisión del Consejo, de 3 de junio de 2010, por la que se nombra a tres suplentes daneses del Comité de las Regiones *DO L 140 de 8.6.2010.*
Decisión del Consejo, de 3 de junio de 2010, por la que se nombra a seis miembros y a cuatro suplentes italianos del Comité de las Regiones *DO L 140 de 8.6.2010.*
Decisión del Consejo, de 3 de junio de 2010, por la que se nombra a un miembro polaco del Comité de las Regiones *DO L 140 de 8.6.2010.*
Decisión del Consejo, de 26 de abril de 2010, por la que se nombra a un suplente español del Comité de las Regiones *DO L 107 de 29.4.2010.*
Decisión del Consejo, de 23 de junio de 2015, por la que se nombran miembros y suplentes del Comité de las Regiones para el período comprendido entre el 26 de enero de 2015 y el 25 de enero de 2020 *DO L 159 de 25.6.2015.*
El CdR está formado, en la actualidad, por un total de 329 miembros titulares y de otros tantos suplentes, de los cuales 21 son los que corresponden a España en cada una de las modalidades. Así se desprende de la Decisión (UE) 2019/852 del Consejo, de 21 de mayo de 2019.

en el apartado 3 del artículo 300 en virtud del cual hayan sido propuestos, el mandato de los miembros del Comité concluirá automáticamente y serán sustituidos para el período restante de dicho mandato según el mismo procedimiento. Ningún miembro del Comité podrá ser simultáneamente miembro del Parlamento Europeo.

ARTÍCULO 306[1330]

El Comité de las Regiones designará de entre sus miembros al Presidente y a la Mesa, por un período de dos años y medio.

Establecerá su reglamento interno.[1331]

El Comité será convocado por su Presidente, a instancia del Parlamento Europeo, del Consejo o de la Comisión. También podrá reunirse por propia iniciativa.

ARTÍCULO 307[1332]

El Comité de las Regiones será consultado[1333] por el Parlamento Europeo, el Consejo o por la Comisión, en los casos previstos en los Tratados y en cualesquiera otros, en particular aquellos que afecten a la cooperación transfronteriza, en que una de estas instituciones lo estime oportuno.

Si lo estimaren necesario, el Parlamento Europeo, el Consejo o la Comisión fijarán al Comité un plazo para la presentación de su dictamen, que no podrá ser inferior a un mes a partir de la fecha de la notificación que, a tal fin, se curse al Presidente. Transcurrido el plazo fijado sin haberse recibido el dictamen, podrá prescindirse del mismo.

Cuando el Comité Económico y Social sea consultado en aplicación del artículo 304, el Parlamento Europeo, el Consejo o la Comisión informarán al Comité de las Regiones de esta solicitud de dictamen.

El Comité de las Regiones podrá emitir un dictamen al respecto cuando estime que hay intereses regionales específicos en juego.

Podrá emitir un dictamen por propia iniciativa cuando lo considere conveniente. El dictamen del Comité será remitido al Parlamento Europeo, al Consejo y a la Comisión, junto con el acta de las deliberaciones.

CAPÍTULO 4[1334]
EL BANCO EUROPEO DE INVERSIONES

ARTÍCULO 308[1335]

El Banco Europeo de Inversiones tendrá personalidad jurídica.

Serán miembros del Banco Europeo de Inversiones los Estados miembros.

1330 Antiguo artículo 264 del TCE.

1331 Lo hizo en su tercera sesión plenaria celebrada los días 17 y 18 de mayo de 1994. Aprobado por el Consejo el 25 de mayo de 1994, se publicó en el DOCE L núm. 132 de 27 de mayo 1994.
Véase también, la versión del Reglamento interno del 31 de enero de 2014. DO L 65 de 5.3.2014. Posteriormente se aprobó el vigente Reglamento interno del CdR, el cual lleva fecha de 5 de julio de 2023 (DOUE L 184, de 21 de julio de 2023).

1332 Antiguo artículo 265 del TCE.

1333 Esa consulta es preceptiva en el ámbito del TFUE en el caso de los artículos: 100, 148, 149, 153, 164, 165, 166, 167, 168, 172, 175, 177, 178, 192 y 194.

1334 El capítulo 4 sustituye al capítulo 5 TCE.

1335 Antiguo artículo 266 TCE.

Los Estatutos[1336] del Banco Europeo de Inversiones figuran en un protocolo anejo a los Tratados. El Consejo, por unanimidad, con arreglo a un procedimiento legislativo especial, a petición del Banco Europeo de Inversiones y previa consulta al Parlamento Europeo y a la Comisión, o a propuesta de la Comisión, previa consulta al Parlamento Europeo y al Banco Europeo de Inversiones podrá modificar los Estatutos del Banco.

ARTÍCULO 309[1337]

El Banco Europeo de Inversiones tendrá por misión contribuir al desarrollo equilibrado y estable del mercado interior en interés de la Unión, recurriendo a los mercados de capitales y a sus propios recursos. A tal fin, el Banco facilitará, mediante la concesión de préstamos y garantías y sin perseguir fines lucrativos, la financiación, en todos los sectores de la economía, de los proyectos siguientes:

a) Proyectos para el desarrollo de las regiones más atrasadas.

b) Proyectos que tiendan a la modernización o reconversión de empresas o a la creación de nuevas actividades inducidas por el establecimiento o el funcionamiento del mercado interior que, por su amplitud o naturaleza, no puedan ser enteramente financiados con los diversos medios de financiación existentes en cada uno de los Estados miembros.

c) Proyectos de interés común a varios Estados miembros que, por su amplitud o naturaleza, no puedan ser enteramente financiados con los diversos medios de financiación existentes en cada uno de los Estados miembros.

En el cumplimiento de su misión, el Banco facilitará la financiación de programas de inversión en combinación con acciones de los fondos estructurales y otros instrumentos financieros de la Unión.

TÍTULO II
DISPOSICIONES FINANCIERAS

ARTÍCULO 310[1338/1339]

1. Todos los ingresos y gastos de la Unión deberán estar comprendidos en las previsiones correspondientes a cada ejercicio presupuestario y consignados en el presupuesto[1340/1341].

El Parlamento Europeo y el Consejo establecerán el presupuesto anual de la Unión con arreglo al artículo 314.

El presupuesto deberá estar equilibrado en cuanto a ingresos y gastos.

2. Los gastos consignados en el presupuesto serán autorizados para todo el ejercicio presupuestario anual de conformidad con el reglamento a que se refiere el artículo 322.

1336 Véase el Protocolo n.º 5 sobre los Estatutos del Banco Europeo de Inversiones.

1337 Antiguo artículo 267 TCE.

1338 Antiguo artículo 268 TCE.

1339 Véase el Protocolo núm. 37, sobre las consecuencias financieras de la expiración del Tratado CECA y el fondo de investigación del Carbón y del Acero.

1340 Véase el artículo 41 del TUE en su versión consolidada del TL.

1341 Por ejemplo, véase la aprobación definitiva (UE, EURATOM) 2018/251 del presupuesto general de la Unión Europea para el ejercicio 2018, *DO L 57 de 28.2.2018.* En la actualidad, concretamente, el 14 de marzo de 2023, el Consejo estableció sus prioridades respecto del Presupuesto de la UE para 2024, siendo que, el 12 de julio de 2023, el Consejo acuerda su posición sobre el proyecto de Presupuesto para 2024 y, finalmente, el 11 de noviembre de 2023, se acordó el Presupuesto de la UE para 2024.

3. La ejecución de gastos consignados en el presupuesto requerirá la adopción previa de un acto jurídicamente vinculante de la Unión que otorgue un fundamento jurídico a su acción y a la ejecución del correspondiente gasto de conformidad con el reglamento a que se refiere el artículo 322, salvo en las excepciones que dicho reglamento establezca.

4. A fin de garantizar la disciplina presupuestaria, la Unión no adoptará actos que puedan incidir de manera considerable en el presupuesto sin dar garantías de que los gastos derivados de dichos actos puedan ser financiados dentro del límite de los recursos propios de la Unión y dentro del marco financiero plurianual a que se refiere el artículo 312.

5. El presupuesto se ejecutará con arreglo al principio de buena gestión financiera. Los Estados miembros y la Unión cooperarán para que los créditos consignados en el presupuesto se utilicen de acuerdo con dicho principio.

6. La Unión y los Estados miembros, de conformidad con el artículo 325, combatirán el fraude y cualquier otra actividad ilegal que perjudique a los intereses financieros de la Unión.

CAPÍTULO 1[1342]
RECURSOS PROPIOS DE LA UNIÓN

ARTÍCULO 311[1343]

La Unión se dotará de los medios necesarios para alcanzar sus objetivos y para llevar a cabo sus políticas.

Sin perjuicio del concurso de otros ingresos, el presupuesto será financiado íntegramente con cargo a los recursos propios.

El Consejo adoptará,[1344] con arreglo a un procedimiento legislativo especial, por unanimidad y previa consulta al Parlamento Europeo, una decisión que establezca las disposiciones aplicables al sistema de recursos propios de la Unión. En este contexto se podrá establecer nuevas categorías de recursos propios o suprimir una categoría existente. Dicha decisión sólo entrará en vigor una vez que haya sido aprobada por los Estados miembros, de conformidad con sus respectivas normas constitucionales.

El Consejo fijará, mediante reglamentos adoptados con arreglo a un procedimiento legislativo especial, las medidas de ejecución del sistema de recursos propios de la Unión siempre que así lo disponga la decisión adoptada con arreglo al párrafo tercero. El Consejo se pronunciará previa aprobación del Parlamento Europeo.

1342 Capítulo añadido por el TL.

1343 Antiguo artículo 269 TCE.

1344 Véase la 2000/597/CE, EURATOM: Decisión del Consejo, de 29 de septiembre de 2000, sobre el sistema de recursos propios de las Comunidades Europeas *DO L 253 de 7.10.2000*, y posteriormente, sistema de recursos propios de las Comunidades, por Resolución legislativa del Parlamento Europeo, de 21 de octubre de 2008, sobre la propuesta de Reglamento del Consejo de modificación del Reglamento (CE, EURATOM) n.° 1150/2000, por el que se aplica la Decisión 2000/597/CE, EURATOM relativa al sistema de recursos propios de las Comunidades (COM(2008) 0223 —C6-0197/2008— 2008/0089(CNS) *DO C 15E de 21.1.2010.* Más tarde, será la Decisión 2014/335/UE, EURATOM del Consejo, de 26 de mayo de 2014, la que rija el sistema de recursos propios de la Unión Europea. En la actualidad, es la Decisión (UE, EURATOM) 2020/2053 del Consejo, de 14 de diciembre del 2020, sobre el sistema de recursos propios de la UE y por la que se deroga la Decisión 2014/335/UE, EURATOM, la que va a regular este tema.

CAPÍTULO 2[1345]
MARCO FINANCIERO PLURIANUAL

ARTÍCULO 312[1346]

1. El marco financiero plurianual tendrá por objeto garantizar la evolución ordenada de los gastos de la Unión dentro del límite de sus recursos propios.

Se establecerá para un período mínimo de cinco años.

El presupuesto anual de la Unión respetará el marco financiero plurianual.

2. El Consejo adoptará con arreglo a un procedimiento legislativo especial un reglamento[1347] que fije el marco financiero plurianual. El Consejo se pronunciará por unanimidad, previa aprobación del Parlamento Europeo, que se pronunciará por mayoría de los miembros que lo componen.

El Consejo Europeo podrá adoptar por unanimidad una decisión que permita al Consejo pronunciarse por mayoría cualificada cuando adopte el reglamento contemplado en el párrafo primero.

3. El marco financiero fijará los importes de los límites máximos anuales de créditos para compromisos, por categoría de gastos, y del límite máximo anual de créditos para pagos. Las categorías de gastos, cuyo número deberá ser limitado, corresponderán a los grandes sectores de actividad de la Unión.

El marco financiero establecerá cualesquiera otras disposiciones adecuadas para el buen desarrollo del procedimiento presupuestario anual.

4. Si, al vencimiento del marco financiero anterior, no se ha adoptado el reglamento del Consejo por el que se establece un nuevo marco financiero, se prorrogarán los límites máximos y las demás disposiciones correspondientes al último año de aquél hasta que se adopte dicho acto.

5. Durante el procedimiento conducente a la adopción del marco financiero, el Parlamento Europeo, el Consejo y la Comisión adoptarán todas las medidas necesarias para facilitar dicha adopción.

CAPÍTULO 3[1348]
PRESUPUESTO ANUAL DE LA UNIÓN

ARTÍCULO 313[1349]

El ejercicio presupuestario comenzará el 1 de enero y finalizará el 31 de diciembre.

1345 Capítulo añadido por el TL.

1346 Artículo añadido por el TL.

1347 Véase la Propuesta de Reglamento del Consejo por el que se establece el Marco financiero plurianual para el período 2007-2013, COM/2010/0072 final APP 2010/0048. Asimismo, se puede ver el Reglamento (UE, EURATOM) 2017/1123 del Consejo, de 20 de junio de 2017, por el que se modifica el Reglamento (UE, EURATOM) n.° 1311/2013, por el que se establece el marco financiero plurianual para el período 2014-2020, DOUE L 163 de 24.6.2017. En la actualidad puede afirmarse que, se establece el marco financiero plurianual para el periodo 2021-2027 (DOUE-M-2020-81933), mediante la aprobación del Reglamento n.° 2093/2020 (DOUE n.° 433 de 22 de diciembre de 2020), una vez aprobado por el Parlamento Europeo el 17 de diciembre de 2020.

1348 Capítulo añadido por el TL.

1349 Antiguo artículo 272, apartado 1 (desplazado) TCE.

ARTÍCULO 314[1350/1351/1352]

El Parlamento Europeo y el Consejo establecerán el presupuesto anual de la Unión con arreglo a un procedimiento legislativo especial, atendiendo a las disposiciones siguientes:

1. Cada institución, excepto el Banco Central Europeo, elaborará, antes del 1 de julio, un estado de previsiones de sus gastos para el ejercicio presupuestario siguiente. La Comisión reunirá estas previsiones en un proyecto de presupuesto, que podrá contener previsiones divergentes.

Este proyecto comprenderá una previsión de ingresos y una previsión de gastos.

2. La Comisión presentará al Parlamento Europeo y al Consejo una propuesta que contenga el proyecto de presupuesto, a más tardar el 1 de septiembre del año que precede al de su ejecución.

La Comisión podrá modificar el proyecto de presupuesto durante el procedimiento, hasta la convocatoria del Comité de Conciliación contemplado en el apartado 5.

3. El Consejo adoptará su posición sobre el proyecto de presupuesto y la transmitirá al Parlamento Europeo, a más tardar el 1 de octubre del año que precede al de la ejecución del presupuesto. Informará cumplidamente al Parlamento Europeo de las razones que le hayan llevado a adoptar su posición.

4. Si, en un plazo de cuarenta y dos días desde dicha transmisión, el Parlamento Europeo:

a) Aprueba la posición del Consejo, el presupuesto quedará adoptado.

b) No se pronuncia, el presupuesto se considerará adoptado.

c) Aprueba enmiendas por mayoría de los miembros que lo componen, el proyecto así enmendado será transmitido al Consejo y a la Comisión. El Presidente del Parlamento Europeo, de acuerdo con el Presidente del Consejo, convocará sin demora al Comité de Conciliación. No obstante, si en un plazo de diez días a partir de la transmisión del proyecto el Consejo comunica al Parlamento Europeo que aprueba todas sus enmiendas, el Comité de Conciliación no se reunirá.

5. El Comité de Conciliación, que estará compuesto por los miembros del Consejo o sus representantes y por un número igual de miembros que representen al Parlamento Europeo, tendrá por misión alcanzar, en un plazo de veintiún días a partir de su convocatoria, un acuerdo por mayoría cualificada de los miembros del Consejo o sus representantes y por mayoría de los miembros que representen al Parlamento Europeo, sobre un texto conjunto basado en las posiciones del Parlamento Europeo y del Consejo.

La Comisión participará en los trabajos del Comité de Conciliación y tomará todas las iniciativas necesarias para propiciar un acercamiento entre las posiciones del Parlamento Europeo y del Consejo.

6. Si, en el plazo de veintiún días mencionado en el apartado 5, el Comité de Conciliación alcanza un acuerdo sobre un texto conjunto, el Parlamento Europeo y el

---

1350 Antiguo artículo 272, apartados 2 a 10 TCE

1351 Véase el artículo 14 del TUE en su versión consolidada del TL.

1352 Véase la Declaración Común del PE, Consejo y Comisión de 30 de junio de 1982, DOCE C núm. 194 de 28 de julio, y el Acuerdo interinstitucional de 29 de octubre de 1993 sobre la disciplina presupuestaria y la mejora del procedimiento presupuestario, DOCE C núm. 331 de 7 de diciembre.

Asimismo, ver también Resolución sobre los procedimientos ad hoc para el presupuesto 1999, previstos en los Acuerdos Interinstitucionales de 29 de octubre de 1993 sobre la disciplina presupuestaria y la mejora del procedimiento presupuestario y de 16 de julio de 1997 sobre las disposiciones relativas a la financiación de la política exterior y de seguridad común, así como en el procedimiento relativo a la financiación de los acuerdos internacionales en materia de pesca, de conformidad con la Declaración común de 12 de diciembre de 1996 Diario Oficial n.° *C 226 de 20/07/1998.*

Consejo dispondrán cada uno de catorce días a partir de la fecha de dicho acuerdo para aprobar el texto conjunto.

7. Si, en el plazo de catorce días mencionado en el apartado 6:

a) El Parlamento Europeo y el Consejo aprueban el texto conjunto o no adoptan decisión alguna, o si una de estas instituciones aprueba el texto conjunto mientras que la otra no adopta decisión alguna, el presupuesto se considerará definitivamente adoptado de conformidad con el texto conjunto, o bien

b) El Parlamento Europeo, por mayoría de los miembros que lo componen, y el Consejo rechazan el texto conjunto, o si una de estas instituciones rechaza el texto conjunto mientras que la otra no adopta decisión alguna, la Comisión presentará un nuevo proyecto de presupuesto, o bien

c) El Parlamento Europeo, por mayoría de los miembros que lo componen, rechaza el texto conjunto mientras que el Consejo lo aprueba, la Comisión presentará un nuevo proyecto de presupuesto, o bien

d) El Parlamento Europeo aprueba el texto conjunto mientras que el Consejo lo rechaza, el Parlamento Europeo podrá, en un plazo de catorce días a partir de la fecha del rechazo del Consejo, decidir por mayoría de los miembros que lo componen y tres quintas partes de los votos emitidos que confirma en su totalidad o en parte las enmiendas a que se refiere la letra c) del apartado 4. Si no se confirma una enmienda del Parlamento Europeo, se mantendrá la posición adoptada en el Comité de Conciliación con respecto a la línea presupuestaria objeto de la enmienda. El presupuesto se considerará definitivamente adoptado sobre esta base.

8. Si, en el plazo de veintiún días mencionado en el apartado 5, el Comité de Conciliación no alcanza un acuerdo sobre un texto conjunto, la Comisión presentará un nuevo proyecto de presupuesto.

9. Cuando haya concluido el procedimiento establecido en el presente artículo, el Presidente del Parlamento Europeo declarará que el presupuesto ha quedado definitivamente adoptado[1353].

10. Cada institución ejercerá las competencias que le atribuye el presente artículo dentro del respeto a los Tratados y a los actos adoptados en virtud de éstos, en particular en materia de recursos propios de la Unión y de equilibrio entre los ingresos y los gastos.

ARTÍCULO 315[1354]

Si, al iniciarse un ejercicio presupuestario, aún no se ha adoptado definitivamente el presupuesto, los gastos podrán efectuarse mensualmente por capítulos, según lo dispuesto en el reglamento adoptado en virtud del artículo 322, dentro del límite de la doceava parte de los créditos consignados en el capítulo correspondiente del presupuesto del ejercicio precedente, sin que pueda superarse la doceava parte de los créditos previstos para el mismo capítulo en el proyecto de presupuesto.

El Consejo, a propuesta de la Comisión, podrá autorizar gastos que excedan de la doceava parte, siempre que se respeten las restantes condiciones establecidas en el párrafo primero, de conformidad con el reglamento adoptado en virtud del artículo 322. Comunicará inmediatamente su decisión al Parlamento Europeo.

1353 Aprobación definitiva del presupuesto general de la Unión Europea para el ejercicio 2010 DO L 64 de 12.3.2010. Posteriormente, véase, por ejemplo, la Aprobación definitiva (UE, EURATOM) 2018/251 del Presupuesto General de la Unión Europea para el ejercicio 2018, (DOUE L 57 28.02.2018). En la actualidad, concretamente, el 14 de marzo de 2023, el Consejo estableció sus prioridades respecto del Presupuesto de la UE para 2024, siendo que, el 12 de julio de 2023, el Consejo acuerda su posición sobre el proyecto de Presupuesto para 2024 y, finalmente, el 11 de noviembre de 2023, se acordó el Presupuesto de la UE para 2024.

1354 Antiguo artículo 273 del TCE.

La decisión a que se refiere el párrafo segundo deberá prever las medidas necesarias en materia de recursos para la aplicación del presente artículo, respetando los actos mencionados en el artículo 311.

Dicha decisión entrará en vigor a los treinta días de su adopción, a menos que dentro de ese plazo el Parlamento Europeo decida, por mayoría de los miembros que lo componen, reducir los gastos.

ARTÍCULO 316[1355]

En las condiciones que se determinen en aplicación del artículo 322, los créditos que no correspondan a gastos de personal y que queden sin utilizar al final del ejercicio presupuestario sólo podrán ser prorrogados hasta el ejercicio siguiente.

Los créditos se especificarán por capítulos, que agruparán los gastos según su naturaleza o destino y se subdividirán de conformidad con el reglamento adoptado en virtud del artículo 322.

Los gastos del Parlamento Europeo, del Consejo Europeo y del Consejo, de la Comisión, así como del Tribunal de Justicia de la Unión Europea figurarán en partidas separadas del presupuesto, sin perjuicio de un régimen especial para determinados gastos comunes.

CAPÍTULO 4[1356]
EJECUCIÓN DEL PRESUPUESTO Y APROBACIÓN DE LA GESTIÓN

ARTÍCULO 317[1357]

La Comisión, bajo su propia responsabilidad y dentro del límite de los créditos autorizados, ejecutará[1358] el presupuesto en cooperación con los Estados miembros de conformidad con las disposiciones de los reglamentos adoptados en virtud del artículo 322, con arreglo al principio de buena gestión financiera.

Los Estados miembros cooperarán con la Comisión para garantizar que los créditos autorizados se utilizan de acuerdo con el principio de buena gestión financiera.

El reglamento determinará las obligaciones de control y auditoría de los Estados miembros en la ejecución del presupuesto, así como las responsabilidades que de ello se derivan. Establecerá asimismo las responsabilidades y las formas específicas de participación de cada institución en la ejecución de sus propios gastos.

1355 Antiguo artículo 271 (desplazado) del TCE.

1356 Capítulo añadido por el TL.

1357 Antiguo artículo 274 del TCE

1358 Véase la Resolución del PE de 16 de septiembre de 1998 sobre el Acuerdo interinstitucional de 13 de octubre de 1998 (que figura como anexo) entre el PE, el Consejo y la Comisión sobre las bases jurídicas y la ejecución del presupuesto, DOCE C núm. 313 de 12 de octubre. Asimismo, ver Resolución del Parlamento Europeo, de 25 de noviembre de 2009, que contiene las observaciones que forman parte integrante de la Decisión por la que se aprueba la gestión en la ejecución del presupuesto general de la Unión Europea para el ejercicio 2007, sección II - Consejo DO L 19 de 23.1.2010. Además, conviene observar, por ejemplo, la Decisión sobre la aprobación de la gestión en la ejecución del presupuesto general de la Unión Europea para el ejercicio 2016, sección II - Consejo DO L 165 de 2.7.2018. Asimismo, en la actualidad, debe citarse el Informe del Parlamento Europeo (A9-0085/2023) sobre la Aprobación de la gestión en la ejecución del Presupuesto general de la U.E. para el ejercicio 2021, sección II-Consejo Europeo (2022/2083) de 27 de marzo de 2023.

Dentro del presupuesto, la Comisión podrá transferir créditos de capítulo a capítulo o de subdivisión a subdivisión, con los límites y en las condiciones que establezca el reglamento adoptado en virtud del artículo 322.

ARTÍCULO 318[1359/1360]

La Comisión presentará cada año al Parlamento Europeo y al Consejo las cuentas del ejercicio cerrado relativas a las operaciones del presupuesto. Además, les remitirá un balance financiero del activo y pasivo de la Unión.

La Comisión presentará asimismo al Parlamento Europeo y al Consejo un informe de evaluación de las finanzas de la Unión basado en los resultados obtenidos, en particular, en relación con las indicaciones dadas por el Parlamento Europeo y el Consejo en virtud del artículo 319.

ARTÍCULO 319[1361]

1. El Parlamento Europeo, por recomendación del Consejo, aprobará[1362] la gestión de la Comisión en la ejecución del presupuesto. A tal fin, examinará, después del Consejo, las cuentas, el balance financiero y el informe de evaluación mencionados en el artículo 318, el informe anual del Tribunal de Cuentas, acompañado de las respuestas de las instituciones controladas a las observaciones del Tribunal de Cuentas, la declaración de fiabilidad a que se refiere el párrafo segundo del apartado 1 del artículo 287 y los informes especiales pertinentes del Tribunal de Cuentas.

2. Antes de aprobar la gestión de la Comisión, o con cualquier otra finalidad relacionada con el ejercicio de las atribuciones de ésta en materia de ejecución del presupuesto, el Parlamento Europeo podrá solicitar explicaciones a la Comisión sobre la ejecución de los gastos o el funcionamiento de los sistemas de fiscalización financiera. La Comisión facilitará al Parlamento Europeo, a instancia de éste, toda la información necesaria.

3. La Comisión hará todo lo necesario para dar efecto a las observaciones que acompañen a las decisiones de aprobación de la gestión y las demás observaciones del Parlamento Europeo relativas a la ejecución de los gastos, así como a los comentarios que acompañen a las recomendaciones de aprobación adoptadas por el Consejo.

A instancia del Parlamento Europeo o del Consejo, la Comisión informará acerca de las medidas adoptadas como consecuencia de dichas observaciones y comentarios y, en particular, acerca de las instrucciones impartidas a los servicios encargados de la ejecución del presupuesto. Dichos informes se enviarán también al Tribunal de Cuentas.

1359 Artículo 275 del TCE.

1360 Véase el artículo siguiente (319 TFUE, antiguo 276 del TCE).

1361 Antiguo artículo 276 del TCE.

1362 En sesión plenaria celebrada el día 17 de diciembre de 1998, el Parlamento Europeo rechazó la «aprobación de la gestión presupuestaria de 1996» por 270 votos a favor, 225 en contra y 23 abstenciones. Tras ello, el Grupo Socialista, favorable a que se aprobara esa gestión, anuncio que, en ausencia de la figura de la cuestión de confianza, presentaría una moción de censura, que votaría en contra como muestra de apoyo a la Comisión. Esa moción de censura fue retirada en el último momento, pero no ocurrió lo mismo con otra presentada por iniciativa del Grupo Europa de las Naciones que fue votada el 14 de enero de 1999. No prosperó al obtener 232 votos a favor frente a 293 en contra y 27 abstenciones. En marzo de 1999, dimitieron el Presidente y los demás miembros de la Comisión.

CAPÍTULO 5[1363]
DISPOSICIONES COMUNES

ARTÍCULO 320[1364]

El marco financiero plurianual y el presupuesto anual se establecerán en euros.

ARTÍCULO 321[1365]

La Comisión podrá transferir a la moneda de uno de los Estados miembros los activos que posea en la moneda de otro Estado miembro, en la medida necesaria para que puedan ser utilizados para los fines que les asignan los Tratados, siempre que informe de ello a las autoridades competentes de los Estados miembros interesados. La Comisión evitará, en la medida de lo posible, proceder a tales transferencias si posee activos disponibles o realizables en las monedas que precise.

La Comisión se relacionará con cada uno de los Estados miembros por intermedio de la autoridad que éstos designen[1366]. Para la ejecución de las operaciones financieras, la Comisión recurrirá al banco de emisión del Estado miembro interesado, o a otra institución financiera autorizada por éste.

ARTÍCULO 322[1367/1368]

1. El Parlamento Europeo y el Consejo adoptarán mediante reglamentos, con arreglo al procedimiento legislativo ordinario y tras consultar al Tribunal de Cuentas:

Las normas financieras por las que se determinarán, en particular, las modalidades de establecimiento y ejecución del presupuesto, así como las referentes a la rendición y censura de cuentas[1369].

1363 Capítulo añadido por el TL.

1364 Antiguo artículo 277 TCE.

1365 Antiguo artículo 278 TCE.

1366 Véase la Orden del Ministerio de Economía y Hacienda de 12 de septiembre de 1996 por la que se regulan los flujos financieros entre la Comunidad Europea y la Administración General del Estado, BOE núm. 232 de 25 de septiembre.

1367 Antiguo artículo 279 del Tratado CE.

1368 Véanse las referencias a este artículo en los artículos 315, 316 y 317 TFUE.

1369 Véase el Reglamento financiero de 21 de diciembre de 1977, aplicable al presupuesto general de las Comunidades Europeas tal y como ha sido sucesivamente modificado.
Véase el Reglamento (CE, EURATOM) n.° 2342/2002 de la Comisión, de 23 de diciembre de 2002, sobre normas de desarrollo del Reglamento (CE, EURATOM) n.° 1605/2002 del Consejo, por el que se aprueba el Reglamento financiero aplicable al presupuesto general de las Comunidades Europeas [Diario Oficial L 357 de 31.12.2002]. Este Reglamento tiene por objeto completar al nuevo Reglamento financiero y traducir los principios y definiciones en normas concretas. Define, por lo tanto, las verdaderas normas de gestión financiera puesto que el nuevo Reglamento financiero se ha simplificado con relación al Reglamento financiero de 1977, remitiendo a las normas de desarrollo todas las disposiciones de detalle.
Este Reglamento fue modificado por:
- el Reglamento (CE, EURATOM) n.° 1261/2005 de la Comisión, de 20 de julio de 2005 [Diario Oficial L 201 de 2.8.2005];
- el Reglamento (CE, EURATOM) n.° 1248/2006 de la Comisión, de 7 de agosto de 2006 [Diario Oficial L 227 de 19.8.2006];
- el Reglamento (CE, EURATOM) n.° 478/2007 de la Comisión, de 23 de abril de 2007 [Diario Oficial L 111 de 28.4.2007].

Las normas por las que se organizará el control de la responsabilidad de los agentes financieros, en particular de los ordenadores de pagos y de los contables[1370].

2. El Consejo, a propuesta de la Comisión, previa consulta al Parlamento Europeo y al Tribunal de Cuentas fijará las modalidades y el procedimiento con arreglo a los cuales deberán ponerse a disposición de la Comisión los ingresos presupuestarios previstos en el régimen de recursos propios de la Unión y definirá las medidas que deban aplicarse para hacer frente, en su caso, a las necesidades de tesorería.

ARTÍCULO 323

El Parlamento Europeo, el Consejo y la Comisión velarán por que la Unión disponga de los medios financieros que le permitan cumplir sus obligaciones jurídicas frente a terceros.

ARTÍCULO 324

Por iniciativa de la Comisión, se convocarán reuniones periódicas de los Presidentes del Parlamento Europeo, del Consejo y de la Comisión en el marco de los procedimientos presupuestarios contemplados en el presente título. Los Presidentes adoptarán todas las medidas necesarias para propiciar la concertación y el acercamiento de las posiciones de las instituciones que presiden a fin de facilitar la aplicación del presente título.

CAPÍTULO 6[1371]
LUCHA CONTRA EL FRAUDE

ARTÍCULO 325[1372]

1. La Unión y los Estados miembros combatirán el fraude y toda actividad ilegal que afecte a los intereses financieros de la Unión[1373] mediante medidas adoptadas en

- el Reglamento (UE, EURATOM) n.° 966/2012 del Parlamento Europeo y del Consejo, de 25 de octubre de 2012, sobre las normas financieras aplicables al presupuesto general de la Unión [Diario Oficial L 298 de 26.10.2012].
- el Reglamento (UE, EURATOM) 2018/1046 del Parlamento Europeo y del Consejo de 18 de julio de 2018, sobre las normas financieras aplicables al Presupuesto General de la Unión, por el que se modifican los Reglamentos UE (UE) n.° 1296/2013, (UE) n.° 1301/2013, (UE) n.° 1303/2013, (UE) n.° 1304/2013, (UE) n.° 1309/2013, (UE) n.° 1316/2013, (UE) n.° 223/2014, y (UE) n.° 283/2014 y la Decisión n.° 541/2014/UE y por el que se deroga el Reglamento (UE, EURATOM) n.° 966/2012.

1370 Véase el Reglamento 2988/95/CE, EURATOM del Consejo, de 18 de diciembre, relativo a la protección de los intereses financieros de las Comunidades Europeas, DOCE L núm. 312 de 23 de diciembre.

1371 Capítulo añadido por el TL.

1372 Antiguo artículo 280 TCE.

1373 Véase el Reglamento 2988/95/CE, EURATOM del Consejo, de 18 de diciembre, relativo a la protección de los intereses financieros de las Comunidades Europeas (DOCE L núm. 312 de 23 de diciembre) y el Reglamento 2185/96/CE, EURATOM del Consejo de 11 de noviembre, relativo a los controles y verificaciones in situ que realiza la Comisión para la protección de los intereses financieros de las Comunidades Europeas contra los fraudes e irregularidades (DOCE L núm. 292 de 15 de noviembre) y el Reglamento (UE, EURATOM) n.° 883/2013 del Parlamento Europeo y del Consejo, de 11 de septiembre de 2013 , relativo a las investigaciones efectuadas por la Oficina Europea de Lucha contra el Fraude (OLAF) y por el que se deroga el Reglamento (CE) n.° 1073/1999 del Parlamento Europeo y del virtud de lo dispuesto en el presente artículo, que deberán tener un efecto disuasorio y ser capaces de ofrecer una protección eficaz en los Estados miembros y en las instituciones, órganos y organismos de la Unión[1374].

2. Los Estados miembros adoptarán[1375] para combatir el fraude que afecte a los intereses financieros de la Unión las mismas medidas que para combatir el fraude que afecte a sus propios intereses financieros.

3. Sin perjuicio de otras disposiciones de los Tratados, los Estados miembros coordinarán[1376] sus acciones encaminadas a proteger los intereses financieros de la Unión contra el fraude. A tal fin, organizarán, junto con la Comisión, una colaboración estrecha y regular entre las autoridades competentes.

4. El Parlamento Europeo y el Consejo, con arreglo al procedimiento legislativo ordinario y previa consulta al Tribunal de Cuentas, adoptarán las medidas necesarias en los ámbitos de la prevención y lucha contra el fraude que afecte a los intereses financieros de la Unión con miras a ofrecer una protección eficaz y equivalente en los Estados miembros y en las instituciones, órganos y organismos de la Unión.

5. La Comisión, en cooperación con los Estados miembros, presentará anualmente al Parlamento Europeo y al Consejo un informe sobre las medidas adoptadas para la aplicación del presente artículo.

Consejo y el Reglamento (EURATOM) n.° 1074/1999 del Consejo (DO L 248 de 18.9.2013). Posteriormente, véase el Reglamento (UE) 2021/785 del Parlamento Europeo y del Consejo de 29 de abril del 2021, por el que se establece el Programa de la Unión de Lucha contra el Fraude y por el que se deroga el Reglamento (UE) n.° 250/2014 (DOUE L n.° 172, de 17 de mayo de 2021).

1374 STJCE de 23 de noviembre de 1995, C-476/93 P, Nutral/Comisión y STJUE de 5 de diciembre de 2017, C-42/17, procedimiento prejudicial. El artículo 209 A (posteriormente sería el artículo 280 TCE, y actualmente el 325 TFUE) confirma plenamente que los Estados miembros son los responsables de la lucha contra el fraude que afecte a los intereses económicos de la Comunidad.

1375 Véanse los artículos 305, 306.1, 306.3 del Código Penal.

1376 Véase el Acto del Consejo de 26 de julio de 1995 por el que se establece el Convenio relativo a la protección de los intereses financieros de las Comunidades Europeas, DOCE C núm. 316 de 27 de noviembre; el Acto del Consejo de 27 de septiembre de 1996 por el que se establece un Protocolo del Convenio relativo a la protección de los intereses financieros de las Comunidades Europeas, DOCE C núm. 313 de 23 de octubre; el Acto del Consejo de 19 de junio de 1997 por el que se establece el Segundo Protocolo del Convenio relativo a la protección de los intereses financieros de las Comunidades Europeas, DOCE C núm. 221 de 19 de julio; y el Acto del Consejo de 26 de mayo de 1997 por el que se establece el Convenio relativo a la lucha contra los actos de corrupción en los que estén implicados funcionarios de las Comunidades Europeas o de los Estados miembros de la Unión Europea, DOCE C núm. 195 de 25 de junio.

TÍTULO III[1377]
COOPERACIONES REFORZADAS[1378/1379/1380]

ARTÍCULO 326[1381]

Las cooperaciones reforzadas respetarán los Tratados y el Derecho de la Unión. Las cooperaciones reforzadas no perjudicarán al mercado interior ni a la cohesión económica, social y territorial. No constituirán un obstáculo ni una discriminación para los intercambios entre Estados miembros, ni provocarán distorsiones de competencia entre ellos.

ARTÍCULO 327[1382]

Las cooperaciones reforzadas respetarán las competencias, los derechos y las obligaciones de los Estados miembros que no participen en ellas. Éstos no impedirán que las apliquen los Estados miembros que participen en ellas.

ARTÍCULO 328[1383]

1. Las cooperaciones reforzadas estarán abiertas a todos los Estados miembros en el momento en que se establezcan, siempre y cuando se respeten las posibles condiciones de participación establecidas en la decisión de autorización. También lo estarán en cualquier otro momento, siempre y cuando se respeten, además de las mencionadas condiciones, los actos ya adoptados en este marco.

La Comisión y los Estados miembros que participen en una cooperación reforzada procurarán fomentar la participación del mayor número posible de Estados miembros.

1377 Título añadido por el TL.

1378 La cooperación reforzada permite una cooperación más estrecha entre los países de la Unión que deseen continuar la profundización de la construcción europea, respetando el marco institucional único de la Unión.

1379 El TL prevé «cooperaciones reforzadas». Con el fin de comprender mejor su funcionamiento, la Fundación Robert Schuman publica, en su colección de «Notas», un estudio de Pierre Fauchon y François Sicard sobre «La Europa de las cooperaciones voluntarias, o cómo dar un nuevo impulso a Europa».

1380 El 16 de julio de 2010 la Unión Europea pone a disposición de todos los ciudadanos la web «E-justice», que facilitará el acceso a la justicia en cualquiera de los Estados miembros de la Unión Europea.
La web, que está disponible en las 24 lenguas oficiales de la UE, permite encontrar respuestas sobre el funcionamiento de los sistemas judiciales de los Estados miembros de la UE, así como otros asuntos como divorcios, fallecimiento, litigación o mudanza. Además, se facilita a los ciudadanos cuestiones como encontrar un abogado en otro país, información sobre procedimientos judiciales, la forma de emprender acciones legales, la legislación aplicable en un caso o si pueden acogerse a la justicia gratuita. En dicho portal se puede encontrar información acerca de las cooperaciones reforzadas y, en definitiva, de las materias pertenecientes al Derecho Comunitario.

1381 Antiguos artículos 11 y 11 A (sustituido). Sustituye también a los artículos 27 A a 27 E, 40 a 40 B y 43 a 45 del antiguo TUE.

1382 Antiguos artículos 11 y 11 A (sustituido). Sustituye también a los artículos 27 A a 27 E, 40 a 40 B y 43 a 45 del antiguo TUE.

1383 Antiguos artículos 11 y 11 A (sustituido). Sustituye también a los artículos 27 A a 27 E, 40 a 40 B y 43 a 45 del antiguo TUE.

2. La Comisión y, en su caso, el Alto Representante de la Unión para Asuntos Exteriores y Política de Seguridad informarán periódicamente al Parlamento Europeo y al Consejo sobre la evolución de las cooperaciones reforzadas.

ARTÍCULO 329[1384/1385]

1. Los Estados miembros que deseen establecer entre sí una cooperación reforzada en cualquiera de los ámbitos contemplados en los Tratados, con excepción de los ámbitos de competencia exclusiva y de la política exterior y de seguridad común, dirigirán a la Comisión una solicitud, en la que precisarán el ámbito de aplicación y los objetivos de la cooperación reforzada prevista. La Comisión podrá presentar al Consejo una propuesta en este sentido. Si no presenta ninguna propuesta, la Comisión comunicará los motivos a los Estados miembros interesados.

La autorización contemplada en el párrafo primero para llevar a cabo una cooperación reforzada será concedida por el Consejo a propuesta de la Comisión y previa aprobación del Parlamento Europeo.

2. La solicitud de los Estados miembros que deseen establecer entre sí una cooperación reforzada en el marco de la política exterior y de seguridad común se dirigirá al Consejo. Será transmitida al Alto Representante de la Unión para Asuntos Exteriores y Política de Seguridad, para que éste dictamine acerca de la coherencia de la cooperación reforzada prevista con la política exterior y de seguridad común de la Unión, así como a la Comisión, para que ésta dictamine, en particular, sobre la coherencia de la cooperación reforzada prevista con las demás políticas de la Unión. Se transmitirá asimismo al Parlamento Europeo a título informativo.

La autorización de llevar a cabo una cooperación reforzada se concederá mediante decisión del Consejo, que se pronunciará por unanimidad.

ARTÍCULO 330[1386]

Todos los miembros del Consejo podrán participar en sus deliberaciones, pero únicamente participarán en la votación los miembros del Consejo que representen a los Estados miembros que participan en una cooperación reforzada.

La unanimidad estará constituida únicamente por los votos de los representantes de los Estados miembros participantes.

La mayoría cualificada se definirá de conformidad con el apartado 3 del artículo 238.

ARTÍCULO 331[1387]

1. Todo Estado miembro que desee participar en una cooperación reforzada ya existente en uno de los ámbitos previstos en el apartado 1 del artículo 329 lo notificará al Consejo y a la Comisión.

La Comisión confirmará la participación del Estado miembro de que se trate en un plazo de cuatro meses a partir de la recepción de dicha notificación. Hará constar, en su caso, que se cumplen las condiciones de participación y adoptará las medidas transitorias necesarias para la aplicación de los actos ya adoptados en el marco de la cooperación reforzada.

1384 Antiguos artículos 11 y 11 A (sustituido). Sustituye también a los artículos 27 A a 27 E, 40 a 40 B y 43 a 45 del antiguo TUE

1385 Véase Declaración núm. 40 relativa al artículo 329 del TFUE.

1386 Antiguos artículos 11 y 11 A (sustituido). Sustituye también a los artículos 27 A a 27 E, 40 a 40 B y 43 a 45 del antiguo TUE

1387 Antiguos artículos 11 y 11 A (sustituido). Sustituye también a los artículos 27 A al 27 E, 40 al 40 B y 43 al 45 del antiguo TUE.

No obstante, si la Comisión considera que no se cumplen las condiciones de participación, indicará las disposiciones necesarias para ello y establecerá un plazo para reconsiderar la solicitud. Al término de dicho plazo, reconsiderará la solicitud con arreglo al procedimiento establecido en el párrafo segundo.

Si la Comisión considera que siguen sin cumplirse las condiciones de participación, el Estado miembro de que se trate podrá someter la cuestión al Consejo, que deberá pronunciarse sobre la solicitud. El Consejo se pronunciará de conformidad con el artículo 330. Podrá adoptar asimismo, a propuesta de la Comisión, las medidas transitorias mencionadas en el párrafo segundo.

2. Todo Estado miembro que desee participar en una cooperación reforzada ya existente en el marco de la política exterior y de seguridad común lo notificará al Consejo, al Alto Representante de la Unión para Asuntos Exteriores y Política de Seguridad y a la Comisión.

El Consejo confirmará la participación del Estado miembro de que se trate, previa consulta al Alto Representante de la Unión para Asuntos Exteriores y Política de Seguridad y después de comprobar, en su caso, que cumple las condiciones de participación. El Consejo, a propuesta del Alto Representante, podrá adoptar asimismo las medidas transitorias necesarias para la aplicación de los actos ya adoptados en el marco de la cooperación reforzada. No obstante, si el Consejo estima que no se cumplen las condiciones de participación, indicará las disposiciones necesarias para ello y establecerá un plazo para reconsiderar la solicitud de participación.

A efectos del presente apartado, el Consejo se pronunciará por unanimidad y de conformidad con el artículo 330.

ARTÍCULO 332[1388]

Los gastos resultantes de la aplicación de una cooperación reforzada que no sean los gastos administrativos ocasionados a las instituciones serán sufragados por los Estados miembros participantes, a menos que el Consejo, por unanimidad de todos sus miembros y previa consulta al Parlamento Europeo, decida otra cosa.

ARTÍCULO 333[1389]

1. Cuando una disposición de los Tratados que pueda aplicarse en el marco de una cooperación reforzada establezca que el Consejo debe pronunciarse por unanimidad, éste podrá adoptar por unanimidad, de conformidad con lo dispuesto en el artículo 330, una decisión que establezca que se pronunciará por mayoría cualificada.

2. Cuando una disposición de los Tratados que pueda aplicarse en el marco de una cooperación reforzada establezca que el Consejo debe adoptar los actos correspondientes con arreglo a un procedimiento legislativo especial, el Consejo podrá adoptar por unanimidad, de conformidad con lo dispuesto en el artículo 330, una decisión que establezca que se pronunciará con arreglo al procedimiento legislativo ordinario. El Consejo se pronunciará previa consulta al Parlamento Europeo.

3. Los apartados 1 y 2 no se aplicarán a las decisiones que tengan repercusiones militares o en el ámbito de la defensa.

1388 Antiguos artículos 11 y 11 A (sustituido). Sustituye también a los artículos 27 A al 27 E, 40 al 40 B y 43 al 45 del antiguo TUE

1389 Antiguos artículos 11 y 11 A (sustituido). Sustituye también a los artículos 27 A al 27 E, 40 al 40 B y 43 al 45 del antiguo TUE.

ARTÍCULO 334[1390]

El Consejo y la Comisión velarán por la coherencia de las acciones emprendidas en el marco de una cooperación reforzada, así como por la coherencia de dichas acciones con las políticas de la Unión, y cooperarán a tal efecto.

SÉPTIMA PARTE[1391]
DISPOSICIONES GENERALES Y FINALES

ARTÍCULO 335[1392]

La Unión gozará en cada uno de los Estados miembros de la más amplia capacidad jurídica que las legislaciones nacionales reconocen a las personas jurídicas; podrá, en particular, adquirir o enajenar bienes muebles e inmuebles y comparecer en juicio. A tal fin, estará representada por la Comisión. No obstante, la Unión estará representada por cada una de las instituciones, en virtud de la autonomía administrativa de éstas, para las cuestiones relacionadas con el funcionamiento de las mismas.

ARTÍCULO 336[1393]

El Parlamento Europeo y el Consejo establecerán, mediante reglamentos adoptados con arreglo al procedimiento legislativo ordinario y previa consulta a las demás instituciones interesadas, el Estatuto de los funcionarios de la Unión Europea[1394] y el régimen aplicable a los otros agentes de la Unión.

ARTÍCULO 337[1395/1396]

Para la realización de las funciones que le son atribuidas, la Comisión podrá recabar todo tipo de informaciones y proceder a todas las comprobaciones necesarias,

---

1390 Antiguos artículos 11 y 11 A (sustituido). Sustituye también a los artículos 27 A al 27 E, 40 al 40 B y 43 al 45 del antiguo TUE

1391 Esta Séptima Parte se corresponde con la Sexta Parte del antiguo TCE.

1392 Antiguo artículo 282 TCE.

1393 Antiguo artículo 283 TCE.

1394 Véase el Reglamento n.° 31 (CEE) 11 (CEEA) por el que se establece el Estatuto de los funcionarios y el régimen aplicable a los otros agentes de la Comunidad Económica Europea y de la Comunidad Europea de la Energía Atómica, DO P 045 de 14.6.1962, cuyas dos últimas rectificaciones se pueden ver en la Rectificación, DO L 140, 14.5.2014, p. 178 (422/2014), y Rectificación, DO L 137, 26.05.2016, p. 137 (1473/1972).

1395 Antiguo artículo 284 TCE.

1396 STJCE de 9 de noviembre de 1995, C-426/93, Alemania/Consejo. La falta de regulación de votaciones en el artículo 213 TCE (artículo 284 del TCE y actualmente 337 TFUE) no impide basar un acto del Consejo en esta disposición. Efectivamente, el apartado 1 del artículo 148 del Tratado (artículo 205 del TCE y actualmente derogado del TFUE, pero sustituido en sustancia por el artículo 16, apartados 4 y 5 del TL.) sería superfluo si la falta de regulación de votaciones específica en una disposición del Tratado le impidiera servir de base jurídica para un acto del Consejo. El hecho de que el artículo 213 (artículo 284 TCE y 337 TFUE) no prevea ni un derecho de iniciativa a favor de la Comisión ni la intervención del Parlamento Europeo o del Comité Económico y Social no puede invalidar esta conclusión. En efecto, consta que otras disposiciones del Tratado, como el artículo 217 (290 del Tratado CE y dentro de los límites y en las condiciones fijados por el Consejo, por mayoría simple, de conformidad con las disposiciones de los Tratados.

ARTÍCULO 338[1397]

1. Sin perjuicio de lo dispuesto en el artículo 5 del Protocolo sobre los Estatutos del Sistema Europeo de Bancos Centrales y del Banco Central Europeo, el Parlamento Europeo y el Consejo, con arreglo al procedimiento legislativo ordinario, adoptarán medidas para la elaboración de estadísticas[1398] cuando sean necesarias para la realización de las actividades de la Unión.

2. La elaboración de estadísticas de la Unión se ajustará a la imparcialidad, fiabilidad, objetividad, independencia científica, rentabilidad y al secreto estadístico, y no ocasionará cargas excesivas a los operadores económicos.

ARTÍCULO 339[1399]

Los miembros de las instituciones de la Unión, los miembros de los comités, así como los funcionarios y agentes de la Unión estarán obligados, incluso después de haber cesado en sus cargos, a no divulgar las informaciones que, por su naturaleza, estén amparadas por el secreto profesional y, en especial, los datos relativos a las empresas y que se refieran a sus relaciones comerciales o a los elementos de sus costes.

ARTÍCULO 340[1400]

La responsabilidad contractual de la Unión se regirá por la ley aplicable al contrato de que se trate.

En materia de responsabilidad extracontractual[1401], la Unión deberá reparar los daños causados por sus instituciones o sus agentes en el ejercicio de sus funciones,

---

342 del TFUE), pueden servir de base jurídica para la adopción de un acto del Consejo, mientras que no prevén la participación de otras Instituciones en el proceso decisorio.

En este sentido reiterada jurisprudencia ha venido haciendo referencia a dicha STJCE como por ejemplo la Sentencia del Tribunal de Justicia (Gran Sala) de 6 de mayo de 2008. Parlamento Europeo contra Consejo de la Unión Europea. Asunto C-133/06: *«Además, tampoco puede invocarse válidamente la existencia de una práctica anterior consistente en establecer bases jurídicas derivadas. En efecto, aunque resultara probada, tal práctica no puede modificar las normas del Tratado y no puede, por tanto, crear un precedente que vincule a las instituciones (véanse, en este sentido, las sentencias Reino Unido/Consejo, antes citada, apartado 24, y de 9 de noviembre de 1995, Alemania/Consejo, C 426/93».*

1397 Antiguo artículo 285 TCE.

1398 Véase la Decisión 1999/126/CE del Consejo, de 22 de diciembre de 1998, relativa al programa estadístico comunitario 1998-2002, DOCE L núm. 4 de 16 de febrero de 1999 y el Reglamento (UE) 2019/2152 del Parlamento Europeo y del Consejo de 27 de noviembre de 2019 relativo a las estadísticas empresariales europeas que deroga diez actos jurídicos en el ámbito de las estadísticas empresariales, cuya última modificación se llevó a cabo a través del Reglamento Delegado (UE) 2021/1704 de la Comisión, de 14 de julio de 2021, en DO L 339 de 24.9.2021, pág. 43.

1399 Antiguo artículo 287 del TCE.

1400 Antiguo artículo 288 del TCE.

1401 La STJCE de 2 de diciembre de 1992, C-370/89, SGEEM y Etroy/BEI, extendió la responsabilidad extracontractual de la Comunidad a los daños causados por el Banco Europeo de Inversiones. STJUE, de 19 de abril de 2012, C-221/10 P «Artegodan GmbH vs. Comisión Europea» en la que se extiende la responsabilidad extracontractual de la UE, por violación de normas.

de conformidad con los principios generales comunes a los Derechos de los Estados miembros[1402].

No obstante lo dispuesto en el párrafo segundo, el Banco Central Europeo deberá reparar los daños causados por él o por sus agentes en el ejercicio de sus funciones, de conformidad con los principios generales comunes a los Derechos de los Estados miembros.

La responsabilidad personal de los agentes ante la Unión se regirá por las disposiciones de su Estatuto o el régimen que les sea aplicable.

ARTÍCULO 341[1403/1404]

La sede de las instituciones de la Unión será fijada de común acuerdo por los Gobiernos de los Estados miembros.

ARTÍCULO 342[1405/1406/1407]

El régimen lingüístico de las instituciones de la Unión será fijado por el Consejo mediante reglamentos, por unanimidad, sin perjuicio de las disposiciones previstas en el Estatuto del Tribunal de Justicia de la Unión Europea.

ARTÍCULO 343[1408]

La Unión gozará en el territorio de los Estados miembros de los privilegios e inmunidades necesarios para el cumplimiento de su misión, en las condiciones establecidas en el Protocolo de 8 de abril de 1965 sobre los privilegios y las inmunidades de Unión Europea. Lo mismo se aplicará al Banco Central Europeo y al Banco Europeo de Inversiones.

ARTÍCULO 344[1409]

1402 Véanse los artículos 266 y 268 TFUE en su versión consolidada del TL.

1403 Antiguo artículo 289 del Tratado CE.

1404 Véanse las Decisiones adoptadas de común acuerdo por los representantes de los Gobiernos de los Estados miembros relativas a la fijación de las sedes de las instituciones y de determinados organismos y servicios de las Comunidades, de 12 de diciembre de 1992, DOCE C núm. 341 de 23 de diciembre y de 29 de octubre de 1993, DOCE C núm. 323 de 30 de noviembre. Sobre el tema de las distintas sedes de las instituciones, órganos y organismos de la UE, puede consultarse Molina del Pozo C.F.: Instituciones, Órganos y Organismos de la Unión Europea, Tirant Lo Blanch, Valencia, 2023.

1405 Antiguo artículo 290 TCE.

1406 Véase el artículo 41 TUE en su versión consolidada del TL.

1407 Véase el Reglamento núm. 1, por el que se fija el régimen lingüístico de la Comunidad Económica Europea (DO L 17, de 6 de octubre de 1958), tal y como ha sido sucesivamente modificado, hasta el que actualmente se encuentra en vigor; Reglamento (UE, EURATOM) n.° 741/2012 del Parlamento Europeo y del Consejo, de 11 de agosto de 2012 , por el que se modifica el Protocolo sobre el Estatuto del Tribunal de Justicia de la Unión Europea y su anexo I por el que se fija el régimen lingüístico de la Comunidad Europea; el artículo 64 del Protocolo núm. 3 sobre el Estatuto del Tribunal de Justicia y el artículo 7 del Anexo I del Protocolo núm. 3 sobre el Estatuto del TJUE (Tribunal de la Función Pública de la Unión Europea), disuelto en 2016, momento en el cual el Tribunal General se hace cargo de las competencias de este.

1408 Antiguo artículo 291 TCE.

1409 Antiguo artículo 292 TCE.

Los Estados miembros se comprometen a no someter las controversias relativas a la interpretación o aplicación de los Tratados a un procedimiento de solución distinto de los previstos en los mismos.

ARTÍCULO 345[1410]

Los Tratados no prejuzgan en modo alguno el régimen de la propiedad en los Estados miembros.

ARTÍCULO 346[1411/1412]

1. Las disposiciones de los Tratados no obstarán a las normas siguientes:

a) Ningún Estado miembro estará obligado a facilitar información cuya divulgación considere contraria a los intereses esenciales de su seguridad.

b) Todo Estado miembro podrá adoptar las medidas que estime necesarias para la protección de los intereses esenciales de su seguridad y que se refieran a la producción o al comercio de armas, municiones y material de guerra; estas medidas no deberán alterar las condiciones de competencia en el mercado interior respecto de los productos que no estén destinados a fines específicamente militares.

2. El Consejo, por unanimidad y a propuesta de la Comisión, podrá introducir modificaciones en la lista, que estableció el 15 de abril de 1958, de los productos sujetos a las disposiciones de la letra b) del apartado 1.

ARTÍCULO 347[1413/1414/1415]

Los Estados miembros se consultarán a fin de adoptar de común acuerdo las disposiciones necesarias para evitar que el funcionamiento del mercado interior resulte afectado por las medidas que un Estado miembro pueda verse obligado a adoptar en caso de graves disturbios internos que alteren el orden público, en caso de guerra o de grave tensión internacional que constituya una amenaza de guerra, o para hacer frente a las obligaciones contraídas por el mismo para el mantenimiento de la paz y la seguridad internacional.

ARTÍCULO 348[1416]

Si algunas de las medidas adoptadas en los casos previstos en los artículos 346 y 347 tuvieren por efecto falsear las condiciones de competencia en el mercado interior, la Comisión examinará con el Estado interesado las condiciones con arreglo a las cuales dichas medidas podrán adaptarse a las normas establecidas en los Tratados.

No obstante, el procedimiento previsto en los artículos 258 y 259, la Comisión o cualquier Estado miembro podrá recurrir directamente[1417] al Tribunal de Justicia si

---

1410 Antiguo artículo 295 TCE.

1411 Antiguo artículo 296 TCE.

1412 Véase el artículo 348 TFUE en su versión consolidada del TL.

1413 Antiguo artículo 297 TCE.

1414 Véanse las referencias hechas a este artículo en el artículo 348 TFUE.

1415 Véase la STJCE de 15 de mayo de 1986, 222/84, Johnston, y el Auto del TJCE de 29 de junio de 1994, C-120/94R, Comisión/Grecia.

1416 Antiguo artículo 298 TCE.

1417 La Comisión ha interpuesto este recurso una sola vez, asunto C-120/94, Comisión/Grecia. Mediante Auto de 29 de junio de 1994, el TJCE desestimó la demanda de medidas provisionales. Finalmente, por desistimiento de la Comisión, el asunto fue archivado por Auto del Presidente de 19 de marzo de 1996.

considera que otro Estado miembro abusa de las facultades previstas en los artículos 346 y 347. El Tribunal de Justicia resolverá a puerta cerrada.

ARTÍCULO 349[1418/1419/1420]

Teniendo en cuenta la situación estructural social y económica de Guadalupe, la Guayana Francesa, Martinica, la Reunión, San Bartolomé, San Martín, las Azores, Madeira y las islas Canarias, caracterizada por su gran lejanía, insularidad, reducida superficie, relieve y clima adversos y dependencia económica de un reducido número de productos[1421], factores cuya persistencia y combinación perjudican gravemente a su desarrollo, el Consejo, a propuesta de la Comisión y previa consulta al Parlamento Europeo, adoptará medidas específicas orientadas, en particular, a fijar las condiciones para la aplicación de los Tratados en dichas regiones, incluidas las políticas comunes[1422]. Cuando el Consejo adopte dichas medidas específicas con arreglo a un

---

1418 Antiguo artículo 299, apartado 2, párrafos segundo, tercero y cuarto, TCE.

1419 Téngase en cuenta las especialidades plasmadas en el Protocolo núm. 2 del Acta de Adhesión para Ceuta y Melilla y las Islas Canarias, en este último caso modificadas, en la forma prevista en el artículo 25 del Acta de Adhesión, por el Reglamento 1911/91/CEE del Consejo, de 26 de junio (modificado por el Reglamento 284/92/CEE) relativo a la aplicación de las disposiciones del Derecho comunitario en las Islas Canarias y por la Decisión 91/314/CEE del Consejo, de la misma fecha, por la que se establece un programa de opciones específicas por la lejanía y la insularidad de las Islas Canarias (POSEICAN), DOCE L núm. 171 de 29 de junio.

1420 Decisión 2010/718/UE del Consejo Europeo de 29 de octubre de 2010 por la que se modifica el estatuto respecto de la Unión de la isla de San Bartolomé, DO L 325 de 9.12.2010, págs. 4 y 5.

1421 Véase el Reglamento Delegado (UE) n ° 179/2014 de la Comisión, de 6 de noviembre de 2013 , que complementa el Reglamento (UE) n ° 228/2013 del Parlamento Europeo y del Consejo en lo que atañe al registro de agentes económicos, al importe de la ayuda para la comercialización de productos fuera de su región, al símbolo gráfico, a la exención de los derechos de importación de determinados bovinos y a la financiación de ciertas acciones relacionadas con las medidas específicas destinadas a la agricultura de las regiones ultraperiféricas de la Unión, DO L 63 de 4.3.2014. págs. 3 a 12, y la Decisión 1999/165/CE de la Comisión, de 19 de febrero, por la que se aprueban las condiciones de utilización del símbolo gráfico en los productos agrícolas de calidad específicos de las islas Canarias, DO L 55 de 3.3.1999 p. 13 a 15.

1422 Véase:

1. Dictamen del Comité Económico y Social Europeo sobre la Propuesta de Reglamento del Consejo por el que se establece, para el período 2007-2013, un régimen de compensación de los costes adicionales que origina la comercialización de determinados productos pesqueros de las Azores, de Madeira, de las Islas Canarias y de los departamentos franceses de Guayana y de la Reunión COM (2006) 740 final 2006/0247 (CNS) DO C 93 de 27.4.2007.
2. Reglamento (UE) n ° 508/2014 del Parlamento Europeo y del Consejo, de 15 de mayo de 2014, relativo al Fondo Europeo Marítimo y de Pesca, y por el que se derogan los Reglamentos (CE) n ° 2328/2003, (CE) n ° 861/2006, (CE) n ° 1198/2006 y (CE) n ° 791/2007 del Consejo, y el Reglamento (UE) n ° 1255/2011 del Parlamento Europeo y del Consejo, DO L 149 de 20.5.2014, págs. 1 a 66, Última rectificación DO L 326, de 8.10.2020, pág. 15.
3. Resolución legislativa del Parlamento Europeo, de 26 de abril de 2007, sobre la propuesta de Reglamento del Consejo por el que se establece, para el período 2007-2013, un régimen de compensación de los costes adicionales que origina la comercialización

procedimiento legislativo especial, se pronunciará también a propuesta de la Comisión y previa consulta al Parlamento Europeo.

Las medidas contempladas en el párrafo primero se referirán, en particular, a las políticas aduanera y comercial, la política fiscal, las zonas francas, las políticas agrícola y pesquera, las condiciones de abastecimiento de materias primas y de bienes de consumo esenciales, las ayudas públicas y las condiciones de acceso a los fondos estructurales y a los programas horizontales de la Unión.

El Consejo adoptará las medidas contempladas en el párrafo primero teniendo en cuenta las características y exigencias especiales de las regiones ultraperiféricas, sin poner en peligro la integridad y coherencia del ordenamiento jurídico de la Unión, incluido el mercado interior y las políticas comunes[1423].

ARTÍCULO 350[1424]

Las disposiciones de los Tratados no obstarán a la existencia y perfeccionamiento de las uniones regionales entre Bélgica y Luxemburgo, así como entre Bélgica, Luxemburgo y los Países Bajos, en la medida en que los objetivos[1425] de dichas uniones regionales no sean alcanzados mediante la aplicación de los Tratados.

ARTÍCULO 351[1426/1427/1428]

---

de determinados productos pesqueros de las Azores, de Madeira, de las Islas Canarias y de los departamentos franceses de Guayana y de la Reunión (COM (2006)0740 C6-0505/2006 2006/0247(CNS)) DO C 74E de 20.3.2006.

4. Reglamento delegado (UE) n.º 1046/2014 de la Comisión, de 28 de julio de 2014, que complementa el Reglamento (UE) n.º 508/2014 del Parlamento Europeo y del Consejo, relativo al Fondo Europeo Marítimo y de Pesca, en lo que respecta a los criterios para el cálculo de los costes adicionales en que incurren los operadores por la pesca, la cría, la transformación y la comercialización de determinados productos de la pesca y la acuicultura procedentes de las regiones ultraperiféricas. DO L 291 de 7.10.2014.

1423 Decisión 2014/162/UE del Consejo, de 11 de marzo de 2014 , que modifica la Decisión 2004/162/CE en lo relativo a su aplicación a Mayotte a partir del 1 de enero de 2014, *DO L 89 de 25.3.2014.*

1424 Antiguo artículo 306 TCE.

1425 STJCE de 16 de mayo de 1984, 105/83, Pakvries. El artículo 233 (306 en el TCE y 350 en el TFUE) tiene como objetivo evitar que la aplicación del Derecho comunitario tenga el efecto de desintegrar la unión regional entre estos tres Estados miembros o de obstaculizar su desarrollo.

Esta disposición permite, pues, a los tres Estados miembros afectados aplicar las normas vigentes en el marco de su unión mediante el establecimiento de excepciones a las normas de la Comunidad, en toda la medida en que esta unión se anticipa al establecimiento del mercado común. Véase la STJCE de 2 de julio de 1996, C-473/93, Comisión/ Luxemburgo: *«Tal como declaró el Tribunal de Justicia en su sentencia de 16 de mayo de 1984, Pakvries (105/83, Rec. p. 2101), apartado 11, el artículo 233 del Tratado tiene por objeto evitar que la aplicación del Derecho comunitario produzca el efecto de desintegrar la unión del Benelux u obstaculizar su desarrollo. Dicha disposición permite pues a los tres Estados miembros de que se trata aplicar las normas vigentes en el marco de su Unión con preferencia sobre las normas de la Comunidad, en la medida en que dicha Unión esté más adelantada en la implantación del mercado común»*.

1426 Antiguo artículo 307 TCE.

1427 Ver el artículo 5 del Acta de Adhesión de España y Portugal.

1428 STJCE de 28 de marzo de 1995, C-324/93, Evans Medical. El artículo 234 (307 en el TCE

Las disposiciones de los Tratados no afectarán a los derechos y obligaciones que resulten de convenios celebrados, con anterioridad al 1 de enero de 1958 o, para los Estados que se hayan adherido, con anterioridad a la fecha de su adhesión, entre uno o varios Estados miembros, por una parte, y uno o varios terceros Estados, por otra.

En la medida en que tales convenios sean incompatibles con los Tratados, el Estado o los Estados miembros de que se trate recurrirán a todos los medios apropiados para eliminar las incompatibilidades que se hayan observado. En caso necesario, los Estados miembros se prestarán ayuda mutua para lograr tal finalidad y adoptarán, en su caso, una postura común.

En la aplicación de los convenios mencionados en el párrafo primero, los Estados miembros tendrán en cuenta el hecho de que las ventajas concedidas en los Tratados por cada uno de los Estados miembros son parte integrante del establecimiento de la Unión y están, por ello, inseparablemente ligadas a la creación de instituciones comunes, a la atribución de competencias en favor de estas últimas y a la concesión de las mismas ventajas por parte de los demás Estados miembros.

ARTÍCULO 352[1429/1430/1431/1432]

1. Cuando se considere necesaria una acción de la Unión en el ámbito de las políticas definidas en los Tratados para alcanzar uno de los objetivos fijados por éstos, sin que se hayan previsto en ellos los poderes de actuación necesarios a tal efecto, el Consejo adoptará las disposiciones adecuadas por unanimidad, a propuesta de la Comisión y previa aprobación del Parlamento Europeo. Cuando el Consejo adopte dichas disposiciones con arreglo a un procedimiento legislativo especial, se pronunciará también por unanimidad, a propuesta de la Comisión y previa aprobación del Parlamento Europeo.

2. La Comisión, en el marco del procedimiento de control del principio de subsidiariedad mencionado en el apartado 3 del artículo 5 del Tratado de la Unión Europea, indicará a los Parlamentos nacionales las propuestas que se basen en el presente artículo.

3. Las medidas basadas en el presente artículo no podrán conllevar armonización alguna de las disposiciones legales y reglamentarias de los Estados miembros cuando los Tratados excluyan dicha armonización.

4. El presente artículo no podrá servir de base para alcanzar objetivos del ámbito de la política exterior y de seguridad común y todo acto adoptado de conformidad con el presente artículo respetará los límites fijados en el párrafo segundo del artículo 40 del Tratado de la Unión Europea.

---

y 351 en el TFUE) sólo entra en juego si el Convenio impone a un Estado miembro una obligación incompatible con el Tratado.

1429 Antiguo artículo 308 TCE.

1430 Dictamen del TJCE 2/94 de 28 de marzo de 1996. El artículo 235 (308 TCE y 352 TFUE) tiene por objeto suplir la inexistencia de poderes de acción conferidos expresa o implícitamente a las Instituciones comunitarias por disposiciones específicas del Tratado, en la medida en que dichos poderes resulten no obstante necesarios para que la Comunidad pueda ejercer sus funciones con vistas a lograr alguno de los objetivos establecidos por el Tratado... al ser parte integrante de un orden institucional basado en el principio de competencias de la Comunidad más allá del marco general que resulta del conjunto de las disposiciones del Tratado y en particular de las que definen las misiones y acciones de la Comunidad. En cualquier caso, no puede servir de fundamento para la adopción de disposiciones que, en definitiva, tuviesen por resultado una modificación del Tratado efectuada sin respetar el procedimiento de modificación previsto en el mismo.

1431 Véase la Declaración núm. 42 relativa al artículo 352 TFUE.

1432 Véase la Declaración núm. 41 relativa al artículo 352 TFUE.

ARTÍCULO 353[1433]

El apartado 7 del artículo 48 del Tratado de la Unión Europea no se aplicará a las disposiciones siguientes:

- Artículo 311, párrafos tercero y cuarto.
- Artículo 312, apartado 2, párrafo primero.
- Artículo 352.
- Artículo 354.

ARTÍCULO 354[1434]

A efectos del artículo 7 del Tratado de la Unión Europea, relativo a la suspensión de determinados derechos derivados de la pertenencia a la Unión, el miembro del Consejo Europeo o del Consejo que represente al Estado miembro de que se trate no participará en la votación y el Estado miembro de que se trate no será tenido en cuenta en el cálculo de la tercera parte o de las cuatro quintas partes de los Estados miembros contemplado en los apartados 1 y 2 de dicho artículo. La abstención de los miembros presentes o representados no obstará a la adopción de las decisiones contempladas en el apartado 2 del mencionado artículo.

Para la adopción de las decisiones contempladas en los apartados 3 y 4 del artículo 7 del Tratado de la Unión Europea, la mayoría cualificada se definirá de conformidad con la letra b) del apartado 3 del artículo 238 del presente Tratado.

Cuando, a raíz de una decisión de suspensión del derecho de voto adoptada de conformidad con el apartado 3 del artículo 7 del Tratado de la Unión Europea, el Consejo se pronuncie por mayoría cualificada con arreglo a una de las disposiciones de los Tratados, esta mayoría cualificada se definirá de conformidad con la letra b) del apartado 3 del artículo 238 del presente Tratado o, si el Consejo actúa a propuesta de la Comisión o del Alto Representante de la Unión para Asuntos Exteriores y Política de Seguridad, de conformidad con la letra a) del apartado 3 del artículo 238.

A efectos del artículo 7 del Tratado de la Unión Europea, el Parlamento Europeo se pronunciará por mayoría de dos tercios de los votos emitidos que represente la mayoría de los miembros que lo componen.

ARTÍCULO 355[1435]

Además de las disposiciones del artículo 52 del Tratado de la Unión Europea relativas al ámbito de aplicación territorial de los Tratados, se aplicarán las disposiciones siguientes:

1. Las disposiciones de los Tratados se aplicarán a Guadalupe, la Guayana Francesa, Martinica, la Reunión, San Bartolomé, San Martín, las Azores, Madeira y las islas Canarias, de conformidad con el artículo 349.
2. Los países y territorios de ultramar, cuya lista figura en el anexo II[1436], estarán sometidos al régimen especial de asociación definido en la cuarta parte.

1433 Artículo añadido por el TL.

1434 Antiguo artículo 309 TCE.

1435 Antiguo artículo 299, apartado 2, párrafo primero, y apartados 3 a 6 (desplazado), TCE.

1436 La lista del Anexo II (Países y territorios de ultramar a los que se aplicarán las disposiciones de la cuarta parte del TFUE) es la siguiente: Groenlandia, Nueva Caledonia y sus dependencias, Polinesia francesa, tierras australes y antárticas francesas, Islas Wallis y Futuna, Mayotte, San Pedro y Miquelón, Aruba, Antillas neerlandesas (Bonaire, Curaçao, Saba, San Eustaquio, San Martín), Anguila, Islas Caimán, Islas Malvinas (Falkland), Georgia del Sur e Islas Sandwich del Sur, Montserrat, Pitcairn, Santa Elena y sus dependencias, territorio antártico británico, territorios británicos del Océano Índico, Islas Turcas y Caicos, Islas Vírgenes británicas y Bermudas.

Los Tratados no se aplicarán a los países y territorios de ultramar no mencionados en la lista antes citada que mantengan relaciones especiales con el Reino Unido de Gran Bretaña e Irlanda del Norte.[1437]

3. Las disposiciones de los Tratados se aplicarán a los territorios europeos cuyas relaciones exteriores asuma un Estado miembro.

4. Las disposiciones de los Tratados se aplicarán a las islas Åland de conformidad con las disposiciones del Protocolo n.º 2 del Acta relativa a las condiciones de adhesión de la República de Austria, de la República de Finlandia y del Reino de Suecia.

5. No obstante lo dispuesto en el artículo 52 del Tratado de la Unión Europea y en los apartados 1 a 4 del presente artículo:

a) Los Tratados no se aplicarán a las islas Feroe.

b) Los Tratados no se aplicarán a las zonas de soberanía del Reino Unido de Akrotiri y Dhekelia en Chipre salvo en la medida que sea necesaria para garantizar el cumplimiento de las disposiciones establecidas en el Protocolo relativo a las zonas de soberanía del Reino Unido de Gran Bretaña e Irlanda del Norte en Chipre adjunto al Acta relativa a las condiciones de adhesión de la República Checa, la República de Estonia, la República de Chipre, la República de Letonia, la República de Lituania, la República de Hungría, la República de Malta, la República de Polonia, la República de Eslovenia y la República Eslovaca a la Unión Europea y de conformidad con lo dispuesto en dicho Protocolo.

c) Las disposiciones de los Tratados sólo serán aplicables a las islas del Canal y a la isla de Man en la medida necesaria para asegurar la aplicación del régimen previsto para dichas islas en el Tratado relativo a la adhesión de nuevos Estados miembros a la Comunidad Económica Europea y a la Comunidad Europea de la Energía Atómica, firmado el 22 de enero de 1972.

6. [1438]El Consejo Europeo, por iniciativa del Estado miembro de que se trate, podrá adoptar una decisión que modifique el estatuto respecto de la Unión de alguno de los países o territorios daneses, franceses o neerlandeses a que se refieren los apartados 1 y 2. El Consejo Europeo se pronunciará por unanimidad, previa consulta a la Comisión.

ARTÍCULO 356[1439]

El presente Tratado se concluye por un período de tiempo ilimitado.

ARTÍCULO 357[1440]

El presente Tratado será ratificado por las Altas Partes Contratantes de conformidad con sus respectivas normas constitucionales. Los instrumentos de ratificación serán depositados ante el Gobierno de la República Italiana.

El presente Tratado entrará en vigor el primer día del mes siguiente al depósito del instrumento de ratificación del último Estado signatario que cumpla dicha formalidad.

1437 Párrafo añadido por el artículo 26.2 del Acta de Adhesión de Dinamarca, Irlanda, Reino Unido e Irlanda del Norte.

1438 Véase la Declaración núm. 43 relativa al apartado 6 del artículo 355 TFUE.

1439 Antiguo artículo 312 TCE.

1440 Antiguo artículo 313 TCE.

Sin embargo, si dicho depósito se realizare menos de quince días antes del comienzo del mes siguiente, la entrada en vigor del Tratado se aplazará hasta el primer día del segundo mes siguiente a la fecha de dicho depósito.

ARTÍCULO 358[1441]

Las disposiciones del artículo 55 del Tratado de la Unión Europea serán de aplicación al presente Tratado.

EN FE DE LO CUAL, los plenipotenciarios abajo firmantes suscriben el presente Tratado.

Hecho en Roma, el veinticinco de marzo de mil novecientos cincuenta y siete.

1441 Artículo añadido por el TL.

CARTA DE LOS DERECHOS FUNDAMENTALES DE LA UNIÓN EUROPEA[1442]

PREÁMBULO

Los pueblos de Europa, al crear entre sí una unión cada vez más estrecha, han decidido compartir un porvenir pacífico basado en valores comunes.

Consciente de su patrimonio espiritual y moral, la Unión está fundada sobre los valores indivisibles y universales de la dignidad humana, la libertad, la igualdad y la solidaridad, y se basa en los principios de la democracia y el Estado de Derecho. Al instituir la ciudadanía de la Unión y crear un espacio de libertad, seguridad y justicia, sitúa a la persona en el centro de su actuación.

La Unión contribuye a defender y fomentar estos valores comunes dentro del respeto de la diversidad de culturas y tradiciones de los pueblos de Europa, así como de la identidad nacional de los Estados miembros y de la organización de sus poderes públicos a escala nacional, regional y local; trata de fomentar un desarrollo equilibrado y sostenible y garantiza la libre circulación de personas, servicios, mercancías y capitales, así como la libertad de establecimiento.

Para ello es necesario, dándoles mayor proyección mediante una Carta, reforzar la protección de los derechos fundamentales a tenor de la evolución de la sociedad, del progreso social y de los avances científicos y tecnológicos.

La presente Carta reafirma, dentro del respeto de las competencias y misiones de la Unión, así como del principio de subsidiariedad, los derechos que emanan, en particular, de las tradiciones constitucionales y las obligaciones internacionales comunes a los Estados miembros, del Convenio Europeo para la Protección de los Derechos Humanos y de las Libertades Fundamentales, las Cartas Sociales adoptadas por la Unión y por el Consejo de Europa, así como de la jurisprudencia del Tribunal de Justicia de la Unión Europea y del Tribunal Europeo de Derechos Humanos. En este contexto, los órganos jurisdiccionales de la Unión y de los Estados miembros interpretarán la Carta atendiendo debidamente a las explicaciones elaboradas bajo la autoridad del *Praesidium* de la Convención que redactó la Carta y actualizadas bajo la responsabilidad del *Praesidium* de la Convención Europea.

El disfrute de tales derechos conlleva responsabilidades y deberes tanto respecto de los demás como de la comunidad humana y de las generaciones futuras.

En consecuencia, la Unión reconoce los derechos, libertades y principios enunciados a continuación.

1442 Véase artículo 6 TUE en su versión consolidada del TL.

TÍTULO I
DIGNIDAD

ARTÍCULO 1. Dignidad humana[1443/1444]

La dignidad humana es inviolable. Será respetada y protegida.

ARTÍCULO 2. Derecho a la vida

1. Toda persona tiene derecho a la vida.
2. Nadie podrá ser condenado a la pena de muerte ni ejecutado.

ARTÍCULO 3. Derecho a la integridad de la persona[1445/1446]

1. Toda persona tiene derecho a su integridad física y psíquica.
2. En el marco de la medicina y la biología se respetarán en particular:

a) El consentimiento libre e informado de la persona de que se trate, de acuerdo con las modalidades establecidas por la Ley.

b) La prohibición de las prácticas eugenésicas, en particular las que tienen como finalidad la selección de las personas.

c) La prohibición de que el cuerpo humano o partes del mismo en cuanto tales se conviertan en objeto de lucro.

d) La prohibición de la clonación reproductora de seres humanos.

ARTÍCULO 4. Prohibición de la tortura y de las penas o los tratos inhumanos o degradantes

Nadie podrá ser sometido a tortura ni a penas o tratos inhumanos o degradantes.

ARTÍCULO 5. Prohibición de la esclavitud y del trabajo forzado

1. Nadie podrá ser sometido a esclavitud o servidumbre.
2. Nadie podrá ser constreñido a realizar un trabajo forzado u obligatorio.
3. Se prohíbe la trata de seres humanos.

1443 Véanse artículos 2 y 21 TUE en su versión consolidada del TL.

1444 Véase la STJUE 9 de octubre de 2001, C-377/98, Países Bajos contra el Parlamento Europeo y Consejo, en sus apartados 70 a 79, donde el Tribunal de Justicia confirmó que el derecho fundamental a la dignidad humana forma parte del Derecho de la Unión, afirmando que ninguno de los derechos inscritos en la presente Carta podrá utilizarse para atentar con la dignidad de otras personas.

1445 Véase Declaración n.º 61 de la República de Polonia relativa a la Carta de los Derecho Fundamentales de la Unión Europea.

1446 Véase, nuevamente, la STJUE 9 de octubre de 2001, C-377/98, Países Bajos contra el Parlamento Europeo y Consejo, en sus apartados 70, 78, 79 y 80, donde el Tribunal de Justicia confirma que el derecho fundamental a la integridad de la persona forma parte del Derecho de la Unión.

TÍTULO II
LIBERTADES[1447]

ARTÍCULO 6. Derecho a la libertad y a la seguridad

Toda persona tiene derecho a la libertad y a la seguridad.

ARTÍCULO 7. Respeto de la vida privada y familiar

Toda persona tiene derecho al respeto de su vida privada y familiar, de su domicilio y de sus comunicaciones.

ARTÍCULO 8. Protección de datos de carácter personal[1448]

1. Toda persona tiene derecho a la protección de los datos de carácter personal que le conciernan.

2. Estos datos se tratarán de modo leal, para fines concretos y sobre la base del consentimiento de la persona afectada o en virtud de otro fundamento legítimo previsto por la Ley. Toda persona tiene derecho a acceder a los datos recogidos que le conciernan y a obtener su rectificación.

3. El respeto de estas normas estará sujeto al control de una autoridad independiente.

ARTÍCULO 9. Derecho a contraer matrimonio y derecho a fundar una familia

Se garantizan el derecho a contraer matrimonio y el derecho a fundar una familia según las Leyes nacionales que regulen su ejercicio.

ARTÍCULO 10. Libertad de pensamiento, de conciencia y de religión[1449]

1. Toda persona tiene derecho a la libertad de pensamiento, de conciencia y de religión. Este derecho implica la libertad de cambiar de religión o de convicciones, así como la libertad de manifestar su religión o sus convicciones individual o colectivamente, en público o en privado, a través del culto, la enseñanza, las prácticas y la observancia de los ritos.

2. Se reconoce el derecho a la objeción de conciencia de acuerdo con las Leyes nacionales que regulen su ejercicio.

ARTÍCULO 11. Libertad de expresión y de información[1450]

1. Toda persona tiene derecho a la libertad de expresión. Este derecho comprende la libertad de opinión y la libertad de recibir o comunicar informaciones o ideas sin que pueda haber injerencia de autoridades públicas y sin consideración de fronteras.

2. Se respetan la libertad de los medios de comunicación y su pluralismo[1451].

1447 Véanse los artículos 2, 3, 6 y 21 TUE en su versión consolidada del TL y el Protocolo n.° 8 sobre el apartado 2 del artículo 6 del Tratado de la Unión Europea relativo a la adhesión de la Unión al Convenio Europeo para la Protección de los Derechos Humanos y de las Libertades Fundamentales.

1448 Véanse los artículos 39 TUE y 16 TFUE en su versión consolidada del TL y la Declaración n.° 21 relativa a la protección de datos de carácter personal en el ámbito de la cooperación judicial en materia penal y de la cooperación policial.

1449 Véanse los artículos 10 y 19 TFUE en su versión consolidada del TL.

1450 Véase el artículo 169 TFUE en su versión consolidada del TL.

1451 En cuanto al apartado 2 de este artículo, es decir, las consecuencias del apartado 1 respecto a la libertad de los medios de comunicación, se basa en la jurisprudencia del Tribunal

ARTÍCULO 12. Libertad de reunión y de asociación[1452]

1. Toda persona tiene derecho a la libertad de reunión pacífica y a la libertad de asociación en todos los niveles, especialmente en los ámbitos político, sindical y cívico, lo que supone el derecho de toda persona a fundar con otros sindicatos y a afiliarse a los mismos para la defensa de sus intereses.

2. Los partidos políticos a escala de la Unión contribuyen a expresar la voluntad política de los ciudadanos de la Unión.

ARTÍCULO 13. Libertad de las artes y de las ciencias

Las artes y la investigación científica son libres. Se respeta la libertad de cátedra.

ARTÍCULO 14. Derecho a la educación[1453]

1. Toda persona tiene derecho a la educación y al acceso a la formación profesional y permanente.

2. Este derecho incluye la facultad de recibir gratuitamente la enseñanza obligatoria.

3. Se respetan, de acuerdo con las Leyes nacionales que regulen su ejercicio, la libertad de creación de centros docentes dentro del respeto de los principios democráticos, así como el derecho de los padres a garantizar la educación y la enseñanza de sus hijos conforme a sus convicciones religiosas, filosóficas y pedagógicas.

ARTÍCULO 15. Libertad profesional y derecho a trabajar[1454/1455]

1. Toda persona tiene derecho a trabajar y a ejercer una profesión libremente elegida o aceptada.

2. Todo ciudadano de la Unión tiene libertad para buscar un empleo, trabajar, establecerse o prestar servicios en cualquier Estado miembro.

3. Los nacionales de terceros países que estén autorizados a trabajar en el territorio de los Estados miembros tienen derecho a unas condiciones laborales equivalentes a aquellas de que disfrutan los ciudadanos de la Unión.

---

de Justicia de la Unión Europea relativa a la televisión, más concretamente, en la STJUE 25 de julio de 1991, C-288/89, Stichting Collectieve Antennevoorziennig Gouda y otros.

1452 Véanse los artículos 153, 156 y 163 TFUE en su versión consolidada del TL.

1453 Véanse los artículos 6 y 9 TFUE y el Título XII del Tratado de Funcionamiento de la Unión Europea relativo a Educación, Formación Profesional, Juventud y Deporte en su versión consolidada del TL.

1454 Véase, en referencia al derecho a trabajar, el Título X relativo a Política Social del Tratado de Funcionamiento de la Unión Europea en su versión consolidada del TL.

1455 En cuanto a la libertad profesional, véanse en otras, STJUE 14 de mayo de 1974, C-4/73, en sus apartados 12 a 14; STJUE 13 de diciembre de 1979, C-44/79; y STJUE 8 de octubre de 1986, C-234/85 en su apartado 8.

ARTÍCULO 16. Libertad de empresa[1456/1457/1458/1459]

Se reconoce la libertad de empresa de conformidad con el Derecho de la Unión y con las legislaciones y prácticas nacionales.

ARTÍCULO 17. Derecho a la propiedad[1460/1461]

1. Toda persona tiene derecho a disfrutar de la propiedad de los bienes que haya adquirido legalmente, a usarlos, a disponer de ellos y a legarlos. Nadie puede ser privado de su propiedad más que por causa de utilidad pública, en los casos y condiciones previstos en la Ley y a cambio, en un tiempo razonable, de una justa indemnización por su pérdida. El uso de los bienes podrá regularse por Ley en la medida en que resulte necesario para el interés general.

2. Se protege la propiedad intelectual[1462].

ARTÍCULO 18. Derecho de asilo[1463]

Se garantiza el derecho de asilo dentro del respeto de las normas de la Convención de Ginebra de 28 de julio de 1951 y del Protocolo de 31 de enero de 1967 sobre el Estatuto de los Refugiados y de conformidad con el Tratado de la Unión Europea y con el Tratado de Funcionamiento de la Unión Europea (en lo sucesivo denominados los Tratados).

ARTÍCULO 19. Protección en caso de devolución[1464]**, expulsión**[1465] **y extradición**

Se prohíben las expulsiones colectivas.

Nadie podrá ser devuelto, expulsado o extraditado a un Estado en el que corra un grave riesgo de ser sometido a la pena de muerte, a tortura o a otras penas o tratos inhumanos o degradantes.

1456 Véase el Capítulo 1 del Título VIII del Tratado de Funcionamiento de la Unión Europea relativo a la Política Económica.

1457 Véase la Sección Primera, del Capítulo 1 (Normas sobre competencia), del Título VII (Normas comunes sobre competencia, fiscalidad y aproximación de las legislaciones) del Tratado de Funcionamiento de la Unión Europea, relativo a Disposiciones aplicables a empresas.

1458 Véase el artículo 49 TFUE en su versión consolidada del TL.

1459 La jurisprudencia del Tribunal de Justicia de la Unión Europea reconoce la libertad de ejercer una actividad económica o mercantil y la libertad contractual en sentencias como STJUE 14 de mayo de 1974, C4/73 en su apartado 4; STJUE 27 de septiembre de 1979, C-230/78, en sus apartados 20 y 31; o STJUE 5 de octubre de 1999, C-240-97, España contra la Comisión, en su apartado 99.

1460 Véanse los artículos 36 y 345 TFUE en su versión consolidada del TL.

1461 Véase STJUE 13 de diciembre de 1979, Rec. 1979.

1462 Véanse los artículos 118, 207 y 262 TFUE y el artículo 55 del Estatuto del Tribunal de Justicia de la Unión Europea (Protocolo n.° 3).

1463 Véanse el artículo 3 TUE y los artículos 67 y 78 TFUE en su versión consolidada del TL, así como el Protocolo n.° 24 relativo al asilo a nacionales de los Estados miembros de la Unión Europea.

1464 Véase el artículo 78 TFUE en su versión consolidada del TL.

1465 Véase el artículo 79 TFUE en su versión consolidada del TL.

TÍTULO III
IGUALDAD[1466]

ARTÍCULO 20. Igualdad ante la Ley[1467]

Todas las personas son iguales ante la Ley.

ARTÍCULO 21. No discriminación[1468]

1. Se prohíbe toda discriminación, y en particular la ejercida por razón de sexo, raza, color, orígenes étnicos o sociales, características genéticas, lengua, religión o convicciones, opiniones políticas o de cualquier otro tipo, pertenencia a una minoría nacional, patrimonio, nacimiento, discapacidad, edad u orientación sexual.
2. Se prohíbe toda discriminación por razón de nacionalidad en el ámbito de aplicación de los Tratados y sin perjuicio de sus disposiciones particulares

ARTÍCULO 22. Diversidad cultural[1469], religiosa y lingüística[1470]

La Unión respeta la diversidad cultural, religiosa y lingüística.

ARTÍCULO 23. Igualdad entre mujeres y hombres

La igualdad entre mujeres y hombres deberá garantizarse en todos los ámbitos, inclusive en materia de empleo, trabajo y retribución.

El principio de igualdad no impide el mantenimiento o la adopción de medidas que supongan ventajas concretas en favor del sexo menos representado.

ARTÍCULO 24. Derechos del niño[1471]

1. Los niños tienen derecho a la protección y a los cuidados necesarios para su bienestar. Podrán expresar su opinión libremente. Ésta será tenida en cuenta para los asuntos que les afecten, en función de su edad y madurez.
2. En todos los actos relativos a los niños llevados a cabo por autoridades públicas o instituciones privadas, el interés superior del niño constituirá una consideración primordial.
3. Todo niño tiene derecho a mantener de forma periódica relaciones personales y contactos directos con su padre y con su madre, salvo si ello es contrario a sus intereses.

ARTÍCULO 25. Derechos de las personas mayores[1472]

La Unión reconoce y respeta el derecho de las personas mayores a llevar una vida digna e independiente y a participar en la vida social y cultural.

1466 Véanse los artículos 2, 3, 9, 21 TUE y los artículos 8, 153 y 157 TFUE, así como la Declaración n.° 19 relativa al artículo 8 del Tratado de Funcionamiento de la Unión Europea.

1467 Véanse la STJUE 17 de abril de 1997, C-15/95, EARL y la STJUE 13 de abril de 2000, C-292/97, Karlsson.

1468 Véanse los artículos 2 y 3 TUE y los artículos 10, 18, 19, 45 y 157 TFUE en su versión consolidada del TL.

1469 Véase el artículo 167 TFUE en su versión consolidada del TL.

1470 Véanse los artículos 3 y 55 TUE y los artículos 165 y 207 TFUE, así como la Declaración n.° 16 relativa al apartado 2 del artículo 55 del Tratado de la Unión Europea

1471 Véase el artículo 3 TUE en su versión consolidada del TL.

1472 Véase el artículo 3 TUE en su versión consolidada del TL.

ARTÍCULO 26. Integración de las personas discapacitadas[1473]

La Unión reconoce y respeta el derecho de las personas discapacitadas a beneficiarse de medidas que garanticen su autonomía, su integración social y profesional y su participación en la vida de la comunidad.

TÍTULO IV
SOLIDARIDAD

ARTÍCULO 27. Derecho a la información y consulta de los trabajadores en la empresa

Deberá garantizarse a los trabajadores o a sus representantes, en los niveles adecuados, la información y consulta con suficiente antelación, en los casos y condiciones previstos en el Derecho de la Unión y en las legislaciones y prácticas nacionales.

ARTÍCULO 28. Derecho de negociación y de acción colectiva[1474]

Los trabajadores y los empresarios, o sus organizaciones respectivas, de conformidad con el Derecho de la Unión y con las legislaciones y prácticas nacionales, tienen derecho a negociar y celebrar convenios colectivos, en los niveles adecuados, y a emprender, en caso de conflicto de intereses, acciones colectivas para la defensa de sus intereses, incluida la huelga.

ARTÍCULO 29. Derecho de acceso a los servicios de colocación

Toda persona tiene derecho a acceder a un servicio gratuito de colocación.

ARTÍCULO 30. Protección en caso de despido injustificado

Todo trabajador tiene derecho a protección[1475] en caso de despido injustificado, de conformidad con el Derecho de la Unión y con las legislaciones y prácticas nacionales.

ARTÍCULO 31. Condiciones de trabajo justas y equitativas[1476]

1. Todo trabajador tiene derecho a trabajar en condiciones que respeten su salud, seguridad y dignidad.
2. Todo trabajador tiene derecho a la limitación de la duración máxima del trabajo y a períodos de descanso diarios y semanales, así como a un período de vacaciones anuales retribuidas.

ARTÍCULO 32. Prohibición del trabajo infantil y protección de los jóvenes en el trabajo

Se prohíbe el trabajo infantil. La edad mínima de admisión al trabajo no podrá ser inferior a la edad en que concluye el período de escolaridad obligatoria, sin perjuicio de disposiciones más favorables para los jóvenes y salvo excepciones limitadas.

Los jóvenes admitidos a trabajar deberán disponer de condiciones de trabajo adaptadas a su edad y estar protegidos contra la explotación económica o contra cualquier trabajo que pueda ser perjudicial para su seguridad, su salud, su desarrollo físico, psíquico, moral o social, o que pueda poner en peligro su educación.

1473 Véase el artículo 2 TUE y los artículos 10 y 19 TFUE en su versión consolidada del TL.

1474 Véanse los artículos 153 y 156 TFUE en su versión consolidada del TL.

1475 Véase el artículo 3 TUE y los artículos 9, 21, 151 y 153 TFUE en su versión consolidada del TL.

1476 Véanse los artículos 45, 153, 156, 157, 158, 159, 160 y 161 TFUE en su versión consolidada del TL.

ARTÍCULO 33. Vida familiar y vida profesional

1. Se garantiza la protección de la familia en los planos jurídico, económico y social.

2. Con el fin de poder conciliar vida familiar y vida profesional, toda persona tiene derecho a ser protegida contra cualquier despido por una causa relacionada con la maternidad, así como el derecho a un permiso pagado por maternidad y a un permiso parental con motivo del nacimiento o de la adopción de un niño.

ARTÍCULO 34. Seguridad social y ayuda social[1477]

1. La Unión reconoce y respeta el derecho de acceso a las prestaciones de seguridad social y a los servicios sociales que garantizan una protección en casos como la maternidad, la enfermedad, los accidentes laborales, la dependencia o la vejez, así como en caso de pérdida de empleo, según las modalidades establecidas por el Derecho de la Unión y las legislaciones y prácticas nacionales.

2. Toda persona que resida y se desplace legalmente dentro de la Unión tiene derecho a las prestaciones de seguridad social y a las ventajas sociales de conformidad con el Derecho de la Unión y con las legislaciones y prácticas nacionales.

3. Con el fin de combatir la exclusión social y la pobreza, la Unión reconoce y respeta el derecho a una ayuda social y a una ayuda de vivienda para garantizar una existencia digna a todos aquellos que no dispongan de recursos suficientes, según las modalidades establecidas por el Derecho de la Unión y por las legislaciones y prácticas nacionales.

ARTÍCULO 35. Protección de la salud[1478]

Toda persona tiene derecho a acceder a la prevención sanitaria y a beneficiarse de la atención sanitaria en las condiciones establecidas por las legislaciones y prácticas nacionales. Al definirse y ejecutarse todas las políticas y acciones de la Unión se garantizará un nivel elevado de protección de la salud humana.

ARTÍCULO 36. Acceso a los servicios de interés económico general[1479]

La Unión reconoce y respeta el acceso a los servicios de interés económico general, tal como disponen las legislaciones y prácticas nacionales, de conformidad con los Tratados, con el fin de promover la cohesión social y territorial de la Unión.

ARTÍCULO 37. Protección del medio ambiente[1480]

En las políticas de la Unión se integrarán y garantizarán, conforme al principio de desarrollo sostenible, un nivel elevado de protección del medio ambiente y la mejora de su calidad.

ARTÍCULO 38. Protección de los consumidores[1481]

En las políticas de la Unión se garantizará un nivel elevado de protección de los consumidores.

1477 Véanse los artículos 21, 48, 153 y 156 TFUE en su versión consolidada del TL.

1478 Véanse los artículos 4, 6, 9, 36, 45, 52, 114 y 168 TFUE en su versión consolidada del TL.

1479 Véanse los artículos 14 y 106 TFUE, así como el Protocolo n.° 26, sobre los servicios de interés general.

1480 Véanse los artículos 3 y 21 TUE, y los artículos 4, 11, 114, 177, 191, 192 y 194 TFUE en su versión consolidada del TL.

1481 Véanse los artículos 4, 12, 102, 114 y 169 TFUE en su versión consolidada del TL.

TÍTULO V
CIUDADANÍA[1482]

ARTÍCULO 39. Derecho de sufragio activo y pasivo en las elecciones al Parlamento Europeo

1. Todo ciudadano de la Unión tiene derecho de sufragio activo y pasivo en las elecciones al Parlamento Europeo en el Estado miembro en que resida, en las mismas condiciones que los nacionales de dicho Estado.

2. Los diputados al Parlamento Europeo serán elegidos por sufragio universal libre, directo y secreto.

ARTÍCULO 40. Derecho de sufragio activo y pasivo en las elecciones municipales[1483]

Todo ciudadano de la Unión tiene derecho de sufragio activo y pasivo en las elecciones municipales del Estado miembro en que resida, en las mismas condiciones que los nacionales de dicho Estado.

ARTÍCULO 41. Derecho a una buena administración[1484/1485]

1. Toda persona tiene derecho a que las instituciones, órganos y organismos de la Unión traten sus asuntos imparcial y equitativamente y dentro de un plazo razonable.

2. Este derecho incluye en particular:

a) El derecho de toda persona a ser oída antes de que se tome en contra suya una medida individual que la afecte desfavorablemente.

b) El derecho de toda persona a acceder al expediente que le concierna, dentro del respeto de los intereses legítimos de la confidencialidad y del secreto profesional y comercial.

c) La obligación que incumbe a la administración de motivar sus decisiones.

3. Toda persona tiene derecho a la reparación por la Unión de los daños causados por sus instituciones o sus agentes en el ejercicio de sus funciones, de conformidad con los principios generales comunes a los Derechos de los Estados miembros.

4. Toda persona podrá dirigirse a las instituciones de la Unión en una de las lenguas de los Tratados y deberá recibir una contestación en esa misma lengua.

ARTÍCULO 42. Derecho de acceso a los documentos[1486]

Todo ciudadano de la Unión y toda persona física o jurídica que resida o tenga su domicilio social en un Estado miembro tiene derecho a acceder a los documentos de las instituciones, órganos y organismos de la Unión, cualquiera que sea su soporte.

ARTÍCULO 43. El defensor del pueblo europeo[1487]

Todo ciudadano de la Unión y toda persona física o jurídica que resida o tenga su domicilio social en un Estado miembro tiene derecho a someter al Defensor del Pueblo Europeo los casos de mala administración en la actuación de las instituciones,

---

1482 Véanse los artículos 9 TUE y 20 TFUE en su versión consolidada del TL.

1483 Véase el artículo 22 TFUE en su versión consolidada del TL.

1484 Véase el artículo 197 TFUE en su versión consolidada del TL.

1485 Véanse STJUE 31 de marzo de 1992, C-255/90 P, Burban; STJUE 15 de octubre de 1987, C-222/86, Heylens en su apartado 15; STJUE 18 de octubre de 1989, C-374/87, Orkem; STJU 21 de noviembre de 1991, C-269/60 TU Münchem.

1486 Véase el artículo 15 TFUE en su versión consolidada del TL.

1487 Véanse los artículos 24 y 228 TFUE en su versión consolidada del TL.

órganos u organismos de la Unión, con exclusión del Tribunal de Justicia de la Unión Europea en el ejercicio de sus funciones jurisdiccionales.

ARTÍCULO 44. Derecho de petición[1488]

Todo ciudadano de la Unión y toda persona física o jurídica que resida o tenga su domicilio social en un Estado miembro tiene el derecho de petición ante el Parlamento Europeo.

ARTÍCULO 45. Libertad de circulación[1489] y de residencia

1. Todo ciudadano de la Unión tiene derecho a circular y residir libremente en el territorio de los Estados miembros.

2. Podrá concederse libertad de circulación y de residencia, de conformidad con lo dispuesto en los Tratados, a los nacionales de terceros países que residan legalmente en el territorio de un Estado miembro.

ARTÍCULO 46. Protección diplomática y consular[1490]

Todo ciudadano de la Unión podrá acogerse, en el territorio de un tercer país en el que no esté representado el Estado miembro del que sea nacional, a la protección de las autoridades diplomáticas y consulares de cualquier Estado miembro, en las mismas condiciones que los nacionales de este Estado.

TÍTULO VI
JUSTICIA

ARTÍCULO 47. Derecho a la tutela judicial efectiva y a un juez imparcial[1491/1492]

Toda persona cuyos derechos y libertades garantizados por el Derecho de la Unión hayan sido violados tiene derecho a la tutela judicial efectiva respetando las condiciones establecidas en el presente artículo.

Toda persona tiene derecho a que su causa sea oída equitativa y públicamente y dentro de un plazo razonable por un juez independiente e imparcial, establecido previamente por la Ley. Toda persona podrá hacerse aconsejar, defender y representar.

Se prestará asistencia jurídica gratuita a quienes no dispongan de recursos suficientes siempre y cuando dicha asistencia sea necesaria para garantizar la efectividad del acceso a la justicia.

ARTÍCULO 48. Presunción de inocencia y derechos de la defensa

1. Todo acusado se presume inocente mientras su culpabilidad no haya sido declarada legalmente.

2. Se garantiza a todo acusado el respeto de los derechos de la defensa.

1488 Véanse los artículos 24 y 227 TFUE en su versión consolidada del TL.

1489 Véanse el artículo 3 TUE y los artículos 26, 45, 46, 48 y 79 TFUE en su versión consolidada del TL.

1490 Véanse los artículos 20 y 23 TFUE en su versión consolidada del TL.

1491 Véanse el artículo 19 TUE y el artículo 81 TFUE en su versión consolidada del TL.

1492 Este derecho quedó consagrado como un principio general de la Unión en la STJUE 15 de mayo de 1986, C-222/84.

ARTÍCULO 49. Principios de legalidad y de proporcionalidad de los delitos y las penas

1. Nadie podrá ser condenado por una acción o una omisión que, en el momento en que haya sido cometida, no constituya una infracción según el Derecho interno o el Derecho internacional. Del mismo modo, no podrá imponerse una pena más grave que la aplicable en el momento en que la infracción haya sido cometida. Si con posterioridad a esta infracción la Ley dispone una pena más leve, deberá aplicarse ésta.

2. El presente artículo no impedirá el juicio y el castigo de una persona culpable de una acción o una omisión que, en el momento en que haya sido cometida, fuera constitutiva de delito según los principios generales reconocidos por el conjunto de las naciones.

3. La intensidad de las penas no deberá ser desproporcionada en relación con la infracción.

ARTÍCULO 50. Derecho a no ser juzgado o condenado penalmente dos veces por la misma infracción[1493/1494]

Nadie podrá ser juzgado o condenado penalmente por una infracción respecto de la cual ya haya sido absuelto o condenado en la Unión mediante sentencia penal firme conforme a la Ley.

TÍTULO VII DISPOSICIONES GENERALES QUE RIGEN LA INTERPRETACIÓN Y LA APLICACIÓN DE LA CARTA

ARTÍCULO 51. Ámbito de aplicación

1. Las disposiciones de la presente Carta están dirigidas a las instituciones, órganos y organismos de la Unión, dentro del respeto del principio de subsidiariedad, así como a los Estados miembros únicamente cuando apliquen el Derecho de la Unión. Por consiguiente, éstos respetarán los derechos, observarán los principios y promoverán su aplicación, con arreglo a sus respectivas competencias y dentro de los límites de las competencias que los Tratados atribuyen a la Unión.

2. La presente Carta no amplía el ámbito de aplicación del Derecho de la Unión más allá de las competencias de la Unión, ni crea ninguna competencia o misión nuevas para la Unión, ni modifica las competencias y misiones definidas en los Tratados.

ARTÍCULO 52. Alcance e interpretación de los derechos y principios

1. Cualquier limitación del ejercicio de los derechos y libertades reconocidos por la presente Carta deberá ser establecida por la Ley y respetar el contenido esencial de dichos derechos y libertades. Dentro del respeto del principio de proporcionalidad, sólo podrán introducirse limitaciones cuando sean necesarias y respondan efectivamente a objetivos de interés general reconocidos por la Unión o a la necesidad de protección de los derechos y libertades de los demás.

2. Los derechos reconocidos por la presente Carta que constituyen disposiciones de los Tratados se ejercerán en las condiciones y dentro de los límites determinados por éstos.

3. En la medida en que la presente Carta contenga derechos que correspondan a derechos garantizados por el Convenio Europeo para la Protección de los Derechos

---

1493 Es el llamado «non bis in idem». En el ordenamiento español, el Tribunal Constitucional entendió el *non bis in idem* como un derecho fundamental, al encuadrarlo implícitamente en el artículo 25 de la Constitución Española de 1978.

1494 En cuanto al principio «*non bis in ídem*», véase la STJUE 5 de mayo de 1966, con acumulación de asuntos 18/65 y 35/65, Gutmann contra la Comisión.

Humanos y de las Libertades Fundamentales, su sentido y alcance serán iguales a los que les confiere dicho Convenio.

Esta disposición no obstará a que el Derecho de la Unión conceda una protección más extensa.

4. En la medida en que la presente Carta reconozca derechos fundamentales resultantes de las tradiciones constitucionales comunes a los Estados miembros, dichos derechos se interpretarán en armonía con las citadas tradiciones.

5. Las disposiciones de la presente Carta que contengan principios podrán aplicarse mediante actos legislativos y ejecutivos adoptados por las instituciones, órganos y organismos de la Unión, y por actos de los Estados miembros cuando apliquen el Derecho de la Unión, en el ejercicio de sus competencias respectivas. Sólo podrán alegarse ante un órgano jurisdiccional en lo que se refiere a la interpretación y control de la legalidad de dichos actos.

6. Se tendrán plenamente en cuenta las legislaciones y prácticas nacionales según lo especificado en la presente Carta.

7. Las explicaciones elaboradas para guiar en la interpretación de la presente Carta serán tenidas debidamente en cuenta por los órganos jurisdiccionales de la Unión y de los Estados miembros.

ARTÍCULO 53. Nivel de protección

Ninguna de las disposiciones de la presente Carta podrá interpretarse como limitativa o lesiva de los derechos humanos y libertades fundamentales reconocidos, en su respectivo ámbito de aplicación, por el Derecho de la Unión, el Derecho internacional y los convenios internacionales de los que son parte la Unión o todos los Estados miembros, y en particular el Convenio Europeo para la Protección de los Derechos Humanos y de las Libertades Fundamentales, así como por las constituciones de los Estados miembros.

ARTÍCULO 54. Prohibición del abuso de derecho

Ninguna de las disposiciones de la presente Carta podrá ser interpretada en el sentido de que implique un derecho cualquiera a dedicarse a una actividad o a realizar un acto tendente a la destrucción de los derechos o libertades reconocidos en la presente Carta o a limitaciones más amplias de estos derechos y libertades que las previstas en la presente Carta.

PROTOCOLOS

PROTOCOLO (N.º 1) SOBRE EL COMETIDO DE LOS PARLAMENTOS NACIONALES EN LA UNIÓN EUROPEA

LAS ALTAS PARTES CONTRATANTES,

RECORDANDO que el modo en que cada Parlamento nacional realiza el control de la actuación de su Gobierno con respecto a las actividades de la Unión Europea atañe a la organización y práctica constitucionales propias de cada Estado miembro;

DESEANDO impulsar una mayor participación de los Parlamentos nacionales en las actividades de la Unión Europea e incrementar su capacidad para manifestar su opinión sobre los proyectos de actos legislativos de la Unión Europea y otros asuntos que consideren de especial interés,

HAN CONVENIDO en las siguientes disposiciones, que se incorporarán como anexo al Tratado de la Unión Europea, al Tratado de Funcionamiento de la Unión Europea y al Tratado constitutivo de la Comunidad Europea de la Energía Atómica:

TÍTULO I
INFORMACIÓN A LOS PARLAMENTOS NACIONALES

ARTÍCULO 1

Los documentos de consulta de la Comisión (libros verdes, libros blancos y comunicaciones) serán transmitidos directamente por la Comisión a los Parlamentos nacionales cuando se publiquen. La Comisión transmitirá asimismo a los Parlamentos nacionales el programa legislativo anual, así como cualquier otro instrumento de programación legislativa o de estrategia política al mismo tiempo que los transmita al Parlamento Europeo y al Consejo.

ARTÍCULO 2

Los proyectos de actos legislativos dirigidos al Parlamento Europeo y al Consejo se transmitirán a los Parlamentos nacionales.

A los efectos del presente Protocolo, se entenderá por «proyecto de acto legislativo» las propuestas de la Comisión, las iniciativas de un grupo de Estados miembros, las iniciativas del Parlamento Europeo, las peticiones del Tribunal de Justicia, las recomendaciones del Banco Central Europeo y las peticiones del Banco Europeo de Inversiones, destinadas a la adopción de un acto legislativo.

Los proyectos de actos legislativos que tengan su origen en la Comisión serán transmitidos directamente por ésta a los Parlamentos nacionales, al mismo tiempo que al Parlamento Europeo y al Consejo.

Los proyectos de actos legislativos que tengan su origen en el Parlamento Europeo serán transmitidos directamente por éste a los Parlamentos nacionales.

Los proyectos de actos legislativos que tengan su origen en un grupo de Estados miembros, en el Tribunal de Justicia, en el Banco Central Europeo o en el Banco Europeo de Inversiones serán transmitidos por el Consejo a los Parlamentos nacionales.

ARTÍCULO 3

Los Parlamentos nacionales podrán dirigir a los Presidentes del Parlamento Europeo, del Consejo y de la Comisión un dictamen motivado sobre la conformidad de un proyecto de acto legislativo con el principio de subsidiariedad, con arreglo al procedimiento establecido por el Protocolo sobre la aplicación de los principios de subsidiariedad y proporcionalidad.

Si el proyecto de acto legislativo tiene su origen en un grupo de Estados miembros, el Presidente del Consejo transmitirá el o los dictámenes motivados a los Gobiernos de esos Estados miembros.

Si el proyecto de acto legislativo tiene su origen en el Tribunal de Justicia, el Banco Central Europeo o el Banco Europeo de Inversiones, el Presidente del Consejo transmitirá el o los dictámenes motivados a la institución u órgano de que se trate.

ARTÍCULO 4

Entre el momento en que se transmita a los Parlamentos nacionales un proyecto de acto legislativo en las lenguas oficiales de la Unión y la fecha de inclusión de dicho proyecto en el orden del día provisional del Consejo con miras a su adopción o a la adopción de una posición en el marco de un procedimiento legislativo, deberá transcurrir un plazo de ocho semanas. Serán posibles las excepciones en caso de urgencia, cuyos motivos se mencionarán en el acto o la posición del Consejo. A lo largo de esas ocho semanas no podrá constatarse ningún acuerdo sobre un proyecto de acto legislativo, salvo en casos urgentes debidamente motivados. Entre la inclusión de un proyecto de acto legislativo en el orden del día provisional del Consejo y la adopción de una posición deberá transcurrir un plazo de diez días, salvo en casos urgentes debidamente motivados.

ARTÍCULO 5

Los órdenes del día y los resultados de las sesiones del Consejo, incluidas las actas de las sesiones del Consejo en las que éste delibere sobre proyectos de actos legislativos, se transmitirán directamente a los Parlamentos nacionales, al mismo tiempo que a los Gobiernos de los Estados miembros.

ARTÍCULO 6

Cuando el Consejo Europeo prevea hacer uso de los párrafos primero o segundo del apartado 7 del artículo 48 del Tratado de la Unión Europea, se informará a los Parlamentos nacionales de la iniciativa del Consejo Europeo al menos seis meses antes de que se adopte una decisión.

ARTÍCULO 7

El Tribunal de Cuentas transmitirá a título informativo su informe anual a los Parlamentos nacionales, al mismo tiempo que al Parlamento Europeo y al Consejo.

ARTÍCULO 8

Cuando el sistema parlamentario nacional no sea unicameral, las disposiciones de los artículos 1 a 7 se aplicarán a las cámaras que lo compongan.

TÍTULO II
COOPERACIÓN INTERPARLAMENTARIA

ARTÍCULO 9

El Parlamento Europeo y los Parlamentos nacionales definirán conjuntamente la organización y la promoción de una cooperación interparlamentaria eficaz y regular en el seno de la Unión.

ARTÍCULO 10

Una Conferencia de órganos parlamentarios especializados en asuntos de la Unión podrá dirigir al Parlamento Europeo, al Consejo y a la Comisión cualquier contribución que juzgue conveniente. Esta Conferencia fomentará además el intercambio de información y buenas prácticas entre los Parlamentos nacionales y el Parlamento Europeo y entre sus comisiones especializadas. La conferencia, podrá, asimismo organizar conferencias interparlamentarias sobre temas concretos, en particular para debatir asuntos de política exterior y de seguridad común, incluida la política común de seguridad y de defensa. Las aportaciones de la Conferencia no vincularán a los Parlamentos nacionales ni prejuzgarán su posición.

PROTOCOLO (N.º 2) SOBRE LA APLICACIÓN DE LOS PRINCIPIOS DE SUBSIDIARIEDAD Y PROPORCIONALIDAD

LAS ALTAS PARTES CONTRATANTES,

DESEANDO hacer lo necesario para que las decisiones se tomen lo más cerca posible de los ciudadanos de la Unión;

DECIDIDAS a establecer las condiciones para la aplicación de los principios de subsidiariedad y proporcionalidad enunciados en el artículo 5 del Tratado de la Unión Europea, así como a establecer un sistema de control de la aplicación de dichos principios,

HAN CONVENIDO en las siguientes disposiciones, que se incorporarán como anexo al Tratado de la Unión Europea y al Tratado de Funcionamiento de la Unión Europea:

ARTÍCULO 1

Cada institución deberá velar de manera permanente por el respeto de los principios de subsidiariedad y de proporcionalidad definidos en el artículo 5 del Tratado de la Unión Europea.

ARTÍCULO 2

Antes de proponer un acto legislativo, la Comisión procederá a amplias consultas. Estas consultas deberán tener en cuenta, cuando proceda, la dimensión regional y local de las acciones previstas. En casos de urgencia excepcional, la Comisión no procederá a estas consultas. Motivará su decisión en su propuesta.

ARTÍCULO 3

A los efectos del presente Protocolo, se entenderá por «proyecto de acto legislativo» las propuestas de la Comisión, las iniciativas de un grupo de Estados miembros, las iniciativas del Parlamento Europeo, las peticiones del Tribunal de Justicia, las recomendaciones del Banco Central Europeo y las peticiones del Banco Europeo de Inversiones, destinadas a la adopción de un acto legislativo.

ARTÍCULO 4

La Comisión transmitirá sus proyectos de actos legislativos, así como sus proyectos modificados, a los Parlamentos nacionales al mismo tiempo que al legislador de la Unión.

El Parlamento Europeo transmitirá sus proyectos de actos legislativos, así como sus proyectos modificados, a los Parlamentos nacionales.

El Consejo transmitirá los proyectos de actos legislativos que tengan su origen en un grupo de Estados miembros, en el Tribunal de Justicia, en el Banco Central Europeo o en el Banco Europeo de Inversiones, así como los proyectos modificados, a los Parlamentos nacionales.

El Parlamento Europeo transmitirá sus resoluciones legislativas y el Consejo sus posiciones a los Parlamentos nacionales inmediatamente después de su adopción.

ARTÍCULO 5

Los proyectos de actos legislativos se motivarán en relación con los principios de subsidiariedad y de proporcionalidad. Todo proyecto de acto legislativo debería incluir una ficha con pormenores que permitan evaluar el cumplimiento de los principios de subsidiariedad y de proporcionalidad. Esta ficha debería incluir elementos que permitan evaluar el impacto financiero y, cuando se trate de una directiva, sus efectos en la normativa que han de desarrollar los Estados miembros, incluida, cuando proceda, la legislación regional. Las razones que justifiquen la conclusión de que un objetivo de la Unión puede alcanzarse mejor en el plano de ésta se sustentarán en indicadores cualitativos y, cuando sea posible, cuantitativos. Los proyectos de actos legislativos tendrán debidamente en cuenta la necesidad de que cualquier carga, tanto financiera como administrativa, que recaiga sobre la Unión, los Gobiernos nacionales, las autoridades regionales o locales, los agentes económicos o los ciudadanos sea lo más reducida posible y proporcional al objetivo que se desea alcanzar.

ARTÍCULO 6

Todo Parlamento nacional o toda cámara de uno de estos Parlamentos podrá, en un plazo de ocho semanas a partir de la fecha de transmisión de un proyecto de acto legislativo en las lenguas oficiales de la Unión, dirigir a los Presidentes del Parlamento Europeo, del Consejo y de la Comisión un dictamen motivado que exponga las razones por las que considera que el proyecto no se ajusta al principio de subsidiariedad. Incumbirá a cada Parlamento nacional o a cada cámara de un Parlamento nacional consultar, cuando proceda, a los Parlamentos regionales que posean competencias legislativas.

Si el proyecto de acto legislativo tiene su origen en un grupo de Estados miembros, el Presidente del Consejo transmitirá el dictamen a los Gobiernos de esos Estados miembros.

Si el proyecto de acto legislativo tiene su origen en el Tribunal de Justicia, el Banco Central Europeo o el Banco Europeo de Inversiones, el Presidente del Consejo transmitirá el dictamen a la institución u órgano de que se trate.

ARTÍCULO 7

1. El Parlamento Europeo, el Consejo y la Comisión, así como, en su caso, el grupo de Estados miembros, el Tribunal de Justicia, el Banco Central Europeo o el Banco Europeo de Inversiones, si el proyecto de acto legislativo tiene su origen en ellos, tendrán en cuenta los dictámenes motivados dirigidos por los Parlamentos nacionales o cualquiera de las cámaras de un Parlamento nacional. Cada Parlamento nacional dispondrá de dos votos, repartidos en función del sistema parlamentario nacional. En un sistema parlamentario nacional bicameral, cada una de las dos cámaras dispondrá de un voto.

2. Cuando los dictámenes motivados que indiquen que un proyecto de acto legislativo no respeta el principio de subsidiariedad representen al menos un tercio del total de votos atribuidos a los Parlamentos nacionales de conformidad con el párrafo segundo del apartado 1, el proyecto deberá volverse a estudiar. Este umbral se reducirá a un cuarto cuando se trate de un proyecto de acto legislativo presentado sobre la base del artículo 76 del Tratado de Funcionamiento de la Unión Europea, relativo al espacio de libertad, seguridad y justicia.

Tras este nuevo estudio, la Comisión o, en su caso, el grupo de Estados miembros, el Parlamento Europeo, el Tribunal de Justicia, el Banco Central Europeo o el Banco Europeo de Inversiones, si el proyecto de acto legislativo tiene su origen en ellos, podrá decidir mantener el proyecto, modificarlo o retirarlo. Esta decisión deberá motivarse.

3. Además, en el marco del procedimiento legislativo ordinario, cuando los dictámenes motivados que indiquen que una propuesta de acto legislativo no respeta el principio de subsidiariedad representen al menos la mayoría simple de los votos atribuidos a los Parlamentos nacionales de conformidad con el párrafo segundo del apartado 1, la propuesta deberá volverse a estudiar. Tras este nuevo estudio, la Comisión podrá decidir mantener, modificar, o retirar la propuesta.

Si decide mantenerla, la Comisión deberá justificar, mediante dictamen motivado, por qué considera que la propuesta de que se trate respeta el principio de subsidiariedad. Dicho dictamen motivado, así como los de los Parlamentos nacionales, deberán ser transmitidos al legislador de la Unión, para que los tenga en cuenta en el procedimiento:

a) Antes de que concluya la primera lectura, el legislador (Parlamento Europeo y Consejo) estudiará la compatibilidad de la propuesta legislativa con el principio de subsidiariedad, atendiendo de forma particular a las motivaciones presentadas y compartidas por la mayoría de los Parlamentos nacionales y al dictamen motivado de la Comisión.

b) Si, por mayoría del 55 % de los miembros del Consejo o por mayoría de los votos emitidos en el Parlamento Europeo, el legislador considera que la propuesta no es compatible con el principio de subsidiariedad, se desestimará la propuesta legislativa.

ARTÍCULO 8

El Tribunal de Justicia de la Unión Europea será competente para pronunciarse sobre los recursos por violación del principio de subsidiariedad, por parte de un acto legislativo, interpuestos con arreglo a los procedimientos establecidos en el artículo 263 del Tratado de Funcionamiento de la Unión Europea por un Estado miembro, o transmitidos por éste de conformidad con su ordenamiento jurídico en nombre de su Parlamento nacional o de una cámara del mismo.

De conformidad con los procedimientos establecidos en dicho artículo, el Comité de las Regiones también podrá interponer recursos contra actos legislativos para cuya adopción el Tratado de Funcionamiento de la Unión Europea requiera su consulta.

ARTÍCULO 9

La Comisión presentará al Consejo Europeo, al Parlamento Europeo, al Consejo y a los Parlamentos nacionales un informe anual sobre la aplicación del artículo 5 del Tratado de la Unión Europea. Este informe anual deberá remitirse asimismo al Comité Económico y Social y al Comité de las Regiones.

PROTOCOLO (N.º 3) SOBRE EL ESTATUTO DEL TRIBUNAL DE JUSTICIA DE LA UNIÓN EUROPEA

LAS ALTAS PARTES CONTRATANTES,

DESEANDO establecer el Estatuto del Tribunal de Justicia de la Unión Europea previsto en el artículo 281 del Tratado de Funcionamiento de la Unión Europea,

HAN CONVENIDO en las siguientes disposiciones, que figurarán anejas al Tratado de la Unión Europea, al Tratado de Funcionamiento de la Unión Europea y al Tratado constitutivo de la Comunidad Europea de la Energía Atómica:

ARTÍCULO 1

El Tribunal de Justicia de la Unión Europea se constituirá y ejercerá sus funciones de conformidad con las disposiciones de los Tratados, del Tratado constitutivo de la Comunidad Europea de la Energía Atómica (Tratado CEEA) y del presente Estatuto.

TÍTULO I
ESTATUTO DE LOS JUECES Y DE LOS ABOGADOS GENERALES

ARTÍCULO 2

Todo Juez, antes de entrar en funciones, deberá prestar juramento ante el Tribunal de Justicia, en sesión pública, de que ejercerá sus funciones con toda imparcialidad y en conciencia y de que no violará en modo alguno el secreto de las deliberaciones.

ARTÍCULO 3

Los Jueces gozarán de inmunidad de jurisdicción. Después de haber cesado en sus funciones, continuarán gozando de inmunidad respecto de los actos realizados por ellos con carácter oficial, incluidas sus manifestaciones orales y escritas.

El Tribunal de Justicia, reunido en Pleno, podrá levantar la inmunidad. Cuando la decisión se refiera a un miembro del Tribunal General o de un tribunal especializado, el Tribunal de Justicia decidirá previa consulta al tribunal de que se trate.

En caso de que, una vez levantada la inmunidad, se ejercitare una acción penal contra un Juez, éste sólo podrá ser juzgado, en cada uno de los Estados miembros, por la autoridad competente para juzgar a los magistrados pertenecientes al órgano jurisdiccional supremo nacional.

Los artículos 11 a 14 y el artículo 17 del Protocolo sobre los privilegios y las inmunidades de la Unión Europea serán aplicables a los Jueces, Abogados Generales, Secretario y Ponentes adjuntos del Tribunal de Justicia de la Unión Europea, sin perjuicio de las disposiciones relativas a la inmunidad de jurisdicción de los Jueces que figuran en los párrafos precedentes.

ARTÍCULO 4

Los Jueces no podrán ejercer ninguna función política o administrativa.

No podrán, salvo autorización concedida con carácter excepcional por el Consejo, por mayoría simple, ejercer ninguna actividad profesional, retribuida o no.

En el momento de asumir sus funciones, se comprometerán solemnemente a respetar, mientras dure su mandato y aún después de finalizar éste, las obligaciones derivadas de su cargo y, en especial, los deberes de honestidad y discreción en cuanto a la aceptación, una vez terminado su mandato, de determinadas funciones o beneficios.

En caso de duda, el Tribunal de Justicia decidirá. Cuando la decisión se refiera a un miembro del Tribunal General o de un tribunal especializado, el Tribunal de Justicia decidirá previa consulta al tribunal de que se trate.

ARTÍCULO 5

Aparte de los casos de renovación periódica y fallecimiento, el mandato de los Jueces concluirá individualmente por dimisión.

En caso de dimisión de un Juez, la carta de dimisión será dirigida al Presidente del Tribunal de Justicia, quien la transmitirá al Presidente del Consejo. Esta última notificación determinará la vacante del cargo.

Salvo los casos en que sea aplicable el artículo 6, los Jueces continuarán en su cargo hasta la entrada en funciones de su sucesor.

ARTÍCULO 6

Los Jueces sólo podrán ser relevados de sus funciones o privados de su derecho a pensión o de cualquier otro beneficio sustitutivo cuando, a juicio unánime de los Jueces y de los Abogados Generales del Tribunal de Justicia, dejen de reunir las condiciones requeridas o incumplan las obligaciones que se derivan de su cargo. El interesado no tomará parte en tales deliberaciones. Cuando el interesado sea un miembro del Tribunal General o de un tribunal especializado, el Tribunal de Justicia decidirá previa consulta al tribunal de que se trate.

El Secretario comunicará la decisión del Tribunal de Justicia a los Presidentes del Parlamento Europeo y de la Comisión y la notificará al Presidente del Consejo.

Cuando se trate de una decisión que releve a un Juez de sus funciones, esta última notificación determinará la vacante del cargo.

ARTÍCULO 7

Los Jueces que cesen en sus funciones antes de la expiración de su mandato serán sustituidos por el tiempo que falte para terminar dicho mandato.

ARTÍCULO 8

Las disposiciones de los artículos 2 a 7 serán aplicables a los Abogados Generales.

TÍTULO II
ORGANIZACIÓN DEL TRIBUNAL DE JUSTICIA

ARTÍCULO 9

La renovación parcial de los Jueces, que tendrá lugar cada tres años, afectará alternativamente a catorce y trece Jueces.

La renovación parcial de los Abogados Generales, que tendrá lugar cada tres años, afectará cada vez a cuatro Abogados Generales.

ARTÍCULO 10

El Secretario prestará juramento ante el Tribunal de Justicia de que ejercerá sus funciones con toda imparcialidad y en conciencia y de que no violará en modo alguno el secreto de las deliberaciones.

ARTÍCULO 11

El Tribunal de Justicia dispondrá la sustitución del Secretario en caso de impedimento de éste.

ARTÍCULO 12

Se adscribirán al Tribunal de Justicia funcionarios y otros agentes a fin de garantizar su funcionamiento. Dependerán del Secretario bajo la autoridad del Presidente.

ARTÍCULO 13

A petición del Tribunal de Justicia, el Parlamento Europeo y el Consejo podrán prever, con arreglo al procedimiento legislativo ordinario, el nombramiento de ponentes adjuntos y establecer su estatuto. Los ponentes adjuntos podrán ser llamados, en las condiciones que determine el Reglamento de Procedimiento, a participar en la instrucción de los asuntos sometidos al Tribunal de Justicia y a colaborar con el Juez ponente.

Los ponentes adjuntos, elegidos entre personas que ofrezcan absolutas garantías de independencia y posean la competencia jurídica necesaria, serán nombrados por el Consejo, por mayoría simple. Prestarán juramento ante el Tribunal de Justicia de que ejercerán sus funciones con toda imparcialidad y en conciencia y de que no violarán en modo alguno el secreto de las deliberaciones.

ARTÍCULO 14

Los Jueces, los Abogados Generales y el Secretario deberán residir en la localidad en la que el Tribunal de Justicia tenga su sede.

ARTÍCULO 15

El Tribunal de Justicia funcionará de modo permanente. La duración de las vacaciones judiciales será fijada por el Tribunal de Justicia, habida cuenta de las necesidades del servicio.

ARTÍCULO 16

El Tribunal de Justicia constituirá Salas compuestas por tres y cinco Jueces. Los Jueces elegirán de entre ellos a los Presidentes de Sala. Los Presidentes de las Salas de cinco Jueces serán elegidos por tres años. Su mandato podrá renovarse una vez.

La Gran Sala estará compuesta por trece Jueces. Estará presidida por el Presidente del Tribunal de Justicia. También formarán parte de la Gran Sala los Presidentes de las Salas de cinco Jueces y otros Jueces designados en las condiciones establecidas en el Reglamento de Procedimiento.

El Tribunal de Justicia actuará en Gran Sala cuando lo solicite un Estado miembro o una institución de la Unión que sea parte en el proceso.

El Tribunal de Justicia actuará en Pleno cuando se le someta un asunto en aplicación del apartado 2 del artículo 228, del apartado 2 del artículo 245, del artículo 247 o del apartado 6 del artículo 286 del Tratado de Funcionamiento de la Unión Europea.

Asimismo, cuando considere que un asunto del que conoce reviste una importancia excepcional, el Tribunal de Justicia podrá decidir, oído el Abogado General, su atribución al Pleno.

ARTÍCULO 17

El Tribunal de Justicia sólo podrá deliberar válidamente en número impar.

Las deliberaciones de las Salas compuestas por tres o cinco Jueces sólo serán válidas si están presentes tres Jueces.

Las deliberaciones de la Gran Sala sólo serán válidas si están presentes nueve Jueces.

Las deliberaciones del Tribunal de Justicia reunido en Pleno sólo serán válidas si están presentes quince Jueces.

En caso de impedimento de uno de los Jueces que componen una Sala, se podrá requerir la asistencia de un Juez que forme parte de otra Sala, en las condiciones que determine el Reglamento de Procedimiento.

ARTÍCULO 18

Los Jueces y los Abogados Generales no podrán participar en la resolución de ningún asunto en el que hubieran intervenido anteriormente en calidad de agente, asesor o abogado de una las partes, o respecto del cual hubieran sido llamados a pronunciarse como miembros de un tribunal, de una comisión investigadora o en cualquier otro concepto.

Si, por una razón especial, un Juez o un Abogado General estima que no puede participar en el juicio o en el examen de un asunto determinado, informará de ello al Presidente. Si el Presidente estima que, por una razón especial, un Juez o un Abogado General no debe participar o presentar conclusiones en un determinado asunto, advertirá de ello al interesado.

En caso de dificultad sobre la aplicación del presente artículo, el Tribunal de Justicia decidirá.

Una parte no podrá invocar la nacionalidad de un Juez o la ausencia en el Tribunal de Justicia o en una de sus Salas de un Juez de su nacionalidad para pedir la modificación de la composición del Tribunal de Justicia o de una de sus Salas.

TÍTULO III
PROCEDIMIENTO ANTE EL TRIBUNAL DE JUSTICIA

ARTÍCULO 19

Los Estados miembros, así como las instituciones de la Unión, estarán representados ante el Tribunal de Justicia por un agente designado para cada asunto; el agente podrá estar asistido por un asesor o un abogado.

Los Estados parte en el Acuerdo sobre el Espacio Económico Europeo, distintos de los Estados miembros, y el Órgano de Vigilancia de la AELC, previsto por dicho Acuerdo, estarán representados de la misma manera.

Las otras partes deberán estar representadas por un abogado.

Únicamente un abogado que esté facultado para ejercer ante un órgano jurisdiccional de un Estado miembro o de otro Estado parte en el Acuerdo sobre el Espacio Económico Europeo podrá representar o asistir a una parte ante el Tribunal de Justicia.

Los agentes, asesores y abogados que comparezcan ante el Tribunal de Justicia gozarán de los derechos y garantías necesarios para el ejercicio independiente de sus funciones, en las condiciones que determine el Reglamento de Procedimiento.

El Tribunal de Justicia gozará, respecto de los asesores y abogados que ante él comparezcan, de los poderes normalmente reconocidos en esta materia a los juzgados y tribunales, en las condiciones que determine el mismo Reglamento.

Los profesores nacionales de los Estados miembros cuya legislación les reconozca el derecho de actuar en juicio gozarán ante el Tribunal de Justicia de los derechos que el presente artículo reconoce a los abogados.

ARTÍCULO 20

El procedimiento ante el Tribunal de Justicia constará de dos fases: una escrita y otra oral.

La fase escrita consistirá en la notificación a las partes, así como a las instituciones de la Unión cuyos actos se impugnen, de las demandas, alegaciones, contestaciones y observaciones y, eventualmente, de las réplicas, así como de cualquier otra pieza o documento de apoyo o de sus copias certificadas conformes.

Las notificaciones se harán bajo la responsabilidad del Secretario en el orden y en los plazos que determine el Reglamento de Procedimiento.

La fase oral comprenderá la lectura del informe presentado por el Juez Ponente, la audiencia por el Tribunal de Justicia de los agentes, asesores y abogados y las conclusiones del Abogado General y, si ha lugar, el examen de testigos y peritos.

Si considera que el asunto no plantea ninguna cuestión de derecho nueva, el Tribunal de Justicia podrá decidir, oído el Abogado General, que el asunto sea juzgado sin conclusiones del Abogado General.

ARTÍCULO 21

El procedimiento ante el Tribunal de Justicia se iniciará mediante una demanda dirigida al Secretario. La demanda habrá de contener el nombre y el domicilio del demandante y la calidad del firmante, el nombre de la parte o partes contra las que se interponga la demanda, el objeto del litigio, las pretensiones y una exposición sumaria de los motivos invocados.

La demanda deberá ir acompañada, si ha lugar, del acto cuya anulación se solicita o, en la hipótesis contemplada en el artículo 265 del Tratado de Funcionamiento de la Unión Europea, de un documento que certifique la fecha del requerimiento previsto en dichos artículos. Si no se hubiesen adjuntado dichos documentos a la demanda, el Secretario invitará al interesado a presentarlos en un plazo razonable, sin que quepa oponer preclusión en caso de que se regularice la situación procesal transcurrido el plazo para recurrir.

ARTÍCULO 22

En los casos a que se refiere el artículo 18 del Tratado CEEA, el recurso ante el Tribunal de Justicia se interpondrá mediante escrito dirigido al Secretario. El escrito habrá de contener el nombre y el domicilio del demandante y la calidad del firmante, con indicación de la decisión contra la que se interpone recurso, el nombre de las partes litigantes, el objeto del litigio, las pretensiones y una exposición sumaria de los motivos invocados.

El escrito deberá ir acompañado de una copia conforme de la decisión del Comité de Arbitraje que se impugne.

Si el Tribunal de Justicia desestima el recurso, la decisión del Comité de Arbitraje será definitiva.

Si el Tribunal de Justicia anula la decisión del Comité de Arbitraje, si ha lugar y a iniciativa de una de las partes en el proceso, podrá reanudarse el procedimiento ante el Comité de Arbitraje. Éste deberá ajustarse a las cuestiones de Derecho dirimidas por el Tribunal de Justicia.

ARTÍCULO 23

En los casos a que se refiere el artículo 267 del Tratado de Funcionamiento de la Unión Europea, la decisión del órgano jurisdiccional nacional que suspende el procedimiento y somete el asunto al Tribunal de Justicia será notificada a este último por dicho órgano jurisdiccional. A continuación, el Secretario del Tribunal de Justicia notificará tal decisión a las partes litigantes, a los Estados miembros y a la Comisión, así como a la institución, órgano u organismo de la Unión que haya adoptado el acto cuya validez o interpretación se cuestiona.

En el plazo de dos meses desde esta última notificación, las partes, los Estados miembros, la Comisión y, cuando proceda, la institución, órgano u organismo de la Unión que haya adoptado el acto cuya validez o interpretación se cuestiona tendrán derecho a presentar al Tribunal de Justicia alegaciones u observaciones escritas.

En los casos a que se refiere el artículo 267 del Tratado de Funcionamiento de la Unión Europea, el Secretario del Tribunal de Justicia notificará la decisión del órgano jurisdiccional nacional a los Estados parte en el Acuerdo sobre el Espacio Económico Europeo, distintos de los Estados miembros, y al Órgano de Vigilancia de la AELC, previsto por dicho Acuerdo, que, en el plazo de dos meses desde la notificación y siempre que resulte afectado uno de los ámbitos de aplicación de tal Acuerdo, podrán presentar al Tribunal de Justicia alegaciones u observaciones escritas.

Cuando un acuerdo, referente a un ámbito determinado, celebrado por el Consejo y uno o varios terceros Estados atribuya a éstos la facultad de presentar alegaciones u observaciones escritas en el caso de que un órgano jurisdiccional de un Estado miembro someta al Tribunal de Justicia una cuestión prejudicial que afecte al ámbito de aplicación de dicho acuerdo, la decisión del órgano jurisdiccional nacional que plantee dicha cuestión se notificará también a los correspondientes terceros Estados, los cuales podrán presentar al Tribunal de Justicia alegaciones u observaciones escritas en el plazo de dos meses a partir de dicha notificación.

ARTÍCULO 23 BIS[1495]

El Reglamento de Procedimiento podrá establecer un procedimiento acelerado y, para las peticiones de decisión prejudicial relativas al espacio de libertad, seguridad y justicia, un procedimiento de urgencia.

En dichos procedimientos podrá fijarse un plazo para la presentación de las alegaciones u observaciones escritas más breve que el fijado en el artículo 23 y, no obstante lo dispuesto en el párrafo cuarto del artículo 20, podrá prescindirse de las conclusiones del abogado general.

En el procedimiento de urgencia, además, la autorización para presentar alegaciones u observaciones escritas otorgada a las partes y a los demás interesados mencionados en el artículo 23 podrá ser restringida y, en casos de extrema urgencia, la fase escrita del procedimiento podrá omitirse.

ARTÍCULO 24

El Tribunal de Justicia podrá pedir a las partes que presenten todos los documentos y faciliten todas las informaciones que estime convenientes. En caso de negativa, lo hará constar en acta.

El Tribunal de Justicia podrá también pedir a los Estados miembros y a las instituciones, órganos u organismos que no sean parte en el litigio todas las informaciones que considere necesarias a efectos procesales.

ARTÍCULO 25

En cualquier momento, el Tribunal de Justicia podrá encomendar a cualquier persona, corporación, gabinete técnico, comisión u órgano de su elección la elaboración de un dictamen pericial.

ARTÍCULO 26

Se podrá oír a los testigos en las condiciones que determine el Reglamento de Procedimiento.

ARTÍCULO 27

El Tribunal de Justicia gozará, respecto de los testigos que no comparezcan, de los poderes generalmente reconocidos en esta materia a los juzgados y tribunales y podrá imponer sanciones pecuniarias en las condiciones que determine el Reglamento de Procedimiento.

ARTÍCULO 28

Los testigos y peritos podrán prestar declaración bajo juramento, según la fórmula que establezca el Reglamento de Procedimiento o según lo previsto en la legislación nacional del testigo o del perito.

ARTÍCULO 29

El Tribunal de Justicia podrá ordenar que un testigo o un perito preste declaración ante la autoridad judicial de su domicilio.

1495 Artículo introducido por la Decisión 2008/79/CE, EURATOM (DO L 24 de 29.1.2008, p. 42).

Este auto será comunicado, a efectos de su ejecución, a la autoridad judicial competente en las condiciones que determine el Reglamento de Procedimiento. Los documentos que resulten de la ejecución de la comisión rogatoria serán remitidos al Tribunal de Justicia en las mismas condiciones.

El Tribunal de Justicia sufragará los gastos, sin perjuicio de cargarlos, si procede, a las partes.

ARTÍCULO 30

Cada Estado miembro considerará toda violación del juramento de los testigos y peritos como un delito cometido ante un tribunal nacional con jurisdicción en materia civil. Previa denuncia del Tribunal de Justicia, el Estado de que se trate perseguirá a los autores de dicho delito ante el órgano jurisdiccional nacional competente.

ARTÍCULO 31

La vista será pública, salvo que, por motivos graves, el Tribunal de Justicia decida lo contrario, de oficio o a instancia de parte.

ARTÍCULO 32

Durante la vista, el Tribunal de Justicia podrá interrogar a los peritos y a los testigos, así como a las propias partes. Sin embargo, estas últimas sólo podrán actuar en juicio por medio de sus representantes.

ARTÍCULO 33

Se levantará acta de cada vista; dicha acta será firmada por el Presidente y por el Secretario.

ARTÍCULO 34

El Presidente fijará el turno de las vistas.

ARTÍCULO 35

Las deliberaciones del Tribunal de Justicia serán y permanecerán secretas.

ARTÍCULO 36

Las sentencias serán motivadas. Mencionarán los nombres de los Jueces que participaron en las deliberaciones.

ARTÍCULO 37

Las sentencias serán firmadas por el Presidente y el Secretario. Serán leídas en sesión pública.

ARTÍCULO 38

El Tribunal de Justicia decidirá sobre las costas.

ARTÍCULO 39

El Presidente del Tribunal de Justicia podrá mediante un procedimiento abreviado al que, en lo que sea necesario, no se aplicarán algunas de las normas contenidas en el presente Estatuto y que se regulará en el Reglamento de Procedimiento, decidir sobre las pretensiones que tengan por objeto la suspensión prevista en el artículo 278 del Tratado de Funcionamiento de la Unión Europea y en el artículo 157 del Tratado CEEA, la concesión de medidas provisionales de conformidad con el artículo 279 del Tratado de Funcionamiento de la Unión Europea, o la suspensión de la ejecución forzosa con arreglo al párrafo cuarto del artículo 299 del Tratado de Funcionamiento de la Unión Europea o al párrafo tercero del artículo 164 del Tratado CEEA.

En caso de impedimento del Presidente, éste será sustituido por otro Juez en las condiciones que determine el Reglamento de Procedimiento.

La resolución del Presidente o de su sustituto tendrá sólo carácter provisional y no prejuzgará en modo alguno la decisión del Tribunal de Justicia en cuanto al asunto principal.

ARTÍCULO 40

Los Estados miembros y las instituciones de la Unión podrán intervenir como coadyuvantes en los litigios sometidos al Tribunal de Justicia.

El mismo derecho tendrán los órganos y organismos de la Unión y cualquier otra persona siempre que puedan demostrar un interés en la solución de un litigio sometido al Tribunal de Justicia. Las personas físicas y jurídicas no podrán intervenir en los asuntos entre los Estados miembros, entre instituciones de la Unión, o entre Estados miembros, por una parte, e instituciones de la Unión, por otra.

Sin perjuicio de lo dispuesto en el párrafo segundo, los Estados parte en el Acuerdo sobre el Espacio Económico Europeo, distintos de los Estados miembros, y el Órgano de Vigilancia de la AELC, previsto por dicho Acuerdo, podrán intervenir como coadyuvantes en los litigios sometidos al Tribunal de Justicia cuando éstos se refieran a uno de los ámbitos de aplicación del referido Acuerdo.

Las pretensiones de la demanda de intervención no podrán tener otro fin que apoyar las pretensiones de una de las partes

ARTÍCULO 41

Cuando la parte demandada, debidamente emplazada, se abstenga de contestar por escrito a la demanda, se dictará respecto de ella sentencia en rebeldía. La sentencia podrá ser impugnada en el plazo de un mes a partir de la fecha de su notificación. Salvo decisión contraria del Tribunal de justicia, la impugnación no suspenderá la ejecución de la sentencia dictada en rebeldía

ARTÍCULO 42

Los Estados miembros, las instituciones, órganos u organismos de la Unión y cualquier otra persona física o jurídica podrán, en los casos y condiciones que determine el Reglamento de Procedimiento, interponer tercería contra las sentencias dictadas, sin que hayan sido citados a comparecer, si tales sentencias lesionan sus derechos.

ARTÍCULO 43

En caso de duda sobre el sentido y el alcance de una sentencia, corresponderá al Tribunal de Justicia interpretar dicha sentencia, a instancia de la parte o de la institución de la Unión que demuestre un interés en ello.

ARTÍCULO 44

La revisión de la sentencia sólo podrá pedirse al Tribunal de Justicia con motivo del descubrimiento de un hecho que pueda tener una influencia decisiva y que, antes de pronunciarse la sentencia, era desconocido por el Tribunal de Justicia y por la parte que solicita la revisión.

El procedimiento de revisión exigirá una sentencia del Tribunal de Justicia, en la que se hará constar expresamente la existencia de un hecho nuevo del que se reconoce que posee los caracteres que dan lugar a la revisión, declarando por ello admisible la demanda.

No podrá presentarse ninguna demanda de revisión transcurridos diez años desde la fecha de la sentencia.

ARTÍCULO 45

El Reglamento de Procedimiento establecerá plazos por razón de la distancia.

No cabrá oponer preclusión por expiración de los plazos cuando el interesado demuestre la existencia de caso fortuito o de fuerza mayor.

ARTÍCULO 46

Las acciones contra la Unión en materia de responsabilidad extracontractual prescribirán a los cinco años de producido el hecho que las motivó. La prescripción se interrumpirá bien mediante demanda presentada ante el Tribunal de Justicia, bien mediante reclamación previa, que el damnificado podrá presentar a la institución competente de la Unión. En este último caso, la demanda deberá presentarse en el plazo de dos meses previsto en el artículo 263 del Tratado de Funcionamiento de la Unión Europea; cuando proceda, serán aplicables las disposiciones del párrafo segundo del artículo 265 del Tratado de Funcionamiento de la Unión Europea.

El presente artículo se aplicará también a las acciones contra el Banco Centro Europeo en materia de responsabilidad extracontractual.

TÍTULO IV
EL TRIBUNAL GENERAL

ARTÍCULO 47

El párrafo primero del artículo 9, los artículos 14 y 15, los párrafos primero, segundo, cuarto y quinto del artículo 17 y el artículo 18 se aplicarán al Tribunal General y a sus miembros.

Serán aplicables mutatis mutandis al Secretario del Tribunal General el párrafo cuarto del artículo 3 y los artículos 10, 11 y 14.

ARTÍCULO 48

El Tribunal General estará compuesto por veintisiete Jueces.

ARTÍCULO 49

Los miembros del Tribunal General podrán ser llamados a desempeñar las funciones de Abogado General. La función del Abogado General consistirá en presentar públicamente, con toda imparcialidad e independencia, conclusiones motivadas sobre determinados asuntos sometidos al Tribunal General, con la finalidad de asistir a este Tribunal en el cumplimiento de su misión.

Los criterios para la selección de tales asuntos, así como las modalidades de designación de los Abogados Generales, se fijarán en el Reglamento de Procedimiento del Tribunal General.

El miembro del Tribunal General llamado a desempeñar la función de Abogado General en un asunto no podrá participar en la resolución del mismo.

ARTÍCULO 50

El Tribunal General actuará en Salas compuestas por tres o cinco Jueces. Los Jueces elegirán de entre ellos a los Presidentes de Sala. Los Presidentes de las Salas de cinco Jueces serán elegidos por tres años. Su mandato podrá renovarse una vez.

La composición de las Salas y la atribución de asuntos a las mismas se regularán por el Reglamento de Procedimiento. En determinados casos previstos en el Reglamento de Procedimiento, el Tribunal General podrá actuar en Pleno o como órgano unipersonal.

El Reglamento de Procedimiento podrá disponer asimismo que el Tribunal General se constituya en Gran Sala en los casos y las condiciones que estipule.

ARTÍCULO 51

No obstante lo dispuesto en la norma enunciada en el apartado 1 del artículo 256 del Tratado de Funcionamiento de la Unión Europea, quedarán reservados a la competencia del Tribunal de Justicia los recursos contemplados en los artículos 263 y 265 del Tratado de Funcionamiento de la Unión Europea interpuestos por un Estado miembro y que vayan dirigidos:

a) Contra un acto o una abstención de pronunciarse del Parlamento Europeo o del Consejo, o de ambas instituciones conjuntamente, excepto:

- Las decisiones adoptadas por el Consejo con arreglo al párrafo tercero del apartado 2 del artículo 108 del Tratado de Funcionamiento de la Unión Europea.
- Los actos del Consejo adoptados en virtud de un Reglamento del propio Consejo relativo a medidas de protección comercial con arreglo al artículo 207 del Tratado de Funcionamiento de la Unión Europea.
- Los actos del Consejo mediante los que éste ejerza competencias de ejecución de conformidad con el apartado 2 del artículo 291 del Tratado de Funcionamiento de la Unión Europea.

b) Contra un acto o una abstención de pronunciarse de la Comisión con arreglo al apartado 1 del artículo 331 del Tratado de Funcionamiento de la Unión Europea.

c) También quedarán reservados a la competencia del Tribunal de Justicia los recursos contemplados en los citados artículos que haya interpuesto una institución de la Unión contra un acto o una abstención de pronunciarse del Parlamento Europeo, del Consejo, de estas dos instituciones conjuntamente o de la Comisión, o que haya interpuesto una institución de la Unión contra un acto o una abstención de pronunciarse del Banco Central Europeo.

ARTÍCULO 52

El Presidente del Tribunal de Justicia y el Presidente del Tribunal General fijarán de común acuerdo las condiciones en las que los funcionarios y demás agentes adscritos al Tribunal de Justicia prestarán sus servicios en el Tribunal General para garantizar su funcionamiento. Determinados funcionarios u otros agentes dependerán del Secretario del Tribunal General bajo la autoridad del Presidente del mismo.

ARTÍCULO 53

El procedimiento ante el Tribunal General estará regulado por el título III.

En la medida en que sea necesario, el procedimiento ante el Tribunal General será precisado y completado por su Reglamento de Procedimiento. El Reglamento de Procedimiento podrá establecer excepciones al párrafo cuarto del artículo 40 y al artículo 41 para tener en cuenta las características específicas de los contenciosos relativos al ámbito de la propiedad intelectual.

No obstante lo dispuesto en el párrafo cuarto del artículo 20, el Abogado General podrá presentar sus conclusiones motivadas por escrito.

ARTÍCULO 54

Cuando un recurso o cualquier otro acto procesal dirigido al Tribunal General se presente por error en la Secretaría del Tribunal de Justicia, ésta lo transmitirá inmediatamente a la Secretaría del Tribunal General; de la misma manera, cuando un recurso o cualquier acto procesal dirigido al Tribunal de Justicia se presente por error en la Secretaría del Tribunal General, ésta lo transmitirá inmediatamente a la Secretaría del Tribunal de Justicia.

Cuando el Tribunal General considere que no es competente para conocer de un recurso por ser de la competencia del Tribunal de Justicia, lo remitirá a dicho Tribunal. De la misma manera, cuando el Tribunal de Justicia considere que un recurso corresponde a la competencia del Tribunal General, lo remitirá a este último, que en tal caso no podrá declinar su competencia.

Cuando se sometan al Tribunal de Justicia y al Tribunal General asuntos que tengan el mismo objeto o que planteen la misma cuestión de interpretación o que cuestionen la validez del mismo acto, el Tribunal General podrá, previa audiencia de las partes, suspender sus actuaciones hasta que el Tribunal de Justicia dicte sentencia o, si se trata de recursos interpuestos en virtud del artículo 263 del Tratado de Funcionamiento de la Unión Europea, declinar su competencia a fin de que el Tribunal de Justicia pueda pronunciarse sobre tales recursos. En estas mismas condiciones, el Tribunal de Justicia también podrá decidir suspender el procedimiento del que conozca; en tal caso, el procedimiento continuará ante el Tribunal General.

Cuando un Estado miembro y una Institución de la Unión impugnen el mismo acto, el Tribunal General declinará su competencia a fin de que el Tribunal de Justicia pueda pronunciarse sobre tales recursos.

ARTÍCULO 55

Las resoluciones del Tribunal General que pongan fin al proceso, así como las que resuelvan parcialmente la cuestión de fondo o pongan fin a un incidente procesal relativo a una excepción de incompetencia o de inadmisibilidad serán notificadas por el Secretario del Tribunal General a todas las partes, así como a todos los Estados miembros y a las instituciones de la Unión, incluso aunque no hayan intervenido en el litigio ante el Tribunal General.

ARTÍCULO 56

Contra las resoluciones del Tribunal General que pongan fin al proceso, así como contra las que resuelvan parcialmente la cuestión de fondo o pongan fin a un incidente procesal relativo a una excepción de incompetencia o de inadmisibilidad, podrá interponerse recurso de casación ante el Tribunal de Justicia en un plazo de dos meses a partir de la notificación de la resolución impugnada.

Dicho recurso de casación podrá interponerse por cualquiera de las partes cuyas pretensiones hayan sido total o parcialmente desestimadas. Sin embargo, los coadyuvantes que no sean Estados miembros o instituciones de la Unión sólo podrán interponer recurso de casación cuando la resolución del Tribunal General les afecte directamente.

Salvo en los litigios entre la Unión y sus agentes, el recurso de casación podrá interponerse también por los Estados miembros y las instituciones de la Unión que no hayan intervenido en el litigio ante el Tribunal General. Dichos Estados miembros e instituciones estarán en una posición idéntica a la de los Estados miembros o instituciones que hayan intervenido en primera instancia.

ARTÍCULO 57

Cualquier persona cuya demanda de intervención hubiere sido desestimada, podrá interponer un recurso de casación ante el Tribunal de Justicia contra la decisión del Tribunal General que desestime su demanda de intervención, en un plazo de dos semanas a partir de la notificación de la resolución desestimatoria.

Las partes en el procedimiento podrán interponer un recurso de casación contra cualquier resolución del Tribunal General adoptada en virtud de los artículos 278, 279 o del párrafo cuarto del artículo 299 del Tratado de Funcionamiento de la Unión Europea o en virtud del artículo 157 o del párrafo tercero del artículo 164 del Tratado CEEA, en un plazo de dos meses a partir de la notificación de la resolución.

El recurso de casación contemplado en los párrafos primero y segundo del presente artículo se resolverá de acuerdo con el procedimiento previsto en el artículo 39.

ARTÍCULO 58

El recurso de casación ante el Tribunal de Justicia se limitará a las cuestiones de derecho. Deberá fundarse en motivos derivados de la incompetencia del Tribunal General, de irregularidades del procedimiento ante el mismo que lesionen los intereses de la parte recurrente, así como de la violación del Derecho de la Unión por parte del Tribunal General.

La imposición y la cuantía de las costas no constituirán por sí mismas un motivo de interposición del recurso de casación.

ARTÍCULO 59

El procedimiento ante el Tribunal de Justicia en un recurso de casación contra una resolución del Tribunal General constará de una fase escrita y una fase oral. El Tribunal de Justicia, después de haber oído al Abogado General y a las partes, podrá pronunciarse sin fase oral, en las condiciones determinadas por el Reglamento de Procedimiento.

ARTÍCULO 60

El recurso de casación no tendrá efecto suspensivo, sin perjuicio de lo dispuesto en los artículos 278 y 279 del Tratado de Funcionamiento de la Unión Europea o en el artículo 157 del Tratado CEEA.

No obstante lo dispuesto en el artículo 280 del Tratado de Funcionamiento de la Unión Europea, las resoluciones del Tribunal General que anulen un reglamento sólo surtirán efecto a partir de la expiración del plazo contemplado en el párrafo primero del artículo 56 del presente Estatuto o, si se hubiera interpuesto un recurso de casación durante dicho plazo, a partir de la desestimación del recurso, sin perjuicio del derecho que asista a cada parte a plantear ante el Tribunal de Justicia una demanda, en virtud de los artículos 278 y 279 del Tratado de Funcionamiento de la Unión Europea o del artículo 157 del Tratado CEEA, con la finalidad de conseguir la suspensión de los efectos del reglamento anulado o la adopción de cualquier otra medida provisional.

ARTÍCULO 61

Cuando se estime el recurso de casación, el Tribunal de Justicia anulará la resolución del Tribunal General. En tal caso, el Tribunal de Justicia podrá o bien resolver él mismo definitivamente el litigio, cuando su estado así lo permita, o bien devolver el asunto al Tribunal General para que este último resuelva.

En caso de devolución, el Tribunal General estará vinculado por las cuestiones de derecho dirimidas por la resolución del Tribunal de Justicia.

Cuando se estime un recurso de casación interpuesto por un Estado miembro o una institución de la Unión que no haya intervenido en el litigio ante el Tribunal General, el Tribunal de Justicia, si lo estima necesario, podrá indicar cuáles son los efectos de la resolución del Tribunal General anulada que deben considerarse como definitivos respecto de las partes en el litigio.

ARTÍCULO 62

En los casos previstos en los apartados 2 y 3 del artículo 256 del Tratado de Funcionamiento de la Unión Europea, el primer Abogado General podrá proponer al Tribunal de Justicia que reexamine la resolución del Tribunal General cuando considere que existe un riesgo grave de que se vulnere la unidad o la coherencia del Derecho de la Unión.

La propuesta deberá presentarse en el plazo de un mes a partir del pronunciamiento de la resolución del Tribunal General. El Tribunal de Justicia decidirá, en el plazo de un mes a partir de la propuesta que le haya presentado el primer Abogado General, si procede o no reexaminar la resolución.

ARTÍCULO 62 BIS

El Tribunal de Justicia se pronunciará sobre las cuestiones objeto del reexamen por un procedimiento de urgencia sobre la base de los autos remitidos por el Tribunal General.

Los interesados contemplados en el artículo 23 del presente Estatuto, así como en los casos previstos en el apartado 2 del artículo 256 del Tratado de Funcionamiento de la Unión Europea, las partes en el procedimiento ante el Tribunal General tendrán derecho a presentar al Tribunal de Justicia alegaciones u observaciones escritas sobre las cuestiones objeto del reexamen en un plazo fijado a tal efecto.

El Tribunal de Justicia podrá decidir sobre la apertura de la fase oral antes de pronunciarse.

ARTÍCULO 62 TER

En los casos previstos en el apartado 2 del artículo 256 del Tratado de Funcionamiento de la Unión Europea, la propuesta de reexamen y la decisión de iniciar el procedimiento de reexamen no tendrán efecto suspensivo, sin perjuicio de lo dispuesto en los artículos 278 y 279 del Tratado de Funcionamiento de la Unión Europea. Si el Tribunal de Justicia declarase que la resolución del Tribunal General vulnera la unidad o la coherencia del Derecho de la Unión, el Tribunal de Justicia devolverá el asunto al Tribunal General, que estará vinculado por las cuestiones de derecho dirimidas por el Tribunal de Justicia; el Tribunal de Justicia podrá indicar los efectos de la resolución del Tribunal General que deberán considerarse definitivos respecto de las partes en el litigio. No obstante, si la solución del litigio se deriva, habida cuenta del resultado del reexamen, de las apreciaciones de hecho en las que se basa la resolución del Tribunal General, el Tribunal de Justicia resolverá definitivamente el litigio.

En los casos previstos en el apartado 3 del artículo 256 del Tratado de Funcionamiento de la Unión Europea, a falta de propuesta de reexamen o de decisión de apertura de la fase de reexamen, la respuesta del Tribunal General a las cuestiones presentadas surtirá efecto al vencimiento de los plazos previstos a tal efecto en el párrafo segundo del artículo 62. En caso de apertura de una fase de reexamen, la respuesta objeto del reexamen surtirá efecto al término de dicha fase, salvo decisión contraria del Tribunal de Justicia. Si el Tribunal de Justicia declarase que la resolución del Tribunal General vulnera la unidad o la coherencia del Derecho de la Unión, la respuesta del Tribunal de Justicia a las cuestiones objeto del reexamen sustituirá a la respuesta dada por el Tribunal General.

TÍTULO IV BIS
SALAS JURISDICCIONALES

ARTÍCULO 62 QUATER

Las disposiciones relativas a las competencias, la composición, la organización y el procedimiento de los tribunales especializados instituidos en virtud del artículo 257 del Tratado de Funcionamiento de la Unión Europea se recogen en un anexo del presente Estatuto.

TÍTULO V
DISPOSICIONES FINALES

ARTÍCULO 63

Los Reglamentos de Procedimiento del Tribunal de Justicia y del Tribunal General contendrán todas las disposiciones necesarias para aplicar y, en la medida en que fuere necesario, completar el presente Estatuto.

ARTÍCULO 64

Las normas relativas al régimen lingüístico aplicable al Tribunal de Justicia de la Unión Europea se establecerán mediante reglamento del Consejo, que se pronunciará por unanimidad. Se adoptará el citado reglamento, bien a petición del Tribunal de Justicia y previa consulta a la Comisión y al Parlamento Europeo, bien a propuesta de la Comisión y previa consulta al Tribunal de Justicia y al Parlamento Europeo. Hasta la adopción de dichas normas, seguirán siendo aplicables las disposiciones del Reglamento de Procedimiento del Tribunal de Justicia y del Reglamento de Procedimiento del Tribunal General relativas al régimen lingüístico. No obstante lo dispuesto en los artículos 253 y 254 del Tratado de Funcionamiento de la Unión Europea, toda modificación o derogación de dichas disposiciones requerirá la aprobación unánime del Consejo.

ANEXO I
TRIBUNAL DE LA FUNCIÓN PÚBLICA DE LA UNIÓN EUROPEA

ARTÍCULO 1

El Tribunal de la Función Pública de la Unión Europea, en lo sucesivo denominado el «Tribunal de la Función Pública», ejercerá en primera instancia las competencias para resolver los litigios entre la Unión y sus agentes en virtud del artículo 270 del

Tratado de Funcionamiento de la Unión Europea, incluidos los litigios entre cualquier órgano u organismo y su personal respecto de los cuales se haya atribuido competencia al Tribunal de Justicia de la Unión Europea.

ARTÍCULO 2

El Tribunal de la Función Pública estará compuesto por siete Jueces. Si así lo pide el Tribunal de Justicia, el Consejo podrá decidir, por mayoría cualificada, aumentar el número de Jueces.

Los Jueces serán designados por un período de seis años. Los Jueces salientes podrán ser nuevamente designados.

Toda vacante se cubrirá mediante la designación de un nuevo Juez por un período de seis años.

ARTÍCULO 3

1. Los Jueces serán designados por el Consejo, que decidirá con arreglo a lo dispuesto en el párrafo cuarto del artículo 257 del Tratado de Funcionamiento de la Unión Europea, previa consulta al comité mencionado en el presente artículo. Al designar a los Jueces, el Consejo cuidará que la composición del Tribunal de la Función Pública sea equilibrada, atendiendo a una base geográfica lo más amplia posible entre los nacionales de los Estados miembros y en lo que se refiere a los sistemas jurídicos nacionales representados.

2. Toda persona que posea la ciudadanía de la Unión y cumpla los requisitos previstos en el párrafo cuarto del artículo 257 del Tratado de Funcionamiento de la Unión Europea podrá presentar su candidatura. Previa recomendación del Tribunal de Justicia, el Consejo fijará las condiciones y modalidades relativas a la presentación y tratamiento de las candidaturas. Se constituirá un comité compuesto por siete personalidades elegidas entre antiguos miembros del Tribunal de Justicia Europeo y del Tribunal General y juristas de reconocida competencia. El Consejo decidirá la designación de los miembros del comité y sus normas de funcionamiento, previa recomendación del Presidente del Tribunal de Justicia.

3. El comité dictaminará sobre la idoneidad de los candidatos para el ejercicio de las funciones de Juez del Tribunal de la Función Pública Europea. El comité acompañará este dictamen con una lista de los candidatos que posean la experiencia de alto nivel más oportuna. Dicha lista deberá contener un número de candidatos equivalente, como mínimo, al doble del número de Jueces que el Consejo deba designar.

ARTÍCULO 4

1. Los Jueces elegirán de entre ellos, por un período de tres años, al Presidente del Tribunal de la Función Pública. Su mandato será renovable.

2. El Tribunal de la Función Pública actuará en salas compuestas por tres Jueces. En determinados casos previstos en el Reglamento de Procedimiento, podrá resolver en asamblea plenaria, en sala de cinco Jueces o de Juez único.

3. El Presidente del Tribunal de la Función Pública presidirá la asamblea plenaria y la sala de cinco Jueces. Los Presidentes de las salas de tres Jueces se designarán en las condiciones que se especifican en el apartado 1. Si el Presidente del Tribunal de la Función Pública es destinado a una sala de tres Jueces, será él quien la presida.

4. El Reglamento de Procedimiento regulará las competencias y el quórum de la asamblea plenaria, así como la composición de las salas y la atribución de asuntos a las mismas.

ARTÍCULO 5

Los artículos 2 a 6, los artículos 14 y 15, los párrafos primero, segundo y quinto del artículo 17 y el artículo 18 del Estatuto del Tribunal de Justicia de la Unión Europea se aplicarán al Tribunal de la Función Pública y a sus miembros.

El juramento previsto en el artículo 2 del Estatuto se prestará ante el Tribunal de Justicia, el cual adoptará las decisiones contempladas en sus artículos 3, 4 y 6 después de consultar al Tribunal de la Función Pública.

ARTÍCULO 6

1. El Tribunal de la Función Pública se apoyará en los servicios del Tribunal de Justicia y del Tribunal General. El Presidente del Tribunal de Justicia o, cuando proceda, el Presidente del Tribunal General fijará de común acuerdo con el Presidente del Tribunal de la Función Pública las condiciones en las que los funcionarios y demás agentes adscritos al Tribunal de Justicia o al Tribunal General prestarán sus servicios en el Tribunal de la Función Pública para garantizar su funcionamiento. Algunos funcionarios u otros agentes dependerán del Secretario del Tribunal de la Función Pública bajo la autoridad del Presidente de dicho Tribunal.

2. El Tribunal de la Función Pública nombrará a su Secretario y establecerá el estatuto de éste. Serán aplicables al Secretario de este Tribunal el cuarto párrafo del artículo 3 y los artículos 10, 11 y 14 del Estatuto del Tribunal de Justicia de la Unión Europea.

ARTÍCULO 7

1. El procedimiento ante el Tribunal de la Función Pública estará regulado por el título III del Estatuto del Tribunal de Justicia de la Unión Europea, con excepción de sus artículos 22 y 23. En la medida en que sea necesario, dicho procedimiento será precisado y completado por el Reglamento de Procedimiento de este Tribunal de la Función Pública.

2. Las disposiciones relativas al régimen lingüístico del Tribunal General se aplicarán al Tribunal de la Función Pública.

3. La fase escrita del procedimiento incluirá la presentación de la demanda y el escrito de contestación, a menos que el Tribunal de la Función Pública decida que es necesario un segundo intercambio de escritos procesales. Cuando tenga lugar un segundo intercambio de escritos, el Tribunal de la Función Pública, con el acuerdo de las partes, podrá decidir resolver sin fase oral.

4. En cualquier fase del procedimiento, incluso a partir de la interposición de la demanda, el Tribunal de la Función Pública examinará las posibilidades de una solución amistosa del litigio y velará por facilitar una solución de este tipo.

5. El Tribunal de la Función Pública decidirá sobre las costas. Sin perjuicio de las disposiciones particulares del Reglamento de Procedimiento, la parte que pierda el proceso será condenada en costas, si así se decidiera.

ARTÍCULO 8

1. Cuando un recurso o cualquier otro acto procesal dirigido al Tribunal de la Función Pública se presente por error en la Secretaría del Tribunal de Justicia o del Tribunal General, ésta lo transmitirá inmediatamente a la Secretaría del Tribunal de la Función Pública; de la misma manera, cuando un recurso o cualquier otro acto procesal dirigido al Tribunal de Justicia o al Tribunal General se presente por error en la Secretaría del Tribunal de la Función Pública, ésta lo transmitirá inmediatamente a la Secretaría del Tribunal de Justicia o del Tribunal General.

2. Cuando el Tribunal de la Función Pública considere que no es competente para conocer de un recurso por ser de la competencia del Tribunal de Justicia o del Tribunal General, lo remitirá al Tribunal General. De la misma manera, cuando el Tribunal de Justicia o el Tribunal General considere que un recurso corresponde a la competencia del Tribunal de la Función Pública, el órgano jurisdiccional ante el que se haya interpuesto el recurso lo remitirá a este último, que en tal caso no podrá declinar su competencia.

3. Cuando se sometan al Tribunal General y al Tribunal de la Función Pública asuntos que planteen la misma cuestión de interpretación o que cuestionen la validez del mismo acto, el Tribunal de la Función Pública, tras escuchar a las partes, podrá suspender el procedimiento hasta que el Tribunal General dicte su sentencia.

Cuando se sometan al Tribunal General y al Tribunal de la Función Pública asuntos que tengan el mismo objeto, el Tribunal de la Función Pública declinará su competencia a fin de que el Tribunal General pueda pronunciarse sobre tales recursos.

ARTÍCULO 9

Contra las resoluciones del Tribunal de la Función Pública que pongan fin al proceso, así como contra las que resuelvan parcialmente la cuestión de fondo o pongan fin a un incidente procesal relativo a una excepción de incompetencia o de inadmisibilidad, podrá interponerse recurso de casación ante el Tribunal General en un plazo de dos meses a partir de la notificación de la resolución impugnada.

Dicho recurso de casación podrá interponerse por cualquiera de las partes cuyas pretensiones hayan sido total o parcialmente desestimadas. Sin embargo, los coadyuvantes que no sean Estados miembros o instituciones de la Unión sólo podrán interponer recurso de casación cuando la resolución del Tribunal de la Función Pública les afecte directamente.

ARTÍCULO 10

1. Cualquier persona cuya demanda de intervención hubiere sido desestimada, podrá interponer un recurso de casación ante el Tribunal General contra la decisión del Tribunal de la Función Pública que desestime su demanda de intervención, en un plazo de dos semanas a partir de la notificación de la resolución desestimatoria.

2. Las partes en el procedimiento podrán interponer un recurso de casación contra cualquier resolución del Tribunal de la Función Pública adoptada en virtud de los artículos 278, 279 o del párrafo cuarto del artículo 299 del Tratado de Funcionamiento de la Unión Europea o en virtud del artículo 157 o del párrafo tercero del artículo 164 del Tratado CEEA, en un plazo de dos meses a partir de la notificación de la resolución.

3. El Presidente del Tribunal General podrá decidir sobre los recursos de casación a que se refieren los apartados 1 y 2 mediante un procedimiento abreviado al que, en lo que sea necesario, no se aplicarán algunas de las normas contenidas en el presente anexo y que se regulará en el Reglamento de Procedimiento del Tribunal General.

ARTÍCULO 11

1. El recurso de casación ante el Tribunal General se limitará a las cuestiones de Derecho. Deberá fundarse en motivos derivados de la incompetencia del Tribunal de la Función Pública, de irregularidades del procedimiento ante el mismo que lesionen los intereses de la parte en cuestión, así como de la violación del Derecho de la Unión por parte del Tribunal de la Función Pública.

2. La imposición y la cuantía de las costas no constituirán por sí mismas un motivo de interposición del recurso de casación.

ARTÍCULO 12

1. El recurso de casación ante el Tribunal General no tendrá efecto suspensivo, sin perjuicio de lo dispuesto en los artículos 278 y 279 del Tratado de Funcionamiento de la Unión Europea o en el artículo 157 del Tratado CEEA.

2. El procedimiento ante el Tribunal General en un recurso de casación contra una resolución del Tribunal de la Función Pública constará de una fase escrita y una fase oral. El Tribunal General, después de haber oído a las partes, podrá pronunciarse sin fase oral, en las condiciones determinadas por su Reglamento de Procedimiento.

ARTÍCULO 13

1. Cuando se estime el recurso de casación, el Tribunal General anulará la resolución del Tribunal de la Función Pública y resolverá él mismo el litigio. Cuando el estado del litigio no lo permita, devolverá el asunto al Tribunal de la Función Pública para que este último resuelva.

2. En caso de devolución, el Tribunal de la Función Pública estará vinculado por las cuestiones de Derecho dirimidas por la resolución del Tribunal General.

PROTOCOLO (N.º 4) SOBRE LOS ESTATUTOS DEL SISTEMA EUROPEO DE BANCOS CENTRALES Y DEL BANCO CENTRAL EUROPEO

LAS ALTAS PARTES CONTRATANTES,

DESEANDO establecer los Estatutos del Sistema Europeo de Bancos Centrales y del Banco Central Europeo, previstos en el apartado 2 del artículo 129 del Tratado de Funcionamiento de la Unión Europea,

HAN CONVENIDO en las siguientes disposiciones, que se incorporarán como anexo al Tratado de la Unión Europea y al Tratado de Funcionamiento de la Unión Europea:

CAPÍTULO I
SISTEMA EUROPEO DE BANCOS CENTRALES

ARTÍCULO 1. El Sistema Europeo de Bancos Centrales

De conformidad con el apartado 1 del artículo 282 del Tratado de Funcionamiento de la Unión Europea, el Banco Central Europeo (BCE) y los bancos centrales nacionales constituirán el Sistema Europeo de Bancos Centrales (SEBC). El BCE y los bancos centrales nacionales de los Estados miembros cuya moneda es el euro constituirán el Eurosistema.

El SEBC y el BCE ejercerán sus funciones y llevarán a cabo sus actividades de conformidad con lo dispuesto en los Tratados y en el presente Estatuto.

CAPÍTULO II
OBJETIVOS Y FUNCIONES DEL SEBC

ARTÍCULO 2. Objetivos

De conformidad con el apartado 1 del artículo 127 y con el apartado 2 del artículo 282 del Tratado de Funcionamiento de la Unión Europea, el objetivo primordial del SEBC será mantener la estabilidad de precios. Sin perjuicio de dicho objetivo, el SEBC apoyará las políticas económicas generales en la Unión con miras a contribuir a la consecución de los objetivos de la Unión, tal como se establecen en el artículo 3 del Tratado de la Unión Europea. El SEBC actuará según el principio de una economía de mercado abierta y de libre competencia, favoreciendo una eficiente asignación de recursos y conforme a los principios que establece el artículo 119 del Tratado de Funcionamiento de la Unión Europea.

ARTÍCULO 3. Funciones

3.1. De conformidad con el apartado 2 del artículo 127 del Tratado de Funcionamiento de la Unión Europea, las funciones básicas que deberá desarrollar el SEBC serán las siguientes:

- Definir y ejecutar la política monetaria de la Unión.
- Realizar operaciones de cambio de divisas que sean coherentes con las disposiciones del artículo 219 de dicho Tratado.
- Poseer y gestionar las reservas oficiales de divisas de los Estados miembros.
- Promover el buen funcionamiento del sistema de pagos.

3.2. De conformidad con el apartado 3 del artículo 127 de dicho Tratado, el tercer guión del artículo 3.1 se entenderá sin perjuicio de la tenencia y gestión de los fondos de maniobra oficiales en divisas por parte de los Gobiernos de los Estados miembros.

3.3. De conformidad con el apartado 5 del artículo 127 de dicho Tratado, el SEBC contribuirá a una buena gestión de las políticas que lleven a cabo las autoridades competentes con respecto a la supervisión prudencial de las entidades de crédito y la estabilidad del sistema financiero.

ARTÍCULO 4. Funciones consultivas

De conformidad con el apartado 4 del artículo 127 del Tratado de Funcionamiento de la Unión Europea:

a) El BCE será consultado:

- Sobre cualquier propuesta de acto de la Unión comprendido en el ámbito de sus competencias.
- Por las autoridades nacionales, acerca de cualquier proyecto de disposición legal que entre en su ámbito de competencias, pero dentro de los límites y con las condiciones que disponga el Consejo con arreglo al procedimiento previsto en el artículo 41.

b) El BCE podrá presentar dictámenes a las instituciones, órganos u organismos de la Unión o a las autoridades nacionales, acerca de materias que pertenezcan al ámbito de sus competencias.

ARTÍCULO 5. Recopilación de información estadística

5.1. A fin de cumplir las funciones del SEBC, el BCE, asistido por los bancos centrales nacionales, recopilará la información estadística necesaria, obteniéndola de las autoridades nacionales competentes o directamente de los agentes económicos. Con tal finalidad, cooperará con las instituciones, órganos u organismos de la Unión, así como con las autoridades competentes de los Estados miembros o de terceros países y con organizaciones internacionales.

5.2. Los bancos centrales nacionales ejecutarán, en la medida de lo posible, las funciones descritas en el artículo 5.1.

5.3. El BCE contribuirá, cuando sea necesario, a la armonización de las normas y prácticas que regulen la recopilación, elaboración y distribución de estadísticas en los sectores comprendidos dentro de los ámbitos de sus competencias.

5.4. El Consejo definirá, con arreglo al procedimiento del artículo 41, las personas físicas y jurídicas sujetas a exigencias de información, el régimen de confidencialidad y las disposiciones de ejecución y de sanción adecuadas.

ARTÍCULO 6. Cooperación internacional

6.1. En el ámbito de la cooperación internacional en relación con las funciones encomendadas al SEBC, el BCE decidirá cómo estará representado el SEBC.

6.2. El BCE y, siempre que éste lo apruebe, los bancos centrales nacionales podrán participar en instituciones monetarias internacionales.

6.3. Las disposiciones de los artículos 6.1 y 6.2 deberán entenderse sin perjuicio de lo dispuesto en el artículo 138 del Tratado de Funcionamiento de la Unión Europea.

CAPÍTULO III
ORGANIZACIÓN DEL SEBC

ARTÍCULO 7. Independencia

Tal como se expone en el artículo 130 del Tratado de Funcionamiento de la Unión Europea, cuando ejerzan las facultades que les confieren los Tratados y los presentes Estatutos y desempeñen las funciones y deberes correspondientes, ni el BCE, ni los bancos centrales nacionales, ni ningún miembro de sus órganos rectores recabarán ni aceptarán instrucciones procedentes de las instituciones, órganos u organismos de la Unión, de ningún Gobierno de un Estado miembro ni de ningún otro organismo. Las instituciones, órganos u organismos de la Unión, así como los Gobiernos de los Estados miembros, se comprometen a respetar este principio y a no tratar de influir sobre los miembros de los órganos rectores del BCE o de los bancos centrales nacionales en el ejercicio de sus funciones.

ARTÍCULO 8. Principio general

El SEBC estará regido por los órganos rectores del BCE.

ARTÍCULO 9. El Banco Central Europeo

9.1. El BCE, que, en virtud del apartado 3 del artículo 282 del Tratado de Funcionamiento de la Unión Europea, tendrá personalidad jurídica propia, dispondrá en cada uno de los Estados miembros de la capacidad jurídica más amplia concedida a las personas jurídicas con arreglo al respectivo Derecho nacional; en particular, podrá adquirir o vender propiedad mobiliaria e inmobiliaria y ser parte en actuaciones judiciales.

9.2. La función del BCE será garantizar que se cumplan las funciones encomendadas al SEBC con arreglo a los apartados 2, 3 y 5 del artículo 127 de dicho Tratado, ya sea por medio de sus propias actividades de conformidad con el presente Estatuto, ya sea por medio de los bancos centrales nacionales, con arreglo a lo dispuesto en el artículo 12.1 y en el artículo 14.

9.3. De conformidad con lo dispuesto en el apartado 1 del artículo 129 de dicho Tratado, los órganos rectores del BCE serán el Consejo de Gobierno y el Comité Ejecutivo.

ARTÍCULO 10. El Consejo de Gobierno

10.1. De conformidad con lo dispuesto en el apartado 1 del artículo 283 del Tratado de Funcionamiento de la Unión Europea, el Consejo de Gobierno estará compuesto por los miembros del Comité Ejecutivo y por los gobernadores de los bancos centrales nacionales de los Estados miembros cuya moneda es el euro.

10.2. Cada miembro del Consejo de Gobierno dispondrá de un voto. Desde el momento en que el número de miembros del Consejo de Gobierno exceda de veintiuno, cada miembro del Comité Ejecutivo dispondrá de un voto, y el número de gobernadores con derecho de voto será de quince. El derecho de voto de los gobernadores se asignará y rotará con arreglo a lo siguiente:

- Desde el momento en que el número de gobernadores exceda de quince y hasta que llegue a veintidós, los gobernadores se distribuirán en dos grupos de acuerdo con el tamaño de la participación del Estado miembro correspondiente a su banco central nacional en el producto interior bruto total a precio de mercado y en el balance agregado total de las instituciones financieras monetarias de los Estados miembros cuya moneda es el euro. Se asignará a las participaciones en el producto interior bruto total a precio de mercado y en el balance agregado total de las instituciones financieras monetarias un peso de 5/6 y 1/6 respectivamente. El primer grupo estará formado por cinco gobernadores y el segundo grupo estará formado por los demás gobernadores. La frecuencia del derecho de voto de los gobernadores del primer grupo no será inferior a la frecuencia del derecho de voto de los gobernadores del segundo grupo, sin perjuicio de lo cual, el primer grupo dispondrá de cuatro votos y el segundo de once.

- Desde el momento en que su número llegue a veintidós, los gobernadores se distribuirán en tres grupos de acuerdo con la clasificación basada en los criterios expuestos. El primer grupo estará formado por cinco gobernadores y dispondrá de cuatro votos. El segundo grupo comprenderá la mitad del número total de gobernadores, redondeándose las fracciones al número entero siguiente, y dispondrá de ocho votos. El tercer grupo estará formado por los gobernadores restantes y dispondrá de tres votos.
- En cada grupo, los gobernadores tendrán el derecho de voto por igual plazo.
- A efectos del cálculo de las participaciones en el producto interior bruto total a precio de mercado se aplicará el apartado 2 del artículo 29. El balance agregado total de las instituciones financieras monetarias se calculará con arreglo al sistema estadístico vigente en la Unión en el momento del cálculo.
- Siempre que el producto interior bruto total a precio de mercado se ajuste de conformidad con el apartado 3 del artículo 29 de los Estatutos o siempre que aumente el número de gobernadores, se revisará el tamaño y/o la composición de los grupos con arreglo a los principios expuestos.
- Por mayoría de dos tercios de todos sus miembros, tengan o no el derecho de voto, el Consejo de Gobierno tomará todas las medidas necesarias para la aplicación de los principios expuestos, y podrá decidir que se aplace la introducción del sistema de rotación hasta que el número de gobernadores exceda de 18.

El derecho de voto se ejercerá en persona. No obstante esta norma, el reglamento interno a que hace referencia el apartado 3 del artículo 12 podrá establecer la posibilidad de que los miembros del Consejo de Gobierno emitan su voto por teleconferencia. El reglamento interno dispondrá también que los miembros del Consejo de Gobierno que no puedan asistir a las reuniones del Consejo de Gobierno por un período prolongado puedan designar a un sustituto que ocupe su lugar como miembro del Consejo de Gobierno.

Las disposiciones de los párrafos precedentes no afectan al derecho de voto que todos los miembros del Consejo de Gobierno, con y sin derecho de voto, tienen en virtud de los artículos 10.3, 40.2 y 40.3.

De no estipularse lo contrario en los presentes Estatutos, el Consejo de Gobierno decidirá por mayoría simple de sus miembros con derecho de voto. En caso de empate, el voto decisivo corresponderá al presidente.

En las votaciones del Consejo de Gobierno se requerirá un quórum de dos tercios de sus miembros con derecho de voto. De no alcanzarse éste, el presidente podrá convocar una reunión extraordinaria en la que puedan adoptarse decisiones con independencia del quórum mencionado.

10.3. En todas las decisiones que se adopten con arreglo a los artículos 28, 29, 30, 32 y 33, los votos de los miembros del Consejo de Gobierno se ponderarán conforme a las participaciones de los bancos centrales nacionales en el capital suscrito del BCE. La ponderación de los votos de los miembros del Comité Ejecutivo será cero. Las decisiones por mayoría cualificada se aprobarán siempre que los votos favorables representen al menos dos tercios del capital suscrito del BCE y representen al menos a la mitad de los accionistas. En caso de que un gobernador no pueda asistir a la votación, podrá designar a un sustituto que emita su voto ponderado.

10.4. Las reuniones tendrán carácter confidencial. El Consejo de Gobierno podrá decidir hacer públicos los resultados de sus deliberaciones.

10.5.El Consejo de Gobierno se reunirá al menos diez veces al año.

ARTÍCULO 11. El Comité Ejecutivo

11.1. Con arreglo a lo dispuesto en el párrafo primero del apartado 2 del artículo 283 del Tratado de Funcionamiento de la Unión Europea, el Comité Ejecutivo estará compuesto por el presidente, el vicepresidente y otros cuatro miembros.

Los miembros desempeñarán sus funciones con dedicación exclusiva. Ningún miembro podrá ejercer otra profesión, remunerada o no, salvo autorización excepcional del Consejo de Gobierno.

11.2. De conformidad con el párrafo segundo del apartado 2 del artículo 283 de dicho Tratado, el presidente, el vicepresidente y los demás miembros del Comité Ejecutivo serán nombrados por el Consejo Europeo, que se pronunciará por mayoría cualificada, sobre la base de una recomendación del Consejo y previa consulta al Parlamento Europeo y al Consejo de Gobierno, de entre personalidades de reconocido prestigio y experiencia profesional en asuntos monetarios o bancarios.

Su mandato tendrá una duración de ocho años y no será renovable.

Solamente los nacionales de los Estados miembros podrán ser miembros del Comité Ejecutivo.

11.3. Las condiciones de empleo de los miembros del Comité Ejecutivo, y en particular sus sueldos, pensiones y demás beneficios de la seguridad social, estarán sujetos a contratos con el BCE y serán fijados por el Consejo de Gobierno a propuesta de un comité compuesto por tres miembros designados por el Consejo de Gobierno y otros tres designados por el Consejo. Los miembros del Comité Ejecutivo no tendrán derecho a voto en los asuntos mencionados en el presente apartado.

11.4. Si un miembro del Comité Ejecutivo dejara de reunir los requisitos exigidos para desempeñar sus funciones o si en su conducta se observara una falta grave, el Tribunal de Justicia podrá separarlo de su cargo a petición del Consejo de Gobierno o del Comité Ejecutivo.

11.5. Todos los miembros del Comité Ejecutivo presentes en las sesiones tendrán derecho a voto; cada uno de ellos dispondrá, a tal fin, de un voto. Salvo disposición contraria, el Comité Ejecutivo decidirá por mayoría simple de los votos emitidos. En caso de empate, corresponderá al presidente el voto decisivo. Las modalidades de votación se especificarán en el reglamento interno a que hace referencia el artículo 12.3.

11.6. El Comité Ejecutivo será responsable de la gestión ordinaria del BCE.

11.7. Cualquier vacante que se produzca en el Comité Ejecutivo se cubrirá mediante nombramiento de un nuevo miembro; será de aplicación lo dispuesto en el artículo 11.2.

ARTÍCULO 12. Responsabilidades de los órganos rectores

12.1. El Consejo de Gobierno adoptará las orientaciones y decisiones necesarias para garantizar el cumplimiento de las funciones asignadas al SEBC con arreglo a los Tratados y al presente Estatuto El Consejo de Gobierno formulará la política monetaria de la Unión, incluidas, en su caso, las decisiones relativas a los objetivos monetarios intermedios, los tipos de interés básicos y el suministro de reservas en el SEBC, y establecerá las orientaciones necesarias para su cumplimiento.

El Comité Ejecutivo pondrá en práctica la política monetaria de conformidad con las orientaciones y decisiones adoptadas por el Consejo de Gobierno. Al hacerlo impartirá las instrucciones necesarias a los bancos centrales nacionales. El Comité Ejecutivo podrá también recibir la delegación de determinados poderes, cuando así lo disponga el Consejo de Gobierno.

En la medida en que se estime posible y adecuado, y sin perjuicio de lo dispuesto en el presente artículo, el BCE recurrirá a los bancos centrales nacionales para ejecutar las operaciones que correspondan a las funciones del SEBC.

12.2. El Comité Ejecutivo se encargará de la preparación de las reuniones del Consejo de Gobierno.

12.3. El Consejo de Gobierno adoptará el reglamento interno que determinará la organización interna del BCE y de sus órganos rectores.

12.4. El Consejo de Gobierno ejercerá las funciones consultivas contempladas en el artículo 4.

12.5. El Consejo de Gobierno adoptará las decisiones contempladas en el artículo 6.

ARTÍCULO 13. El presidente

13.1. El presidente, o, en ausencia de éste, el vicepresidente, presidirá el Consejo de Gobierno y el Comité Ejecutivo del BCE.

13.2. Sin perjuicio de lo dispuesto en el artículo 38, el presidente o la persona por él designada representará al BCE en el exterior.

ARTÍCULO 14. Bancos centrales nacionales

14.1. De conformidad con lo dispuesto en el artículo 131 del Tratado de Funcionamiento de la Unión Europea, cada Estado miembro garantizará la compatibilidad de su legislación nacional, incluidos los estatutos del banco central nacional, con los presentes Estatutos y los Tratados.

14.2. Los estatutos de los bancos centrales nacionales dispondrán, en particular, que el mandato de gobernador de un banco central nacional no sea inferior a cinco años.

Un gobernador sólo podrá ser relevado de su mandato en caso de que deje de cumplir los requisitos exigidos para el cumplimiento de sus funciones o haya incurrido en falta grave. El gobernador afectado o el Consejo de Gobierno podrán recurrir las decisiones al respecto ante el Tribunal de Justicia, por motivos de infracción de los Tratados o de cualquier norma legal relativa a su aplicación. Tales acciones se emprenderán en un plazo de dos meses a partir de la publicación de la decisión, o de su notificación al demandante o, a falta de ésta, a partir de la fecha en que la decisión haya llegado a conocimiento de este último, según los casos.

14.3. Los bancos centrales nacionales serán parte integrante del SEBC y su actuación se ajustará a las orientaciones e instrucciones del BCE. El Consejo de Gobierno adoptará las medidas necesarias para garantizar el cumplimiento de las orientaciones e instrucciones del BCE y exigirá que se le remita toda la información pertinente.

14.4 Los bancos centrales nacionales podrán ejercer funciones distintas de las especificadas en el presente Estatuto, a menos que el Consejo de Gobierno decida, por mayoría de dos tercios de los votos emitidos, que dichas funciones interfieren en los objetivos y tareas del SEBC. Dichas funciones se ejercerán bajo la responsabilidad de los bancos centrales nacionales y no se considerarán parte de las funciones del SEBC.

ARTÍCULO 15. Obligaciones de información

15.1. El BCE elaborará y publicará informes sobre las actividades del SEBC con una periodicidad al menos trimestral.

15.2. Se publicará cada semana un estado financiero consolidado del SEBC.

15.3. De conformidad con lo dispuesto en el apartado 3 del artículo 284 del Tratado de Funcionamiento de la Unión Europea, el BCE presentará cada año al Parlamento Europeo, al Consejo y a la Comisión, así como al Consejo Europeo, un informe sobre las actividades del SEBC y la política monetaria del año anterior y del año en curso.

15.4.4 Los informes y estados mencionados en el presente artículo se pondrán gratuitamente a disposición de los interesados.

ARTÍCULO 16. Billetes de banco

De conformidad con lo dispuesto en el apartado 1 del artículo 128 del Tratado de Funcionamiento de la Unión Europea, el Consejo de Gobierno tendrá el derecho exclusivo de autorizar la emisión de billetes de banco en euros en la Unión, billetes que podrán emitir el BCE y los bancos centrales nacionales. Los billetes de banco emitidos por el BCE y los bancos centrales nacionales serán los únicos billetes de banco de curso legal dentro de la Unión.

El BCE respetará en la medida de lo posible las prácticas existentes para la emisión y el diseño de billetes de banco.

CAPÍTULO IV
FUNCIONES MONETARIAS Y OPERACIONES DEL SEBC

ARTÍCULO 17. Cuentas en el BCE y los bancos centrales nacionales

Con el fin de realizar sus operaciones, el BCE y los bancos centrales nacionales podrán abrir cuentas a entidades de crédito, a entidades públicas y a otros participantes en el mercado, así como aceptar activos, incluidos valores representados mediante anotaciones en cuenta, como garantía.

ARTÍCULO 18. Operaciones de mercado abierto y de crédito

18.1. Con el fin de alcanzar los objetivos del SEBC y de llevar a cabo sus funciones, el BCE y los bancos centrales nacionales podrán:

- Operar en los mercados financieros comprando y vendiendo directamente (al contado y a plazo), o con arreglo a pactos de recompra, prestando o tomando prestados valores y otros instrumentos negociables, ya sea en euros o en otras monedas, así como en metales preciosos.
- Realizar operaciones de crédito con entidades de crédito y demás participantes en el mercado, basando los préstamos en garantías adecuadas.

18.2. El BCE establecerá los principios generales para las operaciones de mercado abierto y para las operaciones de crédito que efectúe por sí mismo o que efectúen los bancos centrales nacionales, incluido el anuncio de las condiciones por las que éstos se declaren dispuestos a efectuar dichas transacciones.

ARTÍCULO 19. Reservas mínimas

19.1. Sin perjuicio de lo dispuesto en el artículo 2, el BCE podrá exigir que las entidades de crédito establecidas en los Estados miembros mantengan unas reservas mínimas en las cuentas en el BCE y en los bancos centrales nacionales, en atención a objetivos de política monetaria. El Consejo de Gobierno podrá establecer los reglamentos relativos al cálculo y a la determinación de las reservas mínimas exigidas. En caso de incumplimiento, el BCE podrá aplicar intereses de penalización, así como imponer otras sanciones de efecto comparable.

19.2. Para la aplicación del presente artículo, el Consejo definirá, con arreglo al procedimiento previsto en el artículo 41, la base correspondiente a las reservas mínimas y los coeficientes máximos admisibles entre dichas reservas y sus bases, así como las sanciones apropiadas en caso de incumplimiento.

ARTÍCULO 20. Otros instrumentos de control monetario

El Consejo de Gobierno podrá decidir, por mayoría de dos tercios de los votos emitidos, el uso de otros métodos operativos de control monetario que considere adecuados, siempre que se respeten las disposiciones del artículo 2.

De acuerdo con el procedimiento fijado en el artículo 41, el Consejo definirá el alcance de dichos métodos cuando impongan obligaciones a terceros.

ARTÍCULO 21. Operaciones con entidades públicas

21.1. Con arreglo a lo dispuesto en el artículo 123 del Tratado de Funcionamiento de la Unión Europea, queda prohibida la autorización de descubiertos y la concesión de otro tipo de créditos por parte del BCE o de los bancos centrales nacionales en favor de instituciones, órganos u organismos de la Unión, Gobiernos centrales, autoridades regionales o locales u otras autoridades públicas, organismos de Derecho público o empresas públicas de los Estados miembros; queda igualmente prohibida la adquisición directa a los mismos de instrumentos de deuda por el BCE o los bancos centrales nacionales.

21.2. El BCE y los bancos centrales nacionales podrán actuar como agentes fiscales de las entidades a que se refiere el artículo 21.1

21.3. Las disposiciones del presente artículo no se aplicarán a las entidades de crédito públicas, que en el contexto de la provisión de liquidez por los bancos centrales recibirán de los bancos centrales nacionales y el BCE el mismo trato que las entidades de crédito privadas.

ARTÍCULO 22. Sistemas de compensación y de pago

El BCE y los bancos centrales nacionales podrán proporcionar medios y el BCE dictar reglamentos, destinados a garantizar unos sistemas de compensación y liquidación eficientes y solventes dentro de la Unión, así como con otros países.

ARTÍCULO 23. Operaciones exteriores

El BCE y los bancos centrales nacionales podrán:

- Establecer relaciones con los bancos centrales y con las instituciones financieras de otros países y, cuando proceda, con organizaciones internacionales.

- Adquirir y vender al contado y a plazo todo tipo de activos en moneda extranjera y metales preciosos. La expresión «activos en moneda extranjera» incluirá los valores y todos los demás activos en la moneda de cualquier país o en unidades de cuenta y cualquiera que sea la forma en que se posean.

- Poseer y gestionar los activos a que se hace referencia en el presente artículo.

- Efectuar cualquier tipo de transacciones bancarias en relación con terceros países y con organizaciones internacionales, incluidas las operaciones de concesión y recepción de préstamos.

ARTÍCULO 24. Otras operaciones

Además de las operaciones derivadas de sus funciones, el BCE y los bancos centrales nacionales podrán efectuar operaciones para sus fines administrativos o para su personal.

CAPÍTULO V
SUPERVISIÓN PRUDENCIAL

ARTÍCULO 25. Supervisión prudencial

25.1. El BCE podrá brindar asesoramiento al Consejo, a la Comisión y a las autoridades competentes de los Estados miembros y ser consultado por éstos sobre el alcance y la aplicación de la legislación de la Unión relativa a la supervisión prudencial de las entidades de crédito y a la estabilidad del sistema financiero.

25.2. Con arreglo a cualquier reglamento del Consejo adoptado en virtud del apartado 6 del artículo 127 del Tratado de Funcionamiento de la Unión Europea, el BCE podrá llevar a cabo funciones específicas relativas a las políticas relacionadas con la supervisión prudencial de las entidades de crédito y otras entidades financieras, con excepción de las compañías de seguros.

CAPÍTULO VI
DISPOSICIONES FINANCIERAS DEL SEBC

ARTÍCULO 26. Cuentas financieras

26.1. El ejercicio económico del BCE y de los bancos centrales nacionales comenzará el primer día de enero y finalizará el último día de diciembre.

26.2. Las cuentas anuales del BCE serán llevadas por el Comité Ejecutivo con arreglo a los principios establecidos por el Consejo de Gobierno. Las cuentas serán aprobadas por el Consejo de Gobierno y publicadas posteriormente.

26.3. Con fines analíticos y operativos, el Comité Ejecutivo elaborará un balance consolidado del SEBC que abarcará los activos y pasivos de los bancos centrales nacionales que estén incluidos en el SEBC.

26.4. Para la aplicación del presente artículo, el Consejo de Gobierno establecerá las normas necesarias para normalizar procedimientos contables y de información relativos a las operaciones emprendidas por los bancos centrales nacionales.

ARTÍCULO 27. Auditoría

27.1. Las cuentas del BCE y de los bancos centrales nacionales serán controladas por auditores externos independientes, recomendados por el Consejo de Gobierno y aprobados por el Consejo. Los auditores tendrán plenos poderes para examinar todos los libros y cuentas del BCE y de los bancos centrales nacionales, así como para estar plenamente informados acerca de sus transacciones.

27.2. Las disposiciones del artículo 287 del Tratado de Funcionamiento de la Unión Europea sólo se aplicarán a un examen de la eficacia operativa de la gestión del BCE.

ARTÍCULO 28. Capital del BCE

28.1. El capital del BCE será de 5.000 millones de euros. El capital podrá aumentarse en las cantidades que decida el Consejo de Gobierno, que se pronunciará por la mayoría cualificada que establece el artículo 10.3, dentro de los límites y con arreglo a las condiciones fijadas por el Consejo conforme al procedimiento que establece el artículo 41.

28.2. Los bancos centrales nacionales serán los únicos suscriptores y accionistas del capital del BCE. La suscripción de capital se efectuará con arreglo a la clave establecida según lo dispuesto en el artículo 29.

28.3. El Consejo de Gobierno, que se pronunciará por la mayoría cualificada que establece el artículo 10.3, determinará hasta qué punto y en qué forma será desembolsado el capital.

28.4. Sin perjuicio de lo dispuesto en el artículo 28.5, las acciones de los bancos centrales nacionales en el capital suscrito del BCE no podrán transferirse, pignorarse o embargarse.

28.5. En caso de ajustarse la clave a que se refiere el artículo 29, los bancos centrales nacionales se transferirán entre sí acciones representativas del capital, hasta la cantidad que sea necesaria para garantizar que la distribución de las acciones representativas del capital corresponde a la clave ajustada. El Consejo de Gobierno determinará los términos y las condiciones de dichas transferencias.

ARTÍCULO 29. Clave para la suscripción de capital

29.1. La clave para la suscripción de capital del BCE fijada por primera vez en 1998 cuando se creó el SEBC se determinará asignando a cada banco central nacional una ponderación en dicha clave, que será igual a la suma de:

- 50 % de la participación de su Estado miembro respectivo en la población de la Unión el penúltimo año anterior a la constitución del SEBC.
- 50 % de la participación de su Estado miembro respectivo en el producto interior bruto, a precio de mercado, de la Unión, según se registre en los cinco años que preceden al penúltimo año anterior a la constitución del SEBC.

Los porcentajes se redondearán a la baja o al alza hasta el múltiplo de 0,0001 puntos porcentuales más cercano.

La Comisión, de acuerdo con las normas adoptadas por el Consejo con arreglo al procedimiento que establece el artículo 41, suministrará los datos estadísticos que habrán de utilizarse para la aplicación del presente artículo.

29.2. Las ponderaciones asignadas a los bancos centrales nacionales se ajustarán cada cinco años después de la constitución del SEBC, por analogía con las disposiciones que establece el artículo 29.1. La clave ajustada se aplicará con efectos a partir del primer día del año siguiente.

El Consejo de Gobierno adoptará todas las demás medidas que sean necesarias para la aplicación del presente artículo.

ARTÍCULO 30. Transferencia de activos exteriores de reserva al BCE

30.1. Sin perjuicio de lo dispuesto en el artículo 28, los bancos centrales nacionales proporcionarán al BCE activos exteriores de reserva distintos de las monedas de los Estados miembros, de los euros, de las posiciones de reserva y de los derechos especiales de giro del FMI, hasta un importe equivalente a 50 000 millones de euros. El Consejo de Gobierno decidirá la proporción que deberá recibir el BCE tras su constitución en aplicación del presente Estatuto, así como los importes que deban aportarse posteriormente. El BCE tendrá pleno derecho a poseer y gestionar las reservas exteriores que le sean transferidas, y a utilizarlas para los fines establecidos en el presente Estatuto.

30.2. Las contribuciones de cada banco central nacional se fijarán en proporción a su participación en el capital suscrito del BCE.

30.3. Cada banco central nacional será acreditado por el BCE con un activo equivalente a su contribución. El Consejo de Gobierno determinará la denominación y la remuneración de dichos activos.

30.4. El BCE podrá solicitar más activos exteriores de reserva, excediendo el límite que establece el artículo 30.1, con arreglo a las disposiciones del artículo 30.2, dentro de los límites y con arreglo a las condiciones que establezca el Consejo con arreglo al procedimiento establecido en el artículo 41.

30.5. El BCE podrá poseer y gestionar las posiciones de reserva y los derechos especiales de giro del FMI, así como disponer la puesta en común de dichos activos.

30.6. El Consejo de Gobierno decidirá todas las demás medidas que sean necesarias para la aplicación del presente artículo.

ARTÍCULO 31. Activos exteriores de reserva en posesión de los bancos centrales nacionales

31.1. Los bancos centrales nacionales podrán realizar transacciones en cumplimiento de sus obligaciones con organizaciones internacionales, de conformidad con el artículo 23.

Todas las demás operaciones en activos exteriores de reserva que permanezcan en poder de los bancos centrales nacionales tras las transferencias a que se refiere el artículo 30, así como las transacciones de los Estados miembros con sus fondos de maniobra oficiales en moneda extranjera, por encima de determinados límites que se establecerán con arreglo al artículo 31.3, estarán sujetas a la aprobación del BCE, con el fin de garantizar su coherencia con la política monetaria y de tipo de cambio de la Unión.

31.2. El Consejo de Gobierno establecerá las directrices destinadas a facilitar dichas operaciones.

ARTÍCULO 32. Asignación de ingresos monetarios a los bancos centrales nacionales

32.1. Los ingresos obtenidos por los bancos centrales nacionales en el ejercicio de la función de política monetaria del SEBC, denominados en lo sucesivo «ingresos monetarios», se asignarán al final de cada ejercicio con arreglo a las disposiciones del presente artículo.

32.2. El importe de los ingresos monetarios de cada banco central nacional será igual a sus ingresos anuales procedentes de sus activos mantenidos contra billetes en circulación y depósitos de las entidades de crédito. Estos activos serán identificados por los bancos centrales nacionales con arreglo a las directrices que establecerá el Consejo de Gobierno.

32.3. Si tras la introducción del euro, a juicio del Consejo de Gobierno, las estructuras del balance de los bancos centrales nacionales no permiten la aplicación del artículo 32.2, el Consejo de Gobierno, por mayoría cualificada, podrá decidir que, no obstante lo dispuesto en el artículo 32.2, los ingresos monetarios se midan de acuerdo con un método alternativo durante un período que no podrá ser superior a cinco años.

32.4. El importe de los ingresos monetarios de cada banco central nacional se reducirá en un importe equivalente a cualquier interés pagado por dicho banco central sobre sus depósitos abiertos a entidades de crédito, de conformidad con el artículo 19.

El Consejo de Gobierno podrá decidir que los bancos centrales nacionales sean indemnizados por los costes en que incurran en relación con la emisión de billetes de banco o, en circunstancias excepcionales, por las pérdidas específicas derivadas de las operaciones de política monetaria realizadas para el SEBC. La indemnización adoptará la forma que considere adecuada el Consejo de Gobierno; dichos importes podrán compensarse con los ingresos monetarios de los bancos centrales nacionales.

32.5 La suma de los ingresos monetarios de los bancos centrales nacionales se asignará a los bancos centrales nacionales proporcionalmente a sus acciones desembolsadas del BCE, sin perjuicio de las decisiones que adopte el Consejo de Gobierno con arreglo al artículo 33.2.

32.6. La compensación y la liquidación de los balances derivados de la asignación de los ingresos monetarios serán efectuadas por el BCE con arreglo a las directrices que establezca el Consejo de Gobierno.

32.7. El Consejo de Gobierno adoptará cualesquiera otras medidas necesarias para la aplicación del presente artículo.

ARTÍCULO 33. Asignación de los beneficios y pérdidas netos del BCE

33.1. Los beneficios netos del BCE se transferirán en el siguiente orden:

a) Un importe que será determinado por el Consejo de Gobierno, y que no podrá exceder del 20 % de los beneficios netos, se transferirá al fondo de reserva general, con un límite equivalente al 100 % del capital.

b) Los beneficios netos restantes se distribuirán entre los accionistas del BCE proporcionalmente a sus acciones desembolsadas.

33.2. Cuando el BCE sufra pérdidas, el déficit podrá compensarse mediante el fondo de reserva general del BCE y, si fuese necesario y previa decisión del Consejo de Gobierno, mediante los ingresos monetarios del ejercicio económico correspondiente en proporción a y hasta los importes asignados a los bancos centrales nacionales con arreglo a lo establecido en el artículo 32.5.

CAPÍTULO VII
DISPOSICIONES GENERALES

ARTÍCULO 34. Actos jurídicos

34.1. Con arreglo al artículo 132 del Tratado de Funcionamiento de la Unión Europea, el BCE:

- Elaborará reglamentos en la medida en que ello sea necesario para el ejercicio de las funciones definidas en el primer guión del artículo 3.1 y en los artículos 19.1, 22 o 25.2 de los Estatutos del SEBC, y en los casos que se establezcan en los actos del Consejo mencionados en el artículo 41.
- Tomará las decisiones necesarias para el ejercicio de las funciones encomendadas al SEBC por los Tratados y por los Estatutos del SEBC.
- Formulará recomendaciones y emitirá dictámenes.

34.2. El BCE podrá decidir hacer públicos sus decisiones, recomendaciones y dictámenes. Dentro de los límites y en las condiciones adoptados por el Consejo con arreglo al procedimiento establecido en el artículo 41 de los Estatutos, el BCE estará autorizado a imponer multas y pagos periódicos coercitivos a las empresas que no cumplan con sus obligaciones respecto de los reglamentos y decisiones del mismo.

ARTÍCULO 35. Control judicial y asuntos conexos

35.1. Los actos o las omisiones del BCE estarán sujetos a la revisión y a la interpretación del Tribunal de Justicia de la Unión Europea, en los casos previstos en los Tratados y con arreglo a las condiciones establecidas en el mismo. El BCE podrá emprender acciones en los casos y con arreglo a las condiciones establecidas en los Tratados.

35.2. Los litigios entre el BCE, por una parte, y sus acreedores, deudores o terceros, por otra, serán resueltos por los tribunales nacionales competentes, sin perjuicio de las competencias atribuidas al Tribunal de Justicia de la Unión Europea.

35.3. El BCE estará sujeto al régimen de obligaciones que establece el artículo 340 del Tratado de Funcionamiento de la Unión Europea. Los bancos centrales nacionales serán responsables con arreglo a la legislación nacional respectiva.

35.4. El Tribunal de Justicia de la Unión Europea tendrá jurisdicción para fallar en virtud de las cláusulas compromisorias que contengan los contratos celebrados por el BCE o en su nombre, ya estén regulados por el Derecho público o por el privado.

35.5. La decisión del BCE de emprender acciones ante el Tribunal de Justicia de la Unión Europea será tomada por el Consejo de Gobierno.

35.36. El Tribunal de Justicia de la Unión Europea tendrá jurisdicción para los litigios relativos al cumplimiento por parte de los bancos centrales nacionales de las obligaciones derivadas de los Tratados y de los presentes Estatutos. Cuando el BCE considere que un banco central nacional ha incumplido alguna de las obligaciones que establecen los presentes Estatutos, emitirá un dictamen motivado al respecto, después de haber dado a dicho banco central nacional la posibilidad de presentar sus alegaciones. Si el banco central nacional de que se trate no se atuviere a este dictamen en el plazo establecido por el BCE, éste podrá recurrir al Tribunal de Justicia de la Unión Europea.

ARTÍCULO 36. Personal

36.1. El Consejo de Gobierno, a propuesta del Comité Ejecutivo, establecerá las condiciones de contratación del personal del BCE.

36.2. El Tribunal de Justicia de la Unión Europea tendrá jurisdicción en cualquier litigio entre el BCE y sus empleados, dentro de los límites y con arreglo a las condiciones que establezcan las condiciones de empleo.

ARTÍCULO 37 (ANTIGUO ARTÍCULO 38). Secreto profesional

37.1. Los miembros de los órganos rectores y el personal del BCE y de los bancos centrales nacionales, incluso después de cesar en sus funciones, no deberán revelar información que, por su naturaleza, esté amparada por el secreto profesional.

37.2. Las personas que tengan acceso a datos amparados por la legislación de la Unión que imponga la obligación del secreto estarán sujetas a dicha legislación.

ARTÍCULO 38 (ANTIGUO ARTÍCULO 39). Signatarios

El BCE se comprometerá legalmente frente a terceros por medio de su presidente o de dos miembros del Comité Ejecutivo, o por medio de las firmas de dos miembros del personal del BCE debidamente autorizados por el presidente para firmar en nombre del BCE.

ARTÍCULO 39 (ANTIGUO ARTÍCULO 40). Privilegios e inmunidades

El BCE gozará en el territorio de los Estados miembros de los privilegios e inmunidades necesarios para el desempeño de sus funciones, en las condiciones que establece el Protocolo sobre los privilegios y las inmunidades de la Unión Europea.

CAPÍTULO VIII
MODIFICACIÓN DE LOS ESTATUTOS Y LEGISLACIÓN COMPLEMENTARIA

ARTÍCULO 40 (ANTIGUO ARTÍCULO 41). Procedimiento de modificación simplificado

40.1. Con arreglo al apartado 3 del artículo 129 del Tratado de Funcionamiento de la Unión Europea, los artículos 5.1, 5.2, 5.3, 17, 18, 19.1, 22, 23, 24, 26, 32.2, 32.3, 32.4, 32.6, 33.1 a) y 36 de los presentes Estatutos podrán ser modificados por el Parlamento Europeo y el Consejo con arreglo al procedimiento legislativo ordinario o bien sobre la base de una recomendación del BCE, previa consulta a la Comisión, o bien a propuesta de la Comisión y previa consulta al BCE.

40.2. El artículo 10.2 podrá ser modificado mediante decisión del Consejo Europeo, aprobada por unanimidad, bien por recomendación del Banco Central Europeo y previa consulta al Parlamento Europeo y a la Comisión, bien por recomendación de la Comisión y previa consulta al Parlamento Europeo y al Banco Central Europeo. Estas modificaciones sólo entrarán en vigor después de haber sido aprobadas por los Estados miembros de conformidad con sus respectivas normas constitucionales.

40.3. Las recomendaciones que haga el BCE con arreglo al presente artículo requerirán una decisión unánime del Consejo de Gobierno.

ARTÍCULO 41 (ANTIGUO ARTÍCULO 42). Legislación complementaria

Con arreglo al apartado 4 del artículo 129 del Tratado de Funcionamiento de la Unión Europea, el Consejo, a propuesta de la Comisión y previa consulta al Parlamento Europeo y al BCE, o sobre la base de una recomendación del BCE y previa consulta al Parlamento Europeo y a la Comisión, adoptará las disposiciones a que se refieren los artículos 4, 5.4, 19.2, 20, 28.1, 29.2, 30.4 y 34.3 del presente Estatuto.

CAPÍTULO IX
DISPOSICIONES TRANSITORIAS Y OTRAS DISPOSICIONES PARA EL SEBC

ARTÍCULO 42 (ANTIGUO ARTÍCULO 43). Disposiciones generales

Las excepciones a que se refiere el artículo 139 del Tratado de Funcionamiento de la Unión Europea supondrán que los siguientes artículos de los presentes Estatutos no concederán derechos ni impondrán obligaciones a los Estados miembros de que se trate: 3, 6, 9.2, 12.1, 14.3, 16, 18, 19, 20, 22, 23, 26.2, 27, 30, 31, 32, 33, 34 y 49.

42.1. Los bancos centrales de los Estados miembros que gocen de una excepción de conformidad con el artículo 139 de dicho Tratado conservarán sus competencias en el ámbito de la política monetaria con arreglo a la legislación nacional.

42.2. De conformidad con el artículo 139 de dicho Tratado, «los Estados miembros» significará «los Estados miembros cuya moneda es el euro» en los siguientes artículos de los presentes Estatutos: 3, 11.2 y 19.

42.3. «Los bancos centrales nacionales» significará «los bancos centrales de los Estados miembros cuya moneda es el euro» en los siguientes artículos del presente Estatuto: 9.2, 10.2, 10.3, 12.1, 16, 17, 18, 22, 23, 27, 30, 31, 32, 33.2 y 49.

42.4. «Los accionistas» significará «los bancos centrales de los Estados miembros cuya moneda es el euro» en los artículos 10.3 y 33.1.

42.5. «El capital suscrito del SEBC» significará «el capital del BCE suscrito por los bancos centrales de los Estados miembros cuya moneda es el euro» en los artículos 10.3 y 30.2.

ARTÍCULO 43 (ANTIGUO ARTÍCULO 44). Funciones transitorias del BCE

El BCE se encargará de las antiguas tareas del IME a que se refiere el apartado 2 del artículo 141 del Tratado de Funcionamiento de la Unión Europea que debido a las excepciones de uno o varios de los Estados miembros aún hayan de ejercerse después de adoptar el euro.

El BCE emitirá dictámenes para preparar la supresión de las excepciones especificadas en el artículo 140 de dicho Tratado.

ARTÍCULO 44 (ANTIGUO ARTÍCULO 45). El Consejo General del BCE

44.1. Sin perjuicio de lo dispuesto en el apartado 1 del artículo 129 del Tratado de Funcionamiento de la Unión Europea, el Consejo General se constituirá como tercer órgano rector del BCE.

44.2. El Consejo General estará compuesto por el presidente y el vicepresidente del BCE y por los gobernadores de los bancos centrales nacionales. Los demás miembros del Comité Ejecutivo podrán participar, sin derecho a voto, en las reuniones del Consejo General.

44.3. Las responsabilidades del Consejo General figuran, en su totalidad, en el artículo 46 del presente Estatuto.

ARTÍCULO 45 (ANTIGUO ARTÍCULO 46). Reglamento interno del Consejo General

El presidente, o, en ausencia de éste, el vicepresidente del BCE, presidirá el Consejo General del BCE.

45.1. El presidente del Consejo y un miembro de la Comisión podrán participar, sin derecho a voto, en las reuniones del Consejo General.

45.2. El presidente preparará las reuniones del Consejo General.

45.3. No obstante, lo dispuesto en el artículo 12.3, el Consejo General adoptará su reglamento interno.

45.4. El BCE se encargará de la secretaría del Consejo General.

ARTÍCULO 46 (ANTIGUO ARTÍCULO 47). Responsabilidades del Consejo General

46.1. El Consejo General:

- Llevará a cabo las tareas a que se refiere el artículo 43.
- Contribuirá al desarrollo de las funciones consultivas a que se refieren los artículos 4 y 25.1.

46.2. El Consejo General contribuirá:

- A la recopilación de la información estadística a que se refiere el artículo 5.
- A la elaboración de informes acerca de las actividades del BCE a que se refiere el artículo 15.
- Al establecimiento de las normas necesarias para la aplicación del artículo 26 a que se refiere el artículo 26.4.
- A la adopción de todas las restantes medidas necesarias para la aplicación del artículo 29 a que se refiere el artículo 29.4. Al establecimiento de las condiciones de contratación del personal del BCE a que se refiere el artículo 36.

46.3. El Consejo General contribuirá a los preparativos necesarios para fijar irrevocablemente los tipos de cambio de las monedas de los Estados miembros acogidas a una excepción respecto del euro, con arreglo a lo dispuesto en el apartado 3 del artículo 140 del Tratado de Funcionamiento de la Unión Europea.

46.4. El presidente del BCE informará al Consejo General acerca de las decisiones del Consejo de Gobierno.

ARTÍCULO 47 (ANTIGUO ARTÍCULO 48). Disposiciones transitorias para el capital del BCE

Con arreglo al artículo 29.1, se asignará a cada banco central nacional una ponderación en la clave para la suscripción del capital del BCE. No obstante lo dispuesto en el artículo 28.3, los bancos centrales de los Estados miembros acogidos a una excepción no desembolsarán el capital suscrito a no ser que el Consejo General, por una mayoría que represente como mínimo dos tercios del capital suscrito del BCE y al menos a la mitad de los accionistas, decida que debe pagarse un porcentaje mínimo como contribución a los costes operativos del BCE.

ARTÍCULO 48 (ANTIGUO ARTÍCULO 49). Pago diferido del capital, reservas y provisiones del BCE

48.1. El banco central de un Estado miembro cuya excepción haya sido suprimida desembolsará su parte suscrita de capital del BCE en la misma medida que los demás bancos centrales de los Estados miembros cuya moneda es el euro y transferirá al BCE activos de reserva de cambio con arreglo a lo dispuesto en el artículo 30.1. La cantidad que deba transferirse se determinará multiplicando el valor en euros, al tipo de cambio del momento, de los activos de reserva antedichos transferidos ya hasta aquel momento al BCE, de conformidad con lo dispuesto en el artículo 30.1, por el coeficiente resultante de dividir el número de acciones suscritas por el banco central nacional de que se trate y el número de acciones que ya hayan desembolsado los demás bancos centrales nacionales.

48.2. Además del desembolso que deberá efectuarse con arreglo al artículo 48.1, el banco central de que se trate contribuirá a las reservas del BCE, a las provisiones equivalentes a reservas y al importe que aún deba asignarse a las reservas y provisiones correspondientes al saldo de la cuenta de pérdidas y ganancias al 31 de diciembre del año anterior al de la supresión de la excepción. La cantidad con que deberá contribuir se determinará multiplicando el importe de las reservas, definido anteriormente y consignado en el balance aprobado del BCE, por el coeficiente resultante de dividir el número de acciones suscritas por el banco central de que se trate y el número de acciones que ya hayan desembolsado los demás bancos centrales.

48.3. Cuando uno o más países se conviertan en Estados miembros y sus respectivos bancos centrales nacionales pasen a formar parte del SEBC, se aumentará automáticamente el capital suscrito del BCE y el límite sobre la cantidad de activos de reserva de cambio que podrá transferirse al BCE. El aumento se calculará multiplicando las respectivas cantidades vigentes en ese momento por el coeficiente resultante de dividir, en el marco de la clave ajustada para la suscripción de capital, entre la ponderación de los nuevos bancos centrales nacionales implicados y la ponderación de los bancos centrales nacionales ya miembros del SEBC. La ponderación de cada banco central nacional dentro de la clave para la suscripción de capital se calculará de forma análoga a lo dispuesto en el apartado 1 del artículo 29 y de conformidad con el apartado 2 del artículo 29. Los períodos de referencia que deberán utilizarse para los datos estadísticos serán idénticos a los aplicados para el último ajuste quinquenal de las ponderaciones en virtud del apartado 3 del artículo 29.

ARTÍCULO 49 (ANTIGUO ARTÍCULO 52). Cambio de los billetes de banco denominados en monedas de los Estados miembros

Tras la fijación irrevocable de los tipos de cambio de conformidad con el apartado 3 del artículo 140 del Tratado de Funcionamiento de la Unión Europea, el Consejo de Gobierno adoptará las medidas necesarias para garantizar que los billetes de banco denominados en monedas con tipo de cambio fijo irrevocable sean cambiados por los bancos centrales nacionales a sus respectivos valores de paridad.

ARTÍCULO 50 (ANTIGUO ARTÍCULO 53). Aplicabilidad de las disposiciones transitorias

Mientras haya Estados miembros acogidos a excepción seguirán siendo aplicables los artículos 42 a 47 inclusive.

PROTOCOLO (N.º 5) SOBRE LOS ESTATUTOS DEL BANCO EUROPEO DE INVERSIONES

LAS ALTAS PARTES CONTRATANTES,

DESEANDO establecer los estatutos del Banco Europeo de Inversiones, previstos en el artículo 308 del Tratado de Funcionamiento de la Unión Europea,

HAN CONVENIDO en las siguientes disposiciones, que se incorporarán como anexo al Tratado de la Unión Europea y al Tratado de Funcionamiento de la Unión Europea:

ARTÍCULO 1

El Banco Europeo de Inversiones, creado por el artículo 308 del Tratado de Funcionamiento de la Unión Europea, en lo sucesivo denominado el «Banco», quedará constituido y ejercerá sus funciones y su actividad de conformidad con las disposiciones de los Tratados y de los presentes Estatutos.

ARTÍCULO 2

La misión del Banco será la definida en el artículo 309 del Tratado de Funcionamiento de la Unión Europea.

ARTÍCULO 3

De conformidad con el artículo 308 del Tratado de Funcionamiento de la Unión Europea, los Estados miembros serán los miembros del Banco.

ARTÍCULO 4

1. El Banco tendrá un capital de 232.392.989.000 euros, suscrito por los Estados miembros en la forma siguiente:

Alemania	37.578.019.000
Francia	37.578.019.000
Italia	37.578.019.000
Reino Unido	37.578.019.000
España	22.546.811.500

Bélgica	10.416.365.500
Países Bajos	10.416.365.500
Suecia	6.910.226.000
Dinamarca	5.274.105.000
Austria	5.170.732.500
Polonia	4.810.160.500
Finlandia	2.970.783.000
Grecia	2.825.416.500
Portugal	1.820.820.000
República Checa	1.774.990.500
Hungría	1.679.222.000
Irlanda	1.318.525.000
Rumanía	1.217.626.000
Eslovaquia	604.206.500
Eslovenia	560.951.500
Bulgaria	410.217.500
Lituania	351.981.000
Luxemburgo	263.707.000
Chipre	258.583.500
Letonia	214.805.000
Estonia	165.882.000
Malta	9.829.500

Los Estados miembros sólo serán responsables hasta el importe de su cuota de capital suscrito y no desembolsado.

2. La admisión de un nuevo miembro llevará consigo un aumento del capital suscrito correspondiente a la aportación del nuevo miembro.

3. El Consejo de Gobernadores podrá decidir, por unanimidad, un aumento del capital suscrito.

4. La cuota de capital suscrito no podrá ser cedida ni pignorada y será inembargable.

ARTÍCULO 5

1. El capital suscrito será desembolsado por los Estados miembros a razón del 5 %, en promedio, de los importes definidos en el apartado 1 del artículo 4.

2. En caso de aumento del capital suscrito, el Consejo de Gobernadores fijará por unanimidad el porcentaje que deberá desembolsarse, así como las modalidades de desembolso. Los desembolsos en metálico únicamente se admitirán en euros.

3. El Consejo de Administración podrá exigir el desembolso del saldo del capital suscrito, siempre que este desembolso sea necesario para hacer frente a las obligaciones del Banco.

4. Dicho desembolso será efectuado por cada Estado miembro en proporción a su cuota de capital suscrito.

ARTÍCULO 6 (ANTIGUO ARTÍCULO 8)

El Banco será administrado y dirigido por un Consejo de Gobernadores, un Consejo de Administración y un Comité de Dirección.

ARTÍCULO 7 (ANTIGUO ARTÍCULO 9)

1. El Consejo de Gobernadores estará compuesto por los ministros que designen los Estados miembros.

2. El Consejo de Gobernadores establecerá las directrices generales de la política crediticia del Banco, de conformidad con los objetivos de la Unión

3. El Consejo de Gobernadores velará por la ejecución de estas directrices.

4. Además, el Consejo de Gobernadores:

a) Decidirá sobre el aumento del capital suscrito, de conformidad con el apartado 3 del artículo 4 y el apartado 2 del artículo 5.

b) A efectos de la aplicación del apartado 1 del artículo 9, determinará los principios aplicables a las operaciones de financiación en el marco de la misión del Banco.

c) Ejercerá las competencias previstas en los artículos 9 y 11 para el nombramiento y cese de los miembros del Consejo de Administración y del Comité de Dirección, así como las previstas en el párrafo segundo del apartado 1 del artículo 11.

d) Decidirá la concesión de financiación para operaciones de inversión que deban realizarse total o parcialmente fuera del territorio de los Estados miembros, de conformidad con el apartado 1 del artículo 16.

e) Aprobará el informe anual elaborado por el Consejo de Administración.

f) Aprobará el balance anual, así como la cuenta de pérdidas y ganancias.

g) Ejercerá las demás competencias y atribuciones que le confieren los presentes Estatutos.

h) Aprobará el reglamento interno del Banco.

5. El Consejo de Gobernadores será competente para tomar, por unanimidad, en el marco del Tratado y de los presentes Estatutos, cualquier decisión relativa a la suspensión de la actividad del Banco y a su eventual liquidación.

ARTÍCULO 8 (ANTIGUO ARTÍCULO 10)

Salvo disposición en contrario de los presentes estatutos, el Consejo de Gobernadores tomará sus decisiones por mayoría de los miembros que lo componen. Dicha mayoría deberá representar al menos el 50 % del capital suscrito.

La mayoría cualificada requerirá un total de dieciocho votos y el 68 % del capital suscrito.

La abstención de los miembros presentes o representados no obstará a la adopción de los acuerdos que requieran unanimidad.

ARTÍCULO 9 (ANTIGUO ARTÍCULO 11)

1. El Consejo de Administración decidirá sobre la concesión de financiación, en particular en forma de créditos y garantías, y la conclusión de empréstitos; fijará los tipos de interés de los préstamos, así como las comisiones y demás cargas. Basándose en una decisión adoptada por mayoría cualificada, podrá delegar algunas de sus atribuciones en el Comité de Dirección. Determinará las condiciones y modalidades de la citada delegación y supervisará la ejecución de la misma.

El Consejo de Administración velará por la sana administración del Banco; garantizará la conformidad de la gestión del Banco con las disposiciones de los Tratados y los Estatutos y con las directrices generales establecidas por el Consejo de Gobernadores.

Al finalizar el ejercicio, el Consejo de Administración estará obligado a presentar un informe al Consejo de Gobernadores y a publicarlo, una vez aprobado.

2. El Consejo de Administración estará compuesto por veintiocho administradores y dieciocho administradores suplentes.

Los administradores serán nombrados por el Consejo de Gobernadores para un período de cinco años, a razón de un administrador por cada Estado miembro y un administrador por la Comisión.

Los administradores suplentes serán nombrados por el Consejo de Gobernadores para un período de cinco años, a razón de:

- Dos suplentes designados por la República Federal de Alemania.
- Dos suplentes designados por la República Francesa.
- Dos suplentes designados por la República Italiana.
- Dos suplentes designados por el Reino Unido de Gran Bretaña e Irlanda del Norte.
- Un suplente designado de común acuerdo por el Reino de España y la República Portuguesa.
- Un suplente designado de común acuerdo por el Reino de Bélgica, el Gran Ducado de Luxemburgo y el Reino de los Países Bajos.
- Dos suplentes designados de común acuerdo por el Reino de Dinamarca, Irlanda, la República Helénica y Rumanía.
- Dos suplentes designados de común acuerdo por la República de Estonia, la República de Letonia, la República de Lituania, la República de Austria, la República de Finlandia y el Reino de Suecia.
- Tres suplentes designados de común acuerdo por la República de Bulgaria, la República Checa, la República de Chipre, la República de Hungría, la República de Malta, la República de Polonia, la República de Eslovenia y la República Eslovaca.
- Y un suplente nombrado por la Comisión.

El Consejo de Administración invitará a formar parte del mismo sin derecho a voto a seis expertos: tres en calidad de miembros y tres como suplentes.

El mandato de los administradores y de los suplentes será renovable.

El reglamento interno establecerá las modalidades de participación en las sesiones del Consejo de Administración y las disposiciones aplicables a los miembros suplentes y a los expertos designados.

El presidente o, en ausencia de éste, uno de los vicepresidentes del Comité de Dirección presidirá las sesiones del Consejo de Administración, sin tomar parte en la votación.

Los miembros del Consejo de Administración se elegirán entre personalidades que ofrezcan garantías plenas de independencia y competencia; sólo serán responsables ante el Banco.

3. Sólo cuando un administrador deje de reunir las condiciones necesarias para el ejercicio de sus funciones podrá ser cesado por el Consejo de Gobernadores, por mayoría cualificada.

La no aprobación del informe anual llevará consigo la dimisión del Consejo de Administración.

4. En caso de vacante por fallecimiento, cese, dimisión voluntaria o colectiva se procederá a su sustitución, de conformidad con lo dispuesto en el apartado 2. Salvo en caso de renovación total, los miembros serán sustituidos por el tiempo que falte para terminar el mandato.

5. El Consejo de Gobernadores fijará la retribución de los miembros del Consejo de Administración. Determinará las eventuales incompatibilidades con las funciones de administrador y de suplente.

ARTÍCULO 10 (ANTIGUO ARTÍCULO 12)

1. Cada administrador dispondrá de un voto en el Consejo de Administración. Podrá delegar su voto en todo caso, en las condiciones que establezca el reglamento interno del Banco.

2. Salvo disposición en contrario de los presentes Estatutos, el Consejo de Administración tomará sus decisiones por al menos un tercio de sus miembros con derecho de voto que representen al menos el cincuenta por ciento del capital suscrito. La mayoría cualificada requerirá un total de dieciocho votos a favor y el sesenta y ocho por ciento del capital suscrito. El reglamento interno del Banco fijará el quórum necesario para la validez de los acuerdos del Consejo de Administración.

ARTÍCULO 11 (ANTIGUO ARTÍCULO 13)

1. El Comité de Dirección estará compuesto por un presidente y ocho vicepresidentes nombrados para un período de seis años por el Consejo de Gobernadores, a propuesta del Consejo de Administración. Su mandato será renovable.

2. El Consejo de Gobernadores, por unanimidad podrá modificar el número de miembros del Comité de Dirección.

3. A propuesta del Consejo de Administración, por mayoría cualificada, el Consejo de Gobernadores, también por mayoría cualificada, podrá cesar a los miembros del Comité de Dirección.

4. El Comité de Dirección se encargará de la gestión de los asuntos de administración ordinaria del Banco, bajo la autoridad del presidente y el control del Consejo de Administración. Dicho Comité preparará las decisiones del Consejo de Administración, especialmente las referentes a la conclusión de empréstitos y a la concesión de financiación, en particular en forma de créditos y garantías; asimismo, asegurará la ejecución de dichas decisiones.

5. El Comité de Dirección emitirá, por mayoría, sus dictámenes sobre los proyectos de conclusión de empréstitos y de concesión de financiación, en particular en forma de créditos y garantías.

6. El Consejo de Gobernadores fijará la retribución de los miembros del Comité de Dirección y determinará las incompatibilidades con sus funciones.

7. l presidente o, en caso de impedimento de éste, uno de los vicepresidentes representará al Banco en los asuntos judiciales o extrajudiciales.

8. Los miembros del personal del Banco estarán sometidos a la autoridad del presidente. Corresponderá a éste su contratación y despido. En la elección del personal, se deberá tener en cuenta no sólo las aptitudes personales y la formación profesional, sino también un reparto equitativo entre los nacionales de los Estados miembros. El reglamento interno determinará el órgano competente para adoptar las disposiciones aplicables al personal

9. El Comité de Dirección y el personal del Banco sólo serán responsables ante este último y ejercerán sus funciones con total independencia.

ARTÍCULO 12 (ANTIGUO ARTÍCULO 14)

1. Un Comité, compuesto por seis miembros nombrados por el Consejo de Gobernadores en razón de su competencia, comprobará que las actividades del Banco se atienen a las mejores prácticas bancarias y será responsable de la verificación de cuentas del Banco.

2. El Comité mencionado en el apartado 1 examinará cada año la regularidad de las operaciones y de los libros del Banco. Comprobará a este respecto que las operaciones del Banco se han realizado conforme a los trámites y procedimientos establecidos en los presentes Estatutos y en el reglamento interno.

3. El Comité mencionado en el apartado 1 confirmará que los estados financieros, así como toda información financiera que figure en las cuentas anuales establecidas por el Consejo de Administración, dan una imagen fiel de la situación financiera del Banco, tanto del activo como del pasivo, así como de los resultados de sus operaciones y de los flujos de tesorería del ejercicio financiero de que se trate.

4. El reglamento interno precisará las cualificaciones que deberán poseer los miembros del Comité contemplado en el apartado 1 y determinará las condiciones y modalidades de funcionamiento del Comité.

ARTÍCULO 13 (ANTIGUO ARTÍCULO 15)

El Banco se relacionará con cada Estado miembro por medio de la autoridad que éste designe. En la ejecución de las operaciones financieras, podrá recurrir al banco central nacional del Estado miembro interesado o a otras instituciones financieras autorizadas por éste.

ARTÍCULO 14 (ANTIGUO ARTÍCULO 16)

1. El Banco cooperará con todas aquellas organizaciones internacionales que ejerzan su actividad en campos análogos a los suyos.

2. El Banco tratará de establecer todo tipo de contactos útiles con objeto de cooperar con las instituciones bancarias y financieras de los países por donde se extiendan sus operaciones.

ARTÍCULO 15 (ANTIGUO ARTÍCULO 17)

A instancia de un Estado miembro o de la Comisión, o por propia iniciativa, el Consejo de Gobernadores interpretará o completará, en las mismas condiciones con que fueron fijadas, las directrices que hubiere establecido de conformidad con el artículo 7 de los presentes Estatutos.

ARTÍCULO 16 (ANTIGUO ARTÍCULO 18)

1. En el ámbito del mandato definido en el artículo 309 del Tratado de Funcionamiento de la Unión Europea, el Banco otorgará financiación, en particular en forma de créditos y de garantías, a sus miembros o a las empresas privadas o públicas para inversiones que deban ejecutarse en los territorios de los Estados miembros, siempre que no se disponga, en condiciones razonables, de recursos procedentes de otras fuentes.

Sin embargo, mediante decisión por mayoría cualificada del Consejo de Gobernadores, a propuesta del Consejo de Administración, el Banco podrá otorgar financiación para inversiones que deban ejecutarse, total o parcialmente, fuera de los territorios de los Estados miembros.

2. La concesión de préstamos estará subordinada, en la medida de lo posible, a la utilización de otros medios de financiación.

3. Cuando se conceda un préstamo a una empresa o a una colectividad que no sea un Estado miembro, el Banco subordinará la concesión de dicho préstamo al otorgamiento de una garantía por el Estado miembro en cuyo territorio haya de ejecutarse la inversión o de otras garantías suficientes, o bien a la solidez financiera del deudor.

Además, en el marco de los principios establecidos por el Consejo de Gobernadores con arreglo a la letra b) del apartado 3 del artículo 7, y si la realización de las operaciones contempladas en el artículo 309 del Tratado de Funcionamiento de la Unión Europea lo exige, el Consejo de Administración adoptará por mayoría cualificada las condiciones y modalidades de toda financiación con un perfil de riesgo específico y que sea considerada por ello como una actividad especial.

4. El Banco podrá garantizar los empréstitos contratados por empresas públicas o privadas o por colectividades para la realización de las operaciones previstas en el artículo 309 del Tratado de Funcionamiento de la Unión Europea.

5. El importe total comprometido de los préstamos y garantías concedidos por el Banco no deberá exceder del 250 % del capital suscrito, de las reservas, de las provisiones no asignadas y del excedente de cuenta de pérdidas y ganancias. La cantidad acumulada de las partidas de que se trate se calculará una vez deducida una suma idéntica a la cantidad suscrita, haya sido desembolsada o no, en concepto de toda participación del Banco.

En ningún momento, la cantidad abonada en concepto de participación del Banco será superior al total de la parte liberada de su capital, reservas, provisiones no asignadas y excedente de cuenta de pérdidas y ganancias.

Con carácter excepcional, las actividades especiales del Banco, tales como las que decidan el Consejo de Gobernadores y el Consejo de Administración con arreglo al apartado 3, serán objeto de dotación específica en reservas.

El presente apartado se aplicará asimismo a las cuentas consolidadas del Banco.

6. El Banco se protegerá contra el riesgo de cambio insertando en los contratos de préstamo y de garantía las cláusulas que considere apropiadas.

ARTÍCULO 17 (ANTIGUO ARTÍCULO 19)

1. Los tipos de interés de los préstamos que conceda el Banco, así como las comisiones y demás cargas, habrán de adaptarse a las condiciones que prevalezcan en el mercado de capitales y deberán calcularse de manera que los ingresos que resulten de los mismos permitan al Banco hacer frente a sus obligaciones, cubrir sus gastos y riesgos y constituir un fondo de reserva de conformidad con el artículo 22.

2. El Banco no concederá ninguna reducción de los tipos de interés. En caso de que, habida cuenta del carácter específico de la inversión que deba financiarse,

resulte conveniente una reducción del tipo de interés, el Estado miembro interesado u otra autoridad podrá conceder bonificaciones de intereses, en la medida en que su concesión sea compatible con las normas previstas en el artículo 107 del Tratado de Funcionamiento de la Unión Europea.

ARTÍCULO 18 (ANTIGUO ARTÍCULO 20)

En sus operaciones de financiación, el Banco deberá observar los principios siguientes:

1. Velará por que sus fondos sean utilizados de la forma más racional posible, en interés de la Unión.

Sólo podrá conceder préstamos o garantizar empréstitos:

a) Cuando pueda asegurarse el pago de los intereses y la amortización del capital con los beneficios de explotación, tratándose de inversiones ejecutadas por empresas pertenecientes al sector de la producción, o bien, cuando se trate de otras inversiones, por medio de un compromiso suscrito por el Estado donde se ejecute la inversión, o de cualquier otro modo.

b) Y cuando la ejecución de la inversión contribuya al incremento de la productividad económica en general y favorezca la consecución del mercado interior.

2. No deberá adquirir ninguna participación en empresas ni asumir ninguna responsabilidad en la gestión de éstas, a menos que la protección de sus derechos así lo exija para garantizar la recuperación de sus créditos.

No obstante, en el marco de los principios establecidos por el Consejo de Gobernadores con arreglo a la letra b) del apartado 3 del artículo 7, si así lo exige la realización de las operaciones contempladas en el artículo 309 del Tratado de Funcionamiento de la Unión Europea, el Consejo de Administración adoptará por mayoría cualificada las condiciones y modalidades de participación en el capital de una empresa comercial, por regla general como complemento de un préstamo o garantía, siempre y cuando sea necesario para la financiación de una inversión o programa.

3. Podrá ceder sus créditos en el mercado de capitales y, a tal fin, podrá exigir de sus prestatarios la emisión de obligaciones o de otros títulos.

4. Ni él ni los Estados miembros deberán imponer condiciones que obliguen a gastar las cantidades prestadas dentro de un Estado miembro determinado.

5. Podrá subordinar la concesión de préstamos a la organización de licitaciones internacionales.

6. No financiará, total o parcialmente, las inversiones a las que se oponga el Estado miembro en cuyo territorio deban ejecutarse.

7. Como complemento de sus actividades de crédito, el Banco podrá garantizar servicios de asistencia técnica, con arreglo a condiciones y modalidades definidas por el Consejo de Gobernadores, que se pronunciará por mayoría cualificada, conforme a los presentes Estatutos.

ARTÍCULO 19 (ANTIGUO ARTÍCULO 21)

1. Toda empresa o entidad pública o privada podrá presentar directamente al Banco una solicitud de financiación. La solicitud también podrá presentarse a través de la Comisión o del Estado miembro en cuyo territorio deba realizarse la inversión.

2. Cuando las solicitudes sean cursadas por conducto de la Comisión, se someterán al dictamen del Estado miembro en cuyo territorio vaya a realizarse la inversión. Cuando sean cursadas por medio del Estado miembro, se someterán al dictamen de la Comisión. Cuando provengan directamente de una empresa, se someterán al Estado miembro interesado y a la Comisión.

Los Estados miembros interesados y la Comisión deberán emitir su dictamen en el plazo máximo de dos meses. A falta de respuesta en el plazo indicado, el Banco podrá considerar que el mencionado proyecto no suscita objeción alguna.

3. El Consejo de Administración decidirá sobre las operaciones de financiación que le someta el Comité de Dirección.

4. El Comité de Dirección examinará si las operaciones de financiación presentadas se atienen a las disposiciones de los presentes Estatutos, en particular a las de

los artículos 16 y 18. Si el Comité de Dirección se pronuncia en favor de la financiación, deberá someter la propuesta correspondiente al Consejo de Administración; podrá subordinar su dictamen favorable a las condiciones que considere esenciales. Si el Comité de Dirección se pronuncia en contra de la concesión de la financiación, deberá presentar al Consejo de Administración los documentos pertinentes, acompañados de su dictamen.

5. En caso de dictamen desfavorable del Comité de Dirección, el Consejo de Administración sólo podrá conceder la financiación mencionada por unanimidad.

6. En caso de dictamen desfavorable de la Comisión, el Consejo de Administración sólo podrá conceder la financiación mencionada por unanimidad, absteniéndose de votar el administrador nombrado previa designación de la Comisión.

7. En caso de dictamen desfavorable del Comité de Dirección y de la Comisión, el Consejo de Administración no podrá conceder la financiación mencionada.

8. Cuando esté justificado proceder a una reestructuración de una operación de financiación relativa a inversiones aprobadas por motivos de protección de los derechos e intereses del Banco, el Comité de Dirección adoptará inmediatamente las medidas urgentes que estime necesarias, a reserva de informar inmediatamente de ello al Consejo de Administración.

ARTÍCULO 20 (ANTIGUO ARTÍCULO 22)

1. El Banco tomará a préstamo en los mercados de capitales los recursos necesarios para el cumplimiento de su misión.

2. El Banco podrá tomar dinero a préstamo en el mercado de capitales de los Estados miembros, en el marco de las disposiciones legales aplicables a dichos mercados.

Las autoridades competentes de un Estado miembro acogido a una excepción en el sentido del apartado 1 del artículo 139 del Tratado de Funcionamiento de la Unión Europea sólo podrán oponerse si hay motivos para temer graves perturbaciones en el mercado de capitales de dicho Estado.

ARTÍCULO 21 (ANTIGUO ARTÍCULO 23)

1. El Banco podrá utilizar, en las condiciones siguientes, los recursos disponibles que no necesite inmediatamente para hacer frente a sus obligaciones:

a) Podrá colocar capitales en los mercados monetarios.

b) Salvo lo dispuesto en el apartado 2 del artículo 18, podrá comprar o vender títulos.

c) Podrá efectuar cualquier otra operación financiera relacionada con sus objetivos.

2. Sin perjuicio de lo dispuesto en el artículo 23, el Banco no efectuará, en la gestión de sus colocaciones de capital, ningún arbitraje de divisas que no sea estrictamente indispensable para poder realizar sus préstamos o para el cumplimiento de los compromisos contraídos en razón de los empréstitos emitidos o de las garantías otorgadas por él.

3. En el ámbito de aplicación del presente artículo, el Banco actuará de acuerdo con las autoridades competentes de los Estados miembros o sus bancos centrales nacionales.

ARTÍCULO 22 (ANTIGUO ARTÍCULO 24)

1. Se constituirá progresivamente un fondo de reserva equivalente al 10 % como máximo del capital suscrito. Si la situación de los compromisos del Banco lo justificare, el Consejo de Administración podrá decidir la constitución de reservas suplementarias. Mientras este fondo de reserva no esté enteramente constituido, podrá ser alimentado con:

a) Los intereses que produzcan los préstamos concedidos por el Banco con las cantidades que deban aportar los Estados miembros en virtud del artículo 5.

b) Los intereses que produzcan los préstamos concedidos por el Banco con las cantidades procedentes del reembolso de los préstamos mencionados en la letra a), siempre que estos ingresos no sean necesarios para hacer frente a las obligaciones y sufragar los gastos del Banco.

2. Los recursos del fondo de reserva deberán colocarse de forma que estén en condiciones de responder, en cualquier momento, a los fines del fondo.

ARTÍCULO 23 (ANTIGUO ARTÍCULO 25)

1. El Banco estará siempre autorizado para transferir a una de las monedas de los Estados miembros cuya moneda no sea el euro los activos que posea para realizar las operaciones financieras que sean conformes a su objeto definido en el artículo 309 del Tratado de Funcionamiento de la Unión Europea, teniendo en cuenta lo dispuesto en el artículo 21 de los presentes Estatutos. El Banco evitará, en la medida de lo posible, proceder a tales transferencias si posee activos disponibles o realizables en la moneda que precise.

2. El Banco no podrá convertir en divisas de terceros países los activos que posea en la moneda de uno de los Estados miembros cuya moneda no sea el euro sin el consentimiento de dicho Estado.

3. El Banco podrá disponer libremente de la parte de su capital desembolsado, así como de las divisas tomadas a préstamo en los mercados de terceros países.

4. Los Estados miembros se comprometen a poner a disposición de los deudores del Banco las divisas necesarias para el reembolso del capital y el pago de los intereses de los préstamos concedidos o garantizados por el Banco para las inversiones que deban ejecutarse en su territorio.

ARTÍCULO 24 (ANTIGUO ARTÍCULO 26)

Si un Estado miembro incumpliere las obligaciones que como miembro le incumben en virtud de los presentes Estatutos, en especial la obligación de desembolsar su cuota o de asegurar el servicio de sus empréstitos, el Consejo de Gobernadores podrá, mediante decisión tomada por mayoría cualificada, suspender la concesión de préstamos o garantías a dicho Estado miembro o a sus nacionales.

Esta decisión no eximirá al Estado ni a sus nacionales del cumplimiento de sus obligaciones para con el Banco.

ARTÍCULO 25 (ANTIGUO ARTÍCULO 27)

1. Si el Consejo de Gobernadores decidiere suspender la actividad del Banco, deberán interrumpirse sin demora todas las actividades, con excepción de las operaciones necesarias para asegurar la debida utilización, protección y conservación de sus bienes, así como para saldar sus compromisos.

2. En caso de liquidación, el Consejo de Gobernadores nombrará a los liquidadores y les dará instrucciones para efectuar dicha liquidación. Velará por la salvaguardia de los derechos de los miembros del personal.

ARTÍCULO 26 (ANTIGUO ARTÍCULO 28)

1. El Banco gozará en cada uno de los Estados miembros de la más amplia capacidad jurídica que las legislaciones nacionales reconocen a las personas jurídicas; podrá, en particular, adquirir y enajenar bienes muebles o inmuebles y comparecer en juicio.

2. Los bienes del Banco estarán exentos de toda requisa o expropiación, cualquiera que sea su forma.

ARTÍCULO 27 (ANTIGUO ARTÍCULO 29)

Los litigios entre el Banco, por una parte, y sus prestamistas, sus prestatarios o terceros, por otra, serán resueltos por los órganos jurisdiccionales nacionales competentes, sin perjuicio de las competencias atribuidas al Tribunal de Justicia de la Unión Europea. El Banco podrá prever, en un contrato, un procedimiento de arbitraje.

El Banco deberá fijar domicilio en cada uno de los Estados miembros. Sin embargo, podrá designar, en un contrato, un domicilio especial.

Los bienes y activos del Banco sólo podrán ser embargados o sometidos a ejecución forzosa por decisión judicial

ARTÍCULO 28 (ANTIGUO ARTÍCULO 30)

1. El Consejo de Gobernadores podrá decidir, por unanimidad, crear filiales u otras entidades, que tendrán personalidad jurídica y autonomía financiera.

2. El Consejo de Gobernadores adoptará por unanimidad los estatutos de los organismos mencionados en el apartado 1. En ellos se fijarán, en especial, sus objetivos, estructura, capital, miembros, sede, recursos financieros, medios de actuación y procedimientos de auditoría, así como su relación con los órganos rectores del Banco.

3. El Banco estará facultado para participar en la gestión de dichos organismos y para contribuir a su capital suscrito hasta el importe que fije por unanimidad el Consejo de Gobernadores.

4. El Protocolo sobre los privilegios y las inmunidades de la Unión Europea se aplicará a los organismos mencionados en el apartado 1, en la medida en que se les aplique el Derecho de la Unión, a los miembros de sus órganos en el desempeño de sus funciones y a su personal, en los mismos términos y condiciones que al propio Banco.

No obstante, los dividendos, plusvalías u otras formas de renta procedentes de dichos organismos a que tengan derecho los miembros, distintos de la Unión Europea y del Banco, estarán sujetos a las disposiciones fiscales de la legislación que les sea aplicable.

5. Dentro de los límites que se exponen a continuación, el Tribunal de Justicia de la Unión Europea será competente para conocer de los litigios relacionados con medidas adoptadas por los órganos de un organismo al que se aplique el Derecho de la Unión. Cualquier miembro de este organismo, en calidad de tal, así como los Estados miembros, podrán interponer recurso contra tales medidas en las condiciones fijadas en el artículo 263 del Tratado de Funcionamiento de la Unión Europea.

6. El Consejo de Gobernadores podrá decidir, por unanimidad, la admisión del personal de los organismos a los que se aplica el Derecho de la Unión a regímenes comunes con el Banco conforme a los respectivos procedimientos internos.

PROTOCOLO (N.º 6) SOBRE LA FIJACIÓN DE LAS SEDES DE LAS INSTITUCIONES Y DE DETERMINADOS ÓRGANOS, ORGANISMOS Y SERVICIOS DE LA UNIÓN EUROPEA

LOS REPRESENTANTES DE LOS GOBIERNOS DE LOS ESTADOS MIEMBROS,

VISTOS el artículo 341 del Tratado de Funcionamiento de la Unión Europea y el artículo 189 del Tratado constitutivo de la Comunidad Europea de la Energía Atómica,

RECORDANDO Y CONFIRMANDO la Decisión de 8 de abril de 1965, y sin perjuicio de las decisiones relativas a la sede de futuras instituciones, órganos, organismos y servicios,

HAN CONVENIDO en las siguientes disposiciones, que se incorporarán como anexo al Tratado de la Unión Europea, al Tratado de Funcionamiento de la Unión Europea y al Tratado constitutivo de la Comunidad Europea de la Energía Atómica:

ARTÍCULO ÚNICO

1. El Parlamento Europeo tendrá su sede en Estrasburgo, donde se celebrarán los 12 períodos parciales de sesiones plenarias mensuales, incluida la sesión presupuestaria. Los períodos parciales de sesiones plenarias adicionales se celebrarán en Bruselas. Las comisiones del Parlamento Europeo se reunirán en Bruselas. La Secretaría General del Parlamento Europeo y sus servicios seguirán instalados en Luxemburgo.
2. El Consejo tendrá su sede en Bruselas. Durante los meses de abril, junio y octubre, el Consejo celebrará sus reuniones en Luxemburgo.
3. La Comisión tendrá su sede en Bruselas. Los servicios que figuran en los artículos 7, 8 y 9 de la Decisión de 8 de abril de 1965 se establecerán en Luxemburgo.
4. El Tribunal de Justicia de la Unión Europea tendrá su sede en Luxemburgo.
5. El Tribunal de Cuentas tendrá su sede en Luxemburgo.
6. El Comité Económico y Social tendrá su sede en Bruselas.
7. El Comité de las Regiones tendrá su sede en Bruselas.
8. El Banco Europeo de Inversiones tendrá su sede en Luxemburgo.
9. El Banco Central Europeo tendrá su sede en Frankfurt.

10 La Oficina Europea de Policía (Europol) tendrá su sede en La Haya.

PROTOCOLO (N.º 7) SOBRE LOS PRIVILEGIOS Y LAS INMUNIDADES DE LA UNIÓN EUROPEA

LAS ALTAS PARTES CONTRATANTES,

CONSIDERANDO que, con arreglo al artículo 343 del Tratado de Funcionamiento de la Unión Europea y al artículo 191 del Tratado constitutivo de la Comunidad Europea de la Energía Atómica (CEEA), la Unión Europea y la CEEA gozarán en el territorio de los Estados miembros de las inmunidades y privilegios necesarios para el cumplimiento de su misión,

HAN CONVENIDO en las siguientes disposiciones, que se incorporarán como anexo al Tratado de la Unión Europea, al Tratado de Funcionamiento de la Unión Europea y al Tratado constitutivo de la Comunidad Europea de la Energía Atómica:

CAPÍTULO I
BIENES, FONDOS, ACTIVOS Y OPERACIONES DE LA UNIÓN EUROPEA

ARTÍCULO 1

Los locales y edificios de la Unión serán inviolables. Asimismo, estarán exentos de todo registro, requisa, confiscación o expropiación. Los bienes y activos de la Unión no podrán ser objeto de ninguna medida de apremio administrativo o judicial sin autorización del Tribunal de Justicia.

ARTÍCULO 2

Los archivos de la Unión serán inviolables.

ARTÍCULO 3

La Unión, sus activos, sus ingresos y demás bienes estarán exentos de cualesquiera impuestos directos.

Los Gobiernos de los Estados miembros adoptarán, siempre que les sea posible, las disposiciones apropiadas para la remisión o el reembolso de los derechos indirectos y de los impuestos sobre la venta incluidos en los precios de los bienes muebles o inmuebles cuando la Unión realice, para su uso oficial, compras importantes cuyo precio comprenda derechos e impuestos de esta naturaleza. No obstante, la aplicación de dichas disposiciones no deberá tener por efecto falsear la competencia dentro de la Unión.

No se concederá ninguna exoneración de impuestos, tasas y derechos que constituyan una simple remuneración de servicios de utilidad pública.

ARTÍCULO 4

La Unión estará exenta de cualesquiera derechos de aduana, prohibiciones y restricciones a la importación y exportación respecto de los objetos destinados a su uso oficial; los objetos así importados no podrán ser cedidos a título oneroso o gratuito en el territorio del país donde hayan sido importados, a menos que dicha cesión se realice en las condiciones que determine el Gobierno de tal país.

La Unión estará igualmente exenta de cualesquiera derechos de aduana, prohibiciones y restricciones a la importación y exportación respecto de sus publicaciones.

CAPÍTULO II
COMUNICACIONES Y SALVOCONDUCTOS

ARTÍCULO 5 (ANTIGUO ARTÍCULO 6)

Para sus comunicaciones oficiales y la transmisión de todos sus documentos, las instituciones de la Unión recibirán, en el territorio de cada uno de los Estados miembros, el trato que dicho Estado conceda a las misiones diplomáticas.

La correspondencia oficial y las demás comunicaciones oficiales de las instituciones de la Unión no podrán ser sometidas a censura.

ARTÍCULO 6 (ANTIGUO ARTÍCULO 7)

Los presidentes de las instituciones de la Unión podrán expedir a favor de los miembros y agentes de dichas instituciones salvoconductos en la forma que determine el Consejo, por mayoría simple; dichos salvoconductos serán reconocidos por las autoridades de los Estados miembros como documentos válidos de viaje. Los salvoconductos a favor de los funcionarios y agentes serán expedidos en las condiciones que determinen el estatuto de los funcionarios y el régimen aplicable a los otros agentes de la Unión.

La Comisión podrá celebrar acuerdos para el reconocimiento de dichos salvoconductos como documentos válidos de viaje en el territorio de terceros Estados.

CAPÍTULO III
MIEMBROS DEL PARLAMENTO EUROPEO

ARTÍCULO 7 (ANTIGUO ARTÍCULO 8)

No se impondrá ninguna restricción de orden administrativo o de otro tipo a la libertad de movimiento de los miembros del Parlamento Europeo cuando se dirijan al lugar de reunión del Parlamento Europeo o regresen de éste.

En materia aduanera y de control de cambios, los miembros del Parlamento Europeo recibirán:

a) De su propio Gobierno, las mismas facilidades que las concedidas a los altos funcionarios cuando se desplazan al extranjero en misión oficial de carácter temporal.

b) De los Gobiernos de los demás Estados miembros, las mismas facilidades que las concedidas a los representantes de Gobiernos extranjeros en misión oficial de carácter temporal.

ARTÍCULO 8 (ANTIGUO ARTÍCULO 9)

Los miembros del Parlamento Europeo no podrán ser buscados, detenidos ni procesados por las opiniones o los votos por ellos emitidos en el ejercicio de sus funciones.

ARTÍCULO 9 (ANTIGUO ARTÍCULO 10)

Mientras el Parlamento Europeo esté en período de sesiones, sus miembros gozarán:

a) En su propio territorio nacional, de las inmunidades reconocidas a los miembros del Parlamento de su país.

b) En el territorio de cualquier otro Estado miembro, de inmunidad frente a toda medida de detención y a toda actuación judicial.

Gozarán igualmente de inmunidad cuando se dirijan al lugar de reunión del Parlamento Europeo o regresen de éste.

No podrá invocarse la inmunidad en caso de flagrante delito ni podrá ésta obstruir el ejercicio por el Parlamento Europeo de su derecho a suspender la inmunidad de uno de sus miembros.

CAPÍTULO IV
REPRESENTANTES DE LOS ESTADOS MIEMBROS QUE PARTICIPEN EN LOS TRABAJOS DE LAS INSTITUCIONES DE LA UNIÓN EUROPEA

ARTÍCULO 10 (ANTIGUO ARTÍCULO 11)

Los representantes de los Estados miembros que participen en los trabajos de las instituciones de la Unión, así como sus consejeros y expertos técnicos, gozarán, en el ejercicio de sus funciones y durante sus desplazamientos al lugar de reunión o cuando regresen de éste, de los privilegios, inmunidades y facilidades habituales.

El presente artículo se aplicará igualmente a los miembros de los órganos consultivos de la Unión.

CAPÍTULO V
FUNCIONARIOS Y AGENTES DE LA UNIÓN EUROPEA

ARTÍCULO 11 (ANTIGUO ARTÍCULO 12)

En el territorio de cada uno de los Estados miembros e independientemente de su nacionalidad, los funcionarios y otros agentes de la Unión:

a) Gozarán de inmunidad de jurisdicción respecto de los actos por ellos realizados con carácter oficial, incluidas sus manifestaciones orales y escritas, sin perjuicio de las disposiciones de los Tratados relativas, por una parte, a las normas sobre la responsabilidad de los funcionarios y agentes ante la Unión y, por otra, a la competencia del Tribunal de Justicia de la Unión Europea para conocer de los litigios entre la Unión y sus funcionarios y otros agentes. Continuarán beneficiándose de dicha inmunidad después de haber cesado en sus funciones.

b) Ni ellos ni sus cónyuges ni los familiares que de ellos dependan estarán sujetos a las disposiciones que limitan la inmigración ni a las formalidades de registro de extranjeros.

c) Gozarán, respecto de las regulaciones monetarias o de cambio, de las facilidades habitualmente reconocidas a los funcionarios de las organizaciones internacionales.

d) Disfrutarán del derecho de importar en franquicia su mobiliario y efectos personales al asumir por primera vez sus funciones en el país de que se trate, y del derecho de reexportar en franquicia, al concluir sus funciones en dicho país, su mobiliario y efectos personales, con sujeción, en uno y otro caso, a las condiciones que estime necesarias el Gobierno del país donde se ejerza dicho derecho.

e) Gozarán del derecho de importar en franquicia el automóvil destinado a su uso personal, adquirido en el país de su última residencia, o en el país del que sean nacionales, en las condiciones del mercado interior de tal país, y de reexportarlo en franquicia, con sujeción, en uno y otro caso, a las condiciones que estime necesarias el Gobierno del país interesado.

ARTÍCULO 12 (ANTIGUO ARTÍCULO 13)

Los funcionarios y otros agentes de la Unión estarán sujetos, en beneficio de estas últimas, a un impuesto sobre los sueldos, salarios y emolumentos abonados por ellas en las condiciones y según el procedimiento que establezcan el Parlamento Europeo y el Consejo mediante reglamentos adoptados con arreglo al procedimiento legislativo ordinario y previa consulta a las instituciones interesadas.

Los funcionarios y otros agentes de la Unión estarán exentos de los impuestos nacionales sobre los sueldos, salarios y emolumentos abonados por la Unión.

ARTÍCULO 13 (ANTIGUO ARTÍCULO 14)

A efectos de aplicación de los impuestos sobre la renta y el patrimonio, del impuesto sobre sucesiones, así como de los convenios celebrados entre los Estados miembros de la Unión para evitar la doble imposición, los funcionarios y otros agentes de la Unión que, únicamente en razón del ejercicio de sus funciones al servicio de la Unión, establezcan su residencia en el territorio de un Estado miembro distinto del país del domicilio fiscal que tuvieren en el momento de entrar al servicio de la Unión serán considerados, tanto en el país de su residencia como en el del domicilio fiscal, como si hubieren conservado su domicilio en este último país si éste es miembro de la Unión. Esta disposición se aplicará igualmente al cónyuge en la medida en que no ejerza actividad profesional propia, así como a los hijos a cargo y bajo la potestad de las personas mencionadas en el presente artículo.

Los bienes muebles que pertenezcan a las personas a que se alude en el párrafo anterior y que estén situados en el territorio del Estado de residencia estarán exentos del impuesto sobre sucesiones en tal Estado; para la aplicación de dicho impuesto, serán considerados como si se hallaren en el Estado del domicilio fiscal, sin perjuicio de los derechos de terceros Estados y de la eventual aplicación de las disposiciones de los convenios internacionales relativos a la doble imposición.

Los domicilios adquiridos únicamente en razón del ejercicio de funciones al servicio de otras organizaciones internacionales no se tomarán en consideración para la aplicación de las disposiciones del presente artículo.

ARTÍCULO 14 (ANTIGUO ARTÍCULO 15)

El Parlamento Europeo y el Consejo, mediante reglamentos adoptados con arreglo al procedimiento legislativo ordinario y previa consulta a las instituciones interesadas, determinarán el régimen de las prestaciones sociales aplicables a los funcionarios y otros agentes de la Unión.

ARTÍCULO 15 (ANTIGUO ARTÍCULO 16)

El Parlamento Europeo y el Consejo, mediante reglamentos adoptados con arreglo al procedimiento legislativo ordinario y previa consulta a las demás instituciones interesadas, determinarán las categorías de funcionarios y otros agentes de la Unión a los que serán aplicables, total o parcialmente, las disposiciones de los artículos 11, 12, párrafo segundo, y 13.

Periódicamente se comunicará a los Gobiernos de los Estados miembros el nombre, función y dirección de los funcionarios y otros agentes pertenecientes a estas categorías.

CAPÍTULO VI
PRIVILEGIOS E INMUNIDADES DE LAS MISIONES DE TERCEROS ESTADOS ACREDITADAS ANTE LA UNIÓN EUROPEA

ARTÍCULO 16 (ANTIGUO ARTÍCULO 17)

El Estado miembro en cuyo territorio esté situada la sede de la Unión concederá a las misiones de terceros Estados acreditadas ante la Unión las inmunidades y privilegios diplomáticos habituales.

CAPÍTULO VII
DISPOSICIONES GENERALES

ARTÍCULO 17 (ANTIGUO ARTÍCULO 18)

Los privilegios, inmunidades y facilidades a favor de los funcionarios y otros agentes de la Unión se otorgarán exclusivamente en interés de esta última.

Cada institución de la Unión estará obligada a suspender la inmunidad concedida a un funcionario u otro agente en los casos en que estime que esta suspensión no es contraria a los intereses de la Unión.

ARTÍCULO 18 (ANTIGUO ARTÍCULO 19)

A los efectos de aplicación del presente Protocolo, las instituciones de la Unión cooperarán con las autoridades responsables de los Estados miembros interesados.

ARTÍCULO 19 (ANTIGUO ARTÍCULO 20)

Los artículos 11 a 14, ambos inclusive, y 17 serán aplicables al Presidente del Consejo Europeo.

Serán igualmente aplicables a los miembros de la Comisión.

ARTÍCULO 20 (ANTIGUO ARTÍCULO 21)

Los artículos 11 a 14 y el artículo 17 serán aplicables a los jueces, abogados generales, secretario y ponentes adjuntos del Tribunal de Justicia de la Unión Europea, sin perjuicio de las disposiciones del artículo 3 del Protocolo sobre el Estatuto del Tribunal de Justicia de la Unión Europea relativas a la inmunidad de jurisdicción de los jueces y abogados generales.

ARTÍCULO 21 (ANTIGUO ARTÍCULO 22)

El presente Protocolo se aplicará igualmente al Banco Europeo de Inversiones, a los miembros de sus órganos, a su personal y a los representantes de los Estados miembros que participen en sus trabajos, sin perjuicio de las disposiciones del Protocolo sobre los Estatutos del Banco.

El Banco Europeo de Inversiones estará, por otra parte, exento de toda imposición de carácter fiscal y parafiscal en el momento de los aumentos de su capital, así como de las diversas formalidades a que pudieren estar sujetas tales operaciones en el Estado donde el Banco tenga su sede. Asimismo, su disolución y liquidación no serán objeto de ninguna imposición. Por último, la actividad del Banco y de sus órganos, cuando se ejerza en las condiciones previstas en sus Estatutos, no estará sometida al impuesto sobre el volumen de negocios.

ARTÍCULO 22 (ANTIGUO ARTÍCULO 23)

Este Protocolo será de aplicación asimismo al Banco Central Europeo, a los miembros de sus órganos y a su personal, sin perjuicio de lo dispuesto en el Protocolo sobre los Estatutos del Sistema Europeo de Bancos Centrales y del Banco Central Europeo.

El Banco Central Europeo estará exento además de todo tipo de impuestos o gravámenes de similar naturaleza con motivo de cualquier ampliación de su capital, al igual que de los diversos trámites con ello relacionados en el Estado en que tenga su sede el Banco. Las actividades que desarrollen el Banco y sus órganos, con arreglo a los Estatutos del Sistema Europeo de Bancos Centrales y del Banco Central Europeo, no estarán sujetas a ningún tipo de impuesto sobre el volumen de negocios.

PROTOCOLO (N.º 8) SOBRE EL APARTADO 2 DEL ARTÍCULO 6 DEL TRATADO DE LA UNIÓN EUROPEA RELATIVO A LA ADHESIÓN DE LA UNIÓN AL CONVENIO EUROPEO PARA LA PROTECCIÓN DE LOS DERECHOS HUMANOS Y DE LAS LIBERTADES FUNDAMENTALES

LAS ALTAS PARTES CONTRATANTES,

HAN CONVENIDO en las siguientes disposiciones, que se incorporarán como anexo al Tratado de la Unión Europea y al Tratado de Funcionamiento de la Unión Europea:

ARTÍCULO 1

El acuerdo relativo a la adhesión de la Unión al Convenio Europeo para la Protección de los Derechos Humanos y de las Libertades Fundamentales (denominado en lo sucesivo «Convenio Europeo»), contemplada en el apartado 2 del artículo 6 del Tratado de la Unión Europea, estipulará que se preserven las características específicas de la Unión y del Derecho de la Unión, en particular por lo que se refiere a:

a) Las modalidades específicas de la posible participación de la Unión en las instancias de control del Convenio Europeo.

b) Los mecanismos necesarios para garantizar que los recursos interpuestos por terceros Estados y los recursos individuales se presenten correctamente contra los Estados miembros, contra la Unión, o contra ambos, según el caso.

ARTÍCULO 2

El acuerdo a que se refiere el artículo 1 garantizará que la adhesión no afecte a las competencias de la Unión ni a las atribuciones de sus instituciones. Garantizará que ninguna de sus disposiciones afecte a la situación particular de los Estados miembros respecto del Convenio Europeo, en particular respecto de sus Protocolos, de las medidas que adopten los Estados miembros como excepción al Convenio Europeo con arreglo a su artículo 15 y de las reservas al Convenio Europeo formuladas por los Estados miembros con arreglo a su artículo 57.

ARTÍCULO 3

Ninguna disposición del acuerdo mencionado en el artículo 1 afectará al artículo 344 del Tratado de Funcionamiento de la Unión Europea.

PROTOCOLO (N.º 9) SOBRE LA DECISIÓN DEL CONSEJO RELATIVA A LA APLICACIÓN DEL APARTADO 4 DEL ARTÍCULO 16 DEL TRATADO DE LA UNIÓN EUROPEA Y DEL APARTADO 2 DEL ARTÍCULO 238 DEL TRATADO DE FUNCIONAMIENTO DE LA UNIÓN EUROPEA, ENTRE EL 1 DE NOVIEMBRE DE 2014 Y EL 31 DE MARZO DE 2017, POR UNA PARTE, Y A PARTIR DEL 1 DE ABRIL DE 2017, POR OTRA

LAS ALTAS PARTES CONTRATANTES,

TENIENDO EN CUENTA que, al aprobarse el Tratado de Lisboa, era de fundamental importancia obtener un acuerdo sobre la Decisión del Consejo relativa a la aplicación del apartado 4 del artículo 16 del Tratado de la Unión Europea y del apartado 2 del artículo 238 del Tratado de Funcionamiento de la Unión Europea entre el 1 de noviembre de 2014 y el 31 de marzo de 2017, por una parte, y a partir del 1 de abril de 2017, por otra (denominada en lo sucesivo «la Decisión»);

HAN CONVENIDO en las siguientes disposiciones, que se incorporarán como anexo al Tratado de la Unión Europea y al Tratado de Funcionamiento de la Unión Europea:

ARTÍCULO ÚNICO

Antes de que el Consejo estudie todo proyecto que estuviera encaminado, bien a modificar, o bien a derogar la Decisión o cualquiera de sus disposiciones, o bien a modificar indirectamente su ámbito de aplicación o su sentido mediante la modificación de otro acto jurídico de la Unión, el Consejo Europeo mantendrá una deliberación previa sobre dicho proyecto, pronunciándose por consenso con arreglo al apartado 4 del artículo 15 del Tratado de la Unión Europea.

PROTOCOLO (N.º 10) SOBRE LA COOPERACIÓN ESTRUCTURADA PERMANENTE ESTABLECIDA POR EL ARTÍCULO 42 DEL TRATADO DE LA UNIÓN EUROPEA

LAS ALTAS PARTES CONTRATANTES,

VISTOS el apartado 6 del artículo 42 y el artículo 46 del Tratado de la Unión Europea,

RECORDANDO que la Unión lleva a cabo una política exterior y de seguridad común basada en la realización de una convergencia cada vez mayor de las actuaciones de los Estados miembros;

RECORDANDO que la política común de seguridad y defensa forma parte integrante de la política exterior y de seguridad común; que garantiza a la Unión una capacidad operativa respaldada por medios civiles y militares; que la Unión puede recurrir a ella para las misiones contempladas en el artículo 43 del Tratado de la Unión Europea fuera de la Unión a fin de garantizar el mantenimiento de la paz, la prevención de conflictos y el refuerzo de la seguridad internacional, de conformidad con los principios de la Carta de las Naciones Unidas; que la ejecución de dichos cometidos está sustentada por las capacidades militares facilitadas por los Estados miembros con arreglo al principio del «conjunto único de fuerzas»;

RECORDANDO que la política común de seguridad y defensa de la Unión no afecta al carácter específico de la política de seguridad y defensa de determinados Estados miembros;

RECORDANDO que la política común de seguridad y defensa de la Unión respeta las obligaciones derivadas del Tratado del Atlántico Norte para los Estados miembros que consideran que su defensa común se realiza dentro de la Organización del Tratado del Atlántico Norte, que sigue siendo el fundamento de la defensa colectiva de sus miembros, y que es compatible con la política común de seguridad y defensa establecida en este marco;

CONVENCIDAS de que una mayor afirmación del papel de la Unión en materia de seguridad y defensa contribuirá a la vitalidad de una Alianza Atlántica renovada, en consonancia con los acuerdos denominados de «Berlín plus»;

DECIDIDAS a que la Unión sea capaz de asumir plenamente las responsabilidades que le incumben dentro de la comunidad internacional;

RECONOCIENDO que la Organización de las Naciones Unidas puede solicitar la asistencia de la Unión para ejecutar con carácter de urgencia misiones emprendidas en virtud de los capítulos VI y VII de la Carta de las Naciones Unidas;

RECONOCIENDO que el fortalecimiento de la política de seguridad y defensa exigirá a los Estados miembros esfuerzos en el ámbito de las capacidades;

CONSCIENTES de que la superación de una nueva etapa del desarrollo de la política europea de seguridad y defensa conlleva un esfuerzo decidido por parte de los Estados miembros dispuestos a realizarla;

RECORDANDO la importancia de que el Alto Representante de la Unión para Asuntos Exteriores y Política de Seguridad esté plenamente asociado a los trabajos de la cooperación estructurada permanente,

HAN CONVENIDO en las siguientes disposiciones, que se incorporarán como anexo al Tratado de la Unión Europea y al Tratado de Funcionamiento de la Unión Europea:

ARTÍCULO 1

La cooperación estructurada permanente a que se refiere el apartado 6 del artículo 42 del Tratado de la Unión Europea estará abierta a todos los Estados miembros que se comprometan, desde la fecha de entrada en vigor del Tratado de Lisboa:

a) A acometer de forma más intensa el desarrollo de sus capacidades de defensa, mediante el desarrollo de sus contribuciones nacionales y la participación, en caso necesario, en fuerzas multinacionales, en los principales programas europeos de equipos de defensa y en la actividad de la Agencia en el ámbito del desarrollo de las capacidades de defensa, la investigación, la adquisición y el armamento (denominada en lo sucesivo «la Agencia Europea de Defensa»).

b) A estar, a más tardar en 2010, en condiciones de aportar, bien a título nacional, bien como componente de grupos multinacionales de fuerzas, unidades de combate específicas para las misiones previstas, configuradas tácticamente como una agrupación táctica, con elementos de apoyo, incluidos el transporte y la logística, capaces de emprender misiones definidas, tal como se contemplan en el artículo 43 del Tratado de la Unión Europea, en un plazo de 5 a 30 días, en particular para atender a solicitudes de la Organización de las Naciones Unidas, y sostenibles durante un periodo inicial de 30 días prorrogable hasta al menos 120 días.

ARTÍCULO 2

Los Estados miembros que participen en la cooperación estructurada permanente se comprometerán, para realizar los objetivos contemplados en el artículo 1,

a) A cooperar, desde la entrada en vigor del Tratado de Lisboa, con miras a la realización de objetivos acordados relativos al nivel de gastos de inversión en materia de equipos de defensa, y a revisar periódicamente dichos objetivos en función del entorno de seguridad y de las responsabilidades internacionales de la Unión.

b) A aproximar en la medida de lo posible sus instrumentos de defensa, en particular armonizando la determinación de las necesidades militares, poniendo en común y, en caso necesario, especializando sus medios y capacidades de defensa, y propiciando la cooperación en los ámbitos de la formación y la logística.

c) A tomar medidas concretas para reforzar la disponibilidad, la interoperabilidad, la flexibilidad y la capacidad de despliegue de sus fuerzas, en particular mediante la definición de los objetivos comunes en materia de proyección de fuerzas, incluida la posible revisión de sus procedimientos decisorios nacionales.

d) A cooperar para garantizar que toman las medidas necesarias para colmar, entre otras cosas mediante planteamientos multinacionales y sin perjuicio de los compromisos que hayan contraído en el marco de la Organización del Tratado del Atlántico Norte, las insuficiencias que se observen en el marco del mecanismo de desarrollo de capacidades.

e) A participar, en caso necesario, en el desarrollo de programas comunes o europeos de equipos de gran envergadura en el marco de la Agencia Europea de Defensa.

ARTÍCULO 3

La Agencia Europea de Defensa contribuirá a la evaluación periódica de las contribuciones de los Estados miembros participantes en materia de capacidades, especialmente las contribuciones aportadas según los criterios que se establecerán, entre otros, con arreglo al artículo 2, y presentará informes al respecto al menos una vez por año. La evaluación podrá servir de base para las recomendaciones y decisiones del Consejo adoptadas de conformidad con el artículo 46 del Tratado de la Unión Europea.

PROTOCOLO (N.º 11) SOBRE EL ARTÍCULO 42 DEL TRATADO DE LA UNIÓN EUROPEA

LAS ALTAS PARTES CONTRATANTES,

TENIENDO EN CUENTA la necesidad de aplicar plenamente las disposiciones del apartado 2 del artículo 42 del Tratado de la Unión Europea,

TENIENDO EN CUENTA que la política de la Unión con arreglo al artículo 42 no afectará al carácter específico de la política de seguridad y de defensa de determinados Estados miembros, respetará las obligaciones derivadas del Tratado del Atlántico Norte para determinados Estados miembros que consideran que su defensa común se realiza dentro de la OTAN y será compatible con la política común de seguridad y de defensa establecida en dicho marco,

HAN CONVENIDO en la siguiente disposición, que se incorporará como anexo al Tratado de la Unión Europea y al Tratado de Funcionamiento de la Unión Europea:

La Unión Europea elaborará, junto con la Unión Europea Occidental, acuerdos de cooperación más intensa entre sí.

PROTOCOLO (N.º 12) SOBRE EL PROCEDIMIENTO APLICABLE EN CASO DE DÉFICIT EXCESIVO

LAS ALTAS PARTES CONTRATANTES,

DESEANDO establecer las modalidades del procedimiento de déficit excesivo a que se refiere el artículo 126 del Tratado de Funcionamiento de la Unión Europea,

HAN CONVENIDO en las siguientes disposiciones, que se incorporarán como anexo al Tratado de la Unión Europea y al Tratado de Funcionamiento de la Unión Europea:

ARTÍCULO 1

Los valores de referencia que se mencionan en el apartado 2 del artículo 126 del Tratado de Funcionamiento de la Unión Europea serán:

- 3 % en lo referente a la proporción entre el déficit público previsto o real y el producto interior bruto a precios de mercado.
- 60 % en lo referente a la proporción entre la deuda pública y el producto interior bruto a precios de mercado.

ARTÍCULO 2

A los efectos del artículo 126 de dicho Tratado y a los del presente Protocolo, se entenderá por:

- Público, lo perteneciente a las administraciones públicas, es decir, a la administración central, a la administración regional o local y a los fondos de la seguridad social, con exclusión de las operaciones de carácter comercial, tal como se definen en el sistema europeo de cuentas económicas integradas.
- Déficit, el volumen de endeudamiento neto, con arreglo a la definición del sistema europeo de cuentas económicas integradas.
- Inversión, la formación bruta de capital fijo, tal como se define en el sistema europeo de cuentas económicas integradas.
- Deuda, la deuda bruta total, a su valor nominal, que permanezca viva a final de año, consolidada dentro de los sectores del gobierno general, con arreglo a la definición del primer guion.

ARTÍCULO 3

A fin de garantizar la eficacia del procedimiento aplicable en caso de déficit excesivo, los Gobiernos de los Estados miembros serán responsables, con arreglo a dicho procedimiento, del déficit del gobierno general con arreglo a la definición del primer guion del artículo 2. Los Estados miembros garantizarán que los procedimientos nacionales en materia presupuestaria les permitan atender, en dicho ámbito, a sus obligaciones derivadas de los Tratados. Los Estados miembros comunicarán a la Comisión, sin demora y de forma periódica, sus déficits previstos y reales y el nivel de su deuda.

ARTÍCULO 4

La Comisión suministrará los datos estadísticos utilizados para la aplicación del presente Protocolo.

PROTOCOLO (N.º 13) SOBRE LOS CRITERIOS DE CONVERGENCIA

LAS ALTAS PARTES CONTRATANTES,

DESEANDO establecer los criterios de convergencia que orientarán a la Unión en la adopción de las decisiones para poner fin a las excepciones de los Estados miembros acogidos a una excepción previstas en el artículo 140 del Tratado de Funcionamiento de la Unión Europea,

HAN CONVENIDO en las siguientes disposiciones, que se incorporarán como anexo al Tratado de la Unión Europea y al Tratado de Funcionamiento de la Unión Europea:

ARTÍCULO 1

El criterio relativo a la estabilidad de precios contemplado en el primer guión del apartado 1 del artículo 140 del Tratado de Funcionamiento de la Unión Europea se entenderá en el sentido de que los Estados miembros deberán tener un comportamiento de precios sostenible y una tasa promedio de inflación, observada durante un período de un año antes del examen, que no exceda en más de un 1,5 % la de, como máximo, los tres Estados miembros con mejor comportamiento en materia de estabilidad de precios. La inflación se medirá utilizando el índice de precios al consumo (IPC) sobre una base comparable, teniendo en cuenta las diferencias en las definiciones nacionales.

ARTÍCULO 2

El criterio relativo a la situación del presupuesto público, contemplado en el segundo guión del apartado 1 del artículo 140 de dicho Tratado, se entenderá en el sentido de que, en el momento del examen, el Estado miembro de que se trate no sea objeto de una decisión del Consejo con arreglo al apartado 6 del artículo 126 de dicho Tratado, relativa a la existencia de un déficit excesivo en dicho Estado miembro.

ARTÍCULO 3

El criterio relativo a la participación en el mecanismo de tipo de cambio del sistema monetario europeo, contemplado en el tercer guion del apartado 1 del artículo 140 de dicho Tratado, se entenderá en el sentido de que los Estados miembros hayan observado, sin tensiones graves y durante por lo menos los dos años anteriores al examen, los márgenes normales de fluctuación dispuestos por el mecanismo de tipo de cambio del sistema monetario europeo. En particular, no habrán devaluado, durante el mismo período, por iniciativa propia, el tipo central bilateral de su moneda respecto del euro.

ARTÍCULO 4

El criterio relativo a la convergencia de los tipos de interés, contemplado en el cuarto guión del apartado 1 del artículo 140 de dicho Tratado, se entenderá en el sentido de que, observados durante un período de un año antes del examen, los Estados miembros hayan tenido un tipo promedio de interés nominal a largo plazo que no exceda en más de un 2 % el de, como máximo, los tres Estados miembros con mejor comportamiento en materia de estabilidad de precios. Los tipos de interés se medirán con referencia a los bonos del Estado a largo plazo u otros valores comparables, teniendo en cuenta las diferencias en las definiciones nacionales.

ARTÍCULO 5

La Comisión suministrará los datos estadísticos que deban utilizarse para la aplicación del presente Protocolo.

ARTÍCULO 6

El Consejo, por unanimidad, a propuesta de la Comisión y previa consulta al Parlamento Europeo, al BCE, y al Comité Económico y Financiero, adoptará las disposiciones adecuadas para estipular los detalles de los criterios de convergencia a que se refiere el artículo 140 de dicho Tratado, que sustituirán entonces al presente Protocolo.

PROTOCOLO (N.º 14) SOBRE EL EUROGRUPO

LAS ALTAS PARTES CONTRATANTES,

DESEANDO propiciar las condiciones para un crecimiento económico más intenso en la Unión Europea, y establecer para ello una coordinación cada vez más estrecha de las políticas económicas en la zona del euro;

CONSCIENTES de la necesidad de establecer disposiciones especiales para el mantenimiento de un diálogo reforzado entre los Estados miembros cuya moneda es el euro, en espera de que el euro pase a ser la moneda de todos los Estados miembros de la Unión,

HAN CONVENIDO en las siguientes disposiciones, que se incorporarán como anexo al Tratado de la Unión Europea y al Tratado de Funcionamiento de la Unión Europea:

ARTÍCULO 1

Los ministros de los Estados miembros cuya moneda es el euro mantendrán reuniones de carácter informal. Dichas reuniones se celebrarán, siempre que sea necesario, para examinar cuestiones vinculadas a las responsabilidades específicas que comparten en lo relativo a la moneda única. La Comisión participará en las reuniones. Se invitará al Banco Central Europeo a participar en dichas reuniones, de cuya preparación se encargarán los representantes de los ministros de finanzas de los Estados miembros cuya moneda es el euro y de la Comisión.

ARTÍCULO 2

Los ministros de los Estados miembros cuya moneda es el euro elegirán un Presidente para un período de dos años y medio, por mayoría de dichos Estados miembros.

PROTOCOLO (N.º 15) SOBRE DETERMINADAS DISPOSICIONES RELATIVAS AL REINO UNIDO DE GRAN BRETAÑA E IRLANDA DEL NORTE

LAS ALTAS PARTES CONTRATANTES,

RECONOCIENDO que el Reino Unido no estará obligado o comprometido a adoptar el euro sin una decisión por separado a este respecto tomada por su Gobierno y su Parlamento,

CONSIDERANDO que el 16 de octubre de 1996 y el 30 de octubre de 1997 el Gobierno del Reino Unido notificó al Consejo su intención de no participar en la tercera fase de la unión económica y monetaria,

OBSERVANDO la práctica del Gobierno del Reino Unido de financiar sus necesidades de endeudamiento mediante la venta de deuda al sector privado,

HAN CONVENIDO en las siguientes disposiciones, que se incorporarán como anexo al Tratado de la Unión Europea y al Tratado de Funcionamiento de la Unión Europea:

1. A menos que el Reino Unido notifique al Consejo su intención de adoptar el euro, no estará obligado a hacerlo.

2. Los puntos 3 a 8 y 10 se aplicarán al Reino Unido, habida cuenta de la notificación de su Gobierno al Consejo de 16 de octubre de 1996 y de 30 de octubre de 1997.

3. El Reino Unido conservará sus competencias en el ámbito de la política monetaria con arreglo a su legislación nacional.

4. El párrafo segundo del artículo 119, los apartados 1, 9 y 11 del artículo 126, los apartados 1 a 5 del artículo 127, el artículo 128, los artículos 130, 131, 132, 133 y 138, el apartado 3 del artículo 140, el artículo 219, el apartado 2 del artículo 282, con excepción de su primera y de su última frase, el apartado 5 del artículo 282 y el artículo 283 del Tratado de Funcionamiento de la Unión Europea no se aplicarán al Reino Unido. Tampoco se le aplicará el apartado 2 del artículo 121 de dicho Tratado en lo que se refiere a la adopción de las partes de las orientaciones generales de las políticas económicas que afectan a la zona del euro de forma general. Las referencias que aparezcan en dichas disposiciones a la Unión o a sus Estados miembros no afectarán al Reino Unido y las referencias a los bancos centrales nacionales no afectarán al Banco de Inglaterra.

5. El Reino Unido tratará de evitar un déficit público excesivo.

Los artículos 143 y 144 del Tratado de Funcionamiento de la Unión Europea seguirán aplicándose al Reino Unido. El apartado 4 del artículo 134 y el artículo 142 se aplicarán al Reino Unido como si éste estuviera acogido a una excepción.

6. Se suspenderá el derecho de voto del Reino Unido respecto de los actos del Consejo a que hacen referencia los artículos que se enumeran en el punto 4 y en los casos mencionados en el párrafo primero del apartado 4 del artículo 139 del Tratado de Funcionamiento de la Unión Europea. A tal efecto, se aplicará el párrafo segundo del apartado 4 del artículo 139 de dicho Tratado.

De la misma forma, el Reino Unido no tendrá derecho a participar en la designación del presidente, del vicepresidente ni de los demás miembros del Comité Ejecutivo del BCE con arreglo a lo dispuesto en el párrafo segundo del apartado 2 del artículo 283 de dicho Tratado.

7. Los artículos 3, 4, 6, 7, 9.2, 10.1, 10.3, 11.2, 12.1, 14, 16, 18, 19, 20, 22, 23, 26, 27, 30, 31, 32, 33, 34 y 49 del Protocolo sobre los Estatutos del Sistema Europeo de Bancos Centrales y del Banco Central Europeo («los Estatutos») no se aplicarán al Reino Unido.

Cualquier referencia que aparezca en dichos artículos a la Unión o a sus Estados miembros no afectará al Reino Unido y las referencias a los bancos centrales nacionales o a los accionistas no afectarán al Banco de Inglaterra.

Las referencias a los artículos 10.3 y 30.2 de los Estatutos al «capital suscrito del BCE» no incluirán el capital suscrito por el Banco de Inglaterra.

8. El apartado 1 del artículo 141 del Tratado de Funcionamiento de la Unión Europea y los artículos 43 a 47 de los Estatutos surtirán efecto, haya o no Estados miembros acogidos a excepciones, con las siguientes modificaciones:

a) La referencia del artículo 43 a las funciones del BCE y del IME incluirán las funciones que aún deban llevarse a cabo después de adoptar el euro debido a la eventual decisión del Reino Unido de no adoptar el euro.

b) Además de las funciones a que se refiere el artículo 46, el BCE también prestará asesoramiento y participará en la elaboración de cualquier decisión del Consejo relacionada con el Reino Unido que se tome con arreglo a lo dispuesto en las letras a) y c) del punto 9 del presente Protocolo.

c) El Banco de Inglaterra desembolsará su suscripción de capital del BCE como contribución a sus gastos de explotación en las mismas condiciones que los bancos centrales nacionales de los Estados miembros acogidos a una excepción.

9. El Reino Unido podrá notificar al Consejo en cualquier momento su intención de adoptar el euro. En tal caso:

a) El Reino Unido tendrá derecho a adoptar el euro sólo si cumple las condiciones necesarias. El Consejo, a petición del Reino Unido y de conformidad con las condiciones y con arreglo al procedimiento previsto en los apartados 1 y 2 del artículo 140 del Tratado de Funcionamiento de la Unión Europea, decidirá si reúne las condiciones necesarias.

b) El Banco de Inglaterra desembolsará su capital suscrito, transferirá activos exteriores de reserva al BCE y contribuirá a sus reservas en las mismas condiciones que el banco central nacional de un Estado miembro cuya excepción se haya suprimido.

c) El Consejo, con arreglo a las condiciones y con arreglo al procedimiento previsto en el apartado 3 del artículo 140 de dicho Tratado, tomará todas las demás decisiones necesarias para permitir al Reino Unido adoptar el euro.

En caso de que el Reino Unido adopte el euro con arreglo a lo dispuesto en el presente punto, dejarán de surtir efecto los puntos 3 a 8 del presente Protocolo.

10. Sin perjuicio de lo dispuesto en el artículo 123 del Tratado de Funcionamiento de la Unión Europea y en el artículo 21.1 de los Estatutos, el Gobierno del Reino Unido podrá mantener la línea de crédito de que dispone con el Banco de Inglaterra («Ways and Means facility»), si el Reino Unido no adopta el euro y hasta que lo haga.

PROTOCOLO (N.º 16) SOBRE DETERMINADAS DISPOSICIONES RELATIVAS A DINAMARCA

LAS ALTAS PARTES CONTRATANTES,

TENIENDO EN CUENTA que la Constitución danesa contiene disposiciones que pueden suponer la celebración de un referéndum en Dinamarca con anterioridad a que este Estado renuncie a su excepción,

CONSIDERANDO que el 3 de noviembre de 1993 el Gobierno de Dinamarca notificó al Consejo su intención de no participar en la tercera fase de la unión económica y monetaria,

HAN CONVENIDO en las siguientes disposiciones, que se incorporarán como anexo al Tratado de la Unión Europea y al Tratado de Funcionamiento de la Unión Europea:

1. Dinamarca disfrutará de una excepción habida cuenta de la notificación hecha por el Gobierno danés al Consejo el 3 de noviembre de 1993. En virtud de la excepción, todos los artículos y disposiciones de los Tratados y de los Estatutos del SEBC referentes a una excepción serán aplicables a Dinamarca.
2. Por lo que atañe a la derogación de la excepción, el procedimiento contemplado en artículo 140 del Tratado de Funcionamiento de la Unión Europea sólo se iniciará a petición de Dinamarca.
3. En caso de derogación de la situación de excepción, dejarán de ser aplicables las disposiciones del presente Protocolo.

PROTOCOLO (N.º 17)
SOBRE DINAMARCA

LAS ALTAS PARTES CONTRATANTES,

DESEANDO solucionar algunos problemas particulares relativos a Dinamarca,

HAN CONVENIDO en las siguientes disposiciones, que se incorporarán como anexo al Tratado de la Unión Europea y al Tratado de Funcionamiento de la Unión Europea:

Las disposiciones del artículo 14 del Protocolo sobre los Estatutos del Sistema Europeo de Bancos Centrales y del Banco Central Europeo no afectarán al derecho del Banco Nacional de Dinamarca de desempeñar sus funciones relativas a aquellas partes del Reino de Dinamarca que no forman parte de la Unión.

PROTOCOLO (N.º 18) SOBRE FRANCIA

LAS ALTAS PARTES CONTRATANTES,

DESEANDO tomar en consideración un punto particular relativo a Francia,

HAN CONVENIDO en las siguientes disposiciones, que se incorporarán como anexo al Tratado de la Unión Europea y al Tratado de Funcionamiento de la Unión Europea:

Francia mantendrá el privilegio de emitir moneda en Nueva Caledonia, en Polinesia francesa y en Wallis y Futuna con arreglo a lo dispuesto por su legislación nacional, y únicamente ella tendrá derecho a determinar la paridad del franco CFP.

PROTOCOLO (N.º 19) SOBRE EL ACERVO DE SCHENGEN INTEGRADO EN EL MARCO DE LA UNIÓN EUROPEA

LAS ALTAS PARTES CONTRATANTES,

TOMANDO NOTA de que los acuerdos relativos a la supresión gradual de los controles en las fronteras comunes, firmados en Schengen por determinados Estados miembros de la Unión Europea el 14 de junio de 1985 y el 19 de junio de 1990, así como los acuerdos relacionados y las normas adoptadas en virtud de los mismos, se han integrado en la Unión Europea mediante el Tratado de Ámsterdam de 2 de octubre de 1997,

DESEANDO preservar el acervo de Schengen, tal como se ha desarrollado desde la entrada en vigor del Tratado de Ámsterdam, y desarrollar dicho acervo para contribuir a lograr el objetivo de ofrecer a los ciudadanos de la Unión un espacio de libertad, seguridad y justicia sin fronteras interiores,

TENIENDO EN CUENTA la posición especial de Dinamarca,

TENIENDO EN CUENTA que Irlanda y el Reino Unido de Gran Bretaña e Irlanda del Norte no participan en todas las disposiciones del acervo de Schengen; que, no obstante, debería preverse la posibilidad de que dichos Estados miembros acepten total o parcialmente otras disposiciones de dicho acervo,

RECONOCIENDO que, en consecuencia, es necesario acogerse a lo dispuesto en los Tratados en lo que se refiere a una cooperación reforzada entre determinados Estados miembros,

TENIENDO EN CUENTA la necesidad de mantener una relación especial con la República de Islandia y con el Reino de Noruega, dado que estos dos Estados, junto con los Estados nórdicos que son miembros de la Unión Europea, están vinculados por las disposiciones de la Unión Nórdica de Pasaportes,

HAN CONVENIDO en las siguientes disposiciones, que se incorporarán como anexo al Tratado de la Unión Europea y al Tratado de Funcionamiento de la Unión Europea:

ARTÍCULO 1

El Reino de Bélgica, la República de Bulgaria, la República Checa, el Reino de Dinamarca, la República Federal de Alemania, la República de Estonia, la República Helénica, el Reino de España, la República Francesa, la República Italiana, la República de Chipre, la República de Letonia, la República de Lituania, el Gran Ducado de Luxemburgo, la República de Hungría, la República de Malta, el Reino de los Países Bajos, la

República de Austria, la República de Polonia, la República Portuguesa, Rumanía, la República de Eslovenia, la República Eslovaca, la República de Finlandia y el Reino de Suecia quedan autorizados a establecer entre sí una cooperación reforzada en los ámbitos referentes a las disposiciones definidas por el Consejo y que constituyen el "acervo de Schengen. Esta cooperación se llevará a cabo en el marco institucional y jurídico de la Unión Europea y respetando las disposiciones pertinentes de los Tratados.

ARTÍCULO 2

El acervo de Schengen se aplicará a los Estados miembros a que se refiere el artículo 1, sin perjuicio del artículo 3 del Acta de adhesión de 16 de abril de 2003 y del artículo 4 del Acta de adhesión de 25 de abril de 2005. El Consejo sustituirá al Comité Ejecutivo creado por los acuerdos de Schengen.

ARTÍCULO 3

La participación de Dinamarca en la adopción de las medidas que constituyen un desarrollo del acervo de Schengen, así como la puesta en práctica y la aplicación de dichas medidas en Dinamarca, estarán regidas por las disposiciones pertinentes del Protocolo sobre la posición de Dinamarca.

ARTÍCULO 4

Irlanda y el Reino Unido de Gran Bretaña e Irlanda del Norte podrán solicitar en cualquier momento participar en algunas o en todas las disposiciones del acervo de Schengen.

El Consejo decidirá sobre tal solicitud por unanimidad de los miembros a que se refiere el artículo 1 y del representante del Gobierno del Estado de que se trate.

ARTÍCULO 5

1. Las propuestas e iniciativas para desarrollar el acervo de Schengen estarán sometidas a las correspondientes disposiciones de los Tratados.

2. En este contexto, en caso de que Irlanda o el Reino Unido no haya notificado al Consejo por escrito dentro de un plazo razonable que desea participar, la autorización contemplada en el artículo 329 del Tratado de Funcionamiento de la Unión Europea se considerará otorgada a los Estados miembros contemplados en el artículo 1 y a Irlanda o al Reino Unido en caso de que alguno de ellos desee participar en los ámbitos de cooperación de que se trate.

3. En caso de que se considere, en virtud de una decisión adoptada con arreglo al artículo 4, que Irlanda o el Reino Unido ha realizado la notificación, podrá no obstante notificar al Consejo por escrito, en un plazo de tres meses que no desea participar en la propuesta o iniciativa de que se trate. En tal caso, Irlanda o el Reino Unido no participará en su adopción. A partir de esta última notificación se suspenderá el procedimiento de adopción de la medida para desarrollar el acervo de Schengen hasta que concluya el procedimiento establecido en los apartados 3 o 4 o hasta que se retire dicha notificación en cualquier momento del procedimiento.

4. Toda decisión adoptada por el Consejo con arreglo al artículo 4, dejará de aplicarse al Estado miembro que haya realizado la notificación contemplada en el apartado 2 en la medida que el Consejo lo considere necesario, con efecto a partir de la entrada en vigor de la medida propuesta, y con arreglo a las condiciones que se determinen en una decisión del Consejo, adoptada por mayoría cualificada a propuesta de la Comisión. La citada decisión se adoptará de conformidad con los criterios siguientes: el Consejo tratará de mantener el mayor nivel posible de participación del Estado miembro de que se trate, evitando que en la práctica ello afecte gravemente al funcionamiento de las diversas partes del acervo de Schengen y respetando la coherencia de éstas. La Comisión presentará su propuesta lo antes posible una vez realizada la notificación contemplada en el apartado 2. El Consejo se pronunciará, si fuera necesario tras haber convocado dos reuniones sucesivas, en un plazo de cuatro meses a partir de la presentación de la propuesta de la Comisión.

5. Una vez transcurrido el plazo de cuatro meses, si el Consejo no hubiera adoptado una decisión, un Estado miembro podrá solicitar inmediatamente que el asunto se remita al Consejo Europeo, en cuyo caso el Consejo Europeo, en su siguiente reunión, deberá adoptar una decisión por mayoría cualificada, a propuesta de la Comisión, y de conformidad con los criterios contemplados en el apartado 3.

6. Al final del procedimiento contemplado en los apartados 3 y 4, si el Consejo o, en su caso, el Consejo Europeo no hubiera adoptado una decisión, se pondrá fin a la suspensión del procedimiento de adopción de la medida para desarrollar el acervo de Schengen. En caso de que la citada medida se adopte ulteriormente, a partir de la fecha de su entrada en vigor dejará de aplicarse al Estado miembro de que se trate toda decisión adoptada por el Consejo con arreglo al artículo 4, en la medida y en las condiciones que decida la Comisión, a menos que, antes de la adopción de la medida, el citado Estado miembro haya retirado su notificación contemplada en el apartado 2. La Comisión se pronunciará a más tardar en la fecha de adopción de la medida. Al adoptar su decisión, la Comisión respetará los criterios contemplados en el apartado 3.

ARTÍCULO 6

La República de Islandia y el Reino de Noruega serán asociados a la ejecución del acervo de Schengen y en su desarrollo futuro. A tal efecto se adoptarán procedimientos adecuados mediante un acuerdo que el Consejo celebrará con dichos Estados, por unanimidad de los miembros a que se refiere el artículo 1. Dicho acuerdo contendrá disposiciones sobre la participación de Islandia y Noruega en cualquier repercusión financiera que se derive de la aplicación del presente Protocolo.

El Consejo celebrará, por unanimidad, un acuerdo independiente con Islandia y Noruega para determinar los derechos y obligaciones entre Irlanda y el Reino Unido de Gran Bretaña e Irlanda del Norte, por un lado, e Islandia y Noruega por otro, en los ámbitos del acervo de Schengen que se apliquen a estos Estados.

ARTÍCULO 7

A efectos de las negociaciones para la admisión de nuevos Estados miembros en la Unión Europea, se considerará que el acervo de Schengen y otras medidas adoptadas por las instituciones en su ámbito han de aceptarse en su totalidad como acervo por todo Estado que sea candidato a la adhesión.

PROTOCOLO (N.º 20) SOBRE LA APLICACIÓN DE DETERMINADOS ASPECTOS DEL ARTÍCULO 26 DEL TRATADO DE FUNCIONAMIENTO DE LA UNIÓN EUROPEA AL REINO UNIDO Y A IRLANDA

LAS ALTAS PARTES CONTRATANTES,

DESEANDO solucionar algunas cuestiones relativas al Reino Unido y a Irlanda,

VISTA la existencia durante muchos años de acuerdos especiales de viaje entre el Reino Unido e Irlanda,

HAN CONVENIDO en las siguientes disposiciones, que se incorporarán como anexo al Tratado de la Unión Europea y al Tratado de Funcionamiento de la Unión Europea:

ARTÍCULO 1

No obstante lo dispuesto en los artículos 26 y 77 del Tratado de Funcionamiento de la Unión Europea, en cualquier otra disposición de dicho Tratado o en el Tratado de la Unión Europea, en cualquier medida adoptada en virtud de dichos Tratados o en cualquier acuerdo internacional celebrado por la Unión o por la Unión y sus Estados miembros con uno o más terceros Estados, el Reino Unido tendrá derecho a ejercer en sus fronteras con otros Estados miembros, respecto de personas que deseen entrar en el Reino Unido, los controles que pueda considerar necesarios a efectos de:

a) Verificar el derecho de entrada en el territorio del Reino Unido de ciudadanos de Estados miembros o de las personas a su cargo que se acojan a derechos otorgados por el Derecho de la Unión, así como de ciudadanos de otros Estados a quienes otorgue tales derechos un acuerdo que vincule al Reino Unido.

b) Decidir si concede a otras personas el permiso de entrar en el territorio del Reino Unido.

Nada en los artículos 26 y 77 del Tratado de Funcionamiento de la Unión Europea o en cualquier otra disposición de dicho Tratado o del Tratado de la Unión Europea o en cualquier medida adoptada en virtud de los mismos menoscabará el derecho del Reino Unido a adoptar o a ejercer dichos controles. Las referencias al Reino Unido contenidas en el presente artículo incluirán los territorios cuyas relaciones exteriores asuma el Reino Unido.

ARTÍCULO 2

El Reino Unido e Irlanda podrán seguir concluyendo entre sí acuerdos relativos a la circulación de personas entre sus respectivos territorios (la Zona de Viaje Común o «The Common Travel Area»), siempre que respeten plenamente los derechos de las personas contemplados en la letra a) del párrafo primero del artículo 1 del presente Protocolo. En consecuencia, en la medida en que mantengan dichos acuerdos, lo dispuesto en el artículo 1 del presente Protocolo será de aplicación a Irlanda en los mismos términos y condiciones que al Reino Unido. Nada en los artículos 26 y 77 del Tratado de Funcionamiento de la Unión Europea, en cualquier otra disposición de dicho Tratado o del Tratado de la Unión Europea o en cualquier otra medida adoptada en virtud de los mismos afectará a dichos acuerdos.

ARTÍCULO 3

Los demás Estados miembros estarán capacitados para ejercer en sus fronteras o en cualquier punto de entrada en su territorio dichos controles sobre personas que deseen entrar en su territorio procedentes del Reino Unido, o de cualquier territorio cuyas relaciones exteriores asuma el Reino Unido, a los mismos efectos mencionados en el artículo 1 del presente Protocolo, o procedentes de Irlanda, en la medida en que las disposiciones del artículo 1 del presente Protocolo se apliquen a Irlanda.

Nada en los artículos 26 y 77 del Tratado de Funcionamiento de la Unión Europea o en cualquier otra disposición de dicho Tratado o del Tratado de la Unión Europea o en cualquier medida adoptada en virtud de los mismos menoscabará el derecho de los demás Estados miembros a adoptar o a ejercer dichos controles.

PROTOCOLO (N.º 21) SOBRE LA POSICIÓN DEL REINO UNIDO Y DE IRLANDA

RESPECTO DEL ESPACIO DE LIBERTAD, SEGURIDAD Y JUSTICIA

LAS ALTAS PARTES CONTRATANTES,

DESEANDO solucionar algunas cuestiones relativas al Reino Unido y a Irlanda,

VISTO el Protocolo sobre la aplicación de determinados aspectos del artículo 26 del Tratado de Funcionamiento de la Unión Europea al Reino Unido y a Irlanda,

HAN CONVENIDO en las siguientes disposiciones, que se incorporarán como anexo al Tratado de la Unión Europea y al Tratado de Funcionamiento de la Unión Europea:

ARTÍCULO 1

Con sujeción a lo dispuesto en el artículo 3, el Reino Unido e Irlanda no participarán en la adopción por el Consejo de medidas propuestas en virtud del título V de la tercera parte del Tratado de Funcionamiento de la Unión Europea. Las decisiones del Consejo que deban adoptarse por unanimidad requerirán la unanimidad de los miembros del Consejo, exceptuados los representantes de los gobiernos del Reino Unido y de Irlanda.

A efectos del presente artículo, la mayoría cualificada se definirá de conformidad con el apartado 3 del artículo 238 del Tratado de Funcionamiento de la Unión Europea.

ARTÍCULO 2

Como consecuencia del artículo 1 y sin perjuicio de los artículos 3, 4 y 6, ninguna de las disposiciones del título V de la tercera parte del Tratado de Funcionamiento de la Unión Europea, ninguna medida adoptada en virtud de dicho título, ninguna disposición de acuerdo internacional alguno celebrado por la Unión en virtud de dicho título y ninguna resolución del Tribunal de Justicia interpretativa de cualquiera de dichas disposiciones o medidas será vinculante ni aplicable al Reino Unido ni a Irlanda; ninguna de tales disposiciones, medidas o decisiones afectará en modo alguno a las competencias, derechos y obligaciones de dichos Estados y ninguna de tales disposiciones, medidas o decisiones afectará al acervo comunitario, ni al de la Unión, ni formará parte del Derecho de la Unión, tal y como éstos se aplican al Reino Unido y a Irlanda.

ARTÍCULO 3

1. El Reino Unido o Irlanda podrán notificar por escrito al Presidente del Consejo, en un plazo de tres meses a partir de la presentación al Consejo de una propuesta o iniciativa en virtud del título V de la tercera parte del Tratado de Funcionamiento de la Unión Europea, su deseo de participar en la adopción y aplicación de la medida propuesta de que se trate, tras lo cual dicho Estado tendrá derecho a hacerlo.

Las decisiones del Consejo que deban adoptarse por unanimidad requerirán la unanimidad de los miembros del Consejo, exceptuado el miembro o los miembros que no hayan hecho tal notificación. Las medidas adoptadas con arreglo al presente apartado serán vinculantes para todos los Estados miembros que hayan participado en su adopción.

Las medidas adoptadas en aplicación del artículo 70 del Tratado de Funcionamiento de la Unión Europea establecerán las condiciones de participación del Reino Unido y de Irlanda en las evaluaciones relativas a los ámbitos regulados por el título V de la tercera parte de dicho Tratado.

A efectos del presente artículo, la mayoría cualificada se definirá de conformidad con el apartado 3 del artículo 238 del Tratado de Funcionamiento de la Unión Europea.

2. Si, transcurrido un período razonable, una medida de las mencionadas en el apartado 1 no pudiere adoptarse con la participación del Reino Unido o de Irlanda, el Consejo podrá adoptar dicha medida de conformidad con el artículo 1 sin la participación del Reino Unido o de Irlanda. En tal caso será de aplicación el artículo 2.

ARTÍCULO 4

El Reino Unido o Irlanda podrán en cualquier momento, tras la adopción de una medida por parte del Consejo en virtud del título V de la tercera parte del Tratado de Funcionamiento de la Unión Europea, notificar al Consejo y a la Comisión su propósito y deseo de aceptar dicha medida. En tal caso, se aplicará *mutatis mutandis* el procedimiento previsto en el apartado 1 del artículo 331 del Tratado de Funcionamiento de la Unión Europea.

ARTÍCULO 4 BIS

1. Las disposiciones del presente Protocolo se aplicarán al Reino Unido y a Irlanda también por lo que respecta a las medidas propuestas o adoptadas en virtud del título V de la tercera parte del Tratado de Funcionamiento de la Unión Europea, que modifiquen una medida existente que sea vinculante para dichos Estados.

2. No obstante, en caso de que el Consejo, a propuesta de la Comisión, determine que la no participación del Reino Unido o de Irlanda en la versión modificada de una medida existente implica la inviabilidad de dicha medida para otros Estados miembros o para la Unión, podrá instarlos a que presenten una notificación con arreglo a los artículos 3 o 4. A efectos de la aplicación del artículo 3, empezará a correr un nuevo plazo de dos meses a partir de la fecha en que el Consejo haya tomado la determinación.

Una vez concluido el plazo de dos meses a partir de la determinación del Consejo, si el Reino Unido o Irlanda no han realizado notificación alguna con arreglo a los artículos 3 o 4, la medida existente dejará de ser vinculante para ellos y dejará de aplicárseles, a menos que el Estado miembro de que se trate haya realizado una notificación con arreglo al artículo 4 antes de la entrada en vigor de la medida de modificación. Lo dispuesto anteriormente surtirá efecto a partir de la fecha de entrada en vigor de la medida de modificación o al concluir el plazo de dos meses, si esta fecha es posterior.

A los efectos de la aplicación del presente apartado, el Consejo, previo amplio debate del asunto, se pronunciará por mayoría cualificada de sus miembros que representen a los Estados miembros que participan o han participado en la adopción de la medida de modificación. La mayoría cualificada del Consejo se definirá de conformidad con la letra a) del apartado 3 del artículo 238 del Tratado de Funcionamiento de la Unión Europea.

3. El Consejo, por mayoría cualificada y a propuesta de la Comisión, podrá determinar que el Reino Unido o Irlanda soporten las consecuencias financieras directas que pudieran derivarse, necesaria e inevitablemente, de la terminación de su participación en la medida existente.

4. El presente artículo se entiende sin perjuicio del artículo 4.

ARTÍCULO 5

Los Estados miembros para los cuales no sea vinculante una medida de las adoptadas en virtud del título V de la tercera parte del Tratado de Funcionamiento de la Unión Europea no soportarán consecuencia financiera alguna de dicha medida, a no ser que sean gastos administrativos ocasionados a las instituciones, salvo que el Consejo, por unanimidad de todos sus miembros y previa consulta al Parlamento Europeo, decida otra cosa.

ARTÍCULO 6

Cuando, en los casos a que se refiere el presente Protocolo, una medida adoptada por el Consejo en virtud del título V de la tercera parte del Tratado de Funcionamiento de la Unión Europea sea vinculante para el Reino Unido o Irlanda, serán aplicables a dicho Estado en relación con tal medida las correspondientes disposiciones de los Tratados.

ARTÍCULO 6 BIS

Las normas establecidas basándose en el artículo 16 del Tratado de Funcionamiento de la Unión Europea que se refieran al tratamiento de datos de carácter personal por los Estados miembros en el ejercicio de las actividades comprendidas en el ámbito de aplicación de los capítulos 4 o 5 del título V de la tercera parte de dicho Tratado sólo serán vinculantes para el Reino Unido o Irlanda en la medida en que sean vinculantes para estos Estados normas de la Unión que regulen formas de cooperación judicial en materia penal y de cooperación policial en cuyo marco deban respetarse las disposiciones establecidas basándose en el artículo 16.

ARTÍCULO 7

Los artículos 3, 4 y 4 bis se entenderán sin perjuicio del Protocolo sobre el acervo de Schengen integrado en el marco de la Unión Europea.

ARTÍCULO 8

Irlanda podrá notificar por escrito al Consejo su deseo de no seguir acogiéndose a las disposiciones del presente Protocolo. En tal caso, se aplicarán a Irlanda las disposiciones normales del Tratado.

ARTÍCULO 9

Por lo que respecta a Irlanda, el presente Protocolo no se aplicará al artículo 75 del Tratado de Funcionamiento de la Unión Europea.

PROTOCOLO (N.º 22) SOBRE LA POSICIÓN DE DINAMARCA

LAS ALTAS PARTES CONTRATANTES,

RECORDANDO la Decisión de los Jefes de Estado y de Gobierno, reunidos en el seno del Consejo Europeo en Edimburgo el 12 de diciembre de 1992, sobre algunos problemas planteados por Dinamarca respecto del Tratado de la Unión Europea,

HABIENDO TOMADO NOTA de la posición de Dinamarca con respecto a la ciudadanía, la unión económica y monetaria, la política de defensa y los Asuntos de Justicia e Interior, tal como se establece en la Decisión de Edimburgo,

CONSCIENTES de que el mantenimiento en el marco de los Tratados del régimen jurídico originado por la Decisión de Edimburgo limitará de forma significativa la participación de Dinamarca en importantes ámbitos de cooperación de la Unión, y de que es conveniente para la Unión garantizar la integridad del acervo en el ámbito de la libertad, la seguridad y la justicia,

DESEANDO, por consiguiente, establecer un marco jurídico que ofrezca a Dinamarca la posibilidad de participar en la adopción de las medidas propuestas sobre la base del título V de la tercera parte del Tratado de Funcionamiento de la Unión Europea, y celebrando la intención de Dinamarca de acogerse a esta posibilidad cuando sea posible de conformidad con sus normas constitucionales,

TOMANDO NOTA de que Dinamarca no impedirá que los demás Estados miembros sigan desarrollando su cooperación en relación con medidas que no vinculen a Dinamarca,

TENIENDO PRESENTE el artículo 3 del Protocolo sobre el acervo de Schengen integrado en el marco de la Unión Europea,

HAN CONVENIDO en las siguientes disposiciones, que se incorporarán como anexo al Tratado de la Unión Europea y al Tratado de Funcionamiento de la Unión Europea:

PARTE I

ARTÍCULO 1

Dinamarca no participará en la adopción por el Consejo de medidas propuestas en virtud del título V de la tercera parte del Tratado de Funcionamiento de la Unión Europea. Las decisiones del Consejo que deban adoptarse por unanimidad requerirán la unanimidad de los miembros del Consejo, exceptuado el representante del Gobierno de Dinamarca.

A efectos del presente artículo, la mayoría cualificada se definirá de conformidad con el apartado 3 del artículo 238 del Tratado de Funcionamiento de la Unión Europea.

ARTÍCULO 2

Ninguna de las disposiciones del título V de la tercera parte del Tratado de Funcionamiento de la Unión Europea, ninguna medida adoptada en virtud de dicho título, ninguna disposición de acuerdo internacional alguno celebrado por la Unión en virtud de dicho título y ninguna decisión del Tribunal de Justicia de la Unión Europea interpretativa de cualquiera de dichas disposiciones o medidas, ni ninguna medida modificada o modificable en virtud de dicho título vinculará a Dinamarca ni le será aplicable; estas disposiciones, medidas o decisiones no afectarán en modo alguno a las competencias, derechos y obligaciones de Dinamarca; dichas disposiciones, medidas o decisiones no afectarán en modo alguno al acervo comunitario o de la Unión, ni formarán parte del Derecho de la Unión, tal y como éstos se aplican a Dinamarca. En particular, los actos de la Unión en el ámbito de la cooperación policial y judicial en materia penal adoptados antes de la entrada en vigor del Tratado de Lisboa que sean modificados seguirán siendo vinculantes y aplicables a Dinamarca sin cambios.

ARTÍCULO 2 BIS

El artículo 2 del presente Protocolo se aplicará igualmente a las normas establecidas sobre la base del artículo 16 del Tratado de Funcionamiento de la Unión Europea que se refieran al tratamiento de datos de carácter personal por los Estados miembros en el ejercicio de las actividades comprendidas en el ámbito de aplicación de los capítulos 4 o 5 del título V de la tercera parte de dicho Tratado.

ARTÍCULO 3

Dinamarca no soportará consecuencia financiera alguna de las medidas mencionadas en el artículo 1, a no ser que sean gastos administrativos ocasionados a las instituciones.

ARTÍCULO 4

1. Dentro de un período de seis meses a partir de que el Consejo haya tomado una medida sobre una propuesta o iniciativa de desarrollar el acervo de Schengen en los ámbitos cubiertos por la presente parte, Dinamarca decidirá si incorpora esta medida a su legislación nacional. Si así lo hiciere, esta medida creará una obligación, de Derecho internacional, entre Dinamarca y los restantes Estados miembros vinculados por la medida.

2. Si Dinamarca decide no aplicar una medida del Consejo, en el sentido del apartado 1, los Estados miembros vinculados por esta medida y Dinamarca considerarán las medidas apropiadas que deban tomar.

PARTE II

ARTÍCULO 5

Por lo que se refiere a las medidas adoptadas por el Consejo dentro del ámbito de aplicación del apartado 1 del artículo 26, del artículo 42 y de los artículos 43 a 46 del Tratado de la Unión Europea, Dinamarca no participará en la elaboración y aplicación de decisiones y acciones de la Unión con implicaciones en el ámbito de la defensa. Por lo tanto, Dinamarca no participará en su adopción. Dinamarca no impedirá que los demás Estados miembros sigan desarrollando su cooperación en este ámbito. Dinamarca no estará obligada a contribuir a la financiación de los gastos operativos derivados de tales medidas ni a poner a disposición de la Unión capacidades militares.

Los actos del Consejo que deban adoptarse por unanimidad requerirán la unanimidad de los miembros del Consejo, exceptuado el representante del Gobierno danés.

A efectos del presente artículo, la mayoría cualificada se definirá de conformidad con el apartado 3 del artículo 238 del Tratado de Funcionamiento de la Unión Europea.

PARTE III

ARTÍCULO 6

Los artículos 1, 2 y 3 no se aplicarán a las medidas que determinen los terceros países cuyos nacionales deban estar provistos de un visado al cruzar las fronteras exteriores de los Estados miembros, ni a las medidas relativas a un modelo uniforme de visado.

PARTE IV

ARTÍCULO 7

En cualquier momento, Dinamarca podrá, de acuerdo con sus normas constitucionales, informar a los demás Estados miembros de que ya no desea hacer uso del presente Protocolo en su totalidad o en parte. En ese caso, Dinamarca aplicará plenamente todas las medidas pertinentes entonces vigentes tomadas dentro del marco de la Unión Europea.

ARTÍCULO 8

1. En todo momento y sin perjuicio del artículo 7, Dinamarca, de conformidad con sus normas constitucionales, podrá notificar a los demás Estados miembros que, con efecto a partir del primer día del mes siguiente al de la notificación, la parte I consistirá en las disposiciones que figuran en el anexo. En este caso, la numeración de los artículos 5 a 8 se modificará en consecuencia.

2. Seis meses después de la fecha en que surta efecto la notificación prevista en el apartado 1, la totalidad del acervo de Schengen y las medidas adoptadas para desarrollar dicho acervo que hasta ese momento hayan vinculado a Dinamarca en calidad de obligaciones de Derecho internacional serán vinculantes para Dinamarca en calidad de Derecho de la Unión.

ANEXO

ARTÍCULO 1

A reserva de lo dispuesto en el artículo 3, Dinamarca no participará en la adopción por el Consejo de medidas propuestas en virtud del título V de la tercera parte del Tratado de Funcionamiento de la Unión Europea. Los actos del Consejo que deban adoptarse por unanimidad requerirán la unanimidad de los miembros del Consejo, exceptuado el representante del Gobierno danés.

A efectos del presente artículo, la mayoría cualificada se definirá de conformidad con el apartado 3 del artículo 238 del Tratado de Funcionamiento de la Unión Europea.

ARTÍCULO 2

En virtud del artículo 1 y a reserva de los artículos 3, 4 y 8, ninguna de las disposiciones del título V de la tercera parte del Tratado de Funcionamiento de la Unión Europea, ninguna medida adoptada en virtud de dicho título, ninguna disposición de acuerdo internacional alguno celebrado por la Unión en virtud de dicho título y ninguna decisión del Tribunal de Justicia de la Unión Europea interpretativa de cualquiera de dichas disposiciones o medidas vinculará a Dinamarca ni le será aplicable; estas disposiciones, medidas o decisiones no afectarán en modo alguno a las competencias, derechos y obligaciones de Dinamarca; dichas disposiciones, medidas o decisiones no afectarán en modo alguno al acervo comunitario o al de la Unión ni formarán parte del Derecho de la Unión, tal y como éstos se aplican a Dinamarca.

ARTÍCULO 3

1. Dinamarca podrá notificar por escrito al Presidente del Consejo, en el plazo de tres meses a partir de la presentación al Consejo de una propuesta o iniciativa en virtud del título V de la tercera parte del Tratado de Funcionamiento de la Unión Europea, su deseo de participar en la adopción y aplicación de la medida propuesta de que se trate, tras lo cual Dinamarca tendrá derecho a hacerlo.

2. Si, transcurrido un plazo razonable, una medida de las mencionadas en el apartado 1 no puede adoptarse con la participación de Dinamarca, el Consejo podrá adoptar la medida prevista en el apartado 1, de conformidad con el artículo 1, sin la participación de Dinamarca. En tal caso será de aplicación el artículo 2.

ARTÍCULO 4

Dinamarca, tras la adopción de una medida en aplicación del título V de la tercera parte del Tratado de Funcionamiento de la Unión Europea, podrá en todo momento notificar al Consejo y a la Comisión su intención de aceptar dicha medida. En tal caso, se aplicará *mutatis mutandis* el procedimiento previsto en el apartado 1 del artículo 331 de dicho Tratado.

ARTÍCULO 5

1. Las disposiciones del presente Protocolo se aplicarán a Dinamarca también por lo que respecta a las medidas propuestas o adoptadas en virtud del título V de la tercera parte del Tratado de Funcionamiento de la Unión Europea, que modifiquen una medida existente que sea vinculante para dicho Estado.

2. No obstante, en caso de que el Consejo, a propuesta de la Comisión, determine que la no participación de Dinamarca en la versión modificada de una medida existente implica la inviabilidad de dicha medida para otros Estados miembros o para la Unión, podrá instar a dicho Estado a que presente una notificación con arreglo a los artículos 3 o 4. A efectos de la aplicación del artículo 3, empezará a correr un nuevo plazo de dos meses a partir de la fecha en que el Consejo haya tomado la determinación.

Una vez concluido el plazo de dos meses a partir de la determinación del Consejo, si Dinamarca no ha realizado notificación alguna con arreglo a los artículos 3 o 4, la medida existente dejará de ser vinculante para dicho Estado y dejará de aplicársele, a menos que haya realizado una notificación con arreglo al artículo 4 antes de la entrada en vigor de la medida de modificación. Lo dispuesto anteriormente surtirá efecto a partir de la fecha de entrada en vigor de la medida de modificación o al concluir el plazo de dos meses, si esta fecha es posterior.

A los efectos de la aplicación del presente apartado, el Consejo, previo amplio debate del asunto, se pronunciará por mayoría cualificada de sus miembros que representen a los Estados miembros que participan o han participado en la adopción de la medida de modificación. La mayoría cualificada del Consejo se definirá de conformidad con la letra a) del apartado 3 del artículo 238 del Tratado de Funcionamiento de la Unión Europea.

3. El Consejo, por mayoría cualificada y a propuesta de la Comisión, podrá determinar que Dinamarca soporte las consecuencias financieras directas que pudieran derivarse, necesaria e inevitablemente, de la terminación de su participación en la medida existente.

4. El presente artículo se entiende sin perjuicio del artículo 4.

ARTÍCULO 6

1. La notificación a que se refiere el apartado 4 deberá presentarse no más de seis meses después de la adopción definitiva de una medida que desarrolle el acervo de Schengen.

En caso de que Dinamarca no presente una notificación con arreglo a los artículos 3 o 4 relativa a una medida que desarrolle el acervo de Schengen, los Estados miembros vinculados por dichas medidas y Dinamarca estudiarán la adopción de medidas apropiadas.

2. Se entenderá que toda notificación en aplicación del artículo 3 relativa a una medida que desarrolle el acervo de Schengen constituye irrevocablemente una notificación conforme al artículo 3 respecto de toda propuesta o iniciativa ulterior destinada a desarrollar esa medida, siempre que dicha propuesta o iniciativa desarrolle el acervo de Schengen.

ARTÍCULO 7

Las normas establecidas basándose en el artículo 16 del Tratado de Funcionamiento de la Unión Europea que se refieran al tratamiento de datos de carácter personal por los Estados miembros en el ejercicio de las actividades comprendidas en el ámbito de aplicación de los capítulos 4 o 5 del título V de la tercera parte de dicho Tratado sólo serán vinculantes para Dinamarca en la medida en que sean vinculantes para ella normas de la Unión que regulen formas de cooperación judicial en materia penal y de cooperación policial en cuyo marco deban respetarse las disposiciones establecidas basándose en el artículo 16.

ARTÍCULO 8

Cuando, en los casos a que se refiere la presente parte, una medida adoptada por el Consejo en virtud del título V de la tercera parte del Tratado de Funcionamiento de la Unión Europea sea vinculante para Dinamarca, serán aplicables a Dinamarca en relación con tal medida las correspondientes disposiciones de los Tratados.

ARTÍCULO 9

Salvo decisión contraria del Consejo adoptada por unanimidad de todos sus miembros, previa consulta al Parlamento Europeo, cuando una medida adoptada por el Consejo en virtud del título V de la tercera parte del Tratado de Funcionamiento de la Unión Europea no sea vinculante para Dinamarca, Dinamarca no soportará consecuencia financiera alguna de dicha medida, exceptuados los costes administrativos ocasionados a las instituciones.

PROTOCOLO (N.º 23) SOBRE LAS RELACIONES EXTERIORES DE LOS ESTADOS MIEMBROS CON RESPECTO AL CRUCE DE FRONTERAS EXTERIORES

LAS ALTAS PARTES CONTRATANTES,

TENIENDO EN CUENTA la necesidad de los Estados miembros de garantizar controles efectivos en sus fronteras exteriores, en cooperación, en su caso, con terceros países,

HAN CONVENIDO en las siguientes disposiciones, que se incorporarán como anexo al Tratado de la Unión Europea y al Tratado de Funcionamiento de la Unión Europea:

Las disposiciones relativas a las medidas sobre el cruce de fronteras exteriores incluidas en la letra b) del apartado 2 del artículo 77 del Tratado de Funcionamiento de la Unión Europea se entenderán sin perjuicio de la competencia de los Estados miembros para negociar o celebrar acuerdos con terceros países, siempre que observen el Derecho de la Unión y los demás acuerdos internacionales pertinentes.

PROTOCOLO (N.º 24) SOBRE ASILO A NACIONALES DE LOS ESTADOS MIEMBROS DE LA UNIÓN EUROPEA

LAS ALTAS PARTES CONTRATANTES,

CONSIDERANDO que, de conformidad con el apartado 1 del artículo 6 del Tratado de la Unión Europea, la Unión reconoce los derechos, las libertades y los principios enunciados en la Carta de los Derechos Fundamentales,

CONSIDERANDO que, de conformidad con el apartado 3 del artículo 6 del Tratado de la Unión Europea, los derechos fundamentales que garantiza el Convenio Europeo para la Protección de los Derechos Humanos y de las Libertades Fundamentales forman parte del Derecho de la Unión como principios generales,

CONSIDERANDO que el Tribunal de Justicia de la Unión Europea es competente para garantizar que la Unión respeta el Derecho al interpretar y aplicar los apartados 1 y 3 del artículo 6 del Tratado de la Unión Europea,

CONSIDERANDO que, de conformidad con el artículo 49 del Tratado de la Unión Europea, cualquier Estado europeo al solicitar el ingreso como miembro en la Unión debe respetar los valores del artículo 2 del Tratado de la Unión Europea,

TENIENDO PRESENTE que el artículo 7 del Tratado de la Unión Europea establece un mecanismo para suspender determinados derechos en caso de violación grave y persistente por parte de un Estado miembro de dichos valores,

RECORDANDO que todo nacional de un Estado miembro, como ciudadano de la Unión, disfruta de un estatuto y de una protección especiales que los Estados miembros garantizarán con arreglo a las disposiciones de la segunda parte del Tratado de Funcionamiento de la Unión Europea,

TENIENDO PRESENTE que los Tratados establecen un espacio sin fronteras interiores y conceden a todos los ciudadanos de la Unión el derecho a circular y residir libremente dentro del territorio de los Estados miembros,

DESEANDO evitar que se recurra al procedimiento del asilo para fines ajenos a aquellos para los que está previsto,

CONSIDERANDO que el presente Protocolo respeta la finalidad y los objetivos de la Convención de Ginebra de 28 de julio de 1951 sobre el estatuto de los refugiados,

HAN CONVENIDO en las siguientes disposiciones, que se incorporarán como anexo al Tratado de la Unión Europea y al Tratado de Funcionamiento de la Unión Europea:

ARTÍCULO ÚNICO

Dado el grado de protección de los derechos y libertades fundamentales por parte de los Estados miembros de la Unión Europea, se considerará que los Estados miembros constituyen recíprocamente países de origen seguros a todos los efectos jurídicos y prácticos en relación con asuntos de asilo. En consecuencia, la solicitud de asilo efectuada por un nacional de un Estado miembro sólo podrá tomarse en consideración o ser declarada admisible para su examen por otro Estado miembro en los siguientes casos:

a) Si el Estado miembro del que el solicitante es nacional procede, después de la entrada en vigor del Tratado de Ámsterdam, amparándose en las disposiciones del artículo 15 del Convenio para la Protección de los Derechos Humanos y de las Libertades Fundamentales, a adoptar medidas que establezcan en su territorio excepciones a sus obligaciones con arreglo a dicho Convenio.

b) Si se ha iniciado el procedimiento mencionado en el artículo 7, apartado 1, del Tratado de la Unión Europea y hasta que el Consejo o, en su caso, el Consejo Europeo adopte una decisión al respecto en relación con el Estado miembro del que es nacional el solicitante.

c) Si el Consejo ha adoptado una decisión de conformidad con el apartado 1 del artículo 7 del Tratado de la Unión Europea respecto al Estado miembro del que es nacional el solicitante, o si el Consejo Europeo, de conformidad con el apartado 2 del artículo 7 de dicho Tratado, ha adoptado una decisión respecto al Estado miembro del que es nacional el solicitante.

d) Si un Estado miembro así lo decidiera unilateralmente respecto de la solicitud de un nacional de otro Estado miembro; en este caso, se informará inmediatamente al Consejo. La solicitud se atenderá basándose en la presunción de que es manifiestamente infundada sin que afecte en modo alguno, cualesquiera puedan ser los casos, a la facultad de toma de decisiones del Estado miembro.

PROTOCOLO (N.º 25) SOBRE EL EJERCICIO DE LAS COMPETENCIAS COMPARTIDAS

LAS ALTAS PARTES CONTRATANTES,

HAN CONVENIDO en las siguientes disposiciones, que se incorporarán como anexo al Tratado de la Unión Europea y al Tratado de Funcionamiento de la Unión Europea:

ARTÍCULO ÚNICO

Con referencia al apartado 2 del artículo 2 del Tratado de Funcionamiento de la Unión Europea, relativo a las competencias compartidas, cuando la Unión haya tomado medidas en un ámbito determinado, el alcance de este ejercicio de competencia sólo abarcará los elementos regidos por el acto de la Unión de que se trate y, por lo tanto, no incluirá todo el ámbito en cuestión.

PROTOCOLO (N.º 26) SOBRE LOS SERVICIOS DE INTERÉS GENERAL

LAS ALTAS PARTES CONTRATANTES,

DESEANDO enfatizar la importancia de los servicios de interés general,

HAN CONVENIDO en las siguientes disposiciones interpretativas, que se incorporarán como anexo al Tratado de la Unión Europea y al Tratado de Funcionamiento de la Unión Europea:

ARTÍCULO 1

Los valores comunes de la Unión con respecto a los servicios de interés económico general con arreglo al artículo 14 del Tratado de Funcionamiento de la Unión Europea incluyen en particular:

- El papel esencial y la amplia capacidad de discreción de las autoridades nacionales, regionales y locales para prestar, encargar y organizar los servicios de interés económico general lo más cercanos posible a las necesidades de los usuarios.
- La diversidad de los servicios de interés económico general y la disparidad de las necesidades y preferencias de los usuarios que pueden resultar de las diferentes situaciones geográficas, sociales y culturales.
- Un alto nivel de calidad, seguridad y accesibilidad económica, la igualdad de trato y la promoción del acceso universal y de los derechos de los usuarios.

ARTÍCULO 2

Las disposiciones de los Tratados no afectarán en modo alguno a la competencia de los Estados miembros para prestar, encargar y organizar servicios de interés general que no tengan carácter económico.

PROTOCOLO (N.º 27) SOBRE MERCADO INTERIOR Y COMPETENCIA

LAS ALTAS PARTES CONTRATANTES,

CONSIDERANDO que el mercado interior tal como se define en el artículo 3 del Tratado de la Unión Europea incluye un sistema que garantiza que no se falsea la competencia,

HAN CONVENIDO en lo siguiente:

A estos efectos, la Unión tomará, en caso necesario, medidas en el marco de las disposiciones de los Tratados, incluido el artículo 352 del Tratado de Funcionamiento de la Unión Europea.

El presente Protocolo se incorporará como anexo al Tratado de la Unión Europea y al Tratado de Funcionamiento de la Unión Europea.

PROTOCOLO (N.º 28) SOBRE LA COHESIÓN ECONÓMICA, SOCIAL Y TERRITORIAL

LAS ALTAS PARTES CONTRATANTES,

RECORDANDO que el artículo 3 del Tratado de la Unión Europea hace referencia, entre otros objetivos, al fomento de la cohesión económica, social y territorial y de la solidaridad entre los Estados miembros, y que dicha cohesión figura entre los ámbitos de competencia compartida de la Unión enumerados en la letra c) del apartado 2 del artículo 4 del Tratado de Funcionamiento de la Unión Europea,

RECORDANDO que las disposiciones del título XVIII de la tercera parte, sobre la cohesión económica, social y territorial, en su conjunto proporcionan la base jurídica para consolidar y desarrollar más la acción de la Unión en el ámbito de la cohesión económica, social y territorial, incluida la posibilidad de crear un nuevo fondo,

RECORDANDO que las disposiciones del artículo 177 del Tratado de Funcionamiento de la Unión Europea contemplan la creación de un Fondo de Cohesión,

COMPROBANDO que el BEI está prestando grandes y crecientes cantidades en favor de las regiones menos favorecidas,

COMPROBANDO que existe el deseo de una mayor flexibilidad en las modalidades de asignación de los fondos estructurales,

COMPROBANDO que existe el deseo de modular los niveles de participación de la Unión en programas y proyectos en determinados países,

COMPROBANDO que existe la propuesta de tener más en cuenta en el sistema de recursos propios la prosperidad relativa de los Estados miembros,

REAFIRMAN que el fomento de la cohesión económica, social y territorial es vital para el pleno desarrollo y el éxito continuado de la Unión,

REAFIRMAN su convicción de que los fondos estructurales deben seguir desempeñando un papel considerable en la realización de los objetivos de la Unión en el ámbito de la cohesión,

REAFIRMAN su convicción de que el BEI debe continuar dedicando la mayor parte de sus recursos al fomento de la cohesión económica, social y territorial y declaran su disposición a reconsiderar las necesidades de capital del BEI en cuanto dicho capital sea necesario a tal fin,

ACUERDAN que el Fondo de Cohesión aporte contribuciones financieras de la Unión a proyectos en los ámbitos del medio ambiente y de las redes transeuropeas en los Estados miembros que tengan un PNB per cápita inferior al 90 % de la media de la Unión y que cuenten con un programa que conduzca al cumplimiento de las condiciones de convergencia económica según lo dispuesto en el artículo 126 del Tratado de Funcionamiento de la Unión Europea,

MANIFIESTAN su propósito de conceder un mayor margen de flexibilidad al asignar medios financieros procedentes de los fondos estructurales, al objeto de tener en cuenta necesidades específicas no satisfechas en el marco de la reglamentación actual de los fondos estructurales,

DECLARAN su disposición a modular los niveles de participación de la Unión en el marco de programas y proyectos de los fondos estructurales, al objeto de prevenir incrementos excesivos en los gastos presupuestarios en los Estados miembros menos prósperos,

RECONOCEN la necesidad de vigilar con regularidad el progreso realizado en el camino hacia el logro de la cohesión económica, social y territorial y su disposición a estudiar todas las medidas que sean necesarias al respecto,

DECLARAN su intención de tener más en cuenta la capacidad contributiva de los distintos Estados miembros en el sistema de recursos propios, así como de estudiar medios de corregir para los Estados miembros menos prósperos los elementos regresivos que existen en el sistema actual de recursos propios,

CONVIENEN en incorporar el presente Protocolo como anexo al Tratado de la Unión Europea y al Tratado de Funcionamiento de la Unión Europea.

PROTOCOLO (N.º 29) SOBRE EL SISTEMA DE RADIODIFUSIÓN PÚBLICA DE LOS ESTADOS MIEMBROS

LAS ALTAS PARTES CONTRATANTES,

CONSIDERANDO que el sistema de radiodifusión pública de los Estados miembros está directamente relacionado con las necesidades democráticas, sociales y culturales de cada sociedad y con la necesidad de preservar el pluralismo de los medios de comunicación,

HAN CONVENIDO en las siguientes disposiciones, que se incorporarán como anexo al Tratado de la Unión Europea y al Tratado de Funcionamiento de la Unión Europea:

Las disposiciones de los Tratados se entenderán sin perjuicio de la facultad de los Estados miembros de financiar el servicio público de radiodifusión en la medida en que la financiación se conceda a los organismos de radiodifusión para llevar a cabo la función de servicio público tal como haya sido atribuida, definida y organizada por cada Estado miembro, y en la medida en que dicha financiación no afecte a las condiciones del comercio y de la competencia en la Unión en un grado que sea contrario al interés común, debiendo tenerse en cuenta la realización de la función de dicho servicio público.

PROTOCOLO (N.º 30) SOBRE LA APLICACIÓN DE LA CARTA DE LOS DERECHOS FUNDAMENTALES DE LA UNIÓN EUROPEA A POLONIA Y AL REINO UNIDO

LAS ALTAS PARTES CONTRATANTES,

CONSIDERANDO que en el artículo 6 del Tratado de la Unión Europea, la Unión reconoce los derechos, libertades y principios establecidos en la Carta de los Derechos Fundamentales de la Unión Europea;

CONSIDERANDO que la Carta ha de aplicarse de estricta conformidad con las disposiciones del mencionado artículo 6 y del título VII de la Carta misma;

CONSIDERANDO que el citado artículo 6 dispone que la Carta sea aplicada e interpretada por los órganos jurisdiccionales de Polonia y del Reino Unido de estricta conformidad con las explicaciones a que se hace referencia en dicho artículo;

CONSIDERANDO que la Carta contiene tanto derechos como principios;

CONSIDERANDO que la Carta contiene tanto disposiciones de carácter civil y político como de carácter económico y social;

CONSIDERANDO que la Carta reafirma los derechos, libertades y principios reconocidos en la Unión y hace que dichos derechos sean más visibles, pero no crea nuevos derechos ni principios;

RECORDANDO las obligaciones de Polonia y del Reino Unido en virtud del Tratado de la Unión Europea, del Tratado de Funcionamiento de la Unión Europea, y del Derecho de la Unión en general;

TOMANDO NOTA del deseo de Polonia y del Reino Unido de que se precisen determinados aspectos de la aplicación de la Carta;

DESEANDO, por consiguiente, precisar la aplicación de la Carta en relación con la legislación y la acción administrativa de Polonia y del Reino Unido y la posibilidad de acogerse a ella ante los tribunales de Polonia y del Reino Unido;

REAFIRMANDO que las referencias que en el presente Protocolo se hacen a la aplicación de disposiciones específicas de la Carta se entienden estrictamente sin perjuicio de la aplicación de las demás disposiciones de la Carta;

REAFIRMANDO que el presente Protocolo no afecta a la aplicación de la Carta a los demás Estados miembros;

REAFIRMANDO que el presente Protocolo se entiende sin perjuicio de las demás obligaciones que incumben a Polonia y al Reino Unido en virtud del Tratado de la Unión Europea, del Tratado de Funcionamiento de la Unión Europea y del Derecho de la Unión en general,

Europea y al Tratado de Funcionamiento de la Unión Europea:

ARTÍCULO 1

1. La Carta no amplía la competencia del Tribunal de Justicia de la Unión Europea ni de ningún otro órgano jurisdiccional de Polonia o del Reino Unido para apreciar que las disposiciones legales o reglamentarias o las disposiciones, prácticas o acciones administrativas de Polonia o del Reino Unido sean incompatibles con los derechos, libertades y principios fundamentales que reafirma.

2. En particular, y a fin de no dejar lugar a dudas, nada de lo dispuesto en el título IV de la Carta crea derechos que se puedan defender ante los órganos jurisdiccionales de Polonia o del Reino Unido, salvo en la medida en que Polonia o el Reino Unido hayan contemplado dichos derechos en su legislación nacional.

ARTÍCULO 2

Cuando una disposición de la Carta se refiera a legislaciones y prácticas nacionales, sólo se aplicará en Polonia o en el Reino Unido en la medida en que los derechos y principios que contiene se reconozcan en la legislación o prácticas de Polonia o del Reino Unido.

PROTOCOLO (N.º 31) SOBRE LAS IMPORTACIONES EN LA UNIÓN EUROPEA DE PRODUCTOS PETROLÍFEROS REFINADOS EN LAS ANTILLAS NEERLANDESAS

LAS ALTAS PARTES CONTRATANTES,

DESEANDO aportar algunas precisiones sobre el régimen de intercambios aplicable a las importaciones en la Comunidad Económica Europea de productos petrolíferos refinados en las Antillas neerlandesas,

HAN CONVENIDO en las siguientes disposiciones, que se incorporarán como anexo al Tratado de la Unión Europea y al Tratado de Funcionamiento de la Unión Europea:

ARTÍCULO 1

El presente Protocolo será aplicable a los productos petrolíferos de las partidas 27.10, 27.11, 27.12, ex 27.13 (parafina, ceras de petróleo o de pizarras y residuos parafínicos) y 27.14 de la Nomenclatura de Bruselas, importados para su consumo en los Estados miembros.

ARTÍCULO 2

Los Estados miembros se comprometen a conceder a los productos petrolíferos refinados en las Antillas neerlandesas las ventajas arancelarias que resulten de la asociación de estos últimos a la Unión, en las condiciones previstas en el presente Protocolo. Estas disposiciones serán válidas cualesquiera que sean las normas de origen aplicadas por los Estados miembros.

ARTÍCULO 3

1. Cuando la Comisión, a instancia de un Estado miembro o por propia iniciativa, comprobare que las importaciones en la Unión de productos petrolíferos refinados en las Antillas neerlandesas con arreglo al régimen previsto en el artículo 2 *supra* provocan dificultades reales en el mercado de uno o varios Estados miembros, decidirá que los Estados miembros interesados introduzcan, aumenten o reintroduzcan los derechos de aduana aplicables a dichas importaciones, en la medida y para el período necesario para hacer frente a esta situación. Los tipos de derechos de aduana así introducidos, aumentados o reintroducidos no podrán sobrepasar los de los derechos de aduana aplicables a terceros países para estos mismos productos.

2. Las disposiciones previstas en el apartado precedente podrán aplicarse en cualquier caso cuando las importaciones en la Unión de productos petrolíferos refinados en las Antillas neerlandesas alcancen la cifra de 2 millones de toneladas anuales.

3. Las decisiones tomadas por la Comisión en virtud de los apartados precedentes, incluidas aquellas encaminadas a rechazar la petición de un Estado miembro, serán comunicadas al Consejo. Éste podrá, a instancia de cualquier Estado miembro, ocuparse de ellas y podrá, en todo momento, modificarlas o anularlas.

ARTÍCULO 4

1. Si un Estado miembro estimare que las importaciones de productos petrolíferos refinados en las Antillas neerlandesas, efectuadas directamente o por medio de otro Estado miembro con arreglo al régimen previsto en el artículo 2 supra, provocan dificultades reales en su mercado y que es necesaria una acción inmediata para hacer frente a las mismas, podrá decidir por propia iniciativa aplicar a estas importaciones derechos de aduana cuyos tipos no podrán sobrepasar los de los derechos de aduana aplicables a terceros países para los mismos productos. Notificará esta decisión a la Comisión, que decidirá, en un plazo de un mes, si las medidas adoptadas por el Estado pueden mantenerse o deben modificarse o suprimirse. Las disposiciones del apartado 3 del artículo 3 serán aplicables a esta decisión de la Comisión.

2. Cuando las importaciones de productos petrolíferos refinados en las Antillas Neerlandesas, efectuadas directamente o por medio de otro Estado miembro con arreglo al régimen previsto en el artículo 2 *supra*, en uno o varios Estados miembros de la CEE sobrepasen durante un año natural los tonelajes indicados en el Anexo del presente Protocolo, las medidas eventualmente adoptadas en virtud del apartado 1 por este o por estos Estados miembros para el año en curso serán consideradas como legítimas. La Comisión, después de haberse asegurado de que se han alcanzado los tonelajes fijados, tomará nota de las medidas adoptadas. En tal caso, los demás Estados miembros se abstendrán de recurrir al Consejo.

ARTÍCULO 5

Si la Unión decidiere aplicar restricciones cuantitativas a las importaciones de productos petrolíferos de cualquier procedencia, estas restricciones podrán aplicarse también a las importaciones de estos productos procedentes de las Antillas neerlandesas. En tal caso, se concederá un trato preferencial a las Antillas neerlandesas frente a terceros países.

ARTÍCULO 6

1. Las disposiciones previstas en los artículos 2 a 5 serán revisadas por el Consejo, que decidirá por unanimidad, previa consulta al Parlamento Europeo y a la Comisión en el momento de la adopción de una definición común del origen de los productos petrolíferos procedentes de terceros países y de países asociados o en el momento de tomar decisiones en el marco de una política comercial común para los productos de que se trate o en el momento de establecer una política energética común.

2. No obstante, en el momento de efectuar la revisión, deberán mantenerse en todo caso a favor de las Antillas neerlandesas ventajas equivalentes en forma apropiada y para una cantidad mínima de 2 millones y medio de toneladas de productos petrolíferos.

3. Los compromisos de la Unión con respecto a las ventajas equivalentes mencionadas en el apartado 2 del presente artículo podrán ser, en caso necesario, distribuidos por países teniendo en cuenta los tonelajes indicados en el Anexo del presente Protocolo.

ARTÍCULO 7

Para la ejecución del presente Protocolo, la Comisión se encargará de seguir el desarrollo de las importaciones en los Estados miembros de productos petrolíferos refinados en las Antillas neerlandesas. Los Estados miembros comunicarán a la Comisión, que procurará su difusión, toda información útil al respecto, de conformidad con las modalidades administrativas que ella recomiende.

ANEXO DEL PROTOCOLO

Para la aplicación del apartado 2 del artículo 4 del Protocolo sobre las importaciones en la Unión Europea de productos petrolíferos refinados en las Antillas neerlandesas, las Altas Partes Contratantes han decidido que la cantidad de 2 millones de toneladas de productos petrolíferos de las Antillas se reparta entre los Estados miembros como sigue:

Alemania	625.000 toneladas
Unión Económica Belgo-Luxemburguesa	200.000 toneladas
Francia	75.000 toneladas
Italia	100.000 toneladas
Países Bajos	1.000.000 toneladas

PROTOCOLO (N.º 32) RELATIVO A DETERMINADAS DISPOSICIONES SOBRE ADQUISICIÓN DE BIENES INMUEBLES EN DINAMARCA

LAS ALTAS PARTES CONTRATANTES,

DESEANDO resolver ciertos problemas importantes que interesan a Dinamarca,

HAN CONVENIDO en la siguiente disposición que se incorporará como anexo al Tratado de la Unión Europea y al Tratado de Funcionamiento de la Unión Europea:

No obstante lo dispuesto en los Tratados, Dinamarca podrá mantener la legislación vigente sobre la adquisición de bienes inmuebles distintos de las viviendas de residencia permanente.

PROTOCOLO (N.º 33) SOBRE EL ARTÍCULO 157 DEL TRATADO DE FUNCIONAMIENTO DE LA UNIÓN EUROPEA

LAS ALTAS PARTES CONTRATANTES,

HAN CONVENIDO en la siguiente disposición que se incorporará como anexo al Tratado de la Unión Europea y al Tratado de Funcionamiento de la Unión Europea:

A los fines de aplicación del artículo 157 del Tratado de Funcionamiento de la Unión Europea, las prestaciones en virtud de un régimen profesional de seguridad social no se considerarán retribución en el caso y en la medida en que puedan asignarse a los períodos de empleo anteriores al 17 de mayo de 1990, excepto en el caso de los trabajadores o sus derechohabientes que, antes de esa fecha, hubieran incoado una acción ante los tribunales o presentado una reclamación equivalente según el Derecho nacional de aplicación.

PROTOCOLO (N.º 34) SOBRE EL RÉGIMEN ESPECIAL APLICABLE A GROENLANDIA

ARTÍCULO ÚNICO

1. Los productos sometidos a la organización común de mercados en el sector de la pesca, originarios de Groenlandia e importados en la Unión, estarán, dentro del respeto a los mecanismos de la organización común de mercados, exentos de derechos de aduana y de exacciones de efecto equivalente, así como de restricciones cuantitativas y de medidas de efecto equivalente, siempre que las posibilidades de acceso a las zonas de pesca groenlandesas ofrecidas a la Unión, en virtud de un acuerdo entre la Unión y la autoridad competente sobre Groenlandia, sean satisfactorias para la Unión.

2. Todas las medidas relativas al régimen de importación de tales productos, incluidas las relativas a la adopción de dichas medidas, se adoptarán según el procedimiento previsto en el artículo 43 del Tratado de Funcionamiento de la Unión Europea.

PROTOCOLO (N.º 35) SOBRE EL ARTÍCULO 40.3.3 DE LA CONSTITUCIÓN IRLANDESA

LAS ALTAS PARTES CONTRATANTES,

HAN CONVENIDO en la siguiente disposición, que se incorporará como anexo al Tratado de la Unión Europea, al Tratado de Funcionamiento de la Unión Europea y al Tratado constitutivo de la Comunidad Europea de la Energía Atómica:

Ninguna disposición de los Tratados, del Tratado constitutivo de la Comunidad Europea de la Energía Atómica ni de los Tratados y actos por los que se modifican o completan dichos Tratados afectará a la aplicación en Irlanda del artículo 40.3.3 de la Constitución irlandesa.

PROTOCOLO (N.º 36) SOBRE LAS DISPOSICIONES TRANSITORIAS

LAS ALTAS PARTES CONTRATANTES,

CONSIDERANDO que, para organizar la transición entre las disposiciones institucionales de los Tratados aplicables antes de la entrada en vigor del Tratado de Lisboa y las disposiciones de dicho Tratado, es preciso prever disposiciones transitorias,

HAN CONVENIDO en las siguientes disposiciones, que se incorporarán como anexo al Tratado de la Unión Europea, al Tratado de Funcionamiento de la Unión Europea y al Tratado constitutivo de la Comunidad Europea de la Energía Atómica:

ARTÍCULO 1

En el presente Protocolo, la expresión «los Tratados» designa el Tratado de la Unión Europea, el Tratado de Funcionamiento de la Unión Europea y el Tratado constitutivo de la Comunidad Europea de la Energía Atómica.

TÍTULO I
DISPOSICIONES RELATIVAS AL PARLAMENTO EUROPEO

ARTÍCULO 2

Con tiempo suficiente antes de las elecciones parlamentarias europeas de 2009, el Consejo Europeo adoptará, de conformidad con el párrafo segundo del apartado 2 del artículo 14 del Tratado de la Unión Europea, una decisión por la que se fije la composición del Parlamento Europeo.

Hasta que finalice la legislatura 2004-2009, la composición y el número de miembros del Parlamento Europeo seguirán siendo los existentes en el momento de la entrada en vigor del Tratado de Lisboa.

TÍTULO II
DISPOSICIONES RELATIVAS A LA MAYORÍA CUALIFICADA

ARTÍCULO 3

1. De conformidad con el apartado 4 del artículo 16 del Tratado de la Unión Europea, las disposiciones de dicho apartado y las disposiciones del apartado 2 del artículo 238 del Tratado de Funcionamiento de la Unión Europea, relativas a la definición de la mayoría cualificada en el Consejo Europeo y en el Consejo, surtirán efecto el 1 de noviembre de 2014.

2. Entre el 1 de noviembre de 2014 y el 31 de marzo de 2017, cuando un acuerdo deba adoptarse por mayoría cualificada, cualquier miembro del Consejo podrá solicitar que el acuerdo se adopte por la mayoría cualificada que se define en el apartado 3. En este caso se aplicarán los apartados 3 y 4.

3. Hasta el 31 de octubre de 2014, estarán en vigor las disposiciones siguientes, sin perjuicio de lo dispuesto en párrafo segundo del apartado 1 del artículo 235 del Tratado de Funcionamiento de la Unión Europea.

Cuando el Consejo Europeo o el Consejo deban adoptar un acuerdo por mayoría cualificada, los votos de los miembros se ponderarán del modo siguiente:

Bélgica	12	Luxemburgo	4
Bulgaria	10	Hungría	12
República Checa	12	Malta	3
Dinamarca	7	Países Bajos	13
Alemania	29	Austria	10
Estonia	4	Polonia	27
Irlanda	7	Portugal	12
Grecia	12	Rumanía	14
España	27	Eslovenia	4
Francia	29	Eslovaquia	7
Italia	29	Finlandia	7
Chipre	4	Suecia	10
Letonia	4	Reino Unido	29
Lituania	7		

Para su adopción, los acuerdos requerirán al menos 255 votos que representen la votación favorable de la mayoría de los miembros, cuando en virtud de los Tratados deban ser adoptados a propuesta de la Comisión. En los demás casos, requerirán al menos 255 votos que representen la votación favorable de dos tercios de los miembros como mínimo.

Cuando el Consejo Europeo o el Consejo adopten un acto por mayoría cualificada, cualquier miembro del Consejo Europeo o del Consejo podrá solicitar que se compruebe que los Estados miembros que constituyen la mayoría cualificada representan como mínimo el 62 % de la población total de la Unión. Si se pusiere de manifiesto que esta condición no se cumple, el acto en cuestión no será adoptado.

4. Hasta el 31 de octubre de 2014, cuando, en aplicación de los Tratados, no participen en la votación todos los miembros del Consejo, es decir, en los casos en que se remita a la mayoría cualificada definida con arreglo al apartado 3 del artículo 238 del Tratado de Funcionamiento de la Unión Europea, la mayoría cualificada se definirá como la misma proporción de votos ponderados y la misma proporción del número de miembros del Consejo y, en su caso, el mismo porcentaje de población de los Estados miembros de que se trate, que los establecidos en el apartado 3 del presente artículo.

TÍTULO III
DISPOSICIONES RELATIVAS A LAS FORMACIONES DEL CONSEJO

ARTÍCULO 4

Hasta la entrada en vigor de la decisión contemplada en el párrafo primero del apartado 6 del artículo 16 del Tratado de la Unión Europea, el Consejo podrá reunirse en las formaciones previstas en los párrafos segundo y tercero de dicho apartado, así como en las demás formaciones cuya lista se establezca mediante una decisión del Consejo de Asuntos Generales adoptada por mayoría simple.

TÍTULO IV
DISPOSICIONES RELATIVAS A LA COMISIÓN, INCLUIDO EL ALTO REPRESENTANTE DE LA UNIÓN PARA ASUNTOS EXTERIORES Y POLÍTICA DE SEGURIDAD

ARTÍCULO 5

Los miembros de la Comisión que estén en funciones en la fecha de entrada en vigor del Tratado de Lisboa seguirán ejerciéndolas hasta el fin de su mandato. No obstante, el día del nombramiento del Alto Representante de la Unión para Asuntos Exteriores y Política de Seguridad tocará a su fin el mandato del miembro que tenga la misma nacionalidad que el Alto Representante.

TÍTULO V
DISPOSICIONES RELATIVAS AL SECRETARIO GENERAL DEL CONSEJO, ALTO REPRESENTANTE DE LA POLÍTICA EXTERIOR Y DE SEGURIDAD COMÚN, Y AL SECRETARIO GENERAL ADJUNTO DEL CONSEJO

ARTÍCULO 6

Los mandatos del Secretario General del Consejo, Alto Representante de la Política Exterior y de Seguridad Común, y del Secretario General Adjunto del Consejo tocarán a su fin en la fecha de entrada en vigor del Tratado de Lisboa. El Consejo nombrará un Secretario General de conformidad con el apartado 2 del artículo 240 del Tratado de Funcionamiento de la Unión Europea.

TÍTULO VI
DISPOSICIONES RELATIVAS A LOS ÓRGANOS CONSULTIVOS

ARTÍCULO 7

Hasta la entrada en vigor de la decisión contemplada en el artículo 301 del Tratado de Funcionamiento de la Unión Europea, el reparto de los miembros del Comité Económico y Social será el siguiente:

Bélgica	12	Luxemburgo	6
Bulgaria	12	Hungría	12
República Checa	12	Malta	5
Dinamarca	9	Países Bajos	12
Alemania	24	Austria	12
Estonia	7	Polonia	21
Irlanda	9	Portugal	12
Grecia	12	Rumanía	15
España	21	Eslovenia	7
Francia	24	Eslovaquia	9
Italia	24	Finlandia	9
Chipre	6	Suecia	12
Letonia	7	Reino Unido	24
Lituania	9		

ARTÍCULO 8

Hasta la entrada en vigor de la decisión contemplada en el artículo 305 del Tratado de Funcionamiento de la Unión Europea, el reparto de los miembros del Comité de las Regiones será el siguiente:

Bélgica	12	Luxemburgo	6
Bulgaria	12	Hungría	12
República Checa	12	Malta	5
Dinamarca	9	Países Bajos	12
Alemania	24	Austria	12
Estonia	7	Polonia	21
Irlanda	9	Portugal	12
Grecia	12	Rumanía	15
España	21	Eslovenia	7
Francia	24	Eslovaquia	9
Italia	24	Finlandia	9
Chipre	6	Suecia	12
Letonia	7	Reino Unido	24
Lituania	9		

TÍTULO VII
DISPOSICIONES TRANSITORIAS RELATIVAS A LOS ACTOS ADOPTADOS EN VIRTUD DE LOS TÍTULOS V Y VI DEL TRATADO DE LA UNIÓN EUROPEA ANTES DE LA ENTRADA EN VIGOR DEL TRATADO DE LISBOA

ARTÍCULO 9

Los efectos jurídicos de los actos de las instituciones, órganos y organismos de la Unión adoptados en virtud del Tratado de la Unión Europea antes de la entrada en vigor del Tratado de Lisboa se mantienen en tanto dichos actos no hayan sido derogados, anulados o modificados en aplicación de los Tratados. Lo mismo ocurre con los convenios celebrados entre los Estados miembros sobre la base del Tratado de la Unión Europea.

ARTÍCULO 10

1. Con carácter transitorio y con respecto a los actos de la Unión en el ámbito de la cooperación policial y judicial en materia penal que hayan sido adoptados antes de la entrada en vigor del Tratado de Lisboa, las atribuciones de las instituciones en la fecha de entrada en vigor de dicho Tratado serán las siguientes: las atribuciones de la Comisión en virtud del artículo 258 del Tratado de Funcionamiento de la Unión Europea no serán aplicables y las atribuciones del Tribunal de Justicia de la Unión Europea en virtud del título VI del Tratado de la Unión Europea, en su versión vigente antes de la entrada en vigor del Tratado de Lisboa, seguirán siendo las mismas, aun cuando hayan sido aceptadas con arreglo al apartado 2 del artículo 35 del mencionado Tratado de la Unión Europea.

2. La modificación de un acto contemplado en el apartado 1 conllevará que se apliquen, respecto del acto modificado y en relación con los Estados miembros a los que vaya a aplicarse el mismo, las atribuciones de las instituciones mencionadas en dicho apartado que establecen los Tratados.

3. En cualquier caso, la medida transitoria mencionada en el apartado 1 dejará de tener efectos cinco años después de la entrada en vigor del Tratado de Lisboa.

4. A más tardar seis meses antes de la conclusión del período transitorio contemplado en el apartado 3, el Reino Unido podrá notificar al Consejo que no acepta, con respecto a los actos contemplados en el apartado 1, las atribuciones de las instituciones mencionadas en el apartado 1 que establecen los Tratados. En caso de que el Reino Unido haya realizado dicha notificación, dejarán de aplicársele todos los actos contemplados en el apartado 1 a partir de la fecha de expiración del período transitorio contemplado en el apartado 3. El presente párrafo no se aplicará a los actos modificados que sean aplicables al Reino Unido de conformidad con lo indicado en el apartado 2.

El Consejo, que se pronunciará por mayoría cualificada a propuesta de la Comisión, determinará las medidas necesarias, bien transitorias o que deriven de lo anterior. El Reino Unido no participará en la adopción de esta decisión. La mayoría cualificada del Consejo se definirá de conformidad con la letra a) del apartado 3 del artículo 238 del Tratado de Funcionamiento de la Unión Europea.

El Consejo, que se pronunciará por mayoría cualificada a propuesta de la Comisión, también podrá adoptar una decisión mediante la cual determine que el Reino Unido soportará las consecuencias financieras directas que pudieran derivarse, necesaria e inevitablemente, de su decisión de dejar de participar en dichos actos.

5. El Reino Unido podrá notificar ulteriormente al Consejo, en cualquier momento, su deseo de participar en actos que hayan dejado de aplicársele con arreglo al párrafo primero del apartado 4. En este caso se aplicarán, según proceda, las disposiciones pertinentes del Protocolo sobre el acervo de Schengen integrado en el marco de la Unión Europea o del Protocolo sobre la posición del Reino Unido e Irlanda respecto del espacio de libertad, seguridad y justicia. Las atribuciones de las instituciones con respecto a dichos actos serán las establecidas por los Tratados. Al aplicar los Protocolos pertinentes, las instituciones de la Unión y el Reino Unido tratarán de restablecer el mayor nivel posible de participación del Reino Unido en el acervo de la Unión en el ámbito del espacio de libertad, seguridad y justicia, evitando que en la práctica ello afecte gravemente al funcionamiento de sus diversos componentes y respetando la coherencia de éstos.

PROTOCOLO (N.º 37) SOBRE LAS CONSECUENCIAS FINANCIERAS DE LA EXPIRACIÓN DEL TRATADO CECA Y EL FONDO DE INVESTIGACIÓN DEL CARBÓN Y DEL ACERO

LAS ALTAS PARTES CONTRATANTES,

RECORDANDO que todos los elementos del patrimonio activo y pasivo de la Comunidad Europea del Carbón y del Acero, tal como existían a 23 de julio de 2002, fueron transferidos a la Comunidad Europea a partir del 24 de julio de 2002,

TOMANDO EN CONSIDERACIÓN que es deseable utilizar dichos fondos para la investigación en los sectores vinculados a la industria del carbón y del acero, y la consiguiente necesidad de establecer algunas reglas particulares al efecto,

HAN CONVENIDO en las siguientes disposiciones, que se incorporarán como anexo al Tratado de la Unión Europea y al Tratado de Funcionamiento de la Unión Europea:

ARTÍCULO 1

1. Sin perjuicio de todo incremento o disminución que pudiera producirse a raíz de las operaciones de liquidación, el valor neto de dichos elementos, tal como figuren en el balance de la CECA a 23 de julio de 2002, se considerará como un patrimonio destinado a la investigación en los sectores relacionados con la industria del carbón y del acero, designado como «CECA en liquidación». Tras el cierre de la liquidación, el patrimonio se denominará «Activos del Fondo de Investigación del Carbón y del Acero».

2. Los ingresos que genere este patrimonio, denominados «Fondo de Investigación del Carbón y del Acero», se utilizarán exclusivamente con fines de investigación en los sectores vinculados a la industria del carbón y del acero al margen del programa marco de investigación, de conformidad con lo dispuesto en el presente Protocolo y en los actos adoptados en virtud del mismo.

ARTÍCULO 2

El Consejo, con arreglo a un procedimiento legislativo especial y previa aprobación del Parlamento Europeo, adoptará todas las disposiciones necesarias para la aplicación del presente Protocolo, incluidos los principios esenciales.

El Consejo adoptará, a propuesta de la Comisión y previa consulta al Parlamento Europeo, las medidas que establezcan las directrices financieras plurianuales para la gestión del patrimonio del Fondo de Investigación del Carbón y del Acero, así como de las directrices técnicas para el programa de investigación de dicho Fondo.

ARTÍCULO 3

Salvo disposición en contrario del presente Protocolo y de los actos adoptados en virtud del mismo, serán de aplicación las disposiciones de los Tratados.

ANEXOS

ANEXO I

LISTA PREVISTA EN EL ARTÍCULO 38 DEL TRATADO DE FUNCIONAMIENTO DE LA UNIÓN EUROPEA

PARTIDAS DE LA NOMENCLATURA DE BRUSELAS	DENOMINACIÓN DE LOS PRODUCTOS
CAPÍTULO 1	Animales vivos
CAPÍTULO 2	Carnes y despojos comestibles
CAPÍTULO 3	Pescados, crustáceos y moluscos
CAPÍTULO 4	Leche y productos lácteos; huevos de ave; miel natural
CAPÍTULO 5	
05.04	Tripas, vejigas y estómagos de animales (distintos de los de pescado), enteros o en trozos
05.04	Productos de origen animal no expresados ni comprendidos en otras partidas; animales muertos de los capítulos 1 o 3, impropios para el consumo humano
CAPÍTULO 6	Plantas vivas y productos de floricultura
CAPÍTULO 7	Legumbres, plantas, raíces y tubérculos alimenticios
CAPÍTULO 8	Frutos comestibles; cortezas de agrios y de melones
CAPÍTULO 9	Café, té y especias, con exclusión de la yerba mate (partida 09.03)
CAPÍTULO 10	Cereales
CAPÍTULO 11	Productos de la molinería; malta; almidones y féculas; gluten; inulina
CAPÍTULO 12	Semillas y frutos oleaginosos; semillas, simientes y frutos diversos; plantas industriales y medicinales; pajas y forrajes

PARTIDAS DE LA NOMENCLATURA DE BRUSELAS	DENOMINACIÓN DE LOS PRODUCTOS
CAPÍTULO 13	
ex 13.03	Pectina
CAPÍTULO 15	
15.01	Manteca, otras grasas de cerdo y grasas de ave de corral, prensadas o fundidas
15.02	Sebos (de las especies bovina, ovina y caprina) en bruto o fundidos, incluidos los sebos llamados «primeros jugos»
15.03	Estearina solar: oleoestearina; aceite de manteca de cerdo y oleomargarina no emulsionada, sin mezcla ni preparación alguna
15.04	Grasas y aceites de pescado y de mamíferos marinos, incluso refinados
15.07	Aceites vegetales fijos, fluidos o concretos, brutos, purificados o refinados
15.12	Grasas y aceites animales o vegetales hidrogenados, incluso refinados, pero sin preparación ulterior
15.13	Margarina, sucedáneos de la manteca de cerdo y otras grasas alimenticias preparadas
15.17	Residuos procedentes del tratamiento de los cuerpos grasos o de ceras animales o vegetales
CAPÍTULO 16	Preparados de carnes, de pescados, de crustáceos y de moluscos
CAPÍTULO 17	
17.01	Azucares de remolacha y de caña, en estado solido
17.02	Otros azucares; jarabes; sucedáneos de la miel, incluso mezclados con miel natural; azucares y melazas caramelizadas
17.03	Melazas, incluso decoloradas
17.05	Azúcares, jarabes y melazas aromatizados o con adición de colorantes (incluidos el azúcar con vainilla o vainillina), con excepción de los zumos de frutas con adición de azúcar en cualquier porcentaje
CAPÍTULO 18	
18.01	Cacao en grano, entero o partido, crudo o tostado
18.02	Cáscara, cascarilla, películas y residuos de cacao
CAPÍTULO 20	Preparados de legumbres, hortalizas, de frutas y de otras plantas o partes de plantas

PARTIDAS DE LA NOMENCLATURA DE BRUSELAS	DENOMINACIÓN DE LOS PRODUCTOS
CAPÍTULO 22	
22.04	Mosto de uva parcialmente fermentado, incluso apagado sin utilización de alcohol
22.05	Vinos de uva; mosto de uva apagado con alcohol (incluidas las mistelas)
22.07	Sidra, perada, aguamiel y otras bebidas fermentadas
ex 22.08**	
ex 22.09**	Alcohol etílico desnaturalizado o sin desnaturalizar, de cualquier graduación obtenido de los productos agrícolas que se enumeran en el anexo I, con exclusión de los aguardientes, licores y demás bebidas espirituosas; preparados alcohólicos compuestos (llamados extractos concentrados) para la fabricación de bebidas
22.10**	Vinagre y sus sucedáneos comestibles
CAPÍTULO 23	Residuos y desperdicios de las industrias alimenticias; alimentos preparados para animales
CAPÍTULO 24	
24.01	Tabaco en rama o sin elaborar; desperdicios del tabaco
CAPÍTULO 45	
45.01	Corcho natural en bruto y desperdicios de corcho; corcho triturado, granulado o pulverizado
CAPÍTULO 54	
54.01	Lino en bruto (mieles de lino), enriado, espadado, rastrillado (peinado) o trabajado de otra forma, pero sin hilar; estopas y desperdicios de lino (incluidas las hilachas)
CAPÍTULO 57	
57.01	Cáñamo (Cannabis sativa) en rama, enriado, espadado, rastrillado (peinado) o trabajado de otra forma, pero sin hilar; estopas y desperdicios de cáñamo (incluidas las hilachas)

ANEXO II

PAÍSES Y TERRITORIOS DE ULTRAMAR A LOS QUE SE APLICARÁN LAS DISPOSICIONES DE LA CUARTA PARTE DEL TRATADO DE FUNCIONAMIENTO DE LA UNIÓN EUROPEA

Groenlandia.

Nueva Caledonia y sus dependencias.

Polinesia francesa.

Tierras australes y antárticas francesas.

Islas Wallis y Futuna.

Aruba.

Antillas neerlandesas:

- Bonaire.
- Curaçao.
- Saba.
- San Eustaquio.
- San Marín.

Anguila.

Islas Caimán.

Islas Maldivas (Falkland).

Georgia del Sur e Islas Sándwich del Sur.

Montserrat.

Pitcairn.

Santa Elena y sus dependencias.

Territorio antártico británico.

Territorios británicos del Océano Indico.

Islas Turcas y Caicos.

Islas Vírgenes británicas.

Bermuda.

DECLARACIONES ANEJAS AL ACTA FINAL DE LA CONFERENCIA INTERGUBERNAMENTAL QUE HA ADOPTADO EL TRATADO DE LISBOA. FIRMADO EL 13 DE DICIEMBRE DE 2007

A. Declaraciones relativas a disposiciones de los Tratados

1. Declaración relativa a la Carta de los Derechos Fundamentales de la Unión Europea.

La Carta de los Derechos Fundamentales de la Unión Europea, que tiene carácter jurídicamente vinculante, confirma los derechos fundamentales garantizados por el Convenio Europeo para la Protección de los Derechos Humanos y de las Libertades Fundamentales y tal como resultan de las tradiciones constitucionales comunes a los Estados miembros.

La Carta no amplía el ámbito de aplicación del Derecho de la Unión más allá de las competencias de la Unión ni crea ninguna nueva competencia ni ningún nuevo cometido para la Unión y no modifica las competencias y cometidos definidos por los Tratados.

2. Declaración relativa al apartado 2 del artículo 6 del Tratado de la Unión Europea.

La Conferencia conviene en que la adhesión de la Unión al Convenio Europeo para la Protección de los Derechos Humanos y de las Libertades Fundamentales debería realizarse de manera que se preserven las especificidades del ordenamiento jurídico de la Unión. En este contexto, la Conferencia toma nota de que existe un diálogo regular entre el Tribunal de Justicia de la Unión Europea y el Tribunal Europeo de Derechos Humanos, diálogo que podrá fortalecerse cuando la Unión se adhiera al citado Convenio.

3. Declaración relativa al artículo 8 del Tratado de la Unión Europea.

La Unión tendrá en cuenta la situación particular de los países de pequeña dimensión territorial que mantienen con ella relaciones específicas de proximidad.

4. Declaración relativa a la composición del Parlamento Europeo.

El escaño adicional del Parlamento Europeo se asignará a Italia.

5. Declaración relativa al acuerdo político del Consejo Europeo sobre el proyecto de Decisión relativa a la composición del Parlamento Europeo.

El Consejo Europeo dará su aprobación política al proyecto revisado de Decisión relativa a la composición del Parlamento Europeo para la legislatura 2009 2014, basándose en la propuesta del Parlamento Europeo.

6. Declaración relativa a los apartados 5 y 6 del artículo 15, a los apartados 6 y 7 del artículo 17 y al artículo 18 del Tratado de la Unión Europea.

En la elección de las personas que habrán de desempeñar los cargos de Presidente del Consejo Europeo, Presidente de la Comisión y Alto Representante de la Unión para Asuntos Exteriores y Política de Seguridad deberá tenerse debidamente en cuenta la necesidad de respetar la diversidad geográfica y demográfica de la Unión y de sus Estados miembros.

7. Declaración relativa al apartado 4 del artículo 16 del Tratado de la Unión Europea y al apartado 2 del artículo 238 del Tratado de Funcionamiento de la Unión Europea.

La Conferencia declara que la Decisión relativa a la aplicación del apartado 4 del artículo 16 del Tratado de la Unión Europea y del apartado 2 del artículo 238 del Tratado de Funcionamiento de la Unión Europea será adoptada por el Consejo en la fecha de la firma del Tratado de Lisboa y entrará en vigor el día en que entre en vigor dicho Tratado. El proyecto de Decisión figura a continuación:

Proyecto de Decisión del Consejo relativa a la aplicación del apartado 4 del artículo 16 del Tratado de la Unión Europea y del apartado 2 del artículo 238 del Tratado de Funcionamiento de la Unión Europea entre el 1 de noviembre de 2014 y el 31 de marzo de 2017, por una parte, y a partir del 1 de abril de 2017, por otra.

EL CONSEJO DE LA UNIÓN EUROPEA,

Considerando lo siguiente:

(1) Conviene adoptar unas disposiciones que permitan una transición fluida del sistema de toma de decisiones por mayoría cualificada en el Consejo —definido en el apartado 3 del artículo 3 del Protocolo sobre las disposiciones transitorias, que seguirá aplicándose hasta el 31 de octubre de 2014— al sistema de votación previsto en el apartado 4 del artículo 16 del Tratado de la Unión Europea y en el apartado 2 del artículo 238 del Tratado de Funcionamiento de la Unión Europea, que se aplicará a partir del 1 de noviembre de 2014, incluidas, durante un período transitorio que concluirá el 31 de marzo de 2017, algunas disposiciones específicas previstas en el apartado 2 del artículo 3 de dicho Protocolo.

(2) Se recuerda que es práctica del Consejo hacer todo lo posible por reforzar la legitimidad democrática de los actos adoptados por mayoría cualificada.

DECIDE:

Sección 1
Disposiciones aplicables entre el 1 de noviembre de 2014 y el 31 de marzo de 2017

ARTÍCULO 1

Entre el 1 de noviembre de 2014 y el 31 de marzo de 2017, si un número de miembros del Consejo que represente:

a) al menos las tres cuartas partes de la población, o

b) al menos las tres cuartas partes del número de Estados miembros

necesario para constituir una minoría de bloqueo en aplicación del párrafo primero del apartado 4 del artículo 16 del Tratado de la Unión Europea o del apartado 2 del artículo 238 del Tratado de Funcionamiento de la Unión Europea manifiesta su oposición a que el Consejo adopte un acto por mayoría cualificada, el Consejo debatirá el asunto.

ARTÍCULO 2

En el transcurso de dichos debates, el Consejo hará cuanto esté en su mano para lograr, dentro de un plazo razonable y sin afectar a los plazos obligatorios establecidos en el Derecho de la Unión, una solución satisfactoria para responder a las preocupaciones expuestas por los miembros del Consejo a los que se refiere el artículo 1.

ARTÍCULO 3

A tal fin, el Presidente del Consejo, asistido por la Comisión y dentro del respeto del Reglamento interno del Consejo, tomará todas las iniciativas necesarias para facilitar la consecución de una base de acuerdo más amplia en el Consejo. Los miembros del Consejo le prestarán su ayuda.

Sección 2
Disposiciones aplicables a partir del 1 de abril de 2017

ARTÍCULO 4

A partir del 1 de abril de 2017, si un número de miembros del Consejo que represente:

a) al menos el 55 % de la población, o

b) al menos el 55 % del número de Estados miembros,

necesario para constituir una minoría de bloqueo en aplicación del párrafo primero del apartado 4 del artículo 16 del Tratado de la Unión Europea o del apartado 2 del artículo 238 del Tratado de Funcionamiento de la Unión Europea manifiesta su oposición a que el Consejo adopte un acto por mayoría cualificada, el Consejo debatirá el asunto.

ARTÍCULO 5

En el transcurso de dichos debates, el Consejo hará cuanto esté en su mano para lograr, dentro de un plazo razonable y sin afectar a los plazos obligatorios establecidos en el Derecho de la Unión, una solución satisfactoria para responder a las preocupaciones expuestas por los miembros del Consejo a los que se refiere el artículo 4.

ARTÍCULO 6

A tal fin, el Presidente del Consejo, asistido por la Comisión y dentro del respeto del Reglamento interno del Consejo, tomará todas las iniciativas necesarias para facilitar la consecución de una base de acuerdo más amplia en el Consejo. Los miembros del Consejo le prestarán su ayuda.

Sección 3
Entrada en vigor

ARTÍCULO 7

La presente Decisión entrará en vigor el día de la entrada en vigor del Tratado de Lisboa.

8. Declaración relativa a las medidas prácticas que deberán adoptarse al entrar en vigor el Tratado de Lisboa por lo que respecta a la Presidencia del Consejo Europeo y del Consejo de Asuntos Exteriores.

En caso de que el Tratado de Lisboa entre en vigor después del 1 de enero de 2009, la Conferencia invita a las autoridades competentes del Estado miembro que ejerza la presidencia semestral del Consejo en ese momento, por una parte, y a la personalidad que será elegida Presidente del Consejo Europeo y a la personalidad que será nombrada Alto Representante de la Unión para Asuntos Exteriores y Política de Seguridad, por otra, a adoptar las medidas concretas necesarias, consultando a la presidencia semestral siguiente, que permitan una transición eficaz por lo que respecta a los aspectos materiales y organizativos del ejercicio de la Presidencia del Consejo Europeo y del Consejo de Asuntos Exteriores.

9. Declaración relativa al apartado 9 del artículo 16 del Tratado de la Unión Europea sobre la Decisión del Consejo Europeo relativa al ejercicio de la Presidencia del Consejo.

La Conferencia declara que el Consejo debería empezar a preparar la decisión por la que se fijen los procedimientos de aplicación de la decisión relativa al ejercicio de la Presidencia del Consejo en cuanto se firme el Tratado de Lisboa y aprobarla políticamente en un plazo de seis meses. A continuación, se recoge un proyecto de Decisión del Consejo Europeo, que se adoptará el día de la entrada en vigor de dicho Tratado:

Proyecto de Decisión del Consejo Europeo relativa al ejercicio de la Presidencia del Consejo.

ARTÍCULO 1

1. La presidencia del Consejo, con excepción de la formación de Asuntos Exteriores, será desempeñada por grupos predeterminados de tres Estados miembros durante un período de dieciocho meses. Estos grupos se formarán por rotación igual de los Estados miembros, atendiendo a su diversidad y a los equilibrios geográficos en la Unión.

2. Cada miembro del grupo ejercerá por rotación, durante un período de seis meses, la presidencia de todas las formaciones del Consejo, con excepción de la formación de Asuntos Exteriores. Los demás miembros del grupo asistirán a la presidencia en todas sus responsabilidades con arreglo a un programa común. Los miembros del grupo podrán convenir entre sí otros acuerdos.

ARTÍCULO 2

La presidencia del Comité de Representantes Permanentes de los Gobiernos de los Estados miembros será ejercida por un representante del Estado miembro que presida el Consejo de Asuntos Generales.

La presidencia del Comité Político y de Seguridad será desempeñada por un representante del Alto Representante de la Unión para Asuntos Exteriores y Política de Seguridad.

La presidencia de los órganos preparatorios de las diversas formaciones del Consejo, con excepción de la formación de Asuntos Exteriores, corresponderá al miembro del grupo que presida la formación correspondiente, salvo decisión contraria de conformidad con el artículo 4.

ARTÍCULO 3

El Consejo de Asuntos Generales velará, en cooperación con la Comisión, por la coherencia y la continuidad de los trabajos de las diferentes formaciones del Consejo en el marco de una programación plurianual. Los Estados miembros que ejerzan la presidencia adoptarán, con la ayuda de la Secretaría General del Consejo, todas las disposiciones necesarias para la organización y la buena marcha de los trabajos del Consejo.

ARTÍCULO 4

El Consejo adoptará una decisión por la que se establezcan las medidas de aplicación de la presente Decisión.

10. Declaración relativa al artículo 17 del Tratado de la Unión Europea.

La Conferencia estima que la Comisión, cuando ya no cuente con nacionales de todos los Estados miembros, debería prestar especial atención a la necesidad de garantizar una total transparencia en las relaciones con todos los Estados miembros. En consecuencia, la Comisión debería mantener un estrecho contacto con todos los Estados miembros, independientemente de que éstos tengan o no un nacional como miembro de la Comisión, y, en este contexto, debería prestar especial atención a la necesidad de compartir la información con todos los Estados miembros y consultarlos.

Además, la Conferencia considera que la Comisión debería tomar todas las medidas necesarias para garantizar que se tengan plenamente en cuenta las realidades políticas, sociales y económicas de todos los Estados miembros, incluso las de aquellos que no cuenten con ningún nacional entre los miembros de la Comisión. Dichas medidas deberían incluir la garantía de que la posición de esos Estados miembros se tenga en cuenta mediante la adopción de disposiciones de organización adecuadas.

11. Declaración relativa a los apartados 6 y 7 del artículo 17 del Tratado de la Unión Europea.

La Conferencia entiende que, en virtud de lo dispuesto en los Tratados, el Parlamento Europeo y el Consejo Europeo son responsables conjuntamente de la buena marcha del proceso que conduce a la elección del Presidente de la Comisión Europea. Por consiguiente, antes de la decisión del Consejo Europeo, se mantendrán las necesarias consultas entre representantes del Parlamento Europeo y del Consejo Europeo, en el marco que se estime más oportuno. Dichas consultas, conforme a lo dispuesto en el párrafo primero del apartado 7 del artículo 17, versarán sobre el perfil de los candidatos al cargo de Presidente de la Comisión, teniendo en cuenta las elecciones al Parlamento Europeo. Las condiciones de celebración de dichas consultas podrán precisarse en el momento oportuno, de común acuerdo entre el Parlamento Europeo y el Consejo Europeo.

12. Declaración relativa al artículo 18 del Tratado de la Unión Europea.

1. La Conferencia declara que se mantendrán los contactos oportunos con el Parlamento Europeo durante los trabajos preparatorios que precedan al nombramiento del Alto Representante de la Unión para Asuntos Exteriores y Política de Seguridad, que debe producirse en la fecha de entrada en vigor del Tratado de Lisboa, con arreglo al artículo 18 del Tratado de la Unión Europea y al artículo 5 del Protocolo sobre las disposiciones transitorias, cuyo mandato durará desde la citada fecha hasta el final del mandato de la Comisión que esté en funciones en ese momento.

2. Asimismo, respecto del Alto Representante de la Unión para Asuntos Exteriores y Política de Seguridad cuyo mandato comenzará en noviembre de 2009, al mismo tiempo y con la misma duración que el de la próxima Comisión, la Conferencia recuerda que será nombrado con arreglo a lo dispuesto en los artículos 17 y 18 del Tratado de la Unión Europea.

13. Declaración relativa a la política exterior y de seguridad común.

La Conferencia destaca que las disposiciones del Tratado de la Unión Europea relativas a la política exterior y de seguridad común, como la creación del cargo de Alto Representante de la Unión para Asuntos Exteriores y Política de Seguridad y la creación de un servicio europeo de acción exterior, se entenderán sin perjuicio de las responsabilidades de los Estados miembros, en su estado actual, para la formulación y dirección de su política exterior y sin perjuicio de su representación nacional en terceros países y organizaciones internacionales.

La Conferencia recuerda asimismo que las disposiciones por las que se rige la política común de seguridad y defensa se entienden sin menoscabo del carácter específico de la política de seguridad y defensa de los Estados miembros.

Pone de relieve que la Unión Europea y sus Estados miembros seguirán vinculados por las disposiciones de la Carta de las Naciones Unidas y, en particular, por la responsabilidad primordial del Consejo de Seguridad y de sus Estados miembros de mantener la paz y la seguridad internacionales.

14. Declaración relativa a la política exterior y de seguridad común.

Además de las normas y procedimientos específicos a que se hace referencia en el apartado 1 del artículo 24 del Tratado de la Unión Europea, la Conferencia subraya que las disposiciones referentes a la política exterior y de seguridad común, incluido lo relativo al Alto Representante de la Unión para Asuntos Exteriores y Política de Seguridad y al servicio europeo de acción exterior, no afectarán a las bases jurídicas, responsabilidades y competencias existentes de cada Estado miembro en relación con la formulación y conducción de su política exterior, su servicio diplomático nacional, sus relaciones con terceros países y su participación en organizaciones internacionales, incluida la pertenencia de un Estado miembro al Consejo de Seguridad de las Naciones Unidas.

La Conferencia observa por otro lado que las disposiciones correspondientes a la política exterior y de seguridad común no confieren nuevos poderes de iniciativa de decisiones a la Comisión ni amplían la función del Parlamento Europeo.

La Conferencia también recuerda que las disposiciones por las que se rige la política común de seguridad y defensa se entienden sin menoscabo del carácter específico de la política de seguridad y defensa de los Estados miembros.

15. Declaración relativa al artículo 27 del Tratado de la Unión Europea.

La Conferencia declara que, en cuanto se haya firmado el Tratado de Lisboa, el Secretario General del Consejo, Alto Representante de la Política Exterior y de Seguridad Común, la Comisión y los Estados miembros deberían comenzar los trabajos preparatorios relativos al servicio europeo de acción exterior.

16. Declaración relativa al apartado 2 del artículo 55 del Tratado de la Unión Europea.

La Conferencia considera que la posibilidad de traducir los Tratados en las lenguas a que se refiere el apartado 2 del artículo 55 contribuye a cumplir el objetivo de respetar la riqueza de la diversidad cultural y lingüística de la Unión enunciado en el párrafo cuarto del apartado 3 del artículo 3. En este contexto, la Conferencia confirma el compromiso de la Unión con la diversidad cultural de Europa y la especial atención que seguirá prestando a éstas y otras lenguas.

La Conferencia recomienda que los Estados miembros que deseen acogerse a la posibilidad reconocida en el apartado 2 del artículo 55, comuniquen al Consejo, en un plazo de seis meses a partir de la fecha de la firma del Tratado de Lisboa, la lengua o lenguas a las que se harán traducciones de los Tratados.

17. Declaración relativa a la primacía.

La Conferencia recuerda que, con arreglo a una jurisprudencia reiterada del Tribunal de Justicia de la Unión Europea, los Tratados y el Derecho adoptado por la Unión sobre la base de los mismos priman sobre el Derecho de los Estados miembros, en las condiciones establecidas por la citada jurisprudencia.

Además, la Conferencia ha decidido incorporar a la presente Acta Final el dictamen del Servicio Jurídico del Consejo sobre la primacía, tal como figura en el documento 11197/07 (JUR 260):

«Dictamen del Servicio Jurídico del Consejo de 22 de junio de 2007

Resulta de la jurisprudencia del Tribunal de Justicia que la primacía del Derecho comunitario es un principio fundamental del Derecho comunitario. Según el

Tribunal de Justicia, este principio es inherente a la naturaleza específica de la Comunidad Europea. En el momento de la primera sentencia de esta jurisprudencia constante (Costa/ ENEL, 15 de julio de 1964, asunto 6/64*) el Tratado no contenía mención alguna a la primacía, y todavía hoy sigue sin contenerla. El hecho de que el principio de primacía no esté incluido en el futuro Tratado no cambiará en modo alguno la existencia de este principio ni la jurisprudencia existente del Tribunal de Justicia»[1496].

18. Declaración relativa a la delimitación de las competencias.

La Conferencia subraya que, de conformidad con el sistema de reparto de competencias entre la Unión y los Estados miembros previsto en el Tratado de la Unión Europea y en el Tratado de Funcionamiento de la Unión Europea, las competencias que los Tratados no hayan atribuido a la Unión serán de los Estados miembros.

Cuando los Tratados atribuyan a la Unión una competencia compartida con los Estados miembros en un ámbito determinado, los Estados miembros ejercerán su competencia en la medida en que la Unión no haya ejercido la suya o haya decidido dejar de ejercerla. Esta última situación se plantea cuando las instituciones competentes de la Unión deciden derogar un acto legislativo, en particular para garantizar mejor el respeto constante de los principios de subsidiariedad y proporcionalidad. El Consejo, a iniciativa de uno o varios de sus miembros (representantes de los Estados miembros) y de conformidad con el artículo 241 del Tratado de Funcionamiento de la Unión Europea, podrá pedir a la Comisión que presente propuestas de derogación de un acto legislativo. La Conferencia se congratula de que la Comisión declare que concederá una atención especial a dichas solicitudes.

De igual modo, los representantes de los Gobiernos de los Estados miembros, reunidos en una Conferencia intergubernamental, podrán decidir con arreglo al procedimiento de revisión ordinario previsto en los apartados 2 a 5 del artículo 48 del Tratado de la Unión Europea, modificar los Tratados en los que se fundamenta la Unión, incluso para aumentar o reducir las competencias atribuidas a la Unión en dichos Tratados.

19. Declaración relativa al artículo 8 del Tratado de Funcionamiento de la Unión Europea.

La Conferencia conviene en que, en su empeño general por eliminar las desigualdades entre la mujer y el hombre, la Unión tratará en sus distintas políticas de combatir la violencia doméstica en todas sus formas. Es preciso que los Estados miembros adopten todas las medidas necesarias para prevenir y castigar estos actos delictivos y para prestar apoyo y protección a las víctimas.

20. Declaración relativa al artículo 16 del Tratado de Funcionamiento de la Unión Europea.

La Conferencia declara que, siempre que las normas sobre protección de datos de carácter personal que hayan de adoptarse con arreglo al artículo 16 puedan tener una repercusión directa en la seguridad nacional, habrán de tenerse debidamente en cuenta las características específicas de la cuestión. Recuerda que la legislación actualmente aplicable (véase, en particular, la Directiva 95/46/CE) contiene excepciones específicas a este respecto.

1496 *«(...) se desprende que al Derecho creado por el Tratado, nacido de una fuente autónoma, no se puede oponer, en razón de su específica naturaleza original una norma interna, cualquiera que sea ésta, ante los órganos jurisdiccionales, sin que al mismo tiempo aquél pierda su carácter comunitario y se ponga en tela de juicio la base jurídica misma de la Comunidad».*

21. Declaración relativa a la protección de datos de carácter personal en el ámbito de la cooperación judicial en materia penal y de la cooperación policial.

La Conferencia reconoce que podrían requerirse normas específicas para la protección de datos de carácter personal y la libre circulación de dichos datos en los ámbitos de la cooperación judicial en materia penal y de la cooperación policial que se basen en el artículo 16 del Tratado de Funcionamiento de la Unión Europea, en razón de la naturaleza específica de dichos ámbitos.

22. Declaración relativa a los artículos 48 y 79 del Tratado de Funcionamiento de la Unión Europea.

La Conferencia considera que, en caso de que un proyecto de acto legislativo basado en el apartado 2 del artículo 79 perjudica a aspectos fundamentales del sistema de seguridad social de un Estado miembro, como su ámbito de aplicación, coste o estructura financiera, o afecta al equilibrio financiero de ese sistema, según se recoge en el párrafo segundo del artículo 48, se tendrán debidamente en cuenta los intereses de dicho Estado miembro.

23. Declaración relativa al párrafo segundo del artículo 48 del Tratado de Funcionamiento de la Unión Europea.

La Conferencia recuerda que, en este caso, de conformidad con lo dispuesto en el apartado 4 del artículo 15 del Tratado de la Unión Europea, el Consejo Europeo se pronunciará por consenso.

24. Declaración relativa a la personalidad jurídica de la Unión Europea.

La Conferencia confirma que el hecho de que la Unión Europea tenga personalidad jurídica no autorizará en modo alguno a la Unión a legislar o actuar más allá de las competencias que los Estados miembros le han atribuido en los Tratados.

25. Declaración relativa a los artículos 75 y 215 del Tratado de Funcionamiento de la Unión Europea.

La Conferencia recuerda que el respeto de los derechos y libertades fundamentales implica, en particular, que se preste la debida atención a la protección y al respeto del derecho de las personas físicas o de las entidades de que se trate a disfrutar de las garantías previstas en la ley. Para ello, y con objeto de garantizar un control jurisdiccional estricto de las decisiones por las que se impongan medidas restrictivas a una persona física o a una entidad, dichas decisiones deberán basarse en unos criterios claros y precisos. Estos criterios deberían ajustarse a la especificidad de cada una de las medidas restrictivas.

26. Declaración relativa a la no participación de un Estado miembro en una medida basada en el título V de la tercera parte del Tratado de Funcionamiento de la Unión Europea.

La Conferencia declara que cuando un Estado miembro opte por no participar en una medida basada en el título V de la tercera parte del Tratado de Funcionamiento de la Unión Europea, el Consejo mantendrá un amplio debate sobre las repercusiones y posibles efectos de la no participación de dicho Estado miembro en la medida.

Además, cualquier Estado miembro podrá invitar a la Comisión a examinar la situación sobre la base del artículo 116 del Tratado de Funcionamiento de la Unión Europea.

Los anteriores párrafos se entienden sin perjuicio de la posibilidad de que un Estado miembro eleve al Consejo Europeo esta cuestión.

27. Declaración relativa al párrafo segundo del apartado 1 del artículo 85 del Tratado de Funcionamiento de la Unión Europea.

La Conferencia considera que los reglamentos a que se refiere el párrafo segundo del apartado 1 del artículo 85 del Tratado de Funcionamiento de la Unión Europea deberían tener en cuenta las normas y prácticas nacionales relativas al inicio de investigaciones penales.

28. Declaración relativa al artículo 98 del Tratado de Funcionamiento de la Unión Europea.

La Conferencia toma nota de que las disposiciones del artículo 98 se aplicarán con arreglo a la práctica actual. La frase «las medidas (...) necesarias para compensar las desventajas económicas que la división de Alemania ocasiona a la economía de determinadas regiones de la República Federal, afectadas por esta división» debe interpretarse de acuerdo con la jurisprudencia existente del Tribunal de Justicia de la Unión Europea.

29. Declaración relativa a la letra c) del apartado 2 del artículo 107 del Tratado de Funcionamiento de la Unión Europea.

La Conferencia toma nota de que la letra c) del apartado 2 del artículo 107 debe interpretarse de acuerdo con la jurisprudencia existente del Tribunal de Justicia de la Unión Europea en materia de aplicabilidad de estas disposiciones a las ayudas concedidas a determinadas regiones de la República Federal de Alemania afectadas por la antigua división de Alemania.

30. Declaración relativa al artículo 126 del Tratado de Funcionamiento de la Unión Europea.

Por lo que respecta al artículo 126, la Conferencia confirma que los dos pilares de la política económica y presupuestaria de la Unión y de los Estados miembros consisten en fortalecer el potencial de crecimiento y garantizar unas situaciones presupuestarias saneadas. El Pacto de Estabilidad y Crecimiento es un instrumento importante para lograr estos objetivos.

La Conferencia reitera su adhesión a las disposiciones relativas al Pacto de Estabilidad y Crecimiento, que constituyen el marco en el que se debe efectuar la coordinación de las políticas presupuestarias de los Estados miembros.

La Conferencia confirma que un sistema basado en normas es la mejor garantía de que los compromisos se cumplan y de que todos los Estados miembros sean tratados en condiciones de igualdad.

Dentro de este marco, la Conferencia reitera asimismo su adhesión a los objetivos de la estrategia de Lisboa: creación de empleo, reformas estructurales y cohesión social.

La Unión tiene por objeto lograr un crecimiento económico equilibrado y la estabilidad de los precios. Las políticas económicas y presupuestarias deben, por consiguiente, establecer las prioridades adecuadas en materia de reformas económicas, innovación, competitividad y fortalecimiento de la inversión privada y del consumo en las fases de débil crecimiento económico. Esto debería reflejarse en las orientaciones de las decisiones presupuestarias, tanto a escala nacional como de la Unión, en particular mediante la reestructuración de los ingresos y gastos públicos, dentro del respeto de la disciplina presupuestaria, de conformidad con los Tratados y con el Pacto de Estabilidad y Crecimiento.

Los desafíos presupuestarios y económicos a que hacen frente los Estados miembros ponen de relieve la importancia de una política presupuestaria saneada a lo largo de todo ciclo económico.

La Conferencia conviene en que los Estados miembros deberían aprovechar activamente los períodos de recuperación económica para consolidar sus finanzas públicas y mejorar su situación presupuestaria. El objetivo es lograr de forma gradual un superávit presupuestario en períodos favorables, creando el margen necesario para hacer frente a las fases de recesión y contribuyendo así a la viabilidad a largo plazo de las finanzas públicas.

Los Estados miembros aguardan con interés las posibles propuestas de la Comisión, así como nuevas contribuciones de los Estados miembros encaminadas a reforzar y aclarar la aplicación del Pacto de Estabilidad y Crecimiento. Los Estados miembros tomarán todas las medidas necesarias para aumentar el potencial de crecimiento de sus economías. La mejora de la coordinación de la política económica podría favorecer este objetivo. La presente Declaración no prejuzga el futuro debate sobre el Pacto de Estabilidad y Crecimiento.

31. Declaración relativa al artículo 156 del Tratado de Funcionamiento de la Unión Europea.

La Conferencia confirma que las políticas descritas en el artículo 156 son en lo esencial competencia de los Estados miembros. Las medidas de fomento y de coordinación que hayan de tomarse a escala de la Unión de conformidad con lo dispuesto en ese artículo revisten un carácter complementario. Pretenden reforzar la cooperación entre Estados miembros y no armonizar los sistemas nacionales. Las garantías y los usos vigentes en cada Estado miembro en lo referente a la responsabilidad de los interlocutores sociales no se verán afectadas.

La presente Declaración se entiende sin perjuicio de las disposiciones de los Tratados que atribuyen competencias a la Unión, incluido en el ámbito social.

32. Declaración relativa a la letra c) del apartado 4 del artículo 168 del Tratado de Funcionamiento de la Unión Europea.

La Conferencia declara que las medidas que se adopten en aplicación de la letra c) del apartado 4 del artículo 168 deben respetar los aspectos comunes de seguridad y tener como objetivo establecer normas elevadas de calidad y seguridad cuando, de no ser así, las normas nacionales que afectan al mercado interior representen un obstáculo para alcanzar un nivel elevado de protección de la salud humana.

33. Declaración relativa al artículo 174 del Tratado de Funcionamiento de la Unión Europea.

La Conferencia considera que la expresión «regiones insulares» a que se hace referencia en el artículo 174 puede designar asimismo Estados insulares en su totalidad, siempre que se reúnan las condiciones necesarias.

34. Declaración relativa al artículo 179 del Tratado de Funcionamiento de la Unión Europea.

La Conferencia conviene en que la acción de la Unión en el ámbito de la investigación y el desarrollo tecnológico tendrá debidamente en cuenta las orientaciones y opciones fundamentales contenidas en las políticas de investigación de los Estados miembros.

35. Declaración relativa al artículo 194 del Tratado de Funcionamiento de la Unión Europea.

La Conferencia estima que el artículo 194 no afecta al derecho de los Estados miembros a adoptar las disposiciones necesarias para garantizar su abastecimiento energético en las condiciones establecidas en el artículo 347.

36. Declaración relativa al artículo 218 del Tratado de Funcionamiento de la Unión Europea sobre la negociación y celebración de acuerdos internacionales por los Estados miembros en relación con el espacio de libertad, seguridad y justicia.

La Conferencia confirma que los Estados miembros podrán negociar y celebrar acuerdos con terceros países u organizaciones internacionales en los ámbitos a que hacen referencia los capítulos 3, 4 y 5 del título V de la tercera parte, siempre y cuando dichos acuerdos se ajusten al Derecho de la Unión.

37. Declaración relativa al artículo 222 del Tratado de Funcionamiento de la Unión Europea.

Sin perjuicio de las medidas adoptadas por la Unión para cumplir con su obligación de solidaridad respecto de un Estado miembro que sea objeto de un ataque terrorista o víctima de una catástrofe natural o de origen humano, ninguna de las disposiciones del artículo 222 pretende afectar al derecho de otro Estado miembro de escoger los medios más apropiados para cumplir con su obligación de solidaridad respecto de ese Estado miembro.

38. Declaración relativa al artículo 252 del Tratado de Funcionamiento de la Unión Europea sobre el número de abogados generales del Tribunal de Justicia.

La Conferencia declara que si, en virtud del párrafo primero del artículo 252 del Tratado de Funcionamiento de la Unión Europea, el Tribunal de Justicia solicita aumentar el número de abogados generales en tres personas (es decir, once en vez de ocho), el Consejo, por unanimidad, dará su acuerdo sobre dicho aumento.

En ese caso, la Conferencia acuerda que Polonia, como ya ocurre con Alemania, Francia, Italia, España y el Reino Unido, tendrá un abogado general permanente y no participará ya en el sistema rotatorio. Por otra parte, el actual sistema de rotación afectará a cinco abogados generales en vez de a tres.

39. Declaración relativa al artículo 290 del Tratado de Funcionamiento de la Unión Europea.

La Conferencia toma nota de la intención de la Comisión de seguir consultando a expertos nombrados por los Estados miembros para la elaboración de sus proyectos de actos delegados en el ámbito de los servicios financieros, conforme a su práctica establecida.

40. Declaración relativa al artículo 329 del Tratado de Funcionamiento de la Unión Europea.

La Conferencia declara que, al solicitar el establecimiento de una cooperación reforzada, los Estados miembros podrán indicar si ya en ese momento tienen intención de que se aplique el artículo 333, que dispone la ampliación de la votación por mayoría cualificada, o de recurrir al procedimiento legislativo ordinario.

41. Declaración relativa al artículo 352 del Tratado de Funcionamiento de la Unión Europea.

La Conferencia declara que la referencia que hace el apartado 1 del artículo 352 del Tratado de Funcionamiento de la Unión Europea a los objetivos de la Unión remite a los objetivos enunciados en los apartados 2 y 3 del artículo 3 del Tratado de la Unión Europea y a los objetivos enunciados en el apartado 5 del artículo 3 de dicho Tratado, relativo a la acción exterior, en virtud de la quinta parte del Tratado de Funcionamiento de la Unión Europea. Por consiguiente, una acción basada en el artículo 352 del Tratado de Funcionamiento de la Unión Europea no podrá perseguir únicamente los objetivos contemplados en el apartado 1 del artículo 3 del Tratado de la Unión Europea. A este respecto, la Conferencia señala que, de conformidad con el apartado 1 del artículo 31 del Tratado de la Unión Europea, no podrán adoptarse actos legislativos en el ámbito de la política exterior y de seguridad común.

42. Declaración relativa al artículo 352 del Tratado de Funcionamiento de la Unión Europea.

La Conferencia subraya que, de conformidad con la jurisprudencia reiterada del Tribunal de Justicia de la Unión Europea, el artículo 352 del Tratado de Funcionamiento de la Unión Europea, que forma parte integrante de un ordenamiento institucional basado en el principio de las competencias de atribución, no puede servir de base para ampliar el ámbito de las competencias de la Unión más allá del marco general que establecen las disposiciones de los Tratados en su conjunto, en particular aquellas por las que se definen las funciones y acciones de la Unión. Este artículo no podrá en ningún caso servir de base para adoptar disposiciones que tengan por efecto, en esencia, por sus consecuencias, modificar los Tratados sin seguir el procedimiento que éstos fijan a tal efecto.

43. Declaración relativa al apartado 6 del artículo 355 del Tratado de Funcionamiento de la Unión Europea.

Las Altas Partes Contratantes convienen en que el Consejo Europeo, en aplicación del apartado 6 del artículo 355, adoptará una decisión que dará lugar a la modificación del estatuto de Mayotte respecto de la Unión, con objeto de que dicho territorio pase a ser región ultraperiférica en el sentido del apartado 1 del artículo 355 y del artículo 349, cuando las autoridades francesas notifiquen al Consejo Europeo y a la Comisión que así lo permite la evolución en curso del estatuto interno de la isla.

B. Declaraciones relativas a protocolos anejos al Tratado

44. Declaración relativa al artículo 5 del Protocolo sobre el acervo de Schengen integrado en el marco de la Unión Europea.

La Conferencia toma nota de que el Estado miembro que haya notificado, con arreglo al apartado 2 del artículo 5 del Protocolo sobre el acervo de Schengen integrado en el marco de la Unión Europea, su deseo de no participar en una propuesta o iniciativa podrá retirar dicha notificación en cualquier momento antes de que se adopte la medida para desarrollar el acervo de Schengen.

45. Declaración relativa al apartado 2 del artículo 5 del Protocolo sobre el acervo de Schengen integrado en el marco de la Unión Europea.

La Conferencia declara que, siempre que el Reino Unido o Irlanda indique al Consejo su intención de no participar en una medida para desarrollar una parte del acervo de Schengen en la que uno u otro participe, el Consejo tendrá un amplio debate sobre las posibles repercusiones de la no participación de dicho Estado miembro en la medida. El debate en el seno del Consejo se celebrará a la luz de las indicaciones facilitadas por la Comisión acerca de la relación entre la propuesta y el acervo de Schengen.

46. Declaración relativa al apartado 3 del artículo 5 del Protocolo sobre el acervo de Schengen integrado en el marco de la Unión Europea.

La Conferencia recuerda que, si el Consejo no toma una decisión tras un primer debate sobre el fondo de la cuestión, la Comisión puede presentar una propuesta modificada para que el Consejo realice un nuevo examen adicional de fondo en el plazo de cuatro meses.

47. Declaración relativa a los apartados 3, 4 y 5 del artículo 5 del Protocolo sobre el acervo de Schengen integrado en el marco de la Unión Europea.

La Conferencia toma nota de que las condiciones que se determinen en la decisión a que se refieren los apartados 3, 4 y 5 del artículo 5 del Protocolo sobre el acervo de Schengen integrado en el marco de la Unión Europea podrán suponer que el Estado miembro de que se trate soporte las consecuencias financieras directas que pudieran derivarse, necesaria e inevitablemente, de su decisión de dejar de participar en la totalidad o una parte del acervo contemplado en cualquier decisión adoptada por el Consejo con arreglo al artículo 4 de dicho Protocolo.

48. Declaración relativa al Protocolo sobre la posición de Dinamarca.

La Conferencia toma nota de que Dinamarca declara, en relación con los actos jurídicos que el Consejo adopte por sí solo o conjuntamente con el Parlamento Europeo y que contengan disposiciones aplicables a Dinamarca, así como disposiciones que no le sean aplicables por tener una base jurídica a la que se aplique la parte I del Protocolo sobre la posición de Dinamarca, que no utilizará su derecho de voto para impedir la adopción de las disposiciones que no le sean aplicables.

La Conferencia toma nota asimismo de que Dinamarca, basándose en la Declaración de la Conferencia relativa al artículo 222, declara que su participación en acciones o actos jurídicos en aplicación del artículo 222 se llevará a cabo de conformidad con las partes I y II del Protocolo sobre la posición de Dinamarca.

49. Declaración relativa a Italia.

La Conferencia toma nota de que el Protocolo relativo a Italia, anexo al Tratado constitutivo de la Comunidad Económica Europea de 1957, modificado con ocasión de la adopción del Tratado de la Unión Europea, estipulaba que:

«LAS ALTAS PARTES CONTRATANTES,

DESEANDO resolver determinados problemas particulares que afectan a Italia,

HAN CONVENIDO en las siguientes disposiciones, que se incorporarán como anexo al Tratado:

LOS ESTADOS MIEMBROS DE LA COMUNIDAD

TOMAN NOTA de que el Gobierno italiano ha emprendido la ejecución de un programa decenal de expansión económica, que tiene por objeto corregir los desequilibrios estructurales de la economía italiana, en particular equipando las zonas menos desarrolladas del sur y de las islas y creando nuevos puestos de trabajo a fin de eliminar el desempleo,

RECUERDAN que este programa del Gobierno italiano ha sido tomado en consideración y aprobado en sus principios y objetivos por organizaciones de cooperación internacional de las que ellos son miembros,

RECONOCEN que, en interés común, deben alcanzarse los objetivos del programa italiano,

CONVIENEN, con objeto de facilitar al Gobierno italiano la realización de esta tarea, en recomendar a las instituciones de la Comunidad que apliquen todos los mecanismos y procedimientos previstos en el Tratado, procediendo, en especial, al empleo adecuado de los recursos del Banco Europeo de Inversiones y del Fondo Social Europeo,

SON DEL PARECER que las instituciones de la Comunidad deben tener en cuenta, al aplicar el Tratado, el esfuerzo que la economía italiana habrá de soportar en los próximos años y la conveniencia de evitar que se produzcan tensiones peligrosas, de manera especial en la balanza de pagos o en el nivel de empleo, que podrían comprometer la aplicación de este Tratado en Italia,

RECONOCEN en particular, que, en caso de aplicación de los artículos 109 H y 109 I, habrá que procurar que las medidas solicitadas al Gobierno italiano garanticen el cumplimiento de su programa de expansión económica y de elevación del nivel de vida de la población».

50. Declaración relativa al artículo 10 del Protocolo sobre las disposiciones transitorias.

La Conferencia invita al Parlamento Europeo, al Consejo y a la Comisión a que, en el marco de sus respectivas atribuciones, se esfuercen por adoptar, en los casos pertinentes y, en la medida de lo posible, en el plazo de cinco años mencionado en el apartado 3 del artículo 10 del Protocolo sobre las disposiciones transitorias, actos jurídicos que modifiquen o sustituyan a los actos contemplados en el apartado 1 del artículo 10 de dicho Protocolo.

C. Declaraciones de Estados miembros

51. Declaración del Reino de Bélgica relativa a los Parlamentos nacionales.

Bélgica precisa que, en virtud de su Derecho constitucional, tanto la Cámara de Representantes y el Senado del Parlamento Federal como las Asambleas Parlamentarias de las Comunidades y Regiones actúan, en función de las competencias ejercidas por la Unión, como componentes del sistema parlamentario nacional o Cámaras del Parlamento nacional.

52. Declaración del Reino de Bélgica, de la República de Bulgaria, de la República Federal de Alemania, de la República Helénica, del Reino de España, de la República Italiana, de la República de Chipre, de la República de Lituania, del Gran Ducado de Luxemburgo, de la República de Hungría, de la República de Malta, de la República de Austria, de la República Portuguesa, de Rumanía, de la República de Eslovenia y de la República Eslovaca relativa a los símbolos de la Unión Europea.

Bélgica, Bulgaria, Alemania, Grecia, España, Italia, Chipre, Lituania, Luxemburgo, Hungría, Malta, Austria, Portugal, Rumanía, Eslovenia y Eslovaquia declaran que la bandera que representa un círculo de doce estrellas doradas sobre fondo azul, el himno tomado del «Himno a la Alegría» de la Novena Sinfonía de Ludwig van Beethoven, la divisa «Unida en la diversidad», el euro en tanto que moneda de la Unión Europea y el Día de Europa el 9 de mayo seguirán siendo, para ellos, los símbolos de la pertenencia común de los ciudadanos a la Unión Europea y de su relación con ésta.

53. Declaración de la República Checa relativa a la Carta de los Derechos Fundamentales de la Unión Europea.

1. La República Checa recuerda que las disposiciones de la Carta de los Derechos Fundamentales de la Unión Europea están dirigidas a las instituciones y órganos de la Unión Europea dentro del respeto del principio de subsidiariedad y del reparto de competencias entre la Unión Europea y sus Estados miembros tal como ha sido reafirmado en la Declaración (n.º 18) relativa a la delimitación de las competencias. La República Checa subraya que las disposiciones de la Carta están dirigidas a los Estados miembros únicamente cuando apliquen el Derecho de la Unión y no cuando adopten y apliquen el Derecho nacional independientemente del Derecho de la Unión.

2. La República Checa subraya igualmente que la Carta no amplía el ámbito de aplicación del Derecho de la Unión y no crea ninguna competencia nueva para la Unión. La Carta no reduce el ámbito de aplicación del Derecho nacional y no limita ninguna competencia actual de las autoridades nacionales en este ámbito.

3. La República Checa destaca que, en la medida en que la Carta reconozca derechos y principios fundamentales resultantes de las tradiciones constitucionales comunes a los Estados miembros, dichos derechos y principios se interpretarán en armonía con las citadas tradiciones.

4. La República Checa subraya además que ninguna de las disposiciones de la Carta podrá interpretarse como limitativa o lesiva de los derechos humanos y libertades fundamentales reconocidos, en su respectivo ámbito de aplicación, por el Derecho de la Unión y los convenios internacionales de los que son parte la Unión o todos los Estados miembros, y en particular, el Convenio Europeo para la Protección de los Derechos Humanos y de las Libertades Fundamentales, así como por las constituciones de los Estados miembros.

54. Declaración de la República Federal de Alemania, de Irlanda, de la República de Hungría, de la República de Austria y del Reino de Suecia.

Alemania, Irlanda, Hungría, Austria y Suecia señalan que las disposiciones esenciales del Tratado constitutivo de la Comunidad Europea de la Energía Atómica no se han modificado sustancialmente desde su entrada en vigor y deben actualizarse. Por lo tanto, secundan la idea de celebrar una Conferencia de representantes de los Gobiernos de los Estados miembros, que debería convocarse cuanto antes.

55. Declaración del Reino de España y del Reino Unido de Gran Bretaña e Irlanda del Norte.

Los Tratados se aplicarán a Gibraltar como territorio europeo cuyas relaciones exteriores asume un Estado miembro. Ello no supone modificación alguna de las respectivas posiciones de los Estados miembros de que se trata.

56. Declaración de Irlanda relativa al artículo 3 del Protocolo sobre la posición del Reino Unido y de Irlanda respecto del espacio de libertad, seguridad y justicia.

Irlanda afirma su compromiso con la Unión como espacio de libertad, seguridad y justicia dentro del respeto a los derechos fundamentales y a los distintos sistemas y tradiciones jurídicos de los Estados miembros, en cuyo marco se ofrece a los ciudadanos un alto grado de seguridad.

En consecuencia, Irlanda declara su firme intención de ejercer el derecho que le asiste, en virtud del artículo 3 del Protocolo sobre la posición del Reino Unido y de Irlanda respecto del espacio de libertad, seguridad y justicia, para participar, siempre que sea posible, en la adopción de medidas que entran en el ámbito del título V de la tercera parte del Tratado de Funcionamiento de la Unión Europea.

En particular, Irlanda participará siempre que sea posible en medidas del ámbito de la cooperación policial.

Además, Irlanda recuerda que, de conformidad con el artículo 8 del Protocolo, podrá notificar por escrito al Consejo su deseo de no seguir acogiéndose a las disposiciones del Protocolo. Irlanda tiene intención de revisar el funcionamiento de estas disposiciones en un plazo de tres años desde la entrada en vigor del Tratado de Lisboa.

57. Declaración de la República Italiana relativa a la composición del Parlamento Europeo.

Italia hace constar que de conformidad con los artículos 10 y 14 del Tratado de la Unión Europea, el Parlamento Europeo está compuesto por representantes de los ciudadanos de la Unión, cuya representación está asegurada de forma decrecientemente proporcional.

Italia hace constar igualmente que, en virtud del artículo 9 del Tratado de la Unión Europea y del artículo 20 del Tratado de Funcionamiento de la Unión Europea, es ciudadano de la Unión toda persona que tenga la nacionalidad de un Estado miembro.

Por consiguiente, Italia considera que, sin perjuicio de la decisión relativa a la legislatura 2009 2014, cualquier decisión adoptada por el Consejo Europeo, a iniciativa del Parlamento Europeo y con su aprobación, por la que se fije la composición del Parlamento Europeo, debe respetar los principios contemplados en el párrafo primero del apartado 2 del artículo 14 del Tratado de la Unión Europea.

58. Declaración de la República de Letonia, de la República de Hungría y de la República de Malta relativa a la ortografía del nombre de la moneda única en los Tratados.

Sin perjuicio de la ortografía unificada del nombre de la moneda única de la Unión Europea a que se hace referencia en los Tratados, tal como figura en los billetes y en las monedas, Letonia, Hungría y Malta declaran que la ortografía del nombre de la moneda única, incluidos sus derivados, empleada en el texto en letón, en húngaro y en maltés de los Tratados, no tiene efecto en las normas vigentes de las lenguas letona, húngara y maltesa.

59. Declaración del Reino de los Países Bajos relativa al artículo 312 del Tratado de Funcionamiento de la Unión Europea.

El Reino de los Países Bajos aprobará una decisión a que se refiere el párrafo segundo del apartado 2 del artículo 312 del Tratado de Funcionamiento de la Unión Europea una vez que, mediante una revisión de la decisión contemplada en el párrafo tercero del artículo 311 de dicho Tratado, se haya ofrecido a los Países Bajos una solución satisfactoria de su situación de pagos neta negativa, excesiva con respecto al presupuesto de la Unión.

60. Declaración del Reino de los Países Bajos relativa al artículo 355 del Tratado de Funcionamiento de la Unión Europea.

El Reino de los Países Bajos declara que sólo se presentarán iniciativas para una decisión como la que se contempla en el apartado 6 del artículo 355, encaminada a modificar el estatuto de las Antillas Neerlandesas o de Aruba respecto de la Unión, sobre la base de una decisión adoptada de conformidad con el Estatuto del Reino de los Países Bajos.

61. Declaración de la República de Polonia relativa a la Carta de los Derechos Fundamentales de la Unión Europea.

La Carta no afecta en modo alguno al derecho de los Estados miembros a legislar en el ámbito de la moral pública, del Derecho de familia, así como de la protección de la dignidad humana y del respeto de la integridad humana física y moral.

62. Declaración de la República de Polonia relativa al Protocolo sobre la aplicación de la Carta de los Derechos Fundamentales de la Unión Europea a Polonia y al Reino Unido.

Polonia, teniendo presente la tradición del movimiento social «Solidaridad» y su notable contribución a la lucha por los derechos sociales y del trabajo, declara que respeta plenamente esos derechos, según se establecen en el Derecho de la Unión, y en particular los que se reafirman en el título IV de la Carta de los Derechos Fundamentales de la Unión Europea.

63. Declaración del Reino Unido de Gran Bretaña e Irlanda del Norte relativa a la definición del término «nacionales».

Con respecto a los Tratados y al Tratado constitutivo de la Comunidad Europea de la Energía Atómica, y a cualquier acto derivado de dichos Tratados o que dichos Tratados mantengan en vigor, el Reino Unido reitera su declaración del 31 de diciembre de 1982 sobre la definición del término «nacionales», con la excepción de que la referencia a los «ciudadanos de los territorios dependientes británicos» se entenderá en el sentido de «ciudadanos de los territorios de ultramar británicos».

64. Declaración del Reino Unido de Gran Bretaña e Irlanda del Norte relativa al derecho de voto en las elecciones al Parlamento Europeo.

El Reino Unido observa que ni el artículo 14 del Tratado de la Unión Europea ni otras disposiciones de los Tratados tienen por finalidad modificar la base del derecho de voto para las elecciones al Parlamento Europeo.

65. Declaración del Reino Unido de Gran Bretaña e Irlanda del Norte relativa al artículo 75 del Tratado de Funcionamiento de la Unión Europea.

El Reino Unido apoya plenamente una actuación enérgica en lo que respecta a la adopción de sanciones financieras encaminadas a prevenir y combatir el terrorismo y las actividades conexas. En consecuencia, declara que tiene intención de acogerse al derecho que le asiste en virtud del artículo 3 del Protocolo sobre la posición del Reino Unido y de Irlanda respecto del espacio de libertad, seguridad y justicia, para participar en la adopción de cuantas propuestas se presenten en virtud del artículo 75 del Tratado de Funcionamiento de la Unión Europea.

TABLAS DE CORRESPONDENCIA[1497]
TRATADO DE LA UNIÓN EUROPEA[1498/1499/1500/1501]

NUMERACIÓN ANTERIOR DEL TRATADO DE LA UNIÓN EUROPEA	NUEVA NUMERACIÓN DEL TRATADO DE LA UNIÓN EUROPEA
Título I. Disposiciones comunes	Título I. Disposiciones comunes
Artículo 1	Artículo 1
	Artículo 2
Artículo 2	Artículo 3
Artículo 3 (derogado)[1490]	
	Artículo 4
	Artículo 5[1491]
Artículo 4 (derogado)[1492]	
Artículo 5 (derogado)[1493]	
Artículo 6	Artículo 6
Artículo 7	Artículo 7
	Artículo 8
Título II. Disposiciones por las que se modifica el Tratado constitutivo de la Comunidad Económica Europea con el fin de constituir la Comunidad Europea	Título II. Disposiciones sobre los principios democráticos

1497 Estas dos tablas proceden de las tablas que figuran en el artículo 5 del Tratado de Lisboa, sin la columna central que recogía la numeración intermedia contenida en el Tratado de Lisboa.

1498 Sustituido, en sustancia, por el artículo 7 del Tratado de Funcionamiento de la Unión Europea (en lo sucesivo TFUE) y por los artículos 13, apartado 1 y 21, apartado 3, párrafo segundo, del Tratado de la Unión Europea (en lo sucesivo Tratado UE).

1499 Sustituye al artículo 5 del Tratado constitutivo de la Comunidad Europea (en lo sucesivo Tratado CE).

1500 Sustituido, en sustancia, por el artículo 15.

1501 Sustituido, en sustancia, por el artículo 13, apartado 2.

NUMERACIÓN ANTERIOR DEL TRATADO DE LA UNIÓN EUROPEA	NUEVA NUMERACIÓN DEL TRATADO DE LA UNIÓN EUROPEA
Artículo 8 (derogado)[1502]	Artículo 9
	Artículo 10[1503]
	Artículo 11
	Artículo 12
Título III. Disposiciones por las que se modifica el Tratado constitutivo de la Comunidad Europea del carbón y del acero	Título III. Disposiciones sobre las instituciones
Artículo 9 (derogado)[1504]	Artículo 13
	Artículo 14[1505]
	Artículo 15[1506]
	Artículo 16[1507]
	Artículo 17[1508]
	Artículo 18
	Artículo 19[1509]

1502 El artículo 8 del Tratado UE vigente antes de la entrada en vigor del Tratado de Lisboa (en lo sucesivo el actual Tratado UE) modificaba el Tratado CE. Estas modificaciones se han incorporado en este último Tratado y se deroga el artículo 8. Su número se utiliza para insertar una nueva disposición.

1503 El apartado 4 sustituye, en sustancia, al artículo 191, párrafo primero, del Tratado CE.

1504 El artículo 9 del actual Tratado UE modificaba el Tratado constitutivo de la Comunidad Europea del Carbón y del Acero. Este último Tratado expiró el 23 de julio de 2002. Se deroga el artículo 9 y su número se utiliza para insertar otra disposición.

1505 Los apartados 1 y 2 sustituyen, en sustancia, al artículo 189 del Tratado CE;
- los apartados 1 a 3 sustituyen, en sustancia, al artículo 190, apartados 1 a 3 del Tratado CE;
- el apartado 1 sustituye, en sustancia, al artículo 192, párrafo primero, del Tratado CE;
- el apartado 4 sustituye, en sustancia, al artículo 197, párrafo primero, del Tratado CE.

1506 Sustituye, en sustancia, al artículo 4.

1507 El apartado 1 sustituye, en sustancia, al artículo 202, primer y segundo guiones, del Tratado CE;
- los apartados 2 y 9 sustituyen, en sustancia, al artículo 203 del Tratado CE.
- los apartados 4 y 5 sustituyen, en sustancia, al artículo 205, apartados 2 y 4, del Tratado CE.

1508 El apartado 1 sustituye, en sustancia, al artículo 211 del Tratado CE;
- los apartados 3 y 7 sustituyen, en sustancia, al artículo 214 del Tratado CE;
- el apartado 6 sustituye, en sustancia, al artículo 217, apartados 1, 3 y 4, del Tratado CE.

1509 Sustituye, en sustancia, al artículo 220 del Tratado CE.
El apartado 2, párrafo primero, sustituye, en sustancia, al artículo 221, párrafo primero, del Tratado CE.

NUMERACIÓN ANTERIOR DEL TRATADO DE LA UNIÓN EUROPEA	NUEVA NUMERACIÓN DEL TRATADO DE LA UNIÓN EUROPEA
Título IV. Disposiciones por las que se modifica el Tratado constitutivo de la Comunidad Europea de la energía atómica	Título IV. Disposiciones sobre las cooperaciones reforzadas
Artículo 10 (derogado)[1510]	Artículo 20[1511]
Artículos 27 A a 27 E (sustituidos)	
Artículos 40 a 40 B (sustituidos)	
Artículos 43 a 45 (sustituidos)	
Título V. Disposiciones relativas a la política exterior y de seguridad común	Título V. Disposiciones generales relativas a la acción exterior de la Unión y disposiciones específicas relativas a la política exterior y de seguridad común
	Capítulo 1. Disposiciones generales relativas a la acción exterior de la Unión
	Artículo 21
	Artículo 22
	Capítulo 2. Disposiciones específicas sobre la política exterior y de seguridad común
	Sección 1. Disposiciones comunes
	Artículo 23
Artículo 11	Artículo 24
Artículo 12	Artículo 25
Artículo 13	Artículo 26
	Artículo 27
Artículo 14	Artículo 28
Artículo 15	Artículo 29
Artículo 22 (desplazado)	Artículo 30
Artículo 23 (desplazado)	Artículo 31
Artículo 16	Artículo 32
Artículo 17 (desplazado)	*Artículo 42*
Artículo 18	Artículo 33

1510 El artículo 10 del actual Tratado UE modificaba el Tratado constitutivo de la Comunidad Europea de la Energía Atómica. Estas modificaciones se han incorporado en este último Tratado y se deroga el artículo 10. Su número se utiliza para insertar otra disposición.

1511 Sustituye también a los artículos 11 y 11 A del Tratado CE.

NUMERACIÓN ANTERIOR DEL TRATADO DE LA UNIÓN EUROPEA	NUEVA NUMERACIÓN DEL TRATADO DE LA UNIÓN EUROPEA
Artículo 19	Artículo 34
Artículo 20	Artículo 35
Artículo 21	Artículo 36
Artículo 22 (desplazado)	*Artículo 30*
Artículo 23 (desplazado)	*Artículo 31*
Artículo 24	Artículo 37
Artículo 25	Artículo 38
	Artículo 39
Artículo 47 (desplazado)	Artículo 40
Artículo 26 (derogado)	
Artículo 27 (derogado)	
Artículo 27 A (sustituido)[1515]	*Artículo 20*
Artículo 27 B (sustituido)[1515]	*Artículo 20*
Artículo 27 C (sustituido)[1515]	*Artículo 20*
Artículo 27 D (sustituido)[1515]	*Artículo 20*
Artículo 27 E (sustituido)[1512]	*Artículo 20*
Artículo 28	Artículo 41
	Sección 2. Disposiciones sobre la política común de seguridad y defensa
Artículo 17 (desplazado)	Artículo 42
	Artículo 43
	Artículo 44
	Artículo 45
	Artículo 46
Título VI. Disposiciones relativas a la cooperación policial y judicial en materia penal (derogado)[1513]	

1512 Los artículos 27 A a 27 E del actual Tratado UE, relativos a la cooperación reforzada, se sustituyen también por los artículos 326 a 334 del TFUE.

1513 Las disposiciones del título VI del actual Tratado UE, relativas a la cooperación policial y

NUMERACIÓN ANTERIOR DEL TRATADO DE LA UNIÓN EUROPEA	NUEVA NUMERACIÓN DEL TRATADO DE LA UNIÓN EUROPEA
Artículo 29 (sustituido)[1514]	
Artículo 30 (sustituido)[1515]	
Artículo 31 (sustituido)[1516]	
Artículo 32 (sustituido)[1517]	
Artículo 33 (sustituido)[1518]	
Artículo 34 (derogado)	
Artículo 35 (derogado)	
Artículo 36 (sustituido)[1519]	
Artículo 37 (derogado)	
Artículo 38 (derogado)	
Artículo 39 (derogado)	
Artículo 40 (sustituido)[1520]	*Artículo 20*
Artículo 40 A (sustituido)[1523]	*Artículo 20*
Artículo 40 B (sustituido)[1523]	*Artículo 20*
Artículo 41 (derogado)	
Artículo 42 (derogado)	
Título VII. Disposiciones sobre una cooperación reforzada (sustituido)[1524]	*Título IV. Disposiciones sobre las cooperaciones reforzadas*
Artículo 43 (sustituido)[1524]	*Artículo 20*
Artículo 43 A (sustituido)[1524]	*Artículo 20*
Artículo 43 B (sustituido)[1524]	*Artículo 20*
Artículo 44 (sustituido)[1524]	*Artículo 20*
Artículo 44 A (sustituido)[1524]	*Artículo 20*

judicial en materia penal, se sustituyen por las disposiciones de los capítulos 1, 4 y 5 del título V de la tercera parte del TFUE.

1514 Sustituido por el artículo 67 del TFUE.

1515 Sustituido por los artículos 87 y 88 del TFUE.

1516 Sustituido por los artículos 82, 83 y 85 del TFUE.

1517 Sustituido por el artículo 89 del TFUE

1518 Sustituido por el artículo 72 del TFUE.

1519 Sustituido por el artículo 71 del TFUE.

1520 Los artículos 40 a 40 B del actual Tratado UE, relativos a la cooperación reforzada, se sustituyen también por los artículos 326 a 334 del TFUE.

NUMERACIÓN ANTERIOR DEL TRATADO DE LA UNIÓN EUROPEA	NUEVA NUMERACIÓN DEL TRATADO DE LA UNIÓN EUROPEA
Artículo 45 (sustituido)[1521]	*Artículo 20*
Título VIII. Disposiciones finales	Título VI. Disposiciones finales
Artículo 46 (derogado)	
	Artículo 47
Artículo 47 (sustituido)	*Artículo 40*
Artículo 48	Artículo 48
Artículo 49	Artículo 49
	Artículo 50
	Artículo 51
	Artículo 52
Artículo 50 (derogado)	
Artículo 51	Artículo 53
Artículo 52	Artículo 54
Artículo 53	Artículo 55

1521 Los artículos 43 a 45 y el título VII del actual Tratado UE, relativos a la cooperación reforzada, se sustituyen también por los artículos 326 a 334 del TFUE (que pasan a ser 326 a 334).

TRATADO DE FUNCIONAMIENTO DE LA UNIÓN EUROPEA

NUMERACIÓN ANTERIOR DEL TRATADO CONSTITUTIVO DE LA COMUNIDAD EUROPEA	NUEVA NUMERACIÓN DEL TRATADO DE FUNCIONAMIENTO DE LA UNIÓN EUROPEA
Primera parte. Principios	Primera parte. Principios
Artículo 1 (derogado)	
	Artículo 1
Artículo 2 (derogado)[1522]	
	Título I. Categorías y ámbitos de competencias de la Unión
	Artículo 2
	Artículo 3
	Artículo 4
	Artículo 5
	Artículo 6
	Título II. Disposiciones de aplicación general
	Artículo 7
Artículo 3, apartado 1 (derogado)[1523]	
Artículo 3, apartado 2	Artículo 8
Artículo 4 (desplazado)	*Artículo 119*
Artículo 5 (sustituido)[1524]	
	Artículo 9
	Artículo 10
Artículo 6	Artículo 11
Artículo 153, apartado 2 (desplazado)	Artículo 12

1522 Sustituido, en sustancia, por el artículo 3 del Tratado UE.

1523 Sustituido, en sustancia, por los artículos 3 a 6 del TFUE.

1524 Sustituido por el artículo 5 del Tratado UE.

NUMERACIÓN ANTERIOR DEL TRATADO CONSTITUTIVO DE LA COMUNIDAD EUROPEA	NUEVA NUMERACIÓN DEL TRATADO DE FUNCIONAMIENTO DE LA UNIÓN EUROPEA
	Artículo 13[1525]
Artículo 7 (derogado)[1526]	
Artículo 8 (derogado)[1527]	
Artículo 9 (derogado)	
Artículo 10 (derogado)[1528]	
Artículo 11 (sustituido)[1532]	*Artículos 326 a 334*
Artículo 11 A (sustituido)[1529]	*Artículos 326 a 334*
Artículo 12 (desplazado)	Artículo 18
Artículo 13 (desplazado)	Artículo 19
Artículo 14 (desplazado)	*Artículo 26*
Artículo 15 (desplazado)	*Artículo 27*
Artículo 16	Artículo 14
Artículo 255 (desplazado)	Artículo 15
Artículo 286 (sustituido)	Artículo 16
	Artículo 17
Segunda parte. Ciudadanía de la Unión	Segunda parte. No discriminación y ciudadanía de la Unión
Artículo 12 (desplazado)	Artículo 18
Artículo 13 (desplazado)	Artículo 19
Artículo 17	Artículo 20
Artículo 18	Artículo 21
Artículo 19	Artículo 22
Artículo 20	Artículo 23
Artículo 21	Artículo 24
Artículo 22	Artículo 25

1525 Se inserta el dispositivo del Protocolo sobre la protección y el bienestar de los animales.

1526 Sustituido, en sustancia, por el artículo 13 del Tratado UE.

1527 Sustituido, en sustancia, por el artículo 13 del Tratado UE y por el artículo 282, apartado 1, del TFUE.

1528 Sustituido, en sustancia, por el artículo 4, apartado 3, del Tratado UE.

1529 Sustituido también por el artículo 20 del Tratado UE.

NUMERACIÓN ANTERIOR DEL TRATADO CONSTITUTIVO DE LA COMUNIDAD EUROPEA	NUEVA NUMERACIÓN DEL TRATADO DE FUNCIONAMIENTO DE LA UNIÓN EUROPEA
Tercera parte. Políticas de la Comunidad	Tercera parte. Políticas y acciones internas de la Unión
	Título I. Mercado interior
Artículo 14 (desplazado)	Artículo 26
Artículo 15 (desplazado)	Artículo 27
Título I. Libre circulación de mercancías	Título II. Libre circulación de mercancías
Artículo 23	Artículo 28
Artículo 24	Artículo 29
Capítulo 1. Unión aduanera	Capítulo 1. Unión aduanera
Artículo 25	Artículo 30
Artículo 26	Artículo 31
Artículo 27	Artículo 32
Tercera parte, Título X, Cooperación aduanera (desplazado)	Capítulo 2. Cooperación aduanera
Artículo 135 (desplazado)	Artículo 33
Capítulo 2. Prohibición de las restricciones cuantitativas entre los Estados miembros	Capítulo 3. Prohibición de las restricciones cuantitativas entre los Estados miembros
Artículo 28	Artículo 34
Artículo 29	Artículo 35
Artículo 30	Artículo 36
Artículo 31	Artículo 37
Título II. Agricultura	Título III. Agricultura y Pesca
Artículo 32	Artículo 38
Artículo 33	Artículo 39
Artículo 34	Artículo 40
Artículo 35	Artículo 41
Artículo 36	Artículo 42
Artículo 37	Artículo 43
Artículo 38	Artículo 44
Título III. Libre circulación de personas, servicios y capitales	Título IV. Libre circulación de personas, servicios y capitales
Capítulo 1. Trabajadores	Capítulo 1. Trabajadores
Artículo 39	Artículo 45
Artículo 40	Artículo 46

NUMERACIÓN ANTERIOR DEL TRATADO CONSTITUTIVO DE LA COMUNIDAD EUROPEA	NUEVA NUMERACIÓN DEL TRATADO DE FUNCIONAMIENTO DE LA UNIÓN EUROPEA
Artículo 41	Artículo 47
Artículo 42	Artículo 48
Capítulo 2. Derecho de establecimiento	Capítulo 2. Derecho de establecimiento
Artículo 43	Artículo 49
Artículo 44	Artículo 50
Artículo 45	Artículo 51
Artículo 46	Artículo 52
Artículo 47	Artículo 53
Artículo 48	Artículo 54
Artículo 294 (desplazado)	Artículo 55
Capítulo 3. Servicios	Capítulo 3. Servicios
Artículo 49	Artículo 56
Artículo 50	Artículo 57
Artículo 51	Artículo 58
Artículo 52	Artículo 59
Artículo 53	Artículo 60
Artículo 54	Artículo 61
Artículo 55	Artículo 62
Capítulo 4. Capital y pagos	Capítulo 4. Capital y pagos
Artículo 56	Artículo 63
Artículo 57	Artículo 64
Artículo 58	Artículo 65
Artículo 59	Artículo 66
Artículo 60 (desplazado)	*Artículo 75*
Título IV. Visados, asilo, inmigración y otras políticas relacionadas con la libre circulación de personas	Título V. Espacio de libertad, seguridad y justicia
	Capítulo 1. Disposiciones generales
Artículo 61	Artículo 67[1530]
	Artículo 68
	Artículo 69
	Artículo 70

1530 Sustituye también al artículo 29 del actual Tratado UE.

NUMERACIÓN ANTERIOR DEL TRATADO CONSTITUTIVO DE LA COMUNIDAD EUROPEA	NUEVA NUMERACIÓN DEL TRATADO DE FUNCIONAMIENTO DE LA UNIÓN EUROPEA
	Artículo 71[1531]
Artículo 64, apartado 1 (sustituido)	Artículo 72[1532]
	Artículo 73
Artículo 66 (sustituido)	Artículo 74
Artículo 60 (desplazado)	Artículo 75
	Artículo 76
	Capítulo 2. Políticas sobre controles en las fronteras, asilo e inmigración
Artículo 62	Artículo 77
Artículo 63, puntos 1 y 2 y Artículo 64, apartado 2[1533]	Artículo 78
Artículo 63, puntos 3 y 4	Artículo 79
	Artículo 80
Artículo 64, apartado 1 (sustituido)	*Artículo 72*
	Capítulo 3. Cooperación judicial en materia civil
Artículo 65	Artículo 81
Artículo 66 (sustituido)	*Artículo 74*
Artículo 67 (derogado)	
Artículo 68 (derogado)	
Artículo 69 (derogado)	
	Capítulo 4. Cooperación judicial en materia penal
	Artículo 82[1537]
	Artículo 83[1537]
	Artículo 84
	Artículo 85[1534]
	Artículo 86
	Capítulo 5. Cooperación policial

1531 Sustituye al artículo 36 del actual Tratado UE.

1532 Sustituye también al artículo 33 del actual Tratado UE.

1533 El artículo 63, puntos 1 y 2, del Tratado CE se sustituye por el artículo 78, apartados 1 y 2, del TFUE y el artículo 64, apartado 2, se sustituye por el artículo 78, apartado 3, del TFUE.

1534 Sustituye al artículo 31 del actual Tratado UE.

NUMERACIÓN ANTERIOR DEL TRATADO CONSTITUTIVO DE LA COMUNIDAD EUROPEA	NUEVA NUMERACIÓN DEL TRATADO DE FUNCIONAMIENTO DE LA UNIÓN EUROPEA
	Artículo 87[1538]
	Artículo 88[1535]
	Artículo 89[1536]
Título V. Transportes	Título VI. Transportes
Artículo 70	Artículo 90
Artículo 71	Artículo 91
Artículo 72	Artículo 92
Artículo 73	Artículo 93
Artículo 74	Artículo 94
Artículo 75	Artículo 95
Artículo 76	Artículo 96
Artículo 77	Artículo 97
Artículo 78	Artículo 98
Artículo 79	Artículo 99
Artículo 80	Artículo 100
Título VI. Normas comunes sobre competencia, fiscalidad y aproximación de las legislaciones	Título VII. Normas comunes sobre competencia, fiscalidad y aproximación de las legislaciones
Capítulo 1. Normas sobre competencia	Capítulo 1. Normas sobre competencia
Sección primera. Disposiciones aplicables a las empresas	Sección primera. Disposiciones aplicables a las empresas
Artículo 81	Artículo 101
Artículo 82	Artículo 102
Artículo 83	Artículo 103
Artículo 84	Artículo 104
Artículo 85	Artículo 105
Artículo 86	Artículo 106
Sección segunda. Ayudas otorgadas por los Estados	Sección segunda. Ayudas otorgadas por los Estados
Artículo 87	Artículo 107
Artículo 88	Artículo 108

1535 Sustituye al artículo 30 del actual Tratado UE.

1536 Sustituye al artículo 32 del actual Tratado UE.

NUMERACIÓN ANTERIOR DEL TRATADO CONSTITUTIVO DE LA COMUNIDAD EUROPEA	NUEVA NUMERACIÓN DEL TRATADO DE FUNCIONAMIENTO DE LA UNIÓN EUROPEA
Artículo 89	Artículo 109
Capítulo 2. Disposiciones fiscales	Capítulo 2. Disposiciones fiscales
Artículo 90	Artículo 110
Artículo 91	Artículo 111
Artículo 92	Artículo 112
Artículo 93	Artículo 113
Capítulo 3. Aproximación de las legislaciones	Capítulo 3. Aproximación de las legislaciones
Artículo 95 (desplazado)	Artículo 114
Artículo 94 (desplazado)	Artículo 115
Artículo 96	Artículo 116
Artículo 97	Artículo 117
	Artículo 118
Título VII. Política económica y monetaria	Título VIII. Política económica y monetaria
Artículo 4 (desplazado)	Artículo 119
Capítulo 1. Política económica	Capítulo 1. Política económica
Artículo 98	Artículo 120
Artículo 99	Artículo 121
Artículo 100	Artículo 122
Artículo 101	Artículo 123
Artículo 102	Artículo 124
Artículo 103	Artículo 125
Artículo 104	Artículo 126
Capítulo 2. Política monetaria	Capítulo 2. Política monetaria
Artículo 105	Artículo 127
Artículo 106	Artículo 128
Artículo 107	Artículo 129
Artículo 108	Artículo 130
Artículo 109	Artículo 131
Artículo 110	Artículo 132
Artículo 111, apartados 1 a 3 y 5 (desplazados)	*Artículo 219*
Artículo 111, apartado 4 (desplazado)	*Artículo 138*

NUMERACIÓN ANTERIOR DEL TRATADO CONSTITUTIVO DE LA COMUNIDAD EUROPEA	NUEVA NUMERACIÓN DEL TRATADO DE FUNCIONAMIENTO DE LA UNIÓN EUROPEA
	Artículo 133
Capítulo 3. Disposiciones institucionales	Capítulo 3. Disposiciones institucionales
Artículo 112 (desplazado)	*Artículo 283*
Artículo 113 (desplazado)	*Artículo 284*
Artículo 114	Artículo 134
Artículo 115	Artículo 135
	Capítulo 4. Disposiciones específicas para los Estados miembros cuya moneda es el euro
	Artículo 136
	Artículo 137
Artículo 111, apartado 4 (desplazado)	Artículo 138
Capítulo 4. Disposiciones transitorias	Capítulo 5. Disposiciones transitorias
Artículo 116 (derogado)	
	Artículo 139
Artículo 117, apartados 1, 2, sexto guion, y 3 a 9 (derogados)	
Artículo 117, apartado 2, cinco primeros guiones (desplazados)	*Artículo 141, apartado 2*
Artículo 121, apartado 1 (desplazado) *Artículo 122, apartado 2, segunda frase (desplazado)* *Artículo 123, apartado 5 (desplazado)*	Artículo 140[1537]
Artículo 118 (derogado)	
Artículo 123, apartado 3 (desplazado) *Artículo 117, apartado 2, cinco primeros guiones (desplazado)*	Artículo 141[1538]
Artículo 124, apartado 1 (desplazado)	Artículo 142
Artículo 119	Artículo 143
Artículo 120	Artículo 144
Artículo 121, apartado 1 (desplazado)	*Artículo 140, apartado 1*

1537 El artículo 140, apartado 1, recoge el apartado 1 del artículo 121.
- El artículo 140, apartado 2, recoge la segunda frase del apartado 2 del artículo 122.
- El artículo 140, apartado 3, recoge el apartado 5 del artículo 123.

1538 - El artículo 141, apartado 1, recoge el apartado 3 del artículo 123.
- El artículo 141, apartado 2, recoge los cinco primeros guiones del apartado 2 del artículo 117.

NUMERACIÓN ANTERIOR DEL TRATADO CONSTITUTIVO DE LA COMUNIDAD EUROPEA	NUEVA NUMERACIÓN DEL TRATADO DE FUNCIONAMIENTO DE LA UNIÓN EUROPEA
Artículo 121, apartados 2 a 4 (derogados)	
Artículo 122, apartados 1, 2, primera frase, 3, 4, 5 y 6 (derogados)	
Artículo 122, apartado 2, segunda frase (desplazado)	*Artículo 140, apartado 2, párrafo primero*
Artículo 123, apartados 1, 2 y 4 (derogados)	
Artículo 123, apartado 3 (desplazado)	*Artículo 141, apartado 1*
Artículo 123, apartado 5 (desplazado)	*Artículo 140, apartado 3*
Artículo 124, apartado 1 (desplazado)	*Artículo 142*
Artículo 124, apartado 2 (derogado)	
Título VIII. Empleo	Título IX. Empleo
Artículo 125	Artículo 145
Artículo 126	Artículo 146
Artículo 127	Artículo 147
Artículo 128	Artículo 148
Artículo 129	Artículo 149
Artículo 130	Artículo 150
Título IX. Política comercial común (desplazado)	*Quinta parte, Título II, Política comercial común*
Artículo 131 (desplazado)	*Artículo 206*
Artículo 132 (derogado)	
Artículo 133 (desplazado)	*Artículo 207*
Artículo 134 (derogado)	
Título X. Cooperación aduanera (desplazado)	*Tercera parte, Título II, Capítulo 2, Cooperación aduanera*
Artículo 135 (desplazado)	*Artículo 33*
Título XI. Política social, de educación, de formación profesional y de juventud	Título X. Política social
Capítulo 1. Disposiciones sociales (derogado)	
Artículo 136	Artículo 151
	Artículo 152
Artículo 137	Artículo 153
Artículo 138	Artículo 154

NUMERACIÓN ANTERIOR DEL TRATADO CONSTITUTIVO DE LA COMUNIDAD EUROPEA	NUEVA NUMERACIÓN DEL TRATADO DE FUNCIONAMIENTO DE LA UNIÓN EUROPEA
Artículo 139	Artículo 155
Artículo 140	Artículo 156
Artículo 141	Artículo 157
Artículo 142	Artículo 158
Artículo 143	Artículo 159
Artículo 144	Artículo 160
Artículo 145	Artículo 161
Capítulo 2. El Fondo Social Europeo	Título XI. El Fondo Social Europeo
Artículo 146	Artículo 162
Artículo 147	Artículo 163
Artículo 148	Artículo 164
Capítulo 3. Educación, formación profesional y juventud	Título XII. Educación, formación profesional, juventud y deporte
Artículo 149	Artículo 165
Artículo 150	Artículo 166
Título XII. Cultura	Título XIII. Cultura
Artículo 151	Artículo 167
Título XIII. Salud pública	Título XIV. Salud pública
Artículo 152	Artículo 168
Título XIV. Protección de los consumidores	Título XV. Protección de los consumidores
Artículo 153, apartados 1, 3, 4 y 5	Artículo 169
Artículo 153, apartado 2 (desplazado)	*Artículo 12*
Título XV. Redes transeuropeas	Título XVI. Redes transeuropeas
Artículo 154	Artículo 170
Artículo 155	Artículo 171
Artículo 156	Artículo 172
Título XVI. Industria	Título XVII. Industria
Artículo 157	Artículo 173
Título XVII. Cohesión económica y social	Título XVIII. Cohesión económica, social y territorial
Artículo 158	Artículo 174
Artículo 159	Artículo 175
Artículo 160	Artículo 176

NUMERACIÓN ANTERIOR DEL TRATADO CONSTITUTIVO DE LA COMUNIDAD EUROPEA	NUEVA NUMERACIÓN DEL TRATADO DE FUNCIONAMIENTO DE LA UNIÓN EUROPEA
Artículo 161	Artículo 177
Artículo 162	Artículo 178
Título XVIII. Investigación y desarrollo tecnológico	Título XIX. Investigación y desarrollo tecnológico y espacio
Artículo 163	Artículo 179
Artículo 164	Artículo 180
Artículo 165	Artículo 181
Artículo 166	Artículo 182
Artículo 167	Artículo 183
Artículo 168	Artículo 184
Artículo 169	Artículo 185
Artículo 170	Artículo 186
Artículo 171	Artículo 187
Artículo 172	Artículo 188
	Artículo 189
Artículo 173	Artículo 190
Título XIX. Medio ambiente	Título XX. Medio ambiente
Artículo 174	Artículo 191
Artículo 175	Artículo 192
Artículo 176	Artículo 193
	Título XXI. Energía
	Artículo 194
	Título XXII. Turismo
	Artículo 195
	Título XXIII. Protección civil
	Artículo 196
	Título XXIV. Cooperación administrativa
	Artículo 197
Título XX. Cooperación al desarrollo (desplazado)	*Quinta parte, Título III, Capítulo 1, Cooperación para el desarrollo*
Artículo 177 (desplazado)	*Artículo 208*
Artículo 178 (derogado)[1539]	

1539 Sustituido, en sustancia, por el artículo 208, apartado 1, párrafo segundo, segunda frase,

NUMERACIÓN ANTERIOR DEL TRATADO CONSTITUTIVO DE LA COMUNIDAD EUROPEA	NUEVA NUMERACIÓN DEL TRATADO DE FUNCIONAMIENTO DE LA UNIÓN EUROPEA
Artículo 179 (desplazado)	*Artículo 209*
Artículo 180 (desplazado)	*Artículo 210*
Artículo 181 (desplazado)	*Artículo 211*
Título XXI. Cooperación económica, financiera y técnica con terceros países (desplazado)	*Quinta parte, Título III, Capítulo 2, Cooperación económica, financiera y técnica con terceros países*
Artículo 181 A (desplazado)	*Artículo 212*
Cuarta parte. Asociación de los países y territorios de ultramar	Cuarta parte. Asociación de los países y territorios de ultramar
Artículo 182	Artículo 198
Artículo 183	Artículo 199
Artículo 184	Artículo 200
Artículo 185	Artículo 201
Artículo 186	Artículo 202
Artículo 187	Artículo 203
Artículo 188	Artículo 204
	Quinta parte. Acción exterior de la Unión
	Título I. Disposiciones generales relativas a la acción exterior de la Unión
	Artículo 205
Tercera parte, Título IX, Política comercial común (desplazado)	Título II. Política comercial común
Artículo 131 (desplazado)	Artículo 206
Artículo 133 (desplazado)	Artículo 207
	Título III. Cooperación con terceros países y ayuda humanitaria
Tercera parte, Título XX, Cooperación al desarrollo (desplazado)	Capítulo 1. Cooperación para el desarrollo
Artículo 177 (desplazado)	Artículo 208
Artículo 179 (desplazado)	Artículo 209
Artículo 180 (desplazado)	Artículo 210
Artículo 181 (desplazado)	Artículo 211

del TFUE.

NUMERACIÓN ANTERIOR DEL TRATADO CONSTITUTIVO DE LA COMUNIDAD EUROPEA	NUEVA NUMERACIÓN DEL TRATADO DE FUNCIONAMIENTO DE LA UNIÓN EUROPEA
Tercera parte, Título XXI, Cooperación económica, financiera y técnica con terceros países (desplazado)	Capítulo 2. Cooperación económica, financiera y técnica con terceros países
Artículo 181 A (desplazado)	Artículo 212
	Artículo 213
	Capítulo 3. Ayuda humanitaria
	Artículo 214
	Título IV. Medidas restrictivas
Artículo 301 (sustituido)	Artículo 215
	Título V. Acuerdos internacionales
	Artículo 216
Artículo 310 (desplazado)	Artículo 217
Artículo 300 (sustituido)	Artículo 218
Artículo 111, apartados 1 a 3 y 5 (desplazados)	Artículo 219
	Título VI. Relaciones de la Unión con las organizaciones internacionales y con terceros países y delegaciones de la Unión
Artículos 302 a 304 (sustituidos)	Artículo 220
	Artículo 221
	Título VII. Cláusula de solidaridad
	Artículo 222
Quinta parte. Instituciones de la Comunidad	Sexta parte. Disposiciones institucionales y financieras
Título I. Disposiciones institucionales	Título I. Disposiciones institucionales
Capítulo 1. Instituciones	Capítulo 1. Instituciones
Sección primera. El Parlamento Europeo	Sección primera. El Parlamento Europeo
Artículo 189 (derogado)[1540]	
Artículo 190, apartados 1 a 3 (derogados)[1541]	
Artículo 190, apartados 4 y 5	Artículo 223

1540 Sustituido, en sustancia, por el artículo 14, apartados 1 y 2, del Tratado UE.

1541 Sustituido, en sustancia, por el artículo 14, apartados 1 a 3, del Tratado UE.

NUMERACIÓN ANTERIOR DEL TRATADO CONSTITUTIVO DE LA COMUNIDAD EUROPEA	NUEVA NUMERACIÓN DEL TRATADO DE FUNCIONAMIENTO DE LA UNIÓN EUROPEA
Artículo 191, párrafo primero (derogado)[1542]	
Artículo 191, párrafo segundo	Artículo 224
Artículo 192, párrafo primero (derogado)[1543]	
Artículo 192, párrafo segundo	Artículo 225
Artículo 193	Artículo 226
Artículo 194	Artículo 227
Artículo 195	Artículo 228
Artículo 196	Artículo 229
Artículo 197, párrafo primero (derogado)[1544]	
Artículo 197, párrafos segundo, tercero y cuarto	Artículo 230
Artículo 198	Artículo 231
Artículo 199	Artículo 232
Artículo 200	Artículo 233
Artículo 201	Artículo 234
	Sección segunda. El Consejo Europeo
	Artículo 235
	Artículo 236
Sección segunda. El Consejo	Sección tercera. El Consejo
Artículo 202 (derogado)[1545]	
Artículo 203 (derogado)[1546]	
Artículo 204	Artículo 237
Artículo 205, apartados 2 y 4 (derogados)[1547]	

1542 Sustituido, en sustancia, por el artículo 11, apartado 4, del Tratado UE.

1543 Sustituido, en sustancia, por el artículo 14, apartado 1, del Tratado UE.

1544 Sustituido, en sustancia, por el artículo 14, apartado 4, del Tratado UE.

1545 Sustituido, en sustancia, por el artículo 16, apartado 1, del Tratado UE y por los artículos 290 y 291 del TFUE.

1546 Sustituido, en sustancia, por el artículo 16, apartados 2 y 9, del Tratado UE.

1547 Sustituido, en sustancia, por el artículo 16, apartados 4 y 5, del Tratado UE.

NUMERACIÓN ANTERIOR DEL TRATADO CONSTITUTIVO DE LA COMUNIDAD EUROPEA	NUEVA NUMERACIÓN DEL TRATADO DE FUNCIONAMIENTO DE LA UNIÓN EUROPEA
Artículo 205, apartados 1 y 3	Artículo 238
Artículo 206	Artículo 239
Artículo 207	Artículo 240
Artículo 208	Artículo 241
Artículo 209	Artículo 242
Artículo 210	Artículo 243
Sección tercera. La Comisión	Sección cuarta. La Comisión
Artículo 211 (derogado)[1548]	
	Artículo 244
Artículo 212 (desplazado)	*Artículo 249, apartado 2*
Artículo 213	Artículo 245
Artículo 214 (derogado)[1549]	
Artículo 215	Artículo 246
Artículo 216	Artículo 247
Artículo 217, apartados 1, 3 y 4 (derogados)[1550]	
Artículo 217, apartado 2	Artículo 248
Artículo 218, apartado 1 (derogado)[1551]	
Artículo 218, apartado 2	Artículo 249
Artículo 219	Artículo 250
Sección cuarta. El Tribunal de Justicia	Sección quinta. El Tribunal de Justicia de la Unión Europea
Artículo 220 (derogado)[1552]	
Artículo 221, párrafo primero (derogado)[1553]	
Artículo 221, párrafos segundo y tercero	Artículo 251
Artículo 222	Artículo 252

1548 Sustituido, en sustancia, por el artículo 17, apartado 1, del Tratado UE.

1549 Sustituido, en sustancia, por el artículo 17, apartados 3 y 7, del Tratado UE.

1550 Sustituido, en sustancia, por el artículo 17, apartado 6, del Tratado UE.

1551 Sustituido, en sustancia, por el artículo 295 del TFUE.

1552 Sustituido, en sustancia, por el artículo 19 del Tratado UE.

1553 Sustituido, en sustancia, por el artículo 19, apartado 2, párrafo primero, del Tratado UE.

NUMERACIÓN ANTERIOR DEL TRATADO CONSTITUTIVO DE LA COMUNIDAD EUROPEA	NUEVA NUMERACIÓN DEL TRATADO DE FUNCIONAMIENTO DE LA UNIÓN EUROPEA
Artículo 223	Artículo 253
Artículo 224[1554]	Artículo 254
	Artículo 255
Artículo 225	Artículo 256
Artículo 225 A	Artículo 257
Artículo 226	Artículo 258
Artículo 227	Artículo 259
Artículo 228	Artículo 260
Artículo 229	Artículo 261
Artículo 229 A	Artículo 262
Artículo 230	Artículo 263
Artículo 231	Artículo 264
Artículo 232	Artículo 265
Artículo 233	Artículo 266
Artículo 234	Artículo 267
Artículo 235	Artículo 268
	Artículo 269
Artículo 236	Artículo 270
Artículo 237	Artículo 271
Artículo 238	Artículo 272
Artículo 239	Artículo 273
Artículo 240	Artículo 274
	Artículo 275
	Artículo 276
Artículo 241	Artículo 277
Artículo 242	Artículo 278
Artículo 243	Artículo 279
Artículo 244	Artículo 280
Artículo 245	Artículo 281
	Sección sexta. El Banco Central Europeo

1554 La primera frase del párrafo primero se sustituye, en sustancia, por el artículo 19, apartado 2, párrafo segundo, del Tratado UE.

NUMERACIÓN ANTERIOR DEL TRATADO CONSTITUTIVO DE LA COMUNIDAD EUROPEA	NUEVA NUMERACIÓN DEL TRATADO DE FUNCIONAMIENTO DE LA UNIÓN EUROPEA
	Artículo 282
Artículo 112 (desplazado)	Artículo 283
Artículo 113 (desplazado)	Artículo 284
Sección quinta. El Tribunal de Cuentas	Sección séptima. El Tribunal de Cuentas
Artículo 246	Artículo 285
Artículo 247	Artículo 286
Artículo 248	Artículo 287
Capítulo 2. Disposiciones comunes a varias instituciones	Capítulo 2. Actos jurídicos de la Unión, procedimientos de adopción y otras disposiciones
	Sección primera Actos jurídicos de la Unión
Artículo 249	Artículo 288
	Artículo 289
	Artículo 290[1558]
	Artículo 291[1555]
	Artículo 292
	Sección segunda. Procedimientos de adopción de los actos y otras disposiciones
Artículo 250	Artículo 293
Artículo 251	Artículo 294
Artículo 252 (derogado)	
	Artículo 295
Artículo 253	Artículo 296
Artículo 254	Artículo 297
	Artículo 298
Artículo 255 (desplazado)	*Artículo 15*
Artículo 256	Artículo 299
	Capítulo 3. Órganos consultivos de la Unión
	Artículo 300

1555 Sustituye, en sustancia, al artículo 202, tercer guión, del Tratado CE.

NUMERACIÓN ANTERIOR DEL TRATADO CONSTITUTIVO DE LA COMUNIDAD EUROPEA	NUEVA NUMERACIÓN DEL TRATADO DE FUNCIONAMIENTO DE LA UNIÓN EUROPEA
Capítulo 3. El Comité Económico y Social	Sección primera. El Comité Económico y Social
Artículo 257 (derogado)[1556]	
Artículo 258, párrafos primero, segundo y cuarto	Artículo 301
Artículo 258, párrafo tercero (derogado)[1557]	
Artículo 259	Artículo 302
Artículo 260	Artículo 303
Artículo 261 (derogado)	
Artículo 262	Artículo 304
Capítulo 4. El Comité de las Regiones	Sección segunda. El Comité de las Regiones
Artículo 263, párrafos primero y quinto (derogado)[1558]	
Artículo 263, párrafos segundos a cuarto	Artículo 305
Artículo 264	Artículo 306
Artículo 265	Artículo 307
Capítulo 5. El Banco Europeo de Inversiones	Capítulo 4. El Banco Europeo de Inversiones
Artículo 266	Artículo 308
Artículo 267	Artículo 309
Título II. Disposiciones financieras	Título II. Disposiciones financieras
Artículo 268	Artículo 310
	Capítulo 1. Recursos propios de la Unión
Artículo 269	Artículo 311
Artículo 270 (derogado)[1559]	
	Capítulo 2. Marco financiero plurianual
	Artículo 312

1556 Sustituido, en sustancia, por el artículo 300, apartado 2, del TFUE.

1557 Sustituido, en sustancia, por el artículo 300, apartado 4, del TFUE.

1558 Sustituido, en sustancia, por el artículo 300, apartados 3 y 4, del TFUE.

1559 Sustituido, en sustancia, por el artículo 310, apartado 4, del TFUE.

NUMERACIÓN ANTERIOR DEL TRATADO CONSTITUTIVO DE LA COMUNIDAD EUROPEA	NUEVA NUMERACIÓN DEL TRATADO DE FUNCIONAMIENTO DE LA UNIÓN EUROPEA
	Capítulo 3. Presupuesto anual de la Unión
Artículo 272, apartado 1 (desplazado)	Artículo 313
Artículo 271 (desplazado)	Artículo 316
Artículo 272, apartado 1 (desplazado)	*Artículo 313*
Artículo 272, apartados 2 a 10	Artículo 314
Artículo 273	Artículo 315
Artículo 271 (desplazado)	Artículo 316
	Capítulo 4. Ejecución del presupuesto y aprobación de la gestión
Artículo 274	Artículo 317
Artículo 275	Artículo 318
Artículo 276	Artículo 319
	Capítulo 5. Disposiciones comunes
Artículo 277	Artículo 320
Artículo 278	Artículo 321
Artículo 279	Artículo 322
	Artículo 323
	Artículo 324
	Capítulo 6. Lucha contra el fraude
Artículo 280	Artículo 325
	Título III. Cooperaciones reforzadas
Artículos 11 y 11 A (sustituido)	Artículo 326[1563]
Artículos 11 y 11 A (sustituido)	Artículo 327[1563]
Artículos 11 y 11 A (sustituido)	Artículo 328[1563]
Artículos 11 y 11 A (sustituido)	Artículo 329[1563]
Artículos 11 y 11 A (sustituido)	Artículo 330[1563]
Artículos 11 y 11 A (sustituido)	Artículo 331[1563]
Artículos 11 y 11 A (sustituido)	Artículo 332[1563]
Artículos 11 y 11 A (sustituido)	Artículo 333[1563]
Artículos 11 y 11 A (sustituido)	Artículo 334[1560]

1560 Sustituye también a los artículos 27 A a 27 E, 40 a 40 B y 43 a 45 del actual Tratado UE.

NUMERACIÓN ANTERIOR DEL TRATADO CONSTITUTIVO DE LA COMUNIDAD EUROPEA	NUEVA NUMERACIÓN DEL TRATADO DE FUNCIONAMIENTO DE LA UNIÓN EUROPEA
Sexta parte. Disposiciones generales y finales	Séptima parte. Disposiciones generales y finales
Artículo 281 (derogado)[1561]	
Artículo 282	Artículo 335
Artículo 283	Artículo 336
Artículo 284	Artículo 337
Artículo 285	Artículo 338
Artículo 286 (sustituido)	*Artículo 16*
Artículo 287	Artículo 339
Artículo 288	Artículo 340
Artículo 289	Artículo 341
Artículo 290	Artículo 342
Artículo 291	Artículo 343
Artículo 292	Artículo 344
Artículo 293 (derogado)	
Artículo 294 (desplazado)	*Artículo 55*
Artículo 295	Artículo 345
Artículo 296	Artículo 346
Artículo 297	Artículo 347
Artículo 298	Artículo 348
Artículo 299, apartado 1 (derogado)[1562]	
Artículo 299, apartado 2, párrafos segundo, tercero y cuarto	Artículo 349
Artículo 299, apartado 2, párrafo primero y apartados 3 a 6 (desplazado)	*Artículo 355*
Artículo 300 (sustituido)	*Artículo 218*
Artículo 301 (sustituido)	*Artículo 215*
Artículo 302 (sustituido)	*Artículo 220*
Artículo 303 (sustituido)	*Artículo 220*
Artículo 304 (sustituido)	*Artículo 220*

1561 Sustituido, en sustancia, por el artículo 47 del Tratado UE.

1562 Sustituido, en sustancia, por el artículo 52 del Tratado UE.

NUMERACIÓN ANTERIOR DEL TRATADO CONSTITUTIVO DE LA COMUNIDAD EUROPEA	NUEVA NUMERACIÓN DEL TRATADO DE FUNCIONAMIENTO DE LA UNIÓN EUROPEA
Artículo 305 (derogado)	
Artículo 306	Artículo 350
Artículo 307	Artículo 351
Artículo 308	Artículo 352
	Artículo 353
Artículo 309	Artículo 354
Artículo 310 (desplazado)	*Artículo 217*
Artículo 311 (derogado)[1563]	
Artículo 299, apartado 2, párrafo primero y apartados 3 a 6 (desplazado)	Artículo 355
Artículo 312	Artículo 356
Disposiciones finales	
Artículo 313	Artículo 357
	Artículo 358
Artículo 314 (derogado)[1564]	

1563 Sustituido, en sustancia, por el artículo 51 del Tratado UE.

1564 Sustituido, en sustancia, por el artículo 55 del Tratado UE.

CÓDIGOS QR

EUR-LEX, base de datos
de derecho de la UE

Página web del
Parlamento Europeo

Página web de la Unión Europea

Página web del Consejo Europeo

Made in the USA
Monee, IL
05 November 2026

67811061R00302